PUBLIÉ SOUS LA DIRECTION
DE LA
SECTION HISTORIQUE DE L'ÉTAT-MAJOR DE L'ARMÉE

LA
CAMPAGNE DE 1805
EN ALLEMAGNE

PAR

P.-C. ALOMBERT
CONTRÔLEUR DE L'ADMINISTRATION
DE L'ARMÉE

J. COLIN
CAPITAINE D'ARTILLERIE A LA SECTION HISTORIQUE
DE L'ÉTAT-MAJOR DE L'ARMÉE

TOME TROISIÈME
2ᵉ Volume

PARIS
LIBRAIRIE MILITAIRE R. CHAPELOT ET Cᵉ
IMPRIMEURS-ÉDITEURS
30, Rue et Passage Dauphine, 30

1904
Tous droits réservés.

LA
CAMPAGNE DE 1805
EN ALLEMAGNE

PARIS. — IMPRIMERIE R. CHAPELOT ET C°, RUE CHRISTINE, 2.

PUBLIÉ SOUS LA DIRECTION
DE LA
SECTION HISTORIQUE DE L'ÉTAT-MAJOR DE L'ARMÉE

LA CAMPAGNE DE 1805 EN ALLEMAGNE

PAR

P.-C. ALOMBERT
CONTRÔLEUR DE L'ADMINISTRATION
DE L'ARMÉE

J. COLIN
CAPITAINE D'ARTILLERIE A LA SECTION HISTORIQUE
DE L'ÉTAT-MAJOR DE L'ARMÉE

TOME TROISIÈME
2ᵉ Volume

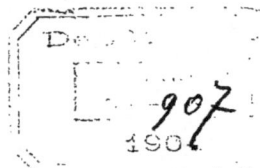

PARIS
LIBRAIRIE MILITAIRE R. CHAPELOT et Cᵉ
IMPRIMEURS-ÉDITEURS
30, Rue et Passage Dauphine, 30

1904
Tous droits réservés

QUATRIÈME PARTIE

ULM (Suite)

CHAPITRE VII

12 octobre.

Ordre (1).

Augsburg, le 20 vendémiaire an xiv (12 octobre 1805).

L'Empereur témoigne sa satisfaction aux divisions de dragons, au 10ᵉ régiment de hussards, et aux autres troupes qui ont donné au combat de Wertingen.

3,000 prisonniers, 8 drapeaux, 7 pièces de canon, et plus de 80 officiers de tous grades sont autant de trophées de gloire.

L'Empereur témoigne sa satisfaction aux troupes qui ont donné au combat de Günzburg et spécialement au 59ᵉ régiment de ligne.

La prise du pont et du poste important de Günzburg, que défendait l'armée autrichienne, celle d'un général-major et de 1000 prisonniers avec 6 pièces de canon, attestent la bravoure des troupes de la division du général Malher.

Le maréchal Soult témoignera la satisfaction de l'Empereur au 26ᵉ régiment de chasseurs pour la belle charge qu'il a faite sous les ordres du général Margaron, où 120 cuirassiers d'Albert, dont 1 lieutenant-colonel, 2 capitaines, et 2 pièces de canon, sont restés en notre pouvoir, le reste n'ayant dû son salut qu'à sa fuite dans le bois.

Le 2ᵉ régiment de chasseurs de l'avant-garde du maréchal

---

(1) Cet ordre ne sera communiqué que le 21 (*13 octobre*).

Davout a fait une charge sur les uhlans de Merveldt et leur a fait 22 prisonniers, près de Dachau.

L'avant-garde du maréchal Bernadotte a enlevé les bagages de plusieurs généraux ennemis et a fait prisonniers une vingtaine de hussards, dont un officier, près des portes de Munich (1).

L'armée ennemie qui était sur l'Iller, est cernée et tournée de tous les côtés par les différents corps de la Grande Armée ; elle se trouve dans la même position que l'armée du général Mélas à Marengo.

L'Empereur recommande aux généraux de réprimer la maraude et de faire des exemples sévères, surtout dans les pays amis et alliés.

Les déserteurs autrichiens qui se rendent à chaque corps d'armée, seront envoyés aux bataillons du train d'artillerie des différents corps ; on en fera passer l'état au général Songis, commandant en chef l'artillerie de la Grande Armée, et au major général (2).

Maréchal BERTHIER.

Cinquième bulletin de la Grande Armée.

Augsburg, le 20 vendémiaire an XIV (12 octobre 1805).

Le maréchal Soult s'est porté avec son corps d'armée à Landsberg, et par là a coupé une des grandes communications de l'ennemi ; il y est arrivé le 19, à 4 heures après-midi, et y a rencontré le régiment de cuirassiers du prince Ferdinand, qui, avec 6 pièces de canon, se rendait à marches forcées à Ulm. Le maréchal Soult le fait charger par le 26º régiment de chasseurs ; il s'est trouvé déconcerté à un tel point et le 26e régiment de chasseurs était animé d'une telle ardeur, que les cuirassiers ont pris la fuite dans la charge et ont laissé 120 soldats prisonniers, 1 lieutenant-colonel, 2 capitaines, et 2 pièces

---

(1) Le lendemain, ce paragraphe a été remplacé par le suivant : « Le maréchal Bernadotte et l'armée bavaroise sont entrés à Munich ; on y a fait 800 prisonniers ; les ennemis se retirent en désordre derrière l'Inn. »

(2) Paragraphe ajouté après coup.

de canon. Le maréchal Soult, qui avait pensé qu'ils continueraient leur route sur Memmingen, avait envoyé plusieurs régiments pour les couper; mais ils s'étaient retirés dans les bois, où ils se sont ralliés pour se réfugier dans le Tyrol.

20 pièces de canon et les équipages de pontons de l'ennemi étaient passés dans la journée du 18 par Landsberg. Le maréchal Soult a mis à leur poursuite le général Sébastiani avec une brigade de dragons. On espère qu'il sera parvenu à les atteindre.

Le 20, le maréchal Soult s'est dirigé sur Memmingen, où il arriva le 21 à la pointe du jour.

Le maréchal Bernadotte a marché toute la journée du 19 et a porté son avant-garde jusqu'à deux lieues de Munich. Les bagages de plusieurs généraux autrichiens sont tombés au pouvoir de ses troupes légères. Il a fait une centaine de prisonniers de différents régiments.

Le maréchal Davout s'est porté à Dachau. Son avant-garde est arrivée à Moosach. Les hussards de Blankenstein ont été mis en désordre par ses chasseurs, et dans différents engagements, il a fait une soixantaine d'hommes à cheval prisonniers.

Le prince Murat, avec la réserve de cavalerie et les corps des maréchaux Ney et Lannes, s'est placé vis-à-vis de l'armée ennemie dont la gauche occupe Ulm et la droite Memmingen.

Le maréchal Ney est à cheval sur le Danube, vis-à-vis Ulm.

Le maréchal Lannes est à Weissenhorn.

Le général Marmont se met en marche forcée pour prendre position sur la hauteur d'Illersheim, et le maréchal Soult déborde de Memmingen la droite de l'ennemi.

La Garde impériale est partie d'Augsburg pour se rendre à Burgau, où l'Empereur sera probablement cette nuit.

Une affaire décisive va avoir lieu. L'armée autrichienne a presque toutes ses communications coupées. Elle se trouve à peu près dans la même position que l'armée de Mélas à Marengo.

L'Empereur était sur le pont du Lech lorsque le corps d'armée du général Marmont a défilé. Il a fait former en cercle chaque régiment, leur a parlé de la situation de l'ennemi, de l'imminence d'une grande bataille et de la confiance qu'il avait en eux. Cette harangue avait lieu pendant un temps affreux. Il tombait une neige abondante, et la troupe avait de la boue jusqu'aux genoux et éprouvait un froid assez vif; mais les paroles de l'Empereur étaient de flamme ; en l'écoutant, le soldat oubliait ses fatigues et ses privations, et était impatient de voir arriver l'heure du combat.

Le maréchal Bernadotte est arrivé à Munich le 20, à 6 heures du matin ; il a fait 800 prisonniers et s'est mis à la poursuite de l'ennemi. Le prince Ferdinand se trouvait à Munich. Il paraît que ce prince avait abandonné son armée de l'Iller.

Jamais plus d'événements ne se décideront en moins de temps. Avant quinze jours, les destins de la campagne et des armées autrichiennes et russes seront fixés.

Le prince Murat à l'Empereur.

Sire,

M. le maréchal Ney avait ordonné le 18 (*10 octobre*) d'attaquer Ulm le 19 (*11 octobre*), par la rive gauche. Il devait l'attaquer lui-même par la chaussée de Falheim. Le mauvais temps ou d'autres circonstances lui firent changer cette première disposition. Il resta le 19 (*11 octobre*) à Günzburg et Leipheim et envoya au général Dupont l'ordre de suspendre son attaque et de conserver sa position d'Albeck ; mais ce général était déjà aux prises avec l'ennemi lorsque la dépêche du maréchal Ney lui parvint. La division, qui ne devait faire qu'une fausse attaque, défit complètement les troupes qu'elle eut à combattre, fit 4,000 prisonniers, enleva un drapeau et 5 pièces de canon. Mais le général Dupont, voyant qu'on n'avait pas attaqué sur la rive droite et qu'il n'était pas soutenu par la division Baraguey-d'Hilliers, qui aurait dû aller prendre la position d'Albeck, dut se replier à 10 heures du soir, sur ce point.

Informé que le maréchal Ney avait ordonné au général Dupont de passer le Danube à Günzburg, de venir occuper ce soir Pfaffenhofen, et de ne laisser sur la rive gauche que deux escadrons de hussards avec un bataillon d'infanterie, je viens de lui prescrire de laisser la division Dupont tout entière dans la position d'Albeck et de la faire marcher sur Ulm au premier coup de canon qui sera tiré demain sur la rive droite. J'ai dû prendre ce parti, premièrement, parce qu'il était conforme aux intentions de Votre Majesté ; en second lieu, parce que j'ai pu penser que cette division, qui s'est battue hier toute la journée et ne s'est retirée qu'à 10 heures du soir de devant Ulm, serait trop fatiguée de la marche qu'elle aurait à faire encore aujourd'hui, pour pouvoir prendre part à l'action qui aura lieu demain. Enfin, j'ai jugé que le peu de forces qui seraient restées en avant d'Ulm n'auraient pas produit par leur fausse attaque l'effet que nous devons attendre de la division entière. L'ennemi, se voyant vigoureusement attaqué sur les deux rives, n'osera jamais dégarnir le Michelsberg et disposer des forces qui l'occupent contre nos troupes de la rive droite. S'il voulait forcer le passage pour faire la retraite sur la rive gauche, le général Dupont pourrait l'arrêter assez pour nous donner le temps d'arriver et de le battre.

Voilà, Sire, le seul changement qui ait été fait aux dispositions que j'ai eu l'honneur de vous annoncer hier au soir.

Comme il est présumable que nous n'aurons pas à combattre en avant de l'Iller et que nous serons forcés de passer cette rivière pour atteindre les Autrichiens, MM. les maréchaux Soult et Ney doivent se procurer, chacun de son côté, tous les moyens nécessaires pour le passage. Ce soir, je reconnaîtrai de plus près la position de l'ennemi, et je fixerai mon plan d'attaque. J'aurai l'honneur de vous l'envoyer à l'instant.

D'après tous les renseignements que je reçois, il paraît que l'ennemi est réuni derrière l'Iller et aux environs d'Ulm ; demain il sera vigoureusement attaqué sur tous les points. Je fais reconnaître et garder les ponts de Leipheim, d'Elchingen et de Thalfingen.

Je pars à l'instant pour Pfaffenhofen, où j'établirai mon quartier général.

J'ai l'honneur.....

MURAT.

P.-S. — On vient de me rendre compte que M. Klein, fils du général de ce nom, sous-lieutenant dans le 9e régiment de hussards, enleva, hier au soir, le poste ennemi d'Anhofen. Le général Klein désirerait que Votre Majesté accordât à son fils le grade de lieutenant et une commission d'aide de camp près de lui. Ce jeune homme a servi plus d'un an comme simple hussard, plus d'un an comme brigadier, deux ans comme maréchal des logis, et trois ans en qualité de sous-lieutenant. Il a fait les deux dernières campagnes de l'armée du Rhin. Je prie Votre Majesté d'accueillir avec bonté cette demande.

Je joins à ma lettre l'état des régiments que l'on croit être aux environs d'Ulm.

(*Sans date.*)

L'Empereur au prince Murat.

Quartier impérial, à Augsburg, le 20 vendémiaire an XIV
(12 octobre 1805), à 9 heures du matin.

Mon Cousin, le maréchal Soult s'est porté à Landsberg, où il est arrivé hier à midi. Il a fait la bonne rencontre du régiment de cuirassiers de Ferdinand. Il l'a fait sur-le-champ charger, lui a fait 120 prisonniers, dont 1 lieutenant et 3 capitaines, et lui a pris 2 pièces de canon. 20 pièces de canon et 30 pontons étaient passés de Landsberg sur Memmingen, quinze heures avant.

Les dragons et les chasseurs se sont mis à leurs trousses; j'espère qu'ils les auront atteints hier, ou qu'ils les atteindront aujourd'hui.

D'un autre côté, aujourd'hui même, le maréchal Soult marche sur Memmingen, où il ne pourra arriver que demain au soir fort tard.

Mon intention est que, si l'ennemi continue à rester dans ses positions et se prépare à recevoir la bataille, elle n'ait pas lieu demain, mais après-demain, afin que le maréchal Soult et ses 30,000 hommes en soient, qu'il déborde la droite de l'ennemi, l'attaque en le tournant, manœuvre qui nous assure un succès certain et décisif.

En attendant, faites jeter un pont sur le Danube, le plus près possible de votre ligne, vis-à-vis d'Albeck, de manière que le corps qui est à Albeck se trouve en communication et lié avec le reste de l'armée, et que, si l'ennemi agissait trop vivement, ou se trouvait obligé de se réfugier sur la rive gauche, je puisse, dans le jour même, tomber dessus. Ordonnez aux généraux de faire l'inspection des armes et des cartouches, de réunir tout leur monde, tout ce qui serait détaché aux bagages ; de renvoyer les bagages et les voitures au delà de Burgau parquer dans les prairies, de sorte qu'il n'y ait rien dans les grands chemins. Désignez l'emplacement où doivent se mettre les réserves d'artillerie des corps d'armée des généraux Lannes et Ney et de la réserve de cavalerie. Assurez-vous que les réserves des trois armées contiennent assez de cartouches et qu'elles n'ont pas été gâtées par la pluie. Voyez également de désigner le lieu des grandes ambulances pour chacun des corps d'armée. Que le premier chirurgien de chaque corps d'armée, un médecin, un commissaire des guerres et des gendarmes y soient établis. Prenez des mesures pour qu'il y ait du pain, du vin et même des lits pour les blessés de la journée. Je ne parle pas des ambulances, qui doivent suivre la ligne à quatre cents toises en arrière, tout au plus. Ceci n'est pas une échauffourée, ce n'est même pas l'attaque d'une colonne pendant qu'elle marche : c'est celle d'une armée qui peut être plus nombreuse que vous ne croyez, et du succès de laquelle dépendent les plus grands résultats. J'y serai de ma personne.

Faites arranger mon quartier général où vous le croirez le plus convenable. Je partirai dès que j'aurai donné mes ordres pour ma droite. Je serai demain matin au quartier général que vous m'aurez marqué.

NAPOLÉON (1).

Dans votre lettre, vous ne mettez ni l'endroit d'où vous écrivez, ni la date, ni l'heure ; c'est un oubli très capital.

Le prince Murat à l'Empereur.

Pfaffenhofen, le 20 vendémiaire an XIV (12 octobre 1805).

Sire,

Je viens de recevoir la lettre de Votre Majesté. Je vais m'occuper d'exécuter toutes les dispositions qu'elle renferme. On me rapporte à l'instant qu'une reconnaissance poussée sur l'Iller

---

(1) *Correspondance de Napoléon*, n° 9372.

n'a rencontré sur la rive droite de cette rivière que quelques hussards qui se sont retirés sur Ulm ; à Zollhaus, nos patrouilles ont chargé une patrouille ennemie ; un officier d'artillerie, qui a été fait prisonnier, assure que l'armée autrichienne, forte de 80,000 hommes est toute réunie sur la rive gauche du Danube et qu'il n'y a aucune troupe sur l'Iller. Dans ce cas, je ferai occuper demain le pont d'Ober-Kirchberg et celui de Reggliswweiler. Je pense que nous ne serons pas attaqués demain et que le corps du maréchal Soult sera arrivé à temps, pour se trouver à la bataille que Votre Majesté se propose de livrer à l'ennemi après-demain. Le pont de Leipheim est rétabli et M. le maréchal Ney va se mettre en communication avec la division Dupont. Il a aussi reçu l'ordre de tâcher de s'emparer des ponts d'Elchingen et de Thalfingen. Cependant, d'après la lettre de Votre Majesté qui ne veut pas qu'on ait demain d'affaire sérieuse, je vais prescrire d'éviter sur ces points un engagement trop considérable. Si l'ennemi se décidait à forcer le passage d'Albeck, pour se retirer par la rive gauche du Danube, je me porterais avec rapidité sur Günzburg et je tâcherais d'arriver avant lui dans quelque bonne position, soit pour lui fermer le passage, soit pour l'attaquer dans sa marche de flanc.

L'officier d'artillerie qui a été pris sur la chaussée d'Ulm à Memmingen, se rendait dans cette dernière ville pour y chercher de l'artillerie ; un caporal, qui a été fait aussi prisonnier, était envoyé du même côté pour chercher des souliers.

Je pense que votre quartier général sera convenablement à Weissenhorn, Votre Majesté sera au centre des opérations de l'armée. Demain, je reconnaîtrai de très bonne heure la position de l'ennemi. La journée sera employée à faire l'inspection des armes, à les nettoyer et à s'assurer que les cartouches n'ont pas été avariées par le mauvais temps. Le pays qu'occupe en ce moment l'armée de Votre Majesté est entièrement ruiné ; il nous serait impossible d'y subsister trois jours de suite. Nous allons tirer des vivres des villages situés en arrière de nous, sur la Biber et sur la Günz. Je m'empresserai de faire connaître à Votre Majesté le résultat des reconnaissances que je ferai faire demain, ainsi que les autres renseignements que je pourrai avoir sur l'ennemi.

J'ai l'honneur.....   ————   Murat.

12 OCTOBRE.

Dispositions du 6ᵉ corps d'armée pour le 20 vendémiaire an XIV.

La cavalerie légère du général Tilly partira de Leipheim, à 9 heures du matin, et s'établira à Holzschwang : elle placera des postes de 30 hommes à Holzheim et Witzighausen, elle s'éclairera sur Finningen, Reute, Aufheim, Wullenstetten et Illerberg.

La division de dragons du général Bourcier partira de Leipheim, à 10 heures du matin, et viendra s'établir à Holzheim ; un régiment à Steinheim.

La 1ʳᵉ division fait un mouvement lié avec celui du 19 vendémiaire. Elle part de la position d'Albeck, le 19, pour passer le Danube par le pont d'Elchingen ou par celui de Günzburg ; elle combinera sa marche de manière à être rendue le 20, au soir, à Pfaffenhofen ; elle bivouaquera sur le plateau, à droite de ce village, où l'aile gauche sera appuyée. Le général Dupont placera un bataillon en arrière de Roth, et fera garder le pont.

La 2ᵉ division partira de Günzburg à 9 heures du matin, marchera par Küssendorf et ira, de là, prendre position sur les hauteurs en arrière de Reinpolzhofen, la gauche à la route qui vient de Küssendorf ; un bataillon à Kadeltshofen.

La 3ᵉ division partira de Leipheim à 8 heures du matin, et se portera à Falheim ; elle prendra position sur les hauteurs à gauche de ce village qui sera bien occupé par 5 compagnies, ainsi que celui de Strass. On portera deux postes de cavalerie et d'infanterie légère en avant sur la route, l'un au pont de la Leiben sur la chaussée, l'autre à Nersingen. Le général Malher laissera un détachement pour observer Ulm, sur la rive droite du Danube ; le commandant sera désigné par le maréchal et recevra des instructions particulières.

La division de dragons à pied du général Baraguey-d'Hilliers, qui doit précéder celle du général Dupont dans son mouvement du 19, partira de Stötzingen ou d'Albeck, à 6 heures du matin, et ira prendre position le 20, la droite à Küssendorf et à la chaussée qui longe ce village, la gauche suivant de là sur les hauteurs. Elle aura un fort poste à Sillheim et un autre moins considérable à Bühl.

Le quartier général sera à Küssendorf.

Le parc d'artillerie et celui des vivres à Günzburg, gardés par un bataillon de dragons.

Le corps d'armée est prévenu qu'il appuie à gauche aux dragons du général Klein, établis à Altenhofen et au corps de M. le maréchal Lannes, dont la droite est établie à Weissenhorn. Les deux corps réunis forment l'aile droite de la Grande Armée, aux ordres de Son Altesse Sérénissime le prince Murat, dont le quartier général sera à Weissenhorn.

(A. M.)

6ᵉ CORPS D'ARMÉE.

Ordre du jour.

Au quartier général, à Günzburg, le 20 vendémiaire an xiv (12 octobre 1805).

Le maréchal commandant en chef s'empresse de prévenir l'armée, qu'hier, 19, la 1re division, commandée par le général Dupont, a eu une affaire glorieuse et qu'il a fait à l'ennemi de 6,000 à 7,000 prisonniers.

Les régiments de cette division se sont couverts de gloire, ainsi que les 59ᵉ, 50ᵉ, 27ᵉ de ligne, 25ᵉ d'infanterie légère, l'avaient fait le 17, à l'attaque mémorable du pont de Günzburg.

Le Général, chef de l'état-major général,

(A. M.) Du Taillis.

Le maréchal Ney au prince Murat.

Le 20 vendémiaire an xiv (12 octobre 1805).

Je viens de donner des ordres pour que la division Dupont reste en totalité, ainsi que le 1er régiment de hussards, dans la position d'Albeck pour contenir l'ennemi et l'attaquer aussitôt qu'il entendra notre feu sur l'Iller.

J'aurai un équipage de pont de 200 pieds et j'espère, avec ce moyen, pouvoir traverser l'Iller dans la position que je reconnaîtrai demain.

Si la résolution d'effectuer ce passage est prise, Votre Altesse Sérénissime jugera sans doute qu'il est nécessaire que les maréchaux reçoivent une instruction d'attaque et surtout aient la connaissance de l'emplacement des troupes, afin de pouvoir manœuvrer de manière à se soutenir mutuellement.

J'ai donné l'ordre au général Malher de rétablir dans le jour le pont de Leipheim.

NEY.

Le maréchal Ney au général Dupont.

Günzburg, le 20 vendémiaire an XIV (12 octobre 1805).

Mon cher Général,

J'ai le cœur navré des fatigues incroyables que je suis forcé de faire éprouver aux braves troupes que vous commandez ; il vient d'être décidé par le prince Murat, qui m'assure que c'est l'ordre formel de Sa Majesté, que votre division reste sur la rive gauche du Danube en observation pour contenir l'ennemi dans Ulm. Choisissez la position qui vous paraîtra la plus avantageuse pour remplir cette disposition ; vous pourriez cantonner une partie de vos troupes en la disposant de manière à pouvoir être rassemblée promptement en cas d'attaque sur vous, ce que je ne puis croire de la part de l'ennemi, parce qu'il est trop en désordre.

Tirez des cantonnements sur vos derrières les subsistances qu'il vous faut.

Vous garderez le 1er régiment de hussards en totalité ; si le général Baraguey-d'Hilliers refusait de vous le laisser, vous donnerez au colonel de ce corps l'ordre formel de se rendre à votre division. Vous renverrez les deux régiments de dragons sur la rive droite du Danube.

Aujourd'hui nous prenons position sur la Roth et la Leibe ; demain nous attaquons de front la position de l'Iller occupée par l'ennemi ; si vous trouvez le moment favorable de nous seconder, je ne doute nullement que vous ne le fassiez avec l'énergie et les talents qui vous caractérisent, secondé comme vous l'êtes par des troupes éprouvées.

J'ai l'honneur, etc.

NEY.

Journal de la division Dupont.

Le 20 vendémiaire an xiv (12 octobre 1805).

Le 20, la division se met en marche pour se porter sur la rive droite du Danube ; un escadron de hussards reste sur les hauteurs d'Albeck pour dérober à l'ennemi ce mouvement et protéger l'évacuation des blessés. En route, le général reçoit l'ordre de rester sur la rive gauche et de prendre la position qu'il jugera la plus convenable ; il s'établit derrière la Brenz.

Cette marche est remarquable par le désordre momentané qui a eu lieu dans le village de Langenau. Quelques dragons, qui avaient été laissés pour former l'arrière-garde, prennent tout à coup l'épouvante ; ils traversent le village au grand galop en criant : « Sauve qui peut, voilà l'ennemi ! » et entraînent dans leur mouvement tout ce qu'ils rencontrent. Les rues sont jonchées d'armes, de manteaux et d'équipages de toute espèce. Cependant l'infanterie se rallie sur-le-champ au sortir du village et se forme en colonne, prête à combattre ; c'était une terreur panique.

Le général Dupont au maréchal Ney.

Brenz, le 20 vendémiaire an xiv (12 octobre 1805).

Monsieur le Maréchal,

J'occupe la ligne de la Brenz ; un poste d'observation couvre Albeck. Dans cette position, je puis observer les mouvements de l'ennemi sur la rive gauche du Danube, ainsi que vous me l'avez prescrit par vos derniers ordres.

Les fatigues excessives et la chaleur du combat d'hier rendent un moment de repos nécessaire à ma division. Elle sera néanmoins prête à marcher et à combattre avec la même audace aussitôt qu'elle aura reçu des munitions et quelques pièces d'artillerie. Le feu de l'ennemi a démonté plusieurs de nos canons. D'autres ont leurs chevaux tués et on n'a pu les faire suivre ; nous avons annoncé 4 pièces ennemies mais, elles ne peuvent être d'aucun usage ; des caissons, des cartouches d'infanterie nous sont également nécessaires.

12 OCTOBRE.

La division sera bien sensible à vos éloges que je vais faire mettre à l'ordre. Je ne puis trop vous assurer que sa conduite a été vraiment admirable pendant toute l'action.

Je prépare le rapport circonstancié de la bataille d'Haslach que je vous adresserai demain. Les prisonniers de guerre sont conduits à Donauwörth ; 2,000 environ passent par Heidenheim, le reste par Gundelfingen.

J'ai l'honneur, etc.

DUPONT.

Le chef d'escadrons Crabbé au maréchal Ney.

Brenz, le 20 vendémiaire an XIV (12 octobre 1805).

Monsieur le Maréchal,

J'ai l'honneur de vous donner connaissance que M. le général Dupont s'est établi de sa personne ici ; sa troupe est cantonnée de manière à être réunie en un moment, mais il se trouve bien dégarni d'artillerie, plusieurs pièces étant hors d'état de s'en servir, les affûts cassés et les essieux idem ; il y a bien à la vérité 4 pièces autrichiennes, mais il n'en peut faire usage, je crois que 4 pièces de remplacement pourraient lui suffire. L'artillerie de la division de M. le général Baraguey-d'Hilliers étant très considérable et devant passer par Gundelfingen, vous pourriez, si vous le jugez convenable, l'autoriser à en prendre 4 pièces, ainsi que des cartouches d'infanterie dont il a le plus grand besoin ; car si demain, il était obligé de soutenir une secousse ou bien d'agir, il serait dans l'impossibilité de remplir vos désirs et les siens.

Les dragons ont manqué à faire encore un bien vilain tour, ils ont pris une peur panique, croyant que l'ennemi arrivait à Langenau, et ces messieurs ont pris la fuite en désordre criant que tout était perdu, que la division Dupont était perdue et le général pris ; heureusement que les troupes sous les ordres de M. le général Dupont ne sont pas susceptibles de peur. M. le général Dupont a fait mettre sa troupe en bataille en arrière du village, et pour faire sentir à ces messieurs leur lâcheté il a resté deux heures.

Au moment que j'arrivais, je demandai à un peloton de

dragons où était M. le général Dupont, et l'officier ainsi que ses dragons me dirent que M. le général Baraguey-d'Hilliers était en avant en me montrant la route de Sontheim, que c'était entre Stötzingen et Sontheim que je les rencontrerais. Ils ajoutèrent que M. le général Dupont était pris.

Voilà la vaillante bravoure de ces hommes qui sont cependant des Français et serviraient comme les autres.

Agréez, Monsieur le Maréchal, l'assurance de mon parfait dévouement et respect avec lequel j'ai l'honneur d'être votre très obéissant serviteur.

DE CRABBÉ.

Nota. — L'ennemi n'avait en rien paru, vu qu'il y a un escadron à Albeck. Veuillez, Monsieur le Maréchal, faire donner l'ordre de manière que M. le général Dupont puisse avoir ses pièces demain matin et des munitions de canon et infanterie, car il en a vraiment besoin.

(*A. M.*)

Le général Loison au maréchal Ney.

Kadeltshofen, le 20 vendémiaire an XIV (12 octobre 1805).

Monsieur le Maréchal,

Vous aviez ordonné que les détachements fournis par ma division soient relevés par les dragons de garnison à Günzburg; aucun de ces détachements n'est rentré, et à la veille d'une affaire il est fort désagréable d'avoir des détachements, savoir :

Au grand parc......................	300 hommes.
A la police de Günzburg	100 —
A la disposition de l'Ordonnateur et du chef de bataillon Rippert.............	150 —
Au quartier général en chef (carabiniers).	80 —
En remplacement de soldats du train....	100 —
TOTAL......	730 hommes.

Sans y comprendre les hommes que je vais nécessairement laisser pour la garde des équipages, ambulances, et du parc de ma division.

Je vous serai obligé de donner l'ordre pour que ces détachements soient rentrés demain avant 6 heures.

J'ai l'honneur, Monsieur le Maréchal, de vous saluer avec la plus haute considération.

(*A. M.*)   O. Loison.

Le général Loison au maréchal Ney.

Au quartier général de Kadeltshofen, le 20 vendémiaire an XIV
(12 octobre 1805).

Monsieur le Maréchal,

J'ai pris, conformément aux ordres que vous m'avez donnés, des renseignements près des gens du pays, sur les chemins qui conduisent à Ober et Unter-Kirchberg. Tous s'accordent à dire que la chaussée qui passe par Weissenhorn et Wullenstetten est le seul chemin par lequel on puisse conduire avec sûreté l'artillerie.

Les chemins les plus directs et par conséquent plus courts ne sont praticables que pour l'infanterie sans aucune voiture. Celui qui passe à Holzheim et Finningen est marécageux, et ne peut pas même servir pour la cavalerie dans une saison pluvieuse.

Celui qui conduit à Wullenstetten par Holzschwang est un peu moins mauvais, mais on ne saurait s'y engager sans danger avec de l'artillerie.

J'ai l'honneur de vous saluer avec la considération la plus distinguée.

(*A. M.*)   O. Loison.

6ᵉ CORPS D'ARMÉE.

Journée du 20 vendémiaire an XIV (12 octobre 1805).

Quartier général : Gross-Küssendorf.

1ʳᵉ *division :* Brenz.

La division marchait sur Günzburg, lorsqu'elle reçut l'ordre de M. le maréchal Ney de rester sur la rive gauche du Danube et d'y prendre position. Elle se porta sur la Brenz et y prit les positions suivantes :

9e léger et 1er hussards : Sontheim.
32e de ligne : Brenz.
96e de ligne : Mödlingen.

Ces différentes positions sont entourées par des postes d'observation. Les hussards sont particulièrement chargés d'éclairer la position du côté d'Ulm.

2e *division :* Kadeltshofen.

La division a pris position en arrière de Reinpolzhofen, la gauche à la route de Küssendorf, ayant un bataillon à Kadeltshofen.

3e *division :* Ober-Falheim.

A 9 heures du matin la 2e brigade, cantonnée à Leipheim, est partie pour Ober-Falheim. Elle a pris position à la gauche de la 1re, en arrière de la Roth, dans le prolongement du bois situé en arrière de Strass. La 1re brigade a occupé Nersingen par un bataillon d'infanterie légère qui a établi un poste à Leiben. La 2e brigade a occupé également par un bataillon le village de Strass et a porté un poste au pont de Leiben, à l'embranchement du chemin venant de Strass avec la grande route venant d'Ober-Falheim à Ulm.

Le général Marcognet a poussé une reconnaissance sur le pont d'Elchingen et s'en est emparé après une légère fusillade. (L'ennemi s'est retiré sur la rive gauche du Danube.)

Cavalerie légère : Holzschwang.

La cavalerie légère postée à Holzschwang, ayant des postes à Holzheim, Finningen, Reutl, Aufheim, Wullenstetten, Witzighausen et Illerberg.

Division de dragons : Holzheim.

La division à Holzheim, ayant un régiment à Steinheim.

Dragons à pied : La division réunie marchera la gauche en tête par Rammingen, Asselfingen, Stötzingen, Gundelfingen et Günzburg. Elle continua sa marche par Bubisheim, Schneckenhofen et Küssendorf, où la 2e brigade appuya sa droite et étendant sa gauche le long des hauteurs.

Parc : En arrière de Günzburg avec un bataillon de dragons.

Journal de marche de l'artillerie du 6º corps.

Le 20 vendémiaire (12 octobre). — Le quartier général vint à Küssendorf.

La 2ᵉ division à Reinpolzhofen.

La 3ᵉ division prit position à Ober-Falheim. 2 pièces de 8, 2 pièces de 4 et un obusier furent détachés en avant de Falheim sur la route.

Le maréchal Ney au prince Murat.

Günzburg, le 20 vendémiaire an xiv (12 octobre 1805).

Monseigneur,

Je crois de mon devoir de soumettre à Votre Altesse Sérénissime mes idées sur l'attaque que l'Empereur a ordonné de faire sur l'Iller, dans le dessein d'en chasser l'ennemi, de le couper, et d'isoler sa ligne d'opérations sur Ulm.

J'ai l'honneur de vous adresser, en conséquence, un projet de dispositions générales d'attaque qui me semble pouvoir remplir l'objet de cette importante opération.

Lorsque Votre Altesse Sérénissime m'aura fait connaître les dispositions qu'elle aura déterminées, j'arrêterai les mesures d'exécution pour le 6ᵉ corps d'armée, ainsi que celles qui sont nécessaires pour la sûreté générale du flanc droit et de nos derrières.

Agréez l'assurance du respect avec lequel je suis, Monseigneur, de Votre Altesse Sérénissime, le très humble et très obéissant serviteur.

(A. M.)   Ney.

Projet pour les dispositions générales d'une attaque sur l'Iller au 21 vendémiaire an XIV.

Dans la position prise aujourd'hui par l'aile droite de la Grande Armée, il ne reste que trois partis à prendre :

1º Celui de passer l'Iller par notre gauche, soutenue par le centre et la droite, en échelons très rapprochés ;

Ce mouvement forcerait tous les Autrichiens qui se trouveraient entre le point de passage et Ulm à se jeter dans la place, où ils seraient bientôt forcés de capituler, faute de subsistances et de munitions. Dans ce cas, il faudrait de suite se lier avec la division Dupont, au-dessus d'Ulm, par la Blau, et renforcer cette division;

2° Le second parti serait de passer l'Iller par la droite, afin de couper de la place d'Ulm tous les Autrichiens qui se trouvent le long de l'Iller. Par ce mouvement, les troupes ennemies seraient rejetées sur le corps de MM. les maréchaux Soult et Davout. Ulm serait isolé et livré à ses propres forces;

3° Le troisième parti serait celui de passer par la droite et par la gauche en même temps, afin de déborder les deux ailes de l'ennemi, de le couper d'Ulm, et de le rejeter sur la direction de Biberach. Il se trouverait ainsi coupé de Memmingen et des rives du Danube, errant dans la haute Souabe, sans communication avec sa ligne d'opérations.

Le dernier projet présente, il est vrai, une double attaque; si l'ennemi était en forces et qu'il sût manœuvrer, il pourrait accabler un des points d'attaque avec la masse de ses troupes. Mais le projet paraît néanmoins préférable, dans l'état de découragement où se trouvent les Autrichiens, et surtout à cause de la confiance que doit inspirer l'enthousiasme de nos troupes.

Les points de passage les plus favorables seraient Unter-Kirchberg ou au-dessus, pour le 6ᵉ corps d'armée; Reggliswelier, ou au-dessous pour le corps de M. le maréchal Lannes.

Le 6ᵉ corps d'armée descendrait ensuite concentriquement par la route d'Ober-Kirchberg sur Steinberg. Celui du maréchal Lannes, manœuvrant dans le même but, et prolongeant sa gauche, couperait la communication de Memmingen. On serait ainsi en mesure de se réunir à volonté.

La division Gazan, qui a remplacé celle du général Dupont, marcherait en ligne vers la direction du 6ᵉ corps d'armée, afin de pouvoir suivre son mouvement, ou de soutenir, au besoin, l'attaque du maréchal Lannes.

La division Suchet en ferait de même à l'attaque de gauche.

Je placerai les dragons à pied et la cavalerie du général Bourcier en potence sur ma droite pour faire face à tout ce qui déboucherait d'Ulm afin de couvrir nos flancs et nos derrières, et de garder les ponts.

Les dragons du général Bourcier sont disposés de manière à pouvoir rejeter dans Ulm tout ce que l'ennemi aurait entre le Danube et la droite de l'Iller.

Un régiment de dragons à cheval et un de dragons à pied en feront autant sur la rive gauche de l'Iller après le passage de cette rivière. Ils couvriront les ponts et chercheront à prendre tous les Autrichiens acculés au confluent des deux rivières.

Le général Baraguey-d'Hilliers placera aussi 500 à 600 hommes à Falheim pour garder nos communications avec Günzburg et avec le général Dupont par le pont de Leipheim. Ce détachement marcherait en avant, aussitôt après que le passage de l'Iller serait effectué et que les dragons à pied recevraient l'ordre de chasser tous les ennemis qui se trouveraient entre la gauche de l'Iller et le Danube.

(*A. M.*)　　　　　　　　　　　　　　　Maréchal NEY.

Cantonnements que le 6ᵉ corps d'armée pourra prendre dans le cas seulement où l'ennemi ne serait pas en force sur le front de l'Iller; dans le cas où il serait en force, il occupera la position déterminée dans l'ordre du mouvement du 20.

Au quartier général, à Günzburg, le 20 vendémiaire an XIV
(12 octobre 1805).

1ʳᵉ *division* (GAZAN).

La division Gazan remplace dans cette position le général Dupont, qui reste sur la rive droite; à Roth, à Ober-Berg et Unter-Berg, à Pfaffenhofen.

Rassemblement en arrière de Pfaffenhofen.

2ᵉ *division*.

6ᵉ léger .... 39ᵉ de ligne.. }	à Holzheim	Rassemblement en arrière de Kadeltshofen.
69ᵉ id.......	à Kadeltshofen	
76ᵉ id.......	à Reinpolzhofen ...	

3ᵉ division.

25ᵉ léger ...... à Nersingen .... ⎫
27ᵉ de ligne .... à Strass .... ⎬ Rassemblement
50ᵉ id..... ⎫ à Falheim .... ⎭ en arrière de Falheim.
59ᵉ id..... ⎭

Rassemblement général des trois divisions : Falheim.

Dragons à pied.

Un bataillon à Küssendorf.
Le reste à Bühl, Anhofen, Holzschwang et Kadeltshofen.
Rassemblement particulier sur les hauteurs de Küssendorf.
Dans le cas du rassemblement général de l'armée à Falheim, les dragons à pied se porteront en réserve sur les hauteurs d'Echlishausen.

Cavalerie légère.

2 escadrons du 1ᵉʳ de hussards à Finningen ; 3ᵉ de hussards ; 10ᵉ de chasseurs à Holzschwang, avec le quartier général................

Division de dragons du général Bourcier :
2 régiments à Steinheim, le reste à Holzheim, avec le quartier général.

Dans le cas de rassemblement général de l'armée à Falheim, cette cavalerie viendra se réunir en avant de la 1ʳᵉ division derrière la Roth à Strass.

Un bataillon tiré de chaque brigade bivouaquera à un quart de lieue en avant des cantonnements de la brigade et s'éclairera sur toutes les directions par des reconnaissances.

La cavalerie légère attachée aux divisions fournira des postes à chacun de ces bivouacs.

Les dragons du général Bourcier prendront les mêmes mesures de sûreté.

Le Maréchal de l'empire,
Nᴇʏ.

Pour ampliation :
Le Général,
Chef de l'état-major général,
Dᴜ Tᴀɪʟʟɪs. (A. M.)

Le général Andréossy au maréchal Ney.

Au quartier général, à Augsburg, le 20 vendémiaire an XIV
(12 octobre 1805).

Monsieur le Maréchal,

Un assez grand nombre de voitures ont été prises sur le territoire de Bade, par voie de réquisition, pour le service de l'armée. Ces voitures deviennent aujourd'hui nécessaires pour assurer le service de nos communications avec la France, en rendant à ce pays les moyens de rétablir les relais qui lui seront demandés, et de fournir les transports journaliers qu'on sera dans le cas de requérir ; d'après ces considérations et les réclamations faites par le gouvernement badois, Son Excellence le ministre de la guerre, major général, vous invite, Monsieur le Maréchal, à donner des ordres à tous les chefs de corps de renvoyer toutes les voitures du territoire badois à leurs communes respectives, aussitôt qu'ils trouveront les moyens de les faire remplacer.

J'ai l'honneur de vous saluer avec une haute considération.

L'Aide-major général, chef de l'état-major général,

(A. M.) ANDRÉOSSY.

5ᵉ CORPS D'ARMÉE.

Journée du 20 vendémiaire (12 septembre 1805).

La générale a été battue à 5 heures du matin au quartier général, dans les bivouacs et dans les cantonnements.

Les troupes ont aussitôt prit les armes, se sont dirigées sur Günzburg en une seule colonne marchant dans l'ordre suivant, savoir :

La brigade de chasseurs ;
La division de grenadiers et son artillerie ;
La division Suchet, son artillerie et l'escadron du 10ᵉ régiment de hussards attaché à cette division ;
La division de dragons aux ordres du général Beaumont.

Arrivée à Günzburg, la colonne s'est dirigée sur Weissenhorn dans l'ordre suivant, savoir :

    La brigade de chasseurs ;
    La division de grenadiers et son artillerie ;
    La division Suchet et son artillerie, avec un escadron du 10e hussards ;
    La division Gazan et son artillerie, qui a rejoint l'armée à Günzburg ;
    La division aux ordres du général Beaumont.

Le corps d'armée a pris le soir les cantonnements suivants :

Brigade de chasseurs : Wullenstetten et Witzighausen.

Brigade de hussards : 9e hussards, Grafertshofen. Escadron du 10e hussards, Altenhofen.

Le 9e régiment de hussards a rejoint la division à Weissenhorn. Un escadron du 10e régiment de hussards continue d'être détaché sous les ordres de Son Altesse Sérénissime, Monseigneur le prince Murat.

Division de grenadiers : La division de grenadiers à Weissenhorn et Witzighausen.

D'après le rapport du 22, la division Gazan cantonna, le 20, à Pfaffenhofen ; la division Suchet, à Altenhofen.

Ordre.

Pfaffenhoffen, le 20 vendémiaire an XIV (12 octobre 1805),
à 10 heures du soir.

D'après les ordres de Sa Majesté l'Empereur et Roi, les officiers généraux doivent faire demain l'inspection des armes et des cartouches ; ils devront aussi réunir tout leur monde et faire venir tous les hommes qui pourraient être détachés aux équipages. Tous les bagages et voitures devront être renvoyés de suite, savoir : pour le corps de M. le maréchal Ney auprès de Günzburg, et pour ceux de Son Altesse Sérénissime le prince Murat et de M. le maréchal d'Empire Lannes, à Burgau. Ils devront être parqués dans des positions et établis de manière à ce qu'il n'y ait rien dans les grands chemins, qui doivent être laissés entièrement libres. La réserve d'artillerie du corps d'armée de M. le maréchal Ney devra être établie à Leipheim, celle du corps d'armée de réserve à Riedheim, et celle du corps d'armée de M. le général Lannes à Biberach. Son Altesse Sérénissime, le prince Murat, désire que MM. les maréchaux d'Empire donnent des ordres pour qu'on s'assure que leurs réserves contiennent assez de cartouches et qu'elles n'ont pas été gâtées par la pluie.

Il devra y avoir pour chaque corps d'armée une grande ambulance, qui sera établie aux lieux indiqués pour les parcs de réserve. Le premier chirurgien de chaque corps d'armée, un médecin, un commissaire des guerres et des gendarmes ou d'autres détachements d'autres troupes, y seront établis. Les commissaires ordonnateurs de chaque corps d'armée prendront dans le jour, des mesures pour qu'il y ait du pain, du vin et même des lits. Il y aura, en outre, des ambulances qui devront suivre les lignes à 400 toises au plus en arrière.

BELLIARD.

Le général Belliard au Général d'artillerie.

Le 20 vendémiaire an XIV (12 octobre 1805).

Mon cher Général,

L'intention de Son Altesse Sérénissime le prince Murat est que vous donniez l'ordre au parc d'artillerie de réserve de son corps d'armée de venir s'établir demain, dans la journée, à Riedheim, et que vous vous assuriez qu'il contient assez de cartouches et qu'elles n'ont pas été gâtées.

Je préviens de cette disposition M. le colonel général Baraguey-d'Hilliers, en l'invitant à faire fournir les escortes dont vous pourrez avoir besoin.

BELLIARD.

Rapport sur les marches et opérations de la réserve de cavalerie.

Le 20 vendémiaire an XIV (12 octobre 1805).

Son Altesse Sérénissime le prince Murat, qui le 19 avait pris le commandement de l'aile droite de la Grande Armée formée des corps de MM. les maréchaux Ney et Lannes, et de trois divisions de dragons, sur le rapport qu'on lui avait fait que l'ennemi voulait défendre l'Iller et concentrer ses forces sur Ulm, prit une ligne de bataille sur la Roth.

Deux divisions de M. le maréchal Ney sont sur la droite du Danube, savoir : l'une à Falheim et l'autre sur les hauteurs en avant de Küssendorf.

La division Dupont était sur la gauche à Langenau.

Le corps d'armée de M. le maréchal Lannes avait une division à Pfaffenhofen, quartier général du prince, une à Weissenhorn et la troisième à Bubenhausen.

Les troupes légères de ces deux corps d'armée couvraient le front, poussant des reconnaissances sur Memmingen, Mindelheim, éclairant la route d'Ulm, et poussant le plus loin possible sur l'Iller.

La 1re division de dragons était à Altenhofen.

La 3e à Hegelhofen, et la 4e à Holzheim en avant du corps d'armée de M. le maréchal Ney (1).

La division de dragons à pied tenait Leipheim.

Son Altesse donna pour instruction à M. le maréchal Ney d'occuper le pont d'Elchingen, afin d'assurer la communication avec la division Dupont et de pouvoir marcher à l'ennemi pour le poursuivre s'il se décidait à faire sa retraite sur Heidenheim, ou pour le combattre s'il conservait toujours sa position. Le prince insista fortement pour l'exécution de cette disposition qu'il regardait indispensable et dit même à M. le maréchal de faire reconnaître un endroit où l'on pût faire jeter un pont dans les environs de Falheim.

M. le maréchal Lannes dut faire préparer tous les matériaux nécessaires pour jeter un pont sur l'Iller. M. le maréchal Ney eut les mêmes instructions, l'intention de Son Altesse Sérénissime étant de forcer le passage, soit à droite, soit à gauche, ainsi qu'il le jugerait convenable, d'après les rapports qu'il aurait sur la position de l'ennemi.

---

(1) « Le général Sahuc reçut ordre de me rejoindre le lendemain avec ses deux régiments. Il passa le Danube et me rejoignit à Holzheim ». (Rapport du général Bourcier à Murat.)

12 OCTOBRE.

Marches et rapports historiques de la 1ʳᵉ division de dragons montés.

Le 20 vendémiaire an xiv (12 octobre 1805).

Le rassemblement a eu lieu à 9 heures, en avant d'Ichenhausen, pour se diriger sur Weissenhorn.

Le pont sur la Günz n'étant praticable que pour l'infanterie, la division passa au gué cette rivière, qui était très gonflée, à cause des pluies continuelles qui avaient eu lieu depuis deux jours ; plusieurs dragons sont tombés dans des trous, et ont failli se noyer.

La division a pris position : le quartier général à Weissenhorn, la 1ʳᵉ brigade à Grafertshofen, la 2ᵉ avec l'artillerie à Volkertshofen et Bubenhausen.

Le maréchal Berthier au général Nansouty.

Augsburg, le 20 vendémiaire an xiv (12 octobre 1805), à midi.

M. le général Nansouty partira aujourd'hui, à 1 heure, avec la division de grosse cavalerie qu'il commande et ira passer la nuit entre Augsburg et Zusmarshausen. Il partira demain de Zusmarshausen à la pointe du jour, et arrivera le soir, en passant par Burgau, à deux lieues en deçà d'Ulm, dans la position qui lui sera indiquée par le prince Murat, auquel il demandera des ordres.

Maréchal Berthier.

Le maréchal Berthier à Son Altesse Sérénissime le prince Murat.

Augsburg, le 20 vendémiaire an xiv (12 octobre 1805).

J'ai l'honneur de prévenir Votre Altesse que la division de grosse cavalerie du général Nansouty va passer la nuit entre Augsburg et Zusmarshausen, d'où elle partira demain à la pointe du jour, pour arriver le soir, en passant par Burgau, à deux lieues en deçà d'Ulm, dans la position qui lui sera indiquée par Votre Altesse, dont elle doit recevoir les ordres.

Maréchal Berthier.

CORPS D'ARMÉE DE RÉSERVE.

GRANDE ARMÉE.

État de force et d'emplacement des divisions composant le corps d'armée de réserve aux ordres de Son Altesse Sérénissime le prince maréchal d'Empire Murat, à l'époque du 20 vendémiaire an XIV (12 octobre 1805).

NUMÉROS des DIVISIONS.	NOMS des RÉGIMENTS.	EMPLACEMENT.	PRÉSENTS.		TOTAL EFFECTIF.	CHEVAUX.		TOTAL EFFECTIF.
			OFFICIERS.	SOUS-OFFICIERS et soldats.		D'OFFICIERS.	DE TROUPES.	
1	1er	Se porte sur Weissenhorn.	12	190	203	14	193	207
	2e		23	239	262	29	241	270
	20e		22	310	334	50	300	350
	4e		15	223	238	29	202	231
	14e		17	273	290	42	231	273
	26e		23	378	401	36	374	410
3	5e	Se porte sur Altenhofen	20	241	263	47	198	245
	12e		17	248	265	38	164	202
	9e		21	256	277	49	204	313
	16e		18	260	278	39	224	263
	21e		17	168	185	28	140	168
	2e régiment d'artillerie à cheval		9	277	286	»	163	163
	6e régiment d'artillerie à pied		8	177	185	»	»	»
	2e bataillon bis du train d'artillerie		»	46	46	»	67	67
			222	3,286	3,513	401	2,531	3,162

Aux hôpitaux : 1 dragon du 20e, 2 du 5e. — Prisonniers : 1 du 1er, 1 du 20e.
Le 8e dragons est attaché au grand quartier général de l'armée. On n'en a pas de nouvelles depuis Rastatt.

Certifié véritable et conforme aux états de situation, envoyés par les différentes divisions, par moi, général de division, chef d'état-major général de Son Altesse Sérénissime le prince Murat.

BELLIARD.

12 OCTOBRE.

Le général Nansouty au maréchal Berthier.

Stadtbergen, le 20 vendémiaire an XIV (12 octobre 1805).

Monsieur le Maréchal,

J'ai l'honneur de rendre compte à Votre Excellence que la cavalerie qui était placée à Willishausen, m'ayant paru trop en l'air, je l'en ai retirée pour la mettre à Anhausen, qui est plus à gauche. Les reconnaissances ont été poussées à gauche et à droite, et sur la route de Weissenhorn. J'ai des grand'gardes en avant d'Anhausen et de Welleshausen; il y a de la plaine en avant d'Anhausen bordée à gauche par un bois et à droite par la Schmütter.

Le cantonnement de Leitershofen fournit aussi des grand'gardes en avant de lui. On ne peut communiquer d'Anhausen à Leitershofen que par un bois impraticable à cheval. J'envoie à Votre Excellence, un homme qui a été arrêté ce matin à 5 heures à nos avant-postes. Il donne quelques renseignements sur la position des ennemis.

J'ai l'honneur, etc.

Nansouty.

Le maréchal Berthier au maréchal Bessières.

Augsburg, le 20 vendémiaire an XIV (12 octobre 1805).

M. le maréchal Bessières fera partir sur-le-champ le général Ordener avec 4 escadrons, 6 pièces d'artillerie légère et une ambulance de la Garde impériale, pour aller coucher ce soir à Burgau où l'Empereur a l'intention de se rendre dans la nuit.

M. le maréchal Bessières, avec le reste de la Garde impériale, artillerie, infanterie, cavalerie et ambulances, ira prendre position en avant de Zusmarshausen, plaçant son avant-garde à mi-chemin de ce poste, à Burgau.

La Garde impériale sera prévenue que l'ennemi est tourné, qu'il y aura après-demain une grande bataille, que chaque soldat doit avoir 40 cartouches, que chacun doit être en état et à son poste.

Berthier.

Bulletin historique de la marche de la division de la Garde impériale.

Le 20 vendémiaire, elle partit d'Augsburg pour se rendre devant Ulm, afin de contribuer à cerner l'ennemi et à lui livrer bataille. Elle cantonna à Zusmarshausen, Landensberg, Wallried, Kleinried, Glottwing. Quartier général à Zusmarshausen (6 lieues) (1).

Général ROUSSEL.

ÉTAT-MAJOR.

M. le maréchal BESSIÈRES, commandant en chef;

    D'HULLEMBOURG, adjudant-commandant;
    BALBANÈGRE, chef d'escadron;
    LEVILLE, chef d'escadron;
    LEISTENSCHNEIDER, capitaine;
    LAPEYRIÈRE, lieutenant;

Général de brigade ROUSSEL, chef d'état-major;

    VAUTRIN, capitaine;
    BARON, capitaine;

Adjoints à l'état-major.....
    BOTEX, capitaine;
    CORBINEAU, capitaine;
    MARTIN-LEPRÊTRE, capitaine;
    WALDNER, capitaine;

PERROT;
CHARAMOND;

Commissaire des guerres, GILBERT-DUFOUR.

---

(1) Le grand quartier général reste à Augsburg. L'Empereur quitte Augsburg à 10 h. 30 du soir pour aller à Weissenhorn (lettre n° 9379 à Soult), mais il s'arrête à Burgau, où il avait eu d'abord l'intention d'aller (voir lettres n° 9375 à Berthier, n° 9378 à Otto). « Le 12, l'Empereur s'établit à Burgau, où nous arrivâmes la nuit par un temps affreux », dit le général Hulot dans ses *Souvenirs*.

GRANDE ARMÉE. GARDE IMPÉRIALE.

État de la situation des troupes de la division de la Garde impériale et royale à l'époque du 20 vendémiaire an XIV (12 octobre 1805).

DÉSIGNATION DES CORPS.	PRÉSENTS.			ABSENTS.			EFFECTIFS.			MUTATIONS et OBSERVATIONS.
	OFFICIERS.	SOUS-OFFICIERS et soldats.	CHEVAUX.	OFFICIERS.	SOUS-OFFICIERS et soldats.	CHEVAUX.	OFFICIERS.	SOUS-OFFICIERS et soldats.	CHEVAUX.	
État-major général...	13	»	»	1	»	»	14	»	»	
Grenadiers à pied....	63	1,572	86	2	124	»	65	1,696	86	Général Hullin.
Chasseurs à pied.....	65	1,537	80	6	262	»	71	1,799	80	Général Soulès.
Garde royale.........	49	848	51	19	160	4	68	1,008	55	Colonel Lecchi.
Grenadiers à cheval...	46	694	839	11	184	125	57	878	964	Général Ordener.
Chasseurs à cheval...	38	503	708	2	66	46	40	650	754	Le colonel en second Morland. (Capitaine Delaitre), colonel Morland).
Mameluks............	7	56	77	»	4	3	7	60	80	
Gendarmerie d'élite..	12	191	212	2	4	7	14	195	219	(Général Savary), major Jacquin.
Artillerie.............	24	262	243	»	»	»	24	262	243	Colonel Couin.
Train d'artillerie...	2	179	234	»	»	»	2	179	234	Non compris les chevaux de réquisition.
Ambulance...........	8	19	37	»	»	»	8	19	37	Cette situation est faite d'après l'organisation, l'ambulance n'en ayant pas encore fourni.
	327	5,951		41	804		370	6,755		
		6,278	2,567		845	185		7,125	2,752	

Au quartier général à Augsburg, le 20 vendémiaire an XIV (12 octobre 1805).
Certifié conforme aux états fournis par les corps :

Le Général de brigade, chef de l'état-major,
X. ROUSSEL.

GRANDE ARMÉE.

Emplacements au 20 vendémiaire an XIV (12 octobre 1805).

DÉSIGNATION DES CORPS.	EMPLACEMENTS.	OBSERVATIONS.
Quartier général......	Augsburg..........	Prêt à partir en partie pour Zusmarshausen.
Garde impériale......	Entre Augsburg et Zusmarshausen.	Ayant une avant-garde près de Burgau. — Le corps se dirige sur Weissenhorn.
1er corps............	Était le matin à quatre lieues de Munich.	Est entré à Munich à 6 heures du matin, poussant des postes sur la Leiznach, où se trouve le corps ennemi de Kienmayer.
Corps bavarois........	Suit le mouvement du 1er corps.	
2e corps............	Augsburg..........	Il en est parti à 1 heure se dirigeant sur Illertissen, où il doit arriver demain soir. — Il laisse la division batave pour la garde d'Augsburg à Wullenstetten.
3e corps............	Dachau............	Poussant des postes sur les routes de Munich et de Landsberg. Doit en pousser demain sur Augsburg et Rain.
5e corps............	Sur la rivière de la Günz.	Ses avant-postes en arrière de Weissenhorn.
6e corps............	Albeck-Langenau, sur la rive gauche du Danube et en avant de Günzburg sr la droite, serrant Ulm.	A Falheim.
Réserve de cavalerie..	Sur la Günz et la Roth.	Le prince Murat était hier à Mindelheim. Devant être après-demain à Weissenhorn, est très probablement ce soir à Krumbach sur le Kamlach, Holzheim, Altenhofen et à Hegelhofen. — Quartier général à Pfaffenhofen.
Division de dragons Walther.	Suit le mouvement du 4e corps sur Memmingen.	
Division de grosse cavalerie Nansouty.	Est partie à 2 heures pour aller près de Zusmarshausen et arrive par Burgan demain à 2 heures, en deçà d'Ulm.	
Division de grosse cavalerie d'Hautpoul.	....	A passé le 20 aux ordres de M. le maréchal Bernadotte vers Munich.
Division de dragons à pied.	Sur Ulm...........	Toujours aux ordres de M. le maréchal Ney.
Grand parc..........	Donauwörth et Augsburg.	Doit être le 22 (14 octobre) au soir à Munich.
2 bat. wurtembergeois.	Rain.............	Reçoivent l'ordre de se rendre à Augsburg par la rive gauche du Lech.
Division batave......	Augsburg..........	
1 bat. du 34e et le 21e dragons.	Donauwörth.	Avec une compagnie du 21e dragons.
54e d'inf. et 150 hommes de cavalerie.	Rain.	
2,000 h. du 1er corps.. 6,000 h. Bavarois.	Ingolstadt.........	Sous les ordres du général Rivaud.

Augsburg, le **20** vendémiaire an XIV (12 octobre 1805),
à 9 heures du soir.

VALLONGUE.

12 OCTOBRE.

Le maréchal Berthier au général Marmont.

Augsburg, le 20 vendémiaire an XIV (12 octobre 1805).
à 11 heures du matin.

Il est ordonné au général Marmont de partir aussitôt la réception du présent ordre, avec toute sa cavalerie, ses deux divisions françaises et 24 pièces de canon bien attelées et bien approvisionnées, ses cartouches, ses ambulances, pour se rendre sur Nattenhausen, passant par Steppbach, Unter-Gessertshausen, Ustersbach, Ziemetshausen, Thannhausen, Ebenhausen, Krumbach.

Le général Marmont se trouvera avoir neuf lieues à faire. 200 de ses meilleurs chevaux devront arriver ce soir à Nattenhausen, et se mettre, aussitôt leur arrivée, en communication avec les postes du prince Murat qui occupe Weissenhorn.

Le reste de sa cavalerie arrivera ce soir aussi loin qu'elle pourra, mais au moins sur la Mindel, au village de Thannhausen, où M. le général Marmont se trouvera de sa personne. Il y fera rendre également 2,000 hommes d'infanterie de son avant-garde.

Le reste de ses deux divisions d'infanterie pourra coucher ce soir : une division à Ustersbach, à quatre lieues, et l'autre à Ziemetshausen qui est environ à cinq lieues et demie.

Demain, à 6 heures du matin, tout le corps du général Marmont se mettra en marche ; sa cavalerie se portera sur l'Iller, pour intercepter la route de Weissenhorn à Memmingen, au village de Ebenhausen.

Le général Marmont, avec son corps d'armée, se portera au village d'Illertissen, où il est nécessaire que demain, avant 11 heures du matin, il soit en position sur les hauteurs dudit village d'Illertissen, et que sa cavalerie soit répandue le long de l'Iller, communiquant par sa droite avec le prince Murat et par sa gauche avec le maréchal Soult.

Si le chemin était trop difficile pour son artillerie, il la fera passer par la chaussée qui de Nattenhausen va à Weissenhorn (trois lieues), et de cette ville à Illertissen il n'y a que deux lieues.

Le principal but du général Marmont est de se trouver sur la droite de Weissenhorn avec tout ce qu'il pourra de monde, le plus tôt possible, dans la journée de demain 21, la bataille devant avoir lieu dans la journée du 22.

BERTHIER.

Le maréchal Berthier au maréchal Soult.

Augsburg, le 19 vendémiaire an XIV (11 octobre 1805).

Monsieur le Maréchal,

L'Empereur vient de recevoir la dépêche que vous lui faites passer par votre aide de camp : il espère que vous aurez l'équipage de pont et les vingt pièces d'artillerie de l'ennemi.

Le maréchal Bernadotte a dû arriver à Munich et le maréchal Davout à Dachau ; cependant l'Empereur n'a encore des nouvelles de l'arrivée de l'un ni de l'autre.

L'ennemi est sur l'Iller, la gauche appuyée à Ulm et la droite à Memmingen.

Le prince Murat, avec les maréchaux Lannes et Ney, est placé vis-à-vis : la gauche à Weissenhorn et la droite à Albeck.

Dans la situation actuelle des choses, l'intention de l'Empereur est que vous vous rendiez à marches forcées, avec votre corps d'armée à Memmingen. Votre cavalerie légère, vos dragons, doivent déjà être très avancés sur cette route puisqu'ils ont été à la poursuite du parc de l'ennemi ; il faut donc qu'ils aient demain des postes sur Memmingen, et qu'avant 2 heures après-midi, votre avant-garde ait pris position vis-à-vis cette ville.

Il est probable que vous pourrez occuper demain Memmingen sans grands obstacles et que vous n'y aurez qu'une simple affaire d'avant-garde. Dans ce cas, vous occuperiez sur-le-champ la position de Memmingen et vous feriez aussitôt porter des postes à Bless, qui est le point de rencontre des chemins qui viennent d'Ulm à Memmingen et de Weissenhorn à Memmingen.

Si l'ennemi veut absolument tenir dans sa position derrière l'Iller, l'intention de l'Empereur est de lui livrer bataille le 22 (*14 octobre*). Le rôle que vous devez y jouer, Monsieur le Maréchal, dépend absolument de l'ennemi ; mais vous devez chercher à déborder sa droite et commencer à l'attaquer aussitôt que vous le pourrez : au surplus, dans la journée du 22, l'Empereur sera à Weissenhorn.

S'il était possible que vos hussards, vos chasseurs et vos dragons arrivassent ce soir à Memmingen, ce corps de cavalerie d'environ 2,500 hommes, auquel vous joindrez 2 ou 3 pièces d'artillerie légère, vous mettrait à même de donner à l'Empereur des nouvelles dans la nuit, ce qui serait pour Sa Majesté de la plus grande importance.

Sa Majesté restera toute la journée à Augsburg et n'en partira vraisemblablement que demain matin.

Envoyez des espions à Kempten et Füssen pour savoir ce qui s'y passe ; portez une attention particulière, Monsieur le Maréchal, et veillez bien à ce que l'ennemi ne vous dépasse, ni par votre droite ni par votre gauche.

Pour que l'Empereur puisse avoir des nouvelles très promptement, il faut que vous laissiez un aide de camp ou un autre officier bien monté à Mindelheim qui portera vos dépêches à un autre officier que vous ferez rester à Schwabmünchen qui, lui-même, les portera à Augsburg.

Au reste, comme vous avez peu d'officiers d'état-major, ce sera moi qui enverrai un officier à Schwabmünchen.

Par ce moyen, l'Empereur pourra être instruit avant demain matin de ce qui se sera passé aujourd'hui à Memmingen, et savoir où l'ennemi se décidera à appuyer sa droite.

Portez une grande attention à placer vos relais de correspondance, car les officiers n'arrivent pas faute de chevaux ; dans cette circonstance, rien n'est plus important que d'avoir des nouvelles promptement.

Par ce moyen, vous pourrez recevoir, demain de très bonne heure, les ordres définitifs de l'Empereur.

BERTHIER.

Le général Salligny au général Vandamme.

Landsberg, le 20 vendémiaire an XIV (12 octobre 1805).

J'ai l'honneur de vous prévenir que les divisions du corps d'armée doivent se mettre sur-le-champ en marche et se diriger sur Mindelheim.

La 3e, formant tête de colonne, prendra position en arrière de Mindelheim et portera son avant-garde sur la rive gauche de la Mindel.

La 1re, qui marchera ensuite, prendra position en arrière de Buchloë.

Et la vôtre, mon cher Général, en arrière de Holzhausen, dans le camp qu'a quitté la 3e division.

Le parc d'artillerie suivra la marche de la 1re division et se rendra ce soir à Buchloë.

La division de dragons et celle de cavalerie légère se réuniront ce jour à Mindelheim.

Demain 21 (*13 octobre*), toutes les divisions se dirigeront sur Memmingen et régleront leurs mouvements de manière à y arriver d'aussi bonne heure que possible.

La division de cavalerie légère marchera avec l'avant-garde de la 3e division, et après l'infanterie de cette avant-garde, la division de dragons ensuite, puis le corps de bataille de la 3e division.

La 1re division marchera ensuite et sera suivie par le parc d'artillerie.

Votre division suivra le parc. Cependant, s'il arrêtait votre marche, vous laisseriez un bataillon pour le couvrir et vous donneriez ordre à la troupe de le dépasser pour se rendre à sa destination.

MM. les généraux de division feront marcher leurs troupes dans le plus grand ordre et s'assureront que les munitions sont en bon état. Ils feront rester en arrière quelques hommes des plus éclopés, pour faire suivre l'eau-de-vie et le pain destinés aux régiments et ils renverront à Augsburg les équipages que les corps ont fait suivre, en contravention à l'ordre du 18 de ce mois (*10 octobre*).

Les divisions, dans les positions respectives qu'elles doivent prendre jusqu'à Memmingen, se garderont avec soin sur leurs ailes, surtout à gauche et dans tous les débouchés qui viendront y aboutir.

L'ordonnateur en chef fera suivre le plus de subsistances qu'il pourra enlever, et en fera immédiatement la répartition aux divisions, ainsi qu'à la cavalerie et l'artillerie. Il ordonnera la distribution de la farine qui est en magasin, pour qu'à défaut de pain, la troupe puisse la consommer.

Le maréchal invite les généraux de division à donner des ordres pour qu'il soit établi des gardes à leurs parcs d'artillerie, à l'effet d'empêcher la désertion des conducteurs et des chevaux de réquisition. Il leur recommande de veiller à ce que les subsistances leur soient exactement délivrées, et il désire qu'ils fassent mettre à couvert les chevaux toutes les fois que les localités en donneront la facilité sans compromettre le service.

Si demain vous vous décidez à passer en avant du parc d'artillerie de l'armée, veuillez bien ordonner que le bataillon destiné à le couvrir relève une garde de 100 hommes que lui fournit la 1re division.

J'ai l'honneur, etc.

SALLIGNY.

Le maréchal Soult au général Vandamme.

Landsberg, le 20 vendémiaire an XIV (12 octobre 1805).

Monsieur le Général,

Je vous préviens que je donne ordre au général Saint-Hilaire, de faire entrer les quatre régiments de ligne de sa division dans la ville de Landsberg, et de les loger dans le couvent des Maltaises et ses dépendances.

Vous établirez un régiment de votre division en tête du village de Pürgen, sur la route de Weilheim.

Un régiment en tête de Reisch.

Un régiment en tête de Schwifting.

Un bataillon en arrière de la ferme de Stillerhof, sur la route de Munich.

Un bataillon aux fermes de Kreul et Hoschel, en avant et à droite de Kaufering.

Un régiment en tête de Kaufering pour garder le pont sur le Lech qui est à ce village.

Tous ces régiments se garderont très militairement et auront de fréquentes reconnaissances en avant d'eux, pour éclairer les mouvements que l'ennemi pourrait faire dans cette partie.

L'artillerie de votre division pourra être placée à la briqueterie (1) en avant de Landsberg, et les chevaux être mis à couvert dans la briqueterie même.

---

(1) Ziegelhütte, à 300 mètres à l'est de Landsberg.

Je vous préviens que le village de Pasing, en avant de Kaufering, est destiné pour la division de dragons, et que le général Walther fera garder par un fort poste le village de Schöffelding, sur la route de Munich. Il aura aussi une brigade à Pürgen.

J'ai l'honneur, etc.

SOULT.

―――――

Le maréchal Soult au général Vandamme.

Landsberg, le 20 vendémiaire an XIV (12 octobre 1805).

Monsieur le Général,

Donnez sur-le-champ ordre à la division que vous commandez de se réunir sur les hauteurs de Landsberg, et faites-la mettre immédiatement en marche pour se diriger sur Mindelheim. Ce soir, elle prendra position en arrière d'Holzhausen dans le camp que la 3e division a occupé.

Demain, de grand matin, vous la remettrez en marche et la dirigerez sur Memmingen en passant par Mindelheim, où le corps d'armée va se rendre. Réglez son mouvement de manière qu'elle puisse se rapprocher demain le plus possible de Memmingen, afin que le soir même elle puisse prendre part aux événements qui auront lieu dans cette partie.

Ce soir, mon quartier général sera à Mindelheim, où je désire que vous me donniez de vos nouvelles, et demain à Memmingen, où je recevrai avec un égal plaisir l'avis de votre arrivée.

Laissez quelques hommes pour vous amener le pain et l'eau-de-vie qui ont été demandés dans le village et l'arrondissement de Landsberg; mais ne différez pas un instant pour vous mettre en marche.

J'ai l'honneur, etc.

SOULT.

―――――

Le maréchal Soult au maréchal Berthier.

Au quartier général, à Landsberg, le 20 vendémiaire an XIV
(12 octobre 1805), à 2 heures après-midi.

J'ai reçu à 1 heure l'ordre en date de ce jour que Votre

Excellence m'a adressé; j'ai de suite donné ceux nécessaires pour rassembler les divisions et les diriger sur Mindelheim.

Ce soir, la 3ᵉ division sera en position en arrière de cette ville et portera son avant-garde sur la rive gauche de la Mindel en poussant des postes aussi loin que possible.

La 1ʳᵉ division et le parc d'artillerie s'établiront ce soir en arrière de Buchloë et la 2ᵉ division à Holzhausen.

La cavalerie, dont partie avait été détachée sur les routes de Munich, de Weilheim, de Schöngau, se réunira pendant la nuit à Mindelheim.

Demain, de grand matin, toutes les divisions se mettront en marche pour Memmingen et j'espère qu'à 2 heures après-midi la 3ᵉ division se sera emparée de cette ville.

Je n'ai point encore de nouvelles du résultat de la reconnaissance que le général Sébastiani a eu ordre de porter sur Weilheim. Ce retard me fait croire qu'il aura pu atteindre le convoi d'artillerie ennemi qui a pris cette direction. Malgré son éloignement, je ne doute pas que la brigade de dragons qu'il commande ne soit réunie à sa division, avant le jour, à Mindelheim.

Le régiment de cuirassiers Prince-Ferdinand, que nous avons trouvé hier à Landsberg, avait ordre de se rendre à marches forcées à Ulm et nous avons appris des prisonniers qui lui ont été faits que le régiment de Nassau (cuirassiers) qui était attendu à Munich, avait aussi reçu ordre de le suivre à une marche d'intervalle pour se rendre à la même destination; notre arrivée à Landsberg a un peu dérangé ces dispositions, et, par le détour que ces régiments doivent faire, il ne leur sera pas possible d'être rendus avant trois jours à Memmingen.

L'artillerie manque de conducteurs pour les chevaux qu'elle emploie; la plupart de ceux réquisitionnés, qu'elle avait reçus, ont déserté; je suis forcé de prendre 5 hommes (les plus éclopés) par bataillon pour lui aider à conduire ses voitures, ou elles resteraient.

SOULT.

*Le général Vandamme aux Officiers généraux et de tous grades
de la 2ᵉ division du 4ᵉ corps.*

Landsberg, le 20 vendémiaire an XIV (12 octobre 1805).

Messieurs,

La position dans laquelle nous nous trouvons, me force à en appeler à toute votre attention. Les marches forcées faites ou à faire pour compléter la plus belle campagne connue dans l'histoire, les privations auxquelles nous sommes exposés, tout, Messieurs, exige de notre part des soins particuliers pour maintenir la troupe dans la discipline, conserver la santé des braves que nous commandons et entretenir l'armement et l'habillement en règle. Je vous conjure au nom de l'honneur, au nom de l'amour que nous portons tous à notre auguste Empereur, occupez-vous constamment de vos brigades, régiments, bataillons et compagnies, comme je me préoccupe autant que possible de vous tous.

Je sacrifierai ma santé et ma vie pour le bien-être de ma division, mais je ne puis rien sans le concours de ceux qui, comme moi, ont juré à l'Empereur de bien le servir et de tout faire pour son glorieux règne.

Nous sommes à la veille de grands événements militaires. Toute une armée autrichienne est presque entourée par la Grande Armée que le grand Napoléon commande en personne. Préparons-nous à bien nous battre, et sous peu, la victoire la plus signalée terminera cette campagne pénible et glorieuse. C'est dans des circonstances difficiles que l'homme de cœur prouve qui il est. Si notre métier n'était pas pénible, s'il n'y avait pas souvent des dangers et des maux à supporter, quel honneur y aurait-il d'être militaire ? L'élite de la nation ne composerait pas les armées et nous ne serions plus les citoyens distingués de la grande nation.

Content jusqu'ici de la presque totalité de ma division, je me félicite de la commander. Je vois les chefs attentifs, les soldats patients et disciplinés, et j'ose d'avance me convaincre que de brillants succès couronneront nos généreux efforts.

Soldats,

Continuez à être disciplinés et patients. Croyez que, moi et tous vos chefs, nous n'avons rien tant à cœur que de vous conduire au chemin de la victoire. Le temps est affreux, les chemins difficiles, mais nous sommes Français ; notre auguste Empereur marche à notre tête ; d'éclatantes victoires seront le prix de tant d'héroïsme. La campagne ne sera pas longue ; tous savent que notre souverain ne combat que pour les vaincre ; ils ne peuvent l'avoir oublié. Je compte toujours sur votre valeur, sur votre discipline et sur votre patience.

Comptez sur toute ma sollicitude pour alléger vos privations, vos souffrances, et obtenir qu'on mette un peu plus de régularité dans la distribution des vivres.

Je sais vous apprécier. Continuez à m'accorder votre confiance. Donnez-m'en la preuve par votre bonne conduite et je serai toujours tout entier à vous.

Vandamme.

L'Empereur au maréchal Berthier.

Au quartier impérial, à Augsburg, le 20 vendémiaire an XIV
(12 octobre 1805), à midi.

Mon Cousin, donnez l'ordre au général Dumonceau, commandant la division batave, de se rendre à Augsburg avec son infanterie et 12 pièces de canon. Il placera la moitié de sa division pour défendre le pont du Lech, avec une forte grand'-garde à mi-chemin du pont, à Friedberg, et l'autre moitié de sa division pour défendre le pont de la Wertach. Deux bataillons entreront dans la ville d'Augsburg pour faire le service de la place. Il placera deux de ses pièces de canon au pont de la Wertach, et quatre autres pièces au pont du Lech. Les six autres pièces de canon seront tenues disponibles et prêtes à se porter partout où besoin serait. Toutes les portes de la ville seront gardées en force, et, tous les jours, une heure avant la pointe du jour, de fortes reconnaissances se porteront à deux lieues en avant dans les quatre grandes directions, pour pouvoir y avoir des nouvelles de tout ce qui se passe aux environs du grand quartier général. Quels que soient les événements qui pourraient survenir, le général Dumonceau défendra la place et avertira de sa position le maréchal Bernadotte qui est à Munich, le maréchal Davout qui est à Dachau, le maréchal Soult qui est du côté de Landsberg et sur la route de Landsberg à Memmingen ; enfin, il avertira Sa Majesté l'Empereur, qui sera du côté de Burgau, et le général Rivaud qui est à Ingolstadt, de tout ce qu'il y aura de nouveau et d'extraordinaire.

Donnez l'ordre au général Rivaud, si, demain à la pointe du jour, il ne se passe rien de nouveau sur la gauche du Danube, d'expédier 150 hommes de cavalerie, 2 pièces d'artillerie et le 54e régiment de ligne au pont du Lech, à Rain, pour le défendre, de n'importe quel côté que l'ennemi vienne.

Le commandant de ce corps de troupe correspondra avec le général commandant à Donauwörth, pour lui faire connaître et savoir tout ce qu'il y aura de nouveau ; il correspondra, pour le même objet, avec le général Dumonceau, commandant à Augsburg, afin que, suivant les circonstances, il puisse faire ses dispositions et défendre le passage du Lech. Comme on ne pense pas qu'il puisse être attaqué, et que tout ceci n'est qu'une mesure de précaution, les dispositions auront lieu contre les partis ennemis qui pourraient peut-être vouloir échapper à notre poursuite, en se portant vers ces différents points, et afin d'assurer une surveillance utile sur toutes les routes. Après-demain 22, il y aura probablement bataille du côté d'Ulm, où l'armée ennemie est cernée, et l'Empereur prévoit des circonstances où le corps qui sera à Rain peut être très utile.

NAPOLÉON (1).

Le maréchal Berthier au général Dumonceau.

Augsburg, le 20 vendémiaire an XIV (12 octobre 1805).

Le général Dumonceau, commandant la division batave, se rendra de suite à Augsburg, avec son infanterie et 12 pièces de canon ; il placera la moitié de sa division pour défendre le pont du Lech, avec une forte grand'garde à mi-chemin de ce

---

(1) *Correspondance de Napoléon*, n° 9376.

pont à Friedberg, et l'autre moitié de sa division sera placée pour défendre le pont de la Wertach.

Deux bataillons entreront dans la ville d'Augsburg pour faire le service de la place.

Il placera deux de ses pièces de canon au pont de la Wertach et quatre pièces au pont du Lech, les six autres pièces seront tenues disponibles et prêtes à se porter partout où besoin serait.

Toutes les portes de la ville seront gardées en force, et tous les jours, une heure avant la pointe du jour, de fortes reconnaissances se porteront à deux lieues en avant sur les quatre grandes directions, pour pouvoir y avoir des nouvelles de tout ce qui se passe aux environs du grand quartier général ; quels que soient les événements qui pourraient survenir, le général Dumonceau défendra la place et avertira de sa position le maréchal Bernadotte qui est à Munich, le maréchal Davout qui est à Dachau, le maréchal Soult qui est du côté de Landsberg et sur la route de Landsberg à Memmingen vers Mindelheim ; enfin il avertira l'Empereur qui sera du côté de Burgau, et le général Rivaud qui est à Ingolstadt, de tout ce qu'il y aura de nouveau et d'extraordinaire.

Maréchal BERTHIER.

Le maréchal Berthier au général René.

Augsburg, le 20 vendémiaire an XIV (12 octobre 1805),
à 3 heures après-midi.

Général,

Je vous préviens que la division batave aux ordres du général Dumonceau, arrive pour être chargée de la défense de la place et des ponts sur le Lech et la Wertach. Ce général amène 12 pièces de canon, il doit placer la moitié de sa division pour défendre le pont du Lech, en tenant une forte grand'garde à mi-chemin de Friedberg ; l'autre moitié sera placée pour défendre le pont de la Wertach.

Deux bataillons entreront dans Augsburg pour y faire le service de la place.

Deux pièces de canon seront placées pour la défense du pont

de la Wertach, et quatre au pont du Lech, les autres seront disponibles.

Toutes les portes de la ville seront, etc.....

(*Voir la suite de l'ordre au général Dumonceau.*)

Maréchal BERTHIER.

Le général Andréossy au général Godinot.

Augsburg, le 20 vendémiaire an XIV (12 octobre 1805).

Monsieur le Général,

Conformément aux intentions du ministre de la guerre, major général, vous voudrez bien donner de suite vos ordres pour qu'une compagnie du 21ᵉ régiment de dragons et une compagnie du 34ᵉ régiment de ligne partent de Donauwörth, demain 21, pour venir coucher à Maitingen, et le 22 à Augsburg, où elles resteront à la disposition du général René, commandant la place d'Augsburg.

Les deux compagnies recevront les vivres et les fourrages en route.

ANDRÉOSSY (1).

Le général Andréossy à M. Petiet.

Augsburg, le 20 vendémiaire an XIV (12 octobre 1805).

Monsieur l'Intendant général,

Je vous préviens que, conformément aux intentions de Sa Majesté, et aux ordres de Son Excellence le ministre de la guerre, les deux bataillons wurtembergeois, qui sont à Rain, doivent en partir au reçu de l'ordre qui leur a été expédié, pour se rendre, en deux marches, à Augsburg, en suivant la rive gauche du Lech.

J'ai l'honneur, etc. ANDRÉOSSY (2).

---

(1) Ordre correspondant à l'intendant général.

(2) (En note, de la main de Petiet : Donné connaissance de ce mouvement au camp Barthoneuf).

12 OCTOBRE.

Le maréchal Berthier au général Rivaud.

Augsburg, le 20 vendémiaire an xiv (12 octobre 1805),
à 1 heure après-midi.

Si, demain à la pointe du jour, il ne se passe rien de nouveau sur la gauche du Danube, le général Rivaud expédiera 150 hommes de cavalerie, 2 pièces d'artillerie, et le 54e régiment de ligne, au pont du Lech à Rain, pour le défendre, n'importe de quel côté vienne l'ennemi.

Le commandant de ce corps de troupe correspondra avec le général commandant à Donauwörth, pour lui faire connaître et savoir tout ce qu'il y aura de nouveau; il correspondra pour le même objet avec le général Dumonceau, commandant à Augsburg, afin que, suivant les circonstances, il puisse faire ses dispositions et défendre le passage du Lech.

Comme on ne présume pas que le général Rivaud puisse être attaqué, et que tout ceci n'est qu'une mesure de précaution, ces dispositions ont lieu principalement contre les partis ennemis qui voudraient peut-être échapper à notre poursuite en se portant vers ces différents points, et afin d'assurer une surveillance utile sur toutes les routes.

Après-demain 22 (*14 octobre*), il y aura probablement bataille du côté d'Ulm, où l'armée ennemie est cernée, et l'Empereur prévoit des circonstances où le corps qui sera à Rain pourra être très utile.

Le général Rivaud trouvera à Rain deux bataillons wurtembergeois d'environ 800 hommes, commandés par le major Raumann, et qui seront provisoirement à ses ordres.

S'il prévoit, comme il est à présumer, qu'il n'y ait rien à craindre à Ingolstadt, il se portera de sa personne à Rain, poste qui peut devenir, selon les circonstances, très important.

Maréchal BERTHIER.

Le maréchal Berthier au général Godinot

Augsburg, le 20 vendémiaire an XIV (12 octobre 1805),
à 1 heure après-midi.

Général,

Je vous préviens que, demain à la pointe du jour, s'il ne se passe rien de nouveau sur la gauche du Danube, le général Rivaud, commandant à Ingolstadt, doit envoyer 150 hommes de cavalerie, deux pièces d'artillerie, et le 54e régiment de ligne, au pont du Lech à Rain, pour le défendre de quelque côté que vienne l'ennemi.

Le commandant de ce corps correspondra avec vous pour vous faire connaître et apprendre tout ce qu'il y aura de nouveau.

Le général Dumonceau, avec la division batave, est chargé de la défense du pont du Lech et du pont de la Wertach, à Augsburg.

Vous le préviendrez également de tout ce que vous apprendrez qui pourrait intéresser la défense de ce point important.

Tenez-vous en mesure d'avoir des informations de tout ce qui se passera dans votre arrondissement.

Il est probable qu'après-demain 22 (*14 octobre*), il y aura bataille du côté d'Ulm, où l'armée ennemie est cernée.

L'Empereur se trouvera de sa personne vers Burgau.

Maréchal BERTHIER.

Le maréchal Berthier au major Raumann.

Augsburg, le 20 vendémiaire an XIV (12 octobre 1805),
dans l'après-midi.

Monsieur le Major,

D'après les dispositions faites par l'Empereur, vous devez concourir à la défense du pont du Lech à Rain si, contre toute attente, l'ennemi se présentait pour attaquer ce poste. M. le général Rivaud, qui commande à Ingolstadt, doit y envoyer demain 150 hommes de cavalerie, un régiment d'infanterie, etc.

Nota. — Ce qui suit est barré.

Maréchal BERTHIER.

12 OCTOBRE.

Le maréchal Bernadotte à l'Empereur.

Munich, le 20 vendémiaire an XIV (12 octobre 1805).

Sire,

J'ai l'honneur d'adresser à Votre Majesté l'état des troupes que j'ai laissées à Ingolstadt sous le commandement du général de division Rivaud : indépendamment de ces corps, j'ai prescrit au général commandant de retenir jusqu'à nouvel ordre tous les détachements qui seraient en route pour rejoindre l'armée.

Je suis.....

BERNADOTTE.

État des troupes françaises et bavaroises restées à Ingolstadt, sous les ordres du général Rivaud.

Le 20 vendémiaire an XIV (12 octobre 1805).

TROUPES BAVAROISES.

9ᵉ régiment d'infanterie............	1,250	hommes.
19ᵉ — —	1,250	—
2 bataillons d'infanterie légère......	1,280	—
2ᵉ régiment de chevau-légers........	340	—

TROUPES FRANÇAISES.

54ᵉ régiment de ligne...............	1,940	—
TOTAL.....	6,060	hommes.

Artillerie bavaroise........	12 pièces d'artillerie légère.	
—	12 —	— à pied.
TOTAL.....	24 pièces.	

Certifié conforme aux notes qui m'ont été données par MM. les lieutenants généraux Deroy et de Wrède.

Le Général, chef de l'état-major général,

Maréchal BERTHIER.

Le général Rivaud au maréchal Berthier.

Ingolstadt, le 20 vendémiaire an xiv (12 octobre 1805).

Monseigneur,

J'ai l'honneur de rendre compte à Votre Excellence que le parc d'artillerie du 1er corps de la Grande Armée est arrivé ici, hier soir, et qu'il en est parti ce matin pour Pfaffenhofen et, de là, marcher à la suite de ce corps d'armée, d'après les ordres qu'il en a reçus du général Éblé. J'ai cru indispensable de lui donner pour escorte trois compagnies du 54e régiment d'infanterie, ce qui me privera de ces troupes pour longtemps.

J'ai envoyé des reconnaissances et des partis sur les bords de l'Altmühl, à Dietfürt, Neumarkt et Burglengenfeld; ils n'ont trouvé aucun ennemi dans ces contrées et n'ont pas appris qu'il y en eût dans les environs; cependant, à Burglengenfeld, on annonçait qu'une division russe de 6,000 à 8,000 hommes, arrivait dans le Haut-Palatinat par Waldmünchen, ce qui se concilie avec le rapport de M. Bacher, notre ministre à Ratisbonne, dont j'ai l'honneur de vous joindre ici copie. J'espère sur ce point recevoir de lui de nouveaux renseignements, et j'envoie des espions à Amberg et Nuremberg pour avoir des nouvelles de ces pays.

On va faire travailler à mettre en état de défense la mauvaise place d'Ingolstadt; on y emploiera tous les moyens possibles, mais, dans la saison, les travaux n'iront pas aussi vite; cependant, on fera tout ce qui est humainement praticable pour faire exécuter le plan arrêté par le général aide de camp de Sa Majesté l'Empereur. Je n'ai, à Ingolstadt, ni officier d'artillerie, ni commissaire des guerres; je prie Votre Excellence de donner ses ordres pour qu'il m'en soit envoyé.

J'ai l'honneur.....

RIVAUD.

Le maréchal Berthier à M. l'Intendant général.

Augsburg, le 20 vendémiaire an XIV (12 octobre 1805),
à 2 heures après-midi.

Monsieur l'Intendant général,

Je vous préviens que le corps de M. le maréchal Bernadotte, ainsi que celui de Bavière, sont à Munich; que le corps de M. le maréchal Davout est à Dachau en mesure contre les Russes; que le pont d'Ingolstadt et celui de Rain sont gardés, et la défense des deux ponts d'Augsburg est confiée à la division batave aux ordres du général Dumonceau.

Aujourd'hui, dès la pointe du jour, M. le maréchal Soult a marché de Landsberg à Mindelheim, sur la route de Memmingen.

Le général Marmont vient de partir pour se rendre demain au soir à Illertissen.

La Garde impériale marche tout entière sur Zusmarshausen, ayant une avant-garde vers Burgau, où l'intention de l'Empereur est d'aller cette nuit.

La division de grosse cavalerie du général d'Hautpoul, qui était à mi-chemin d'Augsburg à Dachau, passe provisoirement aux ordres du maréchal Bernadotte.

La division de grosse cavalerie du général Nansouty part à l'instant pour aller coucher en deçà de Zusmarshausen et arriver demain, en passant par Burgau, à deux lieues en deçà d'Ulm.

Les autres corps sont à peu près dans la position indiquée par l'emplacement que je vous ai fait remettre.

Il est très probable qu'après-demain 22 (*14 octobre*), il y aura bataille du côté d'Ulm, où l'armée ennemie est cernée.

Le grand quartier général reste à Augsburg, qui devient le point central des mouvements sur l'Iller et sur l'Inn.

Maréchal BERTHIER.

Le maréchal Berthier aux Maréchaux et Généraux commandant les sept corps d'armée.

Augsburg, le 20 vendémiaire an xiv (12 octobre 1805),
à 3 heures après-midi.

La rapidité des marches de l'armée doit nécessairement occasionner beaucoup de difficultés pour les subsistances, principalement pour l'approvisionnement du pain ; mais, comme c'est à cette rapidité même que l'armée devra une partie de ses succès, il importe de ne pas la ralentir ; il faut donc, M. le Maréchal, trouver quelques moyens de suppléer à la disette du pain qui se fait quelquefois sentir, et il en est un praticable dans tous les corps : c'est de remplacer cette fourniture par une ou deux rations de plus de viande ; veuillez, Monsieur le Maréchal, user ainsi des ressources que le pays peut vous offrir, afin que le soldat ait, d'une manière ou de l'autre, des subsistances assurées.

Maréchal BERTHIER.

Le maréchal Berthier au général Lery.

Augsburg, le 20 vendémiaire an xiv (12 octobre 1805).

Général,

L'intention de l'Empereur est qu'en l'absence du général Marescot, vous restiez au grand quartier général pour y prendre le commandement du génie de l'armée.

L'Empereur désire que dans la journée de demain, on soit en plein travail pour faire une tête de pont au Lech.

Je mets 12,000 francs à la disposition du colonel Flayelle, dont la comptabilité sera tenue comme celle ordinaire du génie.

Maréchal BERTHIER.

Le maréchal Berthier au général Songis.

Augsburg, le 20 vendémiaire an xiv (12 octobre 1805).

Général,

Il y a à Günzburg et à Wertingen des pièces de canon qu'il

est très urgent de faire conduire à Augsburg. Ces pièces de canon vont nous devenir d'autant plus utiles que nous allons prendre beaucoup de munitions autrichiennes ; vous devez, en conséquence, faire vos dispositions pour organiser toute une division en artillerie autrichienne.

Il faut faire avancer tous les pontonniers, les tenir prêts à partir pour jeter un pont sur l'Inn. Faites-moi connaître si nous avons suffisamment de pontons pour jeter un pont sur cette rivière. Faites évacuer ces pontons le plus promptement possible ; il faut avoir des pontonniers à l'extrémité de la droite, à l'extrémité de la gauche et au centre de l'arrière. Certains corps de pontonniers doivent avoir un caisson d'outils propres à réparer promptement les ponts que l'ennemi aurait brisés.

L'intention de l'Empereur est que les ponts de Neuf-Brisach, de Kehl, de Strasbourg, de Spire, quand ils seront jetés, soient confiés aux officiers des ponts et chaussées.

Je vous prie, Général, de me faire connaître tous les jours où se trouve le parc.

Le Major général,

(A. A.)   Maréchal BERTHIER.

Le général Andréossy à M. Petiet.

Augsburg, le 20 vendémiaire an xiv (12 octobre 1805).

J'ai l'honneur de vous prévenir que le 16e régiment de chasseurs à cheval, qui doit arriver à Gaildorf le 28 courant, reçoit l'ordre d'en partir le 30 pour aller le même jour à Ellwangen, le 1er brumaire à Nördlingen, le 2 à Donauwörth, le 3 à Meitingen, le 4 à Augsburg où il recevra de nouveaux ordres.

Le 22e régiment de chasseurs, qui doit arriver le 21 vendémiaire à Heilbronn, reçoit l'ordre d'en partir de suite pour se rendre à Augsburg, en suivant la même route.

Je ne puis vous faire connaître positivement le jour de son départ de Heilbronn, parce que l'ordre part aujourd'hui seulement d'ici ; peut-être ce régiment aura-t-il continué sa route.

Je vous prie, Monsieur l'Intendant général, de vouloir bien donner des ordres pour que ces régiments puissent trouver des subsistances sur leur route.

ANDRÉOSSY.

Le général Andréossy à M. Petiet.

Augsburg, le 20 vendémiaire an xiv (12 octobre 1805).

Monsieur l'Intendant général,

J'ai l'honneur de vous prévenir que, d'après les ordres du ministre de la guerre, major général, un détachement de 600 hommes tirés des dépôts des troupes françaises stationnées en Hollande, un détachement de 400 hommes tirés des dépôts d'infanterie batave, et un supplément de cavalerie batave, fort de 800 hommes montés, tous les trois réunis en une seule colonne, partiront de Spire le 6 brumaire prochain, pour aller le même jour à Bruchsal; le 7, à Eppingen; le 8, à Heilbronn; le 9, à Œhringen; le 10, à Hall; le 11, à Gaildorf, le 12, à Ellwangen; le 13, séjour; le 14, à Nördlingen; le 15, à Donauwörth; le 16, à Meitingen; le 17, à Augsburg, où ils recevront de nouveaux ordres pour rejoindre le second corps de la Grande Armée, commandé par le général Marmont.

Je vous prie de vouloir bien donner des ordres pour qu'il soit pourvu aux subsistances de ces détachements.

J'ai l'honneur...

ANDRÉOSSY.

Le général Andréossy au général Rheinwald, commandant entre le Rhin et le Neckar.

Augsburg, le 20 vendémiaire an xiv (12 octobre 1805).

Monsieur le Général,

Son Excellence le ministre de la guerre, major général, a reçu la lettre par laquelle vous le prévenez qu'il arrive journellement à Stuttgard des militaires français blessés ou malades, dans l'intention d'entrer à l'hôpital. Vous le prévenez, en même temps, qu'il n'existe aucun établissement de ce genre, et vous proposez d'en former un au château dit de la Solitude. Son Excellence approuve à Stuttgard la création d'un hôpital pour 200 malades; je vous invite à vous entendre à cet égard avec le ministre de la guerre pour obtenir le local désigné. M. l'Intendant général que j'ai informé de cette disposition va ordonner d'envoyer, de Strasbourg, des médecins, des chirurgiens, des employés et, en général, tous les objets nécessaires à un pareil établissement. Peut-être pour ce dernier objet, devra-t-on se pourvoir dans le pays de tout ce qu'il sera possible d'en tirer et vous devriez, dès ce moment, vous attacher à former un établissement provisoire qui prendrait de l'extension et de la consistance à mesure que les moyens arriveraient.

Dans tous les cas, les malades ou blessés n'auraient pas dû prendre la route de Strasbourg; vous savez que ce point est fermé et que l'intention de Sa Majesté est qu'aucun soldat ne repasse le Rhin. Si, faute de secours, il eût été indispensable de faire partir des malades ou blessés, il eût fallu les diriger sur Eppingen, qui est un des points de la ligne de communication de l'armée d'Augsburg à Spire.

ANDRÉOSSY.

Le général Andréossy au général Songis.

Augsburg, le 20 vendémiaire an XIV (12 octobre 1805).

Monsieur le Général,

En réponse à la lettre que vous m'avez écrite aujourd'hui, concernant les frais de poste accordés par Son Excellence le ministre de la guerre aux officiers de tout grade, jusqu'à celui de colonel inclusivement, voyageant par ordre dans l'intérieur de l'armée, j'ai l'honneur de vous prévenir que Son Excellence accorde 7 francs par poste française de deux lieues et qu'il n'entre, par là, dans aucune considération de frais particuliers.

ANDRÉOSSY.

Le général L. Berthier au général Sanson, aide-major général, chargé du service topographique.

Au quartier général, à Munich, le 20 vendémiaire an XIV (12 octobre 1805).

Monsieur le Général,

En réponse à la lettre que vous m'avez adressée d'Augsburg le 20 de ce mois, je vous préviens que j'ai donné ordre à

M. le capitaine ingénieur-géographe Pressat, aux sous-lieutenants *Guibert* et *Frère*, dessinateurs, de se transporter sans délai au corps d'armée du général Marmont, où ils seront employés sous les ordres de son chef d'état-major.

J'ai, en conséquence, transmis au capitaine Pressat les instructions et l'ordre que vous m'aviez adressés pour que l'un des deux chefs de section qui sont à cette armée se rendit à celle commandée par le général Marmont, et vous informe que, d'après des dispositions arrêtées par M. le maréchal Bernadotte, le chef de section J.-B. Chabrier doit rester près de lui et je désire que M. Auguste Chabrier puisse demeurer près de moi. Comme il a fait toujours la guerre près de moi, j'espère, Général, que vous aurez la complaisance de me le laisser.

J'ai l'honneur de vous saluer.

Le Général de division, chef de l'état-major général,

Léop. Berthier.

Le maréchal Bernadotte à l'Empereur.

Munich, le 20 vendémiaire an xiv (12 octobre 1805).
à 9 heures du matin.

Sire,

J'ai l'honneur d'annoncer à Votre Majesté que mon avantgarde s'est mise en marche ce matin à 4 heures, se dirigeant sur Munich. Mes premières troupes sont entrées dans cette ville à 6 heures précises. Elles ont sabré quelques détachements d'arrière-garde ; elles ont fait 700 à 800 prisonniers. Le chef d'escadron Ameil, que j'avais envoyé avec 40 chasseurs du 5ᵉ régiment et 15 guides de l'armée, commandés par le sous-lieutenant Bonneman, sur la route de Dachau, pour communiquer avec le maréchal Davout, s'est rabattu sur Munich et est arrivé à temps pour couper les derrières de l'ennemi : l'infanterie qui restait dans la place s'est mise en défense ; mais le chef d'escadron Ameil l'a eu bientôt culbutée et a fait pour sa part 450 prisonniers, dont 50 hussards et uhlans, ainsi que la caisse et les équipages du régiment de Liechtenstein. Plusieurs Autrichiens, n'ayant pas eu le temps de se retirer, se sont réfugiés dans les maisons; ils n'y resteront pas longtemps cachés. Le prince Ferdinand était hier à Munich; il a quitté cette ville à 5 heures du soir.

D'après tous les renseignements, l'ennemi avait de 15,000 à 18,000 hommes dans les environs, et très près de Munich; hier, à 8 heures du soir, il a fait un mouvement en avant avec toutes ses troupes, ce qui m'a déterminé à faire partir de meilleure heure, espérant pouvoir le combattre en avant de l'Isar, mais ce mouvement n'était que simulé; il fait sa retraite par Wasserburg sur la route de Vienne, et par Rosenheim, route de Salzburg; mes avant-gardes sont à leurs trousses. J'aurai l'honneur de rendre compte à Votre Majesté de ma marche d'aujourd'hui, ainsi que de la position que je ferai prendre à mes troupes.

Je vais les faire ravitailler un peu par la ville de Munich.

Je viens d'engager tous les habitants à apporter du pain à la municipalité. Je vais aussi faire fournir des capotes et des souliers, et je payerai.

Je suis...... BERNADOTTE.

Cantonnements de l'armée à Munich et dans les environs.

Le corps de troupe aux ordres du lieutenant général de Wrède, campé à une lieue et demie, en avant de Riem, sur la grande route de Vienne, sa grand'garde à Forldorf, occupant tous les villages qui se trouvent sur la ligne.

L'avant-garde, commandée par le général Kellermann, occupant Saint-Veit, une lieue et demie en arrière, couvrant la grande route de Passau à Freising et envoyant des partis fort avant, appuyant sa gauche à la rivière de l'Inn (1).

La 2ᵉ division, aux ordres du général Drouet, ayant un régiment cantonné en ville, un autre en avant de l'Isar, gardant les deux routes qui arrivent en avant des faubourgs de la ville, appuyant sa droite à la rivière, ayant sa cavalerie cantonnée en partie et l'autre au bivouac.

La 1ʳᵉ division, commandée par le général Pacthod, ayant un

---

(1) On voit par la lettre suivante que cet ordre n'a pas été exécuté.

régiment en ville, appuyant sa gauche sur la rive gauche de l'Isar, un bataillon gardant l'embouchure des routes de Starnburg et de Volfers et deux bataillons à cheval sur celle de Landsberg; le 3ᵉ en réserve. L'artillerie cantonnée à Huden, entre le 2ᵉ bataillon. Son régiment de cavalerie, cantonné en ville.

Les troupes commandées par le lieutenant général Deroy, occupant le village de Schwabing, gardant par un bataillon de bivouac la route de Freising et celles de Pfaffenhofen et Dachau; deux régiments d'infanterie cantonnés en ville, et la cavalerie dans les villages, ainsi que son artillerie.

Un bataillon de ces troupes est parti pour occuper le pont de Freising et observer ce qui pourrait venir de Ratisbonne et de Passau.

1ᵉʳ CORPS D'ARMÉE.

Ordre de marche du 20 vendémiaire.

L'armée se mettra en marche par section et en colonne sur la grande route pour se porter sur Munich.

Journal du corps bavarois.

19 vendémiaire (11 octobre). — Unterbuck.

20 vendémiaire (12 octobre). — A Munich, un bataillon avec une division de dragons fut détaché à Freising et Moosburg, pour observer la route de Landshut et celle de Ratisbonne, des patrouilles furent poussées jusqu'au delà de ces villes, ils eurent plusieurs escarmouches, dont la plupart furent à l'avantage des Bavarois.

Vers les 5 h. 1/2, un gros détachement de uhlans arriva sur les avant-postes, entre Schleissheim et la pointe d'un bois; il fut culbuté sur-le-champ.

Les patrouilles poussées toute la nuit sans relâche jusqu'aux feux ennemis avertirent, vers une heure, qu'ils commençaient à s'éteindre. D'après ce rapport, le lieutenant général pouvait brusquer la ville, mais pour la garantir de malheurs, il préféra faire un pont d'or à l'ennemi.

A 6 heures précises du matin, l'avant-garde marcha vers la ville ; un quart d'heure après elle fut déjà informée que l'ennemi l'avait évacuée.

20 vendémiaire (12 octobre). — Le caporal Lambert, du 1er dragons, aperçoit un piquet ennemi en avant du bois de Feldkirch, s'y rend seul ; on lui tire deux coups de fusil, il attaque en furieux, et ramène prisonniers tout le poste composé d'un caporal et de douze hommes.

21 vendémiaire (13 octobre). — La position de l'avant-garde fut portée à une demi-lieue en avant, le quartier général à Neuwirthshaus. Le maréchal vint à Munich où le lieutenant général Deroy se trouvait depuis la veille.

Prise d'un convoi d'artillerie. — Le même jour, le major Elbracht et le lieutenant Speeg, en agissant de concert, prirent un train d'artillerie consistant en quatre obusiers, neuf pièces de canon et quatre mortiers, ainsi que l'escorte commandée par deux officiers, plus une caisse de recrutement et 700 fusils.

Entrée à Munich. — Le lieutenant général ordonna en conséquence à toute sa cavalerie de le suivre au trot, prenant lui-même les devants au galop avec un escadron du 3e des chevau-légers, pour tâcher de s'emparer des hauteurs du Gasteig (faubourg de Munich au delà de l'Isar).

Fête. — Ce jour se trouva être la fête de S. A. S. Mgr l'Électeur ; à l'arrivée du lieutenant général sur la grande place, il y fut accueilli par un peuple innombrable et prononça une harangue analogue à cette heureuse circonstance. Il arriva des rafraîchissements pour la troupe, le lieutenant général porta la santé du souverain, le cri de : « Vive Maximilien ! » retentit de toutes parts, prononcé par l'enthousiasme le plus vif. On ne pouvait douter que ce ne fût la fête du cœur.

L'arrière-garde de l'ennemi est entamée. — L'ennemi ayant négligé de mettre le moindre empêchement au passage du poste, le lieutenant général ordonna au major Elbracht du 3e de chevau-légers de se porter avec un escadron sur les routes de Rosenheim et Wasserburg et se mit à la tête du 1er de dragons qui venait d'arriver et des trois escadrons restant du 3e de chevau-légers, le tout n'étant composé que de 240 chevaux ; calculant la terreur panique qui s'était emparée de l'armée autrichienne, il poursuivit l'arrière-garde de l'ennemi à toute bride, lui fit 1100 prisonniers et prit beaucoup de chevaux et d'équipages.

Prise d'un bataillon ennemi du régiment Deutschmeister. — Un peu en deçà de Parsdorf, le lieutenant général attaqua, en vue d'un corps ennemi rangé en bataille, un bataillon du régiment de Deutschmeister ; à peine la trompette eut-elle sonné la charge et qu'on fut arrivé au grand galop à cent pas de distance que ce bataillon, abandonné par ses officiers qui étaient à cheval, jeta ses armes sans coup férir et se rendit. Lorsque ceci eut lieu, le lieutenant général n'avait plus que 42 files avec lui, parce qu'il s'était vu forcé, à raison de la précipitation avec laquelle il fallut atteindre l'arrière-garde ennemie, de détacher sur la gauche et la droite de la route nombre de cavalerie pour assurer les flancs. L'armée ennemie étant rangée en bataille en arrière de Parsdorf, sur la hauteur d'Anzing, il n'y eut pas moyen de se porter plus avant en ce jour.

Beaux traits individuels. — Le lieutenant-général fait mention de deux actions particulières de bravoure arrivées en cette occasion.

Du côté d'Indersdorf, le lieutenant baron d'Hirchberg fut détaché, avec un sous-officier et quatre dragons, sur Vaterstetten pour couvrir le flanc ; ce vaillant jeune homme y trouva 25 cuirassiers de Mack, tomba dessus en sabrant, et quoiqu'il eût d'abord un homme tué et que son sabre lui fût coupé en deux, il les fit tous prisonniers et s'empara d'un dépôt ; son caporal, nommé Wolf, lui sauva la vie en parant un coup de sabre au moment où l'officier avait eu le sien brisé.

Le maréchal Bernadotte à l'Empereur.

Munich, le 20 vendémiaire an XIV (12 octobre 1805),
à 11 h. 30 du soir.

Sire,

J'ai l'honneur de rendre compte à Votre Majesté que mon avant-garde a poussé l'ennemi à cinq lieues au delà de Munich, sur la route de Hohenlinden. Le lieutenant général de Wrède.

qui tenait la tête avec ses troupes bavaroises, a donné, seul, sur l'arrière-garde de l'ennemi. Le général Kellermann le soutenait avec trois régiments de cavalerie et le 27ᵉ d'infanterie légère. Nous avons fait 600 à 700 prisonniers, dont 50 cavaliers, pris beaucoup de bagages et des chevaux de main. Un bataillon a mis bas les armes devant 80 chevau-légers bavarois, sans avoir brûlé une amorce.

Les Autrichiens avaient ici plus de 20,000 hommes ; ils ont commencé leur retraite hier soir, et l'ont continuée toute la nuit ; quelques troupes se sont retirées par la route de Wasserburg, mais la majeure partie a pris celle de Hohenlinden. Les prisonniers faits aujourd'hui, s'élèvent à 1100 ou 1200, 100 chevaux de troupe ou de main, et 60 voitures d'équipage. Mon avant-garde a pris poste à Salmdorf ; mon corps de bataille, y compris les Bavarois, est placé moitié en avant, moitié en arrière de Munich.

J'ai envoyé à Freising un bataillon bavarois avec quelques hommes de cavalerie ; ce bataillon détachera deux compagnies à Moosburg. Je garde, par des postes avancés et de forts détachements, toutes les routes qui aboutissent à Munich, tant sur la rive droite que sur la rive gauche de l'Isar.

L'on m'a assuré que la première colonne russe, forte d'environ 20,000 hommes, était arrivée hier à Braunau, et qu'elle couchait aujourd'hui à Neu-OEtting, où elle doit faire séjour.

D'après les ordres que j'ai donnés au général Rivaud, il a envoyé des reconnaissances et des partis sur les bords de l'Altmühl, à Dietfurt, Neumarkt et Burglengenfeld. Aucun ennemi n'a été trouvé dans ces contrées ni dans les environs.

A Burglengenfeld, on a annoncé qu'une division russe de 7,000 à 8,000 hommes arrivait dans le Haut-Palatinat par Waldmünchen ; ce rapport s'accorde avec les avis que M. Bacher nous a transmis.

J'ai l'honneur d'envoyer à Votre Majesté l'état des troupes autrichiennes qui étaient ici.

L'on vient de m'annoncer que les Bavarois tenaient encore la forteresse de Passau : les ordres de Votre Majesté seront ponctuellement exécutés pour tout ce qui concerne cet objet.

J'ai l'honneur...

BERNADOTTE.

Le maréchal Berthier au général d'Hautpoul.

Augsburg, le 20 vendémiaire an xiv (12 octobre 1805),
à 10 h. 30 du matin.

Il est ordonné au général d'Hautpoul de partir de la position qu'il occupe, à moitié chemin d'Augsburg à Dachau, pour se rendre à Munich, où il se mettra aux ordres de M. le maréchal Bernadotte. Il le fera prévenir de cette disposition.

Maréchal BERTHIER (1).

Le maréchal Davout au maréchal Berthier.

Ober-Roth, le 20 vendémiaire an xiv (12 octobre 1805).

Monsieur le Maréchal,

J'ai l'honneur de rendre compte à Votre Excellence que le général Heudelet, commandant l'avant-garde, instruit qu'il existait quelques avant-postes entre Dachau et Munich, les a fait charger par 50 chevaux du 2e régiment de chasseurs à cheval. L'infanterie, après une très faible résistance, s'est sauvée dans les bois; deux escadrons des hussards de Blankenstein ont été mis dans la plus grande déroute; 15 ont été pris; on estime à peu près au même nombre celui des tués; l'ennemi doit avoir eu beaucoup de blessés; nous n'avons eu dans cette échauffourée qu'un chasseur blessé.

L'avant-garde est aux portes de Munich, où elle serait entrée si je ne me fusse renfermé dans le sens littéral de vos ordres, qui m'ont fait connaître que c'est le maréchal Bernadotte qui doit entrer dans cette ville.

Les divisions sont en marche pour occuper les positions que je leur ai assignées. Ainsi que j'ai eu l'honneur de le mander cette nuit à Votre Excellence, les deux premières divisions seront établies sur la rive gauche de l'Amper et la troisième à Ober-Roth, à l'embranchement des routes de Munich à Augsburg et à Aichach.

---

(1) Avis est donné au maréchal Bernadotte.

J'ai adressé l'ordre à la division de cavalerie, commandée par le général d'Hautpoul, de se porter sur Dachau et de cantonner dans les villages sur la rive gauche de l'Amper.

J'ai l'honneur d'adresser à Votre Excellence un état de l'armée russe annoncée du 16 au 24 octobre à Munich. J'y joins également celui du corps du général Kienmayer, qui se trouve vis-à-vis de moi. Je prie Votre Excellence de vouloir bien les mettre sous les yeux de Sa Majesté.

DAVOUT.

P.-S. — Le général Andréossy vient de me faire demander, par un officier envoyé exprès, l'état de situation de ce corps d'armée; il m'est impossible, en raison de nos marches continuelles, de le lui fournir dans le jour; cet officier rentrera donc au quartier général dans le délai qui lui est prescrit, mais sans être porteur de cette situation; je ferai tout ce qui dépendra de moi pour réunir dans la journée de demain les matériaux nécessaires à la confection de cet état, que je tâcherai d'expédier à Votre Excellence après-demain, par un de mes officiers.

D.

État des troupes postées devant Munich, composant le corps d'armée aux ordres du maréchal-lieutenant Kienmayer, commandant l'aile droite de l'armée autrichienne, et qui a battu en retraite dans la nuit du 19 au 20 vendémiaire (11-12 octobre).

Les régiments : Deutschbanatisches, Peterwardeiner, Brooder, Joseph Colloredo, Deutschmeister, Riese, hussards de Liechtenstein, hussards de Blankenstein, cuirassiers de Ferdinand, cuirassiers de Nassau, corps franc de Gyulay, Wurtemberg, Gemmingen, Croates et troupes irrégulières.

En totalité, 22,000 ou 23,000 hommes.

Nota. — Il y avait en station devant Munich un train d'artillerie destiné pour les Russes, avec 36 pontons, qui a repris la route du Tyrol.

Le maréchal Davout à l'Empereur.

Dachau, le 20 vendémiaire an XIV (12 octobre 1805).

Sire,

J'ai prévenu les intentions de Votre Majesté en adressant à votre ministre de la guerre l'état des forces autrichiennes qui se trouvent sous les ordres du général Kienmayer ; il est exact. Un commissaire bavarois, que j'ai vu dans ce pays, et entre les mains duquel les divers états pour les subsistances ont passé, me l'a encore confirmé.

J'ai lieu de croire aussi que la note que j'ai envoyée sur l'arrivée des Russes est de la même exactitude. La première colonne de cinq bataillons a dû arriver aujourd'hui sur les confins du territoire autrichien du côté de la Bavière. Ces colonnes marchent à quatre jours de distance les unes des autres.

Le général Kienmayer doit coucher cette nuit à quatre lieues de Munich, sa retraite a été si précipitée qu'il y a laissé 400 hommes, que M. le maréchal Bernadotte a fait prisonniers.

L'on assure que le général Kienmayer a pris la route de Braunau et a dirigé sur Wasserburg les dépôts des corps.

Le découragement est très grand ; je suis convaincu qu'en trois ou quatre marches et quelques combats d'avant-gardes, ce corps serait presque détruit.

Il y a sept jours seulement que le grand parc d'artillerie est passé par Munich se rendant à Landsberg ; les attelages étaient extrêmement fatigués ; l'on a compté jusqu'à 27 chevaux morts dans l'espace de sept lieues ; selon toute apparence, ce parc tombera au pouvoir du maréchal Soult.

Des rapports feraient croire que l'ennemi cherche à déboucher par Füssen.

Votre Majesté m'a recommandé de faire faire du pain partout. Ces pays-ci sont entièrement dévastés, tant par les Autrichiens que par les troupes de Votre Majesté, dont l'indiscipline a besoin d'exemples de sévérité pour réprimer les désordres qui se commettent journellement et desquels j'ai rendu compte au ministre de la guerre.

J'ai fait occuper Bruck et Germering par de très forts détachements et fait pousser des reconnaissances sur Landsberg pour communiquer avec les troupes de M. le maréchal Soult.

Je viens de faire partir l'ordonnateur en chef pour Munich, afin de nous y faire confectionner du pain et du biscuit pour quatre jours.

Le général Heudelet, qui commande l'avant-garde du 3e corps d'armée, a fait replier cette nuit tous les avant-postes ennemis ; un détachement du 2e de chasseurs s'en est acquitté avec beaucoup de vigueur ; il a pris 20 hussards de Blankenstein, blessé autant et tué 10, dont un officier. L'infanterie n'a pas tenu, elle s'est dispersée dans les bois, on en a déjà ramassé une centaine.

J'ai l'honneur...
DAVOUT.

3e CORPS D'ARMÉE.

Journée du 20 vendémiaire (12 octobre 1805).

Quartier général : Dachau.

Avant-garde : Moosach.

Infanterie : On envoie un bataillon du 13e à Pasing, sur la Würm pour garder la route de Landsberg.

Le 2e bataillon du 13e et le 108e bivouaquent en avant de Moosach, à cheval sur la route de Munich. Avant d'arriver à Moosach, le 13e fit une quarantaine de prisonniers.

Cavalerie : 200 chevaux sont envoyés en reconnaissance sur la route de Landsberg et poussent jusqu'à Germering.

Le reste de la cavalerie à Moosach.

1re division : Dachau.

Position de l'Amper. La gauche à Dachau, la droite vers Esting, adossé à un bois

2e division : Etzenhausen.

Position de l'Amper. La droite à la route de Munich, la gauche au lac et au ruisseau près Möching.

3e division : Etzenhausen.

Sur le Glon. En arrière d'Ober-Roth, tenant la tête des bois et le front couvert par cette rivière.

Parc de réserve : Suit le mouvent de la 3e division.

Journal de marche de la division Friant.

Le 20 vendémiaire an xiv (12 octobre 1805).

L'avant-garde se porte à Moosach, sur la route de Munich, et envoie 200 chevaux à Germering pour surveiller la route de Munich à Landsberg et 400 hommes à Pasing pour en défendre le pont. Les deux premières divisions se mettent en marche pour aller prendre, sur la rive gauche de l'Amper, l'excellente position dont j'ai parlé plus haut et dont j'avais été chargé de faire la reconnaissance. Les deux divisions sont séparées entre elles par la route, la gauche de la 2e division se prolonge jusqu'à Amper-Möching, gros village près un lac et près un gros ruisseau, la droite de la 1re division à Bruck (1). Le général Friant établit son quartier général à Etzenhausen, petit village à gauche de la route, sur une hauteur moyenne; celui du maréchal reste à Dachau.

Nous envoyons des reconnaissances sur la route de Pfaffenhofen pour être informé de la marche du maréchal Bernadotte. D'Erdweg à Ober-Roth, le chemin est bon, presque horizontal, les hauteurs à droite et à gauche médiocres et peu boisées. Un quart de lieue au delà d'Erdweg, on passe sur un pont le ruisseau de Gross-Berghofen; nous prenons à Ober-Roth le chemin de Munich à Augsburg; nous passons à Schwabhausen.

. . . .

La route monte en quittant Schwabhausen et est ensuite à mi-côte des hauteurs moyennes à notre droite et presque toujours horizontale. Nous passons trois fois le même ruisseau sur des ponts en bois à Bullhausen, après ce village et à Webling et cheminons en conséquence dans le même vallon. La route a été généralement bonne, bien ferrée et d'une bonne largeur; on y trouve une montée et une descente assez fortes avant d'arriver à Dachau.

---

(1) Fürstenfeldbruck.

Le général Gudin à M. le maréchal Davout.

Schwabhausen, le 20 vendémiaire an xiv (12 octobre 1805).

J'ai l'honneur de vous rendre compte que ma division est arrivée sur la Gothe à 8 heures précises du matin ; j'y ai fait faire une halte de près de trois heures, pour attendre le départ de la 3ᵉ division qui occupait la position que je devais prendre hier au soir, et je suis arrivé sur la Roth avant 2 heures.

Ma division est placée en arrière de cette rivière, dans les bois près de Schwabhausen ; quelques bataillons sont placés dans les granges des villages environnants pour tâcher de raccommoder les chemins que les pluies continuelles depuis cinq jours ont mis dans un état affreux.

J'envoie au général chef de votre état-major un état de situation qu'il m'a demandé ce matin.

J'avais prévu son intention sur les mesures à prendre pour empêcher le pillage.

J'avais donné un ordre du jour que je vous portais moi-même à Aichach, lorsqu'aux portes de la ville, mon aide de camp m'a appris votre départ et notre mouvement. Je vous envoie copie de cet ordre ; il est à peu près conforme à celui que vous avez donné hier et aux intentions que vous m'avez manifestées le 18.

GUDIN.

Le maréchal Berthier au maréchal Davout.

Augsburg, le 20 vendémiaire an xiv (12 octobre 1805),
à 9 heures du soir.

Monsieur le Maréchal,

L'Empereur vous aurait chargé d'occuper le premier Munich si Sa Majesté n'avait craint, vu le peu d'artillerie et de munitions que vous avez emmenées avec vous, de vous dégarnir, parce qu'il n'aurait pas pu remplacer vos munitions à cause de l'éloignement où est encore le grand parc ; mais le général Songis vient de me rendre compte que toute votre artillerie est partie de Mannheim le 16 (*8 octobre*) ; elle va vous rejoindre sous peu.

L'Empereur saisira la première occasion de mettre vos troupes à même de se distinguer; en attendant, je vais vous faire connaître la situation des choses.

Vous avez dû faire passer au maréchal Bernadotte la division de grosse cavalerie du général d'Hautpoul.

Si le maréchal Bernadotte avait besoin de vous, l'Empereur vous autorise à lui prêter tous les secours possibles; cependant, Sa Majesté désire que vous restiez dans votre position actuelle; mais quand vous vous serez assuré, dans la journée de demain 21 (*13 octobre*), dans celle d'après-demain 22 et enfin dans la journée du 23, que M. le maréchal Bernadotte ne peut avoir un besoin urgent de tout votre corps, vous placerez une division sur la route de Munich à Landsberg, de manière à pouvoir vous porter dans une marche à Landsberg, défendre le passage du Lech et vous donner le temps de rassembler toute votre armée, si l'ennemi parvenait à passer sur le corps d'armée du maréchal Soult.

La division que vous avez à Bruck, à une marche d'Augsburg, continuerait à y rester, afin que si l'ennemi parvenait à marcher sur le corps du général Marmont, ou sur celui de tel autre corps d'armée, vous puissiez vous porter sur Augsburg, soutenir la division batave qui y est, défendre le passage de la Wertach, réunir votre armée, y attaquer l'ennemi; mais une de vos divisions continuerait toujours à occuper Dachau, afin que, si vous étiez trompé sur les calculs que vous auriez faits d'après les dispositions ci-dessus, et que le maréchal Bernadotte ait besoin de vous, la division que vous auriez laissée à Dachau pût arriver à Munich dans une demi-journée et donner le temps à vos autres divisions d'arriver pour se maintenir dans cette ville. Telles sont les différentes suppositions.

Le 22 (*14 octobre*), il y aura une grande bataille sur l'Iller, près d'Ulm.

Le maréchal Soult, avec son corps d'armée, est en marche sur Memmingen.

Le général Marmont, avec les deux divisions françaises de son corps d'armée, est en marche pour aller se placer sur les hauteurs d'Illertissen sur l'Iller.

Le maréchal Lannes est à Weissenhorn.

Le maréchal Ney, à cheval sur le Danube, près d'Ulm.

Enfin, la Garde impériale en marche sur Weissenhorn.

Le 21 (*13 octobre*), toutes les dispositions seront finies; le 22, jour de la bataille, l'ennemi sera détruit, car il est cerné de toutes parts. L'Empereur ne pense pas qu'il ait plus de 80,000 à 90,000 hommes, mais il l'attaque avec plus de 100,000 hommes.

Cette affaire finie, Sa Majesté reviendra pour passer sur-le-champ l'Inn; alors le maréchal Bernadotte et vous, Monsieur le Maréchal, serez deux grands corps agissants et les autres seront vos auxiliaires.

L'équipage de pont est arrivé à Augsburg; il va filer sur vous immédiatement après la bataille; voilà le plan général de l'Empereur.

Par tous les renseignements que nous avons, les Russes ne peuvent se trouver en bataille devant Munich avant le 26 ou le 27 (*18-19 octobre*), et le corps de M. le maréchal Bernadotte, réuni au vôtre, présentera un corps d'armée plus fort que celui de l'ennemi à cette époque, et il est très probable que dans la journée du 25 (*17 octobre*), l'Empereur vous rejoindra avec plus de 40,000 hommes pour vous renforcer.

Vous devez, Monsieur le Maréchal, porter des partis de cavalerie sur Landsberg, sur Augsburg et à Rain, sur le pont du Lech.

Vous aurez soin d'envoyer un officier d'état-major à Donauwörth, afin que vous soyez promptement informé de tout ce qui pourrait arriver. Vous sentez que de mon côté je ne négligerai rien pour vous faire prévenir, car ces doubles précautions sont importantes.

Si M. le maréchal Bernadotte et vous étiez battus par le corps de Kienmayer, vous devez défendre le Lech pour donner le temps à l'Empereur de faire ses dispositions. Dans la deuxième supposition, si une des ailes de l'armée qui marche sur l'Iller était battue, vous devez encore marcher sur le Lech pour le défendre de l'autre côté, et donner de même à l'Empereur le temps de faire ses dispositions; mais enfin, je dois vous dire que le gros de l'armée qui sera sur l'Iller ne pourrait être battu que dans la journée du 22 (*14 octobre*); ce ne serait donc que dans les journées du 23 et du 24 que vous pourriez être utile sur le Lech; ainsi, dans le cas où demain le maréchal Bernadotte aurait besoin de vous pour attaquer l'ennemi, qui est derrière la Leiznach, vous pouvez marcher avec la plus grande partie de vos forces et les employer pendant les journées du 21 et du 22, et revenir le 23 pour être à même d'exécuter les dispositions dont je vous ai parlé ci-dessus.

Vous sentez qu'il est nécessaire que l'ennemi soit chassé à plus d'une journée de Munich, et qu'il le serait dans les journées du 21 et du 22, vous aurez, après cela, les 23 et 24 (*15-16 octobre*) de repos, car il est probable que le 25 (*17 octobre*), vous marcherez sur l'Inn ; vous recevrez de nouveaux ordres pour cette opération.

L'Empereur a jugé utile que je vous mette sous les yeux le plan général de ses projets, afin que dans toutes les circonstances vous agissiez dans le sens de ce plan.

Maréchal Berthier.

P.-S. — Dans l'instant, nous apprenons l'entrée du maréchal Bernadotte à Munich où il a fait 800 prisonniers.

Le maréchal Berthier au maréchal Bernadotte.

Augsburg, le 20 vendémiaire an XIV (12 octobre 1805),
à 10 heures du soir.

Monsieur le Maréchal,

Je vous envoie la copie de la lettre que j'écris à M. le maréchal Davout, elle vous instruira des plans d'opération de l'Empereur.

L'intention de Sa Majesté est que vous éloigniez l'ennemi à une grande journée de Munich ; après cela, vous vous reposerez et vous vous occuperez de rassembler toute votre artillerie, vos munitions, etc.

Vous pouvez, dans le cas où vous attaqueriez l'ennemi pour le repousser à une journée de Munich, disposer du maréchal Davout, sans vous éloigner du plan de l'Empereur.

Je ne saurais trop vous recommander de bien surveiller le corps ennemi qui est devant vous, car il pourrait être dans l'intention de suivre la même direction qu'ont prise le régiment de Ferdinand (cuirassiers) et celui de Nassau (hussards), pour se porter sur Ulm par les routes qui sont encore ouvertes : il est vrai que ce n'est pas avec des troupes si démoralisées que le sont celles de l'ennemi, que l'on fait de pareilles opérations ; d'ailleurs, il est à présumer que le corps de Kienmayer a le projet de se tenir réuni aux Russes pour défendre l'Inn et protéger Vienne.

Maréchal BERTHIER.

Le maréchal Berthier au maréchal Bernadotte.

Augsburg, le 20 vendémiaire an XIV (12 octobre 1805),
à 10 h. 30 du soir.

L'Empereur reçoit, à l'instant où il monte en voiture pour se rendre sur l'Iller, la lettre par laquelle vous êtes entré à Munich ; il attend avec impatience les détails que vous lui enverrez sur le parti qu'aura pris l'ennemi, ainsi que sur les nouvelles que vous pourrez avoir des Russes.

La présence du prince Ferdinand à Munich fait craindre à Sa Majesté que l'ennemi qui était sur l'Iller ne se soit échappé et ne se soit retiré sur le Tyrol. Il paraît que Mack, sous prétexte de sauver le prince Ferdinand, aura été bien aise de quitter le commandement de l'armée qui est sur l'Iller pour le donner au général Kienmayer? Tâchez de recueillir des renseignements de la poste de Munich, les fournisseurs vous en donnent les moyens ; envoyez ce que vous saurez à l'Empereur.

L'ennemi avait beaucoup de monde à Ulm, et s'il évacue, plus de la moitié n'en doit pas moins tomber en notre pouvoir.

J'ai ordonné que l'équipage de pont soit à Munich le 22 au soir, car il sera bien important de passer l'Inn et d'être maître de Passau, cela nous évitera des combats sanglants, car l'ennemi une fois derrière cette rivière y sera en bonne position.

En cas que l'armée qui était sur l'Iller soit échappée, elle aura pu passer par le chemin, soit de Füssen, soit de Schöngau, seuls points où elle puisse traverser le Lech, et, de là, venir passer l'Isar à Tölz, pour de là se rendre à Holzkirchen, longeant la Mangfall et passer l'Inn à Rosenheim.

L'Empereur ordonne, Monsieur le Maréchal, que vous envoyiez, sur-le-champ, un régiment de cavalerie bavaroise, deux régiments d'infanterie et six pièces de canon, le tout commandé par un bon général, pour s'emparer du pont de Tölz.

Dites à la Régence de Munich d'envoyer des espions et des hommes intelligents et sûrs, sur la route de Füssen et de Schöngau, pour avoir des nouvelles de l'ennemi; s'il ne peut passer par la route dont je viens de vous parler, il faut qu'il passe par Salzburg, c'est-à-dire par l'Innthal, et certainement nous y arriverons longtemps avant lui.

Envoyez-moi, Monsieur le Maréchal, un état de situation de votre armée et du corps bavarois, régiment par régiment; cela est important pour la suite des opérations.

Maréchal BERTHIER.

Bulletins.

Ratisbonne, le 20 vendémiaire an XIV (12 octobre 1805).

Le régiment d'infanterie de Gemmingen, qui a plié bagages depuis quelques jours, était cependant encore hier à Amberg, prêt à marcher, sans néanmoins savoir dans quelle direction il doit effectuer sa retraite, vers la Bohême ou vers le Danube; il attend d'un moment à l'autre l'ordre de partir. Il en est de même des 600 hommes de cavalerie qui sont encore dans le Haut-Palatinat.

On n'a jusqu'ici aucune nouvelle certaine de la prochaine arrivée de la colonne russe qui devait passer par la Bohême pour se réunir aux troupes autrichiennes dans le Haut-Palatinat.

BACHER.

19 vendémiaire, an XIV. — D'après les renseignements les plus récents, les troupes autrichiennes se disposent à abandonner leur position dans le Haut-Palatinat de Bavière. Le cordon qui occupait tous les ponts et passages du Danube depuis l'Altmühl jusqu'à l'Inn a été levé hier. Le piquet de 30 hommes de cavalerie autrichienne qui se trouvait à Stadt-am-Hof vis-à-vis le pont de Ratisbonne a quitté cette station très à la hâte et l'on ne doute pas que toutes les provinces bavaroises ne soient incessamment évacuées par les troupes autrichiennes qui continuent de se retirer très à la hâte derrière l'Inn.

Bulletin de Ratisbonne du 20 vendémiaire an XIV (12 octobre 1805).

La première colonne des troupes russes, forte d'environ 6,000 hommes d'infanterie, se trouvait, ainsi qu'on l'a déjà annoncé, le 8 et le 9 octobre dans les environs de Schärding.

Elle devait continuer sa route vers Braunau pour entrer en Bavière le 10 et le 11, dans le cas où la marche rétrograde des Autrichiens n'y mettrait pas d'obstacle.

Un observateur qui a suivi cette colonne depuis les environs de Vienne assure, qu'à l'exception du régiment de grenadiers qui en fait partie, les autres corps sont mal composés et ne se soucient nullement de se battre contre les Français avec lesquels ils n'ont rien à démêler. Les soldats russes se plaignent déjà hautement de ce qu'on les a fait venir dans un pays où l'on meurt de faim. On les a réduits à la demi-ration depuis leur entrée dans la Moravie. Ils entourent les voyageurs et les paysans pour leur demander du pain. Les habitants de la Moravie, de la Bohême et de l'Autriche, menacés de la faim, voient avec douleur ce surcroît de bouches étrangères. Jamais l'aspect de la guerre dont ces provinces autrichiennes sont à la veille de devenir le théâtre n'a été plus effrayant.

A en juger par les dispositions des esprits, l'ancienne mésintelligence entre les Russes et les Autrichiens ne tardera pas d'éclater de nouveau. Il paraît aussi que les deux empereurs ne sont pas entièrement d'accord et que l'invasion de la Bavière n'a pas été approuvée par la cour de Saint-Pétersbourg.

Bulletin de Passau du 18 vendémiaire an XIV (10 octobre 1805).

Il y a une heure que l'on reçut l'ordre, à Passau, de livrer jusqu'à demain 190 quintaux de viande à Simbach en Bavière sur la route de Schärding, pour la consommation des troupes russes, et d'y joindre un certain nombre de voitures. Vers le soir, il arriva contre-ordre. On prétend que la marche des colonnes russes va maintenant prendre une autre direction au-dessous de Passau, pour se rendre à travers le Mühlwiertel en Bohême. Demain, nous en saurons davantage.

Le général Victor, envoyé extraordinaire de France à Copenhague, au Ministre des relations extérieures.

Le 20 vendémiaire an xiv (12 octobre 1805).

Monseigneur,

Des lettres particulières et des voyageurs nous apprennent en ce moment qu'une armée russe vient de débarquer à Stralsund. On en évalue la force, peut-être exagérée, à 18,000 hommes.

Suivant les mêmes rapports, lors du départ des lettres, on voyait encore en mer d'autres bâtiments de transport en assez grand nombre. Le total des troupes que la Russie doit porter en Poméranie, monte, suivant quelques avis, à 30,000 hommes, suivant d'autres à 22,000 seulement.

La Suède ne s'est engagée à en fournir que 8,000, à ce qu'on croit. Cependant, plusieurs régiments sont en marche pour Karlskrona, où ils seront de suite embarqués. Du reste, le grand armement qu'on avait annoncé avoir lieu dans ce port se borne, suivant les derniers avis, à deux vaisseaux armés en flotte et à quelques petits bâtiments de guerre.

Quoique le général Barbou soit à portée d'être promptement informé de ces débarquements, je ne crois pas inutile, Monseigneur, de lui communiquer les renseignements que j'ai l'honneur de vous transmettre; je lui écris par ce courrier.

L'escadre russe de quatre vaisseaux de ligne et deux frégates, que les vents contraires ont retenue pendant huit jours dans la baie de Dragör, a jeté l'ancre ce matin devant ce port. On dit toujours qu'elle ne porte point de troupes, et qu'avant de se rendre à Corfou, elle doit s'arrêter en Angleterre.

Victor.

Bulletin.

Berlin, le 20 vendémiaire an xiv (12 octobre 1805).

Une lettre de Varsovie, en date du 7 octobre, annonce que, la veille, quelques soldats russes sont entrés sur territoire prussien à quatre lieues de cette ville, et qu'ils ont arraché de dessus un poteau les armes de Prusse. Ces soldats ont été rencontrés par des hussards prussiens et il y eu un engagement à la suite duquel 15 ou 16 hussards ont été rapportés blessés à Varsovie. Ce fait est étouffé jusqu'ici, et on n'en parle pas à Berlin ; il demande par conséquent confirmation.

L'arrivée d'une armée suédo-russe dans la Poméranie suédoise se confirme de jour en jour. Il est débarqué des Suédois à Stralsund et des Russes sur l'île de Rügen et le continent. Mais tous les rapports varient quant au nombre. Il n'est pas encore constaté qu'il y ait plus de 16,000 Russes, ainsi qu'on attendait, d'après les préparatifs faits, quoique les lettres de Pétersbourg disent que l'armée russe, destinée pour le Hanovre, sera portée à 20,000 hommes, et, s'il est nécessaire, à plus.

Voici des détails mandés de Swinemünde (1), en date du 6 octobre :

« Le 4 octobre, 5 vaisseaux de guerre russes et 15 à 16 de transport ont jeté l'ancre près de l'île de Rügen. Le 5, des troupes russes étaient déjà entrées à Greisswald. La 2e division des transports était attendue à toute minute.

« Les marins ont dit, en effet, que 36 bâtiments russes, dont la plus grande partie d'un fort tonnage, ayant à bord des troupes et des provisions, avaient mis à la voile pour la Poméranie suédoise.

« Le 20 septembre, on comptait à Kronstadt 14 vaisseaux de ligne et 4 frégates à l'ancre et prêts à faire voile. Ils devaient se rallier à une expédition préparée à Revel, composée d'un nombre considérable de bâtiments de guerre, grands et petits, et de transports. La grande flotte et ces transports devaient

---

(1) Ile d'Usedom.

mouiller près de l'île de Rügen et y recevoir leurs derniers ordres.

« Le langage des officiers russes arrivés à Greisswald est que leur destination en partant de la Russie était pour le Hanovre. »

On assurait, avant-hier à Berlin, que les Russes débarqués dans la Poméranie suédoise étaient en pleine marche et devaient entrer sans difficulté dans le Mecklemburg pour se porter dans le Hanovre. Cette opinion prévaut encore, quoique aucune lettre ne parle encore de la marche de ces troupes vers les points assignés dans la Poméranie suédoise. On sait que M. d'Alopens a expédié un courrier à Stralsund aussitôt après que le passage des Français dans le margraviat d'Anspach a été connu ici. On ne doute pas qu'il n'ait conseillé au général en chef de s'avancer par le Mecklemburg sans hésitation.

Il est connu, que si l'empereur Alexandre a fait donner au roi les assurances les plus satisfaisantes à l'égard des relations d'amitié qu'il veut conserver avec lui et s'est désisté de sa demande de passage par la Prusse méridionale et la Silésie, il y a toujours la même discussion sur pied au sujet du droit qu'ont les russes de traverser le Mecklemburg pour entrer dans le Hanovre. Il passe aujourd'hui pour constant que le roi de Prusse a cru devoir renoncer à interdire le Mecklemburg d'après les instances des ministres d'Angleterre, de Russie, et d'Autriche. Mais on prétend en même temps que le roi veut, en occupant lui-même le Hanovre, mettre fin à ces discussions et paralyser les marches russes qu'il ne peut plus empêcher. Ce qui est positif, c'est que les régiments composant l'inspection de Magdeburg ont eu ordre de se porter vers le Hanovre.

L'opinion générale à la cour de Prusse est que, sans l'affaire d'Anspach, le voyage du prince Dolgorouky n'aurait pas empêché qu'on ne se rebrouillât bientôt au sujet du Hanovre.

Ce prince est reparti. Il a été suivi par le général de Kalkreuth, qui, au lieu d'être à l'armée prussienne en Poméranie, est envoyé négocier avec l'empereur Alexandre.

Il porte d'un côté les excuses du roi, qui a décliné en définitif l'entrevue proposée.

Il doit d'un autre côté céder, s'il est nécessaire, le passage par la Silésie, et lier la Russie à laisser à la Prusse le soin exclusif de garder le Hanovre.

Il est certain que Sa Majesté Prussienne a donné l'ordre aux régiments qui s'avançaient vers la ci-devant Pologne et la Poméranie de s'arrêter, quelques-uns disent même de rétrograder. On parle de porter les principales forces défensives vers l'ouest et le sud des États prussiens. On prétend que la Saxe et la Hesse, étant entrées dans les vues de Sa Majesté Prussienne, ont reçu l'avis de préparer des troupes pour la défense de la neutralité commune.

Le régiment en garnison à Hall est en marche pour se rendre dans la principauté d'Anspach, et on ajoute que plusieurs des corps destinés à l'armée de Silésie ont eu ordre de se diriger vers la Franconie.

Du 21 vendémiaire an XIV (13 octobre 1805).

MM. de Metternich et d'Alopens pressent avec beaucoup d'instance le cabinet de Berlin, sans attendre l'ordre de leurs cours, de permettre à une armée russe de traverser les États du roi par la route la plus courte sur la Saxe et les margraviats de Franconie, pour réparer, disent-elles, le tort fait aux opérations combinées par le passage des troupes françaises à Anspach.

LAFORÊT.

(En note : *Au général Savary.*)

CHAPITRE VIII

13 octobre.

Le maréchal Lannes au prince Murat.

Weissenhorn, le 20 vendémiaire an XIV (12 octobre 1805),
à 11 h. 30 du soir.

Mes avant-postes viennent d'arrêter un homme qui portait des dépêches au baron de Fugger, et dont la mission expresse était très certainement de rapporter des renseignements à l'ennemi sur notre position et nos forces. Je vous adresse ces dépêches.

J'ai fait interroger le messager avec le plus grand soin. Le résultat des renseignements que j'ai obtenus de lui est que l'armée ennemie est sur la rive gauche du Danube, qu'il n'existe en ce moment dans Ulm qu'une réserve de 4,000 ou 5,000 hommes et que les forces qui sont sur la rive droite sont peu considérables.

Tout paraît donc confirmer, Monseigneur, que l'ennemi a le projet de se retirer par la Franconie, et il n'est plus douteux pour moi, qu'il ne commence son mouvement cette nuit.

Vous jugerez sans doute convenable, Monseigneur, d'aller au secours de la division Dupont et de porter une grande partie de vos forces sur la rive gauche du Danube ; en mon particulier, je pense que ce mouvement est on ne peut plus urgent, et je vous prie même, en grâce, de l'ordonner.

Votre Altesse jugera aussi convenable, j'en suis convaincu, d'informer de suite Sa Majesté Impériale de l'état des choses et de la prier de faire ordonner des préparatifs en subsistances vers les points où nous devrons nous porter.

Si Votre Altesse est aussi fixée que moi sur les desseins de l'ennemi, je ne tarderai pas de recevoir des ordres de sa part, je les attends avec la plus vive impatience.

En ami, je vous réitère l'assurance de ma ferme conviction que ce mouvement doit produire les résultats les plus avantageux.

Dans tous les cas, nous serons toujours à temps à revenir ici, à l'appui du maréchal Soult, et d'en finir enfin avec l'armée qui est devant nous.

LANNES.

Le prince Murat à l'Empereur.

Pfaffenhofen, le 21 vendémiaire an XIV (13 octobre 1805), à 4 heures du matin.

Sire,

J'ai l'honneur d'adresser à Votre Majesté, une lettre que je reçois à l'instant de M. le maréchal Lannes, et deux lettres ci-jointes, saisies sur un espion qui prétend que l'ennemi a le projet de se retirer par Albeck. Quoique le combat livré avant-hier par le général Dupont ait démasqué notre faiblesse sur la rive gauche et nos desseins sur la rive droite, je ne crois pas à ce que dit l'espion, et je ne partage pas l'opinion de M. le maréchal Lannes. Les Autrichiens ne pourraient commencer leur mouvement qu'après avoir passé sur le corps à la division Dupont qui certainement se battrait et lui disputerait vivement le passage, et je ne suis pas encore informé qu'on se soit battu hier de ce côté. L'ennemi se déciderait-il si précipitamment à un mouvement qui le séparerait entièrement du Tyrol, qui l'exposerait à une attaque de flanc, quand une seule division lui a fait 4,000 prisonniers sous le Michelsberg où son armée était réunie, quand il n'a pas attaqué hier cette même division, quand il ignore où se trouve la principale force de notre armée, quand le prince Ferdinand a rétrogradé de Günzburg, avec la sienne, devant la division Malher !..., je pense au contraire, qu'il est décidé à attendre, dans sa position actuelle, le sort d'une bataille, et je ne serais pas surpris d'être attaqué ce matin.

La position que j'occupe est très bonne et je serais sans

inquiétude, marchât-il à moi avec toutes ses forces, sachant ma gauche assurée, et que le maréchal Soult s'avance par Memmingen. Le parti que l'ennemi a pris de se retirer derrière le Danube est le seul qu'il eût à prendre pour retarder le moment de sa destruction. Elle est certaine dès que nous serons maîtres des ponts d'Elchingen et de Thalfingen. Alors nous serons liés avec le général Dupont et nous pourrons manœuvrer à notre gré sur les deux rives du Danube. Ce matin, aussitôt que le jour paraîtra, j'irai reconnaître la position de l'ennemi; en attendant, je me hâte d'engager M. le maréchal Ney à prévenir le général Dupont des projets que le maréchal Lannes suppose aux Autrichiens, en lui ordonnant d'établir la plus grande surveillance et de l'instruire très fréquemment de tout ce qui viendra à sa connaissance sur les mouvements de l'ennemi.

Dans aucun cas, je ne pourrais exécuter cette nuit le mouvement qu'indique M. le maréchal Lannes; nous avons des troupes qui n'étaient pas rendues hier à 10 heures du soir dans leurs positions; elles sont arrivées en mauvais état, elles ont été mouillées toute la nuit, et beaucoup se trouvent sans souliers. Votre Majesté vient, elle ordonnera elle-même le mouvement, si elle le juge convenable; pour moi, je ne saurais m'y décider si légèrement, surtout lorsque je connais la marche du général Marmont et du maréchal Soult sur ma gauche. Ne serait-ce pas désorganiser votre plan général? Je me borne donc, Sire, à presser l'occupation du pont d'Elchingen et à donner communication à Votre Majesté des avis que je reçois. J'attendrai les ordres qu'il lui plaira de donner. J'ai envoyé un officier d'état-major au général Marmont, pour lui donner connaissance de notre position et de celle de l'ennemi.

J'ai l'honneur, etc.

MURAT.

Ordre au colonel Piré.

Günzburg, le 21 vendémiaire an XIV (13 octobre 1805).

Il est ordonné à M. de Piré, de se rendre à Gundelfingen auprès du général Dupont, afin d'avoir des nouvelles et de connaître la position exacte de toutes ses troupes et savoir s'il occupe Albeck, et enfin qu'il m'envoie une relation exacte de sa dernière affaire.

Maréchal Berthier.

Note.

Division Dupont à Albeck.
Division Malher à Falheim.
Division Loison à Reinpolzhofen.
Division de dragons à cheval à Holzheim.
Division de dragons à pied à Küssendorf.
Division Tilly à Holzschwang.
Quartier général à Küssendorf.
Un bataillon de dragons à pied à Günzburg pour la défense du pont, un autre à Leipheim pour le même objet.

(*Sans lieu ni date*).   (De la main de Murat).

Le général Malher au maréchal Ney.

Au quartier général au bivouac sous Ulm, le 25 vendémiaire an XIV
(17 octobre 1805).

Monsieur le Maréchal,

Ainsi que j'ai eu l'honneur de vous le marquer le 21 du courant, le général Marcognet, à la tête d'un bataillon du 25ᵉ régiment, s'est porté sur le village et l'abbaye d'Elchingen pour y observer les mouvements de l'ennemi ; parvenu sans obstacle à cet endroit, il fut obligé de s'en retirer à l'approche d'une colonne ennemie qui paraissait être l'avant-garde de celle que la 2ᵉ division a si vaillamment combattue le lendemain.

L'ennemi, s'imaginant que nous voulions, dès ce jour, empêcher son mouvement, voulut à tel prix que ce fût s'emparer du pont ; il fit avancer de l'artillerie, mais malgré la vivacité de son feu, il ne put nous déloger de la culée de la rive droite. Il était parvenu à plus de moitié du pont, lorsque le capitaine Dumesnil, commandant les voltigeurs du 1ᵉʳ bataillon du 25ᵉ régiment, à la tête de six de ses hommes, courut la baïonnette en avant, le dépassa, retira quelques madriers et resta ainsi maître du passage.

Nous avons eu 2 officiers blessés, 7 sous-officiers ou soldats tués et 80 blessés.

Agréez, Monsieur le Maréchal, l'assurance de mon respect et de mon attachement.

(*A. M.*) MALHER.

Le maréchal Berthier au maréchal Ney.

Au quartier général impérial, à Pfaffenhofen, le 21 vendémiaire an XIV
(13 octobre 1805), à 2 heures après-midi.

Monsieur le Maréchal,

L'Empereur ordonne que vous vous empariez du pont d'Elchingen avant la nuit, que vous ordonniez à la division Dupont de reprendre sa position d'Albeck, que vous portiez votre quartier général à l'abbaye d'Elchingen avec toute votre cavalerie légère, que vous teniez une de vos troisièmes divisions en réserve au parc; occupez par votre avant-garde le village de Burlefingen; la division de dragons du général Bourcier sera toute à vos ordres, vous la tiendrez en réserve au pont et prête à se porter sur l'une ou sur l'autre rive; elle fournira plusieurs escadrons pour appuyer l'avant-garde de Burlefingen, le débouché de Pfühl, la grande chaussée d'Augsburg ou le débouché du pont de Thalfingen, dont il sera à propos de s'emparer le plus tôt possible. Du moment que vos troupes seront placées, l'Empereur ira les voir.

Mettez toute votre artillerie en position d'agir. C'est un grand avantage que nous avons sur l'ennemi qui en a très peu.

Je vous ferai connaître pour ce soir la position qu'occupera toute l'armée.

Le Major général,

(*A. M.*) Maréchal BERTHIER.

Dispositions générales du 6° corps d'armée pour le 21 vendémiaire.

Küssendorf, le 21 vendémiaire an XIV (13 octobre 1805).

La 1re division du général Dupont marchera sur-le-champ de la position qu'elle occupe pour reprendre celle d'Albeck.

La 2° division partira de suite de Kadeltshofen pour se diriger sur Falheim ; elle se portera de là sur Leiben et Nersingen. Elle poussera des reconnaissances par le bois sur la direction de Burlefingen jusqu'à la hauteur de Thalfingen. Elle établira un poste d'infanterie légère près de la croisée des chemins qui viennent de Thalfingen et de Burlefingen. Ce poste sera conduit par un officier d'état-major intelligent.

La 3e division restera à Falheim en réserve de la seconde.

Le général Baraguey-d'Hilliers se portera de sa personne à Leipheim avec 2 régiments de dragons à pied et 4 pièces de canon. Il placera un bataillon en avant du pont.

Les deux autres régiments de dragons à pied se placeront à Strass et Falheim, d'où ils suivront les mouvements des généraux Loison et Malher afin de les soutenir au besoin.

La division de dragons du général Bourcier se portera entre Strass et Falheim, à gauche de la division Malher.

La cavalerie légère se portera par Holzheim et Steinheim à Burlefingen et elle poussera des reconnaissances sur Pfühl et laissera un escadron à Steinheim pour éclairer la route d'Ulm.

Le 6° corps d'armée est prévenu que, pour cerner totalement l'ennemi dans Ulm, Sa Majesté l'Empereur a ordonné qu'il fût prêt à passer entièrement ce soir sur la rive gauche du Danube si les circonstances l'exigeaient.

NEY.

Le général du Taillis au général Dupont.

Küssendorf, le 21 vendémiaire an XIV (13 octobre 1805),
à 1 heure du matin.

Monsieur le Général,

Le maréchal commandant en chef me charge de vous dire qu'il regrette beaucoup que son ordre, pour que vous restiez dans la position d'Albeck, ne vous soit pas parvenu.

Malgré toutes les fatigues de vos troupes, il est de la dernière importance que votre division reprenne cette position.

Le général Seroux vient de recevoir l'ordre de vous envoyer sur-le-champ des cartouches d'infanterie.

Le maréchal sent que votre position devient extrêmement délicate, parce que d'après des rapports qui nous sont parvenus, l'ennemi s'est retiré sur la rive gauche du Danube et a abandonné l'Iller.

Dans le cas où vous auriez à combattre des forces trop supérieures, vous devrez vous retirer par Gundelfingen et de là par Günzburg pour rejoindre le corps d'armée.

Tous les ordres sont donnés pour la restauration du pont de Leipheim. Le général Malher a été chargé de faire faire cette restauration pour entretenir la communication de sa droite avec vous.

L'armée ne fera pas de mouvement aujourd'hui, mais probablement il y aura une grande affaire après-demain.

L'Empereur arrive ici aujourd'hui et sa présence augmentera, s'il est possible, la bravoure de nos troupes.

J'attends toujours le rapport détaillé de vos succès et je sens bien vivement le regret que vous n'ayez pas été soutenu comme vous deviez l'être.

Donnez-moi les détails de vos tués, blessés, prisonniers, etc..

Je n'ai pas entendu parler de ceux que vous avez faits, où les avez-vous dirigés, en quel nombre, etc. Vous sentez combien j'ai besoin de tous ces renseignements qui me sont demandés par le ministre.

Du Taillis.

Journal des opérations militaires de la division Dupont.

Le 21 vendémiaire an XIV (13 octobre 1805).

Le 21, la division reste à Brenz, où elle éprouve les plus grandes privations ; le pays était épuisé, les chemins impraticables et l'ennemi la cernait de tous côtés à un quart de lieue de distance. Les 15e et 17e de dragons reçoivent une nouvelle destination.

Le général Malher au maréchal Ney.

Au quartier général, à Falheim, le 21 vendémiaire an xiv
(13 octobre 1805).

Monsieur le Maréchal,

J'ai l'honneur de vous rendre compte que j'ai fait chasser hier soir l'ennemi du pont d'Elchingen ; j'ai fait établir un poste sur la rive droite et lever quelques planches de la culée ; par ce moyen, ma droite est entièrement en sûreté ; mes avant-postes occupent le pont de la Leibe. Les troupes ont été sous les armes ce matin de très bonne heure ; les patrouilles et reconnaissances n'ont rien découvert de nouveau. Avant de rentrer chez moi, ne pouvant concevoir comment l'ennemi s'obstine à tenir le village ou le pont d'Elchingen, lorsque le général Dupont est en avant d'Albeck, j'ai chargé le général Marcognet d'y pousser une reconnaissance ; aussitôt que son rapport me sera parvenu, j'aurai l'honneur de vous en faire part.

Il vient de m'arriver du biscuit que je fais distribuer pour aujourd'hui, mais demain néant et point de ressources, encore si nous avions de l'eau-de-vie ! Il me semble que, depuis quatre jours que nous marchons si peu, on aurait pu faire approcher de nos derrières.

Agréez, Monsieur le Maréchal, l'assurance de mon respect et de mon attachement.

(*A. M.*) MALHER.

6ᵉ CORPS D'ARMÉE.

Journée du 21 vendémiaire an XIV (13 octobre 1805).

Quartier général : Unter-Falheim.

1ʳᵉ division : Brenz.

La division a gardé ses positions du 20.

2ᵉ division : La division est partie de sa position de Reinpolzhofen à 8 heures du soir pour aller prendre position entre Nersingen et Leiben, en passant par Falheim et la chaussée de Günzburg à Ulm, devant garder les débouchés de Pfühl et de Burlefingen. Trois compagnies de grenadiers occupèrent la tête du pont d'Elchingen.

3e division : A gardé sa position du 20.

A 2 heures après-midi, le général Malher a ordonné une reconnaissance sur le pont d'Elchingen, avec ordre de pousser jusqu'au village. Le général Marcognet, avec un bataillon du 25e léger et 40 chasseurs du 10e, s'est porté au delà du pont, repousse le poste autrichien et marche sans obstacle jusqu'à Ober-Elchingen. Arrivé sur les hauteurs à gauche, il s'est trouvé en présence de 4 escadrons et 3 bataillons ennemis. Son objet étant rempli, il a alors ordonné la retraite qui s'est faite en bon ordre, quoique l'ennemi ait cherché à le harceler et l'ait attaqué à plusieurs reprises.

Cavalerie légère : La cavalerie légère se porta vers le Danube, le 3e hussards passa la nuit du 21 au 22 à Burlefingen et le 10e de chasseurs à Steinheim.

Division de dragons : Même position du 20 (1).

Dragons à pied : La division marcha sur Leipheim, où elle prit position. Le 2e bataillon du 4e régiment fut placé de l'autre côté du pont. Ce bataillon eut un petit engagement avec l'ennemi et fit 4 prisonniers.

Le 21, la 2e division se dirigea aussi sur Falheim et son parc fut établi en arrière du village de Nersingen.

Le quartier général vint à Falheim. On poussa des reconnaissances sur le pont d'Elchingen, que l'on voulait attaquer le lendemain.

Le parc alla à Leipheim

Le maréchal Berthier au maréchal Lannes.

Pfaffenhofen, le 21 vendémiaire an xiv (13 octobre 1805).

M. le maréchal Lannes prendra, soit de gré, soit de force, le pont d'Ober-Kirchberg et il placera sa cavalerie légère pour éclairer Ulm, ainsi que du côté de Memmingen, jusqu'à ce qu'il

---

(1) Le 21 (*13 octobre*), M. le maréchal Ney m'envoya ordre de prendre position pendant la nuit près d'Ober-Falheim. J'y arrivai à minuit. (4e division de dragons. *Rapport au prince Murat.*)

ait des nouvelles du maréchal Soult, qui marche sur Memmingen, et du général Marmont qui va à Wullenstetten.

Maréchal BERTHIER.

Le général Compans au général de brigade Treilhard.

Weissenhorn, le 21 vendémiaire an XIV (13 octobre 1805).

Monsieur le Général,

M. le maréchal commandant en chef me charge de répondre à votre lettre de ce soir.

Il est inutile que vous poussiez une reconnaissance sur Mindelheim, puisque le corps d'armée aux ordres du maréchal Soult marche à notre appui sur Memmingen. Poussez une reconnaissance sur la route de ce dernier endroit pour avoir, s'il est possible, des nouvelles de M. le maréchal Soult, il doit se rapprocher de nous dans la journée de demain.

M. le maréchal me charge de vous dire qu'il ne vous laissera pas longtemps où vous êtes, mais, en atttendant, il vous engage à faire confectionner dans le village voisin autant de pain qu'il sera possible, de réunir tout ce que vous trouverez en farine de riz, légumes et tout ce que vous trouverez et à venir joindre le général Oudinot avec un convoi considérable de vin à Ober-Kirchberg. Elle attaque ce soir le pont de ce village. Elle l'emportera sûrement. Nous attendons de ses nouvelles.

COMPANS.

---

*Le général Compans au général de division Beaumont,
commandant la 3ᵉ division de dragons.*

Weissenhorn, le 21 vendémiaire an XIV (13 octobre 1805).

M. le maréchal commandant en chef a vu avec regret, à son arrivée ici, que le cantonnement qu'il vous destinait et tous ceux qui l'avoisinent étaient occupés par la cavalerie étrangère à son corps d'armée.

Dans une pareille occurrence, il n'a pu disposer que du village de Biberachzell, qui, d'après les renseignements que j'ai pris, est assez considérable. M. le maréchal vous engage à vous y cantonner le mieux que vous pourrez.

COMPANS.

Le général Compans au général Oudinot.

Weissenhorn, le 21 vendémiaire an XIV (13 octobre 1805).

D'après les dispositions arrêtées par M. le commandant en chef, veuillez bien donner vos ordres pour faire occuper par la brigade du général Dupas, de gré ou de force, le pont d'Ober-Kirchberg ; vous ferez soutenir cette brigade par celle du général Ruffin et les 13e et 21e régiments de chasseurs à cheval ; aussitôt qu'on se sera emparé du pont, un régiment de chasseurs à cheval se portera sur la route d'Ulm, pour éclairer ce côté-là, et l'autre sur celle de Memmingen, pour avoir des nouvelles de M. le maréchal Soult qui doit venir par cette route.

J'ai l'honneur de vous prévenir que M. Kirgener, colonel du génie, a l'ordre de suivre la brigade du général Dupas avec des sapeurs et les matériaux nécessaires pour rétablir le pont que l'on dit être coupé.

Il faut que vous soyez maître du pont ce soir, ce sont les expressions de M. le maréchal, et, s'il est nécessaire, la brigade Mortières doit concourir à cette opération.

COMPANS.

Le général Compans à M. Kirgener, colonel du génie.

Weissenhorn, le 21 vendémiaire an XIV (13 octobre 1805).

Monsieur le Colonel,

Je vous préviens que, d'après les dispositions arrêtées par M. le maréchal commandant en chef, les troupes de M. le général Oudinot vont se porter sur le pont d'Ober-Kirchberg pour s'en emparer de gré ou de force ; comme, d'après les renseignements qu'a reçus M. le maréchal, ce pont doit être coupé, son intention est que vous fassiez les dispositions nécessaires pour suivre la brigade du général Dupas avec vos sapeurs et les matériaux nécessaires pour le rétablir.

Il est nécessaire d'apporter la plus grande célérité dans cette opération, attendu que M. le maréchal désire que nous soyons maîtres du pont ce soir, et que les troupes puissent y passer.

Compans (1).

Le général Compans à M. Oudry, vaguemestre général.

Weissenhorn, le 21 vendémiaire an xiv (13 octobre 1805)

Monsieur le Capitaine,

Les intentions de M. le maréchal commandant en chef sont, qu'au reçu du présent ordre, vous fassiez les dispositions nécessaires pour que tous les bagages et voitures du 5ᵉ corps d'armée se mettent en marche pour se rendre à Burgau. Vous marcherez vous-même avec le convoi et vous le ferez parquer dans la prairie la plus commode que vous trouverez à portée de cette ville, et il est surtout nécessaire de l'établir de manière à ce que les grands chemins restent entièrement libres.

Vous me donnerez avis de votre arrivée à Burgau.

Compans.

Le général Compans à M. Vast, commissaire des guerres.

Weissenhorn, le 21 vendémiaire an xiv (13 octobre 1805).

Monsieur l'Ordonnateur,

D'après l'ordre de Sa Majesté l'Empereur et Roi, tous les bagages et voitures, qui suivent actuellement le corps d'armée, doivent être renvoyés de suite à Burgau, où ils seront parqués dans les prairies et établis de manière à ce qu'il n'y ait rien dans les grands chemins qui devront rester entièrement libres.

La grande ambulance du corps d'armée sera établie à Biberach, où se trouvera également le grand parc de la réserve d'artillerie. Le premier chirurgien du corps d'armée, un méde-

---

(1) L'ordonnateur est invité à fournir au plus vite les moyens de transport nécessaires au colonel Kirgener.

cin, un commissaire des guerres et un détachement de troupes y seront établis. Vous prendrez dans le jour des mesures pour qu'il y ait, au lieu où sera établi la grande ambulance, du pain, du vin et même des lits. Il y aura en outre des ambulances qui devront suivre la ligne à 400 toises ou plus en arrière.

Vous ferez, M. l'Ordonnateur, toutes les dispositions nécessaires pour l'exécution du présent ordre.

Il va être commandé un détachement d'infanterie qui se rendra à Biberach pour faire le service qu'exigera l'établissement de la grande ambulance (1).

COMPANS.

Le général Compans à M. le maréchal Berthier, ministre de la guerre.

Weissenhorn, le 21 vendémiaire an XIV (13 octobre 1805).

M. le maréchal commandant en chef n'a reçu qu'hier, en route, la lettre par laquelle vous lui demandez de suite l'état de situation du 5e corps d'armée; aussitôt mon arrivée à Weissenhorn, je me suis occupé de le faire rédiger, mais le peu de temps que vous m'avez donné pour sa rédaction ne m'a pas permis d'obtenir des chefs d'état-major des divisions des renseignements précis sur les détachements venus des bataillons de dépôt.

J'aurai l'honneur de vous adresser incessamment un nouvel état dans lequel ces renseignements seront exactement relatés.

Je crois même devoir ajouter que la force des régiments de cavalerie légère doit être moindre que celle portée sur l'état ci-joint. Ces régiments faisant un service d'avant-postes qui les a éloignés du corps d'armée et les deux régiments de hussards ayant aussi été détachés momentanément sous les ordres de Son Altesse Sérénissime le prince Murat, je n'ai pu obtenir

---

(1) Ce détachement de 50 hommes et 3 officiers fut pris dans la division Suchet. L'officier qui le commandait devait surveiller l'organisation de l'ambulance et prendre les mesures convenables pour établir autour d'elle la plus grande police.

d'eux depuis plusieurs jours aucun état de situation et je sais toutefois qu'ils ont eu des rencontres où ils ont perdu quelques hommes.

COMPANS (1).

Le général Compans au général Foucher.

Weissenhorn, le 21 vendémiaire an XIV (13 octobre 1805).

D'après l'ordre de Sa Majesté l'Empereur et Roi, la réserve d'artillerie du 5ᵉ corps d'armée devra être établie à Biberach où se trouve également la grande ambulance.

M. le maréchal désire que vous lui envoyiez de suite l'état des cartouches qui existent au parc de réserve et que vous lui fassiez connaître si elles n'ont pas été gâtées par la pluie.

J'ai l'honneur de vous prévenir que tous les bagages et voitures du corps d'armée doivent être réunis à Burgau où ils seront parqués de manière à ce qu'ils n'encombrent pas la route ; vous donnerez les ordres pour que l'on renvoie sur ce point les bagages et voitures qui peuvent encore se trouver à la suite de l'artillerie.

Je vous préviens également qu'il y aura des ambulances qui suivront la ligne, à 400 toises au plus en arrière, lorsqu'elle se mettra en marche.

COMPANS.

Le général Compans à M. Vast, commissaire ordonnateur.

Weissenhorn, le 21 vendémiaire an XIV (13 octobre 1805).

La réquisition, dont vous parlez dans votre lettre de ce jour, a été frappée par l'autorité qui vous devance sans cesse pour faire ce que vous devriez faire vous-même ; du reste, 50 hommes sont déjà commandés pour être à votre disposition et faire rentrer cette fourniture. Ils ont ordre de se rendre à votre logement et

---

(1) Compans réclame à la cavalerie une situation complète du 16 au 20 vendémiaire et un tableau des marches et emplacements par régiment.

vous les enverrez où vous jugerez convenable. M. le maréchal veut absolument des résultats, et il voit tous les jours avec un nouveau regret qu'il n'en obtient aucun de vos soins.

COMPANS.

Le général Compans à M. le Commandant des bataillons de dragons à pied.

Weissenhorn, le 21 vendémiaire an XIV (13 octobre 1805).

Monsieur,

M. le général de division Belliard, chef de l'état-major général de Son Altesse Sérénissime le prince Murat, lieutenant de Sa Majesté Impériale, me charge de vous donner l'ordre de partir d'ici aujourd'hui, à six heures du matin, avec les deux bataillons que vous commandez, pour vous rendre de suite à Pfaffenhofen.

Veuillez exécuter ses intentions et m'accuser réception de cette lettre.

COMPANS.

Le général Compans aux généraux Beaumont, Oudinot, Suchet et Gazan.

Weissenhorn, le 21 vendémiaire an XIV (13 octobre 1805),

D'après l'ordre de Sa Majesté l'Empereur et Roi, vous voudrez bien donner les vôtres pour que les généraux de brigade fassent aujourd'hui l'inspection des armes et cartouches. Vous leur ordonnerez également de faire réunir tout leur monde et de faire venir tous les hommes qui pourraient être détachés aux équipages.

Tous les bagages et voitures qui sont actuellement avec votre division devront être renvoyés de suite à Burgau, où sera établi le parc général du corps d'armée.

Vous êtes invités à vous assurer de suite si la réserve de votre division contient assez de cartouches et si elles n'ont pas été gâtées par la pluie; il serait nécessaire de rendre compte à M. le maréchal commandant en chef de la visite que vous aurez faite.

J'ai l'honneur de vous prévenir que la grande ambulance du

corps d'armée sera établie à Biberach, où se trouve aussi le grand parc d'artillerie de réserve.

Je vous préviens également qu'il y aura des ambulances qui suivront la ligne, à 400 toises au plus en arrière.

COMPANS.

P.-S. — Le vaguemestre général du corps d'armée a reçu des ordres pour faire venir à Burgau les bagages qui avaient été établis à Zusmarshausen (1).

5ᵉ CORPS D'ARMÉE.

Journée du 21 vendémiaire (13 octobre 1805).

Division de cavalerie légère.

Brigade de hussards : Point de mouvement.
Brigade de chasseurs : A Ober-Kirchberg.

Division de grenadiers à Ober-Kirchberg.

Les divisions Suchet, Gazan et Beaumont et la brigade de hussards n'ont pas fait de mouvement.

Les mouvements de la brigade de chasseurs et de la division de grenadiers ont eu pour objet de chasser l'ennemi d'Ober-Kirchberg et de protéger l'établissement du pont de cet endroit sur l'Iller, ce qui a été exécuté.

---

(1) Le même jour, 50 dragons et 3 officiers, puis 25 hommes et 1 officier sont mis à la disposition de l'ordonnateur pour faire rentrer les réquisitions. Le maréchal Lannes demande à la division Beaumont un maréchal ferrant pour son quartier général.

Les compagnies de sapeurs sont mises à la disposition du colonel Kirgener, à Weissenhorn, pour construire un pont sur l'Iller.

La division Gazan fournira un capitaine intelligent, actif et zélé, pour commander le quartier général de corps d'armée.

Rapport de la réserve de cavalerie.

Le 21 vendémiaire an xiv (13 octobre 1805).

Le corps d'armée reste dans ses mêmes positions.
Sa Majesté l'Empereur et Roi arrive à Pfaffenhofen.

Marches et rapports historiques de la 1re division de dragons montés.

Le 21 vendémiaire an xiv (13 octobre 1805).

La division est restée en position ; il s'est fait quelques changements dans les cantonnements.

La 2e brigade s'est portée en avant et a occupé les villages de Volkertshofen, Beuren, Oberberg et Roth.

Le maréchal Berthier au maréchal Ney.

Pfaffenhofen, le 21 vendémiaire an xiv (13 octobre 1805).

L'Empereur ordonne que vous vous empariez du pont d'Elchingen, que vous ordonniez au général Dupont de reprendre sa position d'Albeck ; que vous portiez votre quartier général à l'abbaye d'Elchingen avec toute votre cavalerie légère ; que vous teniez votre 3e division au pont ; que vous occupiez avec votre avant-garde le village de Burlefingen, le débouché de Pfühl, le grand chemin d'Augsburg et le débouché du pont de Thalfingen, dont il sera à propos de s'emparer le plus tôt possible. Du moment que vos troupes seront placées, l'Empereur viendra les voir.

Mettez votre artillerie en position d'agir, c'est un grand avantage que nous avons sur l'ennemi qui n'a que de petites pièces.

Maréchal BERTHIER.

Le maréchal Berthier au maréchal Ney.

Pfaffenhofen, le 21 vendémiaire an xiv (13 octobre 1805).

Monsieur le Maréchal,

L'Empereur vous ordonne d'occuper le pont et la hauteur d'Elchingen. Vous n'avez fait ni l'un ni l'autre; comment l'auriez-vous fait? Vous n'aviez envoyé qu'un bataillon sous les ordres du général Marcognet; l'ennemi en a amené trois, et par ces petites escarmouches, on ne fait que relever le moral de l'ennemi. D'ailleurs, Monsieur le Maréchal, vous ne rendez pas assez de comptes de la situation des choses.

L'Empereur a toujours pensé qu'une de vos divisions occupait Albeck; cependant, il paraît que l'ennemi occupe Langenau, et vous n'en rendez pas compte à l'Empereur.

Sa Majesté, Monsieur le Maréchal, me charge de vous recommander plus de détails sur les positions de l'ennemi que vous ne lui en donnez.

Sa Majesté a vu avec peine que vous ayez ordonné l'attaque d'Ulm avec la seule division Dupont, ce qui a fait écraser deux régiments de dragons et l'artillerie, quel qu'ait été le courage des troupes.

Vous n'avez pas eu ordre d'attaquer Ulm et ce n'était pas avec une seule division que vous deviez faire cette tentative.

Les événements déconcertent les plans les mieux combinés, ce qui rend le moral à une armée qui n'en a plus.

Je ne peux que vous réitérer l'ordre de l'Empereur, de vous emparer des hauteurs d'Albeck, des hauteurs d'Elchingen, et, du moment que le maréchal Lannes aura occupé la petite hauteur du village de Pfühl, ce qui sera avant 10 heures du matin, vous vous emparerez du pont de Thalfingen où vous placerez votre division de réserve.

Maréchal BERTHIER.

Le maréchal Berthier au maréchal Lannes.

Pfaffenhofen, le 21 vendémiaire an XIV (13 octobre 1805).

Il est ordonné à M. le maréchal Lannes de faire occuper demain, par la division Gazan, la petite hauteur qui est vis-à-vis Pfühl, d'y faire placer un bataillon de grand'garde avec quatre pièces de canon, et, si l'ennemi voulait reprendre cette hauteur, le maréchal Lannes se mettrait en mesure de le battre complètement.

Le général Bourcier, avec sa division de dragons, couvre cette partie de la droite.

Le général Gazan fera les dispositions convenables pour se maintenir de vive force sur cette hauteur, quelles que soient les dispositions que pourrait faire l'ennemi pour l'en chasser; il ordonnera à l'officier qui commandera sur cette hauteur de s'y retrancher, et, une fois que le général Gazan y sera en position, il ne souffrira pas que l'ennemi soit maître de Pfühl, qu'il peut battre de la hauteur avec ses canons.

Je préviens encore M. le maréchal Lannes que M. le maréchal Ney, qui occupe les hauteurs d'Elchingen et d'Albeck, est spécialement chargé de défendre la rive gauche, que si on peut attirer l'ennemi dans de petits combats partiels, cela ne peut nous être que très avantageux.

Vous recommanderez au général Gazan d'occuper la hauteur avant 10 heures du matin, même plus tôt si cela est possible.

Maréchal Berthier.

Le maréchal Berthier au général Baraguey-d'Hilliers.

Pfaffenhofen, le 21 vendémiaire an XIV (13 octobre 1805).

Le général Baraguey-d'Hilliers enverra ce jour 2 bataillons à Strass avec 2 pièces de canon et demain il prendra position avec tout son corps.

Maréchal Berthier.

Le maréchal Berthier au général Baraguey-d'Hilliers.

Pfaffenhofen, le 21 vendémiaire an XIV (13 octobre 1805).

Général,

L'Empereur ne peut pas être satisfait de la division de dragons à pied, il est nécessaire qu'elle répare sa conduite dans la journée de demain ; Sa Majesté compte qu'elle redoublera d'énergie dans cette circonstance.

Maréchal BERTHIER.

Le maréchal Berthier au général Nansouty.

Pfaffenhofen, le 21 vendémiaire an XIV (13 octobre 1805).

Si l'ennemi nous attaquait assez vivement et que vous entendiez le canon, le maréchal Bessières vous en préviendrait et vous vous mettriez en bataille derrière la Garde dans la position qu'elle prendra.

Faites-moi connaître si vous avez reçu votre artillerie.

Maréchal BERTHIER.

Le maréchal Berthier à Son Altesse Sérénissime le prince Murat.

Pfaffenhofen, le 21 vendémiaire an XIV (13 octobre 1805).

Vous donnerez l'ordre aux dragons à pied d'être sous les armes, du moment où ils entendront tirer le canon, pour soutenir la division Gazan qui va occuper demain les hauteurs de Pfühl.

Maréchal BERTHIER.

Le général Belliard au général Baraguey-d'Hilliers.

Le 21 vendémiaire an XIV (13 octobre 1805).

D'après les ordres de Son Altesse Sérénissime le prince Murat, vous voudrez bien ordonner à votre division d'être sous les armes au premier coup de canon, pour soutenir la division Gazan qui a l'ordre d'aller attaquer la hauteur de Pfühl. Le prince désire que vous l'instruisiez de tous les mouvements que pourrait faire l'ennemi pour s'opposer à l'occupation de ce poste.

BELLIARD.

Le général Belliard au Général chef d'état-major du maréchal Ney.

Le 21 vendémiaire an xiv (13 octobre 1805).

Le prince désire que le maréchal Ney ordonne à la division de dragons à pied d'être sous les armes au premier coup de canon pour soutenir la division Gazan, qui a l'ordre d'occuper la hauteur de Pfühl. Je viens de prévenir d'avance le général Baraguey-d'Hilliers pour prompte expédition par un officier qui va lui porter des dépêches du ministre de la guerre.

BELLIARD.

Le général Belliard au général Gazan.

Le 21 vendémiaire an xiv (13 octobre 1805).

L'intention du prince est que vous donniez, sur-le-champ, les ordres pour que les postes soient triplés, qu'on exerce dans la nuit la plus grande surveillance, que des patrouilles soient commandées pour éclairer toutes les routes et que vous vous assuriez par vous-même que le quartier général, où couche l'Empereur, est bien couvert.

BELLIARD.

Le général Belliard au Chef d'état-major de M. le maréchal Ney.

Le 21 vendémiaire an xiv (13 octobre 1805).

Donnez l'ordre de faire rétablir les ponts qui se trouvent sur la route depuis Rennertshofen jusqu'à Günzburg.

BELLIARD.

Le maréchal Berthier au maréchal Bessières (1).

Pfaffenhofen, le 21 vendémiaire an xiv (13 octobre 1805).

Monsieur le maréchal Bessières,

L'Empereur me charge de vous prévenir qu'il couche ici. Si, demain matin, vous entendez une canonnade un peu vive, vous ferez mettre la Garde en bataille entre la Biber et le petit village de *Ceniheim* (?) en ayant soin que la tête du pont de ce village soit occupée. Là vous recevrez de nouveaux ordres.

Maréchal BERTHIER.

Le maréchal Berthier au général Marmont.

Pfaffenhofen, le 21 vendémiaire an xiv (13 octobre 1805), à midi.

Général,

L'intention de l'Empereur est que vous vous portiez à Weissenhorn ; par ce moyen, vous suivrez toujours la chaussée, vous pouvez laisser une division à Roggenburg. Comme vous formez notre gauche, envoyez des reconnaissances de cavalerie sur l'Iller.

Maréchal BERTHIER.

Le maréchal Berthier au général Marmont.

Pfaffenhofen, le 21 vendémiaire an xiv (13 octobre 1805).

Général,

L'intention de l'Empereur est que vous portiez votre quartier général à Wullenstetten, que vous vous mettiez à cheval sur l'Iller, que vous interrompiez toutes les communications de l'ennemi en envoyant vos avant-postes de gauche le plus près possible d'Ulm.

Maréchal BERTHIER.

---

(1) La Garde va cantonner, le 13 au soir, à Günzburg. Marche de six lieues. (Général Roussel.)

Le général Marmont au maréchal Berthier.

Roggenburg, le 21 vendémiaire an XIV (13 octobre 1805),
à 7 heures du soir.

Monsieur le Maréchal,

J'ai l'honneur de vous rendre compte que mes troupes ont été dans l'impossibilité d'exécuter le mouvement que vous m'aviez ordonné aussi rapidement et avec autant d'ordre que je l'aurais désiré; mais tout nous a été contraire. La marche de nuit d'hier, la rencontre des équipages d'artillerie, des régiments de cuirassiers et de carabiniers, la profonde obscurité et l'état impraticable des chemins, ont mis un tel désordre et donné une telle fatigue aux soldats, que ce matin mes deux divisions n'avaient pas, entre elles deux, 3,000 hommes de réunis. J'ai pris tous les moyens possibles pour les rallier, et je n'y suis pas complètement parvenu; au moins, puis-je espérer que j'aurai demain même, s'il ne rejoint personne cette nuit, les deux tiers de mes forces, environ 7,000 à 8,000 hommes. Une de mes divisions arrivera ce soir ici. L'autre ne pourra pas passer Krumbach sous peine de perdre de nouveau tous les soldats ralliés; mais elle partira demain de bonne heure.

Il est impossible de se faire une idée juste des chemins que nous avons parcourus, quoique nous n'ayons pas été dans les plus mauvais. Les soldats ont eu constamment un demi-pied de boue; et comme les petites rivières ont débordé, ils ont eu habituellement, dans les fonds, de l'eau jusqu'au jarret : aussi sont-ils harassés; mais malgré cela, il ne leur a pas échappé un seul murmure.

Je suis arrivé ici avec ma cavalerie. J'ai envoyé occuper Obenhausen et j'ai fait diriger des reconnaissances sur différents points de l'Iller.

Je prie Votre Excellence.....

MARMONT.

Le maréchal Soult au général Vandamme.

Monsieur le Général,

La 3ᵉ division doit être rendue demain matin pour 10 heures à Memmingen, et y attaquer immédiatement l'ennemi. Celle que vous commandez devrait y être rendue à 2 heures, afin de concourir aux opérations de cette journée, et pour secourir la division du général Legrand, s'il était nécessaire.

Faites mettre à l'ordre de votre division que les régiments qui veulent combattre doivent être rendus pour 3 heures après-midi devant Memmingen, et que je remarquerai ceux qui laisseront le plus d'hommes en arrière.

Mandez-moi à quelle heure vous vous mettrez en marche. Instruisez-moi de votre arrivée devant Memmingen, et ne souffrez dans la colonne aucune lacune, ni voiture d'équipage qui pourrait interrompre sa marche.

J'ai l'honneur de...

(*Sans date.*) Soult.

Le maréchal Soult à l'Empereur.

Berg, le 21 vendémiaire an xiv (13 octobre 1805),
à 3 heures de l'après-midi.

J'ai l'honneur de rendre compte à Votre Majesté que la division commandée par le général Legrand, la cavalerie légère et la division de dragons arrivent à l'instant devant Memmingen. L'avant-garde de la 3ᵉ division se met en mouvement pour se porter sur le pont d'Égelsée, en passant par Amendingen et Steinheim. J'ai positivement ordonné au général Merle, qui conduit l'infanterie, et au général Margaron, qui marche avec deux régiments de chasseurs et hussards, de s'emparer du pont et de jeter de suite des troupes sur la rive gauche de l'Iller. Si ces deux généraux ne pouvaient y parvenir, ils se rejetteraient de suite à gauche pour surprendre celui d'Aitrach.

Le restant de la 3ᵉ division suivra immédiatement l'avant-garde pour la soutenir et pendant la nuit je rallierai en arrière de Berg les 1ʳᵉ et 2ᵉ divisions.

Je fais partir un escadron pour établir la communication sur

Weissenhorn par Pless et surprendre s'il peut le pont de Kellmünz. Le général Merle y fera filer aussi de l'infanterie du moment qu'il arrivera à Steinheim.

L'ennemi paraît vouloir défendre Memmingen ; la place est palissadée et les travailleurs remuent encore la terre. En approchant de la ville, l'ennemi nous a tirés avec trois pièces de canon. Je vais sommer le commandant et lorsque je serai en mesure j'éprouverai sa résistance.

Auparavant de connaître l'arrivée du régiment de Mittrovsky, on nous avait assuré qu'il y avait à Memmingen 2,000 hommes d'infanterie et 300 chevaux.

Nous avons remarqué beaucoup de mouvement vers le pont d'Égelsée, des équipages s'y rendaient en toute hâte et deux escadrons de cavalerie en revenaient au galop.

Hier il a filé beaucoup d'équipages et du canon de Memmingen sur Ulm ; le prince Ferdinand est à Ulm, ainsi que le général Mack.

Dans le village d'Ungerhausen, nous avons trouvé le logement du régiment de Mittrovsky, venant d'Italie et arrivant aujourd'hui à Memmingen. Sur les hauteurs de Berg, nous avons pris 200 hommes du même régiment, dont quatre officiers. Je n'ai pu savoir si d'autres régiments le précédaient ou le suivaient.

SOULT.

J'ai l'honneur de présenter à Votre Majesté copie de la sommation que j'envoie à l'instant même au commandant de Memmingen.

Le maréchal Soult au maréchal Berthier.

Berg, le 21 vendémiaire an XIV (13 octobre 1805),
à 3 h. 30 de l'après-midi.

J'ai l'honneur de rendre compte à Votre Excellence de l'arrivée devant Memmingen de la division du général Legrand et de la cavalerie du corps d'armée. Pendant la nuit, je rallierai, entre Berg et Ungerhausen, les 1re et 2e divisions.

Nous avons pris 200 hommes du régiment de Mittrovsky, infanterie venant d'Italie et arrivant aujourd'hui à Memmingen.

L'avant-garde se porte sur Égelsée pour s'emparer du pont. La 3ᵉ division suivra ce mouvement.

J'envoie un escadron pour établir la communication avec Weissenhorn et surprendre s'il peut le pont de Kellmünz.

Je fais sommer le commandant de Memmingen de remettre la place aux armes de l'Empereur et Roi, notre souverain. Je ne puis en ce moment en adresser copie à Votre Excellence.

J'ai l'honneur...

SOULT.

Le maréchal Berthier au maréchal Soult.

Pfaffenhofen, le 21 vendémiaire an xiv (13 octobre 1805).

Je vous préviens que toute l'armée ennemie est dans Ulm ; il est indispensable que vous veniez pour former la gauche de l'Empereur et intercepter à l'ennemi la route de Biberach. L'Empereur s'attend que votre corps d'armée sera le plus tôt possible dans les environs d'Ulm.

BERTHIER.

Le lieutenant Gillardet au général Dupont.

Gmünd, le 21 vendémiaire an xiv (13 octobre 1805).

Mon Général,

N'ayant reçu réponse à ma lettre datée de Herbrechtingen que ce matin, au moment que mes prisonniers étaient en route pour sortir de Aalen, je n'ai pas pu exécuter votre ordre de conduire mes prisonniers à Donauwörth, j'ai continué ma route jusqu'ici, dont je partirai demain matin pour Schörndorf et après-demain matin pour Stuttgard.

Mon Général, je suis on ne peut plus embarrassé, je marche de mon chef, ce qui m'inquiète beaucoup, mais j'ai cru être obligé de le faire dans les circonstances. Par ma lettre de Herbrechtingen, j'avais porté le nombre de prisonniers beaucoup plus haut qu'il ne se trouve à ce moment, n'en sachant pas le nombre, et aussi j'ai été obligé d'en laisser en route qui étaient dangereusement blessés, dont un officier.

A ce moment, il me reste un major et 14 ou 15 officiers et

environ 780 prisonniers, dont une quarantaine de blessés et une grande partie à pied nu ; j'ai pour les escorter 140 hommes de trois régiments de la division, la plus grande partie chasseurs du 9e ; j'ai aussi une trentaine de Français blessés, dont le capitaine des grenadiers Renfier, du 96e régiment. Je désire que mon colonel soit instruit de ma conduite, car je ne lui ai pas encore donné de mes nouvelles.

Je marche avec le plus grand ordre possible, je fais nourrir tout le monde par les villes où je loge et j'ai requis des voitures pour le transport de tous les blessés et pour les officiers prisonniers.

J'attends des ordres avec impatience.

Je suis.....

GILLARDET.

Le maréchal Bernadotte au maréchal Berthier.

Munich, le 21 vendémiaire an XIV (13 octobre 1805).

Monsieur le Maréchal,

J'ai l'honneur de vous rendre compte qu'outre le nombre de prisonniers faits dans la journée d'hier, nous avons pris deux obusiers en état, trois affûts, un officier d'artillerie et six hussards. Ce rapport ne m'était point encore parvenu lorsque je vous ai adressé ma lettre d'hier.

Je vous renouvelle, Monsieur le Maréchal, l'expression.....

BERNADOTTE.

P.-S. — A 5 heures du soir. A l'instant où je fermais ma dépêche, il arrive encore quarante prisonniers faits par une patrouille de chevau-légers bavarois. Tous les avis confirment la retraite de l'ennemi derrière l'Inn. Demain je pousserai une forte reconnaissance jusqu'à Haag et Wasserburg pour avoir positivement de ses nouvelles (1).

---

(1) *Même lettre à l'Empereur.*

Le maréchal Davout au maréchal Berthier.

Dachau, le 21 vendémiaire an XIV (13 octobre 1805).

Monsieur le Maréchal,

J'ai l'honneur de rendre compte à Votre Excellence des dispositions que j'ai prises en vertu des ordres qu'elle m'a adressés.

Mon avant-garde sera demain à Germering.

Je ferai porter le même jour la 1re division à Greifenberg, sur la route de Munich à Landsberg.

J'établirai la 1re brigade de la 2e division à Bruck.

Je garde sous Dachau la 2e brigade de cette division et à Ober-Roth la 3e division.

Votre Excellence reconnaîtra que par ces dispositions toutes mes divisions peuvent être dans peu d'heures à Munich, et par une marche forcée dans un jour à Augsburg et Landsberg ; selon toute apparence, ce corps d'armée n'aura qu'à se porter sur l'Inn ; j'en attends l'ordre avec une grande impatience.

Je viens de recevoir l'avis que la première colonne russe, forte de 5,000 hommes, est arrivée depuis deux jours à Neu-OEtting, près Mühldorf sur l'Inn, et qu'elle se réunira probablement au corps du général Kienmayer ; jusqu'à présent, il n'a pas paru de cavalerie russe.

On porte à 800 hommes les bataillons russes ; mais ils y comprennent les charretiers et les domestiques, qui sont en grand nombre ; les combattants ne sont guère au delà de 600 par bataillon.

J'attends des nouvelles, ayant envoyé, il y a deux jours, plusieurs personnes sur l'Inn.

Le corps du général Kienmayer a beaucoup perdu dans la journée d'hier par la désertion ; son infanterie est très fatiguée et découragée.

La division de cavalerie du général d'Hautpoul est arrivée ce matin à 7 heures à Munich, l'ayant fait partir à 4 heures.

J'ai l'honneur de prier Votre Excellence de remettre à Sa Majesté la lettre ci-jointe que je reçois de Francfort par estafette.

J'ai envoyé deux officiers sur Augsburg et Donauwörth pour être promptement instruit du résultat des événements.

DAVOUT.

Le maréchal Bernadotte a pris hier au général Kienmayer 1100 prisonniers et 2 obusiers avec leurs chevaux ; si le maréchal peut aller à deux journées de Munich, ce corps sera entièrement détruit.

L'artillerie que l'on destine aux Russes est passée il y a trois jours à Munich, venant de Landsberg.

D...

Le général Daultanne au général Gudin.

Au quartier général, à Dachau, le 21 vendémiaire an XIV
(13 octobre 1805).

Conformément aux dispositions prises par M. le maréchal, la 3ᵉ division restera à Ober-Roth.

Le général Gudin fera son possible pour se procurer pour trois jours de pain, de viande et d'eau-de-vie, en étendant ses réquisitions sur ses derrières jusqu'à Aichach et Pfaffenhofen : il est invité à se rappeler qu'indépendamment de sa division, il doit pourvoir à la subsistance du parc d'artillerie.

Le général Gudin fera partir dès aujourd'hui deux de ses officiers pour Augsburg.

L'un de ces officiers partant d'Augsburg se portera sur Krumbach et Weissenhorn.

L'autre partant du même point se dirigera sur Günzburg en passant par Burgau.

Ces officiers rapporteront au général Gudin, avec toute la célérité possible, les renseignements qu'ils se seront procurés sur le résultat de la bataille qui doit se donner demain sur l'Iller contre l'armée de l'archiduc Ferdinand cernée de tout côté.

Le général Gudin fera reconnaître des routes pour se porter le plus promptement possible avec son artillerie et le parc du point qu'il occupe sur Landsberg.

Il est autorisé à faire suivre les officiers qu'il enverra en avant d'Augsburg, par un détachement de chasseurs à cheval assez fort pour établir des relais de quatre en quatre lieues, afin qu'à leur retour, ces officiers puissent se servir de ces relais et arriver à lui sans éprouver le moindre retard.

Le général Gudin transmettra sur-le-champ à M. le maréchal, à Dachau, les avis qui lui parviendront.

Le général Gudin est prévenu que nous touchons à de grands événements, que demain ou après-demain une grande bataille doit avoir lieu contre l'armée de l'archiduc Ferdinand, que le maréchal Bernadotte marche sur le général Kienmayer et que des dispositions sont prises, pour que, dans une marche, le 3ᵉ corps d'armée puisse au besoin se porter au secours du maréchal Soult, du maréchal Bernadotte ou du général Marmont.

La 1ʳᵉ division se portera demain à Greifenberg, sur la route de Munich à Landsberg et prendra position sur la rive gauche de l'Amper.

La 1ʳᵉ brigade de la 2ᵉ division se rendra demain à Bruck, la 2ᵉ conservera sa position sous Dachau, l'avant-garde se portera aussi demain sur Germering. Le général Gudin est invité à profiter de ce moment de repos pour faire mettre les armes dans le meilleur état possible.

Le Général, chef de l'état-major,

(A. G.)   Daultanne.

Le maréchal Davout au maréchal Bernadotte.

Dachau, le 21 vendémiaire an xiv (13 octobre 1805).

Mon cher Maréchal,

Je m'empresse de vous faire part des dispositions que je viens de prendre dans les circonstances présentes en vertu des ordres du ministre de la guerre.

Mon avant-garde, forte d'environ 5,000 hommes, sera demain à Germering.

La 1ʳᵉ division se portera le même jour à Greifenberg, sur la route de Munich à Landsberg.

Une brigade de la 2ᵉ division sera établie à Fürstenfeld-Bruck.

Je garde sous Dachau la 2ᵉ brigade et à Ober-Roth la 3ᵉ division.

Vous verrez, mon cher Maréchal, que par ces dispositions, toutes mes divisions peuvent être dans quatre heures à Munich, et par une marche forcée dans un jour à Augsburg, Landsberg, suivant les circonstances.

J'ai expédié, sur différents points, des officiers pour être instruits avec toute la célérité possible du résultat des événements auxquels nous touchons et être en mesure d'agir. J'en détache un pour le même objet à la suite de votre corps d'armée ; je m'empresserai de vous faire part des nouvelles qui me parviendront.

Je vous prie, mon cher Maréchal, de vouloir bien faire en sorte que le pain, pour ce corps d'armée qui en manque depuis cinq à six jours, soit assuré à Munich ; je vous ai envoyé hier, à cet effet, mon aide de camp Burck et l'ordonnateur en chef Chambon.

L. Davout.

3ᵉ CORPS D'ARMÉE.

Journée du 21 vendémiaire an XIV (13 octobre 1805).

Quartier général : Dachau.

Avant-garde : Germering.

Infanterie : Se porte à Germering et occupe ce village ainsi que Buchheim et Pfaffenhofen. Elle observe les débouchés du Tyrol entre l'Ammer-See et le Würm-See.

Un bataillon du 13ᵉ entre la route de Landsberg et Gilching, adossé au bois.

Cavalerie : A Gilching et Saint-Gilgen entre Inning et Germering.

On pousse une reconnaissance sur Füssen, Mittenwald et Weilheim. Cette reconnaissance est forte de 150 chevaux.

1ʳᵉ division : Dachau.
Position de l'Amper. Séjour.

2ᵉ division : Etzenhausen.
Position de l'Amper. Séjour.
3ᵉ division : Schwabhausen.
Passe le Glon et prend position près de Schwabhausen, faisant face à la ville de Friedberg.
La droite dans les bois en arrière d'Ober-Roth et un bataillon à Wiedenzhausen, sur la route de Friedberg, pour communiquer avec la division d'Hautpoul.
Division d'Hautpoul : A quitté le 3ᵉ corps et passe aux ordres du maréchal Bernadotte ; elle se rend à Munich.
Parc de réserve : Entre Dachau et Schwabhausen, en arrière de la 3ᵉ division.
Notes topographiques et militaires : Le but de ces mouvements était d'intercepter tout ce qui aurait pu venir du Tyrol pour dégager l'armée de Mack et de ramasser les fuyards qui auraient cherché à s'échapper par les montagnes.
On resta dans cette position jusqu'à ce que le sort de l'armée d'Ulm eût été entièrement décidé.
Le maréchal Bernadotte gardait les débouchés du Tyrol depuis l'Isar jusqu'à l'Inn et couvrait Munich. Il faisait face aux Russes et au corps de Kienmayer, tandis que le 3ᵉ corps faisait face au Tyrol et au Lech.

Reconnaissance faite le 21 vendémiaire an XIV des communications de Schwabhausen à Landsberg sur le Lech.

1° *Route de Schwabhausen à Bruck par Dachau.* — Pour aller de Schwabhausen (village situé sur la grande route d'Augsburg à Munich), à Landsberg sur le Lech, on est obligé de se diriger d'abord sur Fürstenfeld-Bruck, petit bourg baigné par l'Amper.
Trois chemins différents conduisent à cet endroit.
Le premier et le plus commun est celui qui passe par Dachau, où l'on arrive en suivant la grande route de Munich. On remonte ensuite la rive droite de l'Amper jusqu'à Feldgeding, où l'on passe cette rivière pour se diriger le long de la rive gauche, par Bullach et Esting sur Fürstenfeld-Bruck. On observera que la route de Dachau à Feldgeding et de Feldgeding à Bruck est pra-

tiquée sur un terrain solide et graveleux, dont la surface est recouverte d'un léger gazon et que, dans différentes parties, elle est travaillée avec beaucoup de soin. Le terrain est d'ailleurs tout à fait uni et les voitures n'y rencontrent aucun accident de terrain difficile à franchir. En suivant cette route, on a cinq lieues et demie de chemin à parcourir depuis Schwabhausen jusqu'à Bruck.

2º *Route de Schwabhausen à Bruck par Bergkirchen.* — La seconde route de Schwabhausen à Bruck est celle qui passe par Bergkirchen, village situé sur la Maisach. On arrive à cet endroit par un chemin de traverse qui, après avoir quitté la grande route de Munich à un quart de lieue de Schwabhausen, se dirige à travers l'extrémité du bois appelé Langer-Moos et des terres labourables sur Ober-Bachern et de là sur Bergkirchen. On rencontre par cette traverse différents accidents de terrain qui la rendent difficile à cause des pluies abondantes qui ont délayé le sol. Arrivé à Bergkirchen, on est obligé de passer la Maisach, petite rivière dont le lit a trois toises environ de largeur et trois à cinq pieds de profondeur d'eau, mais qui vient de se répandre sur les terres voisines à la suite des grandes pluies, de sorte que les chevaux sont obligés de s'enfoncer jusqu'à quatre pieds dans l'eau pour gagner l'extrémité du pont. On voit par là qu'il est impossible de faire passer les canons de l'artillerie et les équipages du régiment sans être exposé à faire avarier les poudres et les effets. La cavalerie même ne traverserait pas ce passage sans danger, à cause des inégalités du terrain inondé, ce qui expose les chevaux à s'abattre à chaque instant. Il existe un autre pont pour l'infanterie à trente toises environ du premier, mais pour y arriver, on est également obligé de traverser l'eau à neuf ou douze pouces de profondeur. On vient d'ordonner la construction d'un petit pont de service sur les portions inondées qui aboutissent aux extrémités de ce pont de piétons. En suivant cette communication de Schwabhausen à Bruck, il n'y a que quatre lieues, mais les inconvénients détaillés ci-dessus ne sauraient être compensés par l'avantage d'abréger de une lieue et demie.

3º *Communication de Schwabhausen à Bruck par Uberacker.* — La troisième communication de Schwabhausen à Bruck passe par les villages de Sickershofen, Kreuzholzhausen, Uberacker et Maisach. On passe la Maisach entre les villages d'Uberacker et de Maisach et on éprouve beaucoup moins de difficultés qu'à Bergkirchen, parce que les débordements de la rivière ne sont pas aussi considérables que dans ce premier endroit. Mais le pont d'Uberacker est rompu dans ce moment-ci. Le chemin entre Schwabhausen et Uberacker passe sur un terrain très accidenté. Les montées et les descentes sont fort difficiles à cause des pluies. Il y a également quatre lieues par cette communication.

Pour se diriger de Bruck sur Landsberg, on passe également par deux chemins.

1° *Communication de Bruck à Landsberg par Moorenweiss.* — Le premier et le plus court est celui qui passe par Jesenwang, Moorenweiss, Geltendorf, Schwabhausen et Penzing, par des traverses qui sont bonnes pour les voitures. Il y a six lieues par ce chemin et le fond de ce chemin est graveleux.

2° *Communication de Bruck à Landsberg par Inning et la grande route de Munich.* — La seconde communication de Bruck à Landsberg est celle qui passe, par des traverses, la grande route de Munich à Landsberg. On suit la rive gauche de l'Amper en passant par Schöngeising et on passe cette rivière à la hauteur de Wildenroth. On se dirige ensuite par Grafrath sur Inning où l'on rencontre la grande route de Munich, que l'on suit en passant par Stegen, Greifenberg et Windach. Outre que ce chemin est de deux lieues plus long que le précédent, il y a Wildenroth beaucoup de munitions et de défenses.

L'Amper. — On a jugé convenable de donner à la suite de cette reconnaissance quelques détails sur la rivière de l'Amper. Elle se trouve près du Tyrol et elle alimente le lac connu sous le nom d'Ammer-See. Au-dessous de Hohenkamer, elle reçoit le Glon et se jette près de Moosburg dans l'Isar. Sa largeur à Bullach, village situé à une lieue au-dessous de sa jonction avec la Maisach, est de quatorze toises.

Elle a trois à cinq pieds de profondeur d'une eau limpide. Son fond est dur et graveleux, ses bords sont en grande partie un peu escarpés et son cours est assez rapide. Cette rivière est sujette à des débordements à la suite de grandes pluies. Sa rive gauche depuis Dachau forme une chaîne de hauteurs qui s'étendent ensuite le long de la dernière rivière. La rive droite est très unie jusqu'à la hauteur d'Esting où le terrain devient accidenté et boisé.

Au quartier général de Schwabhausen, le 23 vendémiaire an XIV (15 octobre 1805).

Le Capitaine du génie,

(A. G.)   GOLL.

Relation des mouvements du corps bavarois.

13 vendémiaire (8 octobre). — Le général comte Mutius de Minucci fut détaché avec sa brigade à Tölz, pour de là envoyer des reconnaissances vers le Tyrol et observer les mouvements que les ennemis pourraient faire tant par Füssen, vers Schöngau, comme ce qui pourrait venir de la rive gauche de l'Inn sur Rosenheim.

21 et 22 vendémiaire (13 et 14 octobre). — Les détachements continuels qu'on poussa par tous les chemins ramenèrent encore environ 300 prisonniers.

Durant le même intervalle, les Bavarois transportèrent 300 déserteurs ennemis au quartier du maréchal.

Les dragons du 1er régiment et les chevau-légers du 3e, qui accompagnaient le lieutenant général à la poursuite du 12, firent un butin immense. Toutes les troupes de l'avant-garde ont mérité de grands éloges, en raison de la rare persévérance avec laquelle elles ont supporté la privation des vivres les plus indispensables, faisant des marches forcées, et passant toutes les nuits au bivouac, par le temps le plus affreux.

21 vendémiaire (13 octobre). Ordre du jour. — M. le maréchal publia l'ordre du jour que l'avant-garde bavaroise avait pris, le 12 octobre, 1400 hommes, 160 chevaux, 2 obusiers et 50 voitures d'équipages et que le maréchal Ney, ayant rencontré 7,000 ennemis, en avait pris 4,000 ; les 3,000 autres ayant jeté leurs armes pour s'enfuir dans les bois.

Le général Éblé à M. Navelet.

Munich, le 21 vendémiaire an xiv (13 octobre 1805).

Monsieur,

De Pfaffenhoffen, vous porterez le parc à Heimhausen, près d'un cabaret qui se trouve sur la route et dans lequel vous établirez la garde du parc, vous logerez les chevaux à Heimhausen et dans les villages les plus voisins, en les serrant le plus possible, afin que vous ayez plus de facilité à les rassembler. Il faut que demain vous soyez en marche au plus tard à 6 heures, afin que sans faute vous soyez rendu à midi à Munich.

M. Picard est arrivé; je me flattais qu'il serait porteur de quelques détails sur votre marche, sur vos besoins; vous me laissez dans une ignorance absolue, vous ne répondez pas à mes lettres, vous me laissez croire que M. Ferrin s'est réuni à vous et vous ne me détrompez pas. Je vous annonce que vous recevrez 100 chevaux à Ingolstadt et vous ne me dites pas s'ils vous ont été remis. Je ne puis faire mon service si vous ne me secondez.

Éblé.

Le général Éblé au général Berthier.

Munich, le 21 vendémiaire an xiv (13 octobre 1805).

Monsieur le Général,

J'ai l'honneur de vous prévenir que les ordres que vous avez donnés, d'après ma lettre du 17 de ce mois relative aux hommes fournis par différents corps pour le train d'artillerie et dont on n'a pu tirer aucun parti, ces ordres, dis-je, n'ont pas été exécutés ni dans la première ni dans la seconde division; il en résulte que beaucoup de chevaux sont morts, d'autres devenus entièrement hors de service, et 25 voitures d'artillerie ne pourront plus suivre.

Cette désobéissance des colonels met les officiers d'artillerie dans l'impossibilité de répondre de leur service, et je n'ai aucun moyen à leur fournir.

Éblé.

Bulletin.

Augsburg, le 21 vendémiaire an XIV (13 octobre 1805).

Voici quelle est, après la marche des armées françaises et le passage du Danube, sur divers points, depuis Günzburg jusqu'à Ingolstadt, leur position générale :

Deux affaires très vives et dont le succès est tout à l'avantage des Français, ont été les premières conséquences des marches rapides et de l'invasion opérée par les sept corps d'armée formant la Grande Armée impériale.

A Wertingen, M. le général Auffenberg qui, avec un corps de 10,000 à 12,000 hommes, presque tous troupes d'élite, accourait du Tyrol pour défendre le passage du pont de Donauwörth, a été complètement battu par l'avant-garde de M. le prince Murat et une partie du corps de M. le maréchal Lannes, dont la division de grenadiers, sous les ordres du général Oudinot, a, par un mouvement rapide, tourné la gauche des Autrichiens. 3,000 prisonniers, un grand nombre de tués et de blessés, 7 pièces de canon et 2 drapeaux sont le premier avantage, le premier résultat de la rapidité des marches et des combinaisons par lesquelles la Grande Armée s'est trouvée en si peu de temps portée sur la ligne du Lech, sur les derrières de l'armée autrichienne.

L'affaire de Wertingen a eu lieu le 8 octobre, et le lendemain, 9 octobre, celle du pont de Günzburg a confirmé ce premier avantage et montré jusqu'à quel point les projets des Autrichiens étaient découverts. Dans cette dernière affaire, où M. l'archiduc Ferdinand s'est trouvé en personne à la tête d'un corps de 12,000 hommes venus d'Ulm, deux régiments, le 27ᵉ et le 59ᵉ, après avoir repoussé sur la rive gauche du fleuve l'attaque très vive de M. l'archiduc Ferdinand contre une des divisions de M. le maréchal Ney, ont passé le pont pêle-mêle avec les Autrichiens, se sont maintenus sur la rive droite, après un combat à la baïonnette, ont tué et blessé un grand nombre d'ennemis, pris 1500 hommes (parmi lesquels se trouve M. le général baron d'Aspre) et 11 pièces de canon.

Telle est maintenant la position respective des armées françaises et de celles de la coalition que M. le prince Murat, avec une armée de 80,000 hommes, pousse l'armée autrichienne sur le Rhin, où elle ne tardera pas à être prise en flanc, au débouché du Tyrol, par l'armée de M. le maréchal Augereau, forte de 35,000 hommes ; et en même temps Sa Majesté l'Empereur se porte se porte avec 90,000 hommes sur l'armée russe.

Ratisbonne, le 21 vendémiaire an xiv (13 octobre 1805).

On n'avait hier aucune connaissance à Waldmünchen, ni dans les environs, sur les frontière de la Bohême et du Haut-Palatinat, de la prochaine arrivée d'une colonne russe. Le régiment de Gemmingen, qui était depuis trois jours prêt à partir d'Amberg, se mit en route hier pour Schwarzenfeld, qui est sur la route de Waldmünchen ; reste à voir maintenant dans quelle direction marchera la première colonne russe qui est arrivée avant-hier dans les environs de Passau et de Schärding sur l'Inn. On présumait qu'elle serait obligée de rétrograder et de passer le Danube pour aller gagner la Bohême, mais on n'en a jusqu'à présent aucune nouvelle positive.

Ratisbonne, le 21 vendémiaire an xiv (13 octobre 1805).

On mande de Vienne que l'Empereur de Russie y est arrivé le 16 vendémiaire (*8 octobre*) et que les deux Empereurs se proposent de se rendre sur l'Inn, aussitôt que les 50,000 Russes y seront entièrement arrivés. A en juger par l'intervalle qu'il y a entre les cinq colonnes qui forment ce corps d'armée, il faudra au moins quinze jours avant que ce corps d'armée ne puisse se former en ligne le long de l'Inn.

Bulletin de Passau.

Passau, le 23 vendémiaire an xiv (15 octobre 1805).

Les Russes se sont dirigés jusqu'ici sur Braunau. Toute l'armée russe qui se trouve dans la Basse-Autriche est évaluée à 54,000 hommes. De ces 54,000 hommes, il n'y en a tout au plus que 15,000 qui aient passé l'Inn. On assure qu'ayant appris la retraite des Autrichiens, on a eu de la peine à les faire marcher en avant ; toutes les troupes autrichiennes qui avaient été à Munich se retirent derrière l'Inn pour s'y réunir aux Russes.

Le régiment de chevau-légers d'O-Reilly est repassé aujourd'hui par Schärding se rendant à Altheim. 400 de ces chevaulégers sont restés à Schärding. L'abattement et le découragement des troupes est très grand et si l'on profite bien du moment actuel, la campagne sera bien vite finie.

Il n'y a à Passau que 120 hommes qui, formant le dépôt du recrutement impérial tant à Francfort, Nuremberg et Augsburg, que dans quelques États de l'Empire germanique, ont reçu l'ordre d'en partir demain.

La garnison d'Ober-Hausen, citadelle de la ville de Passau, est pleine de courage et disposée à tenir aussi longtemps que possible ; il serait seulement à désirer qu'elle pût être renforcée, ne fût-ce que de 100 hommes.

L'esprit de la Bavière est excellent ; tout se lèverait au premier appel de l'Électeur ; il serait donc très facile d'organiser une levée en masse.

Les Russes ont fait sommer le commandant de la citadelle de Passau de se rendre, ce qu'il a refusé, quoiqu'il n'ait qu'une centaine d'invalides pour toute garnison.

Le 1ᵉʳ corps russe arrivé sur l'Inn se forme près de Braunau.

BACHER.

Bulletin.

Neuburg-sous-Bois, dans le Haut-Palatinat, à cinq heures de la frontière de Bohême, le 21 vendémiaire an XIV (13 octobre 1805).

Le dépôt du régiment d'infanterie de Gemmingen, qui se trouvait ici depuis quelques jours, est parti ce matin pour Waldmünchen.

Toutes les troupes autrichiennes qui étaient à Amberg et à Sulzbach se retirent vers Waldmünchen et paraissent devoir s'y réunir à la garnison d'Egra, qui a reçu l'ordre de partir pour se retirer en Bohême et d'emmener avec elle toute l'artillerie et les munitions de guerre qui étaient dans cette petite place. Six cents voitures ont été mises en réquisition pour le transport de ces objets.

Le régiment de Gemmingen, qui va passer par ici pour retourner, à ce qu'on présume, en Bohême, est composé de

12 compagnies qui peuvent être évaluées l'une dans l'autre de 150 à 160 hommes.

Ce régiment sera suivi d'une division de 300 dragons du régiment de Hohenlohe, et de 150 uhlans. Ce petit corps est commandé par le baron de Hager, colonel des dragons de Hohenlohe.

Les compagnies de grenadiers du régiment de Gemmingen ont joint le corps du général Kienmayer, qui était récemment près de Munich.

Ce petit corps peut aussi se porter sur Passau et derrière l'Inn, après avoir couvert l'évacuation de la place d'Egra.

Bacher.

Bulletin sans signature.

Dresde, le 21 vendémiaire an XIV (13 octobre 1805).

Il paraît constant aujourd'hui qu'il n'y a point encore de Russes en Bohême.

La première armée, commandée par le général Kutusow et forte de 50,000 hommes, après avoir traversé la Moravie, se dirige tout entière sur Lintz et par des marches forcées elle joint en Bavière l'armée autrichienne.

Cette armée marche sur cinq colonnes.

La première a dû arriver à Braunau le 10 octobre, et elle sera le 16 auprès de Munich. Elle se compose de 9 bataillons d'infanterie, grenadiers et chasseurs.

La deuxième devait être hier à Braunau et sera le 18 à Dachau. Elle se compose de 9 bataillons de grenadiers.

La troisième arrivera le 14 à Braunau et le 20 à Dachau ; elle se compose de 7 bataillons d'infanterie et chasseurs.

La quatrième arrivera le 16 octobre à Braunau et le 22 à Dachau, elle se compose de 9 bataillons d'infanterie.

La cinquième et dernière colonne arrivera le 18 octobre à Braunau, le 24 à Dachau. Elle consiste en 11 bataillons d'infanterie et de chasseurs.

Cette première armée n'est ainsi composée que d'infanterie, en tout 45 bataillons.

Il paraît que pour réparer le temps qu'elle avait perdu sur les frontières de la Silésie prussienne, où elle était demeurée jusqu'aux derniers jours de septembre, on a employé un très grand nombre de voitures en Moravie et que les troupes marchaient alternativement, partie à pied, partie en charrettes.

La seconde armée russe, forte aussi d'environ 50,000 hommes, commandée par le général Michelson, est en marche dans la Galicie. Sa direction ultérieure peut dépendre du parti définitif que prendra la Prusse. Si tout chemin lui est refusé par les États prussiens, elle prendra probablement la même direction que la précédente pour se porter suivant l'occurrence ou en Bohême ou sur le Danube. Si elle va sur Lintz, elle ne pourra guère y être rendue que dans les premiers jours de novembre.

Au 1er novembre doit commencer en Russie un recrutement général, qui devra être fini au 1er janvier et qui, à raison de 2 hommes sur 500 de population, devra fournir au moins 100,000 hommes. On s'occupe déjà de former 2 nouveaux régiments de dragons, 7 d'infanterie de ligne et 2 de chasseurs.

Le premier des deux régiments de dragons portera le nom de Shitomir, le deuxième celui de Livonie.

Les sept régiments d'infanterie de ligne porteront les noms de Mohilew, Kaluga, Kostroma, Wilna, Pensa, Esthonie et Odessa.

Un des régiments de chasseurs sera le 21e, l'autre le 22e.

On a fait publier à Vienne que l'armée française, aux 6 et 10 octobre, ne s'élèverait pas en Allemagne à plus de 86,000 hommes, tandis que celle d'Autriche, jointe à la première armée russe, formerait entre Ulm et Memmingen, sur les deux rives du Danube, un total de 140,000 hommes; étrange moyen de donner confiance et qui prouve qu'on en a besoin.

Dans le Tyrol, la levée en masse s'organise et c'est l'archiduc Jean qui est à la tête de toutes les levées qui se font dans ce pays et dans le Vorarlberg, en vertu de la publication du gouvernement du Tyrol en date du 11 septembre dernier.

(*Sans signature.*)

CHAPITRE IX

14 Octobre.

Le maréchal Berthier au maréchal Lannes.

Pfaffenhofen, le 21 vendémiaire an XIV (13 octobre 1805).

Monsieur le maréchal Lannes,

Je vous préviens qu'*aujourd'hui* (1) à la pointe du jour, le maréchal Ney se porte à la rive gauche du Danube pour reprendre la position d'Albeck, il est possible que cela donne lieu à un engagement très sérieux ; il est donc convenable qu'au premier coup de canon, vous vous trouviez vous-même sur la rive droite, du côté du pont d'Elchingen, pour pouvoir soutenir le maréchal Ney ; suivant les circonstances, que vos troupes soient prêtes à le soutenir ou à se rapprocher du champ de bataille. Si l'ennemi sort d'Ulm de ce côté, nous pourrons marcher à lui et le culbuter ; si au contraire il ne sort pas, et que l'affaire de M. le maréchal Ney engage beaucoup de troupes ennemies, nous pourrons le suivre de poste en poste, passer sur la rive gauche, en laissant le général Marmont de ce côté-ci, et enlever toutes les hauteurs d'Ulm.

Si l'ennemi attaque le maréchal Ney et qu'en même temps il

---

(1) C'est une erreur de dictée. Berthier a dû dicter cet ordre tard dans la nuit du 21 au 22, et devait avoir dans la tête que le maréchal Lannes recevrait cet ordre *aujourd'hui* 22.

attaque le général Gazan, cela donnera lieu à des événements qui arrangeront beaucoup nos affaires.

Il peut être convenable que les grenadiers, pendant l'affaire, se portent sur la hauteur d'Holzschwang, et le général Suchet derrière leur droite.

Le général Marmont pourra relever les postes qui sont au pont d'Ober-Kirchberg.

Je lui donne l'ordre de porter son quartier général à Wullenstetten.

Maréchal Berthier.

Le maréchal Berthier au maréchal Ney.

Pfaffenhofen, le 22 vendémiaire an XIV (14 octobre 1805),
à 2 heures du matin.

L'Empereur me charge de vous répondre qu'il est très important d'avoir les hauteurs d'Albeck, qu'il vous soutiendra et qu'il regarde comme très avantageux d'engager l'ennemi dans une bataille hors des retranchements d'Ulm.

Prévenez l'Empereur de vos dispositions, de celles de l'ennemi et de tout ce qui menace.

(*A. M.*) Maréchal Berthier.

Le maréchal Berthier au maréchal Ney.

Pfaffenhofen, le 22 vendémiaire an XIV (14 octobre 1805),
à 4 heures du matin.

L'intention de l'Empereur est toujours que vous vous empariez des hauteurs d'Albeck ; si cela vous engage à une grande bataille, vous serez soutenu fortement ; tout ce qui portera l'ennemi à avoir une affaire au delà des retranchements d'Ulm, ne peut que nous être très avantageux.

Maréchal Berthier.

Le général Seroux au maréchal Ney.

Ober-Elchingen, le 22 vendémiaire an XIV (14 octobre 1805).

Monseigneur,

J'ai l'honneur de vous adresser copie d'une réponse que j'ai reçue de M. le premier inspecteur général à la demande que je lui ai faite pour le remplacement de l'artillerie prise à la 1re division. Ce remplacement serait trop différé, si l'on attendait la remonte du train ; comme il est essentiel d'y pourvoir sans délai, je crois devoir, Monsieur le Maréchal, vous proposer le choix entre deux partis :

1° De donner à la 1re division une partie de l'artillerie du corps de dragons qui était hier à Günzburg. Le chef de bataillon Villeneuve me mande de la part du général Dupont, que le commandant de cette division a dit à ce général qu'il ne serait pas fâché d'être débarrassé d'une partie de ses canons, qui gênaient sa marche ;

2° De retirer deux pièces de 8 des 2e et 3e divisions, pour les envoyer à la 1re, qui aurait ainsi, y compris l'artillerie légère qui lui a été réunie provisoirement : 1 pièce de 4, 4 pièces de 8 et 4 obusiers.

Je ne connais pas le corps de dragons qui était hier à Günzburg et dont parle le général Dupont ; je vous prie de me faire connaître lequel de ces deux partis vous paraîtra le plus convenable.

J'ai l'honneur d'être avec respect, votre très humble serviteur.

Le Général commandant l'artillerie,

(A. M.)   Seroux.

Le général Songis au général Seroux.

Burgau, le 21 vendémiaire an XIV (13 octobre 1805).

Mon cher Général,

J'ai reçu votre lettre en date de ce jour, par laquelle vous me faites part de la perte qu'a éprouvée l'artillerie de votre corps d'armée à la journée du 19 vendémiaire. J'en ai d'autant plus de regrets que, faute de chevaux du train, je ne puis dans ce moment faire remplacer les bouches à feu, quoiqu'il y en ait un assez grand nombre au parc général, mais elles ne sont attelées que par des chevaux de réquisition qui sont dans le plus mauvais état faute de nourriture et à cause des mauvais chemins.

Il doit arriver incessamment des détachements du train; je ferai remplacer vos bouches à feu dès qu'ils auront rejoint. A l'égard des cartouches d'infanterie et des munitions à canon, le parc général pourra vous en fournir; il est aujourd'hui à Donauwörth; faites faire la demande de ce qui peut vous être nécessaire et, si vous avez des caissons vides, envoyez-les pour qu'on les remplisse.

Il est préférable de les charger que de laisser des munitions sur les chariots de paysans.

Recevez, je vous prie, l'assurance de ma haute considération.

(A. M.) Songis.

Journal des opérations militaires de la division Dupont.

Le 22 vendémiaire an xiv (14 octobre 1805).

Le 22, le général reçoit l'ordre de retourner à Albeck; il se met en marche à 7 heures du matin. Arrivé à Langenau, il trouve ce village occupé par un gros corps ennemi et reconnaît une colonne autrichienne filant sur la droite par la route de Nerenstetten.

Après un combat d'avant-garde engagé pour forcer l'ennemi à montrer toutes ses forces, le général Dupont prend le parti de se reporter sur la Brenz, afin de couvrir les communications de l'armée par Gundelfingen et Günzburg et de prévenir les intentions que l'ennemi pouvait avoir d'opérer une diversion et de dégager Ulm. C'était un corps de 20,000 hommes sorti de cette place le 21 (*13 octobre*) sous les ordres du prince Ferdinand. On douta quelque temps, au grand quartier général, de la présence de ce corps; on croyait toute l'armée autrichienne enfermée dans Ulm ou dans les retranchements voisins de cette place ; mais tous les rapports confirment bientôt ceux du général Dupont et le combat d'Albeck a achevé d'en prouver l'exactitude.

La division bivouaque le 22 à Gundelfingen.

Le général Loison au maréchal Ney.

Le 22 vendémiaire an XIV (14 octobre 1805).

Monsieur le Maréchal,

La division, partie de la position de Reinpolzhofen le 21 vendémiaire (*13 octobre*), à 8 heures du soir, se dirigea sur Nersingen et Leiben, où elle arriva dans la matinée du 22. Là, je reçus de vous l'ordre de me porter au pont d'Elchingen et de m'en emparer ainsi que des hauteurs de l'abbaye du même nom. Les têtes de colonnes et l'artillerie arrivèrent à 8 heures aux débouchés du bois qui conduisent au pont ; quelques grenadiers et sapeurs se portèrent en avant pour le reconnaître ainsi que ses environs. Deux pièces de 8 et un obusier furent placés sur la gauche afin de protéger le rétablissement du pont et de répondre à l'artillerie placée sur la rive opposée. Ces dispositions prises, vous ordonnâtes à M. Coisel, mon aide de camp, capitaine, de poser la première planche, ce qu'il fit, accompagné d'un sapeur du 6e régiment qui eut la jambe emportée d'un coup de mitraille.

Les grenadiers se saisirent alors des planches que M. le général Villatte avait fait apporter de Leiben et de celles que les ennemis avaient jetées dans le fleuve et qui s'étaient arrêtées aux pilotis, et les portèrent sur le pont, mais une compagnie de carabiniers, les voltigeurs du 6e régiment et les grenadiers du 39e, n'écoutant que leur courage, se précipitèrent sur les poutrelles sans attendre qu'elles fussent revêtues de planches et traversèrent le pont de cette manière. Ensuite tombant sur l'ennemi et ses pièces qui battaient le pont, ils le forcèrent, après en avoir tué un grand nombre, d'abandonner les premières maisons derrière lesquelles ils étaient retranchés.

Le pont devenu plus praticable, j'exécutai l'ordre que vous m'aviez donné de faire appuyer à droite et d'adosser au bois les troupes de ma division ; j'ordonnai en conséquence à M. le général Villatte de se porter avec le 6e et le 39e dans cette position, d'y mettre ses troupes en bataille jusqu'à ce que les têtes de colonnes des 69e et 76e régiments eussent débouché et fussent en mesure pour le soutenir, ce qui fut exécuté, à l'exception du retard qu'éprouva le 2e bataillon du 39e régiment, coupé par la cavalerie qui défila sur le pont.

Quelques troupes de l'ennemi s'étant retirées avec une pièce de canon sur la route de Thalfingen, j'ordonnai au général Villatte de détacher quelques tirailleurs et quatre compagnies sur sa gauche, afin de les repousser pour n'en être plus inquiété dans son mouvement.

Le 1er bataillon du 39e régiment, commandé par M. Clavel, à l'exception des grenadiers et de la 2e compagnie qui avaient été laissés en avant du pont, se forma en colonne serrée et fut dirigé vers la chapelle de Saint-Wolfgang, avec ordre de s'en emparer et de se porter ensuite sur le plateau de l'abbaye, tandis que le 6e régiment, marchant également en colonne et soutenant les tirailleurs, s'emparait d'Elchingen et de l'abbaye. Le 1er bataillon du 39e trouva l'ennemi en force et repoussa deux charges de cavalerie ainsi que l'attaque de trois bataillons de grenadiers. Enfin, accablé par le nombre et son second bataillon n'étant point en réserve pour le soutenir, il fut forcé de se retirer à la première position du bois et fut vivement chargé pendant sa retraite par la cavalerie et l'infanterie ennemies. Le bataillon a donné des preuves du plus grand courage et son commandant, M. Clavel, s'est particulièrement distingué.

L'attaque du 6e régiment réussit parfaitement : il s'empara du village et de l'abbaye où il fit environ 800 prisonniers.

Pendant ces différentes attaques, la cavalerie aux ordres de M. le colonel Colbert, ayant passé le pont, fut suivie par le 2e bataillon du 39e régiment, qui vint prendre position à la gauche de son 1er bataillon ; elle fut mise elle-même en bataille dans la prairie qui est en face du plateau d'Elchingen.

Les 69e et 76e régiments, commandés par M. le général Roguet, reçurent l'ordre de se former en colonne par régiment et de marcher droit au plateau d'Elchingen, où l'ennemi paraissait vouloir faire plus de résistance ; je donnai également à la cavalerie celui de soutenir ces colonnes en obliquant à droite. Le 2ᵉ bataillon du 39ᵉ et le restant du 1ᵉʳ reçurent de M. le général Villatte l'ordre de se former en colonne et de regagner les hauteurs de Saint-Wolfgang en marchant de front avec la 2ᵉ brigade. Les mouvements furent exécutés avec intrépidité et personne ne peut mieux que vous, Monsieur le Maréchal, rendre justice aux différents chefs qui commandaient ces colonnes, puisque vous fûtes constamment au milieu du feu le plus vif.

Arrivés sur le plateau, vous ordonnâtes de s'emparer du bois qui est à gauche et de diriger constamment les mouvements sur la droite de l'ennemi, ce qui fut exécuté par M. le général de brigade Roguet et MM. les colonels Brun et La Jonquière. Le 1ᵉʳ et le 2ᵉ eurent leurs chevaux blessés et le 3ᵉ eut le sien tué.

Dans le moment où ces deux régiments firent leur attaque sur un carré ennemi, le 18ᵉ régiment de dragons fit une charge tellement vigoureuse que l'ennemi mit bas les armes ; le colonel Lefebvre s'est particulièrement distingué.

L'ennemi, qui à notre arrivée sur le plateau était en bataille sur deux lignes, voyant le mouvement qui s'exécutait sur sa droite par notre infanterie, et ceux que vous aviez ordonné à la cavalerie d'exécuter sur sa gauche, forma plusieurs carrés dont trois que je jugeai être forts de chacun 4,000 hommes et chercha constamment à gagner la route d'Albeck à Ulm en s'appuyant aux bois, soutenu par la cavalerie et son artillerie. Ces différents carrés furent attaqués par les 69ᵉ et 76ᵉ et forcés d'abandonner à ce dernier régiment 4 officiers supérieurs, 7 officiers, 111 sous-officiers, canonniers et soldats, 4 pièces de canon et plusieurs caissons. Une colonne de 700 hommes mise en fuite par le 1ᵉʳ bataillon du 76ᵉ fut entièrement ramassée par les tirailleurs du 10ᵉ régiment de chasseurs à cheval.

J'ordonnai ensuite à M. le général Villatte d'obliquer fortement à gauche, avec les troupes des 6ᵉ et 39ᵉ régiments qu'il avait pu réunir et de s'emparer des deux bois qui sont en face de Kesselbronn, entre lesquels passe le chemin de traverse qui d'Elchingen rejoint la route d'Albeck à Ulm, d'y prendre position et de jeter des tirailleurs sur sa gauche afin d'observer les mouvements que l'ennemi aurait pu faire par la route de Thalfingen. M. le général Roguet avait en même temps reçu l'ordre de se porter avec le 69ᵉ et le 2ᵉ bataillon du 76ᵉ à la hauteur de

Kesselbronn, en passant à la gauche du bois qui est en face de la route d'Albeck, tandis que le 1er bataillon du 76e également en colonne, devait passer entre la route d'Albeck et ce même bois et venir prendre position en arrière des 69e et 76e. Ce mouvement exécuté, les colonnes furent rejointes par la cavalerie aux ordres de M. le colonel Colbert et après m'être assuré que la division Malher était en position pour me soutenir en cas de retraite et empêcher que l'ennemi ne vînt m'inquiéter sur ma gauche, j'ordonnai aux généraux Villatte et Roguet de passer, le premier le ravin de Kesselbronn et de s'emparer des hauteurs et du bois qui sont en face de Unter-Haslach, et le second, de s'emparer de la route d'Albeck à Ulm et des bois qui sont en face de Ober-Haslach et d'en chasser l'ennemi qui y avait réuni plusieurs colonnes soutenues par un corps de cavalerie. Les deux brigades attaquèrent vigoureusement l'ennemi, qui fut complètement mis en déroute. Leur cavalerie chercha par une charge à arrêter le mouvement de mon infanterie, elle fut reçue par les 69e et 76e qui avaient formé le carré, et chargée et culbutée par la cavalerie aux ordres de M. le colonel Colbert, qui de sa main tua un uhlan ; mon aide de camp, chef de bataillon, M. Michaud, qui prit part à cette charge, tua également un uhlan. Arrivèrent dans ces entrefaites les dragons aux ordres de M. le général Bourcier, deux pièces de 8, une de 4 et un obusier. Je profitai de ce renfort pour poursuivre l'ennemi jusqu'en face du village de Jungingen où sa cavalerie fut vigoureusement canonnée. Ensuite, d'après vos ordres, j'ordonnai la retraite sur Albeck, laquelle se fit en échiquier, soutenue par la cavalerie. La division prit position, la droite appuyant à la ville, et la gauche se prolongeant vers Göttingen qu'occupèrent les dragons aux ordres de M. le général Bourcier.

Les résultats de cette journée sont : la colonne ennemie coupée, dont partie fut obligée de se retirer sur Ulm et l'autre sur Langenau et Nerenstetten, environ 4,500 prisonniers, 4 pièces de canon, 12 caissons, plusieurs drapeaux et un grand nombre de tués et blessés. De notre côté, nous avons à regretter 106 hommes tués dont 6 officiers, et 623 blessés dont 31 officiers.

Vous avez été témoin, Monsieur le Maréchal, de la conduite valeureuse de MM. les généraux de brigade Villatte et Roguet, de MM. les colonels Brun, La Plane, Maucune, Colbert et La Jonquière, des talents qu'ils ont déployés, de la précision des manœuvres de leurs régiments, qui se sont faites comme sur un champ d'exercice. Je vous prie de vouloir bien les recommander à la bienveillante protection de Sa Majesté Impériale et Royale, ainsi que ceux des militaires dont les noms sont portés sur l'état ci-joint et pour lesquels MM. les généraux et chefs de corps réclament de l'avancement ou la décoration de la Légion d'honneur.

J'ai l'honneur, etc.

LOISON (1).

Le général Malher au maréchal Ney.

Au quartier général au bivouac sous Ulm, le 25 vendémiaire an XIV
(17 octobre 1805).

Monsieur le Maréchal,

En conséquence des ordres que vous m'avez fait transmettre par votre chef d'état-major, la division que j'ai l'honneur de commander passa, le 22, le Danube sur le pont d'Elchingen, à la suite de la division de dragons longeant le bois de l'abbaye, vint prendre position en avant, en entourant le poste de Thalfingen. La rapidité avec laquelle la 2e division avait vaincu l'ennemi ne m'a pas permis de prendre part à cette belle action.

Agréez, Monsieur le Maréchal, l'assurance de mon respect et de mon attachement.

(*A. M.*) MALHER.

---

(1) Un rapport semblable a été adressé au prince Murat; la division faisait partie de l'aile droite de l'armée que le prince commandait.

Dans ce rapport, en post-scriptum, le général Loison signale la conduite brillante et distinguée de M. Hamelinaye, adjudant-commandant, son chef d'état-major, et demande pour lui le grade de général de brigade.

On trouvera dans le *Spectateur militaire*, tome XVIII, page 490, et dans les *Mémoires du maréchal Ney*, tome II, page 318, la description minutieuse de la manœuvre exécutée par le général Roguet. Nous avons cité ces textes dans *La tactique et la discipline dans les armées de la Révolution*, Paris, 1902, page LXXXI.

Rapport du colonel Colbert.

Söfflingen, le 26 vendémiaire an XIV (18 octobre 1805).

Monsieur le Maréchal,

D'après vos ordres, je suis parti le 22, à 8 heures du matin, du village de Steinheim avec le 3e régiment de hussards et le 10e de chasseurs, l'un et l'autre forts d'environ 140 chevaux, et je me suis porté sur les hauteurs en arrière de Leiben où je devais recevoir des ordres ultérieurs.

Aussitôt que le pont d'Ober-Elchingen a été enlevé, j'ai passé le Danube et me suis mis en bataille en face de la position du couvent, prêt à soutenir l'infanterie dans le cas où la cavalerie ennemie aurait voulu la charger, ce qu'elle avait déjà fait sur un bataillon du 39e régiment.

Le 69e régiment ayant enlevé la position, les détachements des deux régiments, formant en tout deux escadrons, se sont portés sur la hauteur, et aussitôt, d'après vos ordres, Monsieur le Maréchal, j'ai fait charger une ligne d'infanterie autrichienne soutenue de 150 cuirassiers qui menaçaient notre infanterie encore mal formée. Le succès n'a point été tel que j'aurais pu le désirer ; malgré la bravoure des chefs et la décision valeureuse des hussards du 3e régiment, ils ont été arrêtés par les cuirassiers qui étaient protégés par les feux de flanc de leur troupe. J'ai dû alors abandonner l'infanterie à vingt pas de laquelle j'étais déjà, pour faire une conversion à droite afin de dégager les hussards ; je crois que sans ce mouvement, ils auraient encore souffert beaucoup davantage.

Messieurs Geist, capitaine, Richard, lieutenant, Beaumetz, sous-lieutenant, et une dizaine de hussards ont été faits prisonniers après avoir valeureusement combattu et avoir été en partie démontés.

Le chef d'escadron Daumon a eu son cheval tué sous lui et a été blessé ainsi que le capitaine Geisweiler, les lieutenants Richard et Brody et une quarantaine de hussards l'ont été également, six ont été tués. Parmi les officiers démontés, je me fais un plaisir de citer le jeune Lebrun, qui s'est fort bien conduit.

Le 10e régiment de chasseurs a eu 15 hommes blessés et

5 tués ; plusieurs officiers ont eu leurs chevaux tués sous eux, et je puis vous assurer, mon Général, qu'ils ont tous très bien fait leur devoir.

Aussitôt que j'ai eu rallié mes chasseurs et quelques hussards, je me suis dirigé vers une colonne ennemie qui filait sur la droite, je l'ai fait charger de suite, en conservant néanmoins une petite réserve pour maintenir une centaine de cuirassiers autrichiens qui menaçaient notre flanc gauche. Tout a réussi pour le mieux : un général, grand nombre d'officiers, 1800 hommes et 2 drapeaux ont été pris.

Le chef d'escadron Lapointe était à la tête. Les chasseurs Pisson et Dauplé ont pris le premier drapeau, le hussard Gayer le second ; je les recommande à Votre Excellence, ainsi que le maréchal des logis Malet et le jeune brigadier Couvatte, seul descendant du chevalier Bayard, le modèle des preux.

La conduite des prisonniers avait considérablement diminué ma petite troupe ; cependant plusieurs hommes des deux régiments ayant rallié, j'ai rejoint la division Loison qui était à gauche, laissant une brigade de dragons qui se jetait tout à fait à droite. Je suis arrivé à temps pour sauver par une charge heureuse tous les tirailleurs du 76e qui allaient être sabrés par un parti de uhlans, et ici tout le monde a donné un coup de sabre, et je puis vous assurer, Monsieur le Maréchal, que si l'ennemi n'avait pas eu de réserve, tout était pris, malgré l'infériorité de notre nombre. Le général Loison a été témoin de ce choc qui a terminé en partie la journée.

Aussitôt que le 3e régiment de hussards aura une connaissance exacte de ses pertes, j'aurai l'honneur de vous adresser l'état de celles des deux régiments.

J'ai l'honneur d'être, Monsieur le Maréchal, de Votre Excellence, le dévoué serviteur.

(*A. M.*) Colonel COLBERT (1).

---

(1) Une copie un peu *arrangée* de ce rapport existe aux Archives de la guerre.

Journal des opérations de l'artillerie du 6ᵉ corps.

Le 22, bataille d'Elchingen. — Au point du jour, les 2ᵉ et 3ᵉ divisions s'approchèrent du pont d'Elchingen, résolues à le passer.

Elchingen est un bourg sur le Danube, à une lieue et demie au-dessous d'Ulm. Cette forte position militaire paraît inattaquable par la rive droite. Elchingen s'élève en amphithéâtre sur une petite montagne rapide dont le pied touche presque au Danube, n'en est séparé que par une prairie étroite et marécageuse. Du sommet de la hauteur, l'artillerie peut sans danger foudroyer avec succès les rives du Danube et surtout le pont. Ce pont, long d'environ 200 toises, est coupé en deux parties par une île.

Vers 11 heures du matin, les divisions se formèrent en colonne sur la rive droite, et l'artillerie des divisions réparties entre les régiments à raison de deux bouches à feu à chacun. Le général Seroux fit mettre en batterie 5 pièces de 8, 2 pièces de 4 et 1 obusier à côté du pont pour soutenir le passage. Ces dispositions faites, le feu commença : nos troupes se précipitèrent en colonnes, sous la protection du feu de l'artillerie. Le peu d'ennemis qui osèrent se défendre furent chassés, tués ou pris.

Une brigade de la 2ᵉ division se forma en colonne d'attaque par bataillon pour enlever la position.

Pendant ce temps, 1 pièce de 4 et 1 obusier, qui avaient passé le pont avec le 6ᵉ régiment d'infanterie légère, furent dirigés sur la gauche contre 2 pièces ennemies qui prenaient d'écharpe le terrain que nous occupions au débouché du pont.

L'armée ennemie, rangée en bataille sur la hauteur, oppose des obstacles impuissants. M. le maréchal Ney, à la tête de son état-major général, commandait en personne. Étonné de l'impétuosité de nos troupes et peut-être de la hardiesse de l'entreprise, l'ennemi se retira dans les terres à une portée de canon et forma un bataillon carré qui, malgré une vive résistance, fut enfoncé. Presque tout ce qui le composait fut pris avant que l'artillerie et même une partie des troupes eussent le temps d'arriver, car le pont est faiblement construit en bois et très étroit. Il avait été endommagé par l'ennemi, on l'avait réparé à la hâte et il fallait de grandes précautions pour le passer.

Cependant, l'artillerie rejoignit les régiments encore assez à temps pour tirer sur l'ennemi quelques coups qui lui firent beaucoup de mal.

L'ennemi fit sa retraite sur Ulm.

La 2ᵉ division après l'avoir suivi jusqu'à Emmingen alla à Albeck.

La 3ᵉ division prit position en avant d'Elchingen.

Le quartier général s'établit à Elchingen.

La 1ʳᵉ division revint à Albeck. L'ennemi l'attaqua et fut repoussé. Dans cette affaire, un sergent de la 11ᵉ compagnie du 1ᵉʳ régiment, nommé Horand, eut la jambe emportée. Il s'est distingué.

6ᵉ CORPS D'ARMÉE.
Journée du 22 vendémiaire (14 octobre 1805).
Combat d'Elchingen.

Quartier général : Le matin, à Unter-Falheim ; le soir, à Kloster-Elchingen.

1ʳᵉ division : Brenz.

La division n'a fait aucun mouvement (1).

2ᵉ division : Dès la pointe du jour, la division étant arrivée dans la position de Leiben, la tête de la colonne et l'artillerie arrivèrent à 8 heures au débouché du bois qui conduit au pont. Quelques grenadiers et sapeurs se portèrent en avant pour le reconnaître ainsi que ses environs. 2 pièces de 8 et 1 obusier furent placés sur la gauche, afin de protéger le rétablissement du pont et de répondre à l'artillerie placée sur la rive opposée. On fit placer également sur la gauche de la tête du pont d'Elchingen pour débusquer l'ennemi de ses positions au pied du village et favoriser le passage des troupes : 5 pièces de 8, 2 pièces de 4, 1 obusier de 6 p. (*Note de l'artillerie.*)

Ces dispositions à peine terminées, M. le maréchal Ney ordonna à M. Coisel, aide de camp du général Loison, de placer la première planche, ce qu'il fit, accompagné d'un sapeur du 6ᵉ régiment qui eut la jambe emportée.

---

(1) Erreur. (Voir ci-après Journal des opérations militaires de la division Dupont.)

Les grenadiers se saisirent alors des planches que le général Villatte avait fait apporter de Leiben et de celles que l'ennemi avait jetées dans le fleuve et qui s'étaient arrêtées aux pilotis, et les portèrent sur le pont. Mais une compagnie de carabiniers du 6e, les voltigeurs du même régiment et les grenadiers du 39e, n'écoutant que leur courage, se précipitèrent sur les poutrelles sans attendre qu'elles fussent revêtues de planches, traversèrent le pont de cette manière, ensuite, tombant sur l'ennemi et les pièces qui battaient le pont, ils le forcèrent, après en avoir tué un grand nombre, d'abandonner les premières maisons derrière lesquelles il s'était retranché.

Le pont devenu plus praticable, le général Loison donna l'ordre d'appuyer à droite et d'adosser aux bois les troupes de la division. Il ordonna, en conséquence, au général Villatte de se porter avec le 6e et le 39e dans cette position, d'y mettre les troupes en bataille jusqu'à ce que les têtes des colonnes des 69e et 76e régiments eussent débouché et fussent en mesure pour le soutenir, ce qui fut exécuté à l'exception du retard qu'éprouva le 2e bataillon du 39e régiment, coupé par la cavalerie qui défilait sur le pont.

[Une pièce de 4 et un obusier passèrent le pont avec la 1re batterie et firent feu sur la gauche contre une batterie ennemie qui prenait les troupes françaises en écharpe.] *(Note de l'artillerie.)*

Quelques troupes de l'ennemi s'étant retirées avec une pièce de canon sur la route de Thalfingen, le général Loison ordonna au général Villatte de détacher quelques tirailleurs et 4 compagnies sur la gauche, afin de les repousser et de n'être plus inquiété dans son mouvement.

Le 1er bataillon du 39e, commandé par M. Clavel, à l'exception des grenadiers et de la 2e compagnie qui avaient été laissés en avant du pont, se forma en colonne serrée et fut dirigé sur la chapelle de Saint-Wolfgang avec ordre de s'en emparer et de se porter ensuite sur le plateau de l'abbaye, tandis que le 6e régiment, marchant également en colonne et soutenant ses tirailleurs, s'emparerait d'Elchingen et de l'abbaye.

Le 1er bataillon du 39e trouva l'ennemi en face et repoussa deux charges de cavalerie ainsi que l'attaque des trois bataillons de grenadiers. Enfin, accablé par le nombre et son second bataillon n'étant point en réserve pour le soutenir, il fut forcé de se retirer à sa première position du bois ; il fut vivement chargé pendant sa retraite par la cavalerie et l'infanterie ennemies.

L'attaque du 6e régiment réussit parfaitement ; il s'empara du village, de l'abbaye et fit 800 prisonniers.

Pendant ces différentes attaques, la cavalerie aux ordres de M. le colonel Colbert ayant passé le pont, suivie du 2e bataillon du 39e qui vint prendre position à la gauche de son 1er bataillon, fut mise en bataille dans la prairie en face du plateau d'Elchingen.

Les 69e et 76e régiments, commandés par le général Roguet, reçurent l'ordre de se former en colonne par régiment et de marcher droit au plateau d'Elchingen, où l'ennemi paraissait vouloir faire plus de résistance.

La cavalerie reçut l'ordre de soutenir ces colonnes en obliquant à droite. Le 2e bataillon du 39e et le restant du 1er eurent l'ordre du général Villatte de se former en colonne et de gagner les hauteurs de Saint-Wolfgang, en marchant de front avec la 2e brigade.

Ces mouvements furent exécutés avec intrépidité ; M. le maréchal Ney fut constamment au milieu du feu le plus vif.

Arrivé sur le plateau, M. le maréchal ordonna de s'emparer du bois qui est à gauche (le 69e y marcha) et de diriger constamment les mouvements sur la droite de l'ennemi, ce qui fut exécuté par M. le général Roguet, les colonels Brun et La Jonquière ; les deux premiers eurent leurs chevaux blessés et le troisième eut le sien tué.

Dans le moment où ces deux régiments firent leur attaque sur un carré ennemi, le 18e dragons fit une charge tellement vigoureuse que l'ennemi mit bas les armes. (Le 3e hussards et le 10e chasseurs avaient déjà chargé le même carré.)

L'ennemi, qui à notre arrivée sur le plateau était en bataille sur deux lignes, voyant ces mouvements qui s'exécutaient sur sa droite par notre infanterie, et ceux que M. le maréchal avait ordonné à la cavalerie d'exécuter sur la gauche, forma plusieurs carrés dont trois forts de 4,000 hommes chacun et chercha constamment à gauche la route d'Albeck à Ulm en s'appuyant aux bois, soutenu par sa cavalerie et son artillerie.

Ces différents carrés furent attaqués par les 69e et 76e régiments et forcés d'abandonner à ce dernier 4 officiers supérieurs, 7 officiers et 111 sous-officiers, canonniers et soldats, 4 pièces de canon et plusieurs caissons. Une colonne de 700 hommes (de 1600 à 1800 avec drapeau, selon le colonel Colbert), mise en fuite par le 1er bataillon du 76e, fut entièrement ramassée par le 10e de chasseurs à cheval.

Le général Villatte reçut alors l'ordre d'obliquer fortement à gauche avec les troupes des 6e et 39e régiments qu'il avait pu réunir, de s'emparer des deux bois qui sont en face de Kesselbronn, entre lesquels passe le chemin de traverse qui d'Elchingen rejoint la route d'Albeck à Ulm, d'y prendre position et de jeter des tirailleurs sur sa gauche afin d'observer les mouvements que l'ennemi aurait pu faire par la route de Thalfingen.

Le général Roguet reçut en même temps l'ordre de se porter avec le 69e et le 2e bataillon du 76e à hauteur de Kesselbronn, en passant à gauche du bois qui est en face de la route d'Albeck, tandis que le 1er bataillon du 76e, également en colonne, devait passer entre la route d'Albeck et ce même bois et venir prendre position en arrière des 69e et 76e.

Ce mouvement exécuté, les colonnes furent rejointes par la cavalerie aux ordres du colonel Colbert, et, après s'être assuré que la division aux ordres du général Malher était en position pour soutenir en cas de retraite et empêcher que l'ennemi n'inquiétât la gauche de la division (voyez ci-après la marche et position de la 3e division), les généraux Villatte et Roguet reçurent l'ordre de passer, le premier le ravin de Kesselbronn, de s'emparer des hauteurs et du bois qui sont en face de Unter-Haslach, et le second de s'emparer de la route d'Albeck à Ulm, et des bois qui sont en face d'Ober-Haslach, d'en chasser l'ennemi, qui y avait réuni plusieurs colonnes soutenues par un corps de cavalerie.

Ces deux brigades attaquèrent vigoureusement l'ennemi, qui fut complètement mis en déroute. Sa cavalerie chercha par une charge à arrêter le mouvement de notre infanterie. Elle fut reçue par les 69e et 76e, qui avaient formé le carré, et chargée et culbutée par la cavalerie aux ordres du colonel Colbert, qui de sa main tua un uhlan.

Arrivèrent dans ces entrefaites les dragons aux ordres du

général Bourcier, 2 pièces de 8, 1 de 4 et 1 obusier. Le général Loison profita de ce renfort pour poursuivre l'ennemi jusqu'en face du village de Jungingen, où sa cavalerie fut vivement canonnée ; ensuite le maréchal Ney ayant ordonné de prendre position à Albeck, ce mouvement se fit en échiquier, soutenu par la cavalerie.

La division prit position, la droite appuyée à Albeck, et la gauche se prolongeant vers Göttingen.

Les résultats de cette journée sont : la colonne ennemie coupée, dont partie fut obligée de se retirer sur Ulm, et l'autre sur Langenau et Nerenstetten ; environ 4,500 prisonniers, 4 pièces de canon, 12 caissons, plusieurs drapeaux et un grand nombre de tués et blessés.

De nôtre côté, nous avons perdu 106 hommes tués, dont 6 officiers, et 623 blessés, dont 31 officiers.

3e division : A 6 heures du matin, la division s'est mise en mouvement de sa position d'Ober-Falheim en arrière de la Roth ; elle a marché en soutien de la 2e division ; elle a pris position à sa gauche, entre les deux ponts de Thalfingen et d'Elchingen.

Le pont d'Elchingen et les positions du plateau ayant été emportés par la 2e division, la division a continué sa marche en colonne et s'est établie, à la chute du jour, en avant des bois d'Elchingen, la droite vers la route d'Albeck à Ulm, la gauche se prolongeant vers le Danube. Ses avant-postes ont été établis en avant de son front, et un bataillon du 25e léger a été chargé de garder le chemin venant de Thalfingen.

Cavalerie légère. — La cavalerie légère a opéré avec la 2e division. Avant l'attaque du pont, elle s'était réunie en arrière de la 2e division, sur les hauteurs de Leiben.

Le soir, elle a bivouaqué dans les vergers en arrière d'Albeck et a occupé Langenau pendant la nuit, après que l'ennemi l'eût évacué.

Division de dragons. — La division arriva, dans la matinée, près du pont d'Elchingen, et prit position entre les 2e et 3e divisions. Elle passa le fleuve immédiatement après la 2e division. Le 18e régiment (général de brigade Laplanche, colonel Lefebvre) arriva sur la hauteur au moment où l'infanterie ébranla et repoussa la ligne ennemie, qui se reforma en arrière de la hauteur, ayant pour la soutenir 2 pièces d'artillerie et 150 cuirassiers.

Le régiment chargea, l'infanterie fut enfoncée et prise ainsi que le drapeau et les 2 pièces de canon. Le régiment, sans s'arrêter, continua sa charge sur les cuirassiers, les culbuta, en tua ou prit 50.

Les autres régiments alors sont arrivés successivement et ont contribué plus ou moins au succès de la journée.

Pendant cette affaire, le 19e de dragons, commandé par le colonel Caulaincourt, avait ordre de se porter sur la droite. En prenant cette décision, il a fait mettre bas les armes à 250 hommes d'infanterie.

Le lieutenant Pitard, avec quelques hommes seulement, se jetant audacieusement entre cette infanterie et un bois où elle voulait se retirer, a beaucoup contribué au succès de cette affaire.

Le 19e, en continuant sa marche, aperçut 4 escadrons de cuirassiers. Son premier escadron put seul les atteindre et leur prit 20 chevaux ; de là, il se dirigea sur Nerenstetten, qu'il avait ordre d'aller occuper pendant la nuit. Il y marchait avec la confiance d'une troupe qui va s'établir sur les derrières d'une armée victorieuse, lorsqu'il fut assailli tout à coup, par un coup de mitraille et une fusillade très vive.

Malgré cette attaque inopinée à la tête de sa colonne et quoique ses flancs fussent entourés par la cavalerie ennemie, le régiment perça jusqu'à une masse de cavalerie qu'il trouva en bataille.

Sa retraite devenait indispensable et le trouble qu'occasionne toujours une attaque de nuit la rendait très difficile ; elle se fit cependant en bon ordre et sans être entamé, par la bravoure et le sang-froid des officiers et dragons et par les talents du colonel Caulaincourt, qui a constamment tenu son régiment réuni et en bon ordre.

Le régiment arriva pendant la nuit à Göttingen, où était le général Bourcier avec deux régiments.

Le général Sahuc, avec sa brigade, occupait Unter-Elchingen.

Dragons à pied. — Le 22 à 11 heures du matin, la division

passa le Danube à Elchingen et se dirigea sur les hauteurs en arrière de Burlefingen où elle resta jusqu'au 23° au matin.

Légende de la bataille d'Elchingen (22 vendémiaire an XIV) (1).

La 2ᵉ division aux ordres du général Loison, en marche pour attaquer.

Les voltigeurs, une compagnie de carabiniers, quatre compagnies du 6ᵉ d'infanterie légère et les grenadiers du 39ᵉ de ligne franchissent le pont avant qu'il soit réparé.

Croquis nº 1.

I. 300 Autrichiens et 2 canons pour défendre le pont.
II. 2 pièces de 8 et 1 obusier pour protéger le passage du pont.
III. 5 pièces de 8, 2 de 4 et 1 obusier pour protéger le passage du pont et répondre au feu de l'ennemi.
IV. Les voltigeurs du 6ᵉ léger repoussent ceux de l'ennemi et marchent à l'abbaye d'Elchingen.
V. Une compagnie de carabiniers, les quatre compagnies de droite du 1ᵉʳ bataillon du 6ᵉ et les grenadiers du 39ᵉ repoussent l'ennemi des premières maisons où ils s'étaient retranchés.
VI. Le général Villatte détache en tirailleurs les quatre compagnies de gauche du 1ᵉʳ bataillon du 6ᵉ pour repousser l'ennemi qui inquiétait la marche des colonnes.
VII. Ces quatre compagnies repoussent les tirailleurs ennemis ainsi que la cavalerie qui arrivait pour les soutenir.
VIII. Marche et position du 2ᵉ bataillon du 6ᵉ léger.
IX. Retraite de l'artillerie, des tirailleurs, de la cavalerie autrichienne sur Thalfingen.
X. Le 1ᵉʳ bataillon du 6ᵉ repousse l'ennemi de sa deuxième position.

---

(1) Voir les croquis. Nous avons donné ici cette légende, assez détaillée, en raison des renseignements complémentaires qu'elle fournit sur la marche du combat.

XI. Le 2ᵉ bataillon s'empare d'Ober-Elchingen et marche à l'abbaye.
XII. Les carabiniers et les quatre compagnies de droite entrent par une porte de service de l'abbaye et font prisonnier le bataillon de Sporck qui y était retranché.
XIII. Les quatre autres compagnies entrent par la porte principale.
XIV. Le 2ᵉ bataillon et les voltigeurs s'emparent de la briqueterie (on fit 800 prisonniers tant dans l'abbaye que dans la briqueterie).
XV. Le 1ᵉʳ bataillon du 39ᵉ, formé en colonne serrée, marche sur la chapelle Saint-Wolfgang. Les voltigeurs du 6ᵉ léger flanquent la gauche de ce bataillon.
XVI. Ce bataillon repousse deux charges de cavalerie ainsi que l'attaque de trois bataillons de grenadiers ennemis.
XVII. Ce même bataillon, accablé par le nombre, se retire à la tête du bois. Il est chargé dans sa retraite par l'infanterie et la cavalerie ennemies.

Croquis n° 2.

I. Position du 6ᵉ léger dans l'abbaye d'Elchingen et la briqueterie.
II. Marche et position de la cavalerie aux ordres du colonel Colbert.
III. Le 2ᵉ bataillon du 39ᵉ arrive et se place à la gauche de son 1ᵉʳ bataillon.
IV. Marche des 69ᵉ et 76ᵉ régiments.
V. Position de l'ennemi.

Croquis n° 3.

I. Les 69ᵉ et 76ᵉ régiments, formés sur quatre colonnes, marchent au plateau.
II. Déploiement des colonnes sur le front de l'ennemi.
III. Attaque du 3ᵉ régiment de hussards sur la gauche de l'ennemi.
IV. Le 10ᵉ chasseurs reçoit le 3ᵉ hussards repoussé et rechargent ensemble en attendant l'arrivée du 18ᵉ dragons.
V. Marche du 18ᵉ dragons.
VI. Marche du 39ᵉ régiment de ligne.

Croquis n° 4.

I. Charge du 18e dragons sur un carré de l'ennemi qui a été enfoncé et fait prisonnier.
II. Mouvement du 69e pour s'emparer du bois où appuyait la droite de l'ennemi.
III. Marche directe du 76e.
IV. Marche du 39e pour soutenir l'attaque de la cavalerie.
V. Position en retraite de l'ennemi.
VI. Cavalerie autrichienne en retraite sur Langenau.

Croquis n° 5.

I. La cavalerie légère aux ordres du colonel Colbert charge les Autrichiens qui se retiraient par Unter-Elchingen, en prend 1500 à 1600 et 2 drapeaux ; le reste se retire sur Langenau.
II. Le 18e dragons charge et repousse les cuirassiers, en prend et tue 50.
III. Le 19e dragons fait mettre bas les armes à 250 hommes.
IV. Ce régiment poursuit quatre escadrons de cuirassiers et leur prend 20 chevaux.
V. L'ennemi en pleine retraite est repoussé de position en position.

Croquis n° 6.

I. Marche et position du 69e régiment.
II. — du 2e bataillon du 76e.
III. — du 1er bataillon du 76e.
IV. — de la cavalerie légère.
V. — du 6e léger et 39e de ligne.
VI. Position de l'ennemi sur les hauteurs de Kesselbronn.
VII. Un corps de uhlans repousse les tirailleurs et se dispose à charger la 2e compagnie de grenadiers du 76e.
VIII. Le colonel Colbert, à la tête des hussards et chasseurs, charge et met les uhlans en fuite.
IX. La 3e division, aux ordres du général Malher, arrive sur le champ de bataille et prend sa position, en réserve.
X. Le 19e dragons marche sur Nerenstetten.

Croquis n° 7.

I. La brigade aux ordres du général Villatte repousse l'ennemi de sa position de Kesselbronn.
II. La brigade aux ordres du général Roguet repousse l'ennemi sur la route d'Ulm.
III. La cavalerie ennemie veut charger pour arrêter les progrès de l'infanterie française.
IV. Cette cavalerie, arrêtée par les 69e et 76e régiments, est chargée par la cavalerie légère.

Croquis n° 8.

I. 2 pièces de 8, 1 de 4 et 1 obusier arrivent sur le champ de bataille, ainsi que la cavalerie aux ordres du général Bourcier.
II. La cavalerie autrichienne, vivement canonnée, précipite la retraite totale de l'ennemi sur Ulm.
III. Position de la 1re brigade.
IV. — 2e brigade.
V. — cavalerie légère.

Croquis n° 9.

I. Marche et position de la 2e division après la bataille.
II. La 3e division dans sa position.
III. Position de la division de dragons après la bataille.
IV. Position de la cavalerie légère après la bataille.

Le 19e dragons marchait sur Nerenstetten, lorsqu'il fut assailli par un coup de mitraille et une fusillade très vive à la tête de la colonne ; ses flancs furent attaqués par de la cavalerie. Ce régiment perça jusqu'à une masse de cavalerie en bataille ; il fit alors sa retraite en bon ordre sur Göttingen où il arriva dans la nuit.

*État des militaires qui se sont distingués à Elchingen
le 22 vendémiaire an XIV.*

MICHAUD, chef de bataillon, aide de camp du général Loison, a mérité la décoration.

MEL, aide de camp du général Roguet, a été blessé.

CHALLIER, lieutenant, aide de camp du général Villatte.

6e régiment d'infanterie légère.

PUISSANT, sergent de voltigeurs, a eu un bras emporté, mérite de l'avancement et la décoration.

LAFOND, adjudant sous-officier, a été blessé.

39e régiment.

PONS, adjudant sous-officier, a été blessé, mérite la décoration.

MASS, sergent-major, portait l'aigle qui a été emportée par un boulet, il a reçu trois blessures.

69e régiment.

IBRY, sergent, mérite de l'avancement.

ROY, sergent-major, porte-drapeau.

CAZAL, caporal de grenadiers, blessé grièvement.

(A. M.)

Rapport du général Bourcier au prince Murat.

Le 22, le maréchal Ney me donna l'ordre de passer le Danube au pont d'Elchingen ; ce passage ne put s'exécuter que lentement, vu le grand nombre d'infanterie qui passait en même temps et l'embarras que causait le transport des blessés. Cependant le 18e régiment de dragons arriva le premier sur la hauteur, au moment où l'infanterie ébranla et repoussa la ligne ennemie, qui se renforça en arrière de la hauteur, ayant pour la soutenir deux pièces d'artillerie et 150 cuirassiers. Je donnai ordre au 18e de la charger. Cet ordre fut exécuté, l'infanterie fut enfoncée et prise ainsi que le drapeau et les deux pièces de canon. Le régiment, sans s'arrêter, continua sa charge sur les cuirassiers qu'il culbuta, et dont il prit ou tua 50 hommes ; alors, les autres régiments de ma division arrivèrent successivement et contribuèrent plus ou moins au succès de la journée.

Le 18ᵉ régiment a montré dans cette affaire la plus grande intrépidité, il avait à sa tête le général Laplanche et le colonel Lefebvre qui a dirigé la charge avec les talents et la bravoure qui caractérisent un bon chef ; ses officiers l'ont parfaitement secondé, 5 ont été blessés et 5 hommes ont été tués pendant la journée.

Pendant cette affaire, le 19ᵉ dragons, commandé par M. le colonel Caulaincourt, avait ordre de se porter sur la droite ; en prenant cette direction, il a fait mettre bas les armes à 250 hommes d'infanterie. Le colonel Caulaincourt donne les plus grands éloges au lieutenant Pitard, qui, dans cette circonstance, a contribué d'une manière efficace au succès de l'affaire, en se jetant audacieusement avec quelques hommes entre cette infanterie et un bois où elle voulait se retirer (1).

Le 19ᵉ régiment, en continuant sa marche, aperçut 4 escadrons de cuirassiers. Son 1ᵉʳ escadron put seul les atteindre et leur prit 20 chevaux. De là, il se dirigeait sur Nerenstetten que je lui avais donné ordre d'aller occuper pendant la nuit, et il y marchait avec la confiance d'une troupe qui va s'établir en arrière d'une armée victorieuse, lorsqu'il fut assailli tout à coup par un coup de canon à mitraille et une fusillade très vive.

Malgré cette attaque inopinée à la tête de sa colonne et quoique ses flancs fussent entourés de cavalerie, le régiment continua sa marche et perça jusqu'à une nouvelle masse de cavalerie qui se trouvait en bataille. Sa retraite devint alors indispensable et le trouble qu'occasionne toujours une attaque de nuit la rendait très difficile. Elle se fit cependant en bon

---

(1) 19ᵉ dragons. Faurax, adjudant-commandant. Cet officier, déjà distingué par plusieurs actions d'éclat qui l'ont fait admettre dans la Légion d'honneur dès la première promotion, s'est fait remarquer encore à la bataille d'Elchingen en pointant lui-même, avec succès, une pièce de canon dont les canonniers avaient tous été tués. Il a une connaissance profonde de son métier et peut être considéré comme le meilleur instructeur à pied et à cheval de toute l'armée. (*Rapport du prince Murat.*)

ordre et sans être entamé. Je l'attribue autant à la bravoure et au sang-froid des officiers et dragons qu'aux talents du colonel Caulaincourt.

Le colonel Beaumont au prince Murat.

Le 22 vendémiaire an XIV (11 octobre 1805).

Mon Prince,

J'ai l'honneur de vous transmettre le rapport de l'affaire du 22 vendémiaire (*14 octobre*), où s'est trouvé mon régiment.

Le chef d'escadron Maupoint a chargé, à la tête du 2ᵉ escadron, un escadron de uhlans, a fait prisonniers le commandant, 20 uhlans et leur a pris 20 chevaux ; dans cette charge, il n'y a eu que le nommé Lartaud, brigadier, qui a été légèrement blessé d'un coup de lance et trois chevaux morts.

Le lieutenant Coutard, commandant les tirailleurs, a eu son cheval tué ; je demande un cheval pour lui.

BEAUMONT.

P.-S. — Cette charge a eu lieu sous les yeux de l'Empereur.

6ᵉ CORPS D'ARMÉE.

Ordre pour le stationnement du 22 vendémiaire.

La 1ʳᵉ division à Langenau.

La 2ᵉ division à Albeck.

La 3ᵉ division, la gauche à Elchingen, la droite vers Göttingen, se liant avec la gauche de la 2ᵉ.

La cavalerie légère à Albeck ayant un poste en avant sur la route d'Ulm vers Haslach et un autre à Bernstatt pour éclairer la route de Stuttgard.

La brigade de dragons du général Sahuc à Unter-Elchingen, fournissant des postes à Weissingen, Riedheim et Riedmuhlerhof, communiquera de ce point avec Langenau.

Deux autres régiments de dragons à Göttingen, où s'établira le général Bourcier.

Les autres régiments de dragons en arrière de Langenau.

Ils se garderont tous avec la plus grande précaution, parce que plusieurs colonnes ennemies étant coupées pourraient nuitamment venir tomber sur des cantonnements.

Le parc d'artillerie continuera à rester à Leipheim.

(A. M.)

Le général Dupont au maréchal Ney.

Gundelfingen, le 22 vendémiaire an XIV (14 octobre 1805).

Je vous ai rendu compte à midi de ma position à Brenz. Tous les renseignements que j'ai reçus depuis confirment ce que je vous ai annoncé du nombre considérable de troupes que l'ennemi a fait sortir d'Ulm. J'ai observé ses mouvements et je me hâte de vous en rendre compte : il occupe Giengen et Heidenheim. M. Crabbé, votre aide de camp, se rend près de vous pour vous rendre compte plus particulièrement du résultat de nos reconnaissances et des autres rapports qui nous sont parvenus. Craignant que l'ennemi ne cherche à couper nos communications, j'ai pris position à Gundelfingen. J'attends vos nouveaux ordres.

DUPONT.

Le général Loison au maréchal Ney.

Monsieur le Maréchal,

J'ai pris position, la droite à Albeck et la gauche se prolongeant sur Göttingen ; les soldats sont excessivement fatigués ; l'ennemi a été poursuivi jusqu'en avant d'Haslach où une forte colonne de cavalerie a été repoussée par notre artillerie. La division est sans pain depuis trois jours ; elle a traversé la 3e qui aujourd'hui a reçu du biscuit. L'ennemi est en force à Langenau ; il a repoussé les dragons, qui avaient sans doute reçu de vous l'ordre de s'y rendre. Vous voyez que je suis dans une triste position. Ajoutez que les cartouches nous manquent.

Le général Dupont ne donne aucune nouvelle ; j'ai ordonné des patrouilles pour tâcher d'en avoir. Veuillez, Monsieur le Maréchal, me faire connaître la position qu'il occupe afin de pouvoir régler mes mouvements en conséquence. Des cartouches, du pain et de l'eau-de-vie et vous nous rendrez la vie.

J'ai l'honneur de vous saluer avec la plus haute considération.

O. LOISON.

Le colonel Caulaincourt, qui se rendait à Nerenstetten, y a rencontré l'ennemi, cavalerie et infanterie; il a été obligé de se replier sur Albeck et, de là, il se rend près du général Bourcier, qu'il m'apprend être à Göttingen. Il paraît, d'après tous les renseignements, que cette colonne a été coupée et qu'elle ne sait où se retirer. Il serait possible que je fasse attaquer cette nuit en front et en queue, pour faciliter la retraite de cette colonne. Si le général Dupont était à portée, on pourrait battre un ennemi dont on aurait bon marché.

(*A. M.*)

Le général Bourcier au maréchal Ney.

Göttingen, le 23 vendémiaire an XIV (15 octobre 1805).

Monsieur le Maréchal,

Conformément à vos ordres qui me prescrivaient d'aller occuper Göttingen avec deux régiments, d'envoyer le général Sahuc avec sa brigade à Unter-Elchingen et un régiment du côté de Nerenstetten, j'ai envoyé sur ce dernier endroit le 19e régiment.

Le colonel Caulaincourt est rentré cette nuit à Göttingen avec ce régiment, ayant été attaqué du côté de Nerenstetten par une force considérable de cavalerie dont il a essuyé le feu. Il est rentré à Göttingen; il y a lieu de croire que l'ennemi est en force, a de l'infanterie et de l'artillerie.

Je m'empresse de vous en donner avis.

Agréez, Monsieur le Maréchal, les expressions de la haute considération et de l'attachement sincère avec lequel j'ai l'honneur d'être, votre très humble et très obéissant serviteur.

(*A. M.*) BOURCIER.

Note.

Le 22 vendémiaire an XIV (14 octobre 1805).

M. Antoine de Hermann (1), général major au service de Sa Majesté l'Empereur d'Autriche, âgé de 68 ans, né à Höricka, en Silésie, fait prisonnier de guerre le 22 vendémiaire an XIV, à l'affaire d'Elchingen, par les troupes aux ordres de Son Excellence M. le maréchal Ney, a déclaré que les forces autrichiennes qui ont été opposées aux forces françaises étaient de trois régiments d'infanterie (Froon, Archiduc-Charles et Erbach), de deux bataillons de grenadiers (Archiduc-Charles et Auersperg), de deux régiments de cuirassiers (Hohenzollern et Archiduc-François) et quelques détachements de hussards et uhlans, en tout à peu près 10,000 hommes.

Le lieutenant général comte de Riesch, commandait en chef le corps autrichien; il avait sous ses ordres le lieutenant général baron de Landon, le général major comte d'Auersperg, le général major de Hermann, le général major d'Ulm, et le général major Meczery.

L'artillerie était composée de 14 pièces de canon de petit calibre.

Le général commandant comte de Riesch n'avait point demandé d'artillerie de position, parce qu'il était persuadé, ainsi que les chefs de l'armée autrichienne, que nos forces se porteraient toutes ensemble sur Ulm par la rive droite du Danube.

Le corps autrichien qui a combattu fait partie de l'armée aux ordres de l'archiduc Ferdinand, dont le quartier général est à Ulm, et n'était détaché que pour observer nos mouvements de rive à rive et les suivre, comme aussi pour s'opposer à une marche trop rapide de la division du général Dupont.

Une heure et demie avant l'arrivée de nos troupes au pont d'Elchingen, le prince de Hesse-Homburg, qui était réuni au comte de Riesch, est parti de la position d'Elchingen avec deux divisions, formant un corps de 25,000 hommes, pour se porter sur Ulm.

---

(1) Hermann von Sonnenberg. (*Militär Almanach*, n° XVI.)

Extrait du mémorial de campagne d'Antoine de Lafarelle (1).

Aussitôt levé, le 22, j'engage le lieutenant Patris à aller à la recherche de notre parc, présumant qu'il avait dû parquer en arrière de celui de l'artillerie qui se trouvait établi près la route de Günzburg. Il revint au bout d'une heure et demie et me remit une lettre du chef de l'état-major général qui me prescrivait de faire réparer de suite le pont d'Elchingen. Il ajoutait que je devais être rendu sur les lieux à 8 heures du matin. Son ordre était daté du 22, à 5 heures du matin, mais il était près de 8 heures et je venais de le recevoir ; je n'avais avec moi ni nos voitures de matériaux ni nos ouvriers. J'avais la rage dans l'âme ; enfin, sans perdre un moment, je me décide à monter à cheval et à aller sur la route de Leipheim à Günzburg, où je soupçonnais avec quelque raison que notre convoi devait se trouver. A peine avais-je fait cinquante pas que je rencontrai le commandant de la compagnie d'ouvriers qui se trouvait, sans trop savoir pourquoi, écarté de sa compagnie. J'ordonnai à Patris d'aller m'attendre à mon logement et je lui annonçai qu'aussitôt qu'il aurait reçu les trois voitures de poutrelles et de madriers que j'allais lui renvoyer il devait se rendre au pont d'Elchingen pour le réparer. Effectivement, à un quart de lieue de Günzburg, je trouvai une partie de notre convoi, mais les voitures étaient toutes dételées. Je fus à la recherche des officiers qui commandaient le détachement qui servait d'escorte et leur donnai l'ordre qu'ils fissent atteler sur-le-champ. Sur ces entrefaites, le capitaine Ulliac qui venait de Günzburg arriva, m'annonçant que je ferais bien de me rendre chez le colonel. J'engageai Ulliac à faire filer de suite les trois voitures dont nous avions besoin avec la compagnie d'ouvriers pour être à la disposition du lieutenant Patris.

Je me rendis chez le colonel où je trouvai le capitaine Warmghiem ; je pris ses ordres et je remontai de suite à cheval pour me rendre à Elchingen. Nous rejoignîmes les compagnies et les voitures dans le bois qui se trouve entre le village de Leiben et le pont d'Elchingen.

---

(1) Publié dans le *Carnet de la Sabretache* de mai 1902, par le capitaine de Cazenove.

De la route, nous avions été témoins du combat que nos troupes avaient livré aux Autrichiens sur les hauteurs d'Elchingen, mais notre convoi, celui de l'artillerie et la colonne d'infanterie qui précédait étaient arrêtés par le retour des blessés. Le nombre en était très considérable. Enfin, nous nous dégageons de la colonne et, en nous frayant un chemin à travers les bois, nous arrivons au pont. Il avait été réparé grossièrement par des sapeurs du régiment, et, après l'avoir traversé, nous reconnaissons que, dans l'état où il est, il est impossible que l'artillerie puisse y passer ; de sorte qu'aussitôt que l'infanterie eût filé, nous nous mettons à l'œuvre pour le mettre en état. Pendant ce temps-là, nos ouvriers étaient arrivés avec nos voitures.

L'affaire était terminée et il passa sous nos yeux un grand nombre de prisonniers.

L'Empereur vint à la tête du pont et eut le plaisir de voir arriver dans le moment même un hussard du 3ᵉ régiment qui avait enlevé un drapeau à l'ennemi. On m'a dit qu'il lui avait accordé la croix d'honneur et donné une gratification de 12 napoléons d'or.

Le général Belliard aux généraux Klein et Beaumont.

Pfaffenhofen, le 22 vendémiaire an xiv (14 octobre 1805).

Conformément aux ordres de Son Altesse Sénérissime le prince Murat, vous vous tiendrez prêt avec votre division pour pousser une reconnaissance sur Ulm. Tous les bagages et tout ce qui doit ou ne peut combattre resteront ici. Après les reconnaissances, les divisions reprendront leur position.

BELLIARD.

Rapport sur les marches et opérations de la réserve de cavalerie.

Le 22 vendémiaire an xiv (14 octobre 1805).

Sa Majesté l'Empereur ordonne les mouvements. Les 1ʳᵉ et 3ᵉ divisions de dragons marchent sur Holzschwang. On devait s'en servir pour faciliter une reconnaissance sur Ulm, l'Empereur voulant bien connaître la vraie position de l'ennemi.

Une division de M. le maréchal Lannes eut ordre de s'emparer du plateau de Pfühl, pendant que le corps d'armée de M. le maréchal Ney, qui avait passé sur la rive gauche, devait attaquer l'ennemi dans la position d'Elchingen. A 2 heures, l'attaque commença sur la droite.

Les 1re et 3e divisions de dragons reçurent l'ordre de se porter par le marais à Ober-Kirchberg, sur la route d'Ulm à Memmingen, pour intercepter la communication. Ces divisions devaient balayer et jeter dans la place tous les partis de cavalerie ennemie qui occupaient cette route et la plaine. Elles remplirent leur but. L'ennemi fut attaqué, chassé, et les deux divisions vinrent par leur droite s'appuyer au plateau de Pfühl, occupé par la division Gazan.

La 1re division bivouaqua en arrière du plateau et la 3e fut au village de Finningen.

Son Altesse Sérénissime le prince Murat suivit ce jour-là l'Empereur et fut chargé de faire exécuter ses ordres.

Marches et rapports historiques de la 1re division de dragons montés.

Le 22 vendémiaire an XIV (14 octobre 1805).

La division s'est réunie, à midi, en avant de Weissenhorn, pour se porter sur les hauteurs d'Holzschwang, d'où elle s'est rendue devant Ulm, en passant par Freudenegg et longeant l'Iller ; arrivée à 400 toises d'Ulm, elle reçut ordre de se rendre près le village de Pfühl, où elle bivouaqua.

Bulletin historique de la marche de la division de la Garde impériale.

Le 22 vendémiaire an XIV (14 octobre 1805).

La Garde se rendit de Günzburg à Unter et Ober-Falheim (3 lieues). A 4 heures du matin, l'ennemi fit une forte reconnaissance à Leipheim sur la division de dragons à pied. 400 chevaux de la Garde s'y rendirent de suite et, dans le jour, la division reçut l'ordre de relever celle des dragons. Elle plaça des avant-postes au delà du Danube et mit 2 bataillons en position en deçà du pont avec 4 pièces d'artillerie.

Le restant de la division, réuni avec la division des carabiniers et des cuirassiers de Nansouty qui fut mise sous les ordres de Son Excellence M. le maréchal Bessières, resta en position dans la plaine entre Leipheim et le pont d'Elchingen, afin de pouvoir soutenir au besoin l'attaque d'Elchingen que faisait le corps de M. le maréchal Ney, ou empêcher l'ennemi de déboucher à Leipheim s'il en avait eu l'intention.

Le soir, la division alla à Unter et Ober-Falheim, où elle bivouaqua.

Général Roussel.

Le général Compans au général Oudinot.

Pfaffenhofen, le 22 vendémiaire an xiv (14 octobre 1805).

D'après les dispositions arrêtées par M. le maréchal commandant en chef, la division à vos ordres doit marcher sur-le-champ pour se porter sur Holzschwang où elle attendra de nouveaux ordres.

M. le maréchal désire qu'un régiment de chasseurs soit poussé en reconnaissance sur la rive gauche de l'Iller et qu'il vous rejoigne aussitôt que M. le général Marmont aura fait occuper Ober-Kirchberg, ce qu'il doit faire dans la journée; au surplus, il faudrait que vous laissassiez un escadron sur un point et vous pourriez rappeler l'autre.

Compans.

Le général Compans au général Gazan.

Weissenhorn, le 22 vendémiaire an xiv (14 octobre 1805).

D'après les dispositions arrêtées par M. le maréchal commandant en chef, la division à vos ordres doit occuper aujourd'hui, à 10 heures du matin, la petite hauteur qui est vis-à-vis de Pfühl, sur laquelle vous ferez placer un bataillon de grande garde avec 4 pièces de canon, et, si l'ennemi voulait la reprendre, vous vous mettriez en mesure de le battre complètement. Vous ferez donc, mon Général, les dispositions convenables pour vous maintenir de vive force sur cette hauteur, quelles que fussent celles de l'ennemi pour vous chasser.

Vous ordonnerez à l'officier qui occupera cette hauteur d'y faire faire une espèce de route ou de retranchement et vous pourrez, à cet effet, envoyer avec lui un officier du génie et vos sapeurs.

Une fois que vous serez sur cette hauteur, vous ne souffrirez pas que l'ennemi soit maître de Pfühl que vous pourrez battre avec vos canons.

Si l'ennemi faisait des tentatives sur vous, le général Bourcier, qui avec sa division de dragons couvre cette partie de la droite, le poussera en avant.

M. le maréchal me charge de vous prévenir que le maréchal Ney, qui occupe les hauteurs d'Elchingen et d'Albeck, est essentiellement chargé de défendre la rive gauche et que, d'après les ordres qu'il a reçus, il doit tâcher d'attirer l'ennemi dans de petits combats partiels qui ne peuvent que nous être avantageux.

Il désire que vous fassiez en sorte d'occuper la hauteur vis-à-vis de Pfühl, non seulement à 10 heures comme je vous l'ai déjà dit de sa part, mais même plus tôt, s'il est possible. Veuillez, je vous prie, mon Général, faire vos dispositions en conséquence, et rendre compte de votre position à M. le maréchal le plus fréquemment possible.

J'ai déjà donné des ordres, mon Général, pour qu'une petite division de notre ambulance soit mise à votre disposition, je vais les réitérer.

Compans.

Le général Compans au commissaire des guerres Panichot.

Weissenhorn, le 22 vendémiaire an XIV (14 octobre 1805).

Monsieur le Commissaire,

La division du général Gazan va partir de Pfaffenhofen pour se porter sur les hauteurs de Pfühl où elle sera probablement dans la nécessité de combattre ; hâtez-vous donc d'envoyer à cette division la fraction d'ambulance que vous devez mettre à sa suite ; cette fraction d'ambulance devra se diriger sur Pfaffenhofen et suivre ensuite le chemin qu'aura tenu la division.

Compans.

Le général Compans à M. Vast, commissaire ordonnateur.

¡Weissenhorn, le 22 vendémiaire an xiv (14 octobre 1805).

Monsieur le Commissaire,

Je vous préviens que la division de grenadiers s'est portée hier soir très tard sur Ober-Kirchberg et que celle aux ordres du général Gazan se portera aujourd'hui dans la matinée sur les hauteurs de Pfühl.

Faites vos dispositions pour la subsistance de ces troupes à leur nouvelle destination.

COMPANS.

Le général Compans au général Beaumont.

Pfühl, le 22 vendémiaire an xiv (14 octobre 1805).

M. le maréchal Lannes voit, dans les dispositions générales du mouvement de demain, que la division à vos ordres est destinée à contenir l'ennemi dans Ulm, sur la rive droite du Danube.

Comme ces troupes quittent vers une heure du matin tous les points qu'elles occupent entre cette place et Pfühl, il vous prie de vouloir bien faire relever de suite les postes de la brigade de hussards, aux ordres de M. le général Treillard, afin que la route d'Ulm à Pfühl ne reste pas découverte.

COMPANS.

Le général Compans au colonel Kirgener.

Pfühl, le 22 vendémiaire an xiv (14 octobre 1805).

Le pont de Thalfingen est à réparer. M. le maréchal commandant en chef vous charge de vous y rendre de suite avec vos sapeurs pour vous occuper de cette réparation.

Si vous avez quelques restes de matériaux destinés à la réparation d'Ober-Kirchberg, faites les suivre ; ils pourront vous être très utiles.

COMPANS.

Le général Compans au général Suchet.

Weissenhorn, le 22 vendémiaire an XIV (14 octobre 1805).

M. le maréchal commandant en chef me charge de vous donner de sa part l'ordre de partir sur-le-champ d'Altenhofen avec votre division et de vous porter sur Holzheim où vous attendrez de nouveaux ordres de sa part. J'ai l'honneur de vous prévenir que la division du général Gazan doit attaquer aujourd'hui, vers les neuf ou dix heures du matin, la hauteur qui domine Pfühl, et que celle de grenadiers va se porter à votre gauche à Holzschwang.

Compans.

5º CORPS D'ARMÉE.

Journée du 22 vendémiaire (14 octobre 1805).

Division Gazan. — Le 22, la division aux ordres du général Gazan quitta, au point du jour, son cantonnement de Pfaffenhofen et se dirigea par Holz, Holzheim et Steinheim sur Pfühl. Elle chassa de la hauteur qui domine ce village un détachement de cavalerie ennemie et marcha sur Offenhausen, où le 4º régiment d'infanterie légère attaqua vivement un corps de 1000 à 1200 hommes d'infanterie qu'il repoussa jusqu'à la tête du pont d'Ulm où il fit quelques prisonniers.

Le 10º régiment de hussards, qui était parti d'Altenhofen avec la division Suchet, eut ordre d'avancer et de flanquer la gauche du 4º régiment. Il chargea avec succès, dans le cours du combat, 2 escadrons de uhlans qui menaçaient d'enlever notre artillerie, leur fit une quinzaine de prisonniers et leur tua et blessa plusieurs hommes.

Pendant cet engagement qui dura près de quatre heures, le reste de la division prit position en avant de Pfühl et de la hauteur qui domine ce village.

Le 4º régiment eut 8 hommes tués et 50 blessés ; il fit une cinquantaine de prisonniers et tua environ 25 hommes.

Division Suchet. — La division aux ordres du général Suchet, qui était partie le matin d'Altenhofen, arriva, vers les 4 heures de l'après-midi, sur la hauteur de Pfühl où elle se forma en bataille sur plusieurs lignes.

Le 9e régiment de hussards, qui était parti le matin de Grafertshofen, se réunit le soir au 10e sur le champ de bataille.

A la nuit, ces troupes s'établirent dans l'ordre suivant :

9e et 10e régiments de hussards à la gauche du village d'Offenhausen ;

Le 4e régiment d'infanterie légère à Offenhausen ;

Les trois autres régiments de la division Gazan, immédiatement à la gauche de Pfühl, la ligne s'étendant jusque sur la hauteur.

Division Suchet. — La division aux ordres du général Suchet se porta en arrière. Le 17e régiment bivouaqua vis-à-vis du pont de Thalfingen et l'infanterie de ligne en avant de Burlefingen.

Division de grenadiers. — La division de grenadiers aux ordres du général Oudinot et la brigade de chasseurs partirent le matin d'Ober-Kirchberg où elles étaient bivouaquées, et se dirigèrent sur Holzschwang où elles restèrent quelques heures. Le soir, elles s'établirent dans l'ordre suivant :

Le 13e régiment de chasseurs à Finningen ;

Le 21e régiment de chasseurs à Steinheim ;

La division de grenadiers bivouaqua dans les bois en avant d'Holzschwang.

Division Beaumont. — La division aux ordres du général Beaumont, qui faisait momentanément partie du corps d'armée, rentra le 22 (*14 octobre*) sous les ordres de Son Altesse Sérénissime le prince Murat.

Le général Marmont à l'Empereur.

Wullenstetten, le 22 vendémiaire an xiv (14 octobre 1805),
à 3 heures après-midi.

Sire,

J'ai l'honneur de rendre compte à Votre Majesté, qu'après avoir pris ses ordres, je me suis rendu sur-le-champ à Ober-Kirchberg ; voici les renseignements que j'y ai obtenus :

Il n'a pas passé de corps de troupes autrichiennes se retirant sur Ulm et suivant la route de la rive gauche de l'Iller. Tous les rapports s'accordent sur ce point; les seules troupes autrichiennes qu'on y ait vues depuis plusieurs jours sont les hussards de Blankenstein qui se sont portés à Gögglingen.

Il paraît certain qu'un corps qu'on dit être de 10,000 hommes, commandé par le général Gyulay, est parti dans la nuit du 20, se dirigeant sur Biberach.

Le pont venant d'être rétabli, j'ai aussitôt fait passer l'Iller à 600 chevaux. 100 ont suivi la route de Memmingen, 300 ont été à Gögglingen et iront ensuite à la découverte sur la route de Biberach, et 200 sont restés à Ober-Kirchberg pour soutenir l'un ou l'autre détachement. J'espère que ces reconnaissances me donneront des nouvelles.

Je fais occuper le château d'Ober-Kirchberg et celui d'Unter-Kirchberg, chacun par quatre compagnies. Ce sont deux excellents postes qui sont inexpugnables et qui rendent impraticable le passage du pont.

Si le village de Gögglingen est susceptible de défense et que je l'occupe demain, tous les chemins au-dessus d'Ulm sont coupés, car le pont sur le Danube, qui est à ce village, est la seule communication qui leur reste aujourd'hui et qui peut leur servir, soit à marcher sur Biberach, dont c'est la route directe, soit sur Memmingen en se rattachant à celui de la rive gauche de l'Iller.

MARMONT.

Le général Marmont au maréchal Berthier.

Wullenstetten, le 22 vendémiaire an XIV (14 octobre 1805),
à 11 heures du soir.

Monsieur le Maréchal,

Lorsque j'ai reçu la lettre que vous m'avez fait l'honneur de m'écrire, toutes les dispositions qu'elle contenait étaient exécutées. Le château d'Ober-Kirchberg et celui d'Unter-Kirchberg sont chacun occupés par quatre compagnies d'infanterie que j'y ai été installer ce soir moi-même.

Ces deux châteaux sont de très bons postes qui rendent maîtres des ponts et remplissent parfaitement les intentions de l'Empereur. J'ai donné l'ordre d'occuper ce soir Wiblingen.

Si j'étais averti, par le poste de cavalerie que j'ai à Gögglingen, que l'ennemi passe le Danube pour prendre la route de Biberach, je passerais l'Iller immédiatement avec une partie de mes troupes pour l'attaquer.

J'ai établi ce soir une avant-garde au point que Sa Majesté m'a indiqué ce matin ; mais j'en ai reconnu un autre beaucoup plus près d'Ulm, qui m'a paru meilleur. Cette avant-garde s'y rendra demain. Si l'Empereur le trouve bon, je placerai aussi mes deux divisions plus en avant, ainsi que mon quartier général, car à la distance où elles sont d'Ulm, il serait difficile de repousser promptement l'ennemi dans Ulm, s'il s'avisait de déboucher entre l'Iller et le Danube.

J'ai l'honneur de vous adresser deux rapports que je viens de recevoir.

Je prie . . . . .   MARMONT.

J'espère vous faire passer dans la nuit un rapport sur la route de Memmingen.

Le général Lacoste au général Marmont.

Le 22 vendémiaire an XIV (14 octobre 1805).

D'après le rapport d'un paysan, il paraît certain que l'ennemi a fait transporter hier beaucoup d'artillerie à Biberach ou sur cette route, qu'elle était escortée par des troupes à cheval qu'il a cru être des cuirassiers.

Il y a quatre jours que, sous le prétexte que les chevaux ordinaires de leurs pièces étaient devenus maigres, mauvais, hors d'état, ils ont fait dans les environs une levée de 450 chevaux environ ; il n'y a pas de doute que ce n'ait été pour ce transport.

Au moment où j'allais envoyer ces lignes, je reçois la lettre ci-jointe du colonel Pajol.

Je lui mande de me rejoindre demain dans la matinée, et, conséquemment à ce qui m'a été ordonné, je serai à Wullenstetten avant midi.

LACOSTE.

Le colonel Pajol au général Lacoste.

Unter-Weiler, le 22 vendémiaire an XIV (14 octobre 1805).

Le pont qui se trouve au-dessous de Gögglingen a été coupé ce matin, à 5 heures, et il faudrait plusieurs heures pour le rétablir de manière à pouvoir y faire passer des troupes.

Il y avait, en arrière de ce pont, un piquet de 10 hommes auxquels j'ai fait tirer quelques coups de carabine ; ils se sont d'abord retirés, mais sont ensuite revenus à leur premier poste.

J'ai laissé, vis-à-vis eux et le pont, un piquet de 25 chevaux, qui a ordre de vous rendre compte de tout ce qui se passera et de pousser des patrouilles le long du Danube ; le village de Gögglingen est très découvert et n'est pas tenable.

D'après les rapports des paysans, une grande partie des bagages de l'ennemi est passée, vendredi et samedi (1), le Danube sur le pont de Gögglingen, sous l'escorte de plus de 6,000 hommes ; et hier dimanche, il y est encore passé un bataillon de chasseurs à pied et plus de 2,000 chevaux de différentes armes, qui faisaient l'arrière-garde et couvraient les équipages. Ces troupes ont pris les routes de Biberach et d'Ochsenhausen ; elles se dirigent sur Kempten et se disposent à rentrer dans le Tyrol par Füssen.

Il semblerait, en suite de ce que ces troupes ont dit, qu'elles doivent être suivies par d'autres, qui devraient passer le Danube à Ehingen ; on a vu aujourd'hui plusieurs détachements de cavalerie aller et venir sur la route d'Ulm, à ce dernier endroit sur la rive gauche. J'ai chargé l'officier que j'ai à Gögglingen de beaucoup surveiller ce point et de prêter l'oreille pour savoir s'il n'entendra ni voitures ni troupes passer.

Si les équipages et les dernières troupes passés à Gögglingen et qui se dirigent sur Biberach n'en fussent partis que ce matin, je les eusse suivis, mais les dernières ayant trente-six heures avant moi, j'ai cru inutile de pousser plus loin que Donaustetten ; il était d'ailleurs très tard et mes chevaux pouvaient à peine suivre. Je suis donc venu à Unter-Weiler où j'ai cantonné dans huit fermes les deux tiers de ma troupe, mis l'autre de piquet.

---

(1) Vendredi 19 vendémiaire et samedi 20 vendémiaire.

Si le général en chef et vous, mon Général, désiriez que je poussasse plus loin, je vous prie de vouloir bien m'envoyer vos ordres et croire que je ferai toujours tout ce qui dépendra de moi pour qu'ils soient ponctuellement exécutés.

Agréez.....

PAJOL.

P.-S. — Je n'ai pu vous envoyer un guide à cheval, les Autrichiens ayant emmené tous les chevaux des environs.

Le maréchal Berthier au maréchal Lannes, au maréchal Ney, au prince Murat, au général Marmont.

Ober-Falheim, le 22 vendémiaire an XIV (14 octobre 1805),
à 9 heures du soir.

ORDRE GÉNÉRAL.

M. le maréchal Lannes fera passer le Danube demain, une heure avant le jour, aux trois divisions des généraux Oudinot, Suchet et Gazan, ainsi qu'à toute la cavalerie légère, sur le pont d'Elchingen et sur celui de Thalfingen; à cet effet, le général Gazan fera rétablir cette nuit le pont de Thalfingen; en conséquence, ses troupes prendront les mêmes positions qu'occupent celles du maréchal Ney à Elchingen et à Albeck.

M. le maréchal Ney ploiera la division qui est à Elchingen et à Albeck, et du moment que les troupes de M. le maréchal Lannes auront successivement remplacé les siennes à Elchingen et à Albeck, M. le maréchal Ney se disposera pour que son corps d'armée se mette en mouvement vers 8 heures du matin, pour quitter sa position d'Albeck et en prendre une de bataille, ayant son artillerie en position, afin d'être prêt vers midi à attaquer la position que l'ennemi occupe sur le Michelsberg.

L'Empereur sera rendu de sa personne à l'abbaye d'Elchingen, d'où il donnera lui-même l'ordre d'attaquer, tant à M. le maréchal Ney qu'aux autres troupes.

Une heure avant le jour, la division du général Klein suivra les troupes de M. le maréchal Lannes.

La division de grosse cavalerie du général Nansouty et la Garde impériale prendront les armes une heure avant le jour, pour se rendre à l'abbaye d'Elchingen, de manière que, demain à 8 heures du matin, il y aura au delà du Danube, sur la rive gauche, les corps des maréchaux Lannes et Ney, la division Klein, la division Nansouty et la réserve de la Garde impériale.

Les dragons de la division du général Beaumont prendront position et seront employés à contenir l'ennemi dans Ulm, à la rive droite du Danube.

M. le général Marmont, avec son corps d'armée, se réunira demain à la pointe du jour à son avant-garde, vis-à-vis l'abbaye de Wiblingen, et de là, se mettra en marche à travers champs pour aller occuper la hauteur de Pfühl, où il trouvera la division Beaumont, et dans cette position, il contiendra l'ennemi dans Ulm, et, si cela était nécessaire, il défendrait les deux ponts que nous avons sur le Danube.

La division de dragons à pied du général Baraguey-d'Hilliers restera où elle est bivouaquée cette nuit.

Si l'un des généraux s'apercevait que l'ennemi évacue Ulm cette nuit, il en ferait prévenir l'Empereur.

MM. les généraux en chef voudront bien donner des ordres en ce qui les concerne, pour les présentes dispositions.

Maréchal Berthier.

Le général Compans au général Oudinot.

Pfühl, le 22 vendémiaire an xiv (14 octobre 1805).

Mon Général,

D'après les dispositions arrêtées par M. le maréchal commandant en chef, la division à vos ordres, suivie de la brigade de chasseurs et des sapeurs, doit se mettre en marche de manière à être rendue à Elchingen une heure avant le jour; elle passera le Danube au pont de cet endroit, en suivant le mouvement de la division Suchet qui doit y être rendue deux heures avant le jour. Lorsque cette dernière division se mettra en marche pour se porter à Albeck, où elle doit être rendue vers les 7 ou 8 heures du matin, la division de grenadiers la suivra et s'arrêtera à Göttingen où elle prendra position et attendra de nouveaux ordres. Elle sera suivie de la division Gazan qui prendra position à Elchingen.

M. le maréchal commandant en chef vous invite, mon Général, à vous mettre en marche de manière à arriver le plus ponctuellement possible à l'heure dite, le moindre retard pouvant nuire à l'ordre établi pour le passage du pont d'Elchingen.

Veuillez, je vous prie, prévenir de ces mouvements le colonel du génie Kirgener, qui a suivi votre division ; il pourra rejoindre M. le maréchal à Elchingen.

COMPANS.

Le général Compans au général Gazan.

Pfühl, le 22 vendémiaire an XIV (14 octobre 1805).

D'après les dispositions arrêtées par M. le maréchal commandant en chef, la division à vos ordres doit se mettre en marche de manière à être rendue à Elchingen une heure avant le jour ; elle passera le Danube sur le pont de cet endroit, en suivant immédiatement la division de grenadiers qui a ordre de se porter à Göttingen.

Je vous prie, mon Général, de vouloir bien vous concerter avec le général Beaumont, dont la division est destinée à rester sur la rive droite du Danube, pour que vos postes soient occupés par ses dragons à mesure que vous les abandonnerez.

Cette division bivouaquera à côté de vos troupes.

M. le maréchal commandant en chef vous invite, mon Général, à vous mettre en marche de manière à arriver le plus ponctuellement possible à l'heure dite, le moindre retard pouvant nuire à l'ordre établi pour le passage du pont d'Elchingen.

COMPANS.

Le général Compans au général Suchet.

Pfühl, le 22 vendémiaire an XIV (14 octobre 1805).

Mon Général,

D'après les dispositions arrêtées par M. le maréchal commandant en chef, la division à vos ordres doit se mettre en marche pour se rendre à Elchingen de manière à être rendue bien ponctuellement une heure avant le jour ; elle passera le Danube sur le pont de cet endroit.

Aussitôt que les troupes de M. le maréchal Ney auront quitté Elchingen, elle se portera à Albeck, où elle est destinée à prendre position en remplacement de ces troupes, qui doivent aussi quitter cet endroit vers les 7 ou 8 heures du matin.

Je vous préviens que la brigade de hussards aux ordres du général Treillard suivra le mouvement de votre division ; je lui donne des ordres pour qu'elle soit rendue à 2 heures du matin à Burlefingen, où elle recevra les vôtres.

Compans.

Le général Compans au général Treillard.

Pfühl, le 22 vendémiaire an xiv (14 octobre 1805).

Mon cher Général,

D'après les dispositions arrêtées par M. le maréchal commandant en chef, la brigade à vos ordres doit être rendue à 2 heures précises à Burlefingen où vous prendrez ceux de M. le général Suchet.

M. le Maréchal désire que vous vous concertiez avec le général Beaumont, dont la division est destinée à contenir l'ennemi dans Ulm, pour que vos postes soient occupés par ses dragons à mesure que vous les quitterez.

La division Gazan quittant elle-même ceux qu'elle occupe, la route d'Ulm à Pfühl resterait absolument découverte, si vos postes n'étaient relevés par ceux du général Beaumont. Faites votre possible pour qu'ils le soient.

Compans.

Le maréchal Soult au général Vandamme.

Steinheim, le 22 vendémiaire an xiv (14 octobre 1805),
à 3 h. 30 de l'après-midi.

Monsieur le Général,

Je vous préviens que les 3ᵉ et 1ʳᵉ divisions viennent de se mettre en marche pour se porter sur Ochsenhausen, où elles prendront ce soir position. Le restant du corps d'armée doit suivre immédiatement, mais je diffère de les faire partir jusqu'à ce que le commandant de Memmingen ait signé la capitulation dont M. le général Salligny traite en ce moment avec lui.

D'après cette disposition, vous voudrez bien tenir votre division prête à partir pour se diriger également sur Ochsenhausen, où je voudrais qu'elle fût rendue pour demain à six heures du matin très précises. Vous réglerez son mouvement en conséquence, si je ne vous envoie pas d'autre ordre.

Le général Salligny, après avoir signé les articles que je l'ai autorisé à accorder, doit vous demander de faire entrer dans la place un bataillon. Veuillez prendre à cet effet le 2e du 57e, qui y tiendra garnison jusqu'à nouvel ordre. Vous y ferez aussi entrer 25 chasseurs du 26e régiment, que vous prendrez à cet effet parmi ceux qui ont leurs chevaux le plus en mauvais état. Pour vous préparer au mouvement que vous devrez faire cette nuit, je vous engage à faire porter à la brigade de droite toute votre artillerie, caissons ou autres voitures qui sont à la suite de la division, afin que le passage du défilé ne puisse arrêter votre marche.

Aussitôt que vous vous mettrez en marche, vous donnerez ordre au 26e chasseurs à cheval de joindre à l'avant-garde la division de cavalerie légère, où il recevra les ordres du général Margaron.

J'ai l'honneur, etc.

SOULT.

P.-S. — Je serai pendant une partie de la nuit à Steinheim, et ensuite je me rendrai à Ochsenhausen, où sera mon quartier général.

Le maréchal Soult à l'Empereur.

Sontheim, le 22 vendémiaire an XIV (14 octobre 1805)

Sire,

A la réception de l'ordre que Son Excellence le ministre de la guerre m'a adressé, j'ai fait mettre en marche les 3e et 1re divisions pour Ochsenhausen, d'où je me proposais de les diriger sur Laupheim afin d'intercepter la route de Biberach et cerner entièrement l'armée ennemie dans Ulm, mais l'avant-garde de la 3ᵉ division, en arrivant à Berkheim, a rencontré l'ennemi et l'a immédiatement chargé ; quelques voitures d'équipages qu'on a prises, et surtout un domestique d'officier, ont fait connaître que, depuis ce matin, l'ennemi avait commencé sa retraite d'Ulm et qu'il se dirigeait partie sur Biberach, et partie sur Memmingen ; ils ont même cité quatre régiments d'infanterie, un de cuirassiers et un autre de hussards qui faisaient partie de la colonne de gauche ; l'officier qui me portait cet avis n'a pu me donner le nom des régiments.

Malgré ce mouvement de l'ennemi, je continue celui que j'avais commencé sur Ochsenhausen, mais je fais arrêter la division Saint-Hilaire à Berkheim, jusqu'à ce que la 2ᵉ division et celle de dragons y soient arrivées. Demain, à la pointe du jour, j'aurai réuni tout le corps d'armée à Ochsenhausen, et je le dirigerai sur Biberach, si j'apprends que l'ennemi est en pleine retraite, ou sur Laupheim, si l'avis qu'on m'a donné n'est point exact.

J'ai arrêté le mouvement de la division Vandamme et de celle des dragons, pour attendre la reddition de la place de Memmingen, de laquelle on traite en ce moment. Hier, j'envoyai un parlementaire pour porter au commandant de cette place la sommation dont j'ai l'honneur d'adresser copie à Votre Majesté ; mais il ne fut point reçu. Je l'ai envoyé une seconde fois ce matin avec aussi peu de succès ; pendant la journée, le mouvement que les troupes ont dû faire pour prendre la direction qui leur a été donnée, ayant fait montre de forces considérables, et l'appareil d'une nombreuse artillerie que j'ai approchée à 300 toises de la place, ayant sans doute intimidé le commandant, qui se trouvait d'ailleurs cerné de toutes parts, à deux heures, il a accepté ma sommation et à trois heures et demie le général-major comte de Spangen m'a répondu qu'il accepterait des propositions honorables.

J'ai immédiatement chargé le général de division Salligny de se rendre en ville pour en dresser les articles, dont le principal était que la garnison se rendait prisonnière de guerre et remettrait tout ce qui se trouve dans la place, armes, munitions, caisse, etc. J'autorisais cependant le général Salligny à accorder que les officiers conserveraient leurs épées et qu'ils se retireraient chez eux sur leur parole d'honneur de ne point servir jusqu'à échange.

Le conseil de guerre était assemblé lorsque le général Salligny s'est présenté, et ceux qui le composaient ont unanimement déclaré qu'ils n'accepteraient aucune condition, si les soldats ne subissaient pas le même sort que les officiers et ont demandé qu'ils fussent renvoyés avec eux jusqu'à échange.

Les pouvoirs du général Salligny n'étaient pas assez étendus pour qu'il pût accorder cette demande ; il est donc revenu pour me la soumettre ; apprenant à l'instant même que l'ennemi avait été rencontré à Berkheim et qu'il se retirait d'Ulm, j'ai renvoyé le général Salligny pour dire au comte de Spangen qu'après bien des difficultés, j'avais enfin consenti à cette proposition, mais que j'exigerai la stricte exécution des autres.

Il y a près de deux heures que le général Salligny est dans Memmingen et je n'en ai point de nouvelles ; comme je lui avais absolument ordonné de faire tirer sur la place par trente pièces de canon, si les ennemis refusaient de faire signer dans l'heure même, j'augure qu'ils sont convenus des articles et que, dans peu d'instants, on les soumettra à mon approbation.

Si la capitulation est signée, je ferai entrer dans Memmingen un bataillon de la division Vandamme, 20 canonniers et 30 chasseurs et pour demain seulement le général Schiner *pourra assurer l'exécution des articles de la capitulation*. Les troupes qui sont devant Memmingen se mettront immédiatement en marche et dans le jour elles iront se joindre aux 3e et 1re divisions à Ochsenhausen.

Il y a dans Memmingen, d'après tous les renseignements reçus, 2,000 hommes d'infanterie, 200 hussards et 10 à 12 pièces de canon ; j'aurais sans doute forcé cette garnison à se rendre à discrétion, si j'avais eu plus de temps pour l'attaquer en règle, mais j'ai pensé qu'il était avantageux pour les opérations que Votre Majesté se propose, qu'il y eût un poste à demi fortifié, qui pût momentanément lui servir de place d'armes ; j'ai aussi considéré que cette garnison, toute faible qu'elle était, m'aurait obligé, pour couvrir le parc d'artillerie et les traînards des régiments, à laisser un régiment en arrière, et d'ailleurs que l'ennemi aurait eu un appui sur Memmingen, dans le cas où des opérations y seraient dirigées.

Tel est l'état actuel des négociations dont le résultat sera, je crois, plus avantageux que je ne viens de le dire, car un nouvel appareil de forces et les menaces que j'ai employées me portent à espérer que la garnison se rendra purement et simplement prisonnière de guerre ; je désire bien vivement avoir à annoncer cette bonne nouvelle à Votre Majesté dans deux heures, et être assez heureux pour avoir mérité dans cette circonstance son approbation.

J'ai l'honneur, etc.

Soult.

Copie de la sommation faite au commandant de Memmingen.

Monsieur le Commandant,

La place que vous commandez est investie et ne peut recevoir de secours. Une défense opiniâtre ne pourrait empêcher qu'elle ne fût prise et occasionnerait une effusion de sang qu'il dépend de vous d'éviter.

J'ai l'honneur de vous sommer, au nom de l'Empereur et Roi, mon souverain, de la remettre à ses armes.

Je vous demande, Monsieur le Commandant, une prompte réponse et je vous prie d'agréer l'assurance de ma considération distinguée.

Le Maréchal d'Empire,
Soult.

Le maréchal Soult au général Vandamme.

Monsieur le Général,

Enfin la place de Memmingen vient de capituler. La garnison, qui est de 4,000 à 5,000 hommes, est prisonnière de guerre. Je vous invite à y faire entrer un bataillon, aussitôt que le général Salligny vous le demandera.

Vous y enverrez aussi un détachement de 25 chevaux pris dans le 26ᵉ régiment de chasseurs, ainsi que je vous ai dit par un premier ordre.

Indépendamment, il sera nécessaire que vous composiez un détachement de 150 hommes pour conduire les prisonniers à Augsburg et que vous le mettiez à la disposition du général Schiner.

Je charge le général Schiner d'entrer dans la place pour faire exécuter les articles de la capitulation et donner des instructions à l'officier qui commandera. Je vous prie de lui remettre l'ordre ci-joint.

Vous êtes à présent libre, Monsieur le Général, de mettre en marche la division pour exécuter le mouvement qui est prescrit par mon dernier ordre, et la conduire à Ochsenhausen, où elle doit être rendue pour 6 heures du matin sans faute. Veuillez régler sa marche en conséquence, et mettre au centre de la division tout votre parc d'artillerie.

Si la totalité du parc général du corps d'armée n'avait point filé, vous laisseriez un bataillon en arrière de lui pour le couvrir. Je suis prévenu qu'un parti de hussards ennemis s'est présenté ce soir au pont d'Aitrach, et il n'y aurait rien d'étonnant qu'il n'entrât dans la plaine et ne cherchât à nous inquiéter pendant la marche.

Je vous prie de donner ordre à l'artillerie de la 1re division, qui est restée en position en avant d'Amendingen, de partir de suite pour la rejoindre à Ochsenhausen.

Je vous prie aussi de donner ordre au 26e chasseurs de partir sur-le-champ pour Steinheim, où je lui donnerai de nouveaux ordres.

J'ai l'honneur..... SOULT.

P.-S. — Le général Schiner et le bataillon ainsi que le détachement qui doivent entrer dans Memmingen, peuvent rester en avant d'Amendingen, où le général Salligny les ira prendre.

(*Sans date.*)

Le maréchal Soult à l'Empereur.

J'ai l'honneur d'adresser à Votre Majesté la capitulation des troupes autrichiennes qui étaient dans Memmingen et qui sont déjà en marche pour se rendre à Augsburg, sous l'escorte d'un détachement de 200 hommes, que la division Vandamme a fourni.

L'évacuation de la place s'est faite entre 11 heures et minuit, et le 2ᵉ bataillon du 24ᵉ régiment de ligne y est entré immédiatement ; c'est le premier bataillon qu'on a trouvé sous la main. Il était d'autant plus pressant d'y mettre des troupes de Votre Majesté, que celles qui venaient de se rendre murmuraient hautement et que le désordre commençait.

J'ai chargé le général Schiner de rester pendant vingt-quatre heures à Memmingen pour y mettre tout en ordre et donner des instructions de défense au commandant du bataillon.

Je laisse aussi à Memmingen un officier du génie, avec ordre de faire continuer les travaux et de les pousser avec activité.

La force de la garnison autrichienne est beaucoup plus considérable que je n'avais d'abord pensé. Elle se compose des régiments de Mittrovsky, Czartoryski et Beaulieu, en tout 9 bataillons, dont 2 de grenadiers, faisant ensemble 4,500 hommes, 100 hussards du Palatinat et divers détachements d'autres régiments de cavalerie, 9 pièces de canon avec leurs caissons d'approvisionnement, un général-major, trois colonels et un état-major très nombreux et beaucoup d'équipages.

J'ai l'honneur de demander l'agrément de Votre Majesté pour que l'adjudant-commandant Lemarois ait l'honneur de lui présenter les drapeaux pris à l'ennemi.

J'ai aussi l'honneur de lui demander que les chevaux de troupe qui ont été pris soient accordés aux officiers d'état-major du 4ᵉ corps d'armée et aux chefs de corps.

Je fais donner à l'artillerie les chevaux de cette arme qui se sont trouvés dans la place, ainsi que ceux d'équipage qui appartenaient à l'ennemi.

Je ne puis rendre compte à Votre Majesté de tous les objets qui se sont trouvés dans la place ; l'évacuation s'en est faite si promptement que le général Salligny n'a pas eu le temps d'en dresser l'état ; mais au jour on s'en occupera.

J'ai eu beaucoup à me louer de la vivacité de l'attaque que le général de division Vandamme a dirigée sur le front de la place de Memmingen, porte de Mindelheim, ainsi que de la promptitude qu'il a mise dans l'exécution de l'ordre que je lui avais donné de porter des troupes sur la route de Kempten.

Les généraux Walther et Sébastiani ont parfaitement manœuvré pour compléter l'investissement de la place ; le général Sébastiani était avec le général Salligny lors de la capitulation et a contribué, avec un régiment de dragons qu'il a eu ordre de faire entrer pour quelques heures dans Memmingen, à en accélérer l'évacuation. En ce moment, les dernières troupes du corps d'armée, qui étaient devant Memmingen, sont en marche pour se réunir à Ochsenhausen aux deux premières divisions, qui y sont déjà arrivées. Je vais m'y porter moi-même et demain matin j'éclaircirai si l'ennemi s'est contenté de faire un détachement à Ulm pour Memmingen, ou si son armée est en retraite, comme un premier rapport l'annonçait ; dans tous les cas, j'aurai l'honneur d'en rendre bon compte à Votre Majesté.

(*Sans lieu ni date.*) SOULT.

Capitulation de la garnison de Memmingen.

M. le général de division Salligny, chef de l'état-major du 4º corps de la Grande Armée, au nom de Sa Majesté l'Empereur et Roi des Français et d'après les ordres de Son Excellence le maréchal Soult, et M. le comte de Spangen, général-major commandant dans Memmingen, sont convenus de la capitulation ci-contre :

Art. 1ᵉʳ. — La garnison autrichienne de Memmingen se rend prisonnière de guerre au 4º corps de la Grande Armée, commandé par Son Excellence le maréchal Soult.

Art. 2. — La garnison sortira avec les honneurs de la guerre.

Art. 3. — MM. les officiers seront libres de se rendre dans leurs foyers en donnant leur parole d'honneur de ne servir qu'après échange, grade par grade, ou de suivre le sort de leur troupe.

Art. 4. — Les officiers conserveront leur armes, leurs chevaux et leurs équipages ; les sous-officiers et soldats tous leurs effets d'habillement.

Art. 5. — Les non-combattants, tels que les chirurgiens, médecins, aumôniers, fourriers et musiciens, seront rendus.

Art. 6. — Tous les papiers qui regardent la place ou l'armée autrichienne seront remis à M. le chef de l'état-major de l'armée française.

Art. 7. — Toute l'artillerie, tous les approvisionnements de guerre et de bouche, tous les chevaux de troupe et de transport seront remis à l'armée française, d'après l'état de situation de la place.

Art. 8. — Son Excellence M. le maréchal promet avec plaisir de faire donner à tous les malades les mêmes soins qu'aux malades de l'armée française.

Art. 9. — Il sera donné des chariots pour le transport des effets de MM. les officiers.

Fait en présence du général Sébastiani et du colonel Piteau, et des officiers supérieurs de la place.

Memmimgen, 22 vendémiaire an XIV.

PITEAU.   Horace SÉBASTIANI.   SALLIGNY.
Comte de SPANGEN. WOUWERMANNS (1). Colonel baron de LAUER.

Vu par le maréchal d'Empire, commandant en chef le 4e corps de la Grande Armée.

SOULT.

Le maréchal Soult au maréchal Berthier.

Steinheim, le 22 vendémiaire an XIV (14 octobre 1805).

J'ai l'honneur de rendre compte à Votre Excellence de la reddition aux armes de Sa Majesté de la place de Memmingen, aux conditions contenues dans la capitulation ci-jointe.

Le nombre de prisonniers que nous avons trouvés dans la place consiste en 9 bataillons, dont 2 de grenadiers, des régiments de Mittrovsky, Czartoryski et Beaulieu, divers détachements de cavalerie, 9 pièces de canon avec leur approvisionnement, un état-major très nombreux, en tout 4,600 hommes et beaucoup d'équipages.

J'ignore encore en quoi consistent les magasins, mais j'envoie l'ordonnateur en chef pour en dresser l'inventaire et pour mettre à profit toutes les ressources que cette ville offre en subsistances ; le secours que sans doute on pourra en tirer nous sortira, j'es-

---

(1) Colonel du régiment impérial Czartoryski.

père, pendant quelques jours, de l'extrême pénurie que nous éprouvons.

Je mets dans la place un bataillon du 24ᵉ régiment d'infanterie légère, 25 chevaux du 26ᵉ régiment de chasseurs, 20 canonniers et 1 officier du génie ; je prescris à ce dernier de faire travailler avec la plus grande activité aux ouvrages que les Autrichiens avaient commencés, afin de tirer, par la suite, de cette place tout le parti possible, si toutefois Sa Majesté l'approuve.

Je laisse en outre à Memmingen, mais pour un jour seulement, le général de brigade Schiner pour faire exécuter les articles de la capitulation et donner des instructions, pour le cas de défense, au chef de bataillon qui commandera la place.

Ce général doit aussi faire diriger demain sur Augsburg les prisonniers de guerre et 250 autres qu'on fit hier au régiment de Mittrovsky.

J'ai chargé l'adjudant-commandant Lemarois d'avoir l'honneur de présenter à Sa Majesté l'Empereur et Roi les drapeaux des bataillons ennemis qui ont été pris.

Cette conquête, qui n'a coûté qu'une douzaine d'hommes blessés, 4 tués et quelques chevaux, peut servir de place d'armes ; elle ôte un appui à l'armée autrichienne, me laisse espérer quelques secours, elle nous ouvre une communication assurée, et n'a point retardé notre marche.

Les 3ᵉ et 1ʳᵉ divisions du corps d'armée sont ce soir rendues à Ochsenhausen. La 2ᵉ, ainsi que la division de dragons et le parc d'artillerie, y seront réunis demain à la pointe du jour ; d'Ochsenhausen, je réglerai les mouvements du corps d'armée sur ceux de l'ennemi, pour remplir les intentions de Sa Majesté.

En arrivant à Berkheim, l'avant-garde a rencontré un escadron de cuirassiers autrichiens qui, d'après les renseignements reçus, devait former l'avant-garde d'une colonne de 4 régiments d'infanterie, 1 de cuirassiers et 1 de hussards partis, ce matin, d'Ulm et se dirigeant sur Memmingen. Les prisonniers qu'on a faits et les domestiques, qui conduisaient les bagages enlevés, disent que depuis ce matin l'armée autrichienne avait commencé son mouvement de retraite et qu'elle se dirigeait sur Biberach ; demain, j'en enverrai des nouvelles positives à Sa Majesté et je puis assurer qu'elle sera serrée de près.

J'ai l'honneur.....   ———   Soult.

Rapport au Ministre, du 22 vendémiaire an XIV (14 octobre 1805).

La marche rapide des différents corps de la Grande Armée, jointe à l'activité des opérations militaires, depuis leur arrivée sur le Danube, les ont empêchés d'envoyer exactement chaque semaine l'état de leur situation, malgré les demandes itératives du chef de l'état-major général.

D'où il résulte que la situation de ces différents corps se trouve portée sur le tableau de la Grande Armée à des époques différentes.

Pour éviter cet inconvénient, j'ai l'honneur de proposer à Monsieur le Maréchal d'ordonner à tous les corps d'armée d'envoyer tous les trois jours, à l'état-major général, une feuille d'appel conforme au modèle que je joins ici.

Il serait alors facile de dresser tous les trois jours un état général de la situation de l'armée et de son emplacement, ce qui serait infiniment utile aux dispositions ultérieures que Monsieur le Maréchal jugerait convenables de déterminer.

Il suffirait peut-être alors de former, *une fois par mois* seulement, le tableau général de la Grande Armée, semblable à celui que j'ai l'honneur de présenter à Son Excellence.

Je soumets cette proposition à l'approbation de Monsieur le Maréchal.

GÉRARD.

GRANDE ARMÉE.

Reconnaissance de la ville d'Augsburg.

A. — Porte de Gögglingen.

Cette porte conduit à la chaussée de Memmingen ; elle est couverte par la demi-lune nº 1, qui est en bon état, et peut recevoir deux pièces de canon qui battraient avantageusement la chaussée de Memmingen. Il faut placer un cheval de frise sur son pont, un peu en arrière de la barrière avancée. Si on y était forcé, il faudrait, en se retirant, enlever les madriers du pont dormant.

2. — Bastion et cavalier de Gögglingen.

Ce bastion doit être palissadé et escarpé. Le cavalier peut

recevoir plusieurs pièces d'artillerie; il voit bien les fossés de droite et de gauche. La communication étant en dehors de la ville, il faut en établir une dans l'intérieur. Les courtines sont occupées par des maisons qui servent de casernes. On peut placer des fusiliers aux croisées pour en défendre l'approche. L'escarpe et la contrescarpe de gauche sont revêtues et en bon état. L'escarpe de droite l'est aussi, et sa contrescarpe en terre a un talus très raide. Fossés secs.

3. — Bastion et cavalier de Eserwall.

Revêtus à l'escarpe et à la contrescarpe avec de bonnes communications pavées. On peut y placer plusieurs pièces de canon, voyant bien les fossés de droite et de gauche. Peu de maisons en avant découvrent les chaussées de Memmingen et de Landsberg. Fossés secs. Les courtines de droite et de gauche occupées par des maisons. Deux poternes pour aller au bastion. Des décombres à enlever à la gauche dudit bastion pour rendre son escarpe inaccessible.

B. — Porte Rouge.

Cette porte, qui conduit aux chaussées de Landsberg et de Friedberg, est couverte par un ouvrage à cornes qui a peu de commandement sur la campagne et qui est entièrement masqué par les maisons qui sont à droite de la route de Landsberg. On peut couper la chaussée à l'emplacement de l'ancien pont-levis. Il y a, du côté de la ville, deux portes, distantes l'une de l'autre de huit pieds. En cas d'attaque, cet intervalle sera rempli; il faudra aussi placer des chevaux de frise derrière la première barrière.

5. — Bastion et cavalier de la Porte Rouge.

D'une bonne capacité et d'un beau commandement, mais couverts par beaucoup de maisons et jardins, notamment par la manufacture d'indiennes. Le bastion a un fossé à cunettes, où il est possible de mettre l'eau d'un canal du Lech qui en fournit à toutes les fontaines de la ville. L'escarpe de droite et de gauche revêtue et bien vue. Les courtines occupées par des maisons. A la gauche du bastion, il y a une flèche enveloppée d'un mur crénelé. Les accès en sont faciles pour l'artillerie.

C. — Porte Schwibogen.

Cette porte mène aussi à Friedberg. A côté, passe un canal qui conduit les eaux du Lech dans la ville et qui la divise en haute et basse. Elle est fermée. Pour plus de sûreté, il conviendrait d'enlever les madriers qui sont à l'emplacement du pont-levis, afin d'intercepter entièrement ce passage.

Les courtines de droite et de gauche ont des communications couvertes et un mur crénelé. En avant de la contrescarpe et à gauche de ladite porte, il existe un petit rideau en terre, de peu de relief, et dont les feux sont couverts par des maisons et jardins.

D. — Porte Vogels.

Porte double et fermée qui conduit à la grande route de Friedberg. Il convient de supprimer tout à fait cette communication en enlevant tous les madriers qui sont sur son pont. A côté de cette porte passe aussi un canal du Lech qui traverse la ville et alimente les fossés de la ville basse. Les courtines ont des communications couvertes comme à la porte précédente.

8. — Bastion et cavalier Vogels.

Peu spacieux; cependant assez pour recevoir quatre pièces d'artillerie. Une bonne rampe pour y conduire. L'escarpe revêtue d'un mur crénelé. Fossé en avant rempli d'eau sur une hauteur de six pieds. La contrescarpe en terre. Les fossés de droite et de gauche, la porte E et la route de Saint-Jacques sont bien vus par cet ouvrage. Courtines avec créneaux et communications couvertes. Les feux en sont masqués par les maisons et jardins.

E. — Porte Saint-Jacques.

Elle conduit au pont de Lechhausen sur la route de Neuburg. Elle est couverte par la demi-lune n° 9, qui a peu de commandement, et dont les feux sont couverts par des maisons. Elle est entourée d'un fossé à cunettes. On peut y placer une pièce de campagne à l'angle saillant qui découvre bien la route de Lechhausen. Pour la mettre à l'abri d'un coup de main, il faut la palissader. Les courtines de droite et de gauche de la porte sont crénelées et couvertes. Les fossés pleins d'eau et bien vus par les bastions collatéraux.

10. — Bastion Oblater.

Peu spacieux et revêtu à l'escarpe par un mur crénelé. La contrescarpe en terre et le fossé plein d'eau. Ses feux battent bien les deux courtines et l'espace qui se trouve entre le Lech et la place. Défend le pont de Lechhausen à une distance de 200 à 225 toises. On doit y placer une pièce de canon. Peu de maisons en gênent le tir. Au pied de ce bastion, il y a une tour de laquelle on peut faire un magasin à poudre.

F. — Porte Oblater.

Fermée par une double porte. Communication à intercepter comme la précédente, en enlevant les madriers qui sont sur le pont.

G. — Porte Steffingue.

Porte double. Communication à intercepter n° 11. Demi-lune qui couvre la porte G à abandonner. Depuis la porte jusqu'au bastion n° 12, une simple muraille crénelée et un fossé plein d'eau. La contrescarpe en terre. Le Lech se rapproche de la place dans cette partie.

12. — Bastion Lüginsland.

Ce bastion a beaucoup de commandement sur la campagne. Il est revêtu à l'escarpe seulement. Les fossés pleins d'eau et battus par deux flancs bas. La défense de cette partie consiste dans le rapprochement du Lech vers la place. La branche gauche, qui va au bastion n° 14, a une escarpe en terre surmontée d'une muraille de peu de défense. Cette partie est faible et demande à être palissadée.

13. — Demi-lune à occuper.

Il faut, pour cela, établir sa communication avec la place par le moyen d'une ancienne porte pratiquée dans le mur à cet effet. Il existe, en avant de cette demi-lune, une flèche dont la découverte est belle et qu'il faut aussi occuper.

14. — Bastion Backhofen.

Ce bastion a un beau commandement et bat avantageusement

la chaussée d'Ulm et de Donauwörth et le pont sur la Wertach. Cette partie est couverte par le Lech, la Wertach et le canal Pinckett-Buch. Point de rampes pour l'artillerie.

H. — Porte de Wertachbrucker.

Cette porte est couverte par la demi-lune n° 15, qui est dominée par sa droite. Comme elle est sur la chaussée qui conduit à Ulm et à Donauwörth, il est nécessaire de la palissader pour la mettre à l'abri d'un coup de main. En cas d'attaque, on enlèvera les madriers qui sont sur le pont, et on placera des chevaux de frise près la barrière.

16. — Bastion Judenwall.

Ce bastion a un beau commandement et voit le pont sur la Wertach. Escarpe non revêtue. Fossé plein d'eau. A examiner quelle est la profondeur et voir s'il est nécessaire de palissader ce bastion. Une bonne communication à l'abri et à l'épreuve de la bombe.

1. — Porte Klinkert.

Conduisant à la demi-lune n° 17. Cette demi-lune est susceptible d'une bonne défense. Ayant un commandement avantageux sur le terrain entre la Wertach et la place. Elle doit être mise à l'abri d'un coup de main par un palissadement et un fraisement.

18. — Bastion Nacht.

Sans communication. Ne pouvant être défendu que par la mousqueterie. Voit bien l'intérieur de la demi-lune. Son pont de communication bat les fossés de droite et de gauche.

R. — Porte Nacht.

Ne peut servir de communication à la demi-lune que pour l'infanterie.

19. — Demi-lune Nacht.

A raser comme étant trop rapprochée du bastion.

1° Le parc d'artillerie peut être mis en dehors de la porte de Friedberg, à gauche dans la prairie où il n'y a pas d'eau, même en hiver. Il sera couvert par le canal de Stat et celui de Scheflert : il aura en avant la redoute française qui doit être armée.

2° En barrant le canal de Stat et ceux de Scheflert et de Nern, on aura sur la plaine, à droite de la chaussée de Friedberg, une inondation d'un pied, qui durera tant que l'on sera maître de la prise d'eau du canal de Stat qui conduit les eaux à la ville.

Il est indispensable d'occuper fortement cette position, autrement l'ennemi pourrait rompre le barrage du Lech et attirer les eaux dans la rivière et en priver, par ce moyen, la ville et détruire l'inondation.

Au quartier général à Augsburg,
le 22 vendémiaire an xiv (*14 octobre 1805*).

Le Général de division, commandant du génie,

Léry.

Bulletin de Ratisbonne.

Ratisbonne, le 22 vendémiaire an xiv (14 octobre 1805).

On assure que depuis que les troupes gallo-bavaroises sont entrées à Munich, trois régiments de cavalerie autrichienne sont entrés à Landshut et que plusieurs autres corps d'infanterie et de cavalerie tiennent la position de l'Isar depuis Landshut jusqu'à son embouchure dans le Danube. Les patrouilles de uhlans viennent actuellement jusqu'à la banlieue de la ville de Ratisbonne, sur la rive droite du Danube, qui est de nouveau occupée depuis le pont de Stauf situé à deux lieues au-dessous de Ratisbonne, jusqu'à Straubing, Deggendorf et Passau. Il paraît que les Autrichiens veulent tenir dans cette position pour y attendre les Russes et marcher ensuite de nouveau en avant. Il n'y a pas de temps à perdre pour les expulser totalement de la Bavière, sans quoi la grande armée française se trouvera attaquée des deux côtés. On prétend que les Autrichiens tiennent encore la position d'Ulm et celle de Friedberg près d'Augsburg. Il y a six jours que le cours de la poste est interrompu avec Ulm et Augsburg, ce qui donne des inquiétudes.

Ratisbonne, le 22 vendémiaire an xiv (14 octobre 1805).

On mande de Rötz, près de Waldmünchen, sous la date du 21 vendémiaire, que les troupes autrichiennes se retirent du Haut-Palatinat pour entrer en Bohême par Waldmünchen, où elles arriveront demain. La garnison d'Egra a évacué cette ville avec toute l'artillerie, munitions de guerre et tous les effets militaires. Elle marche aussi dans la direction de Waldmünchen pour se retirer par cette route en Bohême. C'est du moins ce qu'on peut supposer d'après la direction de la marche.

BACHER.

Le maréchal Bernadotte à l'Empereur.

Munich, le 22 vendémiaire an xiv (14 octobre 1805).

Sire,

J'ai l'honneur de rendre compte à Votre Majesté que l'ennemi se retire au delà de l'Inn. Les reconnaissances que j'ai envoyées hier sur la route de Braunau ont poussé les postes de l'arrière-garde ennemie jusqu'à Haag; elles ont fait une quarantaine de prisonniers dans cette dernière ville et à Hohenlinden. Le rapport que j'ai eu l'honneur d'adresser à Votre Majesté sur la retraite de l'aile droite de l'armée autrichienne se confirme de plus en plus; le général Kienmayer a dirigé tous ses équipages avec une petite partie de ses troupes par Wasserburg, sur la route de Salzburg; tout le gros de son corps s'est retiré sur la route de Braunau; non seulement il n'y a plus d'ennemis entre le Lech et l'Isar, mais il y en a même très peu en ce moment entre l'Isar et l'Inn; le quartier général de Kienmayer était hier matin a Ampfing.

J'ai envoyé à Tölz, comme me le prescrit le ministre de la guerre, un corps commandé par un général bavarois; j'ai fait connaître à ce commandant toute l'importance que Votre Majesté attache à conserver ce poste et à combattre tout ce qui se rendrait sur ce point, de quelque côté qu'il vînt. J'ai pris des mesures pour être à même de porter du secours à ce corps, s'il était attaqué par des forces supérieures.

Les rapports sur l'arrivée des Russes varient toujours; cependant un homme que j'avais envoyé à Braunau vient de m'assurer qu'il avait vu dans cette ville deux régiments russes ; l'on attendait le reste de la colonne le lendemain et successivement ; on assure que sous trois jours 20,000 à 25,000 hommes seront arrivés ; un point sur lequel tous les avis s'accordent, c'est que leurs troupes sont en mauvais état, elles ont été transportées sur des chariots ; leur habillement, leur équipement et particulièrement leurs armes sont dans le délabrement,

Le général d'Hautpoul est arrivé à mon corps d'armée avec une division de cuirassiers ; ce sont de bien belles troupes, et cette réunion a fait le plus grand plaisir. Si ces 4 régiments de cuirassiers avaient pu être ici avant-hier, il n'y a pas de doute que nous n'eussions pris une partie des troupes de Kienmayer ; avec une réserve aussi respectable, j'aurais pu faire tomber vigoureusement toute ma cavalerie légère sur l'ennemi et lui faire beaucoup de mal, quoiqu'il eût près de 5,000 chevaux.

J'ai l'honneur, etc.

BERNADOTTE.

3ᵉ CORPS D'ARMÉE.

Journée du 22 vendémiaire an XIV (14 octobre 1805) et positions jusqu'au 29 vendémiaire an XIV (21 octobre 1805).

Quartier général : Dachau, jusqu'au 29 vendémiaire (*21 octobre*).

Avant-garde : Germering.

1ʳᵉ division : Greifenberg.

Se porte sur Greifenberg. Elle prend position sur la rive gauche de la Windach, le village de Greifenberg en arrière de son front, faisant face à Landsberg et tenant la tête des bois à droite de la grande route. Elle pousse une reconnaissance sur Landsberg.

Séjour jusqu'au 29 vendémiaire (*21 octobre*).

2ᵉ division : Dachau.

La 1ʳᵉ brigade se porte à Bruck, route de Munich à Augsburg.

Les autres troupes gardent les positions du 21 vendémiaire.

Séjour jusqu'au 29 vendémiaire (*21 octobre*).

3° division : Schwabhausen.

Séjour dans les positions du 21 vendémiaire, jusqu'au 29 vendémiaire (*21 octobre*).

Parc de réserve. — *Séjour* dans les positions du 21 vendémiaire, jusqu'au 29 vendémiaire (*21 octobre*).

Le général Friant au général Kister.

Le 22 vendémiaire an XIV (14 octobre 1805).

Faites reconnaître aujourd'hui, comme vous le prescrit l'ordre que je vous ai transmis hier, les chemins les plus faciles de Bruck à Landsberg, et vous en enverrez de suite votre rapport au chef de l'état-major général. Je vous préviens que le général Bisson est parti ce matin, avec toute sa division, pour Landsberg. En conséquence, votre brigade restera à Bruck comme point intermédiaire entre cette division et le reste du corps d'armée.

FRIANT.

Le général de Brigade Petit, commandant dans la Légion d'honneur, à M. le général de division Gudin.

Schwabhausen, le 22 vendémiaire an XIV (14 octobre 1805).

Mon Général,

J'ai l'honneur de vous rendre compte que je me suis rendu, moi-même, dans les communes que vous avez affectées pour fournir des subsistances au 12° régiment. J'ai trouvé tous ces villages, excepté Deutenhofen, occupés par des troupes de la 2° division et par des quartiers généraux de la même division.

Ne pouvant rien obtenir dans ces villages, je me suis écarté de la route, et dans le village de Möching, où j'ai trouvé un chasseur avec une réquisition de 10 sacs de farine, j'ai encore obtenu 5 sacs de farine, 1500 kilogr. de pain, 4 bœufs, 12 sacs de pommes de terre, 2 tonneaux de bière, 4 moutons.

A Deutenhofen, j'ai obtenu 10 sacs de farine, 4 bœufs.

A Weilbach, où j'ai trouvé un chasseur avec une réquisition

de 10 sacs de farine, je fus obligé de changer quelque chose à cette réquisition pour pouvoir obtenir des subsistances. Ce village fournira 264 kilogr. de pain, 12 sacs de pommes de terre, 2 vaches, 2 tonnes de bière et 4 moutons. Ce village a déjà essuyé deux réquisitions par les divisions qui nous précèdent et trois réquisitions autrichiennes. Il est aujourd'hui à l'extrémité.

Ces diverses fournitures, escortées par les détachements que j'ai laissés dans les villages, seront rendues demain à Schwabhausen à 8 heures du matin au plus tard.

J'ai l'honneur de vous saluer respectueusement.

(A . G.) PETIT.

Le chef de bataillon Lequas au Colonel commandant le 85ᵉ régiment.

Inpach, le 22 vendémiaire an XIV (14 octobre 1805).

Mon Colonel,

J'ai l'honneur de vous prévenir qu'à mon arrivée dans le village que vous m'aviez désigné, je l'ai trouvé rempli de maraudeurs et pillards du 21ᵉ régiment. Plusieurs étaient armés d'un fusil et d'une baïonnette. Ils ont enfoncé les maisons et pris différentes choses aux paysans. Dans les moulins, ils ont enlevé une quantité de farine. Je n'ai pu saisir ceux qui étaient armés qui, échappés à une certaine distance, ont eu l'audace de se moquer de nous. Je leur ai fait tirer dessus et ils se sont retirés précipitamment.

Je vous envoie un tambour du 21ᵉ qui était au nombre des maraudeurs et qui pourra donner des renseignements sur ses complices.

Le maire du village m'a promis de me délivrer la quantité de pain que je lui ai demandée et j'en presse le recouvrement.

J'ai l'honneur de vous saluer très respectueusement.

(A . G.) LEQUAS.

*Chanié, chef de bataillon du 85ᵉ, à M. le Colonel du 21ᵉ,
à Schwabhausen* (1).

Wiedenzhausen, le 22 vendémiaire an xiv (14 octobre 1805).

Monsieur le Colonel,

Je vous adresse un grenadier de votre régiment que j'ai fait arrêter avant-hier, à une lieue de la grande route, dans une maison; il était sans fusil. C'est sans doute un de ces pillards qu'on ne saurait trop surveiller. L'insolence avec laquelle il me répondit m'obligea de lui donner quelques coups de cravache; il porta la main à la poignée de son sabre. S'il eût exécuté sa menace, je le tuais. Je lui donnai un coup de sabre qui lui a traversé le bras. Vous en ferez ce que vous jugerez à propos.

J'ai l'honneur de vous saluer avec respect.

(*A. G.*)　　　　　　　　　　　　　　　　Chanié.

Bulletin.

Berlin, le 22 vendémiaire an xiv (14 octobre 1805).

Le baron de Sparre, venant de Stralsund, a passé par Berlin, et se rend à *Pulawy*. Il a vu le ministre de Russie, M. d'Alopeus, et l'a fortement pressé de redoubler de vigueur pour que la Prusse se réunisse aux puissances coalisées; il lui a dit que tout était prêt dans la Poméranie suédoise pour procéder à la reprise du Hanovre, et que le roi son maître offrait de porter le nombre de ses troupes jusqu'à 25,000 hommes, si on voulait lui laisser le commandement de l'armée combinée. On croit qu'il est chargé de faire goûter cette proposition à l'empereur Alexandre.

La garnison de Berlin recevra ordre de marcher mercredi (2) ou jeudi prochain pour le pays de Hanovre. Les corps rassemblés en Poméranie doivent déjà être en marche pour s'y transporter

---

(1) Le 21ᵉ était à Ober-Roth, d'où le colonel Dufour a daté la lettre transmissive de celle-ci, et adressée au général Petit qui, lui, était à Schwabhausen, ainsi que le général Gudin.

(2) 24 vendémiaire et 25 vendémiaire.

par la Prignitz (1) et la Vieille-Marche (2). Une partie des troupes de l'inspection de Magdeburg s'avance d'un autre côté.

On ne sait pas encore quel est l'état des routes tracées, mais le mouvement semble dirigé vers l'Elbe, et les officiers disent, généralement, qu'il est question de prévenir les Russes.

On croit que le duc de Brunswick commandera l'expédition. Et cependant, quoiqu'il saute aux yeux qu'en marchant pour gagner les devants sur les Russes, à ce qu'on dit, on entre dans un pays gouverné encore en ce moment au nom de la France, qui à la vérité, n'y a plus que peu de troupes, l'opinion publique est que le roi ne veut point la guerre avec l'empereur Napoléon.

LAFORÊT.

---

(1) Le territoire de Prenzlau.
(2) Uker-Markt.

CHAPITRE X

15 Octobre.

Dispositions générales au Major général.

Abbaye d'Elchingen, le 23 vendémiaire an xiv (15 octobre 1805).

Les deux corps d'armée vont se former en bataille : le corps de M. le maréchal Ney tiendra la droite appuyée au bois de Mähringen, son centre vis-à-vis Lehr, la gauche en avant de Jungingen.

Le corps de M. le maréchal Lannes :
La division Suchet, à droite.
La division Gazan, le centre.
Les grenadiers Oudinot, la gauche.
La droite touchera à la gauche du maréchal Ney et la gauche coupera la route d'Albeck.

La cavalerie légère des deux corps d'armée éclairera devant et sur toutes les routes, à deux lieues aux environs, même en arrière.
La division de la Garde impériale se mettra en bataille à Haslach, la gauche appuyée à Thalfingen.
La division Nansouty en seconde ligne. La division Bourcier à Lehr et à Mähringen (1).

---

(1) *Correspondance de Napoléon*, n° 9383.

CHAPITRE X.

6ᵉ CORPS D'ARMÉE.

Journée du 23 vendémiaire (15 octobre 1805).

Quartier général : Thalfingen.

1ʳᵉ division : Le soir à Albeck.

La division est partie de ses positions sur la Brenz à 8 heures du matin pour aller à Albeck. Deux escadrons ennemis sortant d'Hermaringen ont suivi le mouvement de la division (l'ennemi occupait aussi Giengen).

La division étant arrivée entre Langenau et Albeck, l'ennemi s'est présenté sur sa droite et l'a attaquée avec 8 à 10 pièces d'artillerie, de l'infanterie et de la cavalerie.

Les 32ᵉ et 96ᵉ régiments se sont, sur-le-champ, formés en colonne contre la cavalerie qui était la principale force. Le 9ᵉ léger a été placé sur les hauteurs à la gauche de la route et, par sa gauche, il a pris en flanc les batteries ennemies que son feu à bientôt mises en fuite.

L'obscurité de la nuit n'a pas permis de poursuivre l'ennemi.

Les obusiers ont répondu avec succès aux canons de l'ennemi.

Les dragons, commandés par le général Klein, se sont portés avec la plus grande célérité à l'appui de la division.

Il paraît que le projet de l'ennemi était de s'emparer d'Albeck et du parc qui s'y trouvait.

La division a bivouaqué à Albeck.

2ᵉ division. — La division est partie à 7 heures du matin de sa position en avant d'Albeck. Elle s'est dirigée sur la chaussée d'Ulm jusqu'à la hauteur de Jungingen ; marchant alors sur sa droite, elle s'est portée sur la grande route qui conduit de Stuttgard à Ulm.

Arrivée à la hauteur où la 3ᵉ division faisait son attaque, la brigade du général Roguet resta en réserve avec toute l'artillerie de la division. La brigade aux ordres du général Villatte marcha sur le Spitzberg et s'en empara.

Le 6ᵉ léger poursuivit les Autrichiens jusqu'aux portes d'Ulm, mais il fut obligé de se replier sur la hauteur en arrière de la papeterie où le 39ᵉ était en bataille.

Cette brigade y prit position, la droite à la chaussée d'Albeck à Ulm, la gauche sur le Danube.

15 OCTOBRE.

Après la prise des hauteurs du Spitzberg, on fit placer sur la gauche de la route de Stuttgard 4 pièces de 8 et sur la droite de la même route 2 pièces de 8, 2 de 4 et 1 obusier de 6 pouces.

Toutes ces pièces firent feu sur les ouvrages avancés et le corps de la place.

3e division. — A 7 heures du matin, la division a quitté sa position en avant des bois d'Elchingen pour se diriger sur la route d'Albeck à Ulm.

Comme elle exécutait ce mouvement, Sa Majesté l'empereur Napoléon s'est porté à sa tête et a ordonné de la porter sur Jungingen.

Arrivée à la hauteur d'Haslach, elle a rencontré l'ennemi posté sur les hauteurs en avant du Spitzberg.

Elle s'est mise en bataille à droite et à gauche de la grande route en avant du hameau, et soutenue par les chasseurs à cheval de la Garde impériale, ses tirailleurs ont dépisté l'ennemi et l'ont forcé de rentrer derrière ses retranchements.

La division a ensuite changé de direction à droite, ayant M. le maréchal Ney à sa droite; elle s'est portée vers Jungingen et s'est mise en bataille, la droite en avant de ce village et la gauche vers la route d'Albeck à Ulm. Après y avoir resté un quart d'heure, elle a fait un nouveau mouvement par sa droite et s'est portée jusqu'à la grande route de Stuttgard à Ulm, à la hauteur du village de Lehr. (La division a passé sur le front de la division Suchet, qui était en bataille en avant de Jungingen.)

Elle a de suite continué sa marche par un demi-quart de conversion à gauche et a suivi la grande route dans la direction du Michelsberg où elle a trouvé l'ennemi rangé en bataille, derrière des retranchements seulement ébauchés.

Le 25e d'infanterie légère a commencé l'attaque au pas de charge; les trois bataillons ont passé sur une seule colonne à la gauche des retranchements.

Le 3e bataillon ayant dépassé la première redoute, l'attaqua par la gorge, tandis que les deux premiers bataillons attaquaient l'ouvrage principal de front et de revers.

Le 27e de ligne suivit le même mouvement, mais plus à droite et la 2e brigade forma la réserve.

L'ennemi ne put résister à ce mouvement, exécuté avec la plus grande vigueur. Il a abandonné précipitamment sa position et s'est retiré en désordre jusque dans la ville, laissant un grand nombre de prisonniers.

Les troupes l'ont poursuivi jusqu'aux fossés de la place, dans toute l'étendue du front du Michelsberg.

Le 50e régiment a marché si rapidement à la poursuite de l'ennemi qu'il est entré avec lui dans les ouvrages élevés en avant de la porte de Stuttgard (Porte des Dames) où il a fait prisonnières les troupes qui les défendaient (au nombre de 800 hommes et 20 officiers).

Mais ayant été ensuite attaqué dans cette position par des forces infiniment supérieures, il a été forcé d'abandonner une partie de ses avantages et s'est retiré d'abord sur le cimetière (avec 360 hommes, dont plusieurs officiers, faits prisonniers), ensuite sur le 59e régiment, qui avait été laissé en réserve sur la hauteur du Michelsberg.

La division a pris position sur le Michelsberg, la droite au ravin venant de Lehr, la gauche à celui qui se trouve entre les deux routes de Nuremberg et de Stuttgard, ayant ses avant-postes dans les jardins qui sont en avant et occupant par des compagnies d'éclaireurs la blanchisserie d'Ober-Bleiche.

Cavalerie légère. — La cavalerie légère a suivi le mouvement de la 2e division après la prise du Spitzberg ; elle s'est dirigée sur la droite et a poussé jusqu'à Erbach, sur le Danube, où elle a bivouaqué.

Division de dragons. — Dès le matin, la division a été réunie près d'Albeck, où elle reçut l'ordre de M. le maréchal Ney de marcher sur Ulm.

Elle s'est formée en bataille sur deux lignes, à gauche de la route en avant d'Ulm.

Là, d'après les ordres de Sa Majesté et ceux de M. le maréchal Ney, le général Bourcier, à la tête du 18e régiment de dragons, a entamé une charge sur la cavalerie ennemie, qui ne l'a pas attendu et s'est repliée sur des batteries masquées.

A l'approche du 1er escadron, ces batteries ont fait un feu très vif à mitraille, 2 hommes ont été tués et 8 blessés ; plusieurs chevaux ont également été tués ou blessés.

La division fit alors un petit mouvement rétrograde, se porta à droite et suivit le mouvement de l'infanterie.

Dragons à pied. — La 1re brigade garda sa position de Burlefingen.

Le 3e régiment fut prendre la position sur la hauteur en avant de Pfühl.

Le 1er bataillon du 4e régiment à Günzburg.

Le 2e bataillon du 4e régiment à Thalfingen.

Le général de division Malher au maréchal d'empire Ney.

Au quartier général au bivouac sous Ulm, le 25 vendémiaire an xiv
(17 octobre 1805).

Monsieur le Maréchal,

En conséquence des dispositions que vous avez ordonnées pour le 23, ma division se mit en mouvement à 6 heures du matin, pour se porter sur Albeck et former la deuxième ligne de la seconde division; mais, par un de ces hasards très communs à la guerre, le guide nous dirigea sur Haslach au lieu d'Albeck; m'apercevant, à la présence des vedettes ennemies, que nous étions trop avancés, je me disposais à reprendre ma direction lorsque Sa Majesté arriva avec toute sa Garde à cheval. Lui ayant rendu compte du mouvement que j'allais faire, Elle m'ordonna de prendre position où je me trouvais ; je déployai aussitôt ma 1re brigade en appuyant sa droite au bois de Jungingen et sa gauche au village de Haslach ; je plaçai la brigade du général Labassée en seconde ligne, couvrant son flanc gauche par un carré flanqué d'artillerie et éclairant les bouquets de bois qui se trouvaient dans la plaine.

L'Empereur envoya ses chasseurs à cheval en avant de ma première ligne et ses grenadiers à cheval à la droite de ma seconde.

Mes voltigeurs éclairèrent le ravin qui existe entre le Michelsberg et le Spitzberg.

Vous arrivâtes et m'ordonnâtes de longer le bois de Jungingen me dirigeant sur le clocher; ce mouvement fut exécuté sans obstacles ; vous me fîtes continuer ensuite sur la direction de Lehr; parvenu à la grande route de Stuttgard, je changeai de direction à gauche et, suivant cette grande route, j'arrivai au pied du Spitzberg. Le général Marcognet, à la tête du 25e régiment dont il forma trois colonnes, marchant en échelons, et moi, à la tête du 27ᵉ n'en formant qu'une pour réserve, longeâmes par notre droite cette montagne avec tant de rapidité que l'ennemi ne put que tirer quelques coups de canon et jeter, sans succès, quelques obus. Toute l'infanterie qui défendait les retranchements mit bas les armes, se voyant tournée, et la brigade se trouva au versant de cette montagne sans avoir éprouvé d'autre perte que celle de l'aide de camp du général Marcognet, M. Jorry, qui fut blessé au genou en aidant son général à la gravir.

Vous fûtes témoin, Monsieur le Maréchal, de l'ardeur et de la vivacité des troupes à exécuter ce mouvement; je dois rendre justice aux régiments qui l'ont exécuté. Aucun homme n'est resté en arrière et souvent le général Marcognet et moi avons été obligés de modérer leur impétuosité afin de ne point arriver décousus.

Parvenus au revers de cette montagne, le général Marcognet voyant du désordre sur le glacis de la place, et toujours empressé à vaincre, déploya ses trois colonnes et, au pas de charge, se porta dans les jardins qui bordent la plaine qui est au pied du glacis; l'ennemi faisait filer sur la route de Biberach un corps de cavalerie qui longea le feu du 25ᵉ régiment et dut beaucoup souffrir. Le 27ᵉ régiment, que je voulais tenir en réserve dans les retranchements du Spitzberg, emporté par sa valeur, s'élança à la suite du 25ᵉ régiment et facilita le général Marcognet à étendre sa droite et à garder les issues de la place depuis la Blau jusques à la route de Stuttgard; ce mouvement et la vue des colonnes de dragons qui se portaient sur Söflingen arrêta le mouvement de retraite de l'ennemi.

Tandis que la brigade de droite exécutait ces manœuvres, M. Caron gravissait, avec son artillerie de 4, la montagne et se trouva comme par magie en batterie sur la sommité et en état de faire tête à celle de la place.

Le général Labassée reçut de vous l'ordre de placer le 59ᵉ régiment en réserve à la gauche de la route de Stuttgard, et de porter le 50ᵉ régiment sur la porte qui y conduit.

D'après le rapport qui m'en a été fait, M. le colonel Lamartinière l'exécuta avec tant de célérité qu'il parvint dans les retranchements et fit mettre bas les armes à tous ceux qui y étaient; mais leur nombre surpassant de beaucoup les assaillants, ils furent enveloppés et obligés de se retirer en laissant quelques officiers et soldats prisonniers de guerre qui, trop avancés, ne purent se retirer à leurs régiments.

Il ne m'appartient pas de décider si c'est à la hardiesse de ces mouvements que nous devons les succès subséquents de cette affaire, mais je ne dois pas omettre de vous désigner les officiers, sous-officiers et soldats qui s'y sont le mieux conduits. Le choix parmi tant de braves est difficile ; aussi ne m'en rapporterai-je, pour les corps, qu'aux rapports de MM. les colonels et, pour l'état-major de ma division, à ce que j'ai vu et remarqué de mes yeux.

Je ne vous parlerai point des généraux Marcognet et Labassée ; ils ont été partout où se sont portés les corps de leurs brigades et c'est assez dire que leur présence a contribué à nos succès.

M. Lefos, mon chef d'état-major, ne m'a quitté que pour diriger les troupes que la voix du général Marcognet ou la mienne ne pouvaient atteindre ; c'est, sans contredit, un des premiers et des plus braves officiers de son rang, il mérite vos bontés particulières et la faveur de notre auguste souverain. J'ai l'honneur de vous prier de lui accorder l'une et d'intercéder pour l'autre. M. Caron, mon commandant d'artillerie, a dirigé son arme avec une sagacité et une intelligence qui justifient la réputation qu'il s'est acquise. Tous les officiers d'état-major ou aides de camp, pour lesquels j'ai sollicité de l'avancement ou la croix à l'affaire de Günzburg, ont prouvé dans cette journée qu'ils mériteraient plus d'une fois que vous daignassiez vous intéresser à eux ; je vous prie donc d'assurer Sa Majesté que ce sera une (*mot sauté dans le texte*) que de leur accorder ce que j'ai demandé pour eux ainsi que pour ceux portés aux états ci-joints.

Si les troupes que j'ai l'honneur de commander ont rempli votre attente et les vœux de Sa Majesté, croyez, Monsieur le Maréchal, que, dans toute occasion, elles s'empresseront de prouver le respect et le dévouement sans bornes qu'elles ont pour notre souverain et l'attachement qu'elles vous portent. Je me flatte que mes sentiments vous sont assez connus. Croyez, je vous prie, qu'ils sont inviolables.

(*A. M.*) MALHER.

*État des militaires qui se sont distingués à la journée
du 23 vendémiaire an XIV.*

LAMARTINIÈRE, colonel.
JUILLET et BRAUN, chefs de bataillon au 50⁰ régiment, pris dans la place.
DUPUIS, capitaine au 50⁰ régiment, est entré, avec sa compagnie, dans la demi-lune, il y a fait grand nombre de prisonniers, et a reçu 14 blessures. Je prie Son Excellence le ministre de la guerre de présenter cet officier brave et instruit pour l'emploi de chef de bataillon.
JANOD, lieutenant, blessé dans le retranchement.
JOLY, capitaine de grenadiers, pris dans la place.
GENGOULT, sous-lieutenant, pris dans la place.
DOGUET, sous-lieutenant, pris dans la place.
SAVARIN, capitaine, blessé.
BERTIN, lieutenant, blessé.
LAMBERT, sous-lieutenant, blessé.
CUINET, sergent de grenadiers.
BARDEY, adjudant sous-officier.
BARREAU, adjudant sous-officier.
HERRENBERGER, adjudant-major.

25⁰ régiment.

VILAIN, capitaine commandant le 1ᵉʳ bataillon.
LABORIE, capitaine commandant le 2ᵉ bataillon.
BOULARD, capitaine.
JAUME, lieutenant de carabiniers.

27⁰ régiment.

PEYROT, sous-lieutenant, a eu le pied emporté par un boulet. Cet officier mérite le grade de lieutenant et la décoration.
PIQUEUR, sergent-major, a fait plusieurs prisonniers.
PETITPAS, sergent, a fait plusieurs prisonniers.
MOULINET, fusilier, s'est emparé d'une pièce.

Je n'ai pas eu les états du 17ᵉ d'infanterie légère.
JORRY, lieutenant, aide de camp du général Marcognet, a été blessé ; il l'avait déjà été légèrement à Günzburg.

(A. M.)

Rapport sur l'attaque d'Ulm, le 23 vendémiaire an XIV.

Lorsque l'armée a paru sur les hauteurs d'Ulm, j'ai eu l'ordre de M. le maréchal Ney d'étendre le régiment derrière les haies à mi-côte sur la droite de la grande route. A peine le 1er bataillon y était-il établi, que M. le Maréchal m'a ordonné d'aller au pas de charge forcer la porte d'Ulm.

Pour que cela se fît sans perte de temps, j'ai commencé le mouvement par le 2e bataillon, qui alors se trouvait le plus rapproché du point d'attaque, marchant la droite en tête, et j'ai aussitôt fait rompre le 1er par la gauche et suivre en colonne. M. Lamour, aide de camp de M. le Maréchal, marchait en avant.

Le régiment a franchi la chaussée dans presque toute sa longueur avec autant de rapidité que de bravoure sous le feu de l'artillerie et de la mousqueterie, tant de front que sur les deux flancs; mais à portée de pistolet, quelques tirailleurs, qui venaient de faire les approches un peu auparavant, ayant crié qu'il existait un pont sur la chaussée et que ce pont était coupé, les troupes se sont arrêtées tout à coup et repliées.

L'ennemi avait cependant fui de la porte en abandonnant son artillerie.

Je suis parvenu à suspendre ce mouvement rétrograde, et j'ai rallié le régiment sous la grande chaussée et celle latérale venant de la gauche. Je me suis aperçu que l'effet de la grande pluie sur les armes, dont pas une ne faisait feu, avait beaucoup diminué de la confiance du soldat; alors, j'ai ordonné la répartition des compagnies dans toutes les petites maisons voisines en recommandant aux officiers de faire décharger et recharger les armes.

Pendant qu'on se disposait à exécuter cet ordre, les Autrichiens ont fait une sortie.

Voyant en même temps que le 17e régiment d'infanterie légère s'avançait sur notre gauche : *Allons, mes amis, ai-je dit aux soldats, voici du renfort; voudriez-vous qu'un autre corps eût la gloire de la journée; chargeons à la baïonnette, les fusils autrichiens ne sont pas plus secs que les nôtres.* Nous nous sommes aussitôt précipités sur l'ennemi, avons fait sauter un cheval de frise et sommes devenus maîtres de deux pièces de canon et d'un drapeau.

Nous avons dès l'instant même rejeté sur nos derrières 360 prisonniers et avons vu fuir tout ce qui bordait le bastion et le chemin couvert sur notre droite.

Mais la porte de la ville venait d'être refermée : il n'y avait aucun moyen de l'enfoncer, et nous souffrions beaucoup du feu de la mousqueterie et des pierriers lancés de la tour et de la galerie couverte qui règne sur le rempart au corps de la place.

J'ai alors pensé que le plus expéditif était de se jeter sur la droite dans le bastion ; ce mouvement aurait eu un plein succès si notre attaque avait été soutenue. J'y ai fait mettre bas les armes à tout un bataillon, mais l'ennemi, voyant le petit nombre d'hommes dont j'étais suivi, s'est réarmé et a marché sur moi la baïonnette croisée. Un cri d'épouvante jeté par un soldat du 17e, blessé à l'instant même, a rendu nuls tous mes efforts pour que l'on fît volte-face. Tout s'est replié. Resté des derniers avec M. Barreau, adjudant sous-officier, et M. Dupuy, capitaine, j'ai failli être pris. M. Dupuy a combattu corps à corps et a enfin été saisi couvert de douze coups de sabre dont l'un lui a coupé un doigt, et deux coups de baïonnette ; tous les Autrichiens refluaient du bastion sur la chaussée, ont coupé et enveloppé sous la voûte cent-vingt-sept hommes du régiment, parmi lesquels MM. Juillet et Braun, chefs de bataillon, six autres officiers et la presque totalité de ma première compagnie de grenadiers.

MM. Juillet et Braun, chefs de bataillon, ont montré, tant à l'attaque d'Ulm qu'à celle de Günzburg, une telle intrépidité que je crois devoir recommander le premier pour l'avancement (il est en grade depuis 1792), et le second pour la décoration d'officier de la Légion d'honneur.

Par leur valeur, leurs talents, leur ancienneté de grade et les services qu'ils ont rendu :

MM. Herrenberger, capitaine adjudant-major, Joly, capitaine de grenadiers, Dupuy, capitaine, couvert de 14 blessures, tous déjà membres de la Légion d'honneur, ont acquis tous les titres possibles à un grade supérieur.

Je demande le grade de sous-lieutenant pour MM. Bardey et Barreau, adjudants sous-officiers, et Cuinet, sergent de grenadiers, qui se sont singulièrement distingués, et la décoration de la Légion d'honneur pour :

MM. Biolet, adjudant-major ;
  Couget, capitaine qui continue de servir quoique ayant plus de 30 ans de service ;
  Saint-Suspery, capitaine, ayant plus de 30 ans de service ;
  Janod, lieutenant de grenadiers, blessé et prisonnier ;
  Delaulle, lieutenant de grenadiers, blessé et prisonnier ;
  Bertin, lieutenant blessé ;
  Gérard, sous-lieutenant, blessé ;
  Lambert, sous-lieutenant, blessé ;
  Guillaume, sergent-major ;
  Guibout, tambour ;
  Lejeune, fusilier.

Les prisonniers ayant été pour la plupart dépouillés, je désire qu'il soit fait à Sa Majesté la demande d'une gratification pour chacun d'eux.

Le Colonel du 50ᵉ régiment,

Lamartinière.

Le général Roger-Valhubert au maréchal Lannes.

Landshut, le 5 brumaire an xiv (27 octobre 1805).

Monsieur le Maréchal,

En présence des Russes, je dois bannir toute considération particulière, pour ne plus voir mon honneur compromis ; ainsi, je représente à Votre Excellence que je suis fort mal placé sous les ordres de M. le général Suchet. A la journée d'Ulm, il abandonne sa division au moment où vous la faites charger sur le Michelsberg. Il se porte ensuite derrière le 17ᵉ léger à qui vous aviez ordonné d'aller prendre position en avant du bois situé à notre gauche, et voulant, sans doute, après cela, cesser de jouer le rôle d'un simple colonel, il m'envoie, deux fois, l'ordre de le rejoindre, *sur ce point* où il n'y avait rien à combattre..... Si j'eusse obéi, Monsieur le Maréchal, qu'eussiez-vous pensé de moi !!!

Le général Suchet, vers la fin du jour, après avoir quitté le haut du Kaiser où il s'était porté ensuite, et d'où il avait précipité le 17ᵉ léger sur les murs d'Ulm, cherche sa division, rencontre la queue de ma colonne, m'enlève bien vite le 88ᵉ régiment et me fait ordonner de rester là avec le 64ᵉ régiment. Alors, Monsieur le Maréchal, je n'évitais nul danger, en ne suivant point votre mouvement sur Söflingen ; l'ennemi, qui, d'ailleurs, était rentré dans la place, ne tirait plus, et j'obéis à mon divisionnaire.

Je sais, Monsieur le Maréchal, qu'en me conformant à son ordre, je n'ai point été approuvé de Votre Excellence et j'en ai eu beaucoup de regret, et comme je suis moralement sûr que ce qui est arrivé à la journée d'Ulm se renouvellera dans toutes les occasions semblables, je ne cesserai de vous prier de faire en sorte que je ne sois plus commandé par le général Suchet.

Comme je ne puis me décider à porter plainte contre un chef sans lui en donner connaissance, je vous prie de ne pas trouver mauvais que je lui envoie copie de la présente.

Agréez, je vous prie.....

ROGER-VALHUBERT.

P.-S. — A cette occasion, Votre Excellence se rappellera que vous aviez d'abord ordonné à ma brigade de fouiller ce bois et de s'établir en avant, mais, dès que vous vîtes que l'ennemi y était à peine fort de 300 hommes, et que déjà il se retirait, vous vous bornâtes à envoyer le 17ᵉ léger occuper sa position.

ROGER-VALHUBERT.

(*En note :* Le même jour, copie de la présente lettre fut portée et remise au général Suchet par mon aide de camp Desderides. — R.-V.).

Le général Suchet au général Becker.

Burlefingen, le 23 vendémiaire an XIV (15 octobre 1805).

Monsieur le Général,

Au reçu de cette lettre, vous réunirez votre brigade et ferez rentrer les postes. Vous vous mettrez aussitôt en marche après la brigade du général Claparède, en prenant la chaussée par laquelle nous sommes arrivés hier, la suivant jusqu'à Nersingen et passant par Leiben ; il passera le Danube au pont d'Elchingen, se dirigeant en avant du village de ce nom, où il recevra de nouveaux ordres. Il devra faire telle diligence qu'il soit rendu à la position deux heures avant le jour.

Suchet.

L'artillerie marchera dans l'ordre accoutumé.

5ᵉ CORPS D'ARMÉE.

Journée du 23 vendémiaire (15 octobre 1805).

Division Suchet et brigade de hussards. — Le 23 vendémiaire (*15 octobre*), la brigade de hussards quitta son bivouac à 1 heure du matin et alla se réunir à la division aux ordres du général Suchet, qui se mit en marche à 2 heures pour se diriger sur Elchingen, où elle arriva vers le point du jour.

La brigade de hussards fut mise par le général Suchet à la disposition de M. le maréchal Ney, et la division continua sa marche sur Jungingen.

Division Gazan. — La division aux ordres du général Gazan quitta ses bivouacs à 4 heures du matin, passa le pont d'Elchingen après la division Suchet, et prit position sur les hauteurs entre Elchingen et Göttingen.

Division de grenadiers et brigade de chasseurs. — La division de grenadiers et la brigade de chasseurs quittèrent aussi leurs bivouacs vers les 4 heures du matin, passèrent le Danube sur le pont d'Elchingen après la division Gazan et se dirigèrent sur Göttingen, où elles bivouaquèrent.

Division Suchet. Attaque d'Ulm. — Sur les 3 heures de l'après-midi, la division Suchet, qui était en bataille devant Jungingen, se mit en mouvement pour concourir à l'attaque des retranchements des hauteurs d'Ulm. Le 17ᵉ régiment d'infanterie légère marcha de front sur la gauche de cette attaque, et la redoute qu'il était chargé d'enlever ayant été évacuée par l'ennemi, il le poursuivit, la baïonnette aux reins, jusque dans les murs de la place.

Dans cette affaire, ce régiment eut 33 hommes tués, 128 blessés et 169 prisonniers. Le colonel, qui donna dans cette affaire des preuves d'un grand courage, fut du nombre de ces derniers.

Le soir, la division s'établit ainsi qu'il suit :

Le 17ᵉ régiment, entre la route d'Elchingen à Ulm et le village de Jungingen ;
Les 34ᵉ et 40ᵉ régiments, à Söflingen ;
Le 64ᵉ, sur les hauteurs d'Ulm ;
Le 88ᵉ, à Jungingen.

Brigade de hussards. — La brigade de hussards, renvoyée par M. le maréchal Ney au 5ᵉ corps, passa aussi la nuit dans ce dernier endroit.

Rapport du général Bourcier au prince Murat.

Le 23 vendémiaire (*15 octobre*), j'ai réuni ma division près d'Albeck où, d'après les ordres du maréchal Ney, je me suis mis en marche et l'ai conduite sur le plateau où je l'ai formée en bataille en avant d'Ulm ; là, d'après les ordres de Sa Majesté l'Empereur, j'ai, avec le 18ᵉ régiment, entamé une charge sur la cavalerie ennemie, qui ne l'a pas attendue et s'est repliée très promptement sur des batteries que nous ne pouvions découvrir.

A mon approche, ces batteries ont fait un feu très vif à mitraille sur mes escadrons et m'ont tué plusieurs hommes et chevaux ; je me suis retiré à 50 toises en arrière et j'ai fait rendre compte de ma position à Votre Altesse.

C'est alors que je reçus l'ordre de me porter à droite et de suivre les mouvements de l'infanterie ; quelques heures après, Votre Altesse tenait déjà les hauteurs d'Ulm.

C'est avec satisfaction que j'ai l'honneur de rendre compte à Votre Altesse que j'ai été parfaitement content des troupes que je commande pendant ces deux glorieuses journées.

Rapport sur les marches et opérations de la réserve de cavalerie.

Le 23 vendémiaire an xiv (15 octobre 1805).

Le corps d'armée de M. le maréchal Lannes passa le Danube, la 1re division en fit autant, la 3e division revint à Pfühl pour être sous les ordres du général Marmont.

On marcha sur Ulm. A 10 heures du matin on prenait la ligne de bataille. Un parti ennemi d'infanterie et de cavalerie occupait les hauteurs d'OErlingerhof, en avant d'Haslach. La cavalerie ennemie tiraillait avec les chasseurs de la Garde. Pendant ce temps, la 4e division de dragons arrivait sur les hauteurs d'Haslach. Le prince la fit former en avant et marcha avec elle à l'ennemi, qui prit la fuite. On le fit poursuivre par le 18e régiment de dragons qui s'avança chassant l'ennemi jusque sur les ouvrages en avant de la place. Par une charge vigoureuse, ce régiment fit mettre bas les armes à un bataillon d'infanterie et poursuivit la cavalerie ennemie; mais, en arrivant sur les retranchements des ennemis, il fut reçu par une volée de canons chargés à mitraille qui l'obligea d'abandonner ses prisonniers et de venir prendre position hors de portée. Le prince lui ordonna, ainsi qu'à toutes les divisions, de passer à la droite de l'armée. Les hauteurs du Michelsberg ayant été enlevées et l'ennemi enfermé dans Ulm, l'Empereur ordonna au prince Murat de prendre tous les dragons, les chasseurs de la Garde avec ceux du 10e régiment, et de se porter rapidement sur la route de Stockach en passant la Blau, pour couper toute retraite à l'ennemi. Ce mouvement fut exécuté très rapidement. On prit position sur les hauteurs. Le prince envoya les chasseurs du 10e sur la route d'Erbach s'emparer du pont de Gögglingen et communiquer avec le corps d'armée de M. le général Marmont, établi sur la rive droite. Ce régiment fit plusieurs prisonniers et trouva le pont coupé. La ville fut bloquée, tous les débouchés furent gardés, on somma la place, et la division vint prendre position à (*en blanc*) où le prince établit son quartier général.

Marches et rapports historiques de la 1re division de dragons montés.

Le 23 vendémiaire an XIV (15 octobre 1805).

La division a quitté son bivouac à 4 heures du matin, pour aller passer le Danube à Elchingen, où elle est arrivée à 2 heures après-midi, ayant été obligée de faire halte à la rive droite à cause du passage des troupes qui devaient la précéder; en arrivant à la rive gauche du Danube, le général Klein y trouva un officier de l'état-major du prince Murat qui était chargé de le conduire sur les hauteurs d'Elchingen. Le général Klein les trouvant occupées en force par notre infanterie, et ayant entendu tirer du côté d'Albeck, s'y dirigea et y arriva à 4 heures du soir, par un temps très brumeux, une pluie continuelle et très forte.

Immédiatement après son arrivée à Albeck, une colonne ennemie du corps d'armée sous les ordres du prince Ferdinand, qui fuyait d'Ulm pour se rendre sur le bas Danube et se réunir aux Russes, en passant par la Franconie, attaqua à un quart de lieue d'Albeck la division sous les ordres du général Dupont. La 1re division de dragons se porta à son secours, et à son approche l'ennemi se retira dans les bois, près la route d'Heidenheim, et sur la hauteur au sud du village de Langenau.

Sans le secours de la 1re division de dragons, il est à craindre que la division du général Dupont, qui n'avait avec elle que le 1er régiment de hussards et qui avait affaire à une nombreuse cavalerie avec de l'artillerie légère, aurait beaucoup souffert. Le succès de l'ennemi aurait fait tomber aussi à son pouvoir le parc de réserve du corps d'armée aux ordres du maréchal Ney, qui était placé au bas du village d'Albeck (1).

---

(1) Nicolas Caillou, maréchal des logis chef (1er dragons). — Au combat en avant d'Albeck, ne consultant que son courage, se précipita dans la colonne ennemie et fit prisonnier de guerre le général O'Donnell.

Journal des opérations de l'artillerie du 6ᵉ corps.

Le 23 vendémiaire. — La 1ʳᵉ division marcha pour attaquer l'ennemi qui s'était porté sur nos derrières. L'ennemi n'ayant pas opposé de résistance entraîna la division bien loin d'Albeck. Depuis ce jour, elle a été séparée du 6ᵉ corps et a passé sous les ordres du prince Murat.

La 3ᵉ division se porta aussi vers Albeck; les deux divisions se dirigèrent ensemble sur la route d'Ulm. L'artillerie eut beaucoup de peine à suivre les colonnes. Arrivée à la hauteur d'Emmingen, elle dut quitter la chaussée d'Ulm pour gagner à travers les terres la route de Stuttgard à Ulm. Les pluies avaient ramolli le terrain au point que l'artillerie faillit y rester.

Les forts qui sont sur les hauteurs en avant d'Ulm furent tournés et pris. L'ennemi fuyait dans la place, où il fut poursuivi avec trop d'ardeur, puisque 300 ou 400 hommes y furent enfermés. 2 pièces de 8, 2 de 4 et l'obusier de la 3ᵉ division furent mis en batterie contre la place derrière le fort blanc sur la hauteur à droite, et 4 pièces de 8 à gauche de la même route à mi-côte.

La place fut sommée de se rendre. L'armée ennemie y était entièrement enfermée. Elle était bloquée à droite du Danube par le corps du général en chef Marmont, et à gauche par les corps de MM. les maréchaux Lannes, Ney et prince Murat.

Le quartier général fut établi à Thalfingen.

Journal des opérations militaires de la division Dupont.

Le 23 vendémiaire an xiv (15 octobre 1805).

Le 23, Sa Majesté ordonne au général Dupont de reprendre la position d'Albeck. Il se met en marche à 6 heures du matin; il envoie son commissaire des guerres avec un détachement à Lauingen pour faire des vivres. Le 9ᵉ régiment marchait en tête, éclairé par un escadron du 1ᵉʳ de hussards; le 32ᵉ le suivait immédiatement. L'artillerie, escortée par un demi-bataillon, marchait ensuite; le 96ᵉ et le 1ᵉʳ hussards fermaient la marche.

Au sortir du village de Langenau, la division est attaquée par le prince Ferdinand, qui marchait pour s'emparer d'Albeck et rétablir la communication avec le général Mack qui était resté dans Ulm.

Le 9ᵉ et le 32ᵉ régiment avaient déjà dépassé le point de la route où se trouve l'embranchement des chemins de Langenau et de Nerenstetten, lorsque les éclaireurs de l'ennemi se présentent et démasquent ses premiers bataillons et escadrons s'avançant vers Albeck ; ce poste était sans défense. Le parc de la seconde division s'y trouvait sans garde, et une brigade de dragons qui arrivait, venait de mettre pied à terre, ignorant le voisinage de l'ennemi, dont l'attaque subite semblait devoir causer le plus grand désordre ; il n'y avait pas une minute à perdre. La colonne des équipages était déjà en danger d'être coupée ; nombre d'hommes isolés, que la fatigue de la marche et le temps affreux qui avait régné toute la journée avaient séparés de leurs corps, couraient pour se rallier et échapper à la charge de la cavalerie ennemie ; le moment était très pressant et l'infériorité de la division Dupont, forte à peine de 4,000 hommes, rendait le danger plus imminent encore.

On rassemble à la hâte des pelotons de tirailleurs pour contenir les premiers pelotons ennemis. Le 9ᵉ et le 32ᵉ régiment se forment rapidement face en arrière en bataille, sous le feu de l'artillerie autrichienne, à droite et à gauche de la route. Les équipages continuent de filer vers Albeck ; le soldat, affermi dans ses rangs, répare avec célérité, mais avec calme, son arme qui avait essuyé la pluie d'une journée entière. Le combat s'engage. Notre artillerie se place en batterie, une partie sur la route, le reste à gauche pour prendre l'ennemi à revers. Le 9ᵉ régiment, qui se trouvait à la gauche du 32ᵉ, fait un changement de front à droite, prolonge sa gauche au delà d'un ravin qui se trouve dans cet endroit et marche dans cette direction sur le flanc droit de l'ennemi ; ce mouvement hardi produit un prompt effet ; l'ennemi fait replier son artillerie et se retire derrière le bois auquel il appuyait par sa droite.

La nuit qui survient à ce moment suspend la marche en avant de nos troupes et fait cesser le combat.

Le 96ᵉ régiment, qui sortait à peine du village de Langenau lorsque l'ennemi s'était présenté sur le flanc de la colonne, s'arrête aussitôt, se forme en carré contre la cavalerie qui vient l'envelopper et se remet en marche pour rejoindre les autres corps de la division, sans éprouver aucune perte.

Le colonel Barrois maintient pendant cette marche audacieuse et habile la plus grande sécurité dans les rangs de son régiment.

C'est particulièrement dans le 32e régiment que le feu de l'ennemi s'est fait sentir, ce régiment se trouvant exposé de front au feu des batteries autrichiennes. Le 1er régiment de hussards appuyait la droite du 32e et le carré du 96e. Les dragons étaient formés en seconde ligne, mais ils n'ont pas eu l'occasion de donner.

La division va reprendre son premier bivouac sur les hauteurs en avant d'Albeck.

La troupe a eu, pendant cette journée, à soutenir toutes les misères et les fatigues de la guerre réunies ; elle se trouvait sans vivres, l'ennemi ayant coupé la route de Gundelfingen et pris les convois que le commissaire des guerres dirigeait sur elle, et la pluie, la grêle et la neige n'ayant pas cessé un moment de tomber avec abondance, surtout au moment du combat, au point qu'aucun fusil ne pouvait faire feu. Le soldat aurait succombé si le signal du combat ne lui avait fait oublier ses fatigues et rendu toute sa gaieté.

Cinquième bulletin (bis).

Elchingen, le 23 vendémiaire an XIV (15 octobre 1805).

Aux combats de Wertingen et de Günzburg ont succédé des faits d'une plus haute importance, les combats d'Albeck, d'Elchingen, les prises d'Ulm et de Memmingen.

Le maréchal Soult arriva le 21 devant Memmingen, cerna sur-le-champ la place, et, après différents pourparlers, le commandant capitula.

9 bataillons, dont deux de grenadiers, faits prisonniers, 1 général-major, 3 colonels, plusieurs officiers supérieurs, 10 pièces de canon, beaucoup de bagages et beaucoup de munitions de toute espèce ont été le résultat de cette affaire. Tous les prisonniers ont été, au moment même, dirigés sur le quartier général.

Au même instant, le maréchal Soult s'est mis en marche pour Ochsenhausen, pour arriver sur Biberach et être en mesure de couper la seule retraite qui restait à l'archiduc Ferdinand.

D'un autre côté, le 19, l'ennemi fit une sortie du côté d'Ulm et attaqua la division Dupont qui occupait la position d'Albeck. Le combat fut des plus opiniâtres. Cernés par 25,000 hommes, ces 6,000 braves firent face à tout et firent 1500 prisonniers. Ces corps ne devaient s'étonner de rien, c'étaient les 9e légère, 32e, 69e et 76e de ligne.

Le 21, l'Empereur se porta, de sa personne, au camp devant Ulm et ordonna l'investissement de l'armée ennemie. La première opération a été de s'emparer du pont et de la position d'Elchingen.

Le 22, à la pointe du jour, le maréchal Ney passa ce pont à la tête de la division Loison. L'ennemi lui disputait la position d'Elchingen avec 16,000 hommes; il fut culbuté partout, perdit 3,000 hommes faits prisonniers, 1 général-major et fut poursuivi jusque dans ses retranchements.

Le maréchal Lannes occupa les petites hauteurs qui dominent la plaine au-dessus du village de Pfühl. Les tirailleurs enlevèrent la tête du pont d'Ulm : le désordre fut extrême dans toute la place. Dans ce moment, le prince Murat faisait manœuvrer les divisions Klein et Beaumont qui, partout, mettaient en déroute la cavalerie ennemie.

Le 22, le général Marmont occupait les ponts de Unter-Kirchberg, d'Ober-Kirchberg, à l'embouchure de l'Iller, dans le Danube, et toutes les communications de l'ennemi sur l'Iller.

Le 23, à la pointe du jour, l'Empereur se porta, lui-même, devant Ulm. Le corps du prince Murat et ceux des maréchaux Lannes et Ney se placèrent en bataille pour donner l'assaut et forcer les retranchements de l'ennemi.

Le général Marmont, avec la division de dragons à pied du général Baraguey-d'Hilliers, bloquait la ville sur la rive droite du Danube.

La journée est affreuse : le soldat est dans la boue jusqu'aux genoux. Il y a huit jours que l'Empereur ne s'est débotté.

Le prince Ferdinand avait filé la nuit sur Biberach, en laissant 12 bataillons dans la ville et sur les hauteurs d'Ulm, lesquels ont été pris avec une grande quantité de canons.

Le maréchal Soult a occupé Biberach le 23 au matin.

Le prince Murat se met à la poursuite de l'armée ennemie qui est dans un délabrement effroyable.

D'une armée de 80,000 hommes, il n'en reste que 25,000 et on a lieu d'espérer que ces 25,000 ne nous échapperont pas.

Immédiatement après son entrée à Munich, le maréchal Bernadotte a poursuivi le corps du général Kienmayer, lui a pris des équipages et fait des prisonniers.

Le général Kienmayer a évacué le pays et repassé l'Inn. Ainsi la promesse de l'Empereur se trouve réalisée, et l'ennemi est chassé de toute la Bavière.

Depuis le commencement de la campagne, nous avons fait plus de 20,000 prisonniers, enlevé à l'ennemi 30 pièces de canon et 20 drapeaux; nous avons, de notre côté, éprouvé peu de pertes. Si l'on joint à cela les désertions et les morts, on peut calculer que l'armée autrichienne est déjà réduite de moitié.

Tant de dévouement de la part du soldat, tant de preuves touchantes d'amour qu'il donne à l'Empereur et tant de si hauts faits, mériteront des détails plus circonstanciés. Ils seront donnés du moment que ces premières opérations de la campagne seront terminées et que l'on saura définitivement comment les débris de l'armée autrichienne se tireront de Biberach et la position qu'ils prendront.

Au combat d'Elchingen, qui est un des plus beaux faits militaires qu'on puisse citer, se sont distingués le 18e régiment de dragons et son colonel Lefèvre, le colonel du 10e de chasseurs, Colbert, qui a eu un cheval tué sous lui, le colonel La Jonquière, du 76e, et un grand nombre d'autres officiers.

L'Empereur a aujourd'hui son quartier général dans l'abbaye d'Elchingen.

Ordre de l'armée autrichienne du 15 octobre 1805.

Ulm, le 23 vendémiaire an XIV (15 octobre 1805).

Au nom de Sa Majesté, je rends responsables, sur leur honneur, leur devoir, et sur leur bien-être particulier, tous, MM. les généraux, officiers-majors et autres officiers, que le mot de reddition ne se fasse plus entendre; de songer, au contraire, à la défense la plus ferme et la plus opiniâtre, qui, d'ailleurs, ne peut durer longtemps, puisque, dans quelques jours, les avant-gardes de deux puissantes armées, l'une autrichienne, l'autre russe, paraîtront devant Ulm pour nous délivrer. L'armée ennemie est dans l'état le plus déplorable, tant par le mauvais temps que par le manque de vivres; il est de toute impossibilité qu'elle se soutienne plus de quelques jours dans la contrée ; elle ne peut tenter l'assaut qu'en très petites masses; et comme nous avons de très larges fossés d'eau, rien n'est plus facile que d'assommer ou de prendre prisonniers les assaillants. Si toutefois les vivres venaient à nous manquer, nous avons ici plus de 3,000 chevaux pour nous nourrir.

Je serai moi-même le premier à manger de la viande de cheval, et j'espère que chacun suivra mon exemple avec plaisir ; j'attends la même chose des braves habitants de la ville d'Ulm et leur renouvelle l'assurance qu'ils seront richement indemnisés et récompensés.

MACK.

Bulletin historique de la marche de la division de la Garde impériale.

Le 23 vendémiaire an XIV (15 octobre 1805).

La Garde passa le Danube pour se rendre à la position d'Elchingen.

Le canon se faisant entendre vivement près d'Ulm, Son Excellence M. le maréchal se porta rapidement sur ce point avec toute la cavalerie de la Garde et la division de cuirassiers de Nansouty. M. le maréchal fit faire plusieurs mouvements dans la plaine et s'avança au-devant de quelques têtes de colonnes de cavalerie ennemie, ce qui les fit reployer et arrêta tous les mouvements que l'ennemi prononçait contre la cavalerie de M. le maréchal Ney.

L'infanterie avait l'ordre de suivre ce mouvement, mais ayant été retardée par le défilé du pont du Danube, où passaient à la fois des troupes des différents corps d'armée, elle reçut l'ordre de s'arrêter à Elchingen, où elle cantonna et où la cavalerie vint la rejoindre le soir.

Général ROUSSEL.

Souvenirs du général baron Hulot.

Le 15, après l'enlèvement du pont d'Elchingen par le général Ney, le quartier impérial fut transféré dans l'abbaye de ce bourg, où, pendant cinq à six jours, nous ne vécûmes à la table du général en chef de l'artillerie que de viande de porc et de pommes de terre, sans pain. Une pluie froide et abondante tombait sans relâche; le soldat, campé ou plutôt bivouaqué, était dans l'eau et la boue jusqu'aux genoux. Pour nous, presque toujours à cheval, nous étions fort embarrassés à la fin du jour pour trouver un abri, car les états-majors de la Garde se battaient pour la possession des plus misérables cabanes et écuries, et malheur aux troupes de ligne qui étaient appelées à partager les positions de la Garde (p. 99).

La première fois que je traversai le pont d'Elchingen avec notre général en chef, la cavalerie, l'infanterie et l'artillerie se pressaient et marchaient pêle-mêle; à peine étions-nous sur la rive opposée que le tablier, rétabli à la hâte sur ce pont mal réparé, se détacha et entraîna avec lui de nombreuses victimes dans le Danube; le fleuve débordait à vue d'œil. A peine arrivés à notre nouveau quartier, je fus commandé par un officier supérieur pour faire rétablir cette communication; les eaux étaient tellement hautes et répandues si avant dans la campagne qu'elles formaient entre Elchingen et le pont une rivière plus large que le lit ordinaire du Danube. L'ennemi avait retiré ou brûlé tous les bateaux et toutes les barques; il fallait du temps pour construire des radeaux, nos pontons et nos parcs étaient encore loin! Une nuit froide et humide approchait; elle fut la dernière pour une partie des infortunés dont nous avions failli partager le sort! Ces tristes épisodes ne sont pas rares dans des campagnes aussi rapides (p. 100).

Le maréchal Berthier au général Marmont.

Ober-Falheim, le 23 vendémiaire an xiv (15 octobre 1805).

Général,

Je vous préviens que l'Empereur restera toute la journée à l'abbaye d'Elchingen. Son intention est que vous vous teniez de votre personne sur la petite hauteur du village de Pfühl, que vous ayez là une de vos divisions, que l'autre s'y trouve à portée près d'Ulm, que votre cavalerie soit entre l'une et l'autre de ces divisions.

La division de dragons à pied du général Baraguey-d'Hilliers, qui se trouve en position à son bivouac, gardera les ponts d'Elchingen et de Thalfingen ; le général Baraguey-d'Hilliers placera sur chacun de ces deux ponts deux pièces de canon.

Le général Beaumont, avec sa division de dragons, se placera pour fortifier votre ligne.

Votre principal but, Général, doit être d'empêcher l'ennemi de s'échapper d'Ulm, ou le retarder suffisamment pour que, des hauteurs, nous puissions revenir pour l'atteindre.

Si cependant, il vous était impossible d'empêcher l'ennemi de passer, le principal chemin qu'il faut toujours garder est le chemin qui va à Günzburg ; il vaudrait mieux laisser échapper l'ennemi par le chemin qui va à Memmingen, sauf à vous mettre le plus tôt possible à sa poursuite.

Lorsque l'attaque sera fortement engagée sur les hauteurs ou si vous vous apercevez que l'ennemi se dégarnit trop devant vous, vous ferez ce que vous voudrez pour l'attaquer de votre côté et produire tout l'effet d'une fausse attaque.

Vous resterez pendant toute l'affaire en bataille, de manière à produire le plus d'effet qu'il sera possible à l'ennemi qui vous verra des hauteurs.

Enfin, Général, vous tiendrez vos postes le long du Danube, depuis le pont de Thalfingen jusque le plus près possible d'Ulm et vous ferez reconnaître sur la rive gauche, en passant au village de Thalfingen et en longeant le Danube, si on ne pourrait pas, de ce côté, faire une attaque réelle sur l'enceinte d'Ulm, du moment où nous nous serons emparés des hauteurs.

Du moment où vous serez arrivé sur les hauteurs de Pfühl, vous enverrez un de vos aides de camp à l'Empereur, qui sera à l'abbaye d'Elchingen.

Berthier.

Le général Marmont à l'Empereur.

Pfühl, le 23 vendémiaire an xiv (15 octobre 1805).

Sire,

J'ai l'honneur de vous rendre compte que ma première division s'établit en avant de la hauteur de Pfühl : la 2e division la suit immédiatement. Quoique je sois maintenant fort loin de l'Iller, j'ai laissé quatre compagnies d'infanterie dans chacun des châteaux de Ober-Kirchberg et Unter-Kirchberg. Ce sont deux postes qui peuvent se défendre par eux-mêmes et me donner le temps d'arriver à leur secours. J'ai laissé, en outre, 100 chevaux à Ober-Kirchberg pour observer le pont de Gögglingen et m'avertir si l'ennemi prenait la route de Biberach. Dans ce cas, je pourrais passer l'Iller sur le pont d'Ober-Kirchberg pour courir après lui.

Les rapports d'un détachement de chasseurs, que j'ai envoyé près de la tête du pont, sont que l'ennemi coupe le pont d'Ulm sur le Danube. Je vais le faire reconnaître de nouveau, et, si la chose est praticable, faire occuper et garder la tête de pont par de l'infanterie.

Je prie Votre Majesté.....

MARMONT.

Rapport des renseignements que le général de division Bouroier s'est procurés sur sa route depuis Söflingen jusqu'à Lutzhausen, sur les mouvements de l'ennemi.

Le lundi 22, dans le jour, un courrier de Son Altesse Sérénissime le prince Murat a été arrêté par une patrouille de cinq cuirassiers, entre Denkenthal et Lutzhausen. Le maître de poste assure que ce courrier a été conduit par les Autrichiens jusqu'à Süssen, d'où ils ont renvoyé le postillon.

Le lundi même jour, à 10 heures du soir, 200 cuirassiers environ ont passé par Lutzhausen ; à minuit, il est également passé un corps assez considérable aussi de cavalerie se dirigeant sur Geislingen.

Le lendemain, vers 10 heures du matin, 50 hommes d'infanterie ont également passé par Lutzhausen où ils ont logé, ils se dirigeaient sur Geislingen.

Ces divers renseignements paraissent positifs.

Quelques personnes assurent que depuis, ces troupes se sont portées sur Nerenstetten et Langenau.

On assure qu'il n'est passé aucun bagage sur cette route.

BOURCIER.

4ᵉ CORPS D'ARMÉE.

Ordre au général Vandamme,
commandant la 2ᵉ division à Ochsenhausen.

Ochsenhausen, le 23 vendémiaire an XIV (15 octobre 1805).

Les divisions du corps d'armée se mettront en marche demain 24 (*16 octobre*) et se dirigeront sur Laupheim en passant par Hürbel.

La 3ᵉ division partira à 7 heures du matin pour opérer ce mouvement. Elle s'arrêtera à hauteur de Laupheim, occupant cette ville, et portera son avant-garde à Achstetten.

Aussitôt que l'avant-garde arrivera à Laupheim, le général Legrand fera porter une reconnaissance sur Ochsenhausen et vers Dietenheim sur l'Iller, pour éclairer les mouvements de l'ennemi et prendre connaissance des postes français qui doivent être établis sur la rive droite de cette rivière, communiquant même avec eux, s'il était possible. Cette reconnaissance s'assurera si le pont de Brandenburg est rétabli, et s'il est gardé par la rive droite.

Elle descendra l'Iller jusqu'à Regglisweiler et rentrera à Achstetten, où sera l'avant-garde, en passant par Bihlafingen et Holzheim.

D'Achstetten, le commandant de l'avant-garde enverra un détachement au-devant de cette reconnaissance, par la route qu'elle doit suivre en revenant. Il poussera ses postes aussi loin que possible sur la route d'Ulm et éclairera les bords du Danube.

La division de dragons partira à 6 h. 1/2 du matin des bivouacs qu'elle occupe, et se dirigera sur Laupheim.

Trois régiments, avec la compagnie d'artillerie légère attachée à la division, marcheront immédiatement après l'avant-garde de la 3ᵉ division. Les trois autres régiments de la division, commandés par le général Walther, passeront à Biberach pour se rendre à Laupheim, où la division sera réunie et recevra de nouveaux ordres.

Dans ce mouvement, le général Walther poussera un parti sur les grandes routes de Riedlingen et de Ehingen pour avoir des nouvelles de l'ennemi et prendre des renseignements sur les mouvements qu'il fait sur la rive gauche du Danube.

Ces deux détachements joindront leurs corps et la division à Laupheim, et ils feront arriver dans cette ville tous les prisonniers et équipages enlevés à l'ennemi qu'ils auront pris dans leur tournée. Les commandants des ces détachements rendront immédiatement compte de leur mission, dans laquelle ils apporteront beaucoup de circonspection, d'intelligence et de célérité.

Les 1re et 2e divisions partiront également à 7 heures du matin, et se dirigeront aussi par Reinstetten et Hürbel sur Laupheim, où elles recevront de nouveaux ordres.

La 2e division marchera après la 3e, et la 1re à la suite de la 2e. Ces divisions éclaireront les routes de Wurzach, Waldsée et Biberach.

Le parc d'artillerie du corps d'armée se rendra à Laupheim et suivra la marche de la 1re division.

Le quartier général sera à Laupheim.

Le 20e régiment de chasseurs à cheval restera à Ochsenhausen jusqu'à ce que le parc d'artillerie du corps d'armée ait entièrement filé, et pendant ce temps, éclairera les routes de Wurzach et de Waldsée ; si les reconnaissances, qu'il enverra dans ces deux directions, rapportent qu'aucun mouvement de l'ennemi n'y est aperçu, le colonel de ce régiment le dirigera ensuite sur Achstetten, où il joindra la division de cavalerie légère. Mais le colonel aura soin d'éviter que sa troupe passe dans la colonne de l'infanterie.

La compagnie d'artillerie légère, attachée à la division de cavalerie légère, joindra demain matin à Hürbel sa division, et suivra son mouvement jusqu'à sa destination. Le général Margaron lui donnera des ordres en conséquence.

L'ordonnateur en chef fera rendre à Laupheim le pain, viande, biscuit, eau-de-vie, provenant des réquisitions qu'il a faites ou de la manutention de Memmingen, pour que la distribution en soit faite à la troupe aussitôt son arrivée.

P. O. : Salligny.

N. B. — M. le maréchal aurait désiré, mon cher Général, recevoir le rapport de l'établissement de votre division.

---

*Le capitaine Mensian (1) au général Margaron,
commandant la cavalerie du corps du centre à Ochsenhausen.*

Schwarzach, le 23 vendémiaire an XIV (15 octobre 1805).

Mon Général,

En conséquence des ordres que vous avez donnés à mon colonel, je suis parti hier à 5 heures d'Ochsenhausen pour diriger une reconnaissance sur Waldsée. J'ai trouvé à Ellwangen quelques équipages, escortés par trente hommes, commandés par un capitaine et un officier, que j'ai pris. Je me suis emparé de deux voitures d'équipage, escortées par un officier et douze hommes de chasseurs tyroliens, près Waldsée; j'ai fait conduire le tout à Ochsenhausen.

L'ennemi a défilé hier toute la journée à Waldsée, venant de Biberach; partie s'est retirée sur Ravensburg et partie sur Wurzach, se dirigeant ou sur Leutkirch ou sur Kempten.

Les détails que j'ai l'honneur de vous donner, mon Général, ne sont point des relations; j'ai vu.

J'occupe Waldsée depuis 5 heures du matin par des patrouilles. J'ai fait pousser à une demi-lieue sur la route de Ravensburg, j'ai dans ce moment un parti que je vais diriger sur Wurzach. J'attendrai vos ordres à Waldsée.

MENSIAN.

L'ennemi défilait encore ce matin à 8 heures sur la route de Wurzach au nombre d'une trentaine. J'observe les routes de Waldsée à Ravensburg et celle de Wurzach.

GRANDE ARMÉE.

Ordre du 23 vendémiaire (15 octobre 1805).

Le maréchal Soult a investi Memmingen, où il a pris 9 bataillons autrichiens, dont deux de grenadiers, 14 pièces d'artillerie,

---

(1) Du 11ᵉ chasseurs.

des magasins considérables, 1 général-major, un grand nombre de colonels et d'officiers.

M. le maréchal Soult, instruit par l'Empereur que les Autrichiens se retirent sur Biberach, a dû y être rendu ce soir. Il est probable que tout ce qui a échappé au combat de Wertingen, à celui de Günzburg, d'Albeck, d'Elchingen, du blocus de Memmingen, enfin, de la journée d'aujourd'hui à Ulm, sera pris demain ou après à Biberach.

Tant de succès sont dus à la patience de l'armée à supporter les fatigues et les privations, qualité première et la plus précieuse du soldat, parce que c'est elle qui permet de faire de grandes choses en épargnant le sang.

GRANDE ARMÉE.

Mouvements et emplacements du 23 vendémiaire (15 octobre 1805), jour de l'attaque des retranchements du Michelsberg et du resserrement du blocus de la place d'Ulm.

Quartier général : Elchingen.
Il y a été placé dès 8 heures du matin.
Garde impériale : Elchingen.
Toute la Garde impériale a marché d'Ober-Falheim et de la position qu'elle occupait en avant de Leipheim pour passer le pont d'Elchingen et marcher sur Haslach, point de rendez-vous des différentes colonnes, et, après l'affaire, toute la Garde a été rassemblée et cantonnée à Elchingen.

N. B. — Toutes les dispositions, tous les ordres donnés par Sa Majesté dans la journée du 21 (*13 octobre*) pour le 22 (*14 octobre*) étaient dans la supposition principale que l'armée autrichienne, rassemblée dans le camp retranché d'Ulm, maîtresse des deux rives du Danube, se présenterait sur l'Iller à un point moyen entre Memmingen, que l'on savait occupé en forces, et la place d'Ulm. Les premières reconnaissances que fit l'Empereur, entre l'Iller et la rive droite du Danube et qui, dès le soir du 22, furent poussées jusques à la tête du pont, lui ayant démontré que l'ennemi n'avait pas pris le meilleur et le plus vigoureux parti qu'il pût lui prêter, fit, dans la nuit, les dispositions renfermées dans ce tableau.

1ᵉʳ corps : Munich.

Occupe une position en avant de Munich. Le jour de la fête de l'Électeur, l'avant-garde bavaroise, sous les ordres du général de Wrède, a attaqué l'arrière-garde du général Kienmayer, a fait 2,000 prisonniers et pris 17 pièces de canon.

2ᵉ corps : Devant Ulm, sur la rive droite.

Il reçut, dans la nuit du 22 au 23, l'ordre de se replier de sa position de Wullenstetten par la rive droite de l'Iller à la position qu'occupait le corps du maréchal Lannes devant Ulm, la droite à Pfühl, et de s'y former sur trois lignes, étendues le plus possible, sa cavalerie entre les deux lignes.

N. B. — Dans l'ordre de bataille et dans le cas où l'ennemi se serait présenté sur Illertissen, le corps du général Marmont eût formé le centre, derrière lequel se trouvait toute la Garde impériale et la réserve de cavalerie. Le maréchal Soult, se rapprochant après la reddition de Memmingen, formait l'aile gauche et les troupes du maréchal Lannes et du prince Murat formaient l'aile droite, tandis que le corps du maréchal Ney eût observé, menacé la place et y aurait retenu une grande partie des forces de l'ennemi. (Voyez dans les mouvements et positions de 22 les motifs du changement du plan.)

3ᵉ corps : Dachau.

4ᵉ corps : Attaquant Memmingen.

5,000 à 6,000 hommes étaient renfermés dans Memmingen et cela seul devait faire supposer que M. le général Mack avait fait partir une grande partie de son armée par la route de Biberach.

5ᵉ corps : Le tableau s'arrête là.

(*De la main du général Mathieu Dumas.*)

GARDE IMPÉRIALE.

Note.

Elchingen, le 23 vendémiaire an XIV (15 octobre 1805).

Les différents corps de la Garde sont prévenus que MM. Martin, Lafont, Botex et Corbineau sont employés, dans la division, en qualité de capitaines adjoints de l'état-major et qu'ils sont entrés en fonctions.

ROUSSEL.

Le maréchal Davout au maréchal Berthier.

Dachau, le 23 vendémiaire an xiv (15 octobre 1805).

Monsieur le Maréchal,

J'attends toujours les ordres de Votre Excellence dans les positions dont j'ai l'honneur de lui rendre compte.

La 1re division occupe Greifenberg, sur la route de Landsberg.

Une brigade de la 2e division est à Bruck, l'autre est sous Dachau.

La 3e division occupe la position d'Ober-Roth, derrière le Glon.

L'avant-garde est à Germering.

J'ai fait pousser des partis de cavalerie à Weilheim, Murnau, Mittenwald et Füssen pour avoir connaissance des mouvements de l'ennemi. J'ai chargé le général Heudelet d'envoyer des reconnaissances à Tölz, sur l'Isar, pour communiquer avec deux régiments bavarois, que M. le maréchal Bernadotte y a détachés; l'avant-garde de ce dernier est à Parsdorf et ses reconnaissances ont été jusqu'à Ampfing.

D'après les rapports que je reçois, le corps du général Kienmayer est en pleine retraite sur l'Inn; harcelé continuellement dans sa retraite, il a perdu beaucoup de monde; le régiment de Deutschmeister est presque anéanti.

L'ennemi a fait reconnaître différents points de la rive gauche de l'Inn, pour y rétablir des retranchements, mais, jusqu'à ce moment, on ne paraît point avoir travaillé de Rosenheim à Kraiburg.

D'après le rapport de plusieurs personnes qui ont vu les Russes, il paraît que ceux arrivés à Neu-OEtting sont dans un pitoyable état; ils ont beaucoup de bagages et point d'artillerie ni de cavalerie.

Le maréchal Bernadotte a eu les mêmes renseignements sur leur compte. Depuis son arrivée à Munich, il a fait sur les Autrichiens 1700 prisonniers et leur a pris, en outre, 19 bouches à feu, avec environ 300 canonniers et leurs officiers. C'est un major bavarois, détaché partisan, qui leur a pris, aujourd'hui, treize de ces bouches à feu.

Les rapports des partis de cavalerie que j'ai détachés, m'annoncent que des corps ennemis se retirent par Füssen sur Innsbrück ; on a vu passer des débris d'équipages.

Sous quarante-huit heures, j'espère avoir des renseignements certains.

DAVOUT.

P.-S. — Dans l'instant, on me fait le rapport qu'un parti autrichien de 1000 chevaux a pris possession de Landshut ; il a dû détacher sur Freising 2 escadrons ; il ne doit y avoir dans ce dernier lieu que 50 à 60 Bavarois, je communique ce rapport au maréchal Bernadotte.

D.

Le maréchal Davout au maréchal Bernadotte.

Dachau, le 23 vendémiaire an XIV (15 octobre 1805).

Mon cher Maréchal,

Je vois avec beaucoup de peine que votre corps d'armée épuise toutes les ressources de Munich et que les officiers que j'y ai envoyés pour faire des achats de souliers n'ont pu rien obtenir (1) ; je suis convaincu que ceci se passe contre vos intentions, aussi ne balancerai-je pas à vous engager à agir envers ce corps d'armée pour ses différents besoins, en aussi bon voisin que je ne manquerais pas de le faire moi-même en semblable circonstance.

---

(1) Dans la journée du 15 octobre, le maréchal Davout fait avertir les troupes de son corps d'armée que l'Empereur leur réserve désormais le rôle principal. Il les exhorte à bien remplir cette tâche glorieuse, insiste sur la nécessité de mettre les armes en état. D'autre part, le pays où s'avancera le 3ᵉ corps étant déjà épuisé par le 1ᵉʳ corps, qui vit lui-même avec peine, il faut se prémunir de pain et de viande par tous les moyens, avant le départ : « Faire l'impossible », dit la lettre du général Daultanne au général Gudin. D'après ces ordres, les divisionnaires font frapper de nouvelles réquisitions. Le général Friant exploite les villages autour de Bruck pour en tirer quatre jours de pain, de viande, d'eau-de-vie et de sel. Il fait mettre tous les chasseurs à cheval disponibles à la disposition de son commissaire des guerres (Désirat) à Dachau, pour presser la rentrée des denrées requises. (Résumé de pièces non citées.)

J'ai déjà reçu un rapport d'un officier que j'ai envoyé à Günzburg, il me mande que l'attaque a commencé hier à midi par une vive canonnade près du village de Falheim ; le bruit du canon s'est toujours éloigné du point où il m'écrivait. J'aurai soin de vous tenir au courant des renseignements qui me parviendront.

J'ai reçu, mon cher Maréchal, votre lettre du 22. J'avais déjà envoyé différents partis de cavalerie à Weilheim, Wolffharthausen et Mittenwald ; je donne, suivant vos désirs, l'ordre au général Heudelet d'envoyer des reconnaissances à Tölz sur l'Isar pour communiquer avec les deux bataillons bavarois que vous y avez détachés.

DAVOUT.

Le général Daultanne au général Gudin.

Au quartier général, à Dachau, le 23 vendémiaire an XIV
(15 octobre 1805).

Mon cher Général,

M. le maréchal m'a chargé de vous prévenir que, d'après un rapport qui vient de lui parvenir, l'ennemi a fait prendre possession de Landshut par un détachement de 1000 chevaux. L'intention de M. le maréchal est que vous fassiez établir sur-le-champ un poste de 200 hommes d'infanterie à Indersdorf avec 15 chasseurs à cheval. Ce poste poussera des reconnaissances de 3 ou 4 hommes sur Pfaffenhofen pour avoir des renseignements et observer les mouvements de l'ennemi du côté de Freising et Landshut. Le général Friant reçoit également l'ordre d'établir 200 hommes d'infanterie et 15 chasseurs à cheval à Unter-Bruck, sur la route de Freising pour le même objet.

M. le maréchal vous invite à faire répandre le bruit, par le détachement, de la marche d'une division de 6,000 hommes sur Landshut.

J'ai l'honneur de vous saluer,

(*A. G.*) DAULTANNE.

3ᵉ CORPS. — 2ᵉ DIVISION.

Circulaire aux généraux de brigade.

Le 23 vendémiaire an XIV (15 octobre 1805).

Mon cher Général,

M. le maréchal entend que les ordres qu'il a donnés et les miens concernant les maraudeurs, qui atteignent les ressources que le pays nous offre, soient exécutés avec sévérité dans tout leur contenu. En conséquence, et pour obvier à ce que le soldat ne se porte plus individuellement sur les villages comme par le passé, vous exigerez des corps sous vos ordres, en arrivant dans un bivouac et même dans toute autre circonstance, que les corvées et notamment celle de la paille se fassent, conformément aux règlements, avec des hommes armés et un officier à leur tête. Pensez, je vous prie, que je vous rends responsable de l'exécution de mes ordres. Vous voudrez bien, de votre côté, en faire autant avec vos colonels.

Je vous prie de me rendre compte, dans la journée de demain, si les souliers faits à Metz pour chaque régiment, ainsi que les capotes que MM. les colonels ont reçu l'ordre de faire confectionner, sont en route et depuis quand. Quelle est la situation des souliers maintenant dans chaque corps et quelles sont les ressources en souliers qu'on pourra obtenir de Munich, les officiers qu'on y a envoyés devant en avoir donné déjà connaissance à leur colonel depuis qu'ils y sont.

M. le maréchal vient de me faire part que l'intention manifeste de Sa Majesté est de rendre ce corps d'armée le corps principal pour les opérations qui devront suivre celles contre l'armée de l'archiduc Ferdinand. La défaite du général Kienmayer et de 20,000 Russes vous sera certifiée. Les troupes sous vos ordres doivent être prévenues qu'il nous faudra encore endurer quelques jours de privations et de marches forcées pour remplir cette tâche glorieuse.

J'espère que, conformément aux ordres que j'ai donnés, que vous me donnez de fournir aujourd'hui même les 16,000 rations demandées. Vous jugerez, par cette nouvelle démarche de l'importance que j'attache à la prompte exécution de la réquisition que je vous ai adressée. Il ne faut pas perdre un seul instant pour la remplir.

FRIANT.

On aura profité de ces jours de repos pour mettre les armes en état.

M. le chef de l'état-major général me prévient que les fonds nécessaires à l'acquisition des caissons d'ambulance de premier secours, garnis de tous les objets nécessaires à cette destination, sont dans la caisse du payeur général. Veuillez bien en prévenir les colonels des régiments sous vos ordres, en les invitant à se conformer aux dispositions renfermées dans la circulaire du ministre directeur, en date du 20 fructidor.

Un rapport, parvenu à M. le Maréchal, de Günzburg, annonce que l'attaque a commencé hier, vers midi, par une vive canonnade, près du village de Falheim. Le bruit du canon s'éloignait toujours du lieu où l'on écrivait, ce qui est d'un heureux présage.

FRIANT.

Le général de brigade Petit au général de division Gudin.

Schwabhausen, le 23 vendémiaire an XIV (15 octobre 1805).

Mon Général,

J'ai l'honneur de vous rendre compte que je viens de recevoir à l'instant les réquisitions que j'ai faites sur la commune de Amper-Möching qui devait me fournir, comme le bourgmestre en était convenu par écrit, l'équivalent de 2,000 kilos de farine, soit en pain ou en farine. Je suis grandement trompé dans mon espérance; l'officier que j'avais laissé pour cette mission, n'ayant pu faire confectionner du pain, m'a ramené dix sacs de farine qui ne pèsent guère que 1200 kilos. Cette farine étant mouillée par la pluie, je l'ai fait mettre en dépôt chez moi où elle est à votre disposition. Cette commune m'a aussi envoyé 6 sacs de pommes de terre et 4 vaches médiocres.

La commune de Weilbach a envoyé 250 kilos de pain, 2 vaches, 12 sacs de pommes de terre, 4 moutons et 150 bouteilles de bière.

Le pain est chez moi et à votre disposition. La commune de

Deutenhofen a envoyé 10 sacs de farine de 1200 à 1300 livres et 4 vaches.

Il a été distribué à chaque régiment de la division 3 sacs de pommes de terre et 2 moutons.

Il reste donc à votre disposition 10 sacs de farine du poids de 1300 kilos, 10 vaches, 250 kilos de pain et une petite barrique de bière.

J'ai l'honneur de vous saluer respectueusement.

(*A. G.*) Petit.

Le général Friant au maréchal Davout.

Le 23 vendémiaire an XIV (15 octobre 1805).

Ci-joint, est l'état des villages sur lesquels il a été frappé des réquisitions de pain pour la division à mes ordres. Je n'ai encore aucun résultat de celle d'hier, 22. Un de mes aides de camp est parti à la tête de 12 chasseurs à cheval pour faire mettre dans celle d'aujourd'hui la plus prompte expédition. Il est même porteur d'une lettre pour M. le grand bailli de Freising.

RÉQUISITION DE PAIN DANS LES VILLAGES.

Du 22 vendémiaire an XIV.		*Du 23 vendémiaire an XIV.*	
Asbach	1,000	Neufahrn	2,000
Amper-Möching	1,000	Müntraching	1,000
Rohrmos	1,000	Achering	1,000
Bieberbach	1,000	Pulling	1,000
Strassbach	1,000	Gremmertshausen	1,000
Ramelsbach	1,000	Appercha	2,000
Pasenbach	1,000	Hetzenhausen	1,000
Röttenbach	1,000	Weng	1,000
Giebing	1,000	Nöbach	2,000
Glonpercha	1,000	Giggenhausen	1,000
Kollbach	1,000	Fürholzen	1,000
Fahrenzhausen	1,000	Günzenhausen	2,000
Total	12,000	Ottenburg	1,000
	18,000	Total	18,000
Plus à Freising	40,000		
En tout	70,000		

Friant.

Le général Friant au Grand Bailli de Freising.

Monsieur le Bailli,

En exécution de la réquisition approuvée par moi, qui a dû vous parvenir aujourd'hui, votre bailliage doit livrer de suite 16,000 rations de pain pour les troupes de la 2e division du 3e corps de la Grande Armée. Cette réquisition, d'une importance majeure, ne peut souffrir aucun retard. Je vous expédie directement un de mes officiers pour en accélérer la plus prompte expédition. Je vous requiers de nouveau de vouloir n'apporter aucune lenteur qui préjudicierait au bien du service et ne pourrait que compromettre votre responsabilité.

FRIANT.

Le maréchal Davout au maréchal Berthier.

Dachau, le 23 vendémiaire an XIV (15 octobre 1805).

Monsieur le Maréchal,

Aussitôt que j'ai eu reçu la lettre que Votre Excellence m'a fait l'honneur de m'écrire le 23 vendémiaire (*15 octobre*), je me suis empressé d'en envoyer copie à M. le maréchal Bernadotte et de donner aux troupes du 3e corps d'armée connaissance des bonnes nouvelles qu'elle renferme; ainsi que les troupes des autres corps, elles brûlent de donner à notre illustre souverain des preuves de leur attachement, de leur fidélité et de leur bravoure.

J'ai l'honneur de rendre compte et de transmettre à Votre Excellence les renseignements intéressants que me donne un parti que j'ai envoyé sur Mittenwald.

Dans la nuit du 19 au 20 (*11-12 octobre*), un corps d'environ 12,000 hommes (je crois le nombre très exagéré), venant de Landsberg, a suivi la route de Weilheim, Murnau, Mittenwald, et s'est rendu derrière l'Inn. Ses bagages et son artillerie avaient filé avant lui.

Mittenwald est occupé par des Autrichiens et des paysans de la milice du Tyrol; le passage de Scharnitz, autrement nommé la Porte claudienne, est fortement gardé par cette milice.

L'archiduc Jean commande les troupes et a son quartier

général à Scharnitz ; hier, 22, le tocsin a sonné dans tous les villages du Tyrol ; partie du rassemblement qui doit en résulter a ordre de se porter sur Mittenwald, et avec un corps autrichien, de s'avancer ensuite sur Murnau.

Plusieurs paysans sortant du Tyrol s'accordent à dire qu'il est très encombré et qu'il y a beaucoup de troupes.

Le parti a donné l'alerte à Mittenwald et s'est assuré que les Autrichiens et Tyroliens l'occupent en force. Vous pouvez, Monsieur le Maréchal, regarder ces renseignements comme très certains ; ils sont le résultat de plusieurs interrogatoires faits sur les lieux et qui tous, en outre, s'accordent parfaitement avec les rapports des espions.

Je n'ai encore rien reçu des partis sur Füssen et Schöngau qui auront assurément trouvé des chemins très difficiles. Celui sur Murnau et Partenkirchen me confirmera probablement le rapport que je vous envoie, sa route aboutissant également à Mittenwald.

Salut et respect.

DAVOUT.

Le maréchal Bernadotte à l'Empereur.

Munich, le 23 vendémiaire an XIV (15 octobre 1805).

Sire,

J'ai l'honneur de rendre compte à Votre Majesté que mon avant-garde, qui a pris poste à Parsdorf (1), a poussé hier et aujourd'hui ses reconnaissances jusqu'au delà de Haag, sur la route de Braunau, et jusque près de Wasserburg, sur celle de Salzburg. L'ennemi n'a, dans tout ce pays, qu'une division de uhlans et le régiment de Liechtenstein, hussards. L'on m'a assuré que quatre régiments de cavalerie, venus d'Autriche, avaient pris poste à Vilbisburg ; si cela est, je présume bien qu'ils n'y resteront pas longtemps.

Nos reconnaissances ont pris, dans la journée d'hier, 17 pièces

---

(1) L'avant-garde prit la position de Parsdorf, où s'établit son quartier général. (Journal du corps bavarois.)

d'artillerie de divers calibres, et de 100 à 150 hommes, tant canonniers que fantassins et cavaliers. Depuis le jour de notre entrée à Munich, nous avons fait 1500 prisonniers et pris 19 pièces d'artillerie, 150 chevaux et bon nombre de chariots de bagages.

Les premiers détachements de Russes sont déjà à Braunau ; toute la colonne y sera très incessamment.

L'on vient de m'assurer que l'empereur Alexandre était arrivé ces jours derniers à Vienne ; il doit rejoindre son armée sur l'Inn, dès qu'elle y sera totalement réunie.

Je suis.....

BERNADOTTE.

P.-S. — J'apprends à l'instant que l'empereur d'Autriche a ordonné la levée en masse dans le Tyrol et que déjà des détachements de cette levée se dirigent vers l'Achen-Thal.

Le général Éblé à M. Pêcheur, lieutenant aide de camp.

Munich, le 23 vendémiaire an XIV (15 octobre 1805).

Monsieur,

En conséquence de l'ordre que je joins ici, vous partirez sur-le-champ et en poste, pour aller à la recherche d'un convoi d'artillerie, parti de Hanovre, et qui, d'Arnstein, a dû se diriger sur Treuchtlingen, en passant par Würtzburg, Rotenburg, etc. Ce convoi est commandé par M. Ferrin, capitaine d'artillerie.

Vous vous rendrez, en conséquence, directement à Treuchtlingen, en passant par Neuburg à Treuchtlingen. Vous prendrez des renseignements sur la route qu'aura suivie M. Ferrin ; vous vous dirigerez sur lui et lui donnerez ordre de ma part de se rendre à Munich et de me rendre compte de son arrivée. Dès que cette mission sera remplie, vous rejoindrez le quartier général avec la plus grande diligence.

ÉBLÉ.

M. Bacher au général M. Dumas.

Ratisbonne, le 23 vendémiaire an XIV (15 octobre 1805).

Monsieur le Général,

J'ai reçu la lettre que vous m'avez fait l'honneur de m'écrire le 21 de ce mois.

Veuillez bien agréer, Monsieur le Général, mes très sincères remerciements de la relation très intéressante des derniers événements militaires que vous avez eu la complaisance de m'adresser.

Je me suis empressé de la faire imprimer et de la communiquer à Son Altesse Sérénissime l'Électeur archichancelier et à tous les ministres qui composent la Diète; elle sera insérée dans toutes les gazettes.

Je vous prie instamment, Monsieur le Général, de vouloir bien continuer à me tenir au courant des événements militaires dont le cercle de Souabe va devenir le théâtre et d'être très persuadé, en échange, de mon exactitude à vous faire parvenir tous les renseignements que je pourrai me procurer dans nos contrées.

Je suis infiniment flatté, Monsieur le Général, de me trouver à portée de cultiver une correspondance aussi intéressante que la vôtre, et de vous manifester fréquemment mon empressement à aller au-devant de tout ce qui pourra vous être personnellement agréable.

J'ai l'honneur.....

Bacher.

CHAPITRE XI

16 octobre.

Le maréchal Berthier au maréchal Ney.

Au quartier général, à Elchingen, le 24 vendémiaire an XIV
(16 octobre 1805), à 7 heures du matin.

Monsieur le Maréchal,

L'intention de l'Empereur est que la garnison d'Ulm soit prisonnière de guerre, officiers et soldats pour aller en France ; la garnison pourra sortir avec les honneurs de la guerre et déposer ses armes sur le glacis. Quant à MM. les officiers supérieurs, ils pourront se rendre séparément en France, et tous conserveront leurs armes, chevaux et bagages et, en général, ils seront bien traités.

J'ai l'honneur de vous saluer.

(*A. M.*) Maréchal BERTHIER.

Le général Mack au maréchal Berthier.

Ulm, le 24 vendémiaire an XIV (16 octobre 1805).

Monsieur le Maréchal,

Je ne puis que me référer à la déclaration que j'ai osé faire à Sa Majesté puisqu'Elle avait demandé à parler au prince de Liechtenstein et qu'Elle a bien voulu lui parler.

Je répète que la place n'aurait jamais été remise qu'à Sa Majesté elle-même en personne ; mais vouloir exiger que la garnison ou plutôt le corps d'armée se rende prisonnier de guerre, serait la vouloir déshonorer, puisque nous avons très positivement du secours à attendre, et j'ambitionne trop la haute estime de Sa Majesté et celle de Votre Excellence pour en agir autrement. Je serais trop heureux de pouvoir recevoir encore aujourd'hui Sa Majesté, dans la ville, et de lui renouveler les assurances très profondément senties de ma vénération et admiration. Sa Majesté aurait ses Gardes ou autres troupes armées avec Elle, et les Autrichiens mettront bas les armes *pour deux jours*, savoir, jusques après-demain, où elle pourrait sortir, reprendrait ses armes et serait libre de rejoindre la grande armée et de servir comme auparavant. Je me flatte, Monsieur le Maréchal, que vous voudrez bien regarder cette condescendance comme une preuve nouvelle du respect et des égards que j'ai pour l'auguste personne de Sa Majesté.

Je suis.....

(*A. W.*)   ——————   Mack.

6ᵉ CORPS D'ARMÉE.

Journée du 24 vendémiaire (16 octobre 1805).

2ᵉ division : Devant Ulm, rive gauche du Danube.

La brigade du général Roguet et l'artillerie de la division se réunirent à la 1ʳᵉ brigade.

Les bouches à feu se rapprochèrent de la place d'Ulm et firent feu jusqu'à l'entrée de la nuit.

L'ennemi ne répondit point à cette canonnade.

A 6 heures du soir, la brigade du général Roguet prit position sur le terrain où la brigade du général Villatte avait bivouaqué la veille, et la 1ʳᵉ brigade fut établie sur la même ligne mais à la droite de la chaussée d'Albeck à Ulm.

8 bouches à feu furent placées dans les intervalles des 4 régiments. Le reste de l'artillerie fut parqué derrière les troupes à la hauteur des retranchements tracés sur le Michelsberg.

3ᵉ division : Devant Ulm, rive gauche du Danube.

La division a conservé sa position sur le Michelsberg jusqu'à

16 OCTOBRE.

11 heures. A cette heure, les 4 régiments qui la composent se sont formés en colonne par pelotons à distance et sont restés dans cet ordre jusqu'au soir qu'ils ont repris leurs bivouacs.

Pendant cet intervalle, la ville a été canonnée à plusieurs reprises.

On fit placer sur le plateau à gauche de la route de Stuttgard : 6 pièces de 12, 8 pièces de 4 et 3 obusiers de 6 pouces.

A gauche de la route d'Albeck sur le Danube :

2 pièces de 8, 2 pièces de 4 ; le tout faisant feu sur le corps de la place.

Un boulet de 8 traversa la flèche de l'église Notre-Dame et tomba dans la cheminée du guetteur.

Cavalerie légère : La cavalerie légère a gardé sa position d'Erbach et environs.

Division de dragons : A suivi la 1re division.

Dragons à pied : La 2e brigade de dragons à pied s'est réunie à la 1re à Burlefingen.

Journal de l'artillerie du 6e corps.

Le 24 vendémiaire. — L'artillerie conservait ses positions de la veille, d'autres batteries furent encore disposées autour de la place pour lui en imposer. Le plateau à gauche de la route d'Ulm à Stuttgard offrant un terrain très solide et un commandement avantageux fut garni de 6 pièces et 3 obusiers, 2 pièces de 8 et 2 pièces de 4 étaient en batterie à droite et à gauche de la route d'Ulm à Albeck presque au bas de la côte.

Toute cette artillerie, à deux reprises différentes, tira contre les maisons de la place et les endommagea.

Le parc de la 2e division qui s'était porté de Nersingen à Albeck rejoignit la division et fut attaquée par l'ennemi dans Albeck même ; il se défendit avec 2 pièces de 12 et fut heureusement dégagé par des troupes qui survinrent.

Le maréchal Lannes à l'Empereur.

Söflingen, le 24 vendémiaire an XIV (16 octobre 1805).

Sire,

J'ai l'honneur de rendre compte à Votre Majesté que je suis arrivé hier soir, après 6 heures, avec les quatre régiments de ligne de la division Suchet. La troupe était si harassée et la marche de l'artillerie si lente et si difficile qu'il leur eût été impossible d'aller plus loin. Je savais, d'ailleurs, que Grimmelfingen était occupé par la réserve de cavalerie aux ordres de Son Altesse Sérénissime le prince Murat, que j'ai eu l'honneur de voir.

J'ai pris des mesures pour que le 17e régiment d'infanterie légère, qui s'est trouvé détaché de sa division, la rejoigne aujourd'hui.

J'ai aussi envoyé des officiers à la recherche des divisions Oudinot et Gazan avec ordre de les conduire ici, où j'attendrai les ordres de Votre Majesté pour les mouvements ultérieurs qu'Elle jugera à propos de me prescrire.

J'ai l'honneur d'informer Votre Majesté que le parc d'artillerie de mon corps d'armée est à Nersingen, les bagages à Burgau et l'ambulance à Biberach ou Roggenburg.

Je vous prie, Sire, de me faire indiquer, dans les ordres que Votre Majesté me fera transmettre, les points sur lesquels ils devront être dirigés.

S'il n'était pas contraire au plan d'opération de Votre Majesté que mon corps d'armée marchât du côté de Munich, je lui serais reconnaissant de vouloir bien l'y envoyer. Organisé postérieurement à tous les autres, il est, de tous, celui qui a le plus de besoins.

Je suis...

LANNES (1).

---

(1) Le colonel du génie Kirgener est chargé de construire deux fours de grande capacité, avec des matériaux requis par l'ordonnateur Vast.

L'adjudant-commandant Decous et le chef de bataillon Pegat, chacun avec 20 dragons de la division Bourcier, battent la campagne pour faire rentrer les vivres requis par l'ordonnateur.

5ᵉ CORPS D'ARMÉE.

Journée du 24 vendémiaire (16 octobre 1805).

Division de grenadiers et brigade de chasseurs. — Le 24, la division de grenadiers était en marche pour se rendre à Söflingen lorsqu'elle reçut, de Son Altesse Sérénissime le prince Murat, l'ordre de se porter sur Langenau à l'appui de la division Dupont. Ayant exécuté ce mouvement, elle reçut, peu de temps après, l'ordre de suivre sa destination et de *laisser la brigade de chasseurs à la disposition de ce prince, sous les ordres de qui elle fut dès lors détachée.*

Il était 3 heures de l'après-midi lorsque les grenadiers se remirent en marche.

La nuit les ayant surpris entre Albeck et Söflingen, ils y bivouaquèrent.

Division Gazan. — La division aux ordres du général Gazan se mit aussi en marche pour se rendre à Söflingen, mais ayant été surprise par la nuit et le mauvais temps, elle bivouaqua à Lehr, en arrière des retranchements d'Ulm.

Division Suchet. — La division aux ordres du général Suchet se réunit à Söflingen et bivouaqua devant Ulm, la gauche appuyée à ce village et la droite s'étendant vers le Danube.

Brigade de hussards. — La brigade de hussards, arrivée avec les régiments détachés de cette division, bivouaqua à sa droite, occupant le village de Grimmelfingen.

Division Bourcier. — La division de dragons, commandée par le général Bourcier, passa sous les ordres de M. le maréchal Lannes et bivouaqua en arrière de la division Suchet.

Le maréchal Berthier à MM. les maréchaux Brune, Lefebvre, Kellermann, Angereau, au général Barbou, au ministre de la guerre Dejean.

Abbaye d'Elchingen, le 24 vendémiaire an xiv (16 octobre 1805).

Monsieur le Maréchal,

Faites connaître à votre armée que la première armée autrichienne a existé !

Cette armée s'est trouvée formée de celle de Bavière, forte de 14 régiments d'infanterie, de celle du Tyrol, forte de 13 régiments d'infanterie, et, enfin, de 5 autres régiments retirés à l'armée d'Italie, indépendamment de 12 régiments de cavalerie, le tout faisant, au moins, 100,000 hommes; cette armée avait la droite appuyée à Memmingen et la gauche à Ulm.

L'Empereur, par ses manœuvres, l'a tournée et l'a mise dans la même position que l'armée de M. de Mélas à Marengo; mais, lorsque ce mouvement a été démasqué, l'ennemi n'a pas pris un parti aussi vigoureux que celui de M. de Mélas; car, au lieu de se réunir en masse pour livrer bataille, il s'est dispersé en plusieurs colonnes qui ont donné lieu à différents combats de divisions, dont le résultat est de 30,000 prisonniers, de 30 drapeaux, la perte de presque toute son artillerie et celle de ses magasins.

Memmingen, cerné par le maréchal Soult, a capitulé hier. Ulm cerné, capitule dans une heure; il renferme plus de 25,000 hommes, beaucoup d'artillerie et des magasins de toute espèce.

L'archiduc Ferdinand s'est retiré sur Biberach avec une forte colonne, et le maréchal Soult, avec son corps d'armée, y est arrivé depuis le 22 (*14 octobre*), il est probable qu'il aura dans ses mains le reste de l'armée.

D'un autre côté, nous sommes à Munich, où nos aigles sont plantées devant les bannières russes; cette armée, arrivée en poste, est, dit-on, de 60,000 hommes; plus ils seront, plus nous aurons de gloire à les vaincre, et cela ne sera pas long; rien n'égale la valeur, l'enthousiasme, la bonne volonté de nos troupes, leur gaieté en supportant toutes les privations; comme rien n'égale le génie de celui qui les commande.

Berthier.

Le maréchal Soult à l'Empereur.

Achstetten, le 24 vendémiaire an xiv (16 octobre 1805).

Sire,

J'ai l'honneur de rendre compte à Votre Majesté de la position qu'occupent les divisions du 4ᵉ corps d'armée.

La 3ᵉ division, formant tête de colonne, est à Achstetten et porte son avant-garde à Dellmensingen, laquelle fournit des postes jusqu'à Gögglingen et doit se lier par sa droite avec ceux qui sont sur la rive droite de l'Iller.

La division de dragons est à Holzheim.

La 2ᵉ division d'infanterie est à Laupheim et la 1ʳᵉ en avant de Meitingen.

Les deux marches que le corps d'armée a faites hier et aujourd'hui ont été des plus fatigantes, une pluie d'orage n'a cessé de tomber et les débordements des rivières, surtout de la Rottum ont obligé, à plusieurs reprises, les troupes à passer dans l'eau, en ayant jusqu'à la ceinture.

Aujourd'hui, nous n'avons pas vu l'ennemi, mais hier au soir, les reconnaissances que j'avais portées sur Biberach, Waldsée et Wurzach, ont enlevé 150 hommes d'infanterie, qui étaient épars dans les villages.

Les renseignements que j'ai acquis pendant la nuit dernière et aujourd'hui, soit des prisonniers ou déserteurs, soit des gens du pays ou émissaires, ne me permettent pas de douter que les ennemis de Votre Majesté n'aient retiré une bonne partie de leur armée d'Ulm, pour la porter sur Lindau, Bregenz et Füssen.

Le général Jellachich est passé, il y a deux jours, à Ochsenhausen, conduisant sur Wurzach et Leutkirch une colonne de 8,000 hommes, dont 1000 de cavalerie; il avait avec lui un équipage de pont, le même que je poursuis depuis Landsberg. (Des déserteurs ont assuré que c'était le général Mayer et non le général Jellachich.)

La cavalerie de cette colonne la couvrait sur sa gauche et lors de mon départ de Memmingen, c'est elle que l'avant-garde a rencontrée à Berkheim, et qu'elle a poursuivie jusqu'à Ochsenhausen; la nuit ayant empêché de reconnaître quelle direction elle avait prise, ce n'est qu'hier au soir qu'on a pu en retrouver les traces et s'assurer qu'elle s'était dirigée sur Leutkirch.

En même temps, une colonne au moins d'égale force, qu'on dit conduite par le général Klenau, se retirait d'Ulm par la rive gauche du Danube, et prenait aussi la direction de Bregenz; je n'ai appris qu'aujourd'hui, par quelques hommes égarés des régiments qui composaient cette colonne, qu'elle avait fait ce mouvement.

Enfin, ce qui confirme que les ennemis ont retiré d'Ulm une

partie de leurs forces, c'est qu'ils ont pris la précaution de couper tous les ponts sur le Danube, depuis l'embouchure de l'Iller jusqu'à Munderkingen, circonstance qui fait encore connaître la direction qu'ils ont donnée aux colonnes.

Les postes que j'ai poussés jusqu'à Gögglingen y ont rencontré un détachement du 6e régiment de hussards, et par eux, nous avons appris que l'ennemi était entièrement renfermé dans Ulm et le peu de succès qu'il avait obtenu hier et aujourd'hui dans ses tentatives.

Les ordres, que Son Excellence le ministre de la guerre m'a transmis, portent que je dois me rapprocher d'Ulm le plus possible, ils sont du 22 (*14 octobre*), mais depuis cette époque, les événements qui sont survenus et les mouvements que l'ennemi a faits, me portent à penser que ma direction peut être changée ; il me paraît même que je devrais me porter en toute hâte sur Kempten, pour y couper la colonne du général Klenau, que je pourrais encore y prévenir, ou pour aller au-devant d'elle, si elle prenait une autre direction, ou enfin pour le poursuivre s'il tentait quelque entreprise.

Quelles que soient les dispositions de Votre Majesté à l'égard du 4e corps d'armée, je la supplie de daigner me les faire connaître et je m'empresserai de m'y conformer, mais, dans la crainte de contrarier ses vues, je crois devoir attendre d'autres ordres, pour faire des nouveaux mouvements.

J'ai l'honneur de rendre compte à Votre Majesté que je fais partir de Memmingen le bataillon que j'y avais laissé pour assurer l'évacuation de la place ; demain il joindra la 2e division.

J'ai l'honneur.....

SOULT.

Le général Salligny au commandant Jean Guillaume.

Ochsenhausen, le 24 vendémiaire an XIV (16 octobre 1805).

Commandant,

Vous voudrez bien partir au reçu de la présente avec les militaires qui se trouvent dans la place de Mindelheim pour vous rendre à Memmingen y prendre le commandement de la place. Vous veillerez à l'exécution de toutes les demandes que l'ordonnateur en chef aura faites pour le service de l'armée.

Vous réunirez à Memmingen tous les traîneurs et hommes éclopés du corps d'armée qui sont restés en arrière ; vous vous occuperez de les remettre en état en leur faisant fournir des souliers, s'il est possible, pour qu'au premier ordre ils puissent partir en détachement et rejoindre leurs corps respectifs ; vous ferez fournir un détachement pour conduire au grand parc général de l'armée, à Augsburg, l'artillerie, munitions et armes autrichiennes qui ont été trouvées à Memmingen d'après les ordres qu'a donnés à ce sujet le général commandant l'artillerie (1) ; ce détachement sera composé de vingt-cinq hommes, commandé par un officier du bataillon de la 2e division qui est à Memmingen en garnison et de dix des chasseurs à cheval au 26e régiment qui se trouvent dans cette place.

Je fais diriger sur Memmingen tous les prisonniers qui se trouvent ici, sous l'escorte d'un détachement de 25 hommes du 55e régiment (2) ; vous ferez partir ces prisonniers avec tous ceux que vous aurez pu recevoir dans la place de Memmingen sous la même escorte que l'artillerie pour Augsburg. Le convoi devant coucher demain à Mindelheim et être rendu le 26 à sa destination, prévenez le bourgmestre de Mindelheim qu'il aura à fournir des vivres et fourrages demain soir pour les hommes et les chevaux, sans lui dire que ce sont des prisonniers.

Il restera à Memmingen à votre disposition pour le service de la place et pour faire exécuter les réquisitions de l'ordonnateur en chef, 125 hommes d'infanterie avec leurs officiers et 15 chasseurs à cheval du 26e régiment, commandés par un officier.

Le détachement du 55e régiment qui conduira le soir à Memmingen les prisonniers qui se trouvent ici, devra partir demain matin pour rejoindre son corps à Lauffen. Il y a des ordres en conséquence et le commandant du détachement de la

---

(1) L'ordre donné à ce sujet au général Demarçay, chef d'état-major de l'artillerie, lui prescrit de prendre d'abord tous les objets qui seraient nécessaires pour le parc du corps d'armée.

(2) Ordre au colonel du 55e; l'officier chargé de conduire les prisonniers reviendra le 17 à Lauffen, où il trouvera un sous-officier chargé de lui indiquer la route prise par le régiment.

2ᵉ division, resté à Memmingen, a l'ordre de lui faire fournir ses subsistances.

L'officier qui conduira l'artillerie trouvée à Memmingen suivra les instructions données par le général commandant l'artillerie et remettra à M. le général de division, chef du grand état-major général à Augsburg, tous les prisonniers confiés à sa garde ; il prendra les ordres de M. le général chef de l'état-major général, pour connaître la direction qu'il aura à suivre pour rejoindre le corps d'armée ; le détachement de chasseurs à cheval sera sous son commandement jusqu'à l'époque de son retour au quartier général.

Salligny.

Bulletin historique de la marche de la division de la Garde impériale.

La division prit position sur les hauteurs en avant d'Elchingen sur deux points, l'un dans la direction d'Ulm et l'autre dans celle d'Albeck.

Général Roussel.

Le maréchal Davout au maréchal Berthier.

Dachau, le 24 vendémiaire an XIV (16 octobre 1805).

Monsieur le Maréchal,

J'ai l'honneur d'annoncer à Votre Excellence que j'ai reçu l'ordre du 23 (*15 octobre*), et que je me suis empressé de le communiquer au 3ᵉ corps d'armée.

J'ai reçu des nouvelles des partis que j'ai envoyés à Weilheim, Schöngau et Murnau, qui confirment les renseignements que j'ai eu l'honneur de vous adresser hier. Tous les corps autrichiens qui étaient dans cette partie se sont retirés sur Innsbrück ; le parti sur Schöngau croit Füssen occupé, et tâchera de s'en assurer en s'approchant de cette ville. Il y avait un peu d'exagération sur les 1000 chevaux arrivés à Landshut ; le 22 vendémiaire (*14 octobre*), le lieutenant-colonel Henry (1), des dragons

---

(1) Le lieutenant-colonel de ce régiment se nommait Kraudy. L'officier dont il s'agit doit être le major Henzy.

de l'archiduc Jean, y est entré avec 400 chevaux. Le reste du régiment était à Vilsbiburg. Ce mouvement paraît n'avoir été fait que pour protéger la marche du régiment de Gyulay qui a rejoint le corps du général Kienmayer ; c'est ce régiment dont les fourriers ont été pris à Neuburg et qui avait rétrogradé sur Geisenfeld et Straubing.

Les derniers rapports sur l'Inn annoncent que deux régiments venant de Vienne ont rejoint Kienmayer, ce qui peut porter les forces de son infanterie à 16,000 hommes ; il y a 6,000 chevaux.

Les deux premières colonnes russes sont placées entre Neu-OEtting et Mühldorf ; les Autrichiens occupent la ligne de l'Inn et ont des avant-postes à Haag et Ampfing et font quelques mouvements vers Hohenlinden.

DAVOUT.

Le maréchal Davout au maréchal Bernadotte.

Dachau, le 24 vendémiaire an XIV (16 octobre 1805).

Mon cher Maréchal,

Je m'empresse de vous transmettre les renseignements suivants qui me sont parvenus sur les mouvements de l'ennemi.

Dans la nuit du 19 au 20, un corps d'armée d'environ 12,000 hommes, venant de Landsberg, a suivi la route de Weilheim, Murnau, Mittenwald, et s'est rendu derrière l'Inn. Ses bagages et son artillerie avaient filé avant lui.

Mittenwald est occupé par des Autrichiens et des paysans de la milice du Tyrol ; le passage de Scharnitz, autrement nommé la porte de Sandine, est fortement gardé par cette milice.

L'archiduc Jean commande ces troupes et a son quartier à Scharnitz. Hier, 22, le tocsin a sonné dans tous les villages du Tyrol. Partie du rassemblement qui doit en résulter a ordre de se porter sur Mittenwald et, avec un corps autrichien, de s'avancer ensuite sur Murnau.

Plusieurs paysans sortant du Tyrol s'accordent à dire qu'il est très encombré et qu'il y a beaucoup de troupes.

Le parti que j'ai envoyé à Mittenwald y a donné l'alerte et s'est assuré que les Autrichiens et Tyroliens l'occupent en force. Vous pouvez, mon cher Maréchal, regarder ces renseignements comme très certains; ils sont le résultat de plusieurs interrogatoires faits sur les lieux mêmes et qui tous, en outre, s'accordent parfaitement avec les rapports des espions.

J'ai pensé, mon cher Maréchal, que ces renseignements pouvaient vous intéresser, à raison des troupes que vous avez à Tölz.

L. Davout.

Ordre du jour du 24 vendémiaire an XIV.

Les officiers qui ont des chevaux, et qui les font panser et conduire par des soldats, seront obligés de s'en défaire sous vingt-quatre heures, attendu que cela prive nos rangs d'un grand nombre de baïonnettes qui doivent être plus glorieusement employées.

Les chevaux qui seront trouvés conduits par les soldats seront arrêtés et mis à la disposition du général commandant l'artillerie.

MM. les Généraux tiendront la main à l'exécution du présent ordre.

Le Maréchal,

(A. G.) Davout (1).

Le général Gudin au maréchal Davout.

Schwabhausen, le 24 vendémiaire an XIV (16 octobre 1805).

J'ai communiqué aux officiers généraux et aux troupes de ma division les bonnes nouvelles que vous avez bien voulu me

---

(1) Le maréchal Davout, en transmettant l'ordre du jour du 22 vendémiaire, exhorte ses troupes à rivaliser en patience avec les autres corps d'armée. Ceux-ci ont supporté pendant dix jours les plus grandes privations, mais ils en seront dédommagés par des siècles de gloire. Les divisionnaires doivent se tenir prêts à marcher au premier ordre, faire rentrer tous les détachements, sauvegardes, etc.; ils devront également se procurer le plus de pain qu'il sera possible. En particulier, le général Gudin est invité à frapper des réquisitions à Aichach et environs. Le général Friant, en raison du mauvais temps, fait cantonner ses troupes et se renseigne sur l'état des armes et munitions.

donner cette nuit, et nous sommes tous disposés à acquitter les lettres de change que les corps d'armée sous Ulm ont tirées sur nous.

M. le général Daultanne m'a marqué de votre part de m'approvisionner jusqu'au 28.

Toutes les démarches que je pourrais faire à cet égard seraient infructueuses.

Je suis parvenu, en employant toutes les voies possibles, à donner du pain ou de la farine jusqu'aujourd'hui 24 inclus ; mais il ne me reste plus rien, pas même l'espoir d'avoir.

J'ai frappé une réquisition sur Schoffenhofen, mais je suis assuré d'avance qu'elle ne produira rien.

M. le maréchal Bernadotte ayant donné des ordres précis dans les cantonnements de ne rien laisser enlever, je vous supplie, en conséquence, Monsieur le Maréchal, de nous faire donner du pain pour demain.

Je reçois à chaque instant des plaintes d'Ober-Roth sur la conduite du parc de réserve.

Ils prennent le blé non battu, pour le donner à leurs chevaux et faire la litière. Si ce parc reste encore dans cet endroit, ce malheureux pays est ruiné pour plusieurs années. Si vous pouviez le placer ailleurs, vous rendriez la vie à ce village dont les habitants sont en fuite de tous les côtés.

Si j'avais eu un village à ma disposition, je l'aurais déjà fait partir, mais je n'ai rien à leur donner.

Notre position est toujours la même ; quelqu'un qui arrive de Friedberg prétend avoir entendu le canon toute la nuit et ce matin.

GUDIN.

Le général Gudin au maréchal Davout.

Schwabhausen, le 24 vendémiaire an XIV (16 octobre 1805).

Les désordres vont toujours en augmentant, malgré les ordres donnés pour les réprimer. Les conseils de guerre, par leur lenteur, sont insignifiants et ne peuvent, par conséquent, remédier au mal. Je crois, Monsieur le Maréchal, que des commissions militaires, jugeant sans appel et dégagées des longues formes des conseils de guerre, peuvent seules arrêter le brigandage affreux qui se commet et dont les habitants n'ont pas d'exemples dans les guerres précédentes où nous étions leurs ennemis.

Depuis le passage du Danube, les troupes ont tout à fait changé de conduite, et, si cela continue longtemps, la discipline même sera totalement perdue. Je ne sais qui en a donné le premier exemple, mais il a gagné avec une rapidité effrayante.

Je viens pour empêcher les pillards de courir et quitter le camp, d'ordonner six appels par jour, et je joins à ma lettre copie de l'ordre que j'ai donné hier à cet égard; je crains bien que ce ne soit un faible palliatif, car le soldat est devenu si exigeant pour sa nourriture que la ration ne lui suffit plus; j'ai deux pillards aux conseils de guerre; s'ils sont condamnés, j'espère que cela produira un bon effet, mais pas celui qu'on peut attendre des jugements rendus prévôtalement ou par des commissions *ad hoc*.

M. le colonel du 25ᵉ régiment de ligne rend compte que, malgré l'ordre de l'armée, le payeur n'a donné que 5,000 francs d'acompte sur les derniers quinze jours de vendémiaire; qu'il n'a point acquitté les appointements des officiers, ni ce qui reste dû pour les souliers et capotes, ni voulu donner d'acompte sur les nouveaux fonds accordés pour cet objet, ce qui met les corps dans l'impossibilité de rien faire confectionner à Munich, soit en souliers et capotes, soit pour ce qui concerne les fourgons d'ambulance pour lesquels les corps n'ont encore rien reçu.

GUDIN.

Le général Gudin au général Petit.

Schwabhausen, le 24 vendémiaire an XIV (16 octobre 1805).

Mon cher Général,

M. le Maréchal m'ayant marqué de me pourvoir de subsistances jusqu'au 28 de ce mois, et, ne pouvant y parvenir, les réquisitions que j'ai précédemment frappées n'ayant pas rendu les quantités présumées, j'autorise MM. les colonels à faire retenir toutes les farines ou pain qu'ils pourront trouver dans les environs de leurs cantonnements, pour assurer la subsistance de leurs corps respectifs jusqu'au 28 inclus. Vous voudrez bien transmettre vos ordres en conséquence et vous faire rendre compte des ressources que chaque régiment se sera procurées.

(*A. G.*) Gudin.

Le général Éblé à M. Navelet, colonel directeur du parc.

Munich, le 24 vendémiaire an xiv (16 octobre 1805).

Monsieur,

Je vous préviens que, d'après la décision de M. le maréchal Bernadotte, les charretiers bavarois attachés aux parcs d'artillerie recevront journellement une somme de un franc pris sur les fonds du parc.

Le sergent, 1 fr. 50.
Les caporaux, 1 fr. 25.

Cette solde leur sera payée tous les cinq jours; ils recevront, indépendamment de ce traitement, les vivres comme les troupes françaises. Vous veillerez à l'exécution de cette disposition.

Je vous envoie 50 frédérics d'or pour subvenir à la dépense ci-dessus en attendant l'arrivée de M. Petit; vous m'en enverrez le reçu en son nom.

Éblé.

(*Même lettre aux commandants de l'artillerie des deux divisions.*)

Le général Éblé au général Songis.

Munich, le 24 vendémiaire an xiv (16 octobre 1805).

Général,

J'ai l'honneur de vous rendre compte qu'il reste à peine de 400,000 à 500,000 cartouches d'infanterie au parc de réserve du 1er corps de la Grande Armée et que le directeur, non plus que moi, ignore où il pourra remplacer les consommations.

Recevez, etc.

Éblé.

*Le général Éblé à M. Folard, commandant l'artillerie attachée
à la division de cuirassiers.*

Munchen, le 24 vendémiaire an XIV (16 octobre 1805).

Monsieur,

J'ignorais qu'il y eût de l'artillerie à la division de cuirassiers, et en eussé-je été instruit, je ne pourrais vous être d'aucun secours, attendu que l'artillerie attachée au corps d'armée de M. le maréchal Bernadotte est hanovrienne et entièrement différente de celle de France ; il est donc indispensable, pour vous mettre en état de marcher, que vous fassiez faire les réparations qu'exige votre artillerie par des ouvriers du pays. Tout ce que je puis faire se borne à vous faire rembourser vos dépenses. Vous pourrez aussi faire prendre au parc, près Munich (à Schwabing) un seau, un timon ; il y aurait aussi une roue de derrière de caisson, mais aucune d'avant-train.

ÉBLÉ.

---

*Traduction d'une lettre adressée le 16 octobre de Nuremberg,
par un homme bien famé au soussigné.*

La seconde armée russe, sous les ordres du général Michelson, doit arriver à Braunau vers le 27 octobre ; la première colonne, commandée par les généraux Buxhowden, Laugeron et Lambert, est composée de trois régiments d'infanterie (Narkaï, Nizowskoï, Arkhangelrodskoï), d'un régiment de cosaques (Isosoco), de deux régiments de hussards (Alexandriski et Markowski), d'un bataillon d'artillerie à pied, d'une compagnie d'artillerie à cheval, d'une compagnie de pionniers et d'une compagnie de pontonniers.

La deuxième colonne, commandée par les généraux Wimpffen et Maller, est composée de trois régiments d'infanterie (Skopskoï, Nastobskoï, Varemskoï), du 5ᵉ régiment de chasseurs, d'un régiment de tatars à cheval, d'un régiment de hussards (Elisabethgradski), d'un régiment de dragons (Staradubskoï).

On estime les deux colonnes à 50,000 hommes.

Deux autres, dont les régiments sont inconnus, doivent se

joindre sous les ordres du général Essen, à Pulawi, au corps du général Buxhowden.

Une autre armée est en marche sur la même route, laquelle sera suivie de 12,000 hommes de gardes, sous les ordres du grand-duc Constantin.

Capitaine BRONIDIS.

Rapport d'un homme arrivé de Braunau à Augsburg le 24 vendémiaire (16 octobre), au soir.

Augsburg, le 24 vendémiaire an xiv (16 octobre 1805).

La 1re division de troupes russes est arrivée le 17 vendémiaire (*9 octobre*), à Braunau; elle était composée de 9 bataillons; le 18, elle est partie pour Alt-OEtting, où elle doit attendre de nouveaux ordres.

Le même jour, 18 vendémiaire, est arrivée à Braunau la 2e division, composée d'environ 12 bataillons; elle a continué le lendemain sa marche par Burghausen à Wasserburg.

Le 20 vendémiaire (*12 octobre*), est arrivée à Braunau la 3e division, composée d'environ 10 bataillons; elle a eu ordre de se rendre également à Wasserburg.

Le 22 vendémiaire (*14 octobre*), est attendue à Braunau la 4e division, forte d'environ 14 bataillons; le général Kutusow arrive avec elle.

Les troupes russes sont en assez mauvais état et paraissent avoir beaucoup souffert par la longue route qu'elles viennent de faire; elles n'ont encore ni artillerie, ni munitions qui doivent leur être envoyées de Braunau.

Bulletin de Ratisbonne.

Ratisbonne, le 24 vendémiaire an xiv (16 octobre 1805).

Le régiment de Gemmingen et 300 hommes de Hohenlohe dragons et une division de uhlans se trouvent depuis hier à Waldmünchen, sur les frontières de la Bohême et du Haut-Palatinat de Bavière, où ils ont reçu l'ordre de faire halte. Ce petit corps ne connaît pas sa direction ultérieure. Il peut, dans sa station actuelle, recevoir l'ordre de rentrer en Bohême, ou bien de marcher sur Passau ou Straubing. Il peut aussi être destiné à attendre à Waldmünchen l'arrivée d'une colonne russe.

L'évacuation de la place d'Egra s'est faite sur Prague, où l'on prétend que le général russe Bauer vient d'arriver avec une colonne de troupes russes destinées à occuper le Haut-Palatinat de Bavière qui devait être presque entièrement évacué par les troupes autrichiennes. Il n'y avait hier plus de troupes ennemies le long du Danube, depuis Ratisbonne jusqu'à Passau. Il paraît qu'elles devaient aussi entièrement abandonner le cours de l'Isar; pour se replier sur la rivière de l'Inn, derrière laquelle les Russes se formeront selon toutes les apparences. On assure cependant dans ce moment qu'il y a encore 500 hommes de cavalerie à Landshut.

Du 24 vendémiaire an XIV (16 octobre 1805),
à 4 heures après-midi.

Il vient d'arriver dans ce moment par la route de Waldmünchen à Stadt-am-Hof, vis-à-vis de Ratisbonne, 25 uhlans qui y sont arrivés en grande hâte. Ils prétendent être soutenus par un escadron de dragons.

BACHER.

Note.

Un homme parti de Braunau, le 15 octobre, a vu en passant le maréchal Bernadotte et lui a remis un rapport.

Il a vu, le 14 au soir, M. de Kienmayer à Ampfing; il avait les régiments :

Deutschmeister, Joseph Colloredo, Gyulay, Wenceslas Colloredo, Reuss-Plauen, Gemmingen, un régiment de Croates, Auersperg, Manfredini, un bataillon de grenadiers de l'archiduc Charles.

Cavalerie.

Les hussards de Liechtenstein, les hussards de Merveldt, un autre régiment de uhlans, deux régiments de dragons, chevau-légers, Nassau-Uningen cuirassiers.

Toutes les troupes étaient sur la ligne de Ampfing-Wasserburg-Rosenheim.

Dans Wasserburg, il y avait 1200 hommes de plusieurs régiments.

Le même homme a trouvé les Russes à quelques heures de là, le 14 octobre, à Machtolsheim, Altrundingen et Mühldorf.

Les Russes lui ont dit qu'ils étaient arrivés de la veille, que 8,000 étaient restés à Braunau et qu'ils étaient environ 6,000 dans les trois cantonnements, et il dit n'avoir pas vu non plus au delà de 5,000 ou 6,000 hommes.

Les mêmes officiers lui ont dit que 14,000 autres Russes étaient derrière et avaient reçu ordre d'arriver le 19 à Braunau; ils étaient au camp de Wels.

Le reste de la colonne, à ce qu'on lui a dit, était encore au delà de Vienne.

(*De la main de Savary, sans lieu ni date*).

Extrait d'une lettre de Rostock.

Le 24 vendémiaire an XIV (16 octobre 1805), au soir.

La gazette de Rostock, qui ne paraît que deux fois par semaine, a annoncé hier que les Suédois n'avaient que 6,000 hommes à Stralsund.

Je ne crois pas qu'il y ait plus de 10,000 Russes (et encore c'est beaucoup), répartis à Greifswalde (1) et autres villes circonvoisines. Ce serait donc en tout 16,000 hommes.

D'après l'opinion générale ici, ces troupes prennent leurs quartiers d'hiver, car si elles eussent dû être employées à une expédition prochaine, on ne les aurait pas éparpillées dans un camp volant.

Le général en chef Tolstoy a sous ses ordres les généraux comte Ostermann, les princes Schakowstkoï, Sadmorasky, Werderensky, Neverosky.

FINANCES.

Quoiqu'il n'y ait point eu aujourd'hui de Bourse sur Paris, on a cependant remarqué une tendance à la hausse. Le papier sur

---

(1) Au sud-est de Stralsund.

cette ville était fortement demandé à 22. Dans ce moment arrive la nouvelle de la victoire remportée par le général Lannes. Je la fais répandre et connaître partout, et je ne doute pas qu'elle ne produise le plus grand effet en notre faveur. Quelqu'un qui voudrait parier cinq contre un pour les Français, ne trouverait personne qui lui tînt son pari.

BULLETIN PARTICULIER.

Le prince de Wurtemberg, frère de l'Électeur, qui a quitté Stuttgard, il y a aujourd'hui huit jours, est arrivé ici lundi dernier 22 vendémiaire. Il a dîné chez un négociant, nommé Schramm, que je connais beaucoup, qui est porté pour les Français. Le prince lui a dit qu'il avait eu l'honneur de voir Sa Majesté à Stuttgard, qu'il était impossible de ne pas être extrêmement content de son affabilité et de ses manières ; que Sa Majesté avait déclaré, lui présent, qu'Elle conservait toujours dans son cœur le désir de la paix, qu'Elle était prête à la faire, pourvu qu'on lui donnât des gages afin que sa bonne foi ne fût plus trompée.

Le prince a ajouté que notre cavalerie n'était pas bien montée ; mais qu'il n'avait jamais vu une plus belle infanterie ; que les Autrichiens avaient manqué le moment favorable et que l'Empereur avait repris tout l'avantage, par son activité et la prodigieuse rapidité de la marche de l'armée des côtes en Souabe ; qu'il regardait la campagne comme décidée pour les Français. M. Schramm m'a dit, qu'en général, le prince avait, pendant tout le dîner, où il n'y avait que peu de monde, parlé avec admiration de Sa Majesté.

Ce prince est parti pour Kiel rejoindre le prince royal de Danemark.

BOURRIENNE.

CHAPITRE XII

17 octobre.

Le général Compans au général Bourcier.

Söflingen, le 25 vendémiaire an xiv (17 octobre 1805).

Mon Général,

M. le maréchal commandant en chef me charge de vous annoncer confidentiellement que l'intention de Sa Majesté l'Empereur est de livrer l'assaut cette nuit à la place d'Ulm ; cette opération exige une grande et prompte réunion de moyens. L'infanterie doit faire des fascines à force, la cavalerie doit se transporter dans les villages voisins pour enlever et faire transporter à la tête du camp tout ce qui peut y exister en planches, échelles, pelles et pioches. J'ai assigné à la brigade de hussards les villages où elle devait envoyer des détachements. Voici la nomenclature de ceux où M. le maréchal désire que vous envoyiez des détachements de dragons pour y remplir cet objet : Orenstein, Herrlingen, Holinstein, Kalhe, Kleingenstein, Arneck, Dettingen et Wiblingen.

Il n'est pas nécessaire que les détachements soient bien forts mais il importe qu'ils soient commandés par des officiers.

COMPANS.

Le général Compans au général Suchet.

Söflingen, le 25 vendémiaire an xiv (17 octobre 1805).

Mon général,

M. le maréchal commandant en chef me charge de vous donner de sa part l'ordre de former, sur-le-champ, des détachements de 300 hommes par bataillon à la tête desquels vous mettrez par portions égales votre compagnie de sapeurs.

Ces détachements devront se rendre dans les forêts voisines pour y confectionner des fascines et les transporter à la tête du camp avec toute l'activité possible. M. le maréchal vous engage à faire surveiller ce travail par un officier général, vous en sentez l'importance, il faut que nous ayons avant la nuit les moyens de livrer l'assaut.

Envoyez des détachements dans les villages de Harthausen, Grimelfingen et Einsingen, pour y enlever toutes les planches, les échelles, les pelles et pioches qu'il sera possible d'y trouver et les faire porter aussi à la tête du camp ; des officiers pourront être placés à la tête de ces détachements.

COMPANS.

Le général Mack au maréchal Berthier.

Ulm, le 25 vendémiaire an xiv (17 octobre 1805).

Monsieur le Maréchal,

Si Sa Majesté daigne m'accorder huit jours, qu'une force capable de débloquer la place d'Ulm se présente, j'accepte les propositions que Votre Excellence vient de me faire par sa lettre du 24 vendémiaire ; sinon, je me réfère à ma déclaration précédente : que la garnison est prête d'évacuer la place, sans être prisonnière de guerre, et que, si cette demande si juste et équitable lui est refusée, elle est plus fermement que jamais décidée de s'ensevelir sous les ruines de la ville, plutôt que de se déshonorer. J'ai d'autant plus de droit d'attendre de la justice et de la générosité de Sa Majesté cette prolongation, puisqu'elle serait fort indifférente pour les armées françaises, si celles d'Autriche et de la Russie se trouvaient dans l'état que Votre Excellence m'a allégué dans sa lettre.

Votre Excellence me dit dans sa lettre d'hier « que Sa Majesté ne peut pas perdre ses avantages ». Le grand, l'immense avantage est pour Elle la cession d'Ulm, clef de l'Iller et de la moitié de l'Allemagne. Vouloir encore exiger que la garnison qui l'évacue se rende prisonnière de guerre, tant qu'elle a la certitude d'être débloquée, est contre les principes de la guerre et de l'humanité, c'est la réduire à l'extrémité, à laquelle elle est résolue de se soumettre mille fois plutôt que de se déshonorer.

J'ai l'honneur d'être avec la plus haute considération,

Le Lieutenant général et quartier-maître général
des armées de Sa Majesté l'Empereur d'Autriche,

(A.W.) MACK.

Le général Mack au maréchal Berthier.

Monsieur le Maréchal,

J'attendais de la justice, de la grandeur d'âme et de la générosité de Sa Majesté Impériale qu'Elle daignerait m'accorder le délai demandé de huit jours, et je vous ai une sensible reconnaissance d'avoir protégé auprès de l'auguste personne de Sa Majesté ma juste demande. J'ai signé sans réserve, mais je me fie, pour l'arrangement des articles moins importants, à la promesse de Votre Excellence, que Sa Majesté consentirait à toute autre modification. Il en est un, cependant, pour lequel je dois être clair et positif, c'est que toute l'artillerie ne soit pas remise et m'en soit accordée en nombre proportionné.

Veuillez recevoir, Monsieur le Maréchal, les assurances de ma vénération et de ma haute estime.

MACK.

(A. W.) (Sans date.)

Conversation de Mack avec Napoléon, le 17 octobre 1805, à l'abbaye d'Elchingen.

J'ai eu, hier, un entretien très important avec l'Empereur des Français. Il m'a autorisé à partir, sur-le-champ, pour faire part à Votre Majesté de son désir de faire la paix. Il voulait d'abord qu'Elle traitât seule de cette paix avec lui. Cela donna lieu à la déclaration positive que je lui ai faite, que Votre Majesté ne le pouvait pas, ne le voulait pas, qu'en commun avec la Russie. Je lui dis aussi que cela ne pouvait avoir lieu que sous les conditions concertées avec la Russie, et j'ajoutai : « Votre Majesté nous a ruiné et pris une armée de 50,000 hommes, mais 150,000 Russes sont en marche à notre secours, et Votre Majesté sait que la maison d'Autriche ne manque pas de ressources pour mettre sur pied de nouvelles armées. Il y a 80 bataillons de réserve déjà dressés qui formeront d'abord une nouvelle armée formidable. »

Je lui parlai d'abord de différentes choses, et entre autres d'une nouvelle frontière en Italie pour nous, et d'un dédommagement pour le roi de Sardaigne ; la dernière proposition fut entièrement rejetée par Napoléon. Il ne fit aucune objection à la première et dit : « Je suis prêt à faire des sacrifices et même de grands sacrifices sur le continent, mais qu'on fasse cause commune avec moi pour en faire faire aussi à l'Angleterre. Pourquoi vouloir toujours peser sur ma prépondérance continentale, sans vouloir se réunir avec moi contre la toute-puissance maritime de l'Angleterre ? »

Les reproches les plus amers qu'il nous fit étaient relativement à l'Électeur de Bavière, son allié. Je répondis que cette alliance ne nous était pas connue, et je lui dis : « Si l'Électeur, au lieu de trahir le prince de Schwarzenberg, lui avait montré son traité d'alliance avec Votre Majesté, il m'aurait expédié un courrier, j'en aurais expédié un à Vienne et arrêté la marche des troupes jusqu'à nouvel ordre. »

Lui ayant dit qu'il ne me serait pas échappé un Bavarois si j'avais osé passer par le territoire prussien, et que sa jonction avec Bernadotte, accélérée par ledit passage, avait tout culbuté, Napoléon me répondit : « Pourquoi avez-vous respecté cette partie du territoire prussien qui n'a jamais été respectée pendant la dernière guerre? » Je répliquai : « Nous autres n'osons pas nous permettre ce que Votre Majesté se permet avec sa puissance prépondérante, et à ce que je sais, la Prusse avait déclaré qu'elle prendrait les armes contre quiconque des trois puissances oserait violer sa neutralité. »

(Reçu à Vienne le 27.) (*Staatsarchiv de Vienne.*)

Capitulation de la ville d'Ulm.

Capitulation de la ville d'Ulm, occupée par les troupes de Sa Majesté l'Empereur d'Autriche et Roi de Hongrie, aux armes de Sa Majesté l'Empereur des Français et Roi d'Italie.

Entre nous, Alexandre Berthier, commandant la première cohorte de la Légion d'honneur, grand cordon, grand veneur, grand officier de l'Aigle rouge, major général de la Grande Armée, ministre de la guerre, chargé de stipuler pour Sa Majesté l'Empereur des Français et Roi d'Italie ;

Et M. le feld-maréchal baron Mack, quartier-maître général des armées de Sa Majesté l'Empereur d'Autriche et Roi de Hongrie,

Il a été convenu ce qui suit :

	RÉPONSES.
ART. 1ᵉʳ. — La place d'Ulm sera remise à l'armée française avec tous ses magasins et son artillerie.	La moitié de l'artillerie de campagne restera aux troupes autrichiennes. *Refusé.*
ART. 2. — La garnison sortira de la place avec tous les honneurs de la guerre et, après avoir défilé, elle remettra ses armes. MM. les officiers seront renvoyés sur parole en Autriche, et les soldats et sous-officiers seront conduits en France où ils resteront jusqu'à parfait échange.	Tout le monde sera renvoyé en Allemagne, sous condition de ne pas servir contre la France jusqu'à l'échange. *Refusé.*
ART. 3. — Tous les effets appartenant aux officiers et soldats, leur seront laissés.	Les caisses des régiments aussi. *Accordé.*

ART. 4. — Les malades et les blessés autrichiens seront soignés comme les malades et les blessés français.

Nous connaissons l'humanité et la loyauté françaises.

ART. 5. — Cependant s'il se présentait, le 3 brumaire an XIV (25 *octobre* 1805), avant midi, un corps d'armée capable de débloquer la ville d'Ulm, alors la garnison de cette place serait dégagée de la première capitulation et serait libre de faire ce qu'elle voudrait.

Si, jusqu'au 25 octobre à minuit inclusivement, des troupes autrichiennes ou russes débloquaient la ville, de quelque côté ou porte que ce soit, la garnison sortira librement, avec ses armes, son artillerie et cavalerie pour joindre les troupes qui l'auront débloquée.

Accordé.

ART. 6. — Une des portes de la ville d'Ulm (la porte de Stuttgard) sera remise, à 7 heures du matin, à l'armée française, ainsi qu'un quartier suffisant pour pouvoir contenir une brigade.

ART. 7. — L'armée française pourra faire usage du grand pont sur le Danube, et communiquer librement d'une rive à l'autre.

Le pont est brûlé; on fera l'impossible pour le refaire.

ART. 8. — Le service sera réglé de part et d'autre, de manière à ce qu'il ne se commette aucun désordre et que tout soit dans la meilleure harmonie entre les deux armées.

La discipline française et autrichienne nous en est le sûr garant.

ART. 9. — Tous les chevaux de cavalerie, d'artillerie, de charrois, appartenant à Sa Majesté l'Empereur d'Autriche seront remis à l'armée française.

ART. 10. — Les articles 1, 2, 3, 4 et 9 n'auront leur exécution que lorsque le voudra M. le général commandant les troupes autrichiennes, pourvu que cela ne puisse dépasser le 3 brumaire an XIV (25 *octobre* 1805), à midi.

Et si, à cette époque, une armée assez forte se présentait pour faire lever le blocus, la garnison serait libre, conformément à l'article 5, de faire ce qu'elle voudrait.	RÉPONSES.

Fait double à Ulm,
le 25 vendémiaire an XIV (*17 octobre 1805*).

Maréchal BERTHIER.   MACK.

Engagement pris par les officiers généraux, faits prisonniers de guerre à Ulm, de ne point servir contre la France, ni contre ses alliés, qu'après leur échange définitif.

(Datée à Ulm, le 21 octobre 1805).

MM. Graf RIESCH, feld-maréchal-lieutenant;
V. STIPSICZ, feld-maréchal-lieutenant;
Erbprinz zu HESSEN HOMBURG, feld-maréchal-lieutenant;
Graf GYULAY, feld-maréchal-lieutenant;
Baron d'ULM, général-major;
Moritz Fürst LIECHTENSTEIN, général-major;
Graf AUERSPERG, général-major;
Ellois Fürst LIECHTENSTEIN, obrist;
Hicker von HAYMINGTHAL, général-major;
Graf KLENAU, feld-maréchal-lieutenant;
LOVDON, feld-maréchal-lieutenant;
GOTTESHEIM, feld-maréchal-lieutenant;
Von GEHNEDEGG, général-major;
RICHTER, général-major.

État sommaire des prisonniers de guerre faits aux affaires de Donauwörth et Wertingen, les 15 et 16 vendémiaire an XIV.

Majors de Sporck et de Reuss-Greitz............................	2
Chefs de bataillon de l'archiduc Louis et de Jellachich........	2
Capitaines de différents corps.................................	19
Lieutenants et sous-lieutenants de différents corps............	23
Enseignes de différents corps..................................	4
Chirurgiens de différents corps................................	4
A reporter.........	54

	Report.......	54
Régiment Prince-Reuss-Greitz, n° 55		749
Grenadiers de Sporck, n° 25		436
Régiment Archiduc-Louis, n° 8		378
Régiment Jellachich (hongrois), n° 62		255
Régiment de Stuart, n° 18		125
Régiment Joseph-Colloredo, n° 57		30
Grenadiers d'Herbach, n° 42		115
Régiment de Kaunitz, n° 20		19
Régiment cuirassiers d'Albert, n° 3		3
Chevau-légers, régiment de La Tour, n° 4		2
Régiment d'artillerie Baron Rouvret, n° 3		12
— Unterberg		15
Charretiers d'artillerie		16
	TOTAL...	2,209

Au quartier général, à Donauwörth, le 17 vendémiaire an XIV.

Certifié véritable :

L'Adjudant-commandant,

BOERNER.

Prisonniers autrichiens faits à Memmingen.

Le général-major comte SPANGEN, commandant la garnison.

NOMS DES RÉGIMENTS.	NUMÉROS des régiments.	TOTAL des officiers.	TOTAL des sous-officiers et soldats.
Czartorisky	9ᵉ	47	1,225
Auersperg	24ᵉ	13	537
Mittrovsky	40ᵉ	68	1,510
TOTAUX		128	3,272

RÉSULTAT.

Général	1	
Officiers des troupes	128	3,401.
Sous-officiers et soldats (infanterie)	3,272	
Canons		
Drapeaux		Pris à Memmingen.
Quantité de bagages et munitions		

État des officiers généraux autrichiens prisonniers de guerre.

NOMS DES RÉGIMENTS.	GRADES.	OBSERVATIONS.
Baron d'Aspre............	Général-major....	
A. Hermann..............	Id........................	
Baron de Werneck........	Feld-maréchal commandant en chef.	
Comte Baillet............	Feld-maréchal lieutenant.........	7
Weber..................	Général-major................	
Comte Hohenfeld.........	Id........................	
Comte Zinzendorf.........	Id........................	
Aides de camp de ces généraux...........................		9
Total.....................		16

RÉSULTAT.

Généraux et aides de camp......................	16	
Officiers des troupes...........................	335	11,494
Sous-officiers et soldats (infanterie)...............	10,739	
Sous-officiers et soldats (cavalerie)................	404	
Canons.......................................		»
Drapeaux.....................................		

CHAPITRE XII.

GRANDE ARMÉE. — ÉTAT MAJOR GÉNÉRAL.

État sommaire des officiers, sous-officiers et soldats faits prisonniers de guerre aux affaires de Memmingen, Wertingen, Elchingen, Günzburg et Munich.

NOMS DES RÉGIMENTS.	NUMÉROS des régiments.	TOTAL des officiers.	TOTAL des sous-officiers et soldats.	OBSERVATIONS.
De l'état-major............	»	2	»	
Kayser............ (infanterie).	1er	5	283	A Elchingen, Günzburg.
Archiduc-Charles-Louis. Id....	3e	14	367	A Elchingen.
Deutschmeister....... Id....	4e	»	346	Id.
Archiduc-Louis-Joseph. Id....	8e	13	586	A Wertingen.
Czartorisky......... Id....	9e	47	1,225	A Memmingen.
Archiduc-Rayner..... Id....	11e	1	49	A Elchingen, Günzburg.
Manfredini.......... Id....	12e	»	92	Id.
François-Reisky...... Id....	13e	2	»	Id.
Charles-Riese....... Id....	15e	1	54	Id.
Reuss-Plauen........ Id....	17e	»	18	A Wertingen.
Stuart.............. Id....	18e	3	418	Id.
Kaunitz............ Id....	20e	10	713	A Elchingen et Ulm.
Gemmingen.......... Id....	21e	»	22	Id.
Auersperg........... Id....	24e	13	537	A Memmingen.
Sporck............. Id....	25e	22	932	A Wertingen.
Frölich............. Id....	28e	»	59	A Elchingen et Ulm.
Archiduc-Maximilien... Id....	35e	1	76	Id.
Kolowrat........... Id....	36e	»	18	Id.
Wurtemberg......... Id....	38e	»	41	Id.
Mittrovsky.......... Id....	40e	68	1,510	A Memmingen.
Erbach............. Id....	42e	39	1,004	A Wertingen et Elchingen.
Thurn.............. Id....	43e	»	1	
Lattermann.......... Id....	45e	»	1	A Elchingen.
Kerpen............. Id....	49e	»	2	
Stain............... Id....	50e	1	160	
Fronn.............. Id....	54e	4	156	
Reuss-Greitz........ Id....	55e	20	761	A Wertingen.
Colloredo-Joseph..... Id....	57e	1	141	
Beaulieu............ Id....	58e	14	332	A Elchingen, Günzburg, Albeck.
Gyulay............. Id....	60e	»	6	
Jellachich........... Id....	62e	8	289	
Chasseurs tyroliens... Id....	64e	3	6	
Brooder..... (rég. des frontières).	7e	»	40	A Wertingen.
Peterwardein........ Id....	9e	4	300	
Bannat (premier)..... Id....	10e	»	11	
Archiduc-François... (cuirassiers).	2e	3	54	A Landsberg.
Duc-Albert.......... Id....	3e	2	28	A Wertingen.
Prince-Ferdinand..... Id....	4e	6	73	
Mack.............. Id....	6e	1	21	A Elchingen, Günzburg.
Hohenzollern........ Id....	8e	5	13	
La Tour....... (chevau-légers).	4e	4	32	A Wertingen.
Klenau............ Id....	5e	»	2	A Elchingen.
Rosemberg.......... Id....	6e	2	3	
A reporter.........		319	10,782	

17 OCTOBRE.   857

NOMS DES RÉGIMENTS.	NUMÉROS des régiments.	TOTAL des officiers.	TOTAL des sous-officiers et soldats.	OBSERVATIONS.
Report............		319	10,782	
Hesse-Hombourg..... (hussards).	4ᵉ	1	»	A Elchingen.
Blankenstein......... Id....	6ᵉ	2	24	A Dachau.
Liechtenstein......... Id....	7ᵉ	1	3	A Elchingen.
Palatin.............. Id....	12ᵉ	8	137	
Merveldt........... (uhlans).	1ᵉʳ	2	14	
Schwarzenberg...... Id....	2ᵉ	1	»	A Elchingen, Günzburg.
Artillerie................	3ᵉ	1	58	
Mineurs, sapeurs............	»	»	63	
Soldats du train............	»	»	62	
Totaux......		335	11,143	

Prisonniers autrichiens faits à Ulm.

Kolowrat-fusiliers.... (infanterie).	»	63	2,261	
— grenadiers. Id....	»	15	119	
Arch.-Rainier-fusiliers. Id....	»	57	1,262	
— grenadiers. Id....	»	13	459	
Auersperg-fusiliers.... Id....	»	34	607	
— grenadiers. Id....	»	9	291	
Froon-fusiliers........ Id....	»	65	1,487	
— grenadiers. Id....	»	13	408	
Kayser-fusiliers....... Id....	»	38	1,448	
— grenadiers. Id....	»	15	506	
Frölich-fusiliers....... Id....	»	64	2,071	
— grenadiers. Id....	»	13	512	
Arch.-Charles-fusiliers. Id....	»	23	576	
— grenadiers. Id....	»	14	453	
Manfredini-fusiliers.... Id....	»	71	2,222	
— grenadiers. Id....	»	12	421	
Hildburghausen-fusiliers Id....	»	67	2,557	
— grenadiers. Id....	»	16	557	
Arch.-Louis-fusiliers.. Id....	»	28	506	
Riese-fusiliers........ Id....	»	56	1,727	
Arch.-Maximilien-fusil. Id...	»	12	83	
Erbach-fusiliers....... Id....	»	8	115	
Jos.-Colloredo-grenad. Id....	»	10	373	
Stuart-fusiliers........ Id....	»	3	»	
Beaulieu-fusiliers...... Id....	»	1	»	
Czartorisky-fusiliers... Id....	»	1	»	
Chasseurs tyroliens.... Id....	»	18	442	
Blankenstein......... (hussards),	»	1	25	
Hohenzollern........(cuirassiers)	»	20	242	
Hohenlohe.......... (dragons).	»	13	147	
Archiduc-François. ...(cuirassiers)	»	25	348	
Mack............... Id....	»	12	86	
Schwarzenberg...... (uhlans).	»	49	554	
Artillerie................	1ᵉʳ	»	24	
Artillerie................	3ᵉ	»	197	
A reporter............		859	23,086	

Prisonniers autrichiens faits à Ulm (suite).

NOMS DES RÉGIMENTS.	NUMÉROS des régiments.	TOTAL des officiers.	TOTAL des sous-officiers et soldats.	OBSERVATIONS.
Report..........		859	23,086	
Artillerie.....................	4ᵉ	»	65	
Bombardiers..................	»	»	4	
Etat-major général............	»	18	»	
Ingénieurs....................	»	7	5	
Sapeurs......................	»	3	51	
Mineurs......................	»	3	59	
Dans les hôpitaux.............	»	»	1,165	
TOTAUX........		890	24,435	

NOTA. — L'état des prisonniers faits par le prince Murat n'est point parvenu à l'état-major général.

Prisonniers faits à Nördlingen, y compris la colonne du général Werneck.

Reuss-Plauen..................	17ᵉ	»	1,221	
Wurtemberg...................	38ᵉ	»	976	
Stuart........................	18ᵉ	»	954	
Archiduc-Maximilien...........	35ᵉ	»	563	
Kaunitz......................	20ᵉ	»	371	
Erbach.......................	42ᵉ	»	367	
Reuss-Greitz (grenadiers).......	55ᵉ	»	279	
Palatinat (hussards)............	12ᵉ	»	449	
Archiduc-François (cuirassiers)...	2ᵉ	»	207	
Artillerie.....................	»	»	113	
Sporck.......................	25ᵉ	»	357	
Duc-Albert (cuirassiers).........	3ᵉ	»	437	
TOTAUX........		»	6,086	

Prisonniers faits à Sternberg.

Brooder (rég. des frontières).....	7ᵉ	»	732	
Peterwardein (rég. des frontières).	9ᵉ	»	282	
TOTAUX........		»	1,014	

Prisonniers faits à Hohen-Ems, district de Vorarlberg.

Stain.........................	50ᵉ	»	2,090	
Jellachich.....................	62ᵉ	»	902	
Reisky........................	15ᵉ	»	56	
Chasseurs tyroliens.............	64ᵉ	»	566	
A reporter........		»	3,614	

Prisonniers faits à Hohen-Ems, district de Vorarlberg (*suite*).

NOMS DES RÉGIMENTS.	NUMÉROS des régiments.	TOTAL des officiers.	TOTAL des sous-officiers et soldats.	OBSERVATIONS.
Report.......		»	3,614	
Hildburghausen...............	41ᵉ	»	46	
Klenau (chevau-légers).........	5ᵉ	»	26	
Blankenstein (hussards)........	6ᵉ	»	62	
Artillerie.....................	»	»	51	
Détachement de la réserve......	»	»	15	
Aides-canonniers...............	»	»	42	
Train d'artillerie...............	»	»	193	
Soldats de l'artillerie de campagne.	»	»	152	
Administration militaire.........	»	»	63	
Sous-officiers et soldats de divers régiments pris à l'hôpital de Pludenz............................	»	»	226	
TOTAUX........		»	4,190	

NOTA. — En vertu de la capitulation signée le 23 brumaire, an XIV, entre M. le maréchal Augereau et M. le feld-maréchal baron de Jellachich.

Prisonniers faits aux affaires de Brugg, Frohenmorgen, Weyer et Gratz.

NOMS DES RÉGIMENTS.	NUMÉROS	TOTAL officiers	TOTAL soldats	OBSERVATIONS
Gyulay............(infanterie).	60ᵉ	»	236	
Deutschmeister....... Id....	4ᵉ	»	31	
Merveldt............(uhlans).	1ᵉʳ	»	33	
Wurtemberg.........(infanterie).	38ᵉ	»	8	
Gemmingen......... Id....	21ᵉ	»	4	
Riese............... Id....	15ᵉ	»	8	
Kayser............(hussards).	1ᵉʳ	»	5	
Colloredo............(infanterie).	57ᵉ	»	18	
Lindenau........... Id....	29ᵉ	»	10	
Wurtemberg.........(dragons).	3ᵉ	»	9	
Lattermann..........(infanterie).	45ᵉ	»	34	
Strasoldo........... Id....	27ᵉ	»	70	A Brugg, Frohenmorgen, Weyer et Gratz.
Thurn............(infanterie).	43ᵉ	»	11	
Bellegarde.......... Id....	44ᵉ	»	8	
Pionniers........... Id....	»	»	10	
Bannat allemand......(frontières).	12ᵉ	»	9	
Archiduc-Maximilien... Id....	95ᵉ	»	19	
Hildburghausen...... Id....	41ᵉ	»	3	
Archiduc-Charles..... Id....	3ᵉ	»	6	
Archiduc-Joseph...... Id....	8ᵉ	»	3	
Valaques...........(frontières).	16ᵉ et 17ᵉ	»	25	
Hohenlohe..........(dragons).	2ᵉ	»	2	
Soldats du train...............	»	»	13	
Duc-Albert.........(cuirassiers).	3ᵉ	»	2	
TOTAUX........		»	577	

NOMS DES RÉGIMENTS.	NUMÉROS des régiments.	TOTAL des officiers.	TOTAL des sous-officiers et soldats.	OBSERVATIONS.
Sous-officiers et soldats de divers régiments............	»	»	191	Faits prisonniers par le 6ᵉ corps d'armée à Leutoch, Scharnitz, Innsbruck et autres affaires dans le Tyrol, d'après l'état incomplet qui a été adressé à l'état-major général.
Id.......................	»	»	539	
Id.......................	»	"	421	
Id.......................	»	»	105	
Totaux........		»	1,256	
Colloredo...........(infanterie).	57ᵉ	»	448	
Archiduc-Maximilien.. Id....	35ᵉ	»	127	
Gemmingen.......... Id....	21ᵉ	»	180	
Deutschmeister....... Id....	4ᵉ	»	308	
Archiduc-Charles..... Id....	3ᵉ	»	4	A Mariazell.
Gyulay.............. Id....	60ᵉ	»	140	
Riese............... Id....	»	»	281	
Merveldt........... (uhlans).	1ᵉʳ	»	3	
Valaques........ Id....	»	»	269	
Totaux........		»	1,760	
Soldats de divers régiments......	»	»	101	A Broack et Marienfeld.
Salzburg....................	»	»	34	
Brooder...........(frontières).	»	»	23	A Slockerau.
Charretiers..................	»	»	56	
Soldats isolés de divers corps.....	»	»	39	
Totaux........		»	152	
Soldats malades trouvés à l'hôpital d'Obrowitz....................	»	»	236	A Obrowitz.
Hohenlohe...........(dragons).	2	»	9	
Latour..........(chevau-légers).	4	»	24	
Chasseurs tyroliens...(infanterie).	64	»	1	
Soldats du train d'artillerie......	»	»	7	A Gross-Meseritsch.
Klebeck.....................	14	»	30	
Kaunitz.....................	20	»	8	
Soldats isolés de divers corps.....	»	»	6	
Totaux........		»	85	

17 OCTOBRE.

NOMS DES RÉGIMENTS.	NUMÉROS des régiments.	TOTAL des officiers.	TOTAL des sous-officiers et soldats.	OBSERVATIONS.
Deutschmeister......(infanterie).	4ᵉ	»	4	
Kaunitz............ Id....	20ᵉ	»	2	
Jowin............. Id....	59ᵉ	»	7	
Brooder............(frontières).	7ᵉ	»	19	A Eybenschutz.
Peterwardein........ Id....	9ᵉ	»	16	
Valaques.......... Id....	16ᵉ et 17ᵉ	»	20	
Soldats isolés de divers régiments.	»	»	22	
Totaux........	»	»	90	
Artillerie.................	4ᵉ	»	65	
Hohenzollern........(cuirassiers)	8ᵉ	»	17	Près Iglau.
Charretiers...............	»	»	3	
Totaux........	»	»	85	
Deutschmeister......(infanterie).	1ᵉ	»	14	
Kaunitz............ Id....	20ᵉ	»	54	
Wurtemberg........ Id....	38ᵉ	»	16	
Mittrovsky......... Id....	40ᵉ	»	11	Affaires de Wischau avant
Kerpen............ Id....	49ᵉ	»	13	et après la bataille d'Aus-
Reuss-Greitz........ Id....	55ᵉ	»	11	terlitz.
Beaulieu........... Id....	58ᵉ	»	14	
Salzburg........... Id....	23ᵉ	»	18	
Soldats isolés de divers corps....	»	»	269	
Totaux........	»	»	450	
Gyulay............(infanterie).	60ᵉ	»	67	A Stein et en diverses af-
Valaques...........(frontières).	16ᵉ et 17ᵉ	»	307	faires de la Haute et Basse-Autriche, d'après
Merveldt........ (uhlans).	1ᵉʳ	»	50	les états incomplets adressés à l'état-major
Sous-officiers et soldats de divers régiments.................	»	»	1,160	général.
Totaux........	»	»	1,584	
Klebeck............(infanterie).	14ᵉ	»	17	
Salzburg........... Id....	23ᵉ	»	81	
Auersperg.......... Id....	24ᵉ	»	26	Bataille d'Austerlitz.
Sporck............ Id....	25ᵉ	»	9	
Lindenau.......... Id....	29ᵉ	»	117	
A reporter......	»	»	250	

CHAPITRE XII.

NOMS DES RÉGIMENTS.	NUMÉROS des régiments.	TOTAL des officiers.	TOTAL des sous-officiers et soldats.	OBSERVATIONS.
Report............		»	250	
Wurtemberg........ Id....	38ᵉ	»	317	
Kerpen............. Id....	49ᵉ	»	77	
Reuss-Greitz........ Id....	55ᵉ	»	291	
Beaulieu............ Id....	58ᵉ	»	29	
Chasseurs d'Autriche...........	»	»	37	
Régiment d'infanterie de l'état-major..........................	»	»	82	
Brooder...........(frontières).	7ᵉ	»	34	
Artillerie.....................	2ᵉ	»	13	Bataille d'Austerlitz.
Artillerie.....................	1ᵉ	»	27	
Bombardiers..................	»	»	39	
Pionniers.....................	»	»	77	
Kayser...........(cuirassiers).	1ᵉʳ	»	26	
O'Reilly........(chevau-légers).	3ᵉ	»	29	
Hesse-Hombourg.....(hussards).	4ᵉ	»	33	
Sous-officiers et soldats blessés à la bataille et conduits dans les hôpitaux à Brunn...............	»	»	549	
Totaux........	»	1,910		
Supplément.				
Kaunitz...........(infanterie).	20ᵉ	»	29	Postes enlevés à l'ennemi au commencement de la guerre dans (*en blanc*) de Wurtemberg.
Sporck............. Id....	25ᵉ	»	10	
Frölich............. Id....	28ᵉ	»	11	

Récapitulation générale des sous-officiers et soldats autrichiens prisonniers de guerre.

DÉSIGNATION des AFFAIRES.	INFANTERIE de ligne.	INFANTERIE de frontière.	TOTAL de l'infanterie.	CAVALERIE. Cuirassiers.	Dragons.	Chev.-légers.	Hussarde.	Uhlans.	TOTAL de la cavalerie.	ARTILLERIE, tant à pied qu'à cheval.	TRAIN d'artillerie.	MINEURS-SAPEURS et pionniers.	TOTAL GÉNÉRAL de toutes les armes.
Wertingen, Memmingen, Elchingen, Günzburg, Munich.	10,200	357	10,557	189	»	37	164	14	404	58	61	63	11,143
Ulm	22,628	»	22,628	676	147	»	25	554	1,402	290	»	115	24,435
Nördlingen et colonne du général Werneck	5,088	»	5,088	444	»	»	449	»	893	113	»	»	6,094
Sternberg	»	1,015	1,015	»	»	»	»	»	»	»	»	»	1,015
Brugg, Weyer, Frohenmorgen et Gratz	479	34	513	4	9	»	5	33	51	»	13	»	577
Leutach, Scharnitz et Inspruck.	1,256	»	1,256	»	»	»	»	»	»	»	»	»	1,256
Hohen-Ems, par suite de la capitulation du 23ᵉ régiment.	3,964	»	3,964	»	»	26	62	»	88	93	345	»	4,490
Mariazell	1,348	409	1,757	»	»	»	»	3	3	»	»	»	1,760
Broock et Marienfeld	101	»	101	»	»	»	»	»	»	»	»	»	101
Stockerau	73	23	96	»	»	»	»	»	»	»	56	»	152
Hôpital d'Obrowitz	236	»	236	»	»	»	»	»	»	»	»	»	236
Gross-Meseritsch	45	»	45	»	9	24	»	»	33	»	7	»	85
Eybenschütz	35	55	90	»	»	»	»	»	»	»	»	»	90
Iglau et environs	»	»	»	17	»	»	»	»	17	65	3	»	85
Vischau, avant et après la bataille d'Austerlitz	450	»	450	»	»	»	»	»	»	»	»	»	450
Stain et divers combats dans les deux Autriches	1,227	307	1,534	»	»	»	»	50	50	»	»	»	1,584
Bataille d'Austerlitz	1,595	71	1,666	26	»	29	33	»	88	79	77	»	1,910
Postes enlevés aux Autrichiens dans le Wurtemberg	50	»	50	»	»	»	»	»	»	»	»	»	50
TOTAUX GÉNÉRAUX	48,775	2,271	51,046	1,356	165	116	738	654	3,039	698	562	178	55,513

Prisonniers autrichiens faits à Ulm.

(An XIV, vendémiaire.)

NOMS DES RÉGIMENTS.		NUMÉROS des régiments.	TOTAL des officiers.	TOTAL des sous-officiers et soldats.
Kolowrat-fusiliers	(infanterie)	»	63	2,261
— grenadiers	Id	»	15	119
Archiduc-Rainier-fusiliers	Id	»	57	1,262
— grenadiers	Id	»	13	459
Froon-fusiliers	Id	»	65	1,487
— grenadiers	Id	»	13	408
Kayser-fusiliers	Id	»	38	1,448
— grenadiers	Id	»	15	506
Manfredini-fusiliers	Id	»	71	2,222
— grenadiers	Id	»	12	421
Frölich-fusiliers	Id	»	64	2,071
— grenadiers	Id	»	13	512
Archiduc-Charles-fusiliers	Id	»	23	576
— grenadiers	Id	»	14	453
Hildburghausen-fusiliers	Id	»	67	2,557
— grenadiers	Id	»	16	557
Archiduc-Louis-fusiliers	Id	»	28	506
Riese-fusiliers	Id	»	56	1,727
Archiduc-Maximilien	Id	»	12	83
Erbach	Id	»	8	115
Jos.-Colloredo-grenadiers	Id	»	10	373
Stuart-fusiliers	Id	»	3	»
Beaulieu	Id	»	1	»
Czartorisky	Id	»	1	»
Chasseurs tyroliens	Id	»	18	412
Blankenstein	(hussards)	»	1	25
Hohenzollern	(cuirassiers)	»	20	242
Hohenlohe	(dragons)	»	13	147
Archiduc-François	(cuirassiers)	»	25	348
Mack	Id	»	12	86
Schwarzenberg	(uhlans)	»	49	554
Artillerie		1er	»	24
Id		3e	»	197
Id		4e	»	65
Bombardiers		»	»	4
Etat-major général		»	18	»
Ingénieurs		»	7	»
Sapeurs		»	3	51
Mineurs		»	3	59
Dans les hôpitaux		»	»	1,165
TOTAUX			890	24,435

17 OCTOBRE.

État des officiers généraux autrichiens prisonniers de guerre.

NOMS.	GRADES.	OBSERVATIONS.
Baron Mack	Feldzeugmeister	
Comte Riesch	Feld-maréchal-lieutenant	
Prince Hesse-Hombourg	Id	
Baron Stipciz	Id	
Baron Laudon	Id	
Comte Klenau	Id	
Comte Gyulay	Id	
Baron d'Abeld	Major de l'état-major général	
Baron d'Ulm	Général-major	18
Baron Weidenfeld	Id	
Comte Auersperg	Id	
Guenedeck	Id	
Comte Tresnel	Id	
Steiken	Id	
Hermann	Id	
Prince Liechtenstein	Id	
Richter	Id	
Aides de camp de ces généraux		28
Total		46

RÉSULTAT.

Généraux et aides de camp	46	
Officiers des troupes	884	
Sous-officiers et soldats (infanterie)	23,033	25,365
Sous-officiers et soldats (cavalerie)	1,402	
Canons	60	Pris
Drapeaux	40	à Ulm.

Tableau général des prisonniers de guerre autrichiens et russes faits aux différentes affaires qui ont eu lieu depuis le commencement de la guerre jusqu'à la fin, couronnée par la bataille d'Austerlitz.

Le 25 vendémiaire an XIV (17 octobre 1805).

A Memmingen	6,170
A Wertingen	1,540
A Elchingen	620
A Günzburg	3,148
Total	11,478
A Ulm	38,240
	49,718

Nota. — L'état des prisonniers faits par le prince Murat n'est point parvenu à l'état-major général.

Le maréchal Berthier au maréchal Ney.

Abbaye d'Elchingen, le 25 vendémiaire an XIV (17 octobre 1805).

Monsieur le Maréchal,

En vertu de la capitulation dont je vous envoie copie, l'intention de l'Empereur est que demain, à 9 heures précises du matin, vous preniez possession de la porte de Stuttgard et que vous placiez dans le quartier qui tient à cette porte, une brigade forte de 3,500 hommes, ainsi qu'un général de brigade à qui vous en donnerez le commandement.

Vous aurez soin, Monsieur le Maréchal, de placer votre corps d'armée, de manière à soutenir cette brigade si quelques circonstances le rendaient nécessaire.

Si vous aviez un régiment de cavalerie à joindre à la division du général Bourcier, si elle n'est pas partie pour suivre son mouvement, s'il a pu exécuter l'ordre qu'il a reçu aujourd'hui de se porter à Geislingen pour nettoyer la route de Stuttgard, cela serait de la plus grande importance, surtout, pendant les huit jours que vous devez rester devant Ulm ; car, d'après les événements qui ont eu lieu, plusieurs corps considérables d'infanterie et de cavalerie errent dans le pays.

Maréchal BERTHIER.

P.-S. — Je vous préviens que le général Baraguey-d'Hilliers a ordre d'envoyer une brigade de dragons à pied composée des bataillons, dont le 15e et le 17e de dragons font partie, à Ulm, pour se remonter avec les chevaux qui se trouvent dans cette place.

Maréchal BERTHIER.

Comme l'officier qui a apporté la capitulation au feld-maréchal Mack n'est pas revenu, je ne puis vous l'envoyer, comme je vous l'annonce.

Dans l'instant, je reçois la capitulation et je vous en envoie ampliation. Voyez M. le feld-maréchal Mack, arrangez-vous pour la prise de possession de la porte de Stuttgard; il est indifférent à l'Empereur que la prise de possession se fasse à 8 ou à 9 heures.

Je vous préviens que demain, vers 11 heures, la division de dragons du général Walther venant de la division Soult se présentera à la rive droite du Danube pour passer le pont d'Ulm, s'il est raccommodé, et se rendre à sa destination; et cela dans le cas où le pont serait réparé; sans cela, elle prendrait une autre direction.

B...

Le maréchal Berthier au général Bourcier.

Abbaye d'Elchingen, le 25 vendémiaire an XIV (17 octobre 1805).

Il est ordonné au général Bourcier, qui est avec la division du maréchal Lannes, de partir, sur-le-champ, avec une brigade de sa division, pour se rendre à Geislingen: son objet est d'ouvrir nos communications avec Stuttgard. Arrivé à mi-chemin, il enverra par un courrier un rapport à l'Empereur des corps ennemis qui auraient passé sur ce point, ainsi que par Stuttgard.

Arrivé à Geislingen, il se mettra en communication avec

M. Didelot, chargé d'affaires près l'Électeur de Wurtemberg, de manière à faire le plus possible de réquisitions de subsistances et de voitures, pour les conduire aux troupes qui bloquent Ulm et qui manquent absolument de subsistances à cause du débordement du Danube, ce qui empêche de rien tirer de dessus la rive droite.

Il ne doit pas perdre une minute, rien n'étant plus important ni plus pressé que l'exécution de cet ordre.

Maréchal BERTHIER.

Le général Compans au général Sahuc, division Bourcier.

Söflingen, le 25 vendémiaire an XIV (17 octobre 1805).

Monsieur le Général,

D'après les ordres de Sa Majesté Impériale que M. le maréchal commandant en chef me charge de vous transmettre, vous voudrez bien partir sans retard avec la brigade à vos ordres pour aller rejoindre à Geislingen celle qui est partie aujourd'hui avec le général Bourcier.

L'artillerie de votre division suivra votre mouvement, donnez vos ordres en conséquence et informez M. le maréchal de votre départ pour qu'il puisse en rendre compte à Son Excellence le ministre de la guerre, major général.

COMPANS.

6° CORPS D'ARMÉE.

Journée du 25 vendémiaire (17 octobre 1805).

Quartier général :

1re division. — La 1re division, celle de dragons aux ordres du général Bourcier, ne feront plus partie du 6° corps d'armée et resteront sous les ordres du prince Murat.

Les deux divisions ci-dessus et la cavalerie aux ordres du prince Murat se réunirent, le 25 vendémiaire (*17 octobre*) au matin, à Herbrechtingen, et à midi ce corps d'armée dut se porter sur Heidenheim à la poursuite de l'ennemi.

2e division. — A gardé sa position du 24.

3e division. — A gardé sa position du 24.

Cavalerie légère. — Dans ses cantonnements d'Erbach et environs.

Dragons à pied. — Ont gardé leur position du 24.

5e CORPS D'ARMÉE.

Journée du 25 vendémiaire (17 octobre 1805).

Division de grenadiers. — La division de grenadiers aux ordres du général Oudinot, incertaine des mouvements ultérieurs qu'elle aurait à exécuter, resta dans sa position.

Division Gazan. — La division aux ordres du général Gazan se porta sur les hauteurs de Söflingen et y prit position en arrière de celle aux ordres du général Suchet. Un régiment de cette division s'établit sur la hauteur qui règne entre la Blau et les retranchements qui dominent Ulm.

Division Suchet. — La division aux ordres du général Suchet ne fit pas de mouvement.

Brigade de hussards. — La brigade de hussards se porta à Erbach et Dischingen d'où elle poussa des reconnaissances sur Elchingen.

Division de dragons. — La 1re brigade de la division de dragons partit avec le général Bourcier pour se rendre à Geislingen, l'autre brigade conserva sa position.

GRANDE ARMÉE.
Emplacements du 25 vendémiaire (17 octobre) et variations du 26 (18 octobre).

DÉSIGNATION DES CORPS.	EMPLACEMENTS.	OBSERVATIONS.	VARIATIONS DU 26.
Quartier général	Kloster-Elchingen.		
Garde impériale	Kloster-Elchingen.	Les chasseurs à cheval et grenadiers à cheval ont été réunis au corps de M. le prince Murat et sont partis à la poursuite de l'ennemi sur Heidenheim.	
1er corps	Munich.	L'avant-garde à une heure et demie en avant de Riem, sur la route de Vienne.	
2e corps	Pfühl. Devant Riem sur la rive droite.	Observant la tête de pont. La division batave du général Dumonceau, restée à Augsburg, a reçu ordre d'en partir pour se rendre à Donauwörth et de là se porter sur la colonne ennemie sortie d'Ulm.	
3e corps	Dachau.	»	Le maréchal Davout a reçu ordre de secourir le maréchal Bernadotte.
4e corps	En marche de Memmingen à Biberach.	Occupe Memmingen.	A reçu, le 26, l'ordre de marcher sur Landsberg et la division du général Walther qui était détachée près de lui a passé l'Iller et a pris position devant Ulm.
5e corps — Quartier général	Söflingen sur la Blau.		M. le maréchal Lannes a reçu, le 26, l'ordre d'aller de sa personne à Heidenheim pour y prendre le commandement des troupes qui quittent le blocus d'Ulm se dirigeant sur Heidenheim et avec lesquelles il doit, sans relâche, poursuivre la colonne échappée d'Ulm, conduite par M. le prince Ferdinand, encombrée de 1,000 voitures d'artillerie et de bagages, se portant par Aalen sur la route de Nuremberg. — Les grenadiers du général Oudinot sur Heidenheim. — Division Suchet marche sur Günzburg. — Division Gazan à Söflingen aux ordres du maréchal Ney.
Division de grenadiers	Jungingen.	S'étend jusqu'à la rive gauche du Danube au-dessus et à la droite d'Ulm.	
Division Suchet	Devant Ulm.		
Division Gazan	Devant Ulm.		
9e et 10e hussards. 13e et 21e chasseurs	Détachés auprès de M. le prince Murat.		
6e corps — Quartier général	Thalfingen.		
Division Dupont	Détachée avec le prince Murat.		
Division Loison	Devant Ulm.	A gauche touchant au Danube.	
Division Malher	Devant Ulm.	Au centre.	
Cavalerie légère	Devant Ulm.	1 régiment avec le général Bourcier.	
Réserve de cavalerie — Grosse cavalerie Nansouty { Cuirassiers, Carabiniers }	Thalfingen.		
2e division de grosse cavalerie	Aux environs de Munich.	Détachée avec le maréchal Bernadotte.	
1re division de dragons	»	Avec le prince Murat.	
2e division de dragons	»	Avec le maréchal Soult.	Passe le 26 l'Iller et se porte à la droite du général Marmont, à Pfühl; prend poste pour le blocus.
3e division de dragons	»	Avec le prince Murat. N'a pas encore passé le Danube de la rive droite à la rive gauche.	
4e division de dragons	»	Avec le maréchal Lannes et envoie une brigade à Geislingen sur Stuttgart afin d'ouvrir et de maintenir cette communication.	

DÉSIGNATION DES CORPS.	EMPLACEMENTS.	OBSERVATIONS.	VARIATIONS DU 26.
Réserve de cavalerie (suite). Dragons à pied......	Devant Ulm. Rive droite.	Occupant les bois d'Elchingen et de Thalfingen. Un bataillon est parti avec le général Macon pour se rendre au pont de Günzburg le faire rétablir, le garder et pousser des reconnaissances le long du Danube jusqu'à Donauwörth.	Reçoit ordre, le 26, de se porter en deux marches à Donauwörth pour y être à la disposition de M. le prince Murat et marcher pour atteindre la colonne de M. le prince Ferdinand. Une brigade de dragons à pied a reçu, le 26, l'ordre de passer au corps de M. le maréchal Ney, devant Ulm, et de se porter sur la route de Biberach. Cette brigade, faite de 2,000 hommes, est destinée à se monter avec les chevaux pris à Ulm.
Bataillon wurtembergeois....	Augsburg.		
Grand parc................	Donauwörth.		
64e régiment { 1 bataillon...... 1 bataillon......	Donauwörth. Augsburg.		
21e dragons . { 1 escadron...... 1 escadron...... 1 compagnie à pied.	Donauwörth. Augsburg. Augsburg............	Pour être montée.	
Dragons bataves...........	Donauwörth............	Aux ordres du général Rivaud.	
11e chasseurs.............	En route de Gaildorf à Augsburg.	Se dirige sur le corps du maréchal Soult.	
22e chasseurs.............	En route d'Heilbronn à Augsburg.	Se rend au quartier général.	

(*En partie de la main du général* Mathieu Dumas.)

Journal des opérations de l'artillerie du 6ᵉ corps.

Les 25 et 26 vendémiaire, des reconnaissances furent faites autour de la place par les officiers du génie et de l'artillerie ; si la résistance de l'ennemi eût été prolongée, il paraît que le projet était de l'enlever d'assaut. Il convient de donner une idée de la place d'Ulm où l'ennemi avait réuni toute son armée.

La position du corps de la place est mauvaise, étant dominée considérablement par les hauteurs qui sont à gauche du Danube. Au midi, elle tire sa force du Danube qui baigne ses murs ; il y avait une tête de pont qui fut rasée en l'an VIII. Depuis leur arrivée, les Autrichiens firent tous leurs efforts pour la reconstruire, mais leur ouvrage était si peu avancé que les troupes du général Marmont n'éprouvèrent presque pas de difficultés à s'en emparer.

Au nord, les hauteurs étaient garnies de plusieurs forts qui défendaient la place de ce côté. Ils furent aussi rasés en l'an VIII et les travaux de reconstruction entrepris par les Autrichiens n'étaient guère plus avancés que ceux de la tête du pont. L'armée française s'en empara facilement.

La place d'Ulm pouvait, dans cette circonstance, être comparée à un piège où l'armée autrichienne devait être prise.

Le corps de la place n'avait pas été démoli en l'an VIII à l'exception d'un bastion vis-à-vis la porte de Wertingen. Ulm conservait dans tout son pourtour une enceinte de murailles avec un fossé plein d'eau et ses anciennes fortifications (excepté le bastion rasé). L'ennemi avait dans la place 67 bouches à feu et 25,000 à 30,000 hommes.

L'assaut paraissait résolu si la capitulation proposée n'était pas acceptée, l'emplacement des batteries qui devaient attaquer était déjà reconnu.

L'adjudant-commandant Decous au Bourgmestre de la ville de Schelklingen.

Söflingen, le 25 vendémiaire an XIV (17 octobre 1805).

D'après les ordres de M. le maréchal commandant en chef le 5ᵉ corps de la Grande Armée française, M. le bourgmestre de la ville de Schelklingen est requis de fournir de suite 4,000 pains de trois livres pour la subsistance des troupes de ladite armée ; il est requis en outre de fournir 40 sacs d'avoine et 10 bœufs.

Le tout sera rendu à 6 heures précises ce soir, sur la place de la ville de Blaubeuren, où se trouve un corps d'armée; dans le cas où la réquisition ci-dessus n'aurait pas sa stricte exécution, des troupes nombreuses se rendront de suite à Schelklingen en exécution militaire. M. le bourgmestre de Schelklingen fera cuire du pain toute la nuit et se mettra en mesure de fournir encore pour demain, 18 octobre, 5,000 pains de trois livres qui seront envoyés directement à Söflingen et rendus dans ce village à midi précis.

L'Adjudant-commandant, sous-chef de l'état-major général du 5ᵉ corps de la Grande Armée,

Deçous.

L'adjudant-commandant Decous au Grand Bailli de la ville de Blaubeuren.

Blaubeuren, le 25 vendémiaire an xiv (17 octobre 1805).

D'après les ordres de M. le maréchal commandant en chef le 5ᵉ corps de la Grande Armée, M. le grand bailli de la ville de Blaubeuren est requis de fournir aujourd'hui la quantité de 6,300 pains de deux livres pour la subsistance de ladite armée et de fournir pour demain, 18 octobre, la quantité de 7,000 pains de trois livres qui seront rendus à Schelklingen à 1 heure après-midi.

M. le grand bailli est requis, en outre, de fournir 16 sacs d'avoine ; à défaut de satisfaire à la présente réquisition, il sera envoyé une exécution militaire.

L'Adjudant-commandant, sous-chef de l'état-major général du 5° corps de la Grande Armée,

Deçous.

Bulletin historique de la marche de la division de la Garde impériale.

Deux escadrons des chasseurs à cheval de la Garde furent détachés et envoyés au corps du prince Murat, pour poursuivre l'archiduc Ferdinand qui fuyait avec toute la cavalerie autrichienne. Le même jour, la gendarmerie d'élite quitta la division et fut attachée au quartier général impérial.

Général ROUSSEL.

Le maréchal Berthier au général Baraguey-d'Hilliers (1).

Abbaye d'Elchingen, le 25 vendémiaire an xiv (17 octobre 1805).

Il est ordonné au général Baraguey-d'Hilliers de partir demain à la pointe du jour, avec sa division de dragons à pied, pour se rendre à Günzburg ; il enverra une demi-brigade à Burgau ; il aura soin de faire filer sur Elchingen, par le pont de Leipheim, les vivres qu'il rencontrera à Günzburg et à Burgau.

BERTHIER.

Le maréchal Berthier au général Baraguey-d'Hilliers.

Abbaye d'Elchingen, le 25 vendémiaire an xiv (17 octobre 1805).

Le général Baraguey-d'Hilliers mettra sous les ordres du maréchal Ney une brigade de dragons à pied, composée des bataillons dont le 15e et le 17e de dragons font partie. Ces régiments sont destinés à se remonter avec les chevaux qui sont à Ulm ; enfin, avec tout le reste de dragons à pied à ses ordres, il se rendra demain à Burgau.

BERTHIER.

---

(1) Cet ordre n'a pas été exécuté.

Le maréchal Berthier au général Andréossy.

Abbaye d'Elchingen, le 25 vendémiaire an xiv (17 octobre 1805).

Le général Andréossy donnera l'ordre au général Nansouty de partir demain avec sa division pour se rendre à Burgau.

Il est ordonné au général Beaumont de passer demain matin, le plus tôt qu'il pourra, le pont de Leipheim, de manière à être rendu à ce village à 10 heures du matin où il débridera et attendra de nouveaux ordres (1).

S'assurer si le général Bourcier a pu se rendre dans la journée à Geislingen, afin d'éclairer les débouchés de Stuttgard; s'il n'était pas arrivé, lui donner l'ordre d'y être rendu demain; cela est très important, vu qu'il y a des colonnes d'infanterie et de cavalerie qui errent dans cette partie.

S'il arrive demain du pain à Geislingen, le général Andréossy en fera porter à la division Oudinot.

Le général Andréossy écrira aux maréchaux Davout et Bernadotte pour leur faire connaître qu'Ulm a capitulé, mais sans leur parler des conditions de la capitulation, qui doivent rester secrètes dans le portefeuille.

Prévenir le général Marmont du mouvement de la cavalerie Beaumont et de la capitulation d'Ulm.

BERTHIER.

Le maréchal Berthier au maréchal Soult.

Elchingen, le 25 vendémiaire an xiv (17 octobre 1805).

M. le maréchal Soult partira demain de la position qu'il occupe pour se rendre à Landsberg, passant par la route de Memmingen; il ne partira cependant que lorsque le maréchal Ney aura, en vertu de la capitulation d'Ulm, pris possession de la porte de Stuttgard et qu'il y aura placé une brigade d'infanterie. Il enverra un officier d'état-major qui sera présent à cette prise de possession, qui doit avoir lieu vers 9 heures du matin, demain 26 (*18 octobre*); alors M. le maréchal Soult se mettra en

---

(1) Les ordres relatifs aux généraux Nansouty et Beaumont n'ont pas été exécutés.

mouvement et me fera connaître l'itinéraire de la route qu'il compte prendre.

La division de dragons du général Walther attendra dans sa position de nouveaux ordres.

Je préviens M. le maréchal Soult que la garnison d'Ulm a capitulé et qu'elle nous laisse 24,000 prisonniers, artillerie, bagages, etc.

BERTHIER.

Le maréchal Soult au maréchal Berthier.

Laupheim, le 25 vendémiaire an XIV (17 octobre 1805).

J'ai l'honneur d'adresser à Votre Excellence le rapport du commandant d'un détachement de hussards, que j'ai fait partir le 22 (*14 octobre*) pour Waldsée.

D'après ce que cet officier a vu et les renseignements qu'il a acquis, la retraite d'une seconde colonne de troupes autrichiennes, qui aurait passé par la rive gauche du Danube, et se serait dirigée sur Ravensburg et Leutkirch, paraît constante, ainsi qu'hier j'ai eu l'honneur de vous en instruire ; mais les rapports des émissaires, qui me sont parvenus cette nuit, jettent du jour sur la marche de cette colonne, et sur l'objet qu'elle a à remplir.

Après avoir passé le Danube à Riedlingen, la colonne, se couvrant par le Federsée, s'est portée directement sur Waldsée, et par ce détour elle a évité d'être découverte jusqu'au moment que le détachement, qui a été porté à ce dernier endroit, l'a rencontrée.

Quant au but que l'ennemi se propose par ce mouvement, il paraît constant, d'après la déclaration des émissaires, et d'après le rapport d'un voiturier qui s'est échappé des convois autrichiens, que cette colonne doit aller au-devant d'un fort détachement de troupes autrichiennes réuni à Bregenz, et qui doit se porter, après que la jonction aura été faite, sur Ulm, et favoriser, par son arrivée, la retraite du restant de l'armée qui s'y trouve, ou au moins produire une diversion en sa faveur.

Les troupes venant de Bregenz doivent être commandées par le général Jellachich, lequel doit aussi commander le corps d'armée, qui sera, dit-on, de 30,000 hommes, lorsqu'il sera réuni.

Cette circonstance de commandement me fait rappeler que tous les déserteurs et les prisonniers, qui ont été faits à Ochsenhausen et à Biberach, ont prétendu être sous les ordres du général Jellachich, et qu'il en est même qui ont observé qu'il n'était pas encore rendu aux deux colonnes dont j'ai parlé.

Si cette assertion est fondée, il me paraîtrait nécessaire que ma direction fût changée et que le 4e corps d'armée eût ordre de se porter au-devant du corps que le général Jellachich doit commander, afin de l'enfermer dans quelque défilé qu'il ne pourrait franchir, et de lui enlever de cette manière une partie de ses forces.

J'ai l'honneur de vous prier, Monsieur le Maréchal et Ministre, de vouloir bien me faire connaître à ce sujet les intentions de Sa Majesté, et d'avoir la bonté d'observer, qu'ayant rendu le 4e corps d'armée à la destination que votre dernière dépêche me fait connaître, et ne pouvant la dépasser, avec la rapidité qu'il met toujours dans ses mouvements, vu la nature des obstacles qui existent, je dois avoir de nouveaux ordres pour faire de nouveaux mouvements.

Je vous prie aussi de vouloir bien me faire dire si mon aide de camp Saint-Chamand et un officier du grand état-major général, qui sont partis, il y a trois jours, avec des dépêches pour Sa Majesté et Votre Excellence, ont rempli leur mission, et si, en retour, ils étaient chargés de me porter quelque ordre ; j'ignore absolument ce qu'ils sont devenus.

SOULT.

Le général Salligny à M. le général Andréossy, aide-major général chef de l'état-major général.

Laupheim, le 25 vendémiaire an XIV (17 octobre 1805).

Monsieur le Général,

J'ai reçu une lettre du 20 de ce mois que m'a écrite de votre part l'adjudant-commandant que vous avez chargé de la partie des prisonniers de guerre, ainsi que le modèle d'état à remplir en double expédition par les chefs d'état-major des divisions du corps d'armée, des prisonniers qui seront faits par les troupes dont le détail leur est confié.

Dans la position où se trouve le corps d'armée, rapport à ses marches forcées, il n'est guère possible aux chefs d'état-major des divisions de remplir les dispositions de cette lettre ; ils manquent d'officiers et sont privés de leurs équipages ; d'ailleurs, le service actif qu'ils font ne leur laisse pas le moindre instant et tous leurs moments sont employés aux détails sans nombre dont ils sont chargés.

J'avais prévu les désirs de Son Excellence le major général en prescrivant au commandant de la force publique, dès l'ouverture de la campagne, de tenir un registre de tous les prisonniers et déserteurs ; ce registre pouvait suppléer au modèle que j'ai reçu, mais nos marches rapides n'ont pas toujours permis de faire ce travail. Je remets aujourd'hui à ce commandant le modèle que vous m'avez fait adresser en le chargeant de cet objet ; je suis persuadé qu'il remplira vos vues lorsque les circonstances le permettront, ce que ne pourraient faire les chefs d'état-major des divisions (1).

Il est indispensable, Monsieur le Général, que Son Excellence le major général affecte un corps entier à la conduite des prisonniers de guerre sur le Rhin ; sans cette mesure, les détachements isolés qui en seront chargés seront perdus pour la campagne et tous les corps en souffriront. Je vous prie de lui en faire l'observation et de donner vos ordres pour que nos détachements nous reviennent ; ce sera un service que vous rendrez au 4ᵉ corps d'armée auquel, j'en suis certain, vous portez toujours quelque intérêt.

SALLIGNY.

Le général Salligny au général Candras.

Laupheim, le 25 vendémiaire an xiv (17 octobre 1805).

Général,

Donnez l'ordre au colonel du 28ᵉ régiment de ligne de faire

---

(1) Ordre au commandant de la force publique de remplir les états réglementaires. Il enverra avec les convois de prisonniers les déserteurs qui ne seront pas employés par le service de l'artillerie, et il en dressera les états particuliers. Il tiendra l'état-major du corps d'armée au courant de cette comptabilité des prisonniers et déserteurs.

casser, à la tête de sa compagnie assemblée, le caporal qui vous sera remis avec ma lettre et qui était de service chez vous, pour avoir méconnu les ordres du maréchal commandant en chef, que je lui ai fait transmettre par un officier de l'état-major général envers lequel il s'est permis des murmures. Vous me rendrez compte dans le jour de l'exécution de cette disposition, qui sera insérée à l'ordre de votre brigade.

SALLIGNY.

4ᵉ CORPS D'ARMÉE.

Distribution du 25 vendémiaire an XIV (17 octobre 1805).

4ᵉ...........	1,733 rations de pain (1)....	540 bouteilles de vin.	
28ᵉ...........	1,733 — (2)....	500	—
24ᵉ...........	900 — (3)....	450	—
46ᵉ...........	» —	300	—
57ᵉ...........	1,300 —	540	—
Artillerie......	300 —	250	—
TOTAUX.....	5,966 rations de pain (4)....	2,580 bouteilles de vin.	

DÉTACHEMENTS AU PAIN.

Griesingen. — Le 24ᵉ a obtenu du pain et m'a rendu compte qu'il l'amène ici ce matin.

Haut et bas Rifstissen. — Le 46ᵉ n'a point encore fait de rapport.

Schaiblishausen. — 57ᵉ. Ce détachement n'a pu passer la rivière. Il est rentré la nuit et a dû repartir ce matin.

Schemmerberg. — Le 4ᵉ n'a point encore de rapport.

Sulmetingen. — Le 28ᵉ n'a point encore de rapport.

---

(1) Ce régiment a eu, en outre, du pain pour plusieurs compagnies, à Ochsenhausen, avant son départ.
(2) Le 28ᵉ a en outre reçu, dans un village, 300 livres de pain.
(3) A reçu 1 livre 1/2 de pain par homme.
(4) Non compris le pain du 46ᵉ et 300 livres de pain en plus au 28ᵉ, dont l'état-major général n'a pas connaissance.

VIANDE.

Elle a été distribuée à toute la division.

28 bœufs ont été amenés par un détachement que j'en avais chargé au cantonnement devant Memmingen.

Relation des faits qui se sont passés dans l'armée autrichienne, du 8 septembre au 23 vendémiaire, dans la Bavière.

L'armée autrichienne, commandée par l'archiduc Ferdinand, et dirigée par le lieutenant général Mack, passa l'Inn le 8 septembre; elle était divisée en cinq colonnes, chacune commandée par un des lieutenants généraux Klenau, Riesch, Kienmayer, Gottesheim et Gyulay; toutes ces troupes formaient un corps d'environ 50,000 hommes, parmi lesquels on en comptait 20,000 de cavalerie.

L'armée vint prendre la position de l'Iller; le premier soin de M. Mack fut de faire fortifier les villes de Memmingen, Ulm et son projet était aussi d'établir un camp retranché à Wurzach, mais ayant eu avis du passage du Rhin par les armées françaises, il rassembla les troupes autrichiennes sur les hauteurs près d'Ulm et fit continuer les fortifications de cette place avec la plus grande activité. Il avait laissé un corps à Memmingen; le général Kienmayer, à la tête de 12,000 à 15,000 hommes, devait défendre le Danube et entretenir la correspondance depuis Ingolstadt et Neuburg jusqu'à Ulm.

Le 9, le général Mack, informé que les Français s'étaient portés sur Günzburg, fit marcher presque toute son armée vers ce point; mais une partie arriva trop tard, et les troupes harassées de fatigue furent obligées de revenir à Ulm avec la conviction de la perte de Günzburg et d'une grande partie des leurs. Comme le général Mack avait toujours cru qu'une partie de l'armée française se porterait sur Biberach, il y avait laissé, sous les ordres du lieutenant général Klenau, un corps de 24,000 hommes. Mais le 11 octobre, tout ce corps se réunit à Ulm aux troupes qui revenaient de Günzburg.

Le 12, toute l'armée autrichienne était rassemblée dans les environs d'Ulm, ayant avec elle ses bagages et ses chariots de munitions au nombre de deux à trois cents, mais sans artillerie de réserve, car il est constant que les Autrichiens n'ont amené avec eux que les canons de régiment, et qu'excepté quatre pièces de 12 et quelques obusiers, ils n'ont que des pièces de 6.

Le 12 au soir, après l'affaire d'Haslach, les Autrichiens se retirèrent sur leur première position. Dans la nuit du 12 au 13, l'archiduc se porta avec la plus grande partie de l'armée sur la route de Memmingen et un corps fila sur la rive gauche du Danube, vers Biberach ; le lendemain, l'archiduc et les deux colonnes revinrent à Ulm et le 15, environ 30,000 hommes dont moitié cavalerie prirent la route d'Heidenheim. Le soir, vers 10 heures, l'archiduc fit demander deux paysans à cheval pour lui servir de guides et, suivi de trois escadrons, il rejoignit le corps qui, dans la journée, avait quitté la ville.

Il restait à Ulm près de 14,000 hommes d'infanterie, environ 3,000 chevaux, 36 pièces de canon et plus de 3,000 blessés, en outre 500 prisonniers français.

Le corps d'armée parti d'Ulm était commandé par le lieutenant général prince de Schwarzenberg ; on croit que son plan était de se réunir au général Werneck, dont il ne faisait que présumer la position. D'ailleurs, les Autrichiens, très mal servis en nouvelles, ignoraient les progrès des armées françaises et croyaient que, dans tous les cas, il leur serait facile de passer sur le territoire prussien et de se porter vers la Bohême.

En note : L'Empereur a couché à Zusmarshausen le 17, à Pfaffenhofen le 21. Le combat d'Haslach est du 19. L'Empereur est arrivé à Günzburg le 21. Le combat d'Elchingen est du 22. La prise des hauteurs d'Ulm le 23.

---

*Rapport d'un homme venu de Kempten à Augsburg,
le 25 vendémiaire an XIV (17 octobre 1805), « au soir ».*

Depuis le 20 vendémiaire, les équipages de l'armée sous les ordres de l'archiduc Ferdinand filent jour et nuit par Kempten ; une partie se dirige sur Immenstadt et l'autre sur Reutle par Nesselwang.

Le 22 vendémiaire ont passé par Kempten pour se rendre à

Füssen les bureaux de l'état-major général, la poste de l'armée, la caisse de la monnaie de Günzburg, beaucoup de caissons de munitions et une grande quantité de militaires blessés de tout grade et beaucoup de chevaux blessés.

Mais aucun corps de troupes.

Garde impériale.

Elchingen, e 25 vendémiaire an XIV (17 octobre 1805).

Lorsqu'il y aura un séjour, tous les corps de la Garde devront l'employer à mettre toutes les parties de l'armement, de l'équipement et de l'habillement dans le meilleur état possible de tenue et de propreté.

Il sera envoyé tous les jours un planton de chaque corps chez M. le maréchal Bessières et un chez M. le général chef de l'état-major.

Aussitôt arrivés dans un cantonnement, les plantons seront fournis et seulement par les corps qui se trouveront avec le quartier général.

Ces hommes devront connaître la demeure de leur général ou chef de corps avant de se rendre à leur destination afin de leur porter avec plus de promptitude les ordres qui pourraient leur être adressés.

Il sera fourni également tous les jours, et alternativement par les différents corps d'infanterie, une garde de quinze hommes, commandée par un officier, chez M. le maréchal commandant la division, et une de quatre hommes et un caporal chez le général chef de l'état-major.

Il sera envoyé, en outre, une ordonnance par corps de troupes à cheval et de l'artillerie près M. le maréchal.

Les gardes qui seront destinées à l'escorte des convois de subsistances appartenant à la division devront servir avec la plus grande exactitude et la plus grande fermeté et ne pas souffrir à l'avenir que les subsistances soient pillées afin de conserver des ressources que l'on a tant de peine à se procurer.

Les généraux et chefs de corps feront donner cette consigne à tous les commandants des escortes.

ROUSSEL.

Le maréchal Davout au Ministre de la guerre.

Dachau, le 25 vendémiaire an XIV (17 octobre 1805).

J'ai l'honneur d'adresser à Votre Excellence l'état des forces aux ordres des généraux Kienmayer, de l'archiduc Jean et de celles du corps d'armée russe ; sans en garantir la véracité, l'on peut cependant y ajouter quelque foi, à en juger par l'exactitude des rapports que j'ai reçus de la même personne.

L. Davout.

Le maréchal Davout au maréchal Berthier.

Dachau, le 25 vendémiaire an XIV (17 octobre 1805).

Monsieur le Maréchal,

J'ai l'honneur de rendre compte à Votre Excellence que le parti que j'ai envoyé sur Füssen s'est assuré que les Autrichiens occupent ce point avec 4 bataillons et environ 500 chevaux des cuirassiers de Mack. Ils défendent la route sur la rive droite du Lech par 4 compagnies d'infanterie et 200 chevaux, postées à Schwangau et Mühl. Ils ont des postes avancés d'infanterie dans les bois qui sont sur les routes à la droite et à la gauche du Lech. Les équipages et l'ambulance sont à trois lieues en arrière de Füssen ; on compte dans les environs de cette ville de 5,000 à 6,000 hommes avec 800 chevaux, débris du régiment des cuirassiers de Mack, qui, en entrant en campagne, en comptait au moins 1600.

L'ennemi garde tous les passages du Tyrol ; il a établi ses communications par la vallée de l'Inn avec le corps d'armée qui est derrière cette rivière.

Le 23 (*15 octobre*), il n'y avait encore que 13,000 Russes arrivés entre OEtting et Mühldorf ; leur tenue était très belle ; le prince Bagration était à leur tête ; les autres colonnes étaient attendues à quelques jours de là.

J'ai l'honneur de faire observer à Votre Excellence qu'il est instant que l'intendant général de l'armée prenne des mesures pour faire établir à Dachau et à Munich des magasins d'approvisionnement de différentes espèces, le 1er et le 3e corps de la

Grande Armée n'y existant qu'au jour le jour, et sans pouvoir, par conséquent, s'occuper des besoins des troupes que Sa Majesté pourra faire passer par ce pays; j'ai même lieu de penser qu'il sera nécessaire de leur faire prendre à Augsburg des vivres et des fourrages pour le trajet jusqu'à Munich.

Un autre projet non moins important, sur lequel je prie Votre Excellence de fixer son attention et de prier l'intendant général de s'occuper essentiellement, c'est le service de santé qui n'est nullement organisé dans ce corps d'armée.

Le commissaire ordonnateur en chef n'ayant à sa disposition aucun moyen pécuniaire, se trouve dans l'impossibilité de former des établissements, même temporaires, pour recueillir les malades; il est cependant beaucoup d'objets qu'on ne peut obtenir par voie de réquisition. Déjà les malades augmentent à Dachau, où j'avais demandé que l'on préparât des établissements au moins pour 40 hommes; ils vont être sous peu doublés, et j'ignore comment pouvoir les faire évacuer soit sur Neuburg ou tout autre point sur les derrières, les moyens de transport manquant d'un côté, et n'ayant pu de l'autre préparer un point intermédiaire à Aichach pour procurer aux malades quelques soulagements à leur passage.

Nos moyens d'ambulance sont, à bien dire, nuls; quelques voitures des équipages des hôpitaux venant de l'armée des côtes ont dû marcher à la suite de ce corps d'armée, mais n'ont pu encore le rejoindre sans doute par le mauvais état des chevaux après une aussi longue route; je les attends sous peu, mais je doute qu'ils puissent nous offrir de grandes ressources.

Votre Excellence n'ignore point que par la précipitation de nos marches, les corps n'ont pu exécuter à temps l'ordre de Sa Majesté qui leur prescrit de se pourvoir de caissons d'ambulance de premier secours, et qu'enfin tout est à créer pour le service de santé.

J'ai l'honneur de prier Votre Excellence de prendre cet objet dans la plus sérieuse considération.

DAVOUT.

CHAPITRE XII.

Le maréchal Davout à M. l'intendant général Petiet.

Dachau, le 25 vendémiaire an XIV (17 octobre 1805).

Monsieur l'Intendant,

Je viens fixer de nouveau votre attention sur l'état de désorganisation des différents services dans ce corps d'armée. Je commencerai par celui de santé qui y est absolument nul. Le commissaire ordonnateur en chef Chambon a dû, par mon ordre, vous adresser un rapport à ce sujet; mais je crois devoir insister moi-même, lorsque je vois le nombre de malades s'augmenter sur un point qui présente aussi peu de ressources que Dachau et que je ne trouve aucun moyen même de faire évacuer ces malades soit sur Augsburg, soit sur Neuburg, puisque, indépendamment du manque de voitures, il n'existe aucun point intermédiaire, où l'on puisse procurer aux malades quelques secours à leur passage.

Il devient donc indispensable de créer des établissements, soit à Dachau, soit à Munich, et pour y parvenir, il faut des fonds, car tous les objets nécessaires ne peuvent se procurer par réquisition dans un pays surtout déjà épuisé par la présence des armées et des demandes de tout genre. Vous n'ignorez pas, Monsieur l'Intendant, que les équipages d'ambulances, qui sont partis de l'armée des côtes pour suivre le corps d'armée, sont bien au-dessous des besoins; d'ailleurs, ils ne nous ont pas encore rejoints, sans doute par le mauvais état des chevaux et le délabrement des voitures après une aussi longue route. Je compte donc fort peu sur les ressources de ces ambulances, si toutefois elles arrivent.

D'un autre côté, la précipitation de nos marches a mis les corps dans l'impossibilité d'exécuter l'ordre de l'Empereur, qui leur prescrit de faire l'achat de caissons d'ambulances de premiers secours; il n'y faut donc pas compter et tout reste à créer pour le service de santé. Je vous invite avec instance de faire mettre à la disposition du commissaire ordonnateur en chef Chambon des fonds suffisants pour organiser ce service.

Quant à la subsistance des troupes, je dois vous prévenir que le 1er et le 3e corps d'armée ne vivent ici qu'au jour le jour et qu'on y est par conséquent dans l'impossibilité de songer à préparer des approvisionnements pour les corps que Sa Majesté aurait intention de faire passer dans ce pays. J'estime même qu'il ne sera pas hors de propos de leur faire prendre à Augsburg des vivres et des fourrages pour le trajet au moins jusqu'à Munich, si vous n'avez pu auparavant former ici des approvisionnements.

L. Davout.

Le général Daultanne au général Gudin.

Au quartier général, à Dachau, le 25 vendémiaire an xiv
(17 octobre 1805).

Mon cher Général,

L'officier du génie que vous avez envoyé pour rétablir les communications se plaint du manque de matériaux propres à réparer les ponts. M. le maréchal vous invite à en faire réunir de suite la quantité nécessaire. Vous n'aurez pas loin à chercher, attendu qu'il en existe, dans le village que vous occupez, une grande quantité.

Il est inutile de vous faire remarquer combien il est urgent que ces communications soient promptement rétablies, vous en sentez trop la conséquence.

J'ai l'honneur de vous saluer.

(*A. G.*)   Daultanne.

Le général Friant au général Kister.

Dachau, le 25 vendémiaire an xiv (17 octobre 1805).

Mon cher Général,

J'ai reçu vos deux dépêches d'hier 24 (*16 octobre*). M. le maréchal est dans ce moment-ci à Munich. J'attends son retour pour prendre ses ordres et vous envoyer les munitions et pierres à feu qui vous sont nécessaires ; mais, mon cher Général, il n'est pas possible que toutes les cartouches soient entièrement avariées. Le même rapport que le vôtre m'a été fait sur les 48e et 111e régiments d'après l'inspection que j'en ai fait passer. Il n'y a de cartouches avariées par les pluies dans ces deux corps que la moitié au plus. Ordonnez, je vous prie, qu'on passe de suite l'inspection des sacs et des gibernes, et que toutes celles qui se trouveront avariées définitivement, qu'on en fasse des paquets de dix pour pouvoir les échanger au premier ordre. Vous ordonnerez également qu'on fasse des paquets de dix des bonnes qui vous resteront et mandez-moi au juste et par corps la quantité de cartouches à échanger qui vous seront nécessaires, à raison de trois par homme. Le 33e doit avoir ses trois pierres par hommes garnies en plomb.

On continue de diriger les malades sur Neuburg. Mais il y a, au grand quartier général à Dachau, une ambulance qui reçoit les malades et qui se charge des évacuations. En conséquence, vos malades arrivés à Dachau se présenteront chez le commissaire des guerres Désirat de cette ville.

Veuillez bien, mon cher Général, faire armer de haches les sapeurs qui se trouvent sous vos ordres, en requérant celles qui leur sont nécessaires dans les villages aux environs de Bruck (Furstenfeld).

Je vous recommande de nouveau de vous faire des vivres jusqu'au 28 inclus (*20 octobre*), sans quoi, mon cher Général, nous serions dans la misère la plus complète, si toutefois nous marchions sous deux jours (1).

Friant.

Le général Friant aux généraux Grandeau et Lochet.

Dachau, le 25 vendémiaire an xiv (17 octobre 1805).

Mon cher Général,

Vous ferez passer demain une revue exacte des cartouches dans les régiments à vos ordres. Il n'est pas possible qu'elles soient toutes avariées au point de ne plus pouvoir s'en servir. Des mauvaises, vous en ferez faire des paquets de 10 pour pouvoir les échanger au premier ordre. Vous ordonnerez également qu'on fasse des paquets de 10 des bonnes qui vous resteront.

---

(1) Le général Friant renouvelle une réquisition faite la veille au bailli de Freising.

Demain, dans la journée, mandez-moi au juste les quantités de cartouches que vous aurez à échanger dans vos régiments.

Il faut vous assurer si chaque soldat a trois pierres à feu garnies de plomb dans son sac.

FRIANT.

Le général Friant au capitaine Delahaye, en détachement à Unter-Bruck.

Dachau, le 25 vendémiaire an XIV (17 octobre 1805).

J'ai reçu ton rapport, continue à me l'envoyer tous les jours et à faire nourrir les hommes par les environs de l'endroit que tu occupes. Tâche toi-même de prendre connaissance de la position de l'ennemi et du nombre d'hommes qui le compose. Depuis trois jours, les chasseurs que j'ai à ma disposition sont employés aux réquisitions de pain. Je tâcherai, demain, de t'envoyer, quand ça ne serait que 6 ou 7 chasseurs pour pousser des reconnaissances sur Freising. Fais extraire les bonnes cartouches des paquets de celles avariées. Il n'est pas possible que toutes soient mauvaises. Des unes et des autres tu feras faire des paquets de 10 pour pouvoir échanger les mauvaises au premier ordre.

FRIANT.

Le maréchal Bernadotte à l'Empereur.

Munich, le 25 vendémiaire an XIV (17 octobre 1805).

Sire,

J'ai l'honneur de rendre compte à Votre Majesté qu'il ne s'est rien passé de très important, au 1er corps d'armée, depuis ma dernière dépêche. Pour tenir l'ennemi en haleine, et m'assurer qu'il ne faisait point de mouvements, j'ai eu constamment en campagne 300 chevaux divisés en détachements de 50 et 60 ; ces partis ont été chargés d'épier la marche des Autrichiens.

J'ai maintenant la certitude que l'ennemi se concentre entre Mühldorf et Neu-Otting, il a là 35,000 hommes, y compris les Russes qui y sont déjà arrivés; cherchant à nous tromper sur le véritable point de la réunion de ses forces, il a manifesté quelques mouvements du côté de Wasserburg et de Rosenheim, mais je me suis assuré qu'il n'a de ce côté que très peu de troupes. L'on attend, de jour en jour, le reste de la première armée russe ; elle aura joint les Autrichiens le 18 octobre ; on la porte à 50,000 hommes, mais d'après toutes les données que j'ai, je ne la crois pas de plus de 35,000 ; ces troupes ne sont pas en bon état ; elles n'ont ni artillerie, ni cavalerie.

On annonce l'arrivée prochaine d'une nouvelle armée russe qu'on évalue à 40,000 hommes et qu'on dit être actuellement entre Vienne et Wels. Il en sera de celle-ci comme de la première ; le nombre est sans doute exagéré et je n'imagine pas qu'elle arrive avant trois semaines.

C'est le général russe Kutusow qui commande en chef toutes les troupes sur l'Inn ; le lieutenant général Kienmayer est maintenant sous ses ordres.

Lors de mon arrivée à Würtzburg, le lieutenant général Kienmayer avait reçu l'ordre de se porter, avec son corps d'armée, dans le Haut-Palatinat, pour y enlever les troupes bavaroises qui s'y trouvaient ; la rapidité de nos marches déconcerta ce projet.

Je viens d'écrire à l'Électeur pour le prier de faire mettre à Rothenberg (1) une garnison d'au moins 400 hommes commandés par un bon colonel ; cette forteresse couvre Forchheim, c'est le point par lequel l'ennemi passerait, s'il voulait faire quelque incursion en Franconie.

La levée en masse qui se fait dans le Tyrol a donné, ici, à quelques personnes à la tête des affaires, l'idée de lever aussi des corps de chasseurs pour opposer aux Tyroliens, dans le cas où nos succès nous éloigneraient beaucoup de ce pays ; j'ai vu l'organisation qu'on propose, elle m'a paru bonne ; dans ma lettre à Son Altesse l'Électeur je lui dis que dans la circonstance actuelle, il serait intéressant qu'elle donnât son assentiment à cette mesure.

Nous attendons les ordres de Votre Majesté ; les troupes sont très bien disposées, et j'ose assurer qu'elles seront les dignes compagnons d'armes de celles qui viennent de s'illustrer sous les yeux de Votre Majesté. Les Bavarois aussi sont animés du

---

(1) Près Schnaitach.

meilleur esprit ; l'affaire qu'ils ont eue leur a donné beaucoup de fierté et ils paraissent bien déterminés.

Un officier du génie bavarois, à l'aide de paysans et d'un petit détachement d'éclaireurs, a pris le 23 (*15 octobre*), à Rosenheim, 2 obusiers, 2 pièces de 12, 4 affûts, 9 tonneaux de cartouches, 10 de poudre et 273 boulets de 12.

Je suis, Sire.....

BERNADOTTE.

Journal du corps bavarois.

25 vendémiaire (17 octobre). — Le 1er régiment de dragons fut envoyé au corps du lieutenant général Deroy, en raison des fortes pertes qu'il avait essuyées ; il fut remplacé par le 2e de chevau-légers.

Le général Éblé à M. Palque, commandant la 5e compagnie du 2e bataillon bis.

Munchen, le 25 vendémiaire an XIV (17 octobre 1805).

Monsieur,

Je ne puis vous donner aucun renseignement sur les positions qu'occupent les détachements de votre compagnie ; j'ignorais votre arrivée et je n'ai reçu aucun ordre de vous fournir des chevaux, je serais même dans l'impossibilité de le faire.

La division de cuirassiers n'est probablement que pour peu de temps employée au 1er corps d'armée et il est à croire que, dès qu'il y aura possibilité, votre compagnie sera réunie.

ÉBLÉ.

Rapport sans signature.
(Du général VICTOR, sans doute.)

Stralsund, le 25 vendémiaire an XIV (17 octobre 1805).

Le roi de Suède est attendu sous peu pour commander l'armée des alliés. Le comte Gustave Wach-Mester et le baron Armfelt l'accompagnent. L'armée combinée va bientôt se mettre en route par le Mecklemburg ; on s'occupe de la pourvoir d'artillerie et de munitions.

L'ambassadeur russe à la cour de Suède, M. Alopeus, est arrivé à Schwerin pour concerter les mesures nécessaires. Une partie des troupes passera par Wismar et Ratzeburg, et l'autre partie par Güstrow et Wittenburg.

Le lieutenant-colonel, M. de Beukendorf a été envoyé en courrier par le comte Tolstoï, général russe, commandant l'armée suédo-russe, au duc de Mecklemburg, pour, dit-on, demander le passage par son pays d'un corps d'armée de 25,000 hommes.

On annonce très positivement que l'état-major de l'armée russe, qui est resté à Stralsund, en part aujourd'hui pour se rendre à l'armée qui va se mettre en marche sur-le-champ.

On ne sait pas encore quand les Suédois se mettront en mouvement; cependant, on pense qu'ils feront corps à part et détaché des Russes.

Hirsinger au général Rapp.

Francfort, le 25 vendémiaire an XIV (17 octobre 1805)

Monsieur le Général,

La rapidité de la marche de la Grande Armée, ses succès, tiennent du prodige ; nos ennemis, dans la confusion, sont forcés d'avoir comme nous, une respectueuse admiration pour le génie de Sa Majesté l'Empereur.

Un voyageur, arrivé hier soir d'Oranienstein, a dit à un de mes amis que le prince d'Orange, père, qu'il venait de quitter, l'avait assuré que le roi de Prusse, mécontent du passage que s'étaient frayé nos troupes dans ses États de Franconie, s'était décidé à accorder aux armées russes qui arrivent par la Pologne, le passage par ses États, que c'est le général Kalkreuth qui est nommé pour les accompagner jusqu'aux frontières, et que l'empereur d'Autriche a fait des présents très considérables au secrétaire du cabinet prussien, qui a apporté cette nouvelle à Vienne. Le même voyageur ajoute que les troupes prussiennes font des mouvements qui n'annoncent point qu'elles sont destinées au maintien de la neutralité qui avait été annoncée être l'objet de leur armement (1).

La mauvaise humeur, la méfiance qu'a montrées l'Électeur de Hesse lors du passage de l'armée de Hanovre à Cassel, a décelé ses dispositions peu favorables aux Français, et ses intentions qui seront toujours celles de la Prusse : ce prince vient de rappeler, hier, inopinément à Cassel, son fils, son épouse l'a accompagné ; on a donné dans le public pour motif de ce départ, la crainte des suites qu'il pourrait éprouver à Hanau du refus que ferait l'Électeur de renvoyer de ses États le ministre d'Angleterre Taylor ; on a dit que, tout récemment, M. Bignon avait été chargé d'obtenir la demande de son éloignement.

S'il est vrai, comme on le prétend, que lors de la formation de la coalition contre la France, le Roi de Prusse a promis d'y prendre une part active, du moment qu'il verrait les Russes agir efficacement, le mécontentement qu'il témoigne sur le passage de nos troupes dans ses États de Franconie est un vain prétexte qu'il met en avant pour remplir les engagements qu'il a pris contre nous. Ce qu'il y a de positif, c'est que la défense de passer sur ses États de Franconie était une mesure absolument dirigée contre la France, puisque l'Autriche n'avait point de troupes à faire passer par ces pays, et que c'est nous montrer des dispositions bien éloignées de celles que nous devions attendre de lui, que de se plaindre d'une violation de territoire dans un petit pays éloigné de ses autres possessions, où il n'y avait pas de troupes pour faire respecter cette décision, pays qui, pendant la dernière guerre, est constamment demeuré ouvert à toutes les armées.

Je désire beaucoup, Monsieur le Général, que je sois mal informé, mais je n'en ai pas moins pensé qu'il était de mon devoir de vous rendre compte de ce que j'ai appris, en vous priant d'en faire rapport à Sa Majesté l'Empereur notre auguste maitre.

Agréez..... HIRSINGER.

---

(1) On assure qu'il a été envoyé dans les margraviats d'Auspach et Bayreuth trois régiments, et que l'on y a fait passer, avec des chevaux de poste, un train d'artillerie.

CHAPITRE XIII

18 Octobre.

Sixième bulletin de la Grande Armée.

Elchingen, le 26 vendémiaire an xiv (18 octobre 1805).

La journée d'Ulm a été une des plus belles journées de l'histoire de France. L'Empereur eût pu l'enlever d'assaut ; mais 20,000 hommes, défendus par des ouvrages et par des fossés pleins d'eau, eussent opposé de la résistance, et le vif désir de Sa Majesté était d'épargner le sang. Le général Mack, général en chef de l'armée, était dans la ville : c'est la destinée des généraux opposés à l'Empereur d'être pris dans des places. On se souvient qu'après les belles manœuvres de la Brenta, le vieux feld-maréchal Wurmser fut fait prisonnier dans Mantoue ; Mélas le fut dans Alexandrie ; Mack l'est dans Ulm.

L'armée autrichienne était une des plus belles qu'ait eues l'Autriche : elle se composait de 14 régiments d'infanterie formant l'armée dite de Bavière, de 13 régiments de l'armée du Tyrol, et de 5 régiments venus en poste d'Italie, faisant 32 régiments d'infanterie et de 15 régiments de cavalerie.

L'Empereur avait placé l'armée du prince Ferdinand dans la même situation où il plaça celle de Mélas. Après avoir hésité longtemps, Mélas prit la noble résolution de passer sur le corps de l'armée française, ce qui donna lieu à la bataille de Marengo. Mack a pris un autre parti : Ulm est l'aboutissant d'un grand nombre de routes. Il a conçu le projet de faire échapper ses divisions par chacune de ces routes et de les réunir en Tyrol et en Bohême. Les divisions Hohenzollern et Werneck ont débouché par Heidenheim. Une petite division a débouché par Memmingen. Mais l'Empereur, dès le 20, accourut d'Augsburg devant Ulm, déconcerta sur-le-champ les projets de l'ennemi et fit enlever le pont et la position d'Elchingen, ce qui remédia à tout.

Le maréchal Soult, après avoir pris Memmingen, s'était mis à la poursuite des autres colonnes. Enfin, il ne restait plus au prince Ferdinand d'autre ressource que de se laisser enfermer dans Ulm, ou d'essayer, par des sentiers, de rejoindre la division de Hohenzollern; ce prince a pris ce dernier parti, il s'est rendu à Aalen avec 4 escadrons de cavalerie.

Cependant, le prince Murat était à la poursuite du prince Ferdinand. La division Werneck a voulu l'arrêter à Langenau; il a fait 3,000 prisonniers, dont 1 officier général, et lui a enlevé 2 drapeaux. Tandis qu'il manœuvrait par sa droite à Heidenheim, le maréchal Lannes marchait par Aalen et Nördlingen. La marche de la division ennemie était embarrassée par 500 chariots et affaiblie par le combat de Langenau. A ce combat, le prince Murat a été très satisfait du général Klein. Le 20ᵉ régiment de dragons, le 9ᵉ d'infanterie légère et les chasseurs de la Garde impériale se sont particulièrement distingués. L'aide de camp Brunet a montré beaucoup de bravoure.

Ce combat n'a point retardé la marche du prince Murat. Il s'est porté rapidement sur Neresheim, et le 25, à 5 heures du soir, il est arrivé devant cette position. La division de dragons du général Klein a chargé l'ennemi : 2 drapeaux, 1 officier général et 1000 hommes ont été de nouveau pris au combat de Neresheim. Le prince Ferdinand et sept de ses généraux n'ont eu que le temps de monter à cheval. On a trouvé leur dîner servi. Depuis deux jours, ils n'ont aucun point pour se reposer. Il paraît que le prince Ferdinand ne pourra se soustraire à l'armée française qu'en se déguisant ou en s'enfuyant avec quelques escadrons par quelque route détournée d'Allemagne.

L'Empereur traversant une foule de prisonniers ennemis, un colonel autrichien témoignait son étonnement de voir l'Empereur des Français trempé, couvert de boue, autant et plus fatigué que le dernier tambour de l'armée : un de ses aides de camp lui ayant expliqué ce que disait le prisonnier autrichien, l'Empereur lui fit répondre : « Votre maître a voulu me faire ressouvenir que j'étais un soldat ; j'espère qu'il conviendra que le trône et la pourpre impériale ne m'ont pas fait oublier mon premier métier ».

Le spectacle que l'armée offrait dans la journée du 23 était vraiment intéressant. Depuis deux jours, la pluie tombait à seaux, tout le monde était trempé ; le soldat n'avait point eu de distributions ; il était dans la boue jusqu'aux genoux ; mais la vue de l'Empereur lui rendait la gaieté, et du moment qu'il apercevait les colonnes dans le même état, il faisait retentir le cri de : « Vive l'Empereur ! »

On rapporte aussi que l'Empereur répondit aux officiers qui l'entouraient et qui admiraient comment, dans le moment le plus pénible, les soldats oubliaient toutes les privations, et ne se montraient sensibles qu'au plaisir de le voir : « Ils ont raison, car c'est pour épargner leur sang que je leur fais essuyer de si grandes fatigues ».

L'Empereur, lorsque l'armée occupait les hauteurs qui dominent Ulm, fit appeler le prince de Liechtenstein, général-major, enfermé dans cette place, pour lui faire connaître qu'il désirait qu'elle capitulât, lui disant que s'il la prenait d'assaut, il serait obligé de faire ce qu'il avait fait à Jaffa, où la garnison fut passée au fil de l'épée ; que c'était le triste droit de la guerre ; qu'il voulait qu'on lui épargnât et à la brave nation autrichienne la nécessité d'un acte aussi effrayant ; que la place n'était pas tenable, qu'elle devait donc se rendre. Le prince insistait pour que les officiers et soldats eussent la faculté de retourner en Autriche. « Je l'accorde aux officiers et non aux soldats, a répondu l'Empereur ; car qui me garantira qu'on ne les fera point servir de nouveau ? » Puis, après avoir hésité un moment, il ajouta : « Eh ! bien, je me fie à la parole du prince Ferdinand. S'il est dans la place, je veux lui donner une preuve de mon estime, et je lui accorde ce que vous me demandez, espérant que la cour de Vienne ne démentira pas la parole d'un de ses princes ». Sur ce que M. de Liechtenstein assura que le prince Ferdinand n'était point dans la place : « Alors, je ne vois pas, dit l'Empereur, qui peut me garantir que les soldats que je vous renverrai ne serviront pas ».

Une brigade de 4,000 hommes occupe une porte de la ville d'Ulm.

Dans la nuit du 24 au 25, il y a eu un ouragan terrible ; le Danube est tout à fait débordé et a rompu la plus grande partie de ses ponts, ce qui nous gêne beaucoup pour nos subsistances.

Dans la journée du 23, le maréchal Bernadotte a poussé ses avant-postes jusqu'à Wasserburg et Haag sur la chaussée de Braunau. Il a fait encore 400 à 500 prisonniers à l'ennemi, lui a enlevé un parc de 17 pièces d'artillerie de divers calibres ; de sorte que, depuis son entrée à Munich, sans perdre un seul homme, le maréchal Bernadotte a pris 1500 prisonniers, 19 pièces de canon, 200 chevaux et un grand nombre de bagages.

L'Empereur a passé le Rhin le 9 vendémiaire, le Danube le 14 à 5 heures du matin, le Lech le même jour à 3 heures après-midi ; ses troupes sont entrées à Munich le 20. Ses avant-postes sont arrivés sur l'Inn le 23. Le même jour, il était maître de Memmingen et le 25 d'Ulm.

Il avait pris à l'ennemi aux combats de Wertingen, de Günzburg, d'Elchingen, aux journées de Memmingen et d'Ulm, aux combats d'Albeck, de Langenau et de Neresheim, 4,000 hommes, tant infanterie que cavalerie, plus de 40 drapeaux, un très grand nombre de pièces de canon, de bagages, de voitures, etc..... Et pour arriver à ces grands résultats, il n'avait fallu que des marches et des manœuvres.

Dans ces combats partiels, les pertes de l'armée française ne se montent qu'à 500 morts et à 1000 blessés. Aussi le soldat dit-il souvent : « l'Empereur a trouvé une nouvelle méthode de faire la guerre, il ne se sert que de nos jambes et pas de nos baïonnettes ». Les cinq sixièmes de l'armée n'ont pas tiré un coup de fusil, ce dont ils s'affligent. Mais tous ont beaucoup marché, et ils redoublent de célérité quand ils ont l'espoir d'atteindre l'ennemi.

On peut en deux mots faire l'éloge de l'armée : elle est digne de son chef.

On doit considérer l'armée autrichienne comme anéantie. Les Autrichiens et les Russes seront obligés de faire beaucoup d'appels de recrues, pour résister à l'armée française, qui est venue à bout d'une armée de 100,000 hommes, sans éprouver, pour ainsi dire, aucune perte.

18 OCTOBRE. 899

Notes sur les mouvements et opérations de l'armée autrichienne en Souabe pendant la campagne de l'an XIV.

1ʳᵉ QUESTION.

Quelle est la marche des différentes colonnes de l'armée autrichienne, pour se rendre de la Bavière, du Vorarlberg et du Tyrol, sur Ulm?

3 septembre (16 fructidor).

8 septembre (21 fructidor).
18 septembre (1ᵉʳ complémentaire).

19 septembre (2ᵉ complémentaire).

9 septembre. Ce fut le 22 fructidor.

16 et 17 septembre (29 et 30 fructidor.

La majeure partie de l'armée autrichienne, destinée à agir en Allemagne, était campée sous les murs de Wels.

Elle a dû quitter ce camp le 3 septembre 1805, pour se porter sur l'Inn.

L'avant-garde, commandée par le général Klenau, passa cette rivière à Schärding le 8 septembre, se dirigea sur Landsberg où elle passa le Lech le 16; elle continua sa route par Mindelheim et Memmingen, et prit position sur l'Iller le 19.

Une colonne, commandée par le général Gottesheim, passa également l'Inn à Schärding le 8 septembre, et se dirigeant par Landshut, Freising et Augsburg, arriva à Ulm le 18 et prit position sur la rive droite du Danube.

Une colonne commandée par le général Kienmayer, marchant par Salzburg, Atten-Marckt et Wasserburg, arriva à Munich le 19 septembre; elle se dirigea ensuite par Dachau et Aichach, et vint prendre position sur le Danube, entre Rain et Neuburg. Cette division formait l'aile droite de l'armée.

Le reste des troupes composant le camp de Wels et notamment le corps commandé par le général Riesch, après avoir passé l'Inn à Braunau, se dirigea sur Munich, où il se divisa en deux colonnes; l'une se porta à Memmingen, et l'autre se dirigea sur Günzburg et forma le centre de l'armée.

Le général-major Wolfskeel, qui commandait 6,000 hommes à Bregenz, dans le Vorarlberg, en partit les 16 et 17 septembre, passa par Lindau et Ravensburg, et arriva les 13 et 19 à Waldsée et Biberach, où il prit position.

Enfin, le corps aux ordres du général

26 septembre (4 vendémiaire).

2ᵉ QUESTION.

La position générale de cette armée sur l'Iller et le Danube, à l'instant où l'armée a passé le Danube à Donauwörth, les 14 et 15 vendémiaire?

Auffenberg quitta ses positions dans le Tyrol le 26 septembre et vint en prendre une nouvelle sur l'Iller, près Memmingen.

Il est assez difficile de déterminer d'une manière positive la position générale des Autrichiens à l'époque où l'armée française passa le Danube à Donauwörth.

Les mouvements ordonnés par le prince Murat sur Offenburg et Oberkirch et les avis que les généraux ennemis recevaient de la marche de l'armée française par Stuttgard, les jetèrent dans l'incertitude et les forcèrent à manœuvrer presque continuellement afin d'éviter une surprise.

Un conseil de guerre, tenu à Landsberg le 23 septembre et présidé par l'empereur d'Autriche, avait arrêté un plan de campagne. La rapidité de la marche de l'armée française sur Donauwörth en rendit l'exécution impossible et les circonstances ayant nécessité d'autres dispositions, l'armée ennemie fit différentes manœuvres qui ne pouvaient avoir aucun but déterminé et dont il serait par conséquent difficile de saisir l'ensemble.

Voici cependant ce qu'il a été possible de recueillir de plus raisonnable à cet égard.

L'aile gauche de l'armée autrichienne s'était éloignée du Tyrol pour se concentrer sur l'Iller entre Memmingen et Weissenhorn, ayant des postes à Ravensburg, Waldsée et Biberach.

Le centre de l'armée était à Ulm, Günzburg et environs.

L'aile droite se prolongeait en descendant le Danube jusque vers Neuburg.

Enfin, la réserve était à Mindelheim et environs.

Le 4 octobre, le général en chef de l'armée autrichienne ayant eu des avis certains de la marche de l'armée française, ordonna au général Klenau d'abandonner les postes qu'il occupait le long du Danube à Mutterkingen, Mengen, Riedlingen, etc., et de venir à Ulm avec sa division, en faisant une marche forcée.

Il y arriva effectivement les 6 et 7 octobre, c'est-à-dire deux jours avant que l'armée française passât le Danube à Donauwörth.

A la même époque, le général Kienmayer, commandant l'aile droite, fit rentrer les différents partis qu'il avait jetés sur la rive gauche du Danube, vers Nördlingen et Eichstädt.

Le corps du général Auffenberg fut détaché vers Donauwörth pour venir observer les mouvements de l'armée française. Il rencontra l'avant-garde à Wertingen, où il fut repoussé avec perte le 8 octobre.

Le quartier général de l'armée autrichienne qui, de Landsberg était venu s'établir le 26 septembre à Mindelheim, quitta cette dernière ville le 6 octobre pour venir à Ulm, d'où il fut porté le 8 à Günzburg. Il revint à Ulm dans la nuit du 9 au 10, c'est-à-dire après l'enlèvement du poste de Günzburg.

3ᵉ QUESTION.

Celle du jour de l'affaire d'Elchingen, le 22 vendémiaire ?

Le général Auffenberg, après l'affaire de Wertingen, se retira sur Günzburg, tandis que le général Kienmayer fit sa retraite sur Munich et de là sur l'Inn.

Günzburg ayant été enlevé de vive force, les Autrichiens changeront leurs dispositions afin de couvrir Ulm.

La plus grande partie des troupes qui s'étaient trouvées à l'attaque de Günzburg, arrivèrent le 10 octobre à Ulm, traversèrent la ville et allèrent sans s'arrêter prendre position entre Heidenheim, Albeck et Ulm, pour former l'aile gauche de la nouvelle ligne de bataille, dont l'aile droite appuyée à Memmingen, occupait les portes d'Illertissen, Ober et Unter-Kirchberg, afin de garder les ponts et passages de l'Iller.

Le général Riesch fut détaché d'Ulm avec un corps d'environ 16,000 hommes, pour défendre le pont et le passage d'Elchingen; telle était, à peu de chose près, la position de l'armée autrichienne, le 14 octobre ou 22 vendémiaire, jour de l'affaire d'Elchingen.

4ᵉ QUESTION.

L'époque où l'archiduc Ferdinand a quitté Ulm et ses environs pour se rendre en Bohême ?

22 au 23 vendémiaire (14 au 15 octobre).

L'archiduc Ferdinand a quitté Ulm après le combat d'Elchingen, dans la nuit du 14 au 15 octobre; il avait à peu près 600 hommes de cavalerie et était accompagné du feld-maréchal-lieutenant prince de Schwarzenberg.

L'archiduc se dirigea d'abord sur Geisslingen et ensuite par Heidenheim, Neresheim, Aalen et Nördlingen. Il fut joint dans sa marche par la cavalerie du corps, commandé par les généraux Werneck et Hohenzollern, et il continua sa route sur la Bohême, par la Franconie orientale.

5ᵉ QUESTION.

Celle où MM. les généraux Werneck et Hohenzollern ont quitté leurs positions pour se rendre en Bohême?

L'aile gauche de l'armée autrichienne, commandée par les généraux Werneck et Hohenzollern, se trouvant coupée et séparée du centre, par suite de l'enlèvement du poste d'Elchingen, ces généraux firent le lendemain 15 octobre (*23 vendémiaire*), une tentative inutile pour se replier sur Ulm.

Leur mauvais succès les détermina à se rapprocher, le même jour, de Herbrechtingen et d'en occuper les hauteurs; c'est en exécutant ce mouvement que le général Werneck perdit la majeure partie de son arrière-garde, commandée par le général-major Mecsery; celle du général Hohenzollern fut également entamée, et le comte O'Donnell, qui la commandait, fut blessé à mort; enfin, quelques bataillons isolés et dispersés furent faits prisonniers, en grande partie, à Ballendorf et Langenau.

Cet échec ôtant aux généraux Werneck

et Hohenzollern toute espérance de se réunir au centre de l'armée, ils se disposèrent à quitter le 16 (*24 vendémiaire*), la position de Herbrechtingen, pour se rendre à Aalen, en remontant le cours de la Brenz et se réunir à l'archiduc; mais au moment où ils commençaient leur mouvement, ils furent attaqués avec la plus grande vigueur et, après une défense opiniâtre, les hauteurs furent emportées; alors le général Werneck, affaibli de trois mille et quelques cents hommes, précipita sa retraite sur Ober-Kochen, où il reçut l'ordre de se rendre à OEttingen, en passant par Neresheim.

Il arriva à Trochtelfingen le 17 octobre (*25 vendémiaire*) et y fut attaqué par les troupes du corps du prince Murat. Une brigade commandée par le comte de Zinzendorff fut forcée de mettre bas les armes, tandis que la cavalerie parvint à faire sa retraite et se réunit à l'archiduc. Le lendemain 18 (*26 vendémiaire*), le général Werneck demanda à capituler, et se rendit prisonnier de guerre avec les débris de son corps d'armée. La capitulation fut arrêtée entre lui et M. le général français Belliard, et signée à Trochtelfingen.

6ᵉ QUESTION.

Celle où M. de Jellachich s'est mis en mouvement, soit d'Ulm, soit des bords de l'Iller, pour se rendre dans le Vorarlberg ?

Le 13 octobre (*21 vendémiaire*), veille de l'affaire d'Elchingen, le général Jellachich quitta Ulm avec peu de troupes. En arrivant à Biberach, il prit le commandement de celles qui étaient aux ordres de M. le général-major Wolfskeel, et fit sa retraite sur Bregenz et Feldkirch, dans le Vorarlberg, lorsqu'il apprit la capitulation de Memmingen.

Le général Jellachich conserva sa position jusqu'à l'arrivée du maréchal Augereau, sur le lac de Constance. Pressé vivement par les troupes françaises et ne voyant aucun espoir d'être secouru, ni d'opérer sa retraite d'une manière avantageuse, il capitula à Hohen-Ems.

Le régiment de chevau-légers de Rosenberg et celui de hussards de Blankenstein, commandés par les colonels Kinsky et Wartensleben, parvinrent seuls à s'échapper.

Ils prirent leur direction par Isny, Leutkirck, Biberach, Ehingen, Blaubeuren, Heidenheim et Nördlingen, gagnèrent Nuremberg et se rendirent de là en Bohême.

7ᵉ QUESTION.

Quelle était à peu près la position de ces généraux au moment de leur départ, et la direction qu'ils ont suivie, en indiquant, autant que possible, leurs quartiers généraux, avec les dates ?

Les articles précédents répondent, en partie, à cette question ; néanmoins, on a cherché avec le plus grand soin à se procurer des renseignements positifs, sans pouvoir recueillir rien d'assez satisfaisant.

L'emplacement des quartiers généraux ne peut donc être indiqué que par supposition ; ce qui, au fond, ne peut être d'un intérêt majeur.

Coup d'œil historique des opérations militaires en Allemagne depuis le commencement des hostilités jusqu'au 12 octobre 1805.

Londres, le 28 octobre 1805.

C'est avec le plus grand regret que nous sommes obligés, par les nouvelles reçues de France samedi dernier, de confesser que les armées alliées ont éprouvé des désastres imprévus, et que l'espoir que nous avions de leurs succès est entièrement détruit. Ce malheureux état de choses est moins l'effet des talents de nos ennemis que de la stupidité inconcevable de nos amis.

L'Autriche paraît avoir agi avec trop de témérité et sans réflexion en commençant la guerre. Elle aurait dû d'abord se demander si, seule, elle était capable de se mesurer avec la France. Si elle se fût reconnue assez forte, il eût été bien alors d'envoyer ses armées en avant sans attendre les Russes, mais il lui eût fallu aussi attaquer les Français partout où elle les aurait trouvés et non pas rester sur la défensive. Sans aucun doute, l'Autriche n'avait point le dessein de se battre avant d'avoir été renforcée par les Russes, sans lesquels elle ne se sentait pas assez forte. Aussi, aurait-elle dû n'envoyer aucun corps au delà de ses frontières avant que les Russes ne fussent arrivés ou ne fussent assez près pour la soutenir. Elle n'aurait pas dû envoyer une forte armée en Italie pour alarmer les Français et les avertir de la nécessité de se préparer à la résistance dans ce pays. Supposons que les Français eussent pénétré bien avant dans les possessions d'Italie, une victoire décisive les aurait rejetés derrière l'Adige et ils auraient alors éprouvé tous les maux qui accompagnent une longue retraite à travers un pays ennemi. Il est évident que cette guerre devait être décidée par des batailles en rase campagne et non par des fortifications et des positions. Si l'Autriche, en conservant ses forces chez elle, avait été attaquée par les Français, une victoire complète remportée sur eux l'aurait conduite sur le Rhin et sur l'Adige ; si elle avait été battue, elle se trouvait à même de recevoir de prompts secours.

Les succès des Français dans les dernières guerres ont eu pour cause, en grande partie, leur centralisation, tandis que les alliés envoyaient leurs armées de très loin. Dans les circonstances présentes, au moins jusqu'à ce que les Russes fussent arrivés en force, l'Autriche aurait dû changer ses plans, rester sur la défensive chez elle avec ses armées réunies et ne pas avancer au delà de la Drave et de l'Inn. Si elle eût été attaquée dans cette position, elle aurait pu combattre avec la plus grande vigueur ; et si la victoire se fût déclarée en sa faveur, ses triomphes l'auraient conduite dans ces mêmes pays dont elle s'est témérairement emparée sans avoir la certitude de pouvoir les conserver. Le passage de l'Inn par son armée donna aussi à la France un prétexte de commencer la guerre. Quel pouvait être l'objet de cette marche ? Si c'était pour s'assurer de l'armée bavaroise, le coup manqué, les Autrichiens devaient se retirer au lieu d'avancer.

Les Autrichiens avancèrent imprudemment par Stockach et Schaffhouse, sur la Forêt-Noire et le Brisgau, étendant leur ligne le long du Danube jusqu'à Ingolstadt, d'où leurs troupes se répandirent dans le Haut-Palatinat au nord et dans le Tyrol au sud, conservant par le Tyrol une communication avec leur armée d'Italie et ayant leur principal corps aux environs de

Mindelheim et Ulm. Telle fut la position qu'ils prirent vers les 20 et 24 septembre. Leurs lignes étaient très étendues et par conséquent très faibles. Qu'espéraient-ils dans cette situation? Que les Russes opéreraient leur jonction avant que les Français pussent les attaquer? Ou bien qu'ils pourraient seuls faire face aux Français? Dans le premier cas, pourquoi ne se retirèrent-ils pas quand ils virent l'ennemi si près d'eux? Dans le second, pourquoi ne concentrèrent-ils point leurs forces et n'attaquèrent-ils point les Français au lieu de leur laisser le choix des routes par lesquelles ils pouvaient les attaquer? Les Autrichiens devaient savoir que la simple occupation de ces pays n'en était point la possession réelle, et que c'était à une nombreuse armée française, commandée par Bonaparte, qu'ils avaient à en disputer la possession. Au lieu de cela, ils se reposaient dans une sécurité parfaite et ne paraissaient pas même se douter que l'armée française pût avancer par une autre route que celle par laquelle ils l'attendaient; c'est-à-dire qu'ils croyaient que les Français viendraient les attaquer à leur forte position du nord-ouest au lieu de les attaquer du côté de l'est où ils étaient faibles. Les Autrichiens restèrent dans cette situation depuis le 24 septembre jusqu'au 6 octobre, fortifiant Ulm et Memmingen et la rive droite de l'Iller, sans penser à leur danger et sans soupçonner même que ce serait la rive gauche de cette rivière qu'ils auraient à défendre.

Le 6 août, le ministre des relations étrangères demanda à l'ambassadeur d'Autriche à Paris que les troupes de son maître dans le Tyrol et en Italie fussent réduites au pied de paix; que les travaux de fortification qu'on exécutait fussent interrompus et que l'Autriche déclarât à l'Angleterre sa détermination de rester neutre. Ce ministre ajoutait que si l'Autriche n'acquiesçait pas à ces demandes « *Bonaparte ne commettrait point la faute d'attendre que les Russes eussent fait leur jonction.* » L'Autriche, comme on sait, refusa et vers la fin du mois d'août, les armées françaises des côtes, de Hollande, de Hanovre et des corps de l'intérieur furent mises en marche vers l'Allemagne. Des divisions de l'armée des côtes passèrent par Lille dans les premiers jours de septembre, allant à Strasbourg où elles étaient attendues vers le 15. Les armées de Hollande et du Hanovre, mises en mouvement en même temps, dirigèrent leur marche vers Francfort, où elles devaient en joindre d'autres.

Telle était la situation des affaires lorsque la nouvelle du passage de l'Inn par les Autrichiens arriva à Paris le 8 de septembre. Le 18, Bonaparte envoya au Sénat pour lui communiquer cet événement et lui annoncer que les hostilités étaient inévitables et que lui-même irait commander l'armée d'Allemagne. Il partit de Paris le 24 et arriva à Strasburg le 26. Bernadotte, avec l'armée de Hanovre, arriva le 23 à Würtzburg où il fut bientôt rejoint par les troupes de l'Électeur de Bavière et par l'armée française de Hollande, commandée par le général Marmont. Entre le 23 et le 30, toutes les colonnes de l'armée française passèrent le Rhin dans différents endroits, principalement à Kehl. Elles furent toutes dirigées le long de la rive droite de ce fleuve, obliquant à droite vers Stuttgard, Heilbronn et Würtzburg, excepté la cavalerie de réserve, sous les ordres du prince Murat, qui passa à Kehl le 25, marcha vers les défilés de la Forêt-Noire, manœuvrant devant les Autrichiens pour leur faire croire qu'ils seraient attaqués sur leur front, tandis que la masse de l'armée française s'éloigna assez vers le nord pour ne pas alarmer le général Mack et continua ainsi jusqu'à ce qu'elle fût directement au nord de Donauwörth, Neuburg et Ingolstadt. Alors, vers le 5 et le 6 octobre, cette armée immense marcha droit sur le Danube et attaqua les postes que les Autrichiens y avaient. Le 6, les Français s'étaient emparés du pont de Donauwörth (que les Autrichiens avaient coupé) et le réparaient.

Jusqu'au 4, les Autrichiens s'étaient bornés à se fortifier et à se retrancher dans les environs d'Ulm et de Memmingen, se figurant toujours que les Français les attaqueraient par leur front. Alors le général Mack, voyant enfin que les Français étaient en grande force sur son aile droite et qu'ils menaçaient de le prendre en flanc, prit l'alarme. Jusqu'à ce moment, lui seul semblait ignorer leurs desseins, qui étaient si clairs et si évidents pour tout le monde. Il était si satisfait de ses positions d'Ulm et de Memmingen qu'il ne voulut pas les abandonner, quoiqu'il fût menacé, non pas d'une défaite totale, mais de l'entière destruction de son armée. S'il avait évacué Ulm le 4, il aurait pu se retirer par Augsburg, Landsberg et Munich, sur l'Inn, où il aurait été rejoint par les Russes et par les autres renforts qui seraient venus d'Autriche. Il est vrai qu'il aurait fallu qu'il laissât derrière lui ses magasins et sa grosse artillerie, mais il aurait sauvé ses troupes. Celles qui étaient répandues dans les environs du lac de Constance et du Tyrol auraient pu s'échapper par ce dernier pays et se réunir à l'armée de l'archiduc Jean à Trente, où, au pire, quelques milliers de soldats seraient tombés entre les mains de l'ennemi. Le général Mack commit une faute bien grande en supposant qu'il pourrait se maintenir à Ulm, et une plus grande encore en essayant de le faire. Il n'aurait pas dû étendre sa ligne de l'est à l'ouest, mais du sud au nord. S'il se fût conduit ainsi, il se serait aperçu que les Français le tournaient dès le 1er octobre, et alors il aurait été le maître ou de livrer bataille ou de se retirer. Il est à présumer qu'il ne se fût pas senti assez fort pour prendre le premier de ces deux partis et qu'il se serait décidé à recourir à l'autre jusqu'à sa réunion avec les Russes. Mais, malheureusement, il étendit sa ligne de l'est à l'ouest et, dans cette situation, il ne pouvait pas être si bien instruit de l'approche de l'ennemi du côté nord de sa position.

Les Français, afin de ne pas trop alarmer les Autrichiens, avaient formé leur ligne parallèlement à la leur et paraissaient marcher dans l'intention d'attaquer dans cet ordre; mais, quand ils furent assez près pour profiter de l'erreur de l'ennemi, ils réunirent leurs principales forces sur la droite, c'est-à-dire sur le point est de la ligne autrichienne et marchèrent alors en grande force sur le Danube, passèrent ce fleuve, attaquèrent et mirent en déroute la droite des Autrichiens, remontèrent le Lech avec la plus grande célérité et séparèrent ainsi l'armée autrichienne des Russes et de Vienne.

L'intention des Français était de ne pas tirer un seul coup de fusil jusqu'à ce qu'ils fussent dans une situation leur promettant de recueillir les plus grands fruits d'une victoire, et les Autrichiens attendirent tranquillement qu'ils se postassent à leur gré et donnassent le signal des combats. Le 6 octobre, à 8 heures du soir, les Français, étant dans la position qu'ils désiraient, attaquèrent les Autrichiens à Donauwörth, repoussèrent le régiment de Colloredo et s'emparèrent du pont. Cela n'était-il pas suffisant pour donner l'éveil au général Mack? Les Français étaient maîtres du passage du Danube et leurs projets étaient évidemment de le cerner. S'il se fût mis en marche de bonne heure le 7 et qu'il se fût dirigé sur Augsburg et Landsberg, il aurait encore pu sauver son armée; mais non, il était infatué de sa position d'Ulm. Avant cela, il avait rappelé toutes ses troupes disponibles du Tyrol et du Vorarlberg; celles qui étaient dans l'est du Tyrol s'étaient avancées sur Kempten. Une retraite par Landsberg était entièrement au pouvoir du général Mack; au lieu de l'effectuer, il fit venir toutes les troupes autrichiennes sur l'Iller. Le 6, la plus grande partie des forces de l'Autriche était concentrée sur le bas Iller et le reste y arriva le 7.

Les Français avaient rétabli le pont de Donauwörth le 7 au matin et la cavalerie du prince Murat, dont les démonstrations n'étaient plus nécessaires du côté d'Ulm sur la rive gauche du Danube, descendit cette rive, passa le fleuve à Donauwörth, où elle ne rencontra, paraît-il, aucune résistance. Il nous semble, cependant, que les Autrichiens auraient pu facilement y rassembler quelques forces pendant la nuit pour s'opposer au passage. De Donauwörth, les Français se portèrent en avant et s'emparèrent d'un pont sur le Lech.

Il paraît que ces manœuvres alarmèrent enfin le général Mack, car par une lettre des bords du Danube, datée du 11, nous voyons que, dans la nuit du 7 au 8, il sortit d'Ulm et de Memmingen et s'avança dans l'espoir, sans doute, de rejeter les Français au delà du Danube. Ce parti aurait dû être pris vingt-quatre heures plus tôt, et, au lieu de tenter de repousser les Français dans la matinée du 8, il aurait dû se retirer par Landsberg dont la route était encore ouverte. Mack avança le 8 avec le principal corps de son armée sur Günzburg, mais, dans le même temps, une division considérable d'Autrichiens était mise en déroute sur son front à Wertingen. Ce succès plaça les Français dans une situation très avantageuse sur la rive droite du Danube et sur le Lech et assura la ruine de l'armée autrichienne.

Les Français remontèrent le Lech, passèrent le Danube à Neuburg, chassèrent les Autrichiens d'Aichach, et le 9, le maréchal Soult entra dans Augsburg. En même temps, Bernadotte arrivait à Ingolstadt; plusieurs corps passaient le Danube en différents endroits; Murat coupait la communication entre Augsburg et Ulm et Lannes prenait possession de Zusmarshausen. Le 9 au soir, le maréchal Ney, soutenu sur la rive gauche du Danube par la divisision Loison, s'avança vers Günzburg et y attaqua les Autrichiens. Il y éprouva une grande résistance. Les Autrichiens revinrent trois fois au combat, mais enfin, ils furent complètement battus et les Français s'emparèrent du pont de Günzburg. Le général Mack se retira avec son corps d'armée de Günzburg à Ulm, où il délibéra pour savoir s'il s'échapperait par Kempten et Kauffbeuren. Mais il était trop tard, et il ne vit d'autre moyen de salut, ou plutôt de plus longue résistance qu'en prenant position à Ulm sur les deux rives du Danube. Cela eut lieu le 10 octobre et nous ne connaissons de la situation ultérieure de l'armée autrichienne que ce que nous voyons dans les bulletins officiels français.

A cette époque, plusieurs corps russes étaient arrivés aux environs de l'Inn. Bernadotte était à Munich avec 40,000 hommes et les Français disaient avec trop de vérité que *leur position était si avantageuse qu'ils pouvaient de tous côtés faire face à leurs ennemis.* Cependant, ils se trouveraient eux-mêmes dans le plus grand embarras si Mack pouvait les attaquer d'un côté, et les Russes de l'autre ; ils sont entre deux armées ennemies. Mais, puisqu'ils ont non seulement choisi cette position, mais encore fait tous leurs efforts pour l'obtenir, on doit naturellement en conclure qu'ils se sentent de beaucoup supérieurs à leurs ennemis.

Mack, loin d'être capable de les attaquer, semble être hors d'état de leur résister, et il ne paraît point qu'il y ait encore sur l'Inn des forces considérables russes ou autrichiennes.

Le 11 octobre, le maréchal Soult ayant remonté le Lech, prit possession de Landsberg et chassa les Autrichiens qui, jusqu'à ce moment, avaient conservé la communication entre l'armée de Mack et l'Inn. Le 13 octobre, à la pointe du jour, le maréchal Soult était attendu dans le voisinage de Memmingen qui était encore occupé par l'aile droite de l'armée autrichienne. Les Français avaient indubitablement occupé Kempten, Kauffbeuren et Füssen. Le 13, les Autrichiens étaient postés entre Ulm et Memmingen, le long de l'Iller ; le maréchal Soult était sur leur droite, cherchant à les tourner, et d'autres divisions françaises étaient placées en front de la ligne autrichienne, sur les deux rives du Danube, devant Ulm, Weissenhorn, etc. Toutes les dispositions étaient prises pour une attaque générale ; Bonaparte faisait des proclamations pour encourager ses soldats et les Autrichiens attendaient sur la défensive,

Les papiers de Paris jusqu'au 23, qui arrivèrent hier, apportent les détails de la défaite des Autrichiens. Ils annoncent que le général Mack a été obligé de se rendre avec 40,000 hommes, de sorte que son armée qui, il y a peu de jours, était forte de 84,000 hommes, est entièrement détruite, excepté quelques corps qui se sont enfuis dans le Tyrol. Mack n'était pas seulement attaqué par Bonaparte ; Augereau, avec l'armée de Brest, avançait vers lui du côté de Stockach. Il était complètement cerné et la seule chance qui lui restait était de s'échapper par le Haut-Palatinat en forçant la ligne française au nord du Danube. Si l'armée de Mack est détruite, Bonaparte, envoyant Bernadotte contre les Russes sur l'Inn et Augereau pour chasser les Autrichiens du Tyrol, tâchera de pousser jusqu'en Italie pour tomber sur l'arrière-garde de l'armée de l'archiduc Charles attaquée en même temps de front par Masséna. Les Autrichiens ne pourront jamais résister à de pareils coups. Des rapports d'Italie annoncent déjà que le camp retranché des Autrichiens est pris et que leur armée est défaite. Ainsi, nous pouvons apprendre dans peu de jours que les deux armées autrichiennes d'Allemagne et d'Italie, fortes ensemble de 170,000 hommes, sont anéanties. Il n'y aura plus un régiment pour s'opposer à la marche de Bonaparte sur Vienne, et il faudra que l'Autriche accepte les conditions que la France lui dictera.

Le maréchal Ney au maréchal Berthier.

Süflingen, le 26 vendémiaire an XIV (18 octobre 1805).

J'ai l'honneur de rendre compte à Votre Excellence que, conformément à l'article 6 de la capitulation concernant la garnison autrichienne d'Ulm, une brigade d'infanterie est entrée ce matin, à 10 heures, dans cette ville. Le service a été réglé de manière que l'harmonie entre l'une et l'autre armée ne soit pas interrompue. Les instructions que j'ai laissées au général Labassée sont : d'empêcher toute communication avec les troupes qui ont capitulé ; les officiers vivront à l'auberge ; j'en acquitterai la dépense sur les fonds mis à ma disposition pour la partie secrète. Le soldat sera nourri par l'habitant, d'après les arrangements pris avec les magistrats de cette ville ; il sera délivré des bons pour cet objet de consommation. Le général Labassée a ordre de rétablir les autorités bavaroises dans leurs fonctions civiles et administratives d'avant l'arrivée des troupes autrichiennes dans cette ville.

Le surplus de la 2º et 3º division restera en position sur le Michelsberg et Ziegelhüttberg, fournissant des postes depuis Söflingen sur la Blau, jusqu'à la rive gauche du Danube, au-dessus d'Ulm, à la hauteur d'Offenhausen ; une chaîne de vedettes de cavalerie légère se trouve établie sur le développement de ce front, pour empêcher toute communication, soit avec les bourgeois de la ville, soit avec la garnison autrichienne.

J'ai demandé d'établir un poste de 25 grenadiers sur le seul pont de communication qui existe entre la porte ennemie nommée Gänzthor, et celle de Stuttgard, ce que le général Mack m'a accordé ; ainsi la garnison autrichienne est dans l'impossibilité de rien entreprendre contre nous et je puis, en moins d'une heure, faire entrer toutes mes troupes dans cette ville, si les circonstances l'exigeaient.

Le pont de communication avec la rive droite du Danube sera rétabli d'ici à demain soir.

NEY.

6º CORPS D'ARMÉE.

Journée du 26 vendémiaire an XIV (18 octobre 1805).

2º division. — A gardé sa position des 24 et 25.

3º division. — A gardé sa position des 24 et 25.

Le général Labassée, à la tête des grenadiers, carabiniers et éclaireurs de la division et du 1ᵉʳ bataillon du 27º de ligne et de pareil nombre de troupes de la 2º division, est entré à 10 heures du matin dans Ulm et a occupé la porte Neuve.

Cavalerie légère. — A gardé ses positions du 24.

Dragons à pied. — Ont gardé les positions du 24.

Le maréchal Berthier au maréchal Ney.

Abbaye d'Elchingen, le 26 vendémiaire an XIV (18 octobre 1805).

Monsieur le Maréchal,

L'Empereur ordonne :

1° Qu'on lui rende sur-le-champ les officiers et soldats français qui se trouvent à Ulm, ils seront échangés contre un pareil nombre d'officiers et soldats autrichiens ;

2° Que vous fassiez venir l'administrateur bavarois de la ville d'Ulm qui n'est pas plus dépendant des Autrichiens que de nous, mais qui plutôt doit jouir de toute son indépendance ;

3° L'intention de l'Empereur n'est pas que la ville d'Ulm fournisse des vivres aux Autrichiens, ils doivent vivre de leurs subsistances, s'ils en ont ;

4° L'Empereur vous demande de lui adresser le plutôt possible l'état de situation de l'infanterie, cavalerie, magasins, etc., les noms de MM. les officiers qui se trouvent à Ulm ;

5° Faites promptement réparer le pont, afin que la colonne Walther s'en serve pour traverser la ville et venir prendre position en arrière de votre camp sur la route d'Elchingen.

Je vous préviens que l'Empereur a envoyé son aide de camp Savary à Ulm, pour chercher M. Baco, Bavarois, à qui Sa Majesté veut parler.

Sa Majesté ordonne que les armes de l'Électeur de Bavière soient remises sur la porte de la ville, si elles en ont été ôtées.

L'Empereur me charge de vous prévenir, pour que vous en fassiez part à vos troupes, que le prince Murat a pris hier à 5 heures du soir à Neresheim, plus de 1000 hommes, un général-major et 2 drapeaux ; qu'il en avait pris 3,000 hommes la veille à Langenau ; qu'enfin, dans ce moment, il cerne une colonne où il y a 7 généraux qu'il espère prendre dans la journée ; on croit que l'archiduc Ferdinand est du nombre.

Je vous prie de faire passer la lettre ci-incluse au général Marmont, par le pont d'Ulm.

BERTHIER.

Le maréchal Ney au maréchal Berthier.

Söflingen, le 26 vendémiaire an xɪv (18 octobre 1805).

J'ai l'honneur de vous adresser la réponse faite par le général Mack aux articles que je lui ai proposés aujourd'hui.

Je prie Votre Excellence de vouloir bien m'autoriser à faire cantonner une partie des troupes sous mes ordres, si, d'ici à deux jours leur subsistance n'est pas assurée ; l'état de détresse du soldat, qui ne reçoit qu'un quart de ration, ne peut être supporté plus longtemps, et il trouverait quelques ressources dans les villages quoiqu'ils aient été pillés. Les divisions Suchet et Gazan ajoutent encore à la pénurie que nous éprouvons, je prie Votre Excellence de prendre un parti à l'égard de ces deux divisions.

Vous verrez par la réponse des Autrichiens qu'ils n'ont point de magasins et qu'ils vivent aux dépens de la ville d'Ulm dont ils épuisent les ressources.

Je prie Votre Excellence de vouloir bien me faire connaître sur quel point devront être dirigés les prisonniers autrichiens à l'expiration du délai accordé.

Je pense que c'est sur Strasbourg par Stuttgard ; je vous prie aussi de donner des ordres pour leurs vivres soient assurés de gîte en gîte. Je chargerai un officier supérieur de les escorter avec de la cavalerie.

(*A. M.*) Ney.

Réponse aux articles proposés le 26 vendémiaire an XIV, par M. le maréchal d'empire Ney.

Art. 1ᵉʳ. — L'intention de l'Empereur Napoléon est que tous les prisonniers français, officiers et soldats seront rendus sur-le-champ, et ils seront échangés contre un pareil nombre d'Autrichiens.

RÉPONSES.

Cet article est déjà mis en exécution, comme j'en suis convenu, aujourd'hui, le matin, avec M. le maréchal d'empire Ney.

Art. 2. — Que l'administration bavaroise de la ville d'Ulm jouisse de toute son indépendance.

Elle en jouira tant qu'elle logera convenablement les troupes autrichiennes, et leur fournira les vivres nécessaires et surtout les viandes.

Art. 3. — Que la ville d'Ulm ne fournisse pas de vivres à l'armée autrichienne, qui doit vivre de ses magasins.	RÉPONSES. L'armée a fort peu de magasins; cependant elle fera l'impossible pour le soulagement de la ville pour en vivre jusqu'au 25 inclusivement. Si les provisions des magasins, contre toute attente, ne fussent pas suffisantes, la ville fournira le reste. La viande doit être fournie par la ville, mais les troupes la payeront.

L'état général de l'armée autrichienne d'Ulm, tel qu'il est demandé, avec le nom des généraux et officiers d'état-major, sera remis le 25 octobre à minuit, si la garnison était assez malheureuse de ne pas être débloquée.

Ulm, ce 18 octobre 1805.

(*A. W.*) MACK.

Le maréchal Berthier au maréchal Ney.

Abbaye d'Elchingen, le 26 vendémiaire an XIV (18 octobre 1805).

Monsieur le Maréchal,

Je vous préviens qu'en conséquence des dispositions de l'Empereur, le général Suchet part demain matin pour se rendre à Günzburg et que la division Gazan est mise à vos ordres pour le remplacer; vous devez faire vos dispositions en conséquence.

L'Empereur désire qu'indépendamment de la brigade qui est dans Ulm, il y en ait une autre bivouaquée en règle sur le Michelsberg, ainsi qu'un général de brigade qui la commandera.

Demain, vous recevrez une instruction sur le blocus d'Ulm, et je vous ferai connaître les intentions de l'Empereur sur l'exécution des dispositions de la capitulation.

BERTHIER.

Le maréchal Berthier au général Gazan.

Abbaye d'Elchingen, le 26 vendémiaire an xiv (18 octobre 1805).

Le général Gazan est prévenu qu'il passe provisoirement avec sa division sous les ordres de M. le maréchal Ney.

BERTHIER.

Le maréchal Berthier au maréchal Ney.

Abbaye d'Elchingen, le 26 vendémiaire an xiv (18 octobre 1805).

Monsieur le Maréchal,

L'Empereur ordonne que vous envoyiez un de vos régiments de cavalerie à Blaubeuren, d'où il poussera des partis jusqu'au Neckar; envoyez avec ce régiment un de vos aides de camp, afin que l'Empereur puisse savoir dans la nuit, tout ce qui a passé à Blaubeuren, et des nouvelles qu'on a de l'ennemi de ce côté.

J'ai ordonné au général Marmont de faire la même chose sur la route de Riedlingen et sur celle de Biberach.

Le général Bourcier est à Geislingen, le maréchal Lannes à Heidenheim et le prince Murat à Neresheim, pour qu'ils éclairent les différents débouchés.

BERTHIER.

Le maréchal Ney au maréchal Berthier.

Le 26 vendémiaire an xiv (18 octobre 1805).

Une grande partie des dispositions contenues dans l'ordre que Votre Excellence m'a fait parvenir par son aide de camp cet après-midi, sont mises à exécution ; les prisonniers de guerre français sont rendus depuis ce matin, de même les autorités de Bavière rétablies dans leurs fonctions à Ulm ; je charge le général Du Taillis d'aller dans cette ville, afin de remplir les volontés de Sa Majesté.

Mon aide de camp Crabbé part à l'instant à la tête d'un détachement de cavalerie légère pour Blaubeuren à l'effet d'éclairer toutes les communications sur le Neckar vers Riedlingen, Geisslingen. Il me rendra compte des renseignements qu'il obtiendra sur la marche, la force et la position de l'ennemi que j'aurai l'honneur de transmettre à Votre Excellence.

(A. M.) NEY.

Le général Tilly à l'Empereur.

Au bivouac devant Ulm, le 26 vendémiaire an XIV (18 octobre 1805).

Sire,

Ainsi que j'ai eu l'honneur de le dire à Votre Majesté, je me trouve absolument sans commandement par la répartition de la cavalerie légère dans les divisions d'infanterie. Votre Majesté, toujours juste, sentira combien il est pénible pour un homme d'honneur de suivre l'armée sans pouvoir rendre aucun service. Je prie Votre Majesté de permettre que je lui rappelle qu'Elle a bien voulu me dire qu'Elle se souviendrait de moi après la prise d'Ulm. Je la supplie donc de me mettre à même de lui prouver mon entier dévouement.

Je suis, de Votre Majesté, le très humble et très obéissant serviteur et fidèle sujet.

TILLY.

Le général Bertrand à l'Empereur.

Ulm, le 26 vendémiaire an XIV (18 octobre 1805).

Sire,

L'arche du grand bras est réparée. On commence à travailler à celle du petit bras. Le maître charpentier promettait qu'elle serait finie demain matin, mais je crois qu'à 10 ou 11 heures au plus tard, les voitures pourront passer. Je resterai ici pour presser les travaux et je serai demain matin au jour à Memmingen.

Le général Mack assure qu'il y a ici 12,000 fantassins, 3,000 chevaux, 50 pièces de canon, munies de 100 coups à boulets et 30 à mitraille.

Il y a 4 lieutenants généraux : MM. Klenau, Gottesheim, Loudon, Riesch, 5 ou 6 généraux-majors.

Nous avons dans la ville 150 à 200 blessés, les Autrichiens 6,000 à 8,000. Tous sur la paille, sans linge de rechange.

L'armée est au quart de ration, mais les habitants ne manquent pas de pain.

Il est nécessaire de mettre plus d'ordre dans la ville et de l'y maintenir.

Ces derniers événements semblent aux généraux autrichiens une fatalité à laquelle ils ne conçoivent rien.

Le général Mack est profondément affecté, mais c'est surtout de la capitulation d'Ulm, à laquelle il a été, dit-il, entraîné, presque forcé par les autres.

Le prince de Liechtenstein a le plus contribué à cette détermination. Le général Mack paraît moins frappé de la destruction si subite et presque totale de son armée.

Le prince de Liechtenstein disait au général Suchet : « Je sais bien que nous aurons une paix éternelle, car votre Empereur veut commander à l'univers ».

Les officiers autrichiens sont furieux contre les Bavarois.

J'ai l'honneur.....

BERTRAND.

Le maréchal Berthier au général Baraguey-d'Hilliers.

Abbaye d'Elchingen, le 26 vendémiaire an XIV (18 octobre 1805),
à 1 h. 15 du matin.

Le général Baraguey-d'Hilliers partira sitôt la réception du présent ordre, avec les dragons à pied à ses ordres, pour se rendre directement à Donauwörth, où il doit être arrivé dans la journée de demain.

Il laissera une brigade de dragons à pied au maréchal Ney, conformément à l'ordre ci-inclus.

Quant au bataillon de dragons à pied, qui était à la rive gauche du Danube, il s'est porté à Günzburg avec le général Macon, il doit y rester jusqu'à nouvel ordre.

La marche du général Baraguey-d'Hilliers sur Donauwörth est très importante.

BERTHIER.

Le maréchal Berthier au maréchal Lannes.

Abbaye d'Elchingen, le 26 vendémiaire an XIV (18 octobre 1805),
à 1 heure du matin.

Il est ordonné à M. le maréchal Lannes de se rendre, sur-le-champ, à Heidenheim ; il passera par le quartier général impérial pour recevoir des ordres directs de l'Empereur.

L'intention de Sa Majesté est qu'il soit, ce soir, à Heidenheim avec les grenadiers du général Oudinot et les cuirassiers du général Nansouty ; de là, il se rendra à Aalen pour poursuivre l'ennemi partout où il se sera dirigé.

L'archiduc Ferdinand, qui a échappé d'Ulm avec un corps d'environ 20,000 hommes, est retardé dans sa marche par un parc d'artillerie de plus de 500 voitures ; M. le prince Murat a lancé à sa suite le 1er de hussards, ainsi que la cavalerie du général Fauconnet et il s'est porté de sa personne, avec le reste de ses troupes, sur Nördlingen, à l'effet de se réunir à toutes celles de Donauwörth auxquelles il a donné l'ordre de se porter sur Nördlingen et, par une marche de flanc, côtoyer l'ennemi, le déborder, tâcher de l'arrêter dans sa course et entamer son infanterie.

J'envoie directement l'ordre au général Oudinot, pour plus de promptitude, de partir sur-le-champ pour se rendre à Heidenheim.

J'envoie de même l'ordre au général Nansouty de se diriger sur ce point pour vous y attendre.

J'ai fait sentir à ces généraux l'importance de la rapidité de leur marche, puisqu'il s'agit de poursuivre le prince Ferdinand, de prendre plus de 1000 voitures engagées dans les mauvais chemins d'Ellwangen, artillerie, etc., le tout ralenti par la poursuite du maréchal Murat, qui déborde la droite de l'ennemi et manœuvre pour l'arrêter en tête.

Je préviens M. le maréchal Lannes que la division Suchet et celle du général Gazan attendront dans leur position actuelle jusqu'à nouvel ordre ; mais dans le jour, une de ces deux divisions recevra des ordres de moi pour se diriger sur Heidenheim où elle rejoindra M. le maréchal Lannes.

M. le maréchal Lannes fera passer au général Bourcier le duplicata ci-joint, de l'ordre qui lui a déjà été donné, de se rendre le plus tôt possible à Geislingen.

Je le préviens encore que j'ordonne à la division Beaumont de partir avant le jour pour passer le Danube à Günzburg et, de là, se rendre à Heidenheim où il sera sous ses ordres.

Si M. le maréchal Lannes a encore quelques troupes de cavalerie légère à sa disposition, il doit les diriger sur Albeck.

BERTHIER.

Le maréchal Berthier au général Nansouty.

Abbaye d'Elchingen, le 26 vendémiaire an XIV (18 octobre 1805),
à 1 h. 15 du matin.

Il est ordonné au général Nansouty de partir à la pointe du jour, pour se rendre à Heidenheim, avec tous ses cuirassiers pour y recevoir de nouveaux ordres de M. le maréchal Lannes qui s'y rend.

Le général Nansouty est prévenu que rien n'est plus important que la rapidité de sa marche, qu'il s'agit de prendre 1000 voitures, un train d'artillerie, et le prince Ferdinand avec sa colonne déjà engagée et ralentie par les attaques du prince Murat; il doit donc être rendu ce soir à Heidenheim.

BERTHIER.

Le général Compans au général Oudinot.

Heidenheim, le 26 vendémiaire an XIV (18 octobre 1805).

M. le maréchal commandant en chef le 5ᵉ corps de la Grande Armée vous charge de partir demain matin au point du jour, avec votre division, pour vous diriger sur Aalen et de faire prendre le devant à votre commissaire des guerres pour les préparatifs des subsistances, pain, riz, légumes; il doit tout réunir. M. le maréchal désire que dans le cas où vous n'auriez pas laissé une garde aux six bouches à feu qui sont restées en arrière, vous laissiez ici un détachement d'éclopés qui les prendrait à leur passage et les escorterait à la suite de la colonne.

COMPANS.

Le général Compans au général Nansouty.

Heidenheim, le 26 vendémiaire an xiv (18 octobre 1805).

M. le maréchal commandant en chef me charge de vous donner l'ordre de partir demain matin au point du jour, avec la division que vous commandez, pour vous diriger sur Aalen où il vous en donnera de nouveaux.

COMPANS.

Le général Compans au général Treillard.

Heidenheim, le 26 vendémiaire an xiv (18 octobre 1805).

M. le maréchal commandant en chef me charge de vous prévenir qu'il part demain matin au point du jour, avec son corps d'armée, pour se diriger sur Aalen et de vous donner l'ordre de suivre sa marche avec votre brigade de hussards. Vous apprendrez à Aalen la route qu'il aura tenue.

COMPANS.

Le maréchal Berthier au général Oudinot.

Abbaye d'Elchingen, le 26 vendémiaire an xiv (18 octobre 1805),
à 1 h. 15 du matin.

Il est ordonné au général Oudinot de partir au point du jour pour se rendre à Heidenheim, où il recevra de nouveaux ordres de M. le maréchal Lannes qui s'y rend.

Je préviens le général Oudinot que rien n'est plus important que la rapidité de sa marche, qu'il s'agit de prendre 1000 voitures, un train d'artillerie, et le prince Ferdinand avec sa colonne déjà engagée et ralentie par les attaques du prince Murat.

BERTHIER.

Le maréchal Berthier au général Bourcier.

Abbaye d'Elchingen, le 26 vendémiaire an xiv (18 octobre 1805),
à 1 h. 30 du matin.

Il est ordonné au général Bourcier de partir le plus promptement qu'il lui sera possible pour se rendre à Geislingen, position qu'il est très important qu'il occupe et où il recevra de nouveaux ordres.

BERTHIER.

5ᵉ CORPS D'ARMÉE.
Journée du 26 vendémiaire (18 octobre 1805).

Division de grenadiers. — La division de grenadiers partit sous les ordres de M. le maréchal Lannes et se dirigea sur Heidenheim à la poursuite du corps de l'archiduc Ferdinand.

Elle cantonna le soir à Heidenheim et villages voisins.

Divisions Suchet et Gazan. — Les divisions Suchet et Gazan ne firent point de mouvement.

Brigade de hussards. — La brigade de hussards quitta ses cantonnements sur la rive gauche du Danube et se réunit à Söflingen.

Division Bourcier. — La 2ᵉ brigade de la division de dragons partit pour aller se réunir à la 1ʳᵉ à Geislingen.

Division Nansouty. — La division de cuirassiers aux ordres du général Nansouty passa sous les ordres de M. le maréchal commandant en chef et fut cantonnée à Schnaidtheim et Königsbronn.

Le maréchal Berthier au général Rheinwaldt, commandant à Stuttgard.

Abbaye d'Elchingen, le 26 vendémiaire an XIV (18 octobre 1805).

Ordre de faire partir de suite 3,000 hommes d'infanterie, un escadron de cavalerie et 8 pièces de canon de l'armée wurtembergeoise, pour se rendre en toute hâte à Geislingen, et d'être provisoirement aux ordres du général Bourcier, pour prendre part aux opérations ultérieures qui doivent compléter les succès de la Grande Armée.

BERTHIER (1).

---

(1) M. de Wintzingerode, ministre de l'Électeur; M. le général de Sieger et M. le général Bourcier sont prévenus de cet ordre.

Le maréchal Berthier au général Suchet.

Abbaye d'Elchingen, le 26 vendémiaire an xiv (18 octobre 1805).

Il est ordonné au général Suchet de partir demain matin avec sa division pour aller coucher à Günzburg ; il y réunira toute l'artillerie, les ambulances et les bagages qui peuvent appartenir au corps d'armée du maréchal Lannes, tant sur l'une que sur l'autre rive du Danube, et il donnera à cet effet tous les ordres nécessaires de manière à ne rien laisser. Le général Suchet me fera connaître s'il pense que tout pourra être réuni demain soir à Günzburg.

BERTHIER.

Le maréchal Berthier au général Walter.

Abbaye d'Elchingen, le 26 vendémiaire an xiv (18 octobre 1805),
à 1 h. 30 du matin.

Il est ordonné au général Walther, s'il peut passer le Danube, de le faire, pour se rendre à Söflingen, quartier général de M. le maréchal Lannes, et si cela ne lui est pas possible, il passera l'Iller et se rendra promptement sur Ulm pour y passer le Danube quand le pont sera raccommodé, ou bien il ira attendre des ordres au quartier général du général Marmont à Pfühl ; il est très important que le général Walther et sa division soient devant Ulm **avant midi**.

BERTHIER.

Le maréchal Berthier au général Beaumont.

Abbaye d'Elchingen, le 26 vendémiaire an xiv (18 octobre 1805),
à 1 h. 30 du matin.

Il est ordonné au général Beaumont de partir avec sa division de dragons, aussitôt la réception du présent ordre, pour se rendre à Günzburg, y passer le Danube, gagner Gundelfingen et de là se rendre le plus promptement possible à Heidenheim où il tâchera d'arriver ce soir. Il prendra les ordres du maréchal Lannes.

Je le préviens que la rapidité de sa marche est de la plus

grande importance, puisqu'il s'agit de poursuivre le prince Ferdinand et de prendre un convoi considérable d'artillerie.

BERTHIER.

Le maréchal Berthier au général Marmont.

Abbaye d'Elchingen, le 26 vendémiaire an XIV (18 octobre 1805).

Général,

Je vous préviens que M. le maréchal Soult est parti de la position qu'il occupait à Laupheim, ce qui rend très nécessaire que vous ayez des postes de cavalerie très en avant sur la route de Biberach et à Biberach même, afin d'être instruit de tout ce qui se passe de ce côté. Placez une avant-garde d'infanterie à mi-chemin, faites sur-le-champ réparer le pont sur le Danube à Gögglingen et ayez une avant-garde d'infanterie avec un général de brigade à Ehingen, et une grand'garde de cavalerie jusqu'à Riedlingen : par ce moyen, vous serez instruit de tout ce qui se passera, et Ulm ne pourra pas être surpris.

Vous m'enverrez cette nuit un aide de camp, pour tout ce que vos reconnaissances auront appris.

BERTHIER.

Le maréchal Berthier au général Marmont.

Abbaye d'Elchingen, le 26 vendémiaire an XIV (18 octobre 1805).

Général,

Je vous préviens qu'il est possible que vous receviez des ordres après-demain pour partir avec une de vos divisions d'infanterie, deux de vos régiments de cavalerie et la moitié de votre artillerie. Vous devez tenir tout cela prêt à se mettre en mouvement au premier ordre.

BERTHIER.

Le maréchal Berthier au maréchal Bessières.

Abbaye d'Elchingen, le 26 vendémiaire an xiv (18 octobre 1805).

Ordre de faire partir aujourd'hui 26, le général de brigade Ordener, avec la moitié des grenadiers à cheval et la moitié des chasseurs à cheval, tous les Mameluks et l'artillerie attachée à la cavalerie ; il se rendra ce soir à Günzburg, demain à Zusmarshausen, et laissera 200 hommes à Burgau pour escorter l'Empereur.

BERTHIER.

Le maréchal Berthier au général Soulès.

Abbaye d'Elchingen, le 26 vendémiaire an xiv (18 octobre 1805).

Ordre au général Soulès de partir avec tous les hommes à pied de la Garde pour aller coucher à Günzburg et demain à Zusmarshausen ; il mènera avec lui l'artillerie et la portion d'ambulances qui lui est attachée.

BERTHIER.

Le maréchal Berthier au maréchal Bessières.

Abbaye d'Elchingen, le 26 vendémiaire an xiv (18 octobre 1805).

Monsieur le Maréchal,

L'intention de l'Empereur est que la garde italienne parte demain 27 pour se rendre à Burgau ; elle emmènera avec elle la partie d'ambulance et d'artillerie qui lui est attachée ; il partira également avec elle un escadron de grenadiers à cheval.

BERTHIER.

Bulletin historique de la marche de la division de la Garde impériale.

Les chasseurs à pied, la Garde royale, 3 escadrons de cavalerie et l'artillerie partirent pour se rendre à Augsburg en cantonnant à Günzburg et Zusmarshausen. Les grenadiers à pied, 3 escadrons et 8 bouches à feu restèrent à Elchingen.

Général ROUSSEL.

GARDE IMPÉRIALE.

Ordre de la brigade du 26 vendémiaire an XIV (18 octobre 1805).

Le général de brigade s'est aperçu qu'en route, quelques sous-officiers et grenadiers portent leurs guêtres noires. Il leur renouvelle l'ordre qui a été déjà donné pour la tenue, par lequel il prescrit de ne porter que des guêtres grises.

Lorsque la brigade fournira le service au palais de l'Empereur, les compagnies ou gardes qui y seront envoyées devront être en culotte d'uniforme et guêtres noires.

Les capitaines, adjudants-majors et adjudants demeureront responsable du présent.

Le Colonel, major de la brigade,

DORSENNE.

GRANDE ARMÉE.

Emplacements du 26 vendémiaire an XIV (18 octobre 1805) au matin.

DÉSIGNATION DES CORPS.	EMPLACEMENTS.	OBSERVATIONS.
Grand quartier général..	Kloster-Elchingen.........	Le fond du grand état-major général est toujours à Augsburg.
Garde impériale.........	A Elchingen..............	Les chasseurs et grenadiers à cheval de la Garde sur la route en avant d'Albeck à la poursuite de l'ennemi sur Nördlingen devant la colonne du prince Murat.
1ᵉʳ corps...............	A Munich et environs.	
Corps bavarois.........	A Munich et environs.	
2ᵉ corps...............	Deux divisions françaises à Pfühl.	Observant la tête de pont d'Ulm sur la rive droite. La division Walther a ordre de se rendre à son quartier général.
Division batave.........	A Donauwörth............	Partie d'Augsburg hier.
3ᵉ corps...............	Dachau.	
4ᵉ corps...............	Laupheim................	A ordre de se rendre à Landsberg.

18 OCTOBRE.

DÉSIGNATION DES CORPS.	EMPLACEMENTS.	OBSERVATIONS.
5ᵉ corps :		
Division Oudinot.........	Sur la route d'Heidenheim à Nerenstetten.	Dans la colonne du prince Murat.
Division Gazan..........	À droite de la Blau, devant Ulm.	Quartier général à Söflingen.
Division Suchet..........		
9ᵉ et 10ᵉ chasseurs.......	Se portant à Albeck.	
13ᵉ et 21ᵉ chasseurs.....	Sur la route d'Heidenheim..	Détachés avec le prince Murat.
6ᵉ corps :		
Quartier général.........	Thalfingen.	
Division Dupont.........	Sur Heidenheim...........	Détachée avec le prince Murat.
Division Loison..........	Devant Ulm, à gauche de la route d'Albeck.	
Division Malher..........	Devant Ulm, à droite de la route d'Albeck.	
Cavalerie légère.........	Devant Ulm, à droite de la route d'Albeck.	
7ᵉ corps................	En marche pour être du 1ᵉʳ au 4 brumaire dans le Brisgau.	
Réserve de cavalerie :		
1ʳᵉ div. de grosse cavalerie.	Heidenheim..............	Colonne du prince Murat.
2ᵉ div. de grosse cavalerie.	Aux environs de Munich.	
1ʳᵉ division de dragons...	Heidenheim..............	Colonne du prince Murat.
2ᵉ division de dragons...	Devant Ulm rive droite. Devant traverser Ulm.	Est au quartier général du général Marmont pour y attendre des ordres.
3ᵉ division de dragons...	Heidenheim..............	Colonne du prince Murat.
4ᵉ division de dragons...	Marchant sur Geislingen...	Se dirigeant sur Schörndorf, pour concourir aux mouvements du prince Murat.
Dragᵗˢ à pᵈ { 1 bataillon.........	Sur Günzburg et Donauwörth.	Détaché avec le général Macon.
1 brigade..........	Devant Ulm..............	Avec le maréchal Ney pour être remontée.
Le reste de la division.	À Donauwörth............	Y arrivera le 27.
Grand parc.............	À Donauwörth............	Une partie arrivée à Augsburg, une partie en arrière de Donauwörth.
Bataillons wurtembergeois.	À Augsburg.	
1 escadron.............	À Donauwörth.	
1 escadron.............	À Augsburg..............	À l'état-major général pour l'escorte des prisonniers.
1 compagnie à pied......	À Augsburg..............	Pour être remontée.
1 bataillon.............	À Donauwörth.	
1 bataillon.............	À Augsburg..............	À l'état-major général pour l'escorte des prisonniers.
Dragons bataves........	À Donauwörth............	Aux ordres du général Rivaud.
11ᵉ de chasseurs........	En route de Gaildorf à Augsburg.	Se dirige sur le corps du maréchal Soult.
22ᵉ de chasseurs........	En route d'Heilbronn à Augsburg.	Se rend au quartier général.
54ᵉ régiment d'infanterie.	À Donauwörth............	Venu de Rain avec le général Rivaud.

(*De la main du lieutenant-colonel Vallongue.*)

Le maréchal Soult à l'Empereur.

Sire,

A la réception de l'ordre de Son Excellence le ministre de la guerre, en date du 25 (*17 octobre*), j'ai fait mettre en marche les divisions du corps d'armée.

La 1re, qui était restée en arrière de Laupheim, arrivera ce soir à Ochsenhausen.

La 2e, à moitié chemin de cette ville, à Laupheim.

Et la 3e, qui avait son infanterie légère jusqu'à l'embouchure de l'Iller dans le Danube, se réunira à Laupheim.

La division de dragons se met en mouvement pour exécuter les ordres qu'elle a reçus du ministre de la guerre, et le restant du corps d'armée se dispose à suivre demain le mouvement.

Le 27 (*19 octobre*), le corps d'armée sera à Memmingen, le 28 (*20 octobre*), à Mindelheim, et le 29 (*21 octobre*), à Landsberg, destination qui lui est donnée.

J'ai l'honneur de supplier Votre Majesté d'agréer que l'adjudant-commandant Lemarois ait la faveur signalée de mettre à ses pieds les neuf drapeaux autrichiens qui appartenaient à la garnison faite prisonnière de guerre à Memmingen, et qu'il ait aussi l'avantage de lui remettre le triplicata de mon rapport du 22, dans lequel je rends compte de cette capitulation, ainsi que des circonstances qui l'ont précédée et suivie; le lieutenant (1) que j'avais chargé d'avoir l'honneur de porter cette nouvelle à Votre Majesté, et deux autres officiers d'état-major, qui étaient également porteurs de dépêches, n'ayant point rempli leur mission et, présumant qu'ils ont péri en tombant dans quelque débordement de rivière ou qu'ils ont été pris par l'ennemi en se trompant de route, me mettent dans le cas de présenter de nouveau mon rapport sur le même objet.

Tous les rapports des émissaires s'accordent depuis deux jours pour persuader que la colonne autrichienne sortie d'Ulm, le 21 (*13 octobre*), et qui s'est dirigée par la rive gauche du Danube, en coupant les ponts, sur Riedlingen, d'où elle a été au-devant d'une deuxième colonne, qu'on assure partie de Bregenz pour se

---

(1) Saint-Chamand, aide de camp du maréchal.

réunir à elle, se reporte de nouveau en avant, ayant opéré sa jonction, et qu'elle a pour but de faire une diversion en faveur de l'armée autrichienne enfermée dans Ulm dont Votre Majesté vient de triompher.

Le rapport d'un parti du 11ᵉ régiment de chasseurs à cheval que j'avais poussé jusqu'à Waldsée et Wurzach, pour suivre la marche de la portion de la première colonne qui s'était dirigée de Biberach et Ochsenhausen sur Leutkirch, confirme aussi l'assertion des émissaires.

Hier, le parti du 11ᵉ de chasseurs, qui était à Wurzach, a été attaqué par 400 chevaux autrichiens et 200 ou 300 hommes d'infanterie ; l'ennemi a même fait tout son possible pour enlever le détachement de Votre Majesté, mais il n'a pu y réussir ; le capitaine Mensian, qui le commande, a manœuvré avec tant d'intelligence que, quoique tourné par l'ennemi (il lui avait coupé la retraite sur Ochsenhausen à Ellwangen), il s'est retiré sans perdre un seul homme et est venu par Biberach reprendre la route d'Ochsenhausen à Wurzach, qui lui avait été particulièrement recommandée.

Aussitôt que j'ai été instruit de cet événement, j'ai fait partir le 26ᵉ régiment de chasseurs à cheval pour aller couvrir le débouché d'Ochsenhausen et repousser l'ennemi, je n'ai point encore de rapport sur le résultat de la journée.

Si les deux colonnes ennemies se sont réunies, comme tout porte à le croire, elles doivent être de 20,000 à 25,000 hommes, sous les ordres du général Jellachich, et si elles se reportent en avant dans le but qu'on leur suppose, ce détachement va se trouver grandement compromis par le mouvement que Votre Majesté fait faire au 4ᵉ corps d'armée ; j'attends à toutes les heures de nouveaux rapports pour vérifier l'exactitude des premiers que j'ai reçus et j'agirai en conséquence, sans cependant m'éloigner de la destination que Votre Majesté m'a donnée, à moins que l'ennemi ne m'oblige à le poursuivre, ou que j'en reçoive de Votre Majesté l'autorisation.

Les deux colonnes ennemies réunies ont 3,000 chevaux, tant cuirassiers, dragons que hussards, et je n'aurai à leur opposer, si j'ai le bonheur de les rencontrer, que 800 chevaux formés par le 8ᵉ de hussards et les deux régiments de chasseurs. Quoique les fidèles troupes de Votre Majesté ne comptent pas les ennemis qu'elles ont à combattre, je crois devoir l'en instruire, pour qu'Elle soit à même de donner les ordres qu'Elle jugera convenables à ce sujet.

Avant-hier, dans la marche qui s'est prolongée jusqu'à 10 heures du soir, quoique la journée fût faible, mais que le débordement de plusieurs rivières avait retardée et rendue extrêmement fatigante, il y a eu de l'indiscipline dans les 1re et 2e divisions; un ordre extrêmement sévère que j'ai donné et l'exécution d'un soldat du 28e, qui a eu lieu en présence de la 2e division, ont ramené à leur devoir ceux qui s'en étaient écartés ; demain il y aura même exemple dans la 1re division et j'espère qu'à l'avenir j'aurai à rendre à Votre Majesté meilleur témoignage des mêmes corps, qui, pour un instant, se sont oubliés et qu'ils se rendront dignes de ses grâces.

J'ai l'honneur.....

SOULT.

Le maréchal Soult au général Vandamme.

Laupheim, le 26 vendémiaire an XIV (18 octobre 1805).

Monsieur le Général,

Au reçu de cet ordre, mettez en marche la division que vous commandez et dirigez-là sur Ochsenhausen. Ce soir, vous établirez la 1re brigade et l'infanterie légère à Hürbel et la 2e brigade de bataille à Walpertshofen.

Demain matin, votre division se remettra en mouvement et se dirigera sur Memmingen, où elle devra être rendue de très bonne heure et recevra de nouveaux ordres.

Instruisez-moi de l'exécution de ce mouvement.

SOULT.

Le maréchal Berthier au maréchal Soult.

Abbaye d'Elchingen, le 26 vendémiaire an XIV (18 octobre 1805).

Monsieur le Maréchal,

L'intention de l'Empereur est que vous vous rendiez à Landsberg, votre corps d'armée étant destiné à agir sur l'Inn. Il ne paraît pas que vous ayez d'autre bonne route que celle de Memmingen, où vous pouvez arriver demain de bonne heure.

Si de nouveaux renseignements, que pourrait recevoir l'Empereur, le faisaient changer de résolution, vous seriez prévenu demain de bonne heure à Memmingen.

Le maréchal Augereau, qui doit être dans les premiers jours de brumaire sur le lac de Constance, balayera tous nos derrières.

Le corps du maréchal Ney, celui du général Marmont, une partie de celui du maréchal Lannes, sont encore ici.

L'armée autrichienne a perdu plus de 50,000 hommes depuis notre entrée en campagne.

Le prince Murat suit le prince Ferdinand qui s'est échappé par Aalen.

Dans cet état de choses, c'est sur l'Inn qu'il faut que vous arriviez ; il ne faut pas que nous laissions l'initiative à l'ennemi.

Quand l'Empereur aura battu les Russes et qu'il marchera sur Vienne, tout ce qui est dans le Tyrol se repliera bien vite.

Envoyez près de moi un aide de camp qui vous portera cette nuit les ordres de l'Empereur ; je présume qu'il pourra encore passer la journée de demain ici.

BERTHIER.

4ᵉ CORPS D'ARMÉE.

Ordre de marche.

Laupheim, le 26 vendémiaire an XIV (18 octobre 1805).

La 1ʳᵉ division, formant tête de colonne, partira demain d'Ochsenhausen pour se diriger sur Memmingen, d'où elle sera portée en avant en vertu d'un nouvel ordre qui sera donné.

Le général Saint-Hilaire aura sous ses ordres, pour ce mouvement, le 26ᵉ de chasseurs à cheval.

La 2ᵉ division partira aussi de bonne heure de Hürbel et Walpertshofen pour se rendre à Memmingen, où elle sera logée en son entier et recevra de nouveaux ordres.

La compagnie d'artillerie légère qui doit se rendre aujourd'hui à Walpertshofen en partira demain, de grand matin, pour se rendre aussi à Memmingen, où elle joindra la division de cavalerie légère, et suivra son mouvement dans la marche de demain ; cette compagnie précédera la 2ᵉ division.

Le parc d'artillerie du corps d'armée partira de Laupheim de très grand matin et se dirigera par Ochsenhausen sur Memmingen, où il devra arriver demain dans la journée.

La 3e division partira demain de Laupheim et Achstetten, et se dirigera également sur Memmingen en passant par Ochsenhausen. Le général Legrand l'arrêtera, soit à Aichinberg, soit à Berckheim, et l'établira militairement en lui faisant garder ses derrières et tous les débouchés à sa droite.

Le 28 (sans autre ordre), le général Legrand mettra en marche sa division et, la faisant passer par Memmingen, la dirigera sur Mindelheim, d'où il lui sera expédié des ordres pour son établissement, qui sera en arrière de la ville.

Le quartier général du corps d'armée restera encore aujourd'hui à Laupheim. Demain, il sera à Memmingen.

L'ordonnateur en chef prendra toutes les mesures nécessaires pour que, dans les lieux de passage du corps d'armée, les divisions reçoivent le pain, la viande et l'eau-de-vie qui leur sont dus. Il assurera aussi les fourrages pour les chevaux d'état-major, d'artillerie et de cavalerie, et défendra, sous les peines les plus sévères, aux commissaires des guerres des divisions, de faire aucune réquisition pendant leur route, les subsistances des troupes devant être assurées au moyen des fournitures que l'administration générale aura réunies.

MM. les généraux divisionnaires sont en même temps invités à s'abstenir et à empêcher que, sous aucun prétexte, il soit fait aucune réquisition, mais à faire connaître leurs besoins en tous genres pour qu'il y soit pourvu.

Le maréchal commandant en chef recommande aussi à MM. les généraux de mettre à exécution, dans toute sa rigueur, l'ordre du jour du 24 vendémiaire (*16 octobre*) et les prévient que, pendant la marche, ils doivent avoir soin de se garder avec beaucoup d'attention sur leur droite dans tous les débouchés qui aboutissent aux positions qu'ils seront dans le cas de prendre, ou à la colonne lorsqu'elle sera en route.

Ils feront connaître aux troupes que la place d'Ulm a capitulé et que l'armée autrichienne qui y était enfermée, forte de 24,000 hommes, plusieurs généraux et une nombreuse artillerie, s'est rendue aux armes de l'Empereur et Roi, notre souverain.

Le détachement du 11e régiment de chasseurs à cheval, qui a

été porté de Biberach sur la route de Waldsée et Wurzach recevra ordre d'en partir demain et de se rendre à Ochsenhausen d'où il éclairera les routes qui conduisent aux villes de Wurzach et Waldsée, jusqu'à ce que toutes les divisions et le parc d'artillerie aient entièrement passé. Il fera ensuite l'arrière-garde, éclairant avec soin tous les débouchés qui aboutissent par la droite à la route que le corps d'armée doit suivre. A son passage à Memmingen, ce détachement recevra de nouveaux ordres.

L'ordonnateur en chef expédiera de suite des ordres pour que le produit des réquisitions qu'il a faites à Biberach et dans les environs soit versé demain, de grand matin, dans le magasin d'Ochsenhausen et le fera distribuer aux divisions à leur passage. Il prendra aussi les mesures nécessaires pour qu'au passage du corps d'armée à Memmingen, toute la troupe puisse être pourvue pour deux jours de pain et un jour de viande ; à Mindelheim, pour un jour de pain et un jour de viande, et à Landsberg, à son arrivée aussi, pour deux jours de pain et un jour de viande.

Il chargera, à cet effet, le commissaire des guerres Lenoble de précéder la marche du corps d'armée et de faire, sur les lieux ainsi que dans les bailliages environnants, toutes les réquisitions en denrées nécessaires. Il chargera aussi le même commissaire des guerres d'assurer les distributions d'eau-de-vie pour la troupe et les fourrages pour tous les chevaux employés au corps d'armée ainsi que les moyens de transport, tant pour l'administration que pour l'artillerie au service des régiments.

L'ordonnateur pourvoira à l'évacuation de tous les malades que le corps d'armée peut avoir laissés sur sa route depuis Laupheim jusqu'à Landsberg ; s'il ne pouvait pas les diriger sur Augsburg ou tout autre grand établissement général, il les ferait transporter à Landsberg, où il sera provisoirement formé une ambulance.

Soult (1).

---

(1) Le même jour, notification des décrets nommant les capitaines Cheveau et Grive, aides de camp des généraux Candras et Ruffin.

*Le général Salligny au commandant Armanet,
vaguemestre général du 4ᵉ corps.*

Laupheim, le 26 vendémiaire an xiv (18 octobre 1805)

Monsieur,

Vous voudrez bien partir d'Augsburg avec tous les équipages du corps d'armée, le 28 de ce mois, pour vous rendre le même jour aux environs d'Urlach sur la route de Landsberg; les équipages rejoindront, à leur arrivée dans cette ville, les états-majors des corps auxquels ils appartiennent.

SALLIGNY.

Le général Salligny au Colonel du 28ᵉ régiment.

Laupheim, le 26 vendémiaire an xiv (18 octobre 1805).

Monsieur le Colonel,

Je vous adresse un procès-verbal de 5 sacs, appartenant à 5 soldats de votre régiment, lesquels sacs ont été trouvés avec un seul fusil dans une maison de ce village dans laquelle loge le commandant de la gendarmerie. Vous pouvez prendre ces sacs et ce fusil qui sont à votre disposition, les noms des hommes auxquels ils appartiennent sont désignés dans le procès-verbal. Il faut, s'ils sont présents, les punir très sévèrement, ou s'ils sont absents, les faire juger.

Il y a encore au corps de garde de la place un homme de votre régiment qui a été trouvé hier en maraude aux avant-postes. J'attends une plainte en règle contre lui pour le faire juger.

SALLIGNY.

Le général Salligny au Commandant de la force publique.

Laupheim, le 26 vendémiaire an xiv (18 octobre 1805).

Monsieur le Commandant,

Il est nécessaire, qu'ici comme à l'avenir dans chaque quartier général, vous vous fassiez, aussitôt votre arrivée, désigner un local pour servir de prison aux soldats de l'armée qui seraient arrêtés comme auteurs d'un délit quelconque, ainsi qu'un autre local destiné à recevoir les prisonniers de guerre faits sur l'ennemi ; ces deux prisons seront gardées par la garde du quartier général ; mais un sous-officier de la force publique doit toujours en avoir les clefs et être chargé des distributions.

, Salligny (1).

Le maréchal Davout au maréchal Bernadotte.

Dachau, le 26 vendémiaire an xiv (18 octobre 1805).

Monsieur le Maréchal,

Je vous adresse par mon premier aide de camp une lettre de l'ordonnateur Michaux à l'ordonnateur Chambon, de laquelle il résulterait que contre le vœu de nos conventions d'hier, il aurait l'intention de mettre la main sur la faible réserve de pain et d'eau-de-vie que j'ai à Munich, pour la faire entrer dans le partage, qui doit avoir lieu désormais entre les deux corps d'armée.

Vous ne manquerez pas de vous rappeler, mon cher Maréchal, qu'il fut bien entendu entre nous, qu'il serait prélevé par jour pour votre corps d'armée 10,000 rations de pain sur ce qui se fabrique dans Munich, et que le surplus serait dès ce jour et à l'avenir partagé entre les deux corps d'armée.

Il ne fut jamais question de faire entrer dans la masse commune l'existant en magasin pour le 3ᵉ corps ; cela a été d'autant moins entendu que déjà j'ai été obligé de disposer de cet effectif ; à ma rentrée à Dachau, j'ai reçu du général Bisson un rapport des plus inquiétants sur la subsistance de sa division, d'où il est résulté que des désordres ont eu lieu sous le prétexte du défaut de pain, que des moulins ont été détruits ou dévastés ; je lui ai ordonné de faire arrêter et fusiller quelques pillards ; mais en même temps j'ai été obligé de lui faire donner du pain et je

---

(1) Le même jour, mise à l'ordre des décrets prescrivant la formation de compagnies de voltigeurs (du 2ᵉ complémentaire) et réglant le rang des soldats de la Garde (3ᵉ complémentaire).

l'ai autorisé à en faire prendre dans notre réserve de Munich pour deux jours; il en a été de même des troupes de l'avant-garde aux ordres du général Heudelet et du général Vialannes; cependant je me trouverais dans l'impossibilité de faire faire ces distributions si l'on disposait du pain que j'ai à Munich.

J'ose espérer, mon cher Maréchal, que vous réaliserez vos promesses et que vous empêcherez votre ordonnateur de leur donner une interprétation qui diminuerait singulièrement leur valeur.

Je n'ai point eu d'autres nouvelles du grand quartier général que celles que je vous ai communiquées.

L. Davout (1).

Le général Friant au capitaine Ducoudray, commandant les 50 chasseurs à cheval attachés à la 2ᵉ division.

Dachau, le 26 vendémiaire an XIV (18 octobre 1805).

Il est ordonné au capitaine Ducoudray d'envoyer, au reçu du présent ordre, 6 hommes et 1 brigadier intelligent à Unter-Bruck sur la route de Freising, lesquels chasseurs se trouveront arrivés à Unter-Bruck sous les ordres du capitaine Delahaye, aide de camp du général Grandeau, en détachement dans le village avec 200 hommes d'infanterie.

Friant.

Le maréchal Berthier au maréchal Bernadotte.

Abbaye d'Elchingen, le 26 vendémiaire an XIV (18 octobre 1805), à 1 h. 30 du matin.

Monsieur le Maréchal,

Je vous préviens que la place d'Ulm a capitulé et que nous y avons fait 24,000 prisonniers. Il paraît certain que le projet de

---

(1) Le général Daultanne ordonne que les régiments de cavalerie légère alternent de quinze en quinze jours pour fournir le service des divisions d'infanterie. Il réitère l'ordre à tous les régiments d'organiser des ateliers de cordonnerie à Munich. Enfin, il répète au général Gudin l'ordre de rappeler tous ses détachements, notamment ceux de Wiedenzhausen et d'Indersdorf. Cet ordre n'était pas parvenu.

l'ennemi était de s'échapper d'Ulm, passer sur nos derrières et gagner la Bohème pour se réunir aux Russes. Une colonne de 15,000 à 18,000 hommes avec laquelle marche le prince Ferdinand, s'est échappée pour suivre cette marche; M. le prince Murat est à sa poursuite et a déjà défait toute l'arrière-garde de cette colonne ; mais il est possible qu'il ne puisse pas atteindre la tête ; il est donc bien important, Monsieur le Maréchal, que vous empêchiez l'ennemi de faire aucun mouvement sur votre gauche, c'est-à-dire, entre vous et le Danube.

Je préviens M. le maréchal Davout que s'il avait besoin de vous, vous pourriez le seconder.

BERTHIER (1).

Le général Éblé au colonel Navelet, directeur du parc d'artillerie.

Münchheim, le 26 vendémiaire an XIV (18 octobre 1805).

Monsieur,

Les gardes et conducteurs d'artillerie employés sous vos ordres sont presque tous tellement négligents que, s'ils ne changent pas de conduite, je demanderai leur renvoi. Vous les rassemblerez aujourd'hui et vous les préviendrez de mes dispositions à leur égard et de l'exemple que je fais du sieur Vaquier.

J'ai remarqué beaucoup de cordages de couvert de caisson qui ont été coupés par le frottement des ridelles ; vous les ferez remplacer aux dépens des conducteurs qui en étaient chargés et vous m'en rendrez compte.

Il y aura dorénavant trois gendarmes employés à la suite du parc, pour y maintenir la police, sous vos ordres.

Demain, vous rassemblerez, à l'heure qui vous paraîtra la plus convenable, tous les individus attachés au parc, et vous ferez publier à la tête de chaque corps ou détachement que qui que ce soit qui se permettra d'ouvrir un caisson sans ordre ou sans besoin pour un service pressant, sera puni : les sous-officiers de huit jours de garde du camp, les canonniers, pontonniers, ouvriers, soldats, etc., seront arrêtés et conduits à la garde du

---

(1) Le maréchal Davout est prévenu de ces dispositions.

camp, attachés pendant huit jours tant pendant leur marche que durant le repos.

J'espère que vous ne souffrirez plus que dorénavant il soit déposé dans les caissons des effets étrangers à leur chargement.

ÉBLÉ.

Le général Éblé au colonel Navelet.

Münchheim, le 26 vendémiaire an xiv (18 octobre 1805).

Monsieur,

Il doit y avoir un directeur général des parcs de l'armée et il est nécessaire que vous vous concertiez avec lui pour le remplacement des munitions, des attirails et pour en obtenir les fonds nécessaires à l'entretien de l'artillerie.

J'ai déjà fait cette demande au premier inspecteur général de l'artillerie, sa réponse ne m'est pas encore parvenue.

ÉBLÉ.

Le général Éblé au maréchal Bernadotte.

Münchheim, le 26 vendémiaire an xiv (18 octobre 1805).

Monsieur le Maréchal,

J'ai l'honneur de vous rendre compte que les hommes que Votre Excellence a fait fournir pour le 2e bataillon du train d'artillerie ont porté ce corps à 10 hommes au-dessous de son complet; qu'il s'y trouve 21 soldats proposés pour la réforme et qui sont hors d'état de faire aucun service, il y en a environ 27 dans les hôpitaux, ce qui fait un déficit réel de 58 hommes.

Il y a maintenant 116 chevaux excédant le complet du bataillon et pour la conduite desquels il faudrait encore 58 hommes; il faudrait donc, Monsieur le Maréchal, pour que l'artillerie de votre corps d'armée puisse être enlevée et marcher sans donner d'inquiétude et même sans laisser des voitures en arrière, qu'il fût augmenté de 116 hommes en état de conduire des chevaux.

Les Bavarois, que la régence de Munich a fournis, désertent;

ce ne sont que des malheureux desquels on ne peut tirer aucun service ; il n'en reste qu'une vingtaine.

Recevez, je vous prie, Monsieur le Maréchal, l'assurance de mon respect.

ÉBLÉ.

Lettre circulaire aux Commandants de l'artillerie des divisions, etc.

Münchheim, le 26 vendémiaire an XIV (18 octobre 1805).

Demain, vous rassemblerez, à l'heure qui vous paraîtra la plus convenable, tous les individus attachés au parc et vous ferez publier à la tête de chaque corps ou détachement que qui que ce soit qui se permettra d'ouvrir un caisson sans ordre ou sans besoin pour un service pressant sera puni : les sous-officiers, de huit jours de garde du camp, les canonniers, pontonniers, ouvriers, soldats, etc., seront arrêtés et conduits à la garde du camp, attachés pendant huit jours, tant pendant leur marche que durant le repos.

J'espère que vous ne souffrirez plus que dorénavant il soit déposé dans les caissons, des effets étrangers à leur chargement.

ÉBLÉ.

M. Bacher au général Mathieu Dumas.

Ratisbonne, le 26 vendémiaire an XIV (18 octobre 1805).

Monsieur le Général,

Je vous prie d'accueillir avec bonté M. Schwebel, mon secrétaire, qui aura l'honneur de vous remettre cette lettre. Je le charge de remettre à Son Excellence le maréchal d'Empire, ministre de la guerre, des paquets que je n'ai pu confier à la poste.

Dans le cas où M. Schwebel serait empêché de remplir sa commission par l'éloignement de l'armée ou par d'autres obstacles, je vous serais très reconnaissant si vous vouliez bien faire parvenir ces paquets à leur destination.

Les Russes ont fait sommer la citadelle de Passau par un

détachement de cavalerie qui, n'ayant pu réussir, s'est replié sur Schärding et n'a laissé qu'un piquet de 20 hommes dans cette ville.

Il n'y a plus que quelques piquets volants qui se promènent dans le Haut-Palatinat, que l'on peut regarder comme entièrement évacué, puisque le régiment de Gemmingen doit avoir pris, de Waldmünchen, la route de Passau.

Veuillez bien agréer.....

BACHER.

CHAPITRE XIV

19 octobre

Le général Labassée au maréchal Ney.

Au quartier général, à Ulm, le 27 vendémiaire an xiv
(19 octobre 1805).

Monsieur le Maréchal,

MM. les officiers généraux et autres, Autrichiens, ayant chargé M. le lieutenant général Gottesheim d'une mission auprès de Sa Majesté Impériale, il s'est rendu ce soir chez moi pour m'inviter à vous écrire, à l'effet de vous prier de demander pour lui une audience à Sa Majesté l'empereur Napoléon.

Je vous prie d'avoir la bonté de me faire savoir ce que vous aurez cru devoir faire à ce sujet.

J'ai l'honneur de vous présenter mes très humbles respects.

(A. M.)   LABASSÉE.

Le maréchal Ney au général Vonderweidt.

Ulm, le 27 vendémiaire an xiv (19 octobre 1805), à 3 heures.

Mon cher Général,

Je vous invite à partir demain, à 6 heures du matin, et à faire cantonner votre brigade aux environs de Grimmelfingen, rive gauche du Danube, passant par Ulm.

Vous établirez votre quartier général à Grimmelfingen.

1 bataillon dans ce village.
1 — à Hartausen.
1 — à Schaffelkingen.
1 — à Eggingen.

Le rassemblement général sera en avant de Grimmelfingen à l'embranchement des deux chaussées.

Vous prendrez les mesures nécessaires pour assurer, avec ordre, la subsistance de vos troupes jusqu'au 3 brumaire, époque à laquelle vous recevrez de nouveaux ordres.

NEY.

P.-S. — Vous donnerez ordre au bataillon qui se trouve sur la rive gauche du Danube de passer Söflingen pour se rendre à sa destination.

(A. M.)

Le maréchal Berthier au maréchal Ney.

Au quartier général, à Elchingen, le 27 vendémiaire an XIV
(19 octobre 1805).

Monsieur le Maréchal,

L'Empereur me charge de vous répondre que sur la demande qu'a faite M. le général Mack de rendre ses devoirs à l'Empereur, Sa Majesté le recevra à 2 heures, en son quartier général d'Elchingen.

Maréchal BERTHIER.

P.-S. — Faites-moi connaître quel est le bataillon de dragons à pied que le général Baraguey-d'Hilliers vous a laissé ?

(A. M).

Le maréchal Ney au Major général.

Ulm, le 27 vendémiaire an XIV (19 octobre 1805).

J'ai l'honneur de rendre compte à Votre Excellence que le

pont de communication avec la rive droite du Danube est parfaitement rétabli ; j'ai envoyé un de mes aides de camp prévenir le général Walther à Pfühl de rassembler sa division de dragons pour passer sur la rive gauche du Danube : je pense que Votre Excellence aura donné des instructions à l'aide de camp de ce général que je lui ai envoyé ce matin, sur la destination de cette troupe ; j'espère qu'elle passera dans une demi-heure.

M. Nourrit, major d'artillerie, envoyé ici de la part de l'inspecteur général Songis, a demandé d'être autorisé de s'emparer de deux bateaux qui se trouvaient au-dessus du pont de communication, afin de transporter les matériaux nécessaires à la réparation du pont d'Elchingen ; le général Mack s'y est d'abord opposé, mais cette difficulté n'existe plus.

Le général Mack, à qui j'ai fait demander plusieurs états relatifs à la garnison autrichienne d'Ulm, n'a cessé de me les refuser, s'appuyant sur la capitulation qui n'en fait pas mention ; comme ce général se rend dans ce moment ici près de Sa Majesté l'Empereur, il serait nécessaire que Votre Excellence la décide à satisfaire à ma demande.

Il s'est fait ici hier un trafic de chevaux d'artillerie et de troupe que les officiers autrichiens ont vendus aux bourgeois d'Ulm et à des particuliers attachés à l'armée française ; aujourd'hui les officiers autrichiens se plaignent qu'il leur a été volé dans leurs écuries plus de vingt chevaux.

Malgré l'ordre le plus sévère qui a été établi ici pour maintenir la police parmi nos troupes, celles du général Marmont, des généraux Gazan, Loison et Malher ont passé les fossés et étaient hier ici au nombre de 3,000 au delà de la brigade commandé par le général Labassée ; ce matin on a fait évacuer tout ce qui a été possible, néanmoins le désordre ne cessera qu'autant que Votre Excellence me laissera seul ici pour l'investissement d'Ulm. Cette mesure est d'autant plus pressante que le défaut de vivres de cette masse de troupes oblige le soldat à se livrer à tous les excès pour subsister du jour au lendemain ; je viens d'arrêter avec l'ordonnateur en chef Marchand quelques dispositions, afin de faire venir de la campagne ce qui sera possible d'en obtenir pour un ou deux jours de vivres.

Je suis à l'instant l'avis que Votre Excellence a bien voulu me donner de faire venir sur Ulm, venant d'Augsburg, quelques vivres en faveur du corps que je commande ; j'ai remis les dispositions relatives à l'ordonnateur Marchand pour veiller à leur exécution.

J'ai l'honneur de vous saluer.

NEY.

P.-S. — Le général Baraguey-d'Hilliers n'a laissé d'autres bataillons de dragons à ma disposition que celui qui devait fournir la garnison de Günzburg le 19 de ce mois ; il y est probablement encore.

(*A . M.*)

Le maréchal Ney au maréchal Berthier.

Le 27 vendémiaire an XIV (19 octobre 1805).

Mon aide de camp, qui est à Blaubeuren depuis hier soir à la tête d'un détachement de cavalerie légère, me mande que d'après les renseignements qui lui sont parvenus, un détachement de la seconde colonne ennemie aux ordres du prince de Schwarzenberg, sorti d'Ulm le 21 de ce mois, s'est dirigé sur Stuttgard.

D'après ce que j'ai appris aujourd'hui des officiers autrichiens de la garnison d'Ulm et de quelques personnes dignes de foi, il paraît que le général Mack, pour couvrir la fuite de l'archiduc Ferdinand, a organisé deux divisions aux ordres des généraux Werneck et Schwarzenberg, l'une et l'autre composées de 8,000 à 10,000 hommes, auquel corps on a joint l'élite de la cavalerie de l'armée, particulièrement une division de cuirassiers de Mack, formant deux escadrons, qui devaient spécialement servir d'escorte à l'archiduc. La direction de ce corps était Bamberg ou Nuremberg, où la jonction devait se faire, et entre lesquels l'archiduc Ferdinand devait constamment marcher, afin qu'en cas d'événements il puisse toujours se soustraire à nos poursuites, de manière à pouvoir gagner la Bohème par Egra. Néanmoins, pour donner le change à l'expédition du prince Murat, le corps du prince de Schwarzenberg devait faire de fortes démonstrations sur Stuttgard comme s'il devait ensuite se replier par

Donaueschingen sur le haut Tyrol par le Vorarlberg, mais le fort de sa troupe avait ordre d'obliquer à droite à une ou deux journées de marche de celui du général Werneck, qui était directeur, afin de couvrir la retraite de l'archiduc.

(*A. M.*) Ney.

5° CORPS D'ARMÉE.

Journée du 27 vendémiaire (19 octobre 1805).

Division de grenadiers; division de cuirassiers. — M. le maréchal se mit en marche avec les grenadiers et les cuirassiers pour se diriger sur Aalen, mais ayant été instruit par les habitants du pays de qui il prit des renseignements, que l'archiduc Ferdinand avait dirigé son infanterie et sa cavalerie de Königsbronn par Neresheim sur Nördlingen et son grand parc d'Aalen par Bopfingen sur le même point, il fit marcher sa colonne par la première route.

Les grenadiers furent cantonnés le soir à Neresheim, Auernheim et Steinweiler.

Les cuirassiers poussèrent jusqu'à Grosselfingen.

Brigade de hussards. — La brigade de hussards, partie le matin de Söflingen, arriva le soir à Heidenheim.

3° division de dragons (Beaumont). — La division de dragons aux ordres du général Beaumont passa de nouveau sous les ordres de M. le maréchal commandant en chef et cantonna à Aalen.

Rapport.

Les Autrichiens ont cédé aux troupes de Sa Majesté un quartier pouvant contenir 1200 hommes près la porte de Stuttgard. Le reste est logé le plus près possible de la même porte.

Le pont sur le Danube a été terminé à une heure du matin. A dater de la pointe du jour, la communication a été libre.

Le général Marmont a placé un poste de 200 hommes à la tête du pont.

Il a envoyé 1 bataillon d'infanterie légère, 200 chevaux et

2 pièces de canon à Ehingen. La cavalerie a des postes à Riedlingen et à Biberach.

1 bataillon d'infanterie légère et 100 chevaux sont placés à trois lieues en arrière de Laupheim sur la route d'Ulm à Biberach. Cette avant-garde est commandée par le général Desaix.

Un officier du génie a été envoyé pour réparer le pont de Gögglingen.

Le général Marmont pense que s'il devait rester devant Ulm, il serait nécessaire qu'il se rapprochât de la route d'Ulm à Memmingen pour y bivouaquer ou y cantonner.

(*Sans date ni signature.*)

Le maréchal Berthier, major-général de l'armée française, autorisé par ordre exprès de l'Empereur des Français, donne sa parole d'honneur :

1° Que l'armée autrichienne est aujourd'hui au delà de l'Inn, et que le maréchal Bernadotte avec son armée est en position entre Munich et l'Inn ;

2° Que M. le maréchal Lannes, avec son corps d'armée, est à la poursuite du prince Ferdinand, et était hier à Aalen ;

3° Que le prince Murat, avec son corps d'armée, était hier à Nördlingen, que les généraux Werneck, Hohenzollern, Baillet, et sept autres généraux ont capitulé avec leurs corps d'armée au village de Trochtelfingen ;

4° Que M. le maréchal Soult est entre Ulm et Bregenz surveillant les routes du Tyrol ; qu'il n'y a donc aucune possibilité à ce que Ulm soit secouru.

M. le lieutenant général, quartier-maître général Mack, portant croyance aux déclarations ci-dessus, est prêt à évacuer dans la journée de demain la ville d'Ulm, y mettant pour conditions :

Que le corps entier du maréchal Ney, composé de 12 régiments d'infanterie et de 4 régiments de troupes à cheval, ne quitteront pas Ulm et un rayon de dix lieues, jusqu'au 25 octobre à minuit, époque où expire la capitulation.

MM. le maréchal Berthier et le baron de Mack, lieutenant

général et quartier-maître général, conviennent des articles ci-dessus.

En conséquence, demain à 3 heures après-midi, l'armée autrichienne défilera devant Sa Majesté l'Empereur des Français avec tous les honneurs de la guerre; elle posera ses armes, et des ordres de route seront donnés à MM. les officiers, qui conserveront leurs armes pour se rendre en Autriche par les deux routes de Kempten, et de Bregenz pour le Tyrol.

Fait double à Elchingen, ce 27 vendémiaire an XIV (*19 octobre 1805*).

Le maréchal BERTHIER.   Le lieutenant général MACK.

(*A. W.*).

Le maréchal Berthier au maréchal Ney.

Abbaye d'Elchingen, le 27 vendémiaire an XIV (19 octobre 1805).

Monsieur le Maréchal,

Je vous envoie copie d'une convention que j'ai faite aujourd'hui avec M. le baron de Mack ; en conséquence, l'intention de l'Empereur est que demain à 2 heures après-midi, vos trois divisions, y compris celle du général Gazan, qui remplace celle de Dupont, la Garde impériale, et enfin les deux divisions du général Marmont, soient en bataille dans l'ordre ci-dessus, en parade et en grande tenue, avec leur artillerie, les armes et les canons chargés, sur l'emplacement que vous jugerez le plus convenable, pour voir défiler la garnison d'Ulm. Vous serez, Monsieur le Maréchal, devant votre corps d'armée, le général Marmont devant le sien et l'Empereur au centre, devant la Garde.

Votre cavalerie, celle du général Walther, seront en bataille, faisant face à la ligne d'infanterie, observant de laisser entre les deux lignes un intervalle suffisant pour que les Autrichiens défilent aisément sur le front d'une division.

Vous conviendrez avec M. le général Mack de la porte par laquelle la garnison sortira, et la porte par laquelle, après avoir déposé les armes, elle rentrera dans la ville, devant coucher à Ulm.

Les dragons à pied seront placés dans l'endroit où la cavalerie, après avoir défilé, devra mettre pied à terre et remettre ses chevaux et ses armes.

La garnison d'Ulm ayant ses généraux et ses officiers à sa tête, défilera tambour battant avec tous les honneurs de la guerre; après avoir passé devant l'Empereur, les régiments déposeront leurs armes en faisceaux, ainsi que leurs gibernes dans les lieux convenus; l'artillerie avec ses chevaux, etc., après avoir défilé, parquera également dans un lieu convenu.

Le général Walther sera chargé de faire remettre les chevaux aux dragons à pied; deux adjudants-commandants et le général du Taillis seront chargés de faire déposer les fusils et le général Songis sera chargé de les faire ramasser et charger sur des voitures, pour les conduire en ville et être déposés dans une maison d'Ulm qu'il fera reconnaître à cet effet. Le général Songis aura soin de mettre 5 ou 6 canonniers à chacune des voitures qui devront porter ces armes; il aura les canonniers et les hommes du train nécessaires pour s'emparer des pièces d'artillerie et des caissons que l'ennemi remettra.

MM. les officiers conserveront leurs armes et leurs chevaux, et la garnison d'Ulm, après avoir remis son artillerie, ses armes et ses chevaux, rentrera en ville pour y coucher. MM. les officiers en repartiront le lendemain pour se rendre en Autriche par le Tyrol, passant par deux routes : celle de Kempten et celle de Bregenz. M. le général Dumas leur délivrera, à cet effet, des feuilles de routes, et il leur sera donné une escorte jusqu'aux postes autrichiens s'ils le désirent; quant aux soldats, ils partiront dans les journées du 29, du 30 et du 1er brumaire, ainsi qu'il sera ordonné par une disposition particulière.

Le général Andréossy, avec des officiers d'état-major, recevra les drapeaux à mesure que les troupes auront défilé devant l'Empereur, et fera les dispositions nécessaires pour les faire porter au grand quartier général impérial; il disposera deux voitures à cet effet et désignera deux officiers pour les accompagner; il y joindra une escorte.

Quand l'Empereur aura vu les troupes, elles rentreront dans leurs positions.

Il sera expédié des ordres, en conséquence des dispositions ci-dessus, aux généraux Marmont, Walther, Vonderweidt et Songis.

Le maréchal Ney commandera toutes les troupes, indiquera le terrain et fera faire toutes les dispositions.

Il est prévenu que le major général se rendra chez lui à 11 heures (du soir) avec les officiers de son état-major, pour concerter les dispositions générales.

Le colonel du génie Vallongue désignera la porte par où les prisonniers doivent sortir, la manière dont ils défileront et celle dont les troupes seront disposées sur le terrain.

Maréchal Berthier.

Le maréchal Ney au maréchal Berthier.

Söflingen, le 27 vendémiaire an XIV (19 octobre 1805).

J'ai reçu de Votre Excellence la nouvelle convention de ce jour, arrêtée entre vous et le général Mack, qui détermine pour demain la reddition de la ville d'Ulm et de sa garnison qui devra défiler devant la garnison française à 3 heures de l'après-midi. Je viens en conséquence de cette disposition de prescrire au général Labassée d'exiger sur-le-champ les états du personnel et du matériel de cette garnison autrichienne, afin d'éviter toute espèce de confusion qui est ordinairement le résultat d'une aussi prompte évacuation. J'ai l'honneur d'observer à Votre Excellence qu'il serait essentiel de faire accompagner jusqu'en France au moins le tiers des officiers autrichiens présents, afin que l'ordre sur la marche de la troupe soit maintenu et, après leur arrivée en France, de renvoyer ces officiers s'ils le jugent convenable, si mieux ils n'aiment y rester jusqu'à leur parfait échange. Je viens de commander 100 hommes du 10e de chasseurs et du 3e de uhlans pour servir d'escorte à la garnison d'Ulm, prisonnière de guerre, pour l'accompagner jusqu'à Strasbourg. Je pense que cette escorte est insuffisante et je prie Votre Excellence de permettre d'y ajouter 200 hommes du 6e régiment de hussards faisant partie du corps du général Marmont, cantonné à Pfühl, le tout sous la direction du colonel Colbert, commandant le 10e de chasseurs, à qui je donnerai une instruction de conduite de marche pour se rendre avec les prisonniers de guerre à la destination que Sa Majesté aura bien voulu arrêter. Je prie Votre Excellence de me répondre sur ces diverses questions afin qu'il n'y ait, au moment du départ des Autrichiens, aucune contestation ni malentendu à cet égard.

(A. M.).   NEY.

6ᵉ CORPS D'ARMÉE.

Journée du 27 vendémiaire (19 octobre 1805).

Quartier général : Söflingen.
L'armée a gardé ses positions du 26.

Le maréchal Berthier au maréchal Ney.

Abbaye d'Elchingen, le 27 vendémiaire an XIV (19 octobre 1805).

L'intention de l'Empereur est que la brigade de dragons à pied soit placée sur le chemin de Biberach.

Maréchal BERTHIER.

GRANDE ARMÉE.

Emplacements du 27 vendémiaire an XIV (19 octobre 1805) au matin.

DÉSIGNATION DES CORPS.	EMPLACEMENTS.	OBSERVATIONS.
Quartier général........	Kloster-Elchingen..........	Le fonds du grand quartier général toujours à Augsburg.
Garde impériale : Moitié des chasseurs et des grenadiers à cheval.	A la poursuite de l'ennemi dans la colonne du prince Murat, sur Nördlingen.	Hier le prince Murat a fait capituler encore 2,000 hommes du prince Ferdinand et du corps de Werneck, pris son artillerie, 2,000 chevaux; l'infanterie est dispersée.
L'autre moitié des chasseurs et des grenadiers, mameluks et artillerie.	A quitté hier la première pour se rendre à Günzburg et aujourd'hui à Zusmarshausen, laissant 200 hommes à Burgau pour l'escorte de l'Empereur.	

19 OCTOBRE.

DÉSIGNATION DES CORPS.	EMPLACEMENTS.	OBSERVATIONS.
Garde impériale (*suite*).		
Garde italienne............	Partie ce matin d'Elchingen pour Burgau avec un escadron de grenadiers à cheval.	
Garde à pied...............	Partie hier pour Günzburg et aujourd'hui à Zusmarshausen.	
1er corps..................	A Munich et en avant.	
Corps bavarois.............	A Munich et en avant.	
2e corps...................	Deux divisions à Pfühl......	Poussant des avant-gardes de cavalerie à Biberach et une d'infanterie à mi-chemin ainsi que vers Riedlingen, éclairant les avenues d'Ulm.
Légion batave..............	Donauwörth.	
3e corps...................	Dachau.	
4e corps...................	Memmingen................	Venant de Laupheim et marchant sur Landsberg.
5e corps :		
Division Oudinot...........	De Heidenheim a marché sur Nördlingen. Aujourd'hui à Aalen.	
Division Gazan.............	Reste provisoirement devant Ulm à Söflingen, aux ordres de M. le maréchal Ney.	
Division Suchet............	Arrive à Günzburg.	
Cavalerie légère...........	Rejoignant vers Nördlingen la colonne du prince Murat.	
6e corps :		
Division Dupont............	A Nördlingen................	Colonne du prince Murat.
Division Loison............	Devant Ulm. A gauche de la route d'Albeck.	
Division Malher............	Devant Ulm. A droite de la route d'Albeck.	Ayant un régiment dans Ulm, occupant la porte de Stuttgard.
Cavalerie légère...........	En arrière de l'infanterie.	
7e corps...................	»	En marche pour être du 1er au 4 brumaire dans le Brisgau.
1re division de grosse cavalerie.	Partie hier des environs d'Ulm pour Heidenheim.	Où il doit recevoir des ordres du maréchal Lannes.
2e division de grosse cavalerie.	Aux environs de Munich.	
1re division de dragons..	A Nördlingen................	Colonne du prince Murat.
2e division de dragons..	Attendant sur la rive droite la réparation du pont d'Ulm pour se porter au corps du maréchal Lannes à Söflingen et provisoirement aux ordres du maréchal Ney.	
3e division de dragons..	Partie de devant Ulm hier soir pour Günzburg. Aujourd'hui sur Gundelfingen et Heidenheim.	Aux ordres du maréchal Lannes.

DÉSIGNATION DES CORPS.	EMPLACEMENTS.	OBSERVATIONS.
4ᵉ division de dragons...	A Geislingen par Schörndorf..	Concourant aux mouvements du prince Murat, il doit être joint par 3,000 hommes d'infanterie, 1 escadron de cavalerie et 8 canons de Wurtemberg.
Dragons à pied.........	A Donauwörth.............	Une brigade devant Ulm aux ordres du maréchal Ney pour être remontée.
1 bat. des dragons à pied.	A Günzburg................	
Grand parc.............	A Donauwörth.............	Et partie à Günzburg.
2 bat. wurtembergeois...	A Augsburg.	
21ᵉ dragons. { 1 escadron...	A Donauwörth.............	Pour l'escorte des prisonniers.
{ 1 escadron...	A Augsburg..............	
{ 1 compagnie à pied.	A Augsburg..............	Pour être remontée.
6 1ᵉ régiment { 1 bataillon...	A Donauwörth.	
{ 1 bataillon...	A Augsburg. A l'état-major...	A l'état-major pour l'escorte des prisonniers.
Dragons bataves........	A Donauwörth ou Nördlingen.	Aux ordres du général Rivaud.
11ᵉ de chasseurs........	En route de Gaildorf à Augsburg.	Se dirige sur le corps de M. le maréchal Soult.
22ᵉ de chasseurs........	En route d'Heilbronn à Augsburg.	Se rend au quartier général.
54ᵉ régiment d'infanterie.	A marché sur Nördlingen....	Aux ordres du général Rivaud.

(*De la main du colonel Vallongue.*)

Ordre du jour du 28 vendémiaire an XIV (19 octobre 1805).

L'Empereur témoigne sa satisfaction au corps d'armée du prince Murat, à ceux de MM. les maréchaux Ney, Lannes et Soult, ainsi qu'à celui du général Marmont et à la Garde impériale, pour les marches qu'ils ont faites, pour la patience avec laquelle ils ont supporté les fatigues et les privations de toutes espèces, qui ont valu les succès suivants :

Memmingen a capitulé entre les mains de M. le maréchal Soult, donné 5,000 prisonniers, 9 drapeaux, un grand nombre de canons et beaucoup de magasins.

Ulm a capitulé, ce qui a valu 25,000 prisonniers, 18 généraux, 50 pièces de canon attelées, 3,000 chevaux de cavalerie pour monter nos dragons à pied et 40 drapeaux.

Le passage audacieux du pont d'Elchingen par le corps du maréchal Ney, la prise de cette formidable position, a valu 3,000 prisonniers dont un général et plusieurs pièces de canon.

Les combats de Langenau, de Neresheim et la capitulation de Nördlingen par le prince Murat, ont valu 5,000 ou 6,000 prisonniers, 2,000 chevaux pour remonter nos dragons à pied, plusieurs drapeaux, un grand parc, quantité considérable de canons attelés, 3 lieutenants généraux, 7 généraux-majors.

Au combat d'Elchingen, le 76e, le 69e de ligne et le 18e de dragons se sont successivement distingués.

Au combat d'Albeck, le 9e d'infanterie légère, le 32e et le 96e se sont couverts de gloire.

Aujourd'hui, à 3 heures après-midi, la partie de l'armée autrichienne prisonnière dans Ulm, ayant à sa tête son général en chef, défile sur les glacis d'Ulm, devant l'Empereur.

Enfin, l'avant-garde du corps d'armée de Bavière a pris, entre l'Isar et l'Inn, plusieurs pièces de canon et beaucoup de bagages du corps d'armée du général Kienmayer.

Le résultat de tous ces événements glorieux est que l'armée autrichienne, forte de 100,000 hommes, est détruite : 50,000 sont prisonniers, 80 drapeaux sont en notre pouvoir, presque toute l'artillerie ennemie et ses magasins.

L'Empereur fait connaître qu'il est content de son armée.

Septième bulletin de la Grande Armée.

Elchingen, le 27 vendémiaire an xiv (19 octobre 1805).

Le 26 vendémiaire à 5 heures du matin, le prince Murat est arrivé à Nördlingen, et avait réussi à cerner la division Werneck. Ce général avait demandé à capituler. La capitulation qui lui a été accordée n'arrivera que dans la journée de demain. Les lieutenants généraux Werneck, Baillet, Hohenzollern, les généraux Vogel, Mecsery, Hohenfeld, Weber et Dienersberg sont prisonniers sur parole, avec la réserve de se rendre chez eux. Les troupes sont prisonnières de guerre et se rendent en France. Plus de 2,000 hommes de cavalerie ont mis pied à terre et une brigade de dragons à pied a été montée avec leurs chevaux. On assure que le parc de réserve de l'armée autrichienne, composé de 500 chariots, a été pris. On suppose que tout le reste de la colonne du prince Ferdinand doit, à l'heure qu'il est, être investi, le prince Murat ayant débordé sa droite par Aalen, et le maréchal Lannes sa gauche par Nördlingen. On attend le résultat de ces manœuvres; il ne reste au prince Ferdinand que peu de monde.

Aujourd'hui, à 2 heures après-midi, l'Empereur a accordé une audience au général Mack; à l'issue de cette audience, le maréchal Berthier a signé au général Mack une addition à la capitulation, qui porte que la garnison d'Ulm évacuera la place demain 28. Il y a dans Ulm 27,000 hommes, 3,000 chevaux, 18 généraux et 60 ou 80 pièces de canon attelées.

La moitié de la Garde de l'Empereur était déjà partie pour Augsburg, mais Sa Majesté a consenti à rester la journée de demain pour voir défiler l'armée autrichienne. Tous les jours on est davantage dans la certitude que, de cette armée de 100,000 hommes, il n'en sera pas échappé 20,000; et cet immense résultat est obtenu sans effusion de sang.

L'Empereur n'est pas sorti aujourd'hui d'Elchingen. Les fatigues et la pluie continuelle que depuis huit jours il a essuyées ont exigé un peu de repos. Mais le repos n'est pas compatible avec la direction de cette immense armée. A toute heure du jour et de la nuit, il arrive des officiers avec des rapports et il faut que l'Empereur donne des ordres. *Il paraît fort satisfait de l'activité et du zèle du maréchal Berthier.*

Demain 28, à 3 heures après-midi, 27,000 soldats autrichiens, 60 pièces de canon, 18 généraux, défileront devant l'Empereur et mettront bas les armes. L'Empereur a fait présent au Sénat des drapeaux de la journée d'Ulm. Il y en aura le double de ce qu'il a annoncé, c'est-à-dire 80.

Pendant ces cinq jours, le Danube a débordé avec une violence qui était sans exemple depuis cent ans. L'abbaye d'Elchingen, dans laquelle est établi le quartier général de l'Empereur, est située sur une hauteur d'où l'on découvre le pays.

On croit que demain au soir l'Empereur partira pour Munich. L'armée russe vient d'arriver sur l'Inn.

M. Bacher au général Mathieu Dumas (1),
au quartier général à Augsburg.

Ratisbonne, le 27 vendémiaire an XIV (19 octobre 1805).

Monsieur le Général,

Il se confirme que les Autrichiens ont presque entièrement évacué le Haut-Palatinat et fait transporter dans l'intérieur de la Bohême les bouches à feu, munitions de guerre et tous les effets militaires qui se trouvaient dans la petite place d'Egra, qui n'est plus tenable dans son état actuel.

On continue, en attendant, de répandre qu'il est arrivé un corps de troupes russes à Prague avec un parc d'artillerie et que ce corps est destiné pour le Haut-Palatinat; ce qui serait en contradiction manifeste avec l'évacuation qui vient d'avoir lieu.

Quoique la première nouvelle du passage d'un corps russe par Prague soit arrivée à Ratisbonne, il y a six jours, on n'a jusqu'ici pas appris jusqu'à quel point ce bruit est fondé, parce que les frontières de la Bohême sont depuis lors tellement surveillées qu'on ne laisse plus passer personne; ce qui met les observateurs placés sur ces différents points dans l'impossibilité de savoir avec certitude ce qui se passe.

Il est cependant à remarquer que si ce corps russe avait effectivement pris la route du Haut-Palatinat de Bavière, il aurait déjà dû y être arrivé, ce qui porte à croire que s'il a effectivement passé par Prague, il se sera dirigé sur Linz, pour pouvoir se porter sur l'Inn.

Vous avez déjà vu, Monsieur le Général, par un de mes bulletins, que le général russe qui commande à Braunau a fait sommer la citadelle de Passau de se rendre, mais comme cette sommation n'a été faite que par un détachement de cavalerie, le commandant bavarois a répondu qu'il se défendrait à toute extrémité; il n'y a, en attendant, qu'une centaine d'invalides dans ce château fortifié qui domine et commande la navigation du Danube; il serait, par conséquent, important d'y faire jeter

---

(1) Même lettre au général Rapp.

le plus tôt possible un renfort avec des vivres et quelques pièces d'artillerie.

Veuillez bien agréer..... BACHER.

P.-S. — On apprend par une lettre de Cham dans le Haut-Palatinat, arrivée dans ce moment, que le régiment de Gemmingen occupe encore sa position près de Waldmünchen, sous les ordres du colonel baron de Hager, et qu'il a été renforcé depuis hier par un bataillon de réserve et 500 chevaux arrivés de Bohême avec quelques pièces d'artillerie.

On a fait des abatis d'arbres et rompre la route de Waldmünchen, en Bohême, qui est défendue par une batterie. On a fait dans les bailliages bavarois qui avoisinent Waldmünchen la réquisition de 10,000 rations de pain, de viande, d'eau-de-vie et de bière, de même que le même nombre de rations de fourrage.

On croit que ces réquisitions ont rapport à un corps russe qui traverse dans ce moment la Bohême et se dirige sur Waldmünchen; on ignore encore si c'est pour couvrir cette partie de la frontière de la Bohême, ou bien s'il s'agit de faire diversion en Franconie ou vers la rive gauche du Danube.

Les patrouilles des uhlans continuent de parcourir les bailliages bavarois qui avoisinent Waldmünchen.

BACHER.

Rapport du 27 vendémiaire an XIV (19 octobre 1805).

Le même individu qui m'a servi le 24 vendémiaire (*16 octobre*), époque où je vous ai adressé un rapport, m'a rapporté que l'ennemi avait détaché de l'infanterie sur Vilsbiburg, Ganghofen et Dingolfing; parmi cette infanterie doivent se trouver des troupes russes.

D'après ce rapport, Votre Excellence m'avait observé à Munich que nos troupes se trouvaient à Haag, place dans les environs de laquelle nous n'avions poussé que des patrouilles; il paraît donc sûr, par ce second rapport qui vérifie le premier, que l'ennemi cherche, en allongeant du côté de notre aile gauche, à gagner du terrain au delà de l'Isar, vers Dingolfing.

(*Sans indication d'origine.*)

19 OCTOBRE.

GRANDE ARMÉE.

Journée du 27 vendémiaire (19 octobre 1805).

La Garde impériale a reçu ordre de partir d'Elchingen pour se rendre d'abord à Günzburg et Burgau, et de là continuer sa marche sur Augsburg.

Le général Bourcier a ordre de partir avec sa division et d'aller cantonner dans les villages aux environs de Günzburg où il attendra de nouveaux ordres.

Ordre itératif au général Baraguey-d'Hilliers d'envoyer une brigade de dragons à M. le maréchal Ney.

On a reçu le 27 vendémiaire le rapport de l'avantage remporté hier 26 par M. le prince Murat, qui a atteint à Nördlingen le corps du général Werneck, l'a forcé de capituler, a pris 2,000 chevaux, qui avec leurs équipements vont servir à monter autant de dragons à pied, que le général Baraguey-d'Hilliers conduit à Donauwörth, des drapeaux, beaucoup d'artillerie, 7 généraux, toute l'infanterie dispersée dans les bois.

(*De la main du général Mathieu Dumas.*)

GARDE IMPÉRIALE.

Ordre de la brigade du 27 vendémiaire an XIV (19 octobre 1805).

La brigade devant se diriger sur Augsburg, le général commandant ordonne que MM. les capitaines se procurent les souliers nécessaires à leurs compagnies.

L'officier payeur fera l'avance des fonds qui lui seront demandés pour l'achat de ces objets. Les capitaines feront remplacer tous les effets perdus, tels que guêtres grises, couverts de giberne, pompons, etc., etc.

MM. les chefs de bataillon s'assureront de l'exécution, de laquelle ils rendront compte au colonel-major.

DORSENNE.

Le maréchal Berthier au général Walter.

Abbaye d'Elchingen, le 27 vendémiaire an xiv (19 octobre 1805).

Il est ordonné au général Walther de partir de la position qu'il occupe, pour se rendre à Günzburg; il cantonnera non à Augsburg, mais dans les villages environnant cette place. Il préviendra le commandant de la place de l'endroit où il établira son quartier, afin qu'on puisse lui faire passer les ordres qui lui seraient expédiés.

Maréchal BERTHIER (1).

Le maréchal Berthier au maréchal Bessières.

Abbaye d'Elchingen, le 27 vendémiaire an xiv (19 octobre 1805).

Monsieur le Maréchal,

Vous voudrez bien donner vos ordres à M. le général de brigade Soulès, pour continuer sa route pour se rendre à Augsburg; donnez le même ordre à la colonne italienne partie ce matin; enfin, ordonnez au général Ordener de continuer également sa route sur Augsburg, ayant soin de laisser à Burgau et à Zusmarshausen des escadrons pour éclairer et escorter l'Empereur.

Maréchal BERTHIER.

Bulletin historique de la marche de la division de la Garde impériale.

Le 27 vendémiaire an xiv (19 octobre 1805).

Les grenadiers à pied, 3 escadrons et 8 bouches à feu séjournèrent à Elchingen.

Général ROUSSEL.

---

(1) Cet ordre n'a pas été exécuté.

19 OCTOBRE.

Le commandant Montgenet au général Grouchy.

Au bivouac devant Ulm, le 27 vendémiaire an xiv (19 octobre 1805).

Mon Général,

J'ai l'honneur de vous prévenir que les huit chevaux amenés de Coblenz, pour le service de l'artillerie de votre division, ne peuvent être réclamés par le maire de cette ville, attendu qu'ils ont été fournis par le parc des transports militaires, du consentement et même à l'instigation du préposé de ces transports, qui ne demandait pas mieux que de se débarrasser de tous ces chevaux, absolument nus et abandonnés, sans charretiers pour les conduire et pour les soigner.

La preuve la plus évidente que nos huit chevaux n'appartiennent point à des particuliers, c'est qu'ils portaient la marque ®, reconnue pour être celle des transports militaires de l'arrondissement de Coblenz et de Mayence.

De ces huit chevaux, que nous avons pris dans le plus mauvais état, et par raison d'un pressant besoin, deux seulement existent encore, les six autres sont morts en route de fatigue et d'épuisement, et l'on justifiera de leur perte quand il en sera besoin.

J'ai l'honneur.....

MONTGENET.

Le commissaire des guerres Deschamps.

Pfühl, le 27 vendémiaire an xiv (19 octobre 1805).

Je certifie que lors du passage de la 2ᵉ division du 2ᵉ corps de la Grande Armée à Coblenz, le 3ᵉ jour complémentaire an xiii, je n'ai fait aucune demande de chevaux à cette commune, pour le service des troupes de cette division, et il n'est pas à ma connaissance qu'il en ait été fourni d'autres que ceux que le préposé du parc des transports militaires a offert volontairement pour être attachés aux équipages de la même division, à charge de les remettre au parc de Mayence, remise dont justifieront les corps et les officiers qui en ont reçu.

DESCHAMPS.

CHAPITRE XIV.

5ᵉ CORPS D'ARMÉE.

Journée du 27 vendémiaire (19 octobre 1805).

Division Suchet. — La division aux ordres du général Suchet partit de Söflingen, d'après les ordres de Son Excellence le ministre de la guerre, pour se diriger sur Günzburg, mais ayant été arrêtée à Gundelfingen par le débordement du Danube, elle y cantonna (1).

Division Gazan. — La division aux ordres du général Gazan ne fit point de mouvement.

Le général Suchet au général Becker (2).

Günzburg, le 27 vendémiaire an XIV (19 octobre 1805),
à 11 heures du soir.

MM. Meselop (3) et Paycard (4) m'apprennent à quoi vous ont forcé les mauvaises routes et que vous êtes établi avec la division à Gundelfingen.

Donnez ordre pour que les troupes soient toutes prêtes à se mettre en marche; faites en même temps reconnaître le pont de Dillingen, pour vous assurer que l'artillerie puisse y passer. Je me rendrai auprès de vous, dès que les ordres du ministre, que j'attends, me seront parvenus.

Suchet.

Le maréchal Soult au général Vandamme.

Memmingen, le 27 vendémiaire an XIV (19 octobre 1805).

Le général Vandamme donnera sur-le-champ ordre à son infanterie légère de se rendre à Volkertshofen, où elle se gar-

---

(1) Voir la lettre du général Suchet, du même jour.
(2) Commandant les troupes françaises à Gundelfingen.
(3) Capitaine adjoint de la division.
(4) Capitaine aide de camp de Claparède.

dera militairement, de concert avec la division de cavalerie légère, qui doit s'y établir.

Le général Schiner fera garder par l'infanterie légère les ponts d'Aitrach et Ferthofen, et me rendra compte de son établissement.

Il tiendra cette infanterie prête à marcher au premier ordre.

Soult.

Le général Salligny aux Généraux commandant les divisions et armées.

Laupheim, le 27 vendémiaire an xiv (19 octobre 1805).

Monsieur le Général,

A compter de demain, les commissaires des guerres des divisions, ou les chefs militaires qui y sont employés ou qui les commandent, ne pourront plus faire de réquisitions sans ordre exprès du maréchal commandant en chef, et, si par cas les divisions étaient chargées d'en faire opérer la rentrée, elles en surveilleraient le versement, sans distinction, dans les magasins généraux établis au quartier général du corps d'armée.

Aussi, à compter de demain, les vivandiers des régiments ne pourront plus avoir de voitures attelées, mais il leur sera permis d'avoir un cheval de bât par cantinier, pour porter des provisions.

Toutes les voitures des vivandiers qui sont à la suite du corps d'armée se trouvent, par conséquent, supprimées, et les propriétaires devront, avant vingt-quatre heures, s'en être défaits, sous peine de les voir brûler, ou rompre par la gendarmerie.

Il est défendu à tout sous-officier, soldat ou musicien de servir comme domestique, même des officiers; il leur est aussi défendu de monter, dans aucun cas, les chevaux des officiers ou de conduire ceux des vivandiers : tout militaire qui se trouvera en contravention à cet ordre sera sur-le-champ arrêté par la gendarmerie et le cheval confisqué. Toutes les voitures d'équipages ou de vivandiers qui sont à la suite des corps et qui pourront être utilisées pour le service de l'artillerie ou d'administration du corps d'armée seront, à cet effet, retirées. Il ne sera conservé près des divisions que les voitures d'ambulance.

Celles des vivandiers ou d'équipages des divisions qui ne pourront être employées ni par l'administration, ni par les ambulances, ni pour l'artillerie, seront brisées ou laissées dans le pays en compensation des voitures qu'on y aura prises.

Lorsqu'il y aura des malades ou des blessés dans les régiments, ils seront envoyés à l'ambulance des divisions, lesquelles évacueront sur l'ambulance générale du quartier général du corps d'armée; au moyen de cette disposition, il n'y aura plus de voitures à la suite des régiments pour le transport des blessés ou malades, excepté celle représentant le fourgon d'ambulance, laquelle sera supprimée lorsque le fourgon aura été fourni.

Le commandant de la gendarmerie, de concert avec le vaguemestre général, sont chargés en ce qui les concerne de l'exécution de ces dispositions, ainsi que de faire exécuter celles que l'ordre du 24 de ce mois renferme à l'égard des chevaux des officiers de troupe, et ils en rendront compte tous les jours au maréchal commandant en chef.

SALLIGNY.

Le général Salligny au général Vandamme.

Memmingen, le 27 vendémiaire an XIV (19 octobre 1805).

ORDRE.

La 2ᵉ division du corps d'armée se mettra en marche demain à 6 heures du matin et se dirigera sur Leutkirch en passant l'Iller à Ferthofen. Son avant-garde se mettra en mouvement au moment que le corps de bataille de la division arrivera à Volkratshofen, laquelle sera précédée ou suivie, selon la nature du terrain, par la division de cavalerie légère.

La 1ʳᵉ division se mettra également en marche demain à 6 heures très précises et se portera aussi sur Leutkirch, en suivant la même direction.

Ces deux divisions laisseront à Memmingen toutes leurs voitures d'équipages, de transports ou de vivandiers sans exception, ainsi que les malades ou blessés qui peuvent être à la suite du corps.

La 3e division, qui avait ordre de se porter demain sur Mindelheim, recevra celui de s'arrêter à Memmingen et de porter deux bataillons d'infanterie légère au pont d'Aitrach. Le général Legrand la tiendra prête à partir, soit pour suivre les deux premières divisions du corps d'armée, soit pour se rendre à Mindelheim, ou partout ailleurs, au premier ordre qui lui sera donné.

Le général Legrand enverra l'ordre au détachement du 11e régiment de chasseurs à cheval, qui est resté en avant d'Ochsenhausen pour couvrir le mouvement du corps d'armée, de faire attention à tous les mouvements que l'ennemi fera demain sur les routes de Wurzach et de Waldsée, et s'il s'aperçoit qu'il se retire, de suivre sa marche en lui enlevant le plus d'hommes possible; ce détachement, en arrivant à Wurzach, cherchera à communiquer avec le corps d'armée qui sera à Leutkirch.

Le parc d'artillerie du corps d'armée restera demain à Memmingen et se tiendra prêt à faire filer sur les deux premières divisions tous les convois de munitions qui lui seront demandés.

A compter de demain, les commissaires des guerres des divisions ou les chefs militaires qui y sont employés ou qui les commandent, ne pourront plus faire de réquisitions sans un ordre exprès du maréchal commandant en chef, et si par cas, les divisions étaient chargées d'en faire opérer la rentrée, elles en surveilleraient le versement, sans distinction, dans les magasins généraux qui sont établis au quartier général.

Aussi, à compter de demain, les vivandières des régiments ne pourront plus avoir de voitures attelées, mais il leur sera permis d'avoir un cheval de bât par cantinière pour porter les provisions.

Toutes les voitures de vivandières qui sont à la suite du corps d'armée sont en conséquence supprimées, et les propriétaires devront s'en être défaits avant les vingt-quatre heures, sous peine de les voir brûler ou rompre par la gendarmerie.

Il est défendu à tout sous-officier, soldat ou musicien de servir comme domestique, même des officiers. Il leur est aussi défendu, dans aucun cas, de monter les chevaux des officiers, ni d'exercer l'état de vivandier. Tout militaire qui sera trouvé en contravention à cet ordre sera, sur-le-champ, arrêté par la gendarmerie, et le cheval sur lequel il aura été trouvé sera confisqué.

Toutes les voitures d'équipage et de vivandiers qui sont au service des corps, et qui pourront être utilisées pour le service de l'artillerie ou de l'administration du corps d'armée seront, à cet effet, retirées, et il ne sera conservé près des divisions, que les voitures d'ambulances. Celles des vivandiers ou d'équipages des régiments qui ne pourront être employées ni par l'ambulance, ni par l'artillerie, ni par l'administration, seront brisées ou laissées dans le pays, en compensation des voitures qu'on en a retirées.

Lorsqu'il y aura des malades ou des blessés dans les régiments, ils seront toujours envoyés aux ambulances qui sont dans les divisions, lesquelles évacueront sur l'ambulance qui est au quartier général.

Par l'effet de cette mesure, il n'y aura plus de voitures pour le transport des blessés ou des malades à la suite des régiments, excepté celle représentant le fourgon accordé par le gouvernement, laquelle sera supprimée lorsque le fourgon aura été fourni.

Le commandant de la gendarmerie chargé de la police des équipages du 4ᵉ corps d'armée, ainsi que le vaguemestre général, seront chargés, chacun en ce qui le concerne, de l'exécution de cette disposition et de celles contenues dans l'ordre du 24 de ce mois à l'égard des chevaux d'officiers de troupe, et ils en rendront compte tous les jours au maréchal commandant en chef.

P. O. : SALLIGNY.

Le maréchal Soult à l'Empereur.

Sire,

J'ai eu l'honneur de rendre compte à Votre Majesté, par mon dernier rapport, des mouvements de l'ennemi sur les points de Leutkirch et Wurzach. En passant à Ochsenhausen, j'ai appris que ses avant-postes avaient été poussés jusqu'à la Roth, à deux lieues de cette dernière ville ; qu'un camp d'avant-garde était à Wurzach et qu'un autre camp était à Wolfegg ; enfin qu'à Leutkirch il devait se trouver deux régiments d'infanterie ; le général Jellachich, qu'on m'a dit être à Wolfegg, et qu'ici on m'assure être arrivé à Leutkirch, commande cette réunion de troupes dont la force doit être de 15,000 à 20,000 hommes.

La colonne venue d'Ulm, dont j'ai eu l'honneur d'entretenir Votre Majesté, fait partie du corps d'armée auquel les régiments de Klebeck et de Duka, infanterie, ainsi que quelques cavaliers venant de Bregenz se sont joints. Dans la circonstance où je me trouve et surtout d'après la clause de la capitulation d'Ulm (M. le général Bertrand m'en fait part), je crois que je ne puis négliger une réunion de troupes aussi considérable, et lui laisser la faculté soit de marcher sur Ulm, soit de manœuvrer sur mes derrières ou mon flanc droit, pour enlever des traînards, quelques parties d'équipages, et peut-être même des voitures du parc.

Je me décide donc à marcher à l'ennemi et à le combattre, jusqu'à ce que j'aie détruit le corps d'armée qu'il a réuni sur Leutkirch et Wurzach.

Un renseignement que j'ai reçu il n'y a qu'une heure me fixe encore dans ce parti. J'ai appris que, pendant la marche que je fis pendant la nuit du 22 au 23 (*14-15 octobre*) de Memmingen sur Ochsenhausen, mon avant-garde ayant rencontré un parti de cavalerie à Berkheim et l'ayant chargé, des hussards du 8e régiment, après avoir fait quelques prisonniers, s'emparèrent de 6 voitures d'équipages appartenant à Blankenstein-hussards (j'en ai fait rapport) et qu'un maréchal des logis du même régiment, ayant poussé plus loin que les hussards qui le suivaient, tomba sur une chaise de poste attelée de deux magnifiques chevaux, dont il chercha à s'emparer, plutôt par rapport à la voiture et aux chevaux que pour les personnes qui étaient dedans. Ce fait paraissant de peu de conséquence, on négligea de m'en instruire, mais aujourd'hui le général Margaron, que j'avais fait passer avec une partie de la cavalerie par Gutenzell, a appris, en dînant à l'abbaye, que l'archiduc Ferdinand était dans la voiture que le maréchal des logis du 8e avait arrêtée, et qu'il ne put conserver, parce que des paysans se portèrent en nombre pour l'en empêcher.

Le prince Ferdinand avait dîné ce jour-là à l'abbaye de Gutenzell, et, ayant laissé filer sa colonne, se trouvait parmi les équipages, que 25 chevaux seulement couvraient.

Les gens de l'abbaye, en donnant ces détails au général Margaron, lui ont dit qu'on avait craint dans le pays que le prince Ferdinand n'eût été fait prisonnier en ce moment, mais qu'on avait appris qu'il était heureusement échappé.

Si ce fait est vrai, et il porte un grand caractère de vérité, il n'y a pas de doute que l'archiduc Ferdinand, en faisant sortir d'Ulm 8,000 à 9,000 hommes de troupe, a voulu aller au-devant des renforts qu'il attendait du Tyrol et des régiments sous ses ordres qu'il avait déjà à Bregenz, et qu'avec ces forces réunies il se proposait de marcher sur Ulm, circonstance qui expliquerait l'obstination de M. le général Mack pour obtenir un plus long délai.

Tant de considérations me paraissent être de si grande importance pour les armes de Votre Majesté, que je crois plus utile à son service de faire une marche sur Leutkirch et Wolfegg que de me rendre en entier à Landsberg, destination qui m'est donnée. Si je m'étais trompé, Votre Majesté me ferait la grâce de recevoir mon excuse du motif qui m'a déterminé.

Je partirai demain de Memmingen avec la 2ᵉ division, les trois régiments de cavalerie légère et une compagnie d'artillerie légère, pour me diriger directement sur Leutkirch.

La 3ᵉ division, que j'ai laissée à hauteur d'Ochsenhausen, se portera demain sur Memmingen, d'où elle pourra être dirigée sur Leutkirch au secours de la 2ᵉ, s'il était nécessaire, et si Votre Majesté en approuvait la disposition, ou elle continuera sa marche sur Landsberg et ira demain à Mindelheim.

Ainsi la disposition de Votre Majesté, qui me prescrit de diriger le corps d'armée sur Landsberg, sera remplie; j'aurai assuré mes derrières, fait peut-être beaucoup de mal à l'ennemi, empêché qu'il ne se porte sur Ulm, et facilité au maréchal Augereau les moyens de s'en emparer, et je n'aurai pas perdu une marche pour le mouvement qui m'est ordonné, car en faisant forcer un peu la 2ᵉ division, je pourrai lui faire regagner dans trois jours la marche qu'elle aura perdue en se reportant en arrière.

Peut-être même Votre Majesté trouvera-t-elle convenable de donner une autre direction à cette division pour venir se rallier au corps d'armée, soit à Landsberg, soit au delà sur la rive droite du Lech.

J'apprends à l'instant qu'hier l'ennemi a poussé des postes jusqu'au pont d'Aitrach, à une lieue et demie de Memmingen; peut-être n'était-ce que pour s'assurer si ce pont, qu'il a fait couper depuis trois jours, était rétabli; le pont de Ferthofen a été aussi coupé, mais je le fais réparer.

J'ai l'honneur... .

SOULT.

Le maréchal Davout au maréchal Bernadotte.

Dachau, le 27 vendémiaire an xiv (19 octobre 1805).

Mon cher Maréchal,

J'ai lieu de craindre que les partis que l'ennemi jette du côté de Mannheim et d'OEttingen ne parviennent à intercepter 1,000,000 de cartouches d'infanterie expédiées de Mannheim le 16 de ce mois. Je comptais sur cette ressource pour faire remplacer environ 400,000 cartouches avariées qui existaient dans les gibernes des soldats; mais, comptant encore sur votre bon voisinage comme sur l'esprit qui nous anime l'un et l'autre, je vous prie de me faire procurer ce remplacement, en me procurant 7 à 8 milliers de poudre, les balles que nous avons dans les gibernes devant nous servir pour confectionner ces cartouches. En me rendant ce service, mon cher Maréchal, vous m'ôterez une forte épine du pied.

Agréez l'assurance de mon parfait attachement.

L. DAVOUT.

Le général Friant au capitaine Delahaye, commandant à Bruck.

Du 27 vendémiaire an xiv (19 octobre 1805).

J'ai reçu ta lettre concernant des partis ennemis en avant et en arrière de nous, ainsi que ton dernier rapport. J'en ai fait part à M. le maréchal. Je te sais gré d'avoir envoyé un émissaire pour connaître la situation de l'ennemi et sa force. Tâche aussi de connaître le nom des régiments, de celui qui commande, et fais-m'en part de suite.

Mon cher Delahaye, il me faut encore du pain; tu trouveras

ci-joint une réquisition que tu frapperas sur les villages qui t'avoisinent, même à plusieurs lieues, où je n'ai encore rien requis. Prends-en connaissance sur-le-champ et tu les écriras sur la réquisition. Si tu pouvais en vingt-quatre heures m'en envoyer 7,000 à 8,000 sur Etzenhausen, tu rendrais le plus grand service à ton général. Je me repose sur tout ce que tu pourras faire.

FRIANT.

Le général Daultanne au général Gudin.

Au quartier général, à Dachau, le 27 vendémiaire an XIV
(19 octobre 1805).

Mon cher Général,

M. le maréchal vous invite à tâcher de faire arrêter ou de découvrir quelques-uns de ces hommes qui courent les communes pour les rançonner, sous prétexte de réquisition. Je puis vous assurer que si l'on pouvait parvenir à la connaissance de quelques-uns de ces individus, M. le maréchal est décidé à en faire faire une bonne et prompte justice.

J'ai l'honneur de vous saluer.

(A. G.) DAULTANNE (1).

Le général Friant au général Kister.

Dachau, le 27 vendémiaire an XIV (19 octobre 1805).

Je peux vous envoyer pour deux jours de pain, à raison de deux tiers de rations par homme. Je vous prie de conserver celui que vous ferez faire à Bruck et villages avoisinants pour le moment de votre départ, et d'en avoir pour quatre

---

(1) Le même jour, ordre de former les compagnies de voltigeurs ; Davout annonce aux troupes la capitulation d'Ulm, et demande des renseignements sur la quantité de vivres existant dans les divisions. Il met à la disposition de Gudin 18 voitures de pain et de biscuit qui arrivent de Neuburg, et l'invite à les faire inventorier par son commissaire des guerres. Ordre aux détachements qui escortaient ces voitures de rejoindre leur corps.

jours. Il le faut, mon cher Général, sans quoi votre brigade en manquerait. Vous voyez, d'après ce que vous m'avez mandé, que je viens à votre secours pour vous faciliter les moyens d'en avoir pour quatre jours au moment où vous quitterez la position que vous occupez. Envoyez-moi donc sur-le-champ un officier intelligent par corps pour recevoir et escorter le convoi, lesquels amèneront avec eux huit voitures pour le transport de votre pain.

Friant (1).

Le général Friant aux Généraux de brigade.

Le 27 vendémiaire an XIV (19 octobre 1805).

Mon cher Général,

M. le maréchal, à qui j'ai rendu compte de nos besoins en cartouches, vient de me faire connaître son étonnement et son mécontentement sur la grande quantité de poudres avariées. Son inquiétude est extrême, connaissant l'insuffisance de nos approvisionnements pour subvenir à une pareille consommation. M. le maréchal attribue ce grand dépérissement des cartouches à l'insouciance de MM. les colonels et des officiers particuliers sur un objet aussi important. Il observe que, si chacune des divisions de l'armée venait à faire pareille demande, le parc de réserve ne pourrait point suffire pour faire face au remplacement des poudres avariées. Il m'invite, et je vous invite également, à employer tous les moyens possibles pour diminuer la grandeur de la perte, soit en faisant sécher les poudres avariées, soit en conservant les parties saines, soit enfin en employant toute autre mesure que l'industrie pourra suggérer. A l'avenir, et une fois pour toutes, chaque soldat mettra la majeure partie de ses cartouches entre ses chemises, dans son sac, et n'en conservera que le quart au plus dans sa giberne, enveloppées de manière à ne pas les laisser avarier par la pluie. Le jour d'une affaire, il les mettra toutes dans sa giberne.

Friant.

---

(1) Dans la division Gudin, il manque 250 rations au 12ᵉ pour la distribution du jour ; le 21ᵉ a ses quatre jours d'avance.

Le chef de bataillon Husson au général Gautier.

Indersdorf, le 27 vendémiaire an XIV (19 octobre 1805), à 1 h. 30.

Mon Général,

Le reste du détachement de Pfaffenhofen vient d'arriver avec environ 3,000 kilogr. de pain. Je le fais partir de suite pour le quartier général, sous l'escorte des chasseurs à cheval. Le brigadier vous remettra la réquisition du commissaire des guerres et une lettre du landsrichter, à qui vous voudrez bien faire envoyer un reçu de ce qu'il a fourni.

Je pars aussitôt après, avec le reste de mon détachement, pour rentrer à Nieder-Roth.

J'ai l'honneur de vous saluer très respectueusement.

(A. G.).   Husson.

———

Le maréchal Bernadotte au maréchal Berthier.

Munich, le 30 vendémiaire an XIV (22 octobre 1805).

J'ai l'honneur de rendre compte à Votre Excellence que le chef d'escadron du 5ᵉ régiment de chasseurs, Auguste Ameil, a rempli avec autant d'intelligence que de bravoure une mission que je lui avais confiée, et a, le 27 de ce mois, soutenu un engagement qui lui fait beaucoup d'honneur. N'ayant que 50 chevaux à ses ordres, il a rencontré à Werth, au-dessus de Landshut, un parti de 100 hommes des hussards de Hesse-Hombourg et des dragons d'O'Reilly. Quoique éloigné de tout secours, il n'a pas balancé à charger un ennemi supérieur en nombre et appuyé à d'autres détachements ; un combat opiniâtre s'est engagé, à la suite duquel le chef d'escadron Ameil est resté maître du terrain et a ramené 22 prisonniers et 21 chevaux. Le détachement était composé de chasseurs et de hussards français et de quelques dragons bavarois ; tous ont bien fait leur devoir. Le capitaine Villatte et le lieutenant Lebrun mon aide de camp, qui accompagnaient le chef d'escadron Ameil dans cette reconnaissance, ont fait preuve d'une bravoure distinguée. Le dernier, en se précipitant au milieu des rangs ennemis, a pris et blessé plusieurs hussards autrichiens, et a reçu lui-même plusieurs coups de sabre, dont un, entre autres, l'a blessé grièvement. J'espère cependant que cette blessure n'aura pas de suite.

J'ai l'honneur.....

BERNADOTTE (1).

Le général Éblé au général Songis.

Münchheim, le 27 vendémiaire an xiv (19 octobre 1805).

Général,

J'ai l'honneur de vous rendre compte qu'ayant généralement à me plaindre du peu de zèle des conducteurs d'artillerie employés au 1er corps de l'armée, et le sieur Vacquier étant celui dont je suis le plus mécontent, je l'ai renvoyé à la 1re compagnie du 1er bataillon de pontonniers, dans laquelle il était sergent avant sa nomination à l'emploi de conducteur.

Veuillez, je vous prie, Général, approuver cette mesure nécessaire au bien du service et m'autoriser à donner des ordres au commandant du 1er bataillon de pontonniers, pour qu'il admette le sieur Vacquier comme sergent surnuméraire jusqu'à la première place vacante.

Recevez, etc.....

ÉBLÉ.

Le général Éblé à M. Wallard, commandant l'équipage de pont, à Würtzburg.

Münchheim, le 27 vendémiaire an xiv (19 octobre 1805).

Monsieur,

M. le maréchal Bernadotte approuve que vous fassiez remettre à Mayence, comme je vous l'ai déjà prescrit, l'équipage de pont

---

(1) En note de la main du major général.

A classer : Après que M. Vallongue m'aura présenté une lettre de félicitations pour la conduite qu'a tenue cet officier.

BERTHIER.

Écrit au chef d'escadron Ameil. Au lieutenant Lebrun.
Lettre au maréchal Bernadotte, 5 brumaire, an xiv.

qui vous a été confié, et en le faisant descendre sur le Main comme vous le proposez par votre lettre du 22 de ce mois.

Pour rejoindre l'armée, vous pourrez suivre la route que tiennent les détachements ou convois que, sans doute, on dirige de Mayence sur l'armée. Les autorités militaires pourront à cet égard vous donner des renseignements sûrs.

ÉBLÉ.

Le général Victor au Ministre des relations extérieures.

Copenhague, le 27 vendémiaire an XIV (19 octobre 1805).

Monseigneur,

J'ai eu l'honneur de vous rendre compte, par ma dernière dépêche, d'un premier débarquement de troupes russes effectué à Stralsund. Hier, nous avons appris qu'une nouvelle flotte était partie de Revel, forte de 13 vaisseaux de ligne, 6 frégates et 16 bâtiments de transport également chargés de troupes, pour la Poméranie suédoise. Elle doit déjà avoir atteint cette côte. On porte à 30,000 hommes les deux corps qui s'y trouvent actuellement réunis, indépendamment des Suédois, dont les forces vont être augmentées de plusieurs régiments que l'on embarque à Karlskrona. Nous ne nous tromperons, Monseigneur, en évaluant au moins à 40,000 hommes l'armée qui se forme contre nous dans cette partie de l'Allemagne. Peut-être sera-t-elle jointe par un pareil nombre d'Anglais. Mais, de quel côté ces forces combinées dirigeront-elles leur marche? Il me paraît difficile qu'elles pensent à occuper le Hanovre, ni même à le traverser; à moins de supposer qu'ils ne traînent après eux de nombreux magasins, car cet Électorat, si pauvre et si épuisé, ne peut leur fournir aucun moyen de subsistance.

Cependant, Monseigneur, comme il est possible qu'un corps de troupe occupe momentanément ce pays, et qu'alors la poste de France n'y passe plus librement, je vous prie, pour plus grande sûreté, de m'adresser vos lettres sous l'enveloppe de MM. Ryberg et Cⁿ, à Copenhague.

On a reçu ici avec surprise la nouvelle que le roi de Prusse avait permis le passage aux troupes russes sur son territoire. Je dois vous faire connaître à cette occasion, Monseigneur, que les ministres des puissances ennemies près cette cour, se flattent secrètement entre eux, depuis quelques semaines, d'avoir la Prusse dans leur parti. C'est peut-être encore une fausse espérance dont nos ennemis se repaissent, mais je ne dois point vous taire leur opinion. Du reste, tout paraît annoncer une coalition non moins formidable que la première, mais nos inépuisables ressources, le nombre et la valeur de nos armées, et surtout le génie et la prévoyance de Sa Majesté nous promettent de nouveaux triomphes.

L'escadre russe qui a jeté l'ancre devant ce port il y a huit jours a remis à la voile le soir même, et, après avoir pris des vivres et des rafraîchissements à Elseneur, a continué sa route pour l'Angleterre.

CHAPITRE XV

20 octobre.

Le maréchal Berthier au maréchal Ney.

Abbaye d'Elchingen, le 28 vendémiaire an xiv (20 octobre 1805).

Monsieur le Maréchal,

Je vous préviens, que comme il ne faut pas que la colonne de prisonniers fasse un grand chemin, que notre ordre de bataille ne soit pas très étendu, on peut mettre l'armée bordant la haie en colonne serrée par régiment. Je comptais aller déjeuner avec vous, mais l'Empereur me retient, ce qui fait que je n'arriverai peut-être que fort tard. Mais on peut s'en rapporter à vous pour toutes les dispositions. Vous connaissez les instructions de l'Empereur ; Sa Majesté arrivera par le chemin le long de la rivière.

J'ai chargé le général Andréossy et le colonel Vallongue de prendre vos ordres pour les dispositions.

Le général Dumas est chargé des autres dispositions pour les prisonniers.

Le Major général,

(A. M.) Maréchal BERTHIER.

Le maréchal Berthier au maréchal Ney.

Abbaye d'Elchingen, le 28 vendémiaire an xiv (20 octobre 1805).

Monsieur le Maréchal,

Je vous préviens que je viens de donner l'ordre aux généraux Walther et Gazan, de partir demain 29, pour se rendre à Augsburg. Le général Marmont, à qui j'ai donné la même destination, ne doit partir que le 30 vendémiaire.

Le Major généra',

(A . M.) Maréchal Berthier.

Journal de l'artillerie du 6ᵉ corps.

On retrouva, sous Ulm, toute l'artillerie prise sur la 1ʳᵉ division; elle rentra au parc.

La prise d'Ulm rétablit toutes nos communications avec le parc. La crue subite des eaux du Danube avait rompu les ponts et inondé les rivages du fleuve.

Le 29 et 30. — Le quartier général vint s'établir à Ulm.

Le grand parc eut aussi l'ordre de s'y rendre.

Le quartier général de la 2ᵉ division fut à Gögglingen, et celui de la 3ᵉ à Kloster-Wiblingen.

La cavalerie légère à Illeraicheim.

Les divisions Gazan, Bourcier et les dragons à pied qui avaient fait momentanément partie du 6ᵉ corps eurent une autre destination.

Salzburg, le 30 frimaire an xiv.

Le Colonel chef d'état-major de l'artillerie,

P.-M. Bicquilley.

Troupes françaises formant le blocus d'Ulm, présentes à la reddition de cette place et à la sortie de la garnison autrichienne, prisonnière de guerre (1).

GARDE IMPÉRIALE ET ROYALE sous les ordres des maréchaux BESSIÈRES et MORTIER.			DU 2e CORPS. Général en chef MARMONT.		DU 5e CORPS. Maréchal LANNES.		DU 6e CORPS. Maréchal NEY.		RÉGIMENTS DE CAVALERIE aux ordres des généraux.			OBSERVATIONS.
	bat.	esc.		bat.		bat.		bat.		bat.	esc.	
Le général Hulin :			Division du général Boudet :		Division du général Gazan :		Division du général Loison :		1er hussards....	»	2	La Garde impériale et royale à pied se trouvait sur le rocher de l'Empereur. En face du rocher, 2 escadrons de grenadiers à cheval, 1 escadron de chasseurs, 1 peloton d'artillerie à cheval de la Garde. 6 pièces d'artillerie à la gauche, 15 pièces d'artillerie placées dans les intervalles des divisions. Total 24. La cavalerie en ligne dans la plaine. Entre les 6e et 11e dragons, 3 pièces d'artillerie légère. Entre les 1er et 3e hussards, 6 pièces d'artillerie légère.
Grenadiers à pied...	4	»							3e id........	»	2	
Chasseurs à pied...	6	»	18e légère....	2	4e légère...	2	6e légère...	2	10e id........	»	1	
Le général Ordener :			35e de ligne...	2	100e de ligne..	2	39e de ligne...	2	10e chasseurs....	»	1	
Grenadiers à cheval	»	2	11e id.....	3	58e id.....	3	69e id.....	3	12e id........	»	1	
Chasseurs à cheval..	»	1	Division du général Grouchy :		103e id.....	3	76e id.....	3	6e drag. à cheval.	»	2	
							Division du général Malher :		10e id........	»	2	
			34e de ligne...	1					11e id........	»	2	
			92e id.....	3			25e légère....	2	12e id........	»	2	
			8e batave....	1			27e de ligne...	2	13e id........	»	2	
							50e id.....	2	15e id........	»	2	
							59e id.....	1	Dragons à pied...	8	»	

Récapitulation :	bat.	esc.
Garde impériale à pied et à cheval.	10	3
Infanterie et cavalerie..........	45	18
	55	21
Artillerie : 33 pièces.		

| TOTAUX...... | 10 | 3 | TOTAL.... | 12 | TOTAL.... | 10 | TOTAL.... | 15 | TOTAUX...... | 8 | 18 | |

(1) J'ai eu le plaisir de voir défiler 28.000 hommes qui ont mis bas les armes. C'était un bien beau spectacle ; l'armée était rangée par échelons en amphithéâtre sur une colline peu élevée qui entoure Ulm ; l'Empereur était sur un rocher près duquel nous étions en bataille, il était entouré des principaux généraux de l'armée, et voyait passer comme à ses pieds l'armée ennemie qui sortait par une des portes de la ville et rentrait par l'autre après avoir déposé ses armes. Il regardait tout d'un œil tranquille et modeste, eu se chauffant près d'un feu que nous lui avions allumé et où, par parenthèse, il a brûlé cette redingote grise à laquelle il semble attacher un peu de superstition.

(Bugeaud à Mlle de la Piconnerie. Linz, le 16 brumaire. — D'Ideville, *Le Maréchal Bugeaud*, t. I, p. 73).

CHAPITRE XV.

6ᵉ CORPS D'ARMÉE.

Journée du 28 vendémiaire (20 octobre 1805).

Quartier général : Söflingen.

En exécution des nouveaux arrangements pris avec le général Mack, la garnison d'Ulm sortit de la place par la Porte-des-Dames, vers les 2 heures de l'après-midi, défila devant Sa Majesté l'empereur Napoléon et rentra dans la place par la Porte-Neuve.

A 5 heures du soir, la brigade aux ordres du général Villatte (6ᵉ léger et 39ᵉ de ligne) destinée à conduire les prisonniers en France, entra dans la place.

A 6 heures, toutes les divisions reprirent leurs positions.

Le général Baraguey-d'Hilliers partit avec la 1ʳᵉ brigade de dragons à pied pour Ingolstadt.

La 2ᵉ brigade de dragons à pied reçut les chevaux que les prisonniers autrichiens laissèrent à l'armée française.

On trouva dans Ulm : 67 bouches à feu, dont 4 obusiers; 47 caissons; 16,000 fusils, etc., etc.

Le chef d'escadron de Crabbé au maréchal Ney.

Urach, le 28 vendémiaire an XIV (20 octobre 1805).

Monsieur le Maréchal,

J'ai l'honneur de vous donner connaissance que je suis arrivé à Urach; l'ennemi a paru ce matin, 150 fantassins et 18 cuirassiers, ils se sont dirigés sur Wertingen. Je vais rafraîchir et me mettre à leur poursuite. J'ai fait 12 prisonniers dans la journée; je les ai envoyés à Elchingen où se trouve le général de brigade P. Lacroix, avec lequel je corresponds.

L'ennemi est dans une grande perplexité, ils sont égarés, ne savent où aller pour se retirer, ils prennent une fois une route et changent aussitôt, la prise d'Ulm les a entièrement déconcertés et déroutés (1).

---

(1) En faire le rapport au ministre de la guerre. Lui envoyer aussi l'ordre de mouvement pour l'armée qui s'exécute cejourd'hui.

(Note du maréchal Ney.)

Si vous avez quelque chose à m'ordonner, veuillez l'adresser à M. le bailli d'Urach, un bien brave homme qui me fera passer vos ordres.

J'ai l'honneur d'être, avec profond respect, de Monsieur le Maréchal, le très humble serviteur.

De Crabbé.

P.-S. — Ci-inclus les noms des 12 prisonniers.

M. le bailli d'ici craint bien que vous fassiez passer par ici les prisonniers pris à Ulm ; il lui serait impossible de les nourrir s'ils passaient tout d'une fois, mais bien en détail.

(A. M.)

Le général Loison au maréchal Ney.

Au bivouac devant Ulm, le 28 vendémiaire an xiv (20 octobre 1805).

Monsieur le Maréchal,

Votre ordre de ce jour vient d'être changé par votre chef d'état-major, et au lieu des 6e et 39e régiments, il ordonne qu'un bataillon de chaque brigade devra escorter les prisonniers.

M. le général Villatte me prie de vous engager d'ordonner qu'il soit payé aux officiers et soldats, ainsi qu'à lui-même, ce qui peut leur revenir sur le mois de vendémiaire, afin de leur procurer les moyens d'exister en route.

J'ai l'honneur d'être, Monsieur le Maréchal, votre très humble et obéissant serviteur.

Le Général de division,

(A. M.)   O. Loison.

Huitième bulletin de la Grande Armée.

Elchingen, le 28 vendémiaire an xiv (20 octobre 1805).

On a reçu les deux capitulations annoncées dans le bulletin d'hier, conclues par ordre du prince Murat : l'une signée par le chef d'état-major du prince Murat, l'autre par le général Fauconnet.

L'Empereur a passé aujourd'hui 28, depuis 2 heures après-midi jusqu'à 7 heures du soir, sur la hauteur d'Ulm, où l'armée autrichienne a défilé devant lui. 30,000 hommes dont 2,000 de cavalerie, 60 pièces de canon et 40 drapeaux ont été remis aux vainqueurs. L'armée française occupait les hauteurs. L'Empereur, entouré de sa Garde, a fait appeler les généraux autrichiens; il les a tenus auprès de lui jusqu'à ce que les troupes eussent défilé. Il les a traités avec les plus grands égards. Il y avait 7 lieutenants généraux, 8 généraux et le général en chef Mack. On donnera dans le bulletin suivant le nom des généraux et des régiments.

On peut donc évaluer le nombre des prisonniers faits depuis le commencement de la guerre à 60,000, le nombre des drapeaux à 80, indépendamment de l'artillerie, des bagages, etc. Jamais victoires ne furent plus complètes et ne coûtèrent moins. On croit que l'Empereur partira dans la nuit pour Augsburg et Munich après avoir expédié ses courriers.

Le maréchal Berthier au général Gazan.

Abbaye d'Elchingen, le 28 vendémiaire an XIV (20 octobre 1805).

Il est ordonné au général Gazan de partir demain à la pointe du jour, pour se rendre à Augsburg, en passant par Günzburg.

Maréchal BERTHIER.

5ᵉ CORPS D'ARMÉE.

Journée du 28 vendémiaire (20 octobre 1805).

La division aux ordres du général Gazan se porta devant Ulm pour assister au désarmement de la garnison de cette place, et elle reprit le soir sa position.

Le maréchal Berthier au général Marmont.

Abbaye d'Elchingen, le 28 vendémiaire an XIV (20 octobre 1805).

Il est ordonné au général Marmont de partir le 30 (*22 octobre*) avec son corps d'armée, pour se rendre à Augsburg.

Maréchal BERTHIER.

Le maréchal Berthier au général Walther.

Abbaye d'Elchingen, le 28 vendémiaire an XIV (20 octobre 1805).

Il est ordonné au général Walther de partir le 29 (*21 octobre*) avec les dragons à ses ordres, pour Augsburg.

Maréchal BERTHIER.

Bulletin historique de la marche de la division de la Garde impériale.

Le 28 vendémiaire an XIV (20 octobre 1805).

La colonne de la Garde qui était restée avec l'Empereur à Elchingen vint prendre position sur les hauteurs d'Ulm, et vit défiler devant Sa Majesté toute la garnison de cette place, prisonnière de guerre, dont elle reçut les drapeaux que Sa Majesté offrit ensuite au Sénat.

Porteuse de ces trophées, cette colonne partit de la position d'Ulm pour se rendre en deux jours à Augsburg.

Général ROUSSEL.

Note (du colonel Vallongue ?)

Le 28 vendémiaire an XIV (20 octobre 1805).

Troupes wurtembergeoises. — Demain et mardi 30 (*22 octobre*), un corps de troupes wurtembergeoises descendra à Geislingen comme Sa Majesté l'a désiré; il ne sera que d'environ

2,000 à 2,500 hommes, parce que les circonstances ont forcé l'Électeur à détacher un assez grand nombre de ses troupes. Mais on ne peut douter de son désir à remplir ses engagements. Stuttgard est rempli de recrues, et il en lève 4,000 dans ce moment.

Relais. — Les relais pour le transport des effets venant de France sont établis selon le traité, mais il est absolument nécessaire que l'on soit toujours prévenu quatre jours d'avance lorsqu'un convoi doit partir, afin de pouvoir rassembler les chevaux.

Aujourd'hui 28, le général Rheinwald a reçu une lettre de M. Faultrier, pour avoir à tenir à sa disposition à Spire, demain 29 (*21 octobre*), 50 chariots. La chose est impossible; en outre, il faut traverser les États de Bade, et il est difficile d'engager l'Électeur à envoyer des voitures charger en France, à quinze heures de ses États. Il semblerait plus naturel que les voitures arrivassent toutes chargées et qu'à chaque relai il n'y eût que les chevaux à changer. Si la position des armées permettait de passer par Kehl, le trajet serait beaucoup moins long.

Le général Rheinwald et M. Didelot observent qu'ils n'ont pas de commissaire des guerres à Stuttgard.

Courriers. — Les derniers courriers qui ont passé par Cannstadt sont, le 17 (*9 octobre*), un venant de Donauwörth pour Strasbourg et deux, au contraire, allant à l'armée.

Depuis cette époque, ils ont pris par Hall et Ellwangen, mais il ne paraît pas qu'il y en ait d'enlevés. Une estafette, expédiée le 23 (*15 octobre*) de Stuttgard à M. Méneval par la légation française et qui renfermait une lettre de M. Hirsinger, a été ouverte à Gmünd dans la nuit du 23 au 24 par le colonel Bianchi, adjudant de l'archiduc.

Mouvements des Autrichiens. — Comme il est constant qu'il n'a point paru d'Autrichiens sur le Jagst, la Murg ou la Kocher, qu'ils n'ont pénétré qu'à l'entrée des vallées de la Fils et de la Rems, on ne peut avoir ici que des notions très imparfaites sur leurs mouvements, qui ont eu lieu principalement aux environs de Heidenheim, et je n'ai rien à ajouter à ce que j'ai eu l'honneur de mander hier à Sa Majesté.

Ce ne fut que le 20 (*12 octobre*) que les partis parurent à

Geislingen ; le 21 (*13 octobre*), ils poussèrent à Göppingen, évidemment pour éclairer la marche du corps de l'archiduc.

Le 21 (*13 octobre*), il en parut à Aalen dans le même but.

Le 21 (*13 octobre*) et le 22 (*14 octobre*), le corps de Werneck sortit d'Ulm ; il se porta d'abord sur Heidenheim et rétrograda le lendemain 23 (*15 octobre*) sur Herbrechtingen. Il y était en ordre de bataille, quand M. Didelot, arrêté à Aalen le 22, y fut transporté.

Le 22 (*14 octobre*), l'archiduc vint à Geislingen ; il y fit jurer à son escorte de mourir plutôt que de l'abandonner.

Le 23 (*15 octobre*), par Gross-Süssen et Stauffenech, il gagna Gmünd. Les patrouilles poussèrent en vue de Plöchingen et à Lorch.

Le 22, 700 hommes de la Tour et 1000 hommes d'infanterie, que l'on peut regarder comme l'avant-garde de l'escorte du grand parc, arrivèrent à Aalen.

Le 23, ce grand parc y arriva au nombre de 1000 attelages. Dans la nuit, l'archiduc s'y rendit avec son escorte, forte de 13 escadrons, dont 4 de Mack, 4 de Klenau, des uhlans, etc.

Les généraux Schwarzenberg et Kolowrath étaient avec lui ; les généraux Romin et Vogel avec le parc. Cette réunion portait ce corps à 6,000 hommes combattants et autres.

Le 25, le parc partit pour Wasseralfingen, les troupes pour Hofen, Oberalfingen et Westhausen.

Tous les avis arrivés d'Aalen s'accordent à dire que l'archiduc a pris la route de Hemlingen et Steizweld, pour gagner le pays d'Eichstädt où déjà quelques troupes paraissent avoir filé. Cependant il est certain que, le 25, des troupes autrichiennes ont paru à Aalen, et M. Deterno assure les avoir trouvées le 26 au soir, à Crailsheim, ville prussienne, où on lui a assuré aussi qu'il y en avait à Dinkelsbühl, mais il ne sait rien de l'archiduc, ni le nom des corps.

Le 25, un bataillon wurtembergeois a marché à Schörndorf où l'ennemi n'a jamais paru.

Le 27, il est entré à Gmünd, et des troupes françaises ont pris possession d'Aalen.

Le 25, il y avait encore un parti à Geislingen, le 26, un à Göppingen. Tous se sont retirés du côté de Wiesensteig, où il erre beaucoup de corps égarés.

Depuis le 26, on ramasse un grand nombre de traîneurs ; il en a été amené plus de 50, le 28, à Stuttgard.

Trésor. — Le trésor n'a pas bougé d'Heilbronn, à en croire le général Rheinwald ; un maréchal des logis du 19e, expédié le 26 de Geislingen par le général Lemarrois, lui a porté l'ordre de rétrograder sur Spire.

Le maréchal Lannes à l'Empereur.

Nördlingen, le 28 vendémiaire an xiv (20 octobre 1805).

Sire,

J'ai reçu une lettre du prince Murat, par laquelle il m'annonce qu'il a pris toute la colonne commandée par le prince Ferdinand, à l'exception de 2,000 hommes de cavalerie qui marchent avec lui. Il paraît même, d'après sa lettre, qu'il entrait à Günzenhausen par une porte, tandis que l'archiduc sortait par une autre.

Il n'y a presque pas de doute qu'il ne parvienne à le faire prisonnier avant deux jours.

J'avais d'abord dirigé ma colonne sur Aalen, croyant que l'ennemi tiendrait le chemin d'Ellwangen ; mais, ayant appris à ce premier endroit qu'il avait pris la direction de Nördlingen par Bopfingen, j'ai marché sur ses pas. Son artillerie et ses bagages ont suivi cette mauvaise route. Je peux attester à Votre Majesté qu'il a tout perdu. D'Aalen à Œttingen, on ne fait pas un pas sans trouver des canons, des caissons et des fourgons par centaines.

On voit sur la physionomie des habitants l'admiration dont les hauts faits de votre armée les pénètrent.

Son Altesse Sérénissime le prince Murat, ayant tout fini avec le peu de troupes qu'il a, et n'ayant plus besoin de moi, je me mets en marche avec les divisions Oudinot, Nansouty et Beaumont pour Ingolstadt. La division Nansouty cantonnera ce soir à Harburg, les deux autres ici et aux environs ; tout partira demain pour suivre sa destination.

Dans le cas où le prince Ferdinand, dans son irrésolution, retournerait vers le Danube, je serai à Ingolstadt pour me porter où il conviendra pour lui faire réception, et dans tous les cas possibles, j'y serai, Sire, pour recevoir les ordres de Votre Majesté.

L'ennemi a failli nous enlever un trésor de huit cent mille francs entre Ellwangen et Nördlingen. Heureusement, il s'est trouvé escorté par un détachement de 20 cuirassiers du 2e régiment ; je l'ai fait diriger sur Augsburg.

Je suis, Sire, etc.

LANNES.

5e CORPS D'ARMÉE.

Journée du 28 vendémiaire (20 octobre 1805).

M. le maréchal commandant en chef, certain de l'impossibilité de se réunir au corps de Son Altesse Sérénissime le prince Murat et de l'inutilité de cette réunion, crut devoir diriger sur Donauwörth et Ingolstadt les troupes qui marchaient avec lui. Elles exécutèrent, en conséquence, les mouvements suivants :

La division de grenadiers se rendit à Nördlingen, Möttingen, Berg et Rain.

La division de cuirassiers se rendit à Harburg.

La division de dragons se rendit à Nördlingen et environs.

La brigade de hussards se rendit à Aalen.

(Les ordres qui lui avaient été adressés de se diriger sur Neresheim ayant été égarés.)

La division aux ordres du général Suchet passa le Danube à Dillingen et se rendit à Burgau où elle cantonna.

Le général Compans au général Treillard.

Nördlingen, le 28 vendémiaire an XIV (20 octobre 1805).

Monsieur le Général,

Vous devez avoir reçu, à Heidenheim, l'ordre de vous rendre avec votre brigade à Aalen ; d'après les instructions de M. le maréchal, vous devez en repartir sans retard pour vous rendre à Ingolstadt, où vous recevrez de nouveaux ordres ; réglez votre marche de manière à faire assez de chemin tous les jours sans trop fatiguer votre troupe ; donnez de vos nouvelles à M. le maréchal à votre arrivée à Ingolstadt.

COMPANS.

Le général Compans au général Treillard.

Nördlingen, le 28 vendémiaire an xiv (20 octobre 1805).

Mon Général,

Je vous ai laissé à Heidenheim un ordre d'après lequel vous deviez vous rendre à Aalen. Si vous ne l'avez pas encore exécuté lorsque vous recevrez celui-ci, dirigez-vous directement sur Ingolstadt et réglez votre marche de chaque jour de manière à faire d'assez fortes journées sans trop fatiguer votre troupe. Vous recevrez de nouveaux ordres à Ingolstadt.

COMPANS.

Le général Compans au général Faultrier.

Nördlingen, le 28 vendémiaire an xiv (20 octobre 1805).

M. le maréchal commandant en chef le 5ᵉ corps de la Grande Armée désirerait que vous voulussiez bien faire remettre au commandant de l'artillerie de la division de grenadiers six bouches à feu du calibre de 6, avec la plus grande quantité possible de munitions. Je vous prie de sa part de vouloir bien donner vos ordres en conséquence.

COMPANS.

Le général Compans aux généraux Beaumont, Oudinot, Nansouty.

Nördlingen, le 28 vendémiaire an xiv (20 octobre 1805).

M. le maréchal commandant en chef me charge de vous donner l'ordre de partir demain matin de vos cantonnements avec votre division, pour vous rendre à Donauwörth, où vous en recevrez de nouveaux.

COMPANS.

Le général Compans à M. Vast, commissaire des guerres.

Nördlingen, le 28 vendémiaire an xiv (20 octobre 1805).

Monsieur l'Ordonnateur,

M. le maréchal commandant en chef me charge de vous prévenir que son corps d'armée est destiné à se réunir à Ingolstadt, où il arrivera, partie le 30 du courant et partie le 1er du mois prochain; il vous prescrit en conséquence de partir demain matin en poste pour vous y rendre et y faire confectionner 100,000 rations de biscuit et autant de rations de pain; vous êtes le maître de faire contribuer à cette fourniture toutes les villes et tous les villages des environs. M. le maréchal désire qu'à votre passage à Donauwörth vous requériez le pain nécessaire pour les grenadiers et les deux divisions de cavalerie qui doivent y arriver demain. M. le maréchal vous engage à mettre autant de vigueur que de zèle dans toutes les mesures que vous prendrez pour remplir ses intentions, il vous engage aussi à réunir une grande quantité de voitures pour le transport du biscuit qui ne se consommera pas à Ingolstadt; étendez vos réquisitions au loin, vous obtiendrez un grand résultat avec plus de facilité.

P.-S. — Ne serait-il pas possible de retrouver notre convoi de biscuit et d'eau-de-vie? Mettez quelqu'un en mouvement à cet effet.

COMPANS.

Le général Salligny au général Vandamme.

Memmingen, le 28 vendémiaire an xiv (20 octobre 1805).

ORDRE.

La division de cavalerie légère, les 2e et 3e divisions d'infanterie se mettront en marche demain, à 6 heures du matin, et se dirigeront sur Leutkirch, en passant par Volkertshofen et Altmannshofen.

L'avant-garde de la 2e division suivra immédiatement le mouvement de la division de cavalerie, ou la précédera, suivant la nature du terrain.

Le corps de bataille de la 2ᵉ division marchera immédiatement.

La 3ᵉ division prendra position à Ferthofen, sur la rive droite de l'Iller, et attendra de nouveaux ordres pour continuer le mouvement.

Toutes les voitures d'équipages, quelle que soit leur nature (les ambulances exceptées), et les vivandiers des deux divisions d'infanterie et de cavalerie resteront à Memmingen, ainsi que les hommes malades ou éclopés des trois divisions.

L'ordonnateur en chef prendra les mesures nécessaires pour que les malades ou hommes blessés soient transportés, à commencer de demain, sur Landsberg. Il prendra la même mesure pour les hommes en état de supporter le transport qui sont à l'hôpital de Memmingen et à celui de Mindelheim.

Le général commandant l'artillerie fera tenir à la suite de la 3ᵉ division 25 voitures de munitions de divers calibres, pour qu'au besoin il en soit disposé, et donnera des ordres au restant du parc d'être prêt à marcher au premier ordre qui sera expédié.

La 1ʳᵉ division restera demain à Mindelheim.

SALLIGNY (1).

Le général Vandamme au maréchal Soult.

Memmingen, le 28 vendémiaire an xiv (20 octobre 1805).

Monsieur le Maréchal,

Vous m'avez fait annoncer à Landsberg 300 paires de souliers

---

(1) Le même jour, le général Salligny envoie des ordres de détail désignant les officiers autorisés à avoir un cheval; les officiers payeurs sont du nombre, ainsi qu'un capitaine Laigle, du 3ᵉ de ligne, âgé de plus de cinquante ans. Il annonce que 300 paires de souliers, restées à Augsburg, rejoindront la division Vandamme à Landsberg.

Les militaires détachés au parc d'artillerie doivent rentrer à leurs corps.

Dix soldats du bataillon de tirailleurs du Pô et un du 28ᵉ, absents depuis quatre à huit jours, ont été arrêtés, et sont renvoyés au corps, qui doit leur infliger une punition exemplaire. Des canonniers du 3ᵉ d'artillerie, qui ont volé un cheval, doivent être punis sévèrement.

pour ma division, mais il s'est trouvé qu'elles étaient encore à Augsburg. Les troupes de ma division en ont le plus grand besoin et je vous prie, Monsieur le Maréchal, d'avoir la bonté de donner des ordres à cet égard.

J'ai l'honneur de vous saluer très respectueusement.

VANDAMME.

Le maréchal Berthier au maréchal Soult.

Abbaye d'Elchingen, le 28 vendémiaire an xiv (20 octobre 1805),
vers midi.

Monsieur le Maréchal,

L'Empereur ne peut que louer votre zèle et toutes les dispositions que vous avez faites, et me charge de vous en témoigner sa satisfaction; mais Sa Majesté, Monsieur le Maréchal, désire que vous vous rendiez à Augsburg, vous ayant destiné à combattre les Russes sur l'Inn; cependant Elle vous laisse encore maître de vos mouvements pendant une journée.

Le prince Charles, avec la moitié de son armée, est en marches forcées pour tâcher d'arriver avant nous à Salzburg. La première armée russe, composée en réalité de 25,000 hommes sous les armes, est arrivée sur l'Inn.

Dans deux heures d'ici, l'Empereur verra défiler sur les glacis d'Ulm, les 27,000 prisonniers qu'il a faits, ayant M. le baron de Mack à leur tête. Les prisonniers partiront de suite en quatre colonnes pour se rendre à Strasbourg.

Le corps de M. le maréchal Ney restera à Ulm pour se combiner, d'ici à huit jours, avec le corps d'armée de M. le maréchal Augereau.

Le prince archiduc Ferdinand était à Ulm le 23 vendémiaire (*15 octobre*), il en est parti à minuit avec quatre escadrons, et s'est rendu à Göppingen et Gmünd, et de là a rejoint le corps du général Werneck, que le prince Murat a battu à Heidenheim et à Neresheim, et enfin lui a fait mettre bas les armes près de Nördlingen; mais il paraît que le prince Ferdinand, escorté de 3,000 chevaux, s'est échappé et a continué sa route. Le prince Murat espère pouvoir le déborder.

Dans l'état présent des choses, Monsieur le Maréchal, le

prince Murat a fait 10,000 prisonniers, pris 30 pièces de canon, 500 voitures et beaucoup de chevaux de cavalerie, un parc, et tous les drapeaux du corps de Werneck.

Il paraît, d'après les renseignements que l'Empereur a reçus, que, si au lieu de vous diriger sur Biberach, vous vous fussiez poussé vigoureusement sur le corps que vous avez rencontré, vous auriez pris encore 8,000 à 9,000 hommes, et c'est tout ce qui s'est échappé du reste de l'armée autrichienne, forte de plus de 80,000 hommes.

L'Empereur sera vraisemblablement demain à Augsburg, vous devez lui écrire par duplicata, dans cette ville et à Ulm; mais dans ce dernier endroit, vous aurez soin de mettre : et en son absence, à M. le maréchal Ney.

Maréchal BERTHIER.

Le général Salligny au général Pignolle.

Memmingen, le 28 vendémiaire an XIV (20 octobre 1805).

Monsieur le Général,

M. le maréchal commandant en chef a reçu votre lettre relative aux dépêches qui ont été prises au courrier français fait prisonnier à Memmingen. Ce courrier n'était porteur que de cartes de la Souabe, qui sont maintenant entre les mains du général Sébastiani, auprès duquel vous pourrez les réclamer, et de quelques lettres adressées à des officiers du corps d'armée du général Marmont.

SALLIGNY.

Le général Caffarelli à l'Empereur.

Munich, le 28 vendémiaire an XIV (20 octobre 1805).

Sire,

Je viens de remettre à MM. les maréchaux Davout et Bernadotte les lettres dont Votre Majesté m'a fait l'honneur de me charger pour eux. Arrivé de nuit à Augsburg, j'ai vu peu de monde et j'ai appris qu'en Allemagne comme en France on fait courir beaucoup de bruits; il en avait été répandu de capables d'attrister l'armée : selon ces bruits, Votre Majesté aurait été blessée, le prince Murat avait perdu la vie, le général Bertrand et plusieurs autres avaient péri. Ils ont été démentis par les officiers qui étaient venus au quartier général. La reddition d'Ulm était connue, j'ai annoncé celle du général Werneck et du corps qu'il commandait. Ces nouvelles ont été bien reçues, et l'on y voit que Votre Majesté tient ses promesses.

Un bruit d'une autre nature, qui a couru à Augsburg et à Munich, c'est l'arrivée d'une nouvelle armée venue d'Italie : il est reconnu dénué de fondement, les ennemis n'ont, à ce que vient de m'assurer M. le maréchal Bernadotte, que peu de troupes disponibles du côté d'Innsbrück.

Augsburg est très tranquille : il y avait hier 10,000 prisonniers autrichiens et l'on désirait qu'ils fussent évacués. Au reste les troupes vivent bien avec les habitants.

Il se répand un libelle ayant pour titre : Qui est l'agresseur, de l'Autriche ou de la France ? que l'on dit extrêmement virulent. Je le fais chercher pour le transmettre à Votre Majesté. Il est fait par ordre de la cour de Vienne.

L'évêque d'Augsburg, Électeur de Trèves, ayant fait constamment demander des nouvelles de Votre Majesté, je me suis permis d'aller en porter à Son Altesse, et j'ai pu en même temps lui annoncer le succès des armes de Votre Majesté.

Je suis.....

CAFFARELLI.

Le maréchal Davout à l'Empereur.

Dachau, le 28 vendémiaire an XIV (20 octobre 1805).

Sire,

Le 3ᵉ corps de la Grande Armée de Votre Majesté attend avec une vive impatience son tour de vous prouver et sa fidélité et qu'elle est composée aussi de soldats dignes de leur illustre souverain.

Nous avons le pain jusqu'au 3 brumaire inclus. On a profité de ces jours de repos pour réparer les armes. Nous ne sommes pas très riches en cartouches d'infanterie; le convoi que nous avions laissé à Mannheim faute de chevaux, et qui en est parti le 16, ne nous ayant pas encore rejoint, j'ai envoyé plusieurs officiers au-devant pour en accélérer l'arrivée; cependant, indépendamment des 50 cartouches par soldat, nous en avons environ 700,000 dans les caissons, aussi nous pouvons livrer quelques combats.

On confectionne des souliers à Munich; nous en avons pour les besoins les plus urgents.

Aujourd'hui deux régiments de la 2e division se sont portés sur la route de Freising à Munich. Demain, de très bonne heure, toutes les autres divisions seront établies entre Dachau et Munich. Si ce mouvement n'a pas été fait aujourd'hui, ç'a été pour laisser le temps au maréchal Bernadotte de retirer les troupes qu'il a sur la rive gauche de l'Isar, dans un rayon de trois lieues de Munich.

J'ai adressé, Sire, à votre ministre de la guerre, le tableau des régiments qui composent le corps d'armée du général Kienmayer, celui de l'archiduc Jean, dont le quartier général est à Innsbrück ou Schernitz, et enfin celui du corps d'armée russe. Les renseignements sur les Russes varient; il paraîtrait que toutes leurs colonnes ne sont pas encore arrivées (une est attendue du 8 au 10 brumaire) et que tous les soldats ne sont pas armés; les Autrichiens avaient compté sur les armes des Bavarois pour cet article important. Un ordre de la cour de Vienne du 3 octobre paraît avoir déterminé l'envoi du général Kienmayer du côté d'Eichstädt : ce général devait se porter sur Amberg pour y cerner les Bavarois; l'arrivée des armées de Votre Majesté a dérangé ce plan.

Les Russes sont toujours du côté de Braunau et les Autrichiens près de Mühldorf; ils n'ont presque point de troupes du côté de Wasserburg et Rosenheim.

Il paraîtrait que quelque infanterie ennemie se serait portée sur Landshut; les renseignements du maréchal Bernadotte sont contraires. Je ne cite ce rapport à Votre Majesté que parce qu'il me vient de quelqu'un dont j'ai toujours été assez bien servi.

Si ce rapport est exact, je suppose que c'est pour tirer des subsistances de cette partie de la Bavière, qui offre beaucoup de ressources sous ce rapport (1).

---

(1) Le même jour, Davout réclame aux divisionnaires des rensei-

Les derniers rapports que j'ai adressés au ministre de la guerre sur les forces autrichiennes à Füssen, Schernitz, sont exacts; des déserteurs les ont confirmés.

J'ai l'honneur.....

DAVOUT.

Le maréchal Davout au maréchal Bernadotte.

Dachau, le 28 vendémiaire an XIV (20 octobre 1805).

Mon cher Maréchal,

Je vous adresse l'extrait d'un rapport d'hier. La personne m'en a fait jusqu'à ce jour de très exacts; mais il serait bon de vérifier celui-ci dans le cas où il ne vous paraîtrait pas d'accord avec ceux qui vous sont envoyés, et d'après ce que vous m'avez fait dire par le colonel Burk, mon premier aide de camp.

L. DAVOUT.

Le maréchal Davout au maréchal Bernadotte.

Dachau, le 28 vendémiaire an XIV (20 octobre 1805).

Mon cher Maréchal,

Lorsque vous m'avez fait connaître, vers midi, que vous étiez dans le cas de faire soutenir la réserve bavaroise que vous avez fait porter à Freising, j'ai fait marcher deux régiments ainsi que je vous en ai prévenu. Ces régiments occupent les positions dont je vous ai donné connaissance. Je remplis, en outre, les intentions de l'Empereur, qui veut que ce corps d'armée soit

---

gnements sur leurs approvisionnements en pain, qui doivent aller jusqu'au 3 brumaire inclus. Il leur ordonne de laisser derrière eux des détachements pour faire rentrer les subsistances et fourrages requis. Ils devront aussi faire prendre à Munich les souliers qui y ont été confectionnés.

Le commissaire des guerres Vauchelle doit organiser le lendemain, 21 octobre, l'ambulance de la division Gudin, et la conduire au quartier général de cette division. (*A. G.*)

réuni près de Munich, de manière à pouvoir y être dans deux heures; l'emplacement des troupes a été fait en conséquence et je ne puis y rien changer. Je vous prie donc, mon cher Maréchal, de faire évacuer les villages que nous devons occuper pour empêcher que vos troupes ne soient enchevêtrées avec celles du 3e corps d'armée.

La cession de trente villages sur la droite est illusoire pour moi, puisque ma droite ne doit pas s'étendre au delà de deux lieues de Munich, et que d'ailleurs ces villages n'existent pas. Je désirerais cependant les trouver, pour pouvoir enfin cantonner ces pauvres troupes qui bivouaquent depuis un mois. Placées près des vôtres, elles sauront qu'une partie se trouve dans Munich et que les autres se trouvent dans de bons villages.

Je dois vous prévenir aussi, mon cher Maréchal, que vos commissaires violent vos promesses, et que depuis deux jours ils ne nous ont pas versé de pain.

Mon quartier général est définitivement établi à Schwabing.

Si nous avions été en guerre avec l'Électeur de Bavière, je me serais placé avec plaisir dans un de ses châteaux, mais comme c'est un de nos bons alliés, je ne lui donnerai pas la charge de mon quartier général.

Je vous prie, mon cher Maréchal, de comparer la situation de cette armée avec celle de la vôtre, et vous verrez que je ne suis point exigeant. D'ailleurs, je ne puis m'empêcher de me conformer aux ordres de Sa Majesté.

Je vous prie de tancer M. de Weichs, président de la Direction générale de Bavière, qui a fait passer votre proclamation du 23 de ce mois dans les arrondissements occupés par le 3e corps d'armée, ce qui a fait éprouver particulièrement au général Gudin les plus grandes difficultés pour ses subsistances.

Agréez, mon cher Maréchal, etc.

L. Davout.

20 OCTOBRE.

Le maréchal Davout au maréchal Bernadotte.

Dachau, le 28 vendémiaire an XIV (20 octobre 1805).

Mon cher Maréchal,

Ayant reçu l'ordre de faire porter le 3ᵉ corps d'armée entre Dachau et Munich, de manière à pouvoir être rendu à hauteur de cette place en deux heures, je vous prie de faire évacuer la rive gauche de l'Isar par vos troupes, en exceptant toutefois celles qui occupent Freising.

J'aurai un bataillon à Garching pour communiquer avec Freising; je porterai ma droite à Pullach, Solln et Forstenried. Je me propose d'établir mon quartier général à Schwabing.

Ce mouvement doit s'effectuer demain de très bonne heure. Je joins ici un rapport qui vient de m'être adressé et qui ne peut avoir d'intérêt que pour vous.

L. DAVOUT.

Le maréchal Davout au maréchal Bernadotte.

Dachau, le 28 vendémiaire an XIV (20 octobre 1805).

Mon cher Maréchal

Je vous préviens que, d'après votre lettre, je donne l'ordre aux 111ᵉ et 48ᵉ régiments de se porter sur la route de Munich à Freising, la gauche à Garching, avec ordre de se porter sur Freising dans le cas où l'ennemi y attaquerait les Bavarois; le général de division Friant, qui se rend de sa personne à Moosach, doit avoir des communications fréquentes avec Freising.

Le mouvement que mon corps d'armée fera demain et duquel je joins ici un extrait, vous fera connaître que j'ai été au-devant de vos désirs.

Je vous prie de donner les ordres nécessaires, afin que les villages situés sur la rive gauche de l'Isar soient évacués dès ce soir.

Croyez, mon cher Maréchal, que vous me trouverez toujours disposé à vous seconder de tous mes moyens.

Je vous renouvelle avec plaisir l'assurance de mon bien sincère attachement.

L. DAVOUT.

Le général Friant au Grand Bailli de Freising.

Du 28 vendémiaire an XIV (20 octobre 1805).

Monsieur le Grand Bailli,

Je vous adresse une nouvelle réquisition pour la fourniture de 15,000 rations de pain, à raison d'une livre et demie par ration. Vous jugerez que les besoins de l'armée sont impérieux et qu'ils ne peuvent éprouver de lenteurs ou obstacles, puisque je me suis décidé à puiser encore quelques ressources près de vous. J'ai à me louer, Monsieur le Grand Bailli, de l'empressement avec lequel vous avez fait remplir la première réquisition. Il en sera de même de la seconde, j'en suis persuadé. Je vous expédie le même officier que je vous ai déjà envoyé et dont le zèle m'est connu. Il vous secondera et, de votre côté, vous le mettrez à même de faire parvenir le convoi en douze heures au plus tard. Ceci est d'une importance majeure et vous sentirez qu'il ne doit être apporté aucun entr'acte dans l'exécution d'une réquisition qui touche à la subsistance de l'armée. C'est tout vous dire.

FRIANT.

Honte, capitaine du 21° de ligne, à M. le général de division Gudin.

Weikertshofen, le 28 vendémiaire an XIV (20 octobre 1805).

Mon Général,

J'ai l'honneur de vous donner connaissance qu'un maréchal des logis de gendarmes, s'étant présenté hier dans cette commune où je commande quatre compagnies, avec une réquisition signée de vous et du commissaire Thomas, de 200 bottes de foin et de 40 metzen d'avoine, je me suis empressé de la faire acquitter de suite. Le chargement du tout s'est fait, en ma présence, sur trois voitures qui ont été expédiées pour votre quartier général, sous l'escorte d'un chasseur à cheval, mais le récépissé annoncé par le maréchal des logis devoir être donné, ne l'a pas été, sous prétexte qu'il ne s'est trouvé que 136 bottes de foin au lieu de 200 portées sur la réquisition.

J'ai l'honneur de vous observer, mon Général, que s'il s'est trouvé du déficit, il n'a pu provenir que de la négligence de ceux qui, chargés de recevoir le montant de la réquisition, ont laissé les voitures dehors toute la nuit, pendant laquelle il se sera fait, sans doute, quelque soustraction, puisque les bottes ont été comptées et chargées devant moi.

Le bourgmestre qui réclame justice par mon organe ose espérer, mon Général, que vous voudrez bien ordonner l'envoi du récépissé, ainsi que celui d'un voiturier et son cheval retenus, s'ils ne l'ont été par votre ordre.

Je suis avec un profond respect, mon Général,

Votre très humble subordonné,

(A. G.). HONTE, capitaine.

Relevé des rapports de la division Gudin à l'époque du 27 au 28 vendémiaire an XIV (19 et 20 oct. 1805).

NUMÉROS des RÉGIMENTS.	OFFICIERS			SOUS-OFFICIERS ET SOLDATS							
	Présents.	En mission.	Malades ou en arrière.	Présents.	Aux hôpitaux.	Au dépôt.	En permission.	En jugement.	Détachés.	Combattants.
12ᵉ régiment....	60	2	1	1,509	86	12	100	1	»	1,412
21ᵉ —	62	1	2	1,742	160	»	»	1	»	1,613
25ᵉ —	58	2	2	1,698	105	22	19	»	»	1,610
85ᵉ —	60	2	1	1,523	195	36	103	1	48	1,200
TOTAUX...	240	7	6	6,172	546	70	222	3	48	5,895

(A. G.)

Journal de marche de la division Friant.

Le 28 vendémiaire an XIV (20 octobre 1805).
(Erreur de date probablement. Ce mouvement a dû se faire le 29.)

L'avant-garde s'établit sur la crête des hauteurs boisées du vallon de l'Isar, à droite de Munich, son centre à Pullach, sa gauche à Sendling et sa droite à Baierbrunn.

La 2e division quitta ses cantonnements à 2 heures après-midi, et vint établir sa droite à Moosach, sa gauche à Garching sur la route de Munich à Freising, l'Isar sur son front; elle occupa les villages de Fröttmaning, Freymann, Hochmuting et envoya le 48e régiment à Munich.

Le 15e régiment d'infanterie légère et l'état-major de la division s'établissent à Moosach. Ce pays est boisé. La 1re division s'établit sur la Würm, sa gauche à Bluthenburg, sa droite à Planeck et en profondeur à Unter-Pfaffenhofen, Germering, Lechhausen.

La 3e division cantonne à Dachau et villages environnants.....

La route que nous suivîmes depuis Dachau jusqu'à Moosach est belle, large, presque toujours en plaine, bien ferrée; elle a des fossés; elle est plantée de jeunes arbres qui viennent mal.

Nous avons déjà dit que la descente de Dachau à l'Amper est très rapide; après le pont en bois sur cette petite rivière, nous en trouvâmes d'abord un sur le canal qui réunit la Würm à l'Amper vis-à-vis de Dachau; ce canal n'a guère que 2,000 mètres de longueur. Nous en trouvâmes ensuite un autre plus petit sur le Gröhen. Un peu au delà de Rothe-Schweige, pont sur la Würm, petite rivière coulant du Midi au Nord; un autre pont sur un canal dit Schleissheimer, à mi-distance de Dachau à Moosach; un autre, enfin, trois quarts de lieue avant Moosach, coulant dans le même sens que le précédent et alimenté par le Steinbach, ruisseau coulant près la route.

Le maréchal Bernadotte à l'Empereur.

Munich, le 28 vendémiaire an XIV (20 octobre 1805).

Sire,

Le général Caffarelli m'a remis la lettre que Votre Majesté m'a fait l'honneur de m'écrire; je suis extrêmement touché de la bonté qu'Elle a de vouloir bien me faire part Elle-même des succès qu'Elle vient d'obtenir près d'Ulm.

Depuis ma dernière dépêche, il ne s'est passé presque rien de nouveau au corps d'armée que j'ai l'honneur de commander ; j'ai fait faire un détachement de 200 Bavarois sur Mittenwald, où les Autrichiens étaient venus s'établir ; leurs postes ont été culbutés ; on leur a fait une trentaine de prisonniers.

L'ennemi se concentre toujours dans les environs de Mühldorf et de Braunau ; tous les rapports s'accordent à dire que ses forces ne s'élèvent pas à plus de 50,000 à 60,000 hommes tant Russes qu'Autrichiens ; il a envoyé quelques partis jusqu'à Landshut ; ils se sont retirés à l'approche de 80 chevaux, que j'y ai détachés sous les ordres du chef d'escadron Ameil.

Pour appuyer ma gauche et rendre plus libre le mouvement des troupes qui se réunissent à Munich, j'ordonne au lieutenant général Deroy de se porter à Freising avec cinq bataillons et un régiment de cavalerie qui lui restent. Il se liera avec trois compagnies que j'ai à Moosburg et avec le parti du chef d'escadron Ameil qui bat toute la campagne entre Landshut, Landau et Vilsbiburg. Cet officier a poussé des patrouilles jusqu'à Straubing et Deggendorf sur le Danube.

Le général russe a envoyé un détachement à Passau ; il a fait sommer le commandant de rendre la forteresse ; l'officier bavarois a fait une réponse très honorable : il a dit qu'il défendrait jusqu'à la dernière extrémité la place dont le commandement lui était confié. Je viens d'écrire à ce brave officier pour lui témoigner ma satisfaction, et lui prescrire de ne rendre la place qu'après avoir soutenu trois assauts. J'ai donné ordre au général Deroy de faire introduire dans Passau quelques militaires déguisés ; j'ai aussi requis les magistrats de cette ville de fournir tout ce qui est nécessaire pour l'approvisionnement ; quoiqu'il n'y ait que 40 soldats, 40 invalides et 6 mauvaises pièces de fer, j'espère qu'au moyen des précautions que j'ai fait prendre, la forteresse tiendra jusqu'à ce que Votre Majesté soit arrivée sur l'Inn.

Je ne puis terminer cette dépêche sans parler de nouveau à Votre Majesté des bonnes dispositions qui animent les troupes dont Elle a bien voulu me confier le commandement. Je les ai réunies hier pour leur annoncer l'étonnante victoire que Votre Majesté a remportée près d'Ulm ; elles ont accueilli cette nouvelle aux cris répétés de : « Vive notre Empereur ! ». Elles ont manifesté le plus vif désir de marcher, et je n'avance rien de trop en assurant Votre Majesté qu'elles brûlent de se signaler sous ses yeux.

Je suis, Sire.....

BERNADOTTE.

Journal du corps bavarois.

Le 28 vendémiaire an XIV (20 octobre 1805).

Le lieutenant général Deroy, avec le reste du corps bavarois, marcha à Freising, où il s'établit ; un régiment de ligne fut porté à Nosburg et un bataillon d'infanterie légère à Isereck. Pour avoir des informations de l'ennemi, on envoya des patrouilles à Landshut et au delà, de même à Kehlheim, à Ratisbonne, et par Pfaffenberg vers Straubing.

Ordre.

Munich, le 28 vendémiaire an XIV (20 octobre 1805).

Conformément aux dispositions arrêtées par Son Excellence le maréchal Bernadotte, il est ordonné à la 4º compagnie du 3º régiment d'artillerie à cheval de partir demain, à l'exception d'une compagnie de la division d'avant-garde commandée par le général Kellermann, aussitôt qu'elle y aura été remplacée par la portion de la 1ʳᵉ compagnie dudit régiment.

L'escouade restera à l'avant-garde jusqu'à ce qu'elle y ait été remplacée par celle de la 1ʳᵉ compagnie détachée avec M. le général Rivaud. Elle rejoindra alors les fonds de sa compagnie qui devra se rendre demain au grand parc d'artillerie, où elle restera attachée jusqu'à nouvel ordre.

ÉBLÉ.

Le général Éblé à M. Navelet, commandant le grand parc.

Munich, le 28 vendémiaire an XIV (20 octobre 1805).

Monsieur,

Je vous préviens que M. le Maréchal a donné ordre à l'ordonnateur en chef de l'armée de faire prendre au parc que vous dirigez les chevaux excédant le nombre nécessaire pour enlever les voitures qui le composent : vous pourrez, en conséquence, les faire remettre à l'employé chargé de les recevoir et en faire tirer reçu ; faites échanger les meilleurs harnais contre de moins bons.

Envoyez sur-le-champ un ouvrier à la caserne pour couper les attelles des colliers achetés à Hannover sur la forme de ceux qui ont été construits à Hannover. Faites-les peindre ainsi que je vous l'ai déjà recommandé.

P.-S. — N'oubliez pas de contremarquer à chaud sur les deux fesses les chevaux que vous donnerez.

ÉBLÉ.

Ordre.

Munich, le 28 vendémiaire an xiv (20 octobre 1805).

Conformément aux dispositions arrêtées par Son Excellence le maréchal Bernadotte, il est ordonné à la portion de la 1re compagnie du 3e régiment d'artillerie à cheval, attachée au grand parc d'artillerie, de partir demain 29 du courant de Munich pour aller à la division d'avant-garde commandée par le général Kellermann, remplacer la 4e compagnie dudit régiment qui devra cependant y laisser une escouade jusqu'à ce que celle de la 1re compagnie qui est détachée avec M. le général Rivaud soit arrivée à l'avant-garde.

Le général Eblé à M. Humbert, directeur de l'artillerie en Hanovre.

Munich, le 28 vendémiaire an xiv (20 octobre 1805).

Monsieur,

M. Ferrin, qui nous a rejoint hier, m'a fait rapport qu'un particulier de Harrburg lui avait proposé d'acheter la mèche et le peu de fers coulés qui se trouvent en Hanovre.

Neuburg et Stade renferment une grande quantité de mèches ; on a offert 2 francs du quintal ; ce prix a paru trop modique à M. le maréchal Bernadotte à l'époque où il a été proposé, mais aujourd'hui il serait bien aise que l'on trouvât à s'en défaire pour ce prix et même pour quelque chose au-dessous. Tâchez donc de trouver des acheteurs et souvenez-vous que nous avons besoin d'argent, notre caisse est déjà presque épuisée.

ÉBLÉ.

Le général Éblé à M. le général Pachtod, commandant la 1re division.

Munich, le 28 vendémiaire an xiv (20 octobre 1805).

Général,

M. le capitaine Ferrin m'ayant demandé à être employé au parc d'artillerie de la 1re division, commandé par M. Laurent, sous qui il est habitué à servir, j'ai accédé à sa demande, persuadé que le service y gagnerait. Cet officier remplacera audit parc M. Charvet qui rentrera sous les ordres de M. le colonel Navelet.

ÉBLÉ.

Le général Éblé au général Songis.

Munich, le 28 vendémiaire an xiv (20 octobre 1805).

Général,

La lettre que vous m'avez fait l'honneur de m'écrire le 4e jour complémentaire vient seulement de me parvenir : elle est relative à MM. Cuvier et Saunier, l'un garde, l'autre conducteur d'artillerie, qui ont demandé à rentrer à leurs postes respectifs.

Ces deux employés sont restés à Hannover sous les ordres de M. Humbert, leur âge et leurs infirmités ne leur permettent pas de faire la guerre, et ils sont sans doute toujours dans l'attente d'obtenir la faveur qu'ils ont sollicitée.

Leur absence de l'armée fait souffrir le service, et il serait bien essentiel, Général, que vous donnassiez des ordres pour qu'il soit envoyé deux conducteurs d'artillerie au 1er corps de l'armée.

Il ne se trouve dans les détachements d'artillerie attachés à ce corps d'armée aucun sous-officier en état de remplir les fonctions de conducteur, excepté un très petit nombre qui ne peuvent être tirés des compagnies sans en laisser souffrir la discipline et la comptabilité faute d'officiers.

Recevez, etc.,

ÉBLÉ.

Bulletin de Ratisbonne.

Ratisbonne, le 28 vendémiaire an xiv (20 octobre 1805).

On apprend par une lettre de Cham dans le Haut-Palatinat, arrivée dans ce moment, que le régiment de Gemmingen occupe encore sa position près de Waldmünchen, sous les ordres du colonel baron de Hager, et qu'il a été renforcé depuis hier par un bataillon de réserve et 500 chevaux arrivés de Bohême avec quelques pièces d'artillerie.

On a fait des abatis d'arbres et rompre la route de Waldmünchen en Bohême, qui est défendue par une batterie. On a fait, dans les bailliages bavarois qui avoisinent Waldmünchen, la réquisition de 10,000 rations de pain, de viande, d'eau-de-vie et de bière, et de même que le même nombre de rations de fourrage.

On croit que ces réquisitions ont rapport à un corps russe qui traverse dans ce moment la Bohême et se dirige sur Waldmünchen; on ignore encore si c'est pour couvrir cette partie de la frontière de la Bohême, ou bien s'il s'agit de faire une diversion en Franconie ou vers la rive gauche du Danube.

Les patrouilles des uhlans continuent, en attendant, de parcourir les bailliages bavarois qui avoisinent Waldmünchen.

Du 29 vendémiaire an xiv (21 octobre 1805).

Les maîtres de poste entre Passau et Linz qui dépendent encore de l'administration générale des postes d'Empire viennent d'envoyer un député au prince de La Tour et Taxis pour lui faire connaître que les officiers russes leur ont enlevé leurs chevaux et assommé leurs postillons, et qu'ils sont réduits à errer eux-mêmes dans les champs avec les habitants de la Haute-Autriche, qui voient leurs greniers et leurs maisons à la merci d'une soldatesque effrontée qui ravage et dévaste tout, sous le prétexte que la Haute-Autriche ne peut manquer d'être incessamment occupée par les troupes françaises.

Il n'y avait pas de troupes d'aucune nation sur la route du Danube depuis Scharding derrière l'Inn jusqu'à Ratisbonne, jusqu'au 28 vendémiaire an xiv (*20 octobre 1805*), ce qui est confirmé par un voyageur qui arrive dans ce moment de la Haute-Autriche.

Du 29 vendémiaire an xiv (21 octobre 1805), après-midi.

P.-S. — On apprend dans ce moment que M. l'archiduc Ferdinand a passé hier près de Nuremberg, à la tête d'un corps avec lequel il s'est fait jour près d'Ulm et environ 500 à 600 caissons, chariots de munitions, se dirigeant par Hirschau sur Bayreuth pour marcher vers Egra, où il se propose vraisemblablement d'attendre les troupes russes qui doivent déjà être arrivées à Pilsen en Bohême.

Les troupes prussiennes qui depuis plusieurs années occupent les faubourgs de Nuremberg quittent aujourd'hui cette station pour marcher vers le pays de Bayreuth.

En duplicata pour Son Excellence le Ministre de la guerre.

CHAPITRE XVI

21 octobre

Neuvième bulletin de la Grande Armée.

Elchingen, le 29 vendémiaire an xiv (21 octobre 1805).

L'Empereur vient de faire la proclamation et de rendre les décrets ci-joints.

A midi, Sa Majesté est partie pour Augsburg.

On a enfin le compte exact de l'armée renfermée dans Ulm : elle se monte à 33,000 hommes, ce qui, avec 3,000 blessés, porte la garnison prisonnière à 36,000 hommes. Il y avait aussi dans la place 60 pièces de canon avec leur approvisionnement et 50 drapeaux.

Rien ne fait un contraste plus frappant que l'esprit de l'armée française et celui de l'armée autrichienne. Dans l'armée française l'héroïsme est porté au dernier point ; dans l'armée autrichienne le découragement est à son comble. Le soldat est payé avec des cartes ; il ne peut rien envoyer chez lui et il est très maltraité. Le Français ne songe qu'à la gloire. On pourrait citer un millier de traits comme le suivant : Brard, soldat du 76e, allait avoir la cuisse amputée ; il avait la mort dans l'âme. Au moment où le chirurgien se préparait à faire l'opération, il l'arrête : « Je sais que je n'y survivrai pas, mais n'importe : un homme de moins n'empêchera pas le 76e de marcher, la baïonnette en avant et sur trois rangs, à l'ennemi ».

L'Empereur n'a à se plaindre que de la trop grande impétuosité des soldats. Ainsi, le 17ᵉ d'infanterie légère, arrivé devant Ulm, se précipita dans la place : ainsi pendant la capitulation, toute l'armée voulait monter à l'assaut, et l'Empereur fut obligé de déclarer fermement qu'il ne voulait pas d'assaut.

La première colonne des prisonniers faits dans Ulm part dans ce moment pour la France.

Voici le compte de nos prisonniers, du moins de ceux actuellement connus et les lieux où ils se trouvent : 10,000 dans Augsburg ; 33,000 dans Ulm ; 12,000 à Donauwörth et 12,000 qui sont déjà en marche pour la France. L'Empereur dit dans sa proclamation que nous avons fait 60,000 prisonniers ; il est probable qu'il y en aura davantage. Il porte le nombre des drapeaux pris à 90 ; il est probable aussi que nous en aurons davantage.

L'Empereur a dit aux généraux autrichiens qu'il avait appelés près de lui pendant que l'armée ennemie défilait : « Messieurs, votre maître me fait une guerre injuste : je vous le dis franchement, je ne sais point pourquoi je me bats ; je ne sais ce qu'on veut de moi.

« Ce n'est pas dans cette seule armée que consistent mes ressources. Cela serait-il vrai, mon armée et moi ferions bien du chemin. Mais j'en appelle au rapport de vos propres prisonniers, qui vont bientôt traverser la France, ils verront quel esprit anime mon peuple, et avec quel empressement il viendra se ranger sous mes drapeaux. Voilà l'avantage de ma nation et de ma position. Avec un mot, 200 hommes de bonne volonté accourront près de moi, et en six semaines seront de bons soldats ; au lieu que vos recrues ne marcheront que par force et ne pourront qu'après plusieurs années faire des soldats.

« Je donne encore un conseil à mon frère l'empereur d'Allemagne : qu'il se hâte de faire la paix. C'est le moment de se rappeler que tous les empires ont un terme ; l'idée que la fin de la dynastie de la maison de Lorraine serait arrivée doit l'effrayer. Je ne veux rien sur le continent. Ce sont des vaisseaux, des colonies, du commerce que je veux, et cela vous est avantageux comme à nous. » M. Mack a répondu que l'empereur d'Allemagne n'aurait pas voulu la guerre, mais qu'il y a été forcé par la Russie : « En ce cas, a répondu l'Empereur, vous n'êtes donc plus une puissance ».

Du reste, la plupart des officiers généraux ont témoigné combien cette guerre était désagréable, et avec quelle peine ils voyaient une armée russe au milieu d'eux.

Ils blâmaient cette politique assez aveugle pour attirer au cœur de l'Europe un peuple accoutumé à vivre dans un pays inculte et agreste, et qui, comme ses ancêtres, pourrait bien avoir la fantaisie de s'établir dans de plus beaux climats.

L'Empereur a accueilli avec beaucoup de grâce le lieutenant général Klenau, qu'il avait connu commandant le régiment de Wurmser; les lieutenants généraux Gyulay, Gottesheim, Riese, les princes de Liechtenstein, etc.

Il les a consolés de leur malheur, leur a dit que la guerre a ses chances, et qu'ayant été souvent vainqueurs, ils pouvaient être quelquefois vaincus.

Ordre pour M. le maréchal Ney.

Général,

Je vous autorise à conserver la brigade de dragons à pied du général Vonderweit. Faites faire des perquisitions dans la ville d'Ulm pour retrouver tous les chevaux volés et ceux qui peuvent errer de côté et d'autre. Il est à croire que des habitants de la ville d'Ulm ont beaucoup de ces chevaux qu'ils ont achetés et qu'ils réclameront comme leur appartenant; il faut sans égard faire faire les perquisitions les plus exactes. L'Empereur vous aura la plus grande obligation si vous parvenez à monter toute la brigade à pied. Faites-la cantonner et bien reposer, Faites-moi rendre compte chaque jour par votre chef d'état-major de sa situation tant en hommes qu'en chevaux.

Les dragons conserveront tout le harnachement, soit des houlans, soit des hussards, sans y faire aucun changement; ils pourront fort bien servir comme cela.

A Ulm, le 29 vendémiaire an XIV.

(*A. M.*)   Maréchal Berthier.

CHAPITRE XVI.

6ᵉ CORPS D'ARMÉE.

Journée du 29 vendémiaire (21 octobre 1805).

Quartier général : Ulm.

2ᵉ division. — La 1ʳᵉ brigade détachée à la conduite des Autrichiens en France.

La 2ᵉ brigade a gardé sa position.

3ᵉ division. — Les 25ᵉ et 27ᵉ à Bellenberg, Tiefenbach, Vöhringen.

Les 50ᵉ et 59ᵉ à Ulm.

Cavalerie légère. — Erbach et environs.

Dragons à pied. — La 2ᵉ brigade à Marthausen et Grimmelfingen.

Le général Vignolle, chef d'état-major du 2ᵉ corps, au maréchal Ney.

Au quartier général, à Pfühl, le 29 vendémiaire an XIV
(21 octobre 1805).

Monsieur le Maréchal,

Le général en chef Marmont me charge d'avoir l'honneur de vous prévenir que devant partir demain avec son corps d'armée, il fera rentrer aujourd'hui les postes de cavalerie qu'il avait eu ordre de placer sur les deux rives du Danube, aux communications de Möskirch et Biberach ; il a pensé devoir vous donner cet avis pour que vous ne vous trouviez point à Ulm sans avant-postes sur ces deux directions.

J'ai l'honneur de vous présenter, Monsieur le Maréchal, l'hommage de mon respect.

Le Général de division,
Chef de l'état-major général du 2ᵉ corps de la Grande Armée,

(A. M.) Vignolle.

21 OCTOBRE.

Le chef d'escadron de Crabbé au maréchal Ney.

Reutlingen, le 29 vendémiaire an XIV (21 octobre 1805).

Monsieur le Maréchal,

J'ai l'honneur de vous donner connaissance que je suis arrivé ici ; j'ai fait 7 prisonniers que j'ai remis ici, pour être transportés sur les derrières. Comme j'ai eu beaucoup de bois à parcourir, je n'ai encore pu rejoindre les 190 hommes d'infanterie et 18 cavaliers. Les prisonniers qui sont de cette colonne m'ont assuré qu'ils vont sur Rothenburg, pays autrichien, ne sachant où donner de la tête ; cependant je fais porter un détachement à gauche sur Ehingen par où je suivrai de près, car je crois bien plutôt les trouver par là en passant en avant.

J'attends vos ordres, car il n'y a plus grand'chose à faire, je crois ; j'ai entendu le canon, mais ne sais de quel côté ; cependant ça m'a paru être dans la direction de Riedlingen ou en arrière.

J'ai l'honneur d'être, avec profond respect, Monsieur le Maréchal, votre très humble serviteur.

(*A. M.*)   DE CRABBÉ (1).

Bulletin.

Le 29 vendémiaire an XIV (21 octobre 1805).

On nous apprend dans ce moment que M. l'archiduc Ferdinand a passé hier près de Nuremberg à la tête du corps avec lequel il s'est fait jour près d'Ulm, et environ 500 à 600 caissons, chariots de munitions se dirigeant par Eschenau vers Bayreuth,

---

(1) Note du maréchal Ney :
En faire le rapport au ministre de la guerre et y joindre copie de l'instruction que j'ai donnée à M. de Crabbé pour la direction de ses reconnaissances.
Y joindre également copie des instructions que j'ai données au colonel Colbert pour les deux détachements qui doivent couvrir sur les directions et communications du Tyrol, afin d'être informé de tout ce qui se passe dans cette partie.

pour marcher vers Egra, où il se propose vraisemblablement d'attendre les troupes russes qui doivent déjà être arrivées à Pilsen en Bohème.

Les troupes prussiennes qui depuis plusieurs années occupent les faubourgs de Nuremberg quittent aujourd'hui cette station pour marcher vers le pays de Bayreuth.

Bulletin historique de la marche de la division de la Garde impériale.

Le 29 vendémiaire an xiv (21 octobre 1805).

La division fut réunie à Augsburg où elle cantonna, excepté les chasseurs à cheval qui étaient encore avec le corps du prince Murat.

Général ROUSSEL.

5ᵉ CORPS D'ARMÉE.

Journée du 29 vendémiaire (21 octobre 1805).

La division de grenadiers passa le Danube à Donauwörth et alla cantonner à Oberndorf, Egelstetten et Auxesheim.

La division de cuirassiers se rendit à Rain.

La division de dragons à Heisesheim, Mertingen et Truisheim.

La brigade de hussards à Nördlingen.

La division aux ordres du général Gazan traversa Ulm, y passa le Danube et se rendit à Günzburg.

La division aux ordres du général Suchet se rendit à Augsburg. Le quartier général y fut établi.

Les troupes cantonnèrent à Oberhausen, Pfersee, Kriegshaber, Stadtbergen, Steppbach.

Le général Compans au général Oudinot.

Donauwörth, le 29 vendémiaire an xiv (21 octobre 1805)

D'après les dispositions que vient d'arrêter M. le maréchal commandant en chef, vous voudrez bien partir demain 30 vendémiaire avec la division que vous commandez pour vous rendre le même jour à Neuburg et le 1er brumaire à Ingolstadt où vous séjournerez le 2.

Vous ferez prendre le pain pour quatre jours dans cette dernière ville où vous prendrez des mesures pour que le biscuit nécessaire à votre division pendant un égal nombre de jours vous suive jusqu'à Munich où vous devrez arriver le 5, en réglant vous-même les gîtes que devront prendre vos troupes, ce dont vous voudrez bien rendre compte à M. le maréchal.

COMPANS.

Le général Compans au général Nansouty.

Donauwörth, le 29 vendémiaire an XIV (21 octobre 1805).

D'après les dispositions arrêtées par M. le maréchal commandant en chef, vous voudrez bien vous rendre avec la division à vos ordres à Munich où vous arriverez le 5 brumaire, en passant par Neuburg et Ingolstadt. M. le maréchal laisse à votre disposition de prendre un séjour soit à Rain, soit dans une des deux villes ci-dessus, et de régler les gîtes que devront prendre vos troupes d'Ingolstadt à Munich.

A votre arrivée à Ingolstadt, vous ferez prendre du pain pour quatre jours à vos troupes et vous prendrez des mesures pour mettre à votre suite du biscuit pour un égal nombre de jours.

Le commissaire des guerres Vast est à Ingolstadt pour faire préparer le pain et le biscuit.

COMPANS.

Le général Compans au général Treillard.

Donauwörth, le 29 vendémiaire an XIV (21 octobre 1805).

D'après les dispositions arrêtées par M. le maréchal commandant en chef, vous voudrez bien partir de Donauwörth le 1er brumaire et vous diriger sur Augsburg, où vous arriverez le même jour. Vous séjournerez dans cette dernière ville le 2, vous y ferez prendre à vos troupes du pain pour quatre jours et vous prendrez des mesures pour mettre à votre suite du biscuit pour un égal nombre de jours.

Vous partirez d'Augsburg le 3, pour arriver le 5 à Munich. M. le maréchal laisse à votre disposition de régler vous-même les gîtes que doit occuper votre brigade pendant sa marche.

Compans.

Le général Compans au général Treillard.

Nördlingen, le 29 vendémiaire an xiv (21 octobre 1805).

Mon Général,

Je viens de recevoir votre lettre. J'avais fait partir cette nuit des ordres pour vous que je vous adressais à Heidenheim et à Aalen ; ils ne vous seront pas parvenus. Vous avez très bien fait en prenant la direction de Nördlingen. Rendez vous demain à Donauwörth, vous aurez rempli les intentions de M. le maréchal qui s'y rend lui-même aujourd'hui et qui vous laissera de nouveaux ordres dans le cas où il en repartirait avant votre arrivée.

P.-S. — Il convient que vous arriviez ici aujourd'hui pour être en mesure pour la journée de demain.

Compans.

Le général Compans au général Beaumont.

Donauwörth, le 29 vendémiaire an xiv (21 octobre 1805).

D'après les dispositions arrêtées par M. le maréchal commandant en chef, vous voudrez bien partir demain avec la division à vos ordres pour vous rendre à Augsburg, où vous séjournerez le 1er brumaire ; vous en partirez le 2 en vous dirigeant sur Munich, où vous devrez arriver le 4 et y attendre de nouveaux ordres.

M. le maréchal vous autorise à régler vous-même les gîtes que vous devrez prendre dans votre marche d'Augsburg à Munich, mais il désire que vous les lui fassiez connaître. Avant votre départ d'Augsburg, vous ferez prendre à votre division du pain pour quatre jours et vous mettrez à sa suite pour un pareil nombre de jours le biscuit qu'il faudra pour sa subsistance.

Compans.

Le général Compans à M. l'adjudant-commandant Humbert.

Donauwörth, le 29 vendémiaire an xiv (21 octobre 1805).

D'après les dispositions arrêtées par M. le maréchal commandant en chef, il est ordonné à l'adjudant-commandant Humbert de partir de suite en poste pour se rendre à Burgau et à Glaitsthein, vis-à-vis Elchingen, sur la rive droite du Danube, il s'assurera dans le premier endroit si les équipages du corps d'armée sont partis pour se rendre à Augsburg, et il verra dans le second si le parc d'artillerie du même corps est parti pour la même destination.

Dans le cas ou le parc et les équipages n'auraient encore fait aucun mouvement, il leur donnerait l'ordre de se mettre en marche pour Augsburg. L'adjudant-commandant Humbert reviendra en toute diligence à Donauwörth pour rendre compte de sa mission, et dans le cas ou le quartier général de M. le maréchal en serait parti, il trouvera chez le commandant de la place une lettre qui lui annoncera sur quel point il devra se diriger.

COMPANS.

Le général Compans au commissaire des guerres Panichot.

Nördlingen, le 29 vendémiaire an xiv (21 octobre 1805).

Monsieur le Commissaire,

Vous aurez sans doute quitté Biberach pour suivre la marche de la colonne. Si ma lettre vous trouve à Heidenheim, dirigez-vous tout de suite sur Donauwörth au lieu d'aller à Aalen ; vous trouverez ici de nouveaux ordres chez le commandant de la place.

COMPANS.

Le maréchal Soult au général Vandamme.

Memmingen, le 29 vendémiaire an xiv (21 octobre 1805).

ORDRE DE MARCHE.

La 1re division partira demain, à 6 heures du matin, de Mindelheim et se dirigera sur Landsberg. Elle s'établira au bivouac en avant du village de Pürgen, sur la route de Weilheim et fournira des postes jusqu'à l'arrivée de la 3ᵉ division sur celle de Munich.

L'avant-garde de la 1ʳᵉ division se portera sur la route de Schöngau et s'établira à hauteur du village de Diessen, couvrant la grande route et occupant la tête des bois.

Cette avant-garde rentrera à la division aussitôt qu'elle aura été relevée par l'infanterie légère de la 2ᵉ division.

La 3ᵉ division partira aussi demain du bivouac qu'elle occupe en avant de Memmingen et se dirigera sur Mindelheim. Le soir, elle s'établira en avant du village de Kirchdorf sur la route de Landsberg.

Le 1ᵉʳ brumaire, la 3ᵉ division partira du village de Kirchdorf, et se portera sur Landsberg. Elle prendra position en arrière du village de Schöffelding, sur la route de Munich, et portera son avant-garde à Windach, sur la même route.

La 2ᵉ division partira demain, à 6 heures du matin, de Memmingen et se dirigera sur Mindelheim, où elle logera le même jour, se gardant militairement dans toutes les communications qui aboutissent à cette ville. L'infanterie légère de cette division s'établira à Ober-Auerbach et Mindelheim faisant face en arrière et occupant par des postes Ober-Auerbach.

Cette infanterie légère partira demain, à 6 heures du matin, du bivouac qu'elle occupe sur l'Iller pour opérer son mouvement, et suivra la marche de la division.

Le 1ᵉʳ brumaire, la 2ᵉ division partira de Mindelheim de grand matin, et se dirigera sur Landsberg. Les régiments de ligne de la division seront logés dans le couvent des Maltaises, ou dans les autres grands établissements de la ville non occupés.

L'infanterie légère de la 2ᵉ division, formant avant-garde pour la direction qui lui est donnée, ira relever sur la route de Schöngau l'avant-garde de la 1ʳᵉ division, laquelle joindra son corps de bataille à Pürgen, sur la route de Landsberg à Weilheim.

Le parc d'artillerie du corps d'armée partira demain, à 5 heures du matin très précises, du bivouac qu'il occupe à Ungerhausen ; il se rendra le même jour à Mindelheim, et s'établira en avant de la ville, sur la route de Landsberg.

Le 1ᵉʳ brumaire, il partira aussi à 5 heures du matin de Mindelheim, et se dirigera sur Landsberg. Il parquera sur la hauteur de la ville et à droite de la briqueterie.

La division de cavalerie légère partira demain, à 7 heures du matin, du bivouac qu'elle occupe à Volkratshofen et Ferthofen, et se repliera sur Memmingen. L'artillerie légère de cette division passera la ville et se portera en position sur la hauteur de Berg, jusqu'à ce que tous les militaires du corps d'armée (les malades qui restent exceptés) aient entièrement évacué la ville, et que la division elle-même l'ait dépassée. Ensuite, l'artillerie marchera en tête de la division.

Le général Margaron fera rester les postes sur les ponts de l'Iller jusqu'à 8 heures du matin, et fera couvrir par sa cavalerie la ville de Memmingen jusqu'à 10 heures, profitant de ce temps pour en faire sortir tous les militaires qui doivent suivre leurs corps, et n'en exceptant que les hommes aux hôpitaux, ainsi qu'il est dit. Il fera rentrer au régiment les détachements que le 11e de chasseurs fournit sur la route d'Ochsenhausen, ainsi que celui que le 26e a établi sur celle de Kempten. Le général Margaron mettra ensuite la division en marche et la dirigera sur Mindelheim. Le soir, il la fera établir à Ober-Kamlach, faisant face en arrière et continuant d'éclairer la route de Memmingen.

Le 1er brumaire, la division de cavalerie partira à 5 heures du matin de son bivouac d'Ober-Kamlach, et passant par Mindelheim, en prenant la tête des 2e et 3e divisions, se dirigera sur Landsberg.

Elle s'établira au bivouac en arrière des villages de Reisch et Schwifting, fournissant des grand'gardes sur les routes de Munich, de Weilheim et de Schöngau, et se gardant elle-même dans son bivouac.

Demain, le quartier général du corps d'armée sera à Mindelheim, et le 1er brumaire, à Landsberg.

MM. les généraux commandant les divisions voudront bien m'instruire de l'arrivée des troupes qu'ils commandent aux positions qui leur sont indiquées par cet ordre.

Soult.

Le maréchal Soult au général Vandamme.

Memmingen, le 29 vendémiaire an xiv (21 octobre 1805).

Le maréchal commandant en chef fait connaître aux troupes que l'armée autrichienne, forte de 27,000 hommes, faite prisonnière de guerre dans Ulm, a défilé hier devant Sa Majesté l'Empereur et Roi, notre souverain, sur les glacis de la ville, ayant à sa tête M. le baron de Mack, feld-maréchal, et qu'elle est immédiatement partie pour être conduite en France.

Une colonne de 10,000 hommes, commandée par le général Werneck, était partie d'Ulm auparavant la reddition de la place, et avait cherché à s'élever sur la rive gauche du Danube, pour gagner la Bohême. Son Altesse Sérénissime le prince Murat s'est mis à sa poursuite avec la cavalerie et l'a forcée à mettre bas les armes près de Nördlingen. Tous les drapeaux de cette colonne, 60 pièces de canon et 200 voitures d'équipages ont été pris en même temps.

Le maréchal commandant en chef invite MM. les généraux de division à faire connaître de suite cette heureuse nouvelle aux régiments qu'ils commandent.

Soult.

Il est écrit au crayon de la main du général Vandamme :

Le présent ordre sera lu à la tête de chaque bataillon et de suite renvoyé au général Vandamme, qui marche à la tête de la division.

Vandamme.

3° CORPS D'ARMÉE.

Ordre de marche du 29 vendémiaire (21 octobre 1805).

L'avant-garde aura sa droite à Pullach, sa gauche à Unter-Sendling et, en profondeur, jusqu'à Planegg par sa droite et Unter-Menzing par sa gauche; la cavalerie légère sera placée dans cet arrondissement. Le quartier général sera à Unter-Sendling.

La 1re division s'établira sur la rive gauche de la Wurm, la droite à Gröflfing et la gauche à Ober-Menzing; en profondeur sa droite à Unter-Pfaffenhofen, Germering et Buchheim, et la gauche à Lechhausen. Le quartier général sera à Germering.

La 2ᵉ division, la droite à Moosach et la gauche à Garching, occupera tous les villages depuis Garching jusqu'aux faubourgs de Munich. Le quartier général sera à Moosach.

Cette division enverra aux avenues de Munich une garde commandée par un capitaine, un lieutenant et un sous-lieutenant, qui aura l'ordre de ne laisser entrer aucun militaire ou aucune autre personne attachée au 3ᵉ corps d'armée, sans une permission écrite des officiers généraux qui sont invités à être extrêmement réservés à accorder de semblables permissions.

La 3ᵉ division et le parc de réserve seront établis à Dachau. Le quartier général de cette division y sera fixé.

Le quartier général de M. le maréchal se portera à Schwabing.

Il est expressément recommandé à MM. les généraux de prendre toutes les mesures nécessaires pour que les personnes et les propriétés soient respectées, particulièrement celles de Son Altesse Électorale, telles que les maisons de Schleissheim, Nymphenburg, Fürstenried.

Les généraux dans l'arrondissement desquels seront ces maisons y feront placer une garde, commandée par un officier qui sera personnellement responsable des dégâts qui pourraient avoir lieu dans les maisons, jardins et parcs, où il devra établir des sentinelles.

Le Général chef de l'état-major général,

(*A. G.*) DAULTANNE.

Le général Gudin au maréchal Davout.

Dachau, le 29 vendémiaire an XIV (21 octobre 1805).

J'ai l'honneur de vous rendre compte que ma division est rendue dans la position que vous m'avez indiquée.

La force en présents sous les armes est : pour le 12ᵉ régiment, de 1569 ; pour le 21ᵉ, de 1804 ; pour le 25ᵉ, de 1756 ; pour le 85ᵉ, de 1587.

Les 9,000 rations de pain du convoi de Neuburg se réduisent au plus à 4,000, dont 1000 au moins ne peuvent être données ;

reste donc à 3,000 qui, réunies à 2,500 en magasin, ne peuvent fournir ce qui m'est nécessaire pour le 2 brumaire. Je vous serais, en conséquence, on ne peut plus reconnaissant de me donner de quoi compléter cette journée. Avec mes propres ressources, je terminerai la distribution du 1er brumaire, à bien peu de chose près au moins.

Mon aide de camp m'a transmis l'ordre de votre part de ne plus frapper de réquisitions en pain. Je m'y conformerai ; le pays que j'occupe me met forcément dans cette nécessité, puisqu'il a été occupé, pendant huit jours, par les 1re et 2e divisions.

Je suis très embarrassé pour former la commission militaire que vous avez prescrite, les commissions ayant été formées jusqu'ici sur des bases déterminées par les généraux en chef et qui ont varié suivant leurs désirs. Si vous vouliez, après cela, prendre un arrêté pour déterminer le nombre des membres qui doivent les composer à l'avenir, ainsi que les délits dont elles pourront connaître, je crois que cela mettrait plus de régularité dans les jugements et sauverait aux officiers généraux sous vos ordres l'incertitude où ils se trouveront nécessairement, lorsqu'il s'agira de se servir de ces commissions.

Je vais toujours donner cette affaire à instruire, en attendant de nouveaux ordres.

(*A. G.*) GUDIN.

Le général de brigade Gautier à M. le général de division Gudin.

Unter-Weilbach, le 29 vendémiaire an XIV (21 octobre 1805).

Mon Général,

J'ai établi la brigade que j'ai l'honneur de commander dans les cantonnements suivants :

```
9 granges : Etzenhausen ........  6 compagnies  ⎫
1    —     Eisingertshofen ....  1      —       ⎪
8    —     Pritllbach .........  4      —       ⎬ 25e régiment.
4    —     Goppertshofen ......  2      —       ⎪
6 fermes : Pellheim ...........  4 et l'état-maj.⎭
```

11 granges { Hebertshausen / Deutenhofen } .... 6 compagnies
9 granges { Ober / Unter } Weilbach ... 6 compagnies   } 85e régiment.
8 granges : Amper-Möching .... 5 compagnies

Le village le plus éloigné n'est qu'à une lieue de Dachau.

Conformément à vos intentions, j'ai laissé à la disposition du général Petit les villages de Webling et Steinkirchen près de la grand'route, mais j'ai fait occuper Etzenhausen où le 21e régiment s'est présenté pour cantonner. Le rapport qui vient de me parvenir me fait craindre que les troupes des deux brigades ne soient encombrées sur ce point. Si M. le colonel Dufour s'y est établi, je vous prie, mon Général, de vouloir bien lui donner des ordres pour le replacer à son rang ou faire rentrer les 6 compagnies du 25e dans le village que vous jugerez à propos de lui assigner. Vous verrez le nombre de fermes qui se trouvent dans ceux que j'ai désignés.

Je vous envoie un officier qui sera chargé de me transmettre vos ordres.

J'ai l'honneur de vous saluer respectueusement.

(*A. M.*)   Gautier.

3e CORPS D'ARMÉE.

*Journée du 29 vendémiaire (21 octobre 1805)
et positions jusqu'au 2 brumaire an XIV (24 octobre 1805).*

Quartier général : Schwabing.

Avant-garde : Unter-Sendling.

Infanterie. La droite à Pullach, la gauche à Unter-Sendling (rive gauche de l'Isar).

Les cantonnements s'étendaient en profondeur jusqu'à Planegg pour la droite et Unter-Menzing pour la gauche.

Cavalerie. Entre Planegg et Unter-Menzing, derrière l'infanterie de l'avant-garde.

1re division : Germering.

Sur la Wurm, la droite à Gröfling et la gauche à Ober-Menzing, et en profondeur depuis Pfaffenhofen pour la droite, jusqu'à Lechhausen pour la gauche.

2ᵉ division : Moosach.

La droite à Moosach, la gauche à Garching, occupant les villages jusqu'aux faubourgs de Munich. Le 48ᵉ loge à Munich depuis le 30 vendémiaire jusqu'au 2 brumaire.

3ᵉ division : Dachau.

Dachau et villages environnants.

Parc de réserve : Dachau.

Le 3ᵉ corps conserva ces positions jusqu'au 2 brumaire (24 octobre).

Il reste dans ces cantonnements pour attendre le centre et l'aile droite de la Grande Armée qui, après avoir achevé leurs opérations devant Ulm, marchaient sur l'Inn, pour attaquer avec l'avantage du nombre le corps de Kienmayer et les Russes qui se rassemblaient derrière cette rivière.

GRANDE ARMÉE. — 3ᵉ CORPS.

Rapport du Commandant de l'artillerie.

Le 29 vendémiaire, le corps d'armée a quitté sa position pour se porter en avant ; l'avant-garde à sa droite à Pullach et sa gauche à Unter-Sendling. La 1ʳᵉ division s'établit sur la rive gauche de la Wurm, la droite à Gröfling et la gauche à Ober-Menzing ; la 2ᵉ division, la droite à Moosach et la gauche à Garching jusqu'aux faubourgs de Munich. La 3ᵉ division et le parc de réserve sont établis à Dachau ; l'artillerie de chaque division est parquée en arrière des troupes. Le corps d'armée conserve ses positions jusqu'au 3 brumaire ; la veille il avait été rallié par un convoi d'artillerie, parti le 17 vendémiaire de Mannheim, qui était escorté par la 14ᵉ compagnie du 7ᵉ régiment d'artillerie à pied et la 1ʳᵉ du 5ᵉ à cheval. Le parc, forcé de séjourner à Ellwangen à raison de l'apparition d'un corps ennemi dans les environs de cette ville, s'est mis en marche le 26 vendémiaire sous la protection d'un détachement de dragons à pied et de diverses troupes qu'on a pu réunir ; mais attaqué par l'ennemi qui voulait s'en emparer, le capitaine Simon du

7° régiment d'artillerie à pied a mis ses bouches à feu en position et par les bonnes dispositions qu'il a prises, et l'emploi bien entendu des hommes d'escorte, est non seulement parvenu à repousser l'ennemi, mais encore à faciliter la capture d'un convoi autrichien fort considérable.

M. le maréchal Davout a fait à la régence de Munich une demande de poudre, et avec les balles provenant des cartouches avariées, on a fait, tant à Munich qu'à Dachau, 70,000 cartouches.

Le 3, le corps d'armée s'est porté en arrière de Freising ; l'avant-garde et la cavalerie légère à deux lieues en avant sur la route d'Arding ; le parc de réserve a reçu ce jour-là une assez grande quantité de chevaux du pays abandonnés de leurs conducteurs ; les canonniers sont obligés de les conduire eux-mêmes, ce qui ne pourra avoir lieu quand il s'agira de faire feu. Il a été fait la demande en conséquence à M. le Maréchal d'accorder à l'artillerie 4 soldats par bataillon, jusqu'à ce que la conscription ait fourni suffisamment d'hommes pour le service du train.

(*A. A.*)

Le général Grouchy à l'ordonnateur Aubernon.

Pfühl, le 29 vendémiaire an XIV (21 octobre 1805).

Mon cher Ordonnateur,

J'ai reçu la lettre que vous m'avez adressée relativement à la réclamation formée par M. le maire de Coblentz, quant à plusieurs chevaux requis dans cette commune pour le service de la division que je commande.

Je me suis assuré, près du commandant d'artillerie et du commissaire des guerres de la division, qu'il n'avait été fait par eux aucune réquisition de chevaux, mais qu'il en avait été seulement fourni 8, pour l'artillerie, par le parc des transports militaires, établi à Coblentz.

Je joins ici les lettres et déclarations du commandant de l'artillerie, et du commissaire des guerres à ce sujet.

Les perquisitions que j'ai fait faire jusqu'à ce jour, dans la division, pour m'assurer s'il n'y existait point de chevaux pris à

Coblentz, ont été infructueuses. Si d'ailleurs des chevaux avaient été fournis dans cette commune, des reçus en eussent été donnés, et je vous invite à faire connaître au maire de Coblentz qu'il serait nécessaire qu'il indiquât les noms de ces personnes, afin qu'alors on leur fît restituer ou les chevaux ou leur valeur.

Telles sont, mon cher Ordonnateur, les mesures que j'ai prises, et les seuls moyens que j'aie d'atteindre le but que nous désirons l'un et l'autre.

Recevez.....   GROUCHY.

L'Empereur au général Songis.

Monsieur le général Songis, mon intention est de faire présent à l'Électeur de 6 pièces de canon autrichiennes qui sont à Donauwörth. Je désire que vous les fassiez disposer à Donauwörth pour être remises à la personne que l'Électeur chargera de les recevoir.

Sur ce, je prie Dieu qu'il vous ait en sa sainte garde.

De mon camp impérial d'Augsbourg, ce 30 vendémiaire an XIV.

(A. A.)   NAPOLÉON (1).

État des objets d'artillerie existant à Heilbronn ou aux environs à l'époque du 29 vendémiaire (21 octobre 1805).

Dans le dépôt de munitions d'Heilbronn.

Caissons de munitions d'infanterie parqués près du dépôt........	14
Barils remplis de cartouches d'infanterie.....................	188
(Environ 950,000 cartouches).	

Chariots de paysans arrêtés dans cette ville ou aux environs faute de chevaux pour les conduire à l'armée.

A Heilbronn, chariots chargés de cartouches..................	38
A trois lieues plus loin, sur la route de Stuttgard, chariots aussi chargés de cartouches.......................................	33

---

(1) Voir la lettre à l'Électeur de Wurtemberg : *Correspondance de Napoléon*, n° 9412.

A Neustadt, caissons d'infanterie.................................. 33
— voitures chargées de cartouches................... 25
A Œhringen, voitures chargées de cartouches................. 32
Il est parti aujourd'hui, pour se rendre à Kannstatt, 57 voitures chargées de cartouches d'infanterie........................ 57

Il doit partir demain, pour suivre la même route, 61 voitures qui sont maintenant parquées près d'un village, à une lieue d'ici.

Certifié véritable par moi, lieutenant commandant le dépôt de munitions à Heilbronn.

Ce 29 vendémiaire an XIV (*20 octobre 1805*).

MOYSEN.

GRANDE ARMÉE. — ÉTAT-MAJOR GÉNÉRAL.

Au quartier général, à Augsburg, le 29 vendémiaire an XIV
(21 octobre 1805).

Ordre du jour.

Son Excellence le Ministre de la guerre, major général, voulant donner un encouragement à ceux qui, après les actions, conduiront ou rapporteront aux parcs d'artillerie des différents corps d'armée les chevaux d'artillerie, bouches à feu, voitures, armes, projectiles, etc., abandonnés sur le champ de bataille, a décidé que ces objets seraient payés ainsi qu'il suit :

	fr.	c.	flor.	kretzer.
Pour un cheval en bon état..................	100	» ou	45	50 »
Pour une bouche à feu sur son affût..........	60	»	27	30 »
Pour un affût ou caisson....................	30	»	15	45 »
Pour un fusil avec sa baïonnette en bon état...	1	»	»	27 1/2
Pour un fusil brisé........................	»	50	»	13 3/4
Pour une platine entière...................	»	15	»	4 1/8
Pour un pistolet en état....................	»	50	»	13 3/4
Pour une baïonnette bonne..................	»	10	»	2 3/4
Pour un sabre d'infanterie en état...........	»	15	»	4 1/8
Pour un sabre de cavalerie en état...........	»	20	»	5 1/2
Pour un boulet............................	»	5	»	1 3/8

Ces différentes sommes seront acquittées sur-le-champ par les directeurs d'artillerie qui recevront lesdits objets.

Pour ampliation du registre d'ordre :

L'Aide-Major général, chef de l'état-major général,

F. Andréossy.

Schulmeister au général Savary.

Le 29 vendémiaire an xiv (21 octobre 1805).

Mon Général,

Pour satisfaire aux ordres qu'il vous a plû de me donner samedi soir, le 18 octobre, je me suis rendu en société de M. Chéri, lieutenant de la gendarmerie d'élite, aux portes d'Ulm, et ayant eu passé les derniers postes français, il m'a quitté.

Arrivé à la porte, je trouve, à ma grande surprise, un poste autrichien qui la gardait et me refusait l'entrée.

Ce ne fut que vers 2 heures que l'on me permit de passer en ville, ayant assuré d'être le fils de l'aubergiste à « l'Arbre-Vert », et deux soldats m'ont conduit.

Le lendemain, je me suis rendu au logement de mon ami Beudel qui, malheureusement, était parti avec l'archiduc Ferdinand, pour être envoyé à Vienne.

Je ne pus donc pas remplir, à mes désirs, le but de ma mission, mais ne voulant pas entièrement perdre le temps et le voyage, je me suis rendu chez un nommé Wend, capitaine de l'état-major du général-feldmaréchal-lieutenant Klenau, natif de Freiburg en Brisgau, qui, dans l'entretien que j'ai eu avec lui, m'a donné les nouvelles suivantes.

L'archiduc Ferdinand est sorti d'Ulm en société du prince de Schwarzenberg le 14 octobre, à 5 heures du soir, étant suivi de tous ses équipages ; sur la hauteur, ceux-ci furent renvoyés en ville ; l'archiduc Ferdinand se mit alors à la tête de deux escadrons du régiment de Schwarzenberg, uhlans, et de deux escadrons de cuirassiers du régiment de l'archiduc Franz, et prit le chemin de Geislingen. Le régiment des cuirassiers de

Mack l'avait déjà devancé. Les généraux ignorés encore sont arrivés à Aalen.

Le corps de Werneck consistait en trois divisions. La première, sous les ordres du général de Riese, était postée entre Elchingen et Langenau.

La seconde, sous les ordres du général Bailletle de la Tour, était stationnée sur les hauteurs devant la porte dite Frauen-Thur, et se dirigeait le 13 octobre vers Nerenstetten, suivie de deux bataillons d'Erlach.

Le 14 au matin, est sortie d'Ulm la troisième division, sous les ordres du général Matzeray, et a poussé sa marche au delà de Heidenheim.

Ces trois divisions étaient commandées en chef par le comte de Werneck. Lorsque la division du général Riese était battue à Elchingen, elle s'est retirée vers Nerenstetten pour se joindre à celle du général Bailletle de la Tour, et celle de Matzeray a rétrogradé de Heidenheim également vers Nerenstetten, où elle a formé le corps de réserve à l'affaire des 15 et 16 octobre.

Le 16 dudit, vers le soir, cette armée a fait sa retraite vers Heidenheim et Aalen, dont j'ai présenté mon rapport, le 17, à 1 heure de relevée, à Son Altesse le prince Murat, dans lequel il est à rectifier que le régiment de l'archiduc Maximilien a été noté sous le nom de Louis, les revers étant presque les mêmes. De plus, le régiment de Mack, cuirassiers, qui doit être arrivé à Aalen après mon départ.

Pour Memmingen, n'étaient partis d'Ulm que le Trésor de l'armée et celui de Günzburg, escortés par une compagnie de cuirassiers, et de deux bataillons de Beaulieu, ainsi que de deux escadrons de hussards.

Pour Biberach, on n'avait rien envoyé, et mon rapporteur me dit que le corps posté dans ces environs était sous les ordres du général Jellachich, mais peu considérable.

Les généraux n'attendaient rien du Tyrol, bien au contraire, on y attendait dix régiments de la Basse-Autriche et de la Hongrie. C'est le général Auffenberg qui y commande.

Ce général Auffenberg doit être fortement estimé et aimé des Tyroliens. L'archiduc Jean est titré général en chef de cette armée. On la dit de 60,000 à 70,000 combattants.

Il n'y a pas de monnaie ni magasin de la monnaie à Ulm; au

contraire, l'armée était tellement en pénurie d'argent que le général Mack a envoyé, le 19, un commissaire à Augsburg pour chercher 60,000 florins.

Les généraux n'attendaient aucun renfort de l'Italie, ils étaient tous dans une entière incertitude sur les opérations dans ce pays, de même que sur l'état de l'armée russe ; tous croient qu'elle ne passera pas l'Inn.

Là, devait être arrivé le premier corps le 7, le second le 10, et le troisième le 13 octobre.

Comme je crois que ce capitaine Wend, qui est maintenant prisonnier de guerre sur sa parole, nous pourrait être un jour utile, étant employé à quelque état-major de l'armée du Tyrol, je prends la liberté de vous le recommander, mon Général, à l'occasion du premier échange des officiers prisonniers.

SCHULMEISTER.

Schulmeister au général Savary.

Le 29 vendémiaire an XIV (21 octobre 1805).

Mon Général,

A mon rapport, il me reste encore à ajouter que l'état primitif de l'armée autrichienne était tel comme j'ai eu l'honneur de vous le présenter dans mon premier rapport. Il n'y manquait que le régiment de Hildburghausen, fort de cinq bataillons et trois bataillons d'un autre régiment dont je ne connais pas le nom.

L'artillerie a été envoyée à Aalen pendant la nuit du 12 au 13 octobre. Il ne reste donc de l'armée d'Ulm que les débris de trois divisions qui ont fait leur retraite vers Aalen. Le corps détaché qui se trouve dans la vallée de la Kinzig, sous les ordres du partisan Walmoden, n'est qu'un détachement de cette armée, ainsi que le corps commandé par Wolfskeel, qui ne trouvera de salut que dans une prompte retraite vers le Tyrol.

Vous pardonnerez donc ma liberté, mon Général, si j'ose vous prier de me donner une mission plus importante que de voir les débris d'une armée battue.

Je crois, et je l'espère, d'être d'une certaine utilité, à Sa

Majesté impériale et royale, en me rendant à l'armée russe et de là à Vienne. Comme mon ami Beudel y sera avant peu et que j'ai de plus deux amis là, l'un inspecteur de la police, l'autre employé comme secrétaire au conseil de guerre de la Cour, je pourrai être instruit de bien des affaires qui seraient plus intéressantes que de connaître quelques bataillons de plus ou de moins.

Je pourrais surveiller en même temps les opérations dans la Hongrie, où se trouve dans ce moment l'empereur romain pour présider les États et pour demander les subsides extraordinaires, tant en hommes qu'en argent et en nature. C'est par une telle mission que je pourrai prouver mon dévouement intime et sans borne que je porte à mon souverain, et que je pourrai me rendre digne de sa bienveillance.

La seule grâce que je supplierais de me faire obtenir de Sa Majesté impériale et royale serait de faire rapporter l'arrêté du préfet du département du Bas-Rhin, qui ordonne arbitrairement mon exportation, sur des motifs qui ont été dictés par mes ennemis et qui craignaient de ma part une dénonciation qui aurait mis à jour leur manière de gérer les affaires à eux confiées.

Je prouverai par des témoins non équivoques, par les premiers négociants de Strasbourg, que ce n'était qu'une haine particulière qui m'a privé de la douceur de vivre avec mon épouse, mes père et mère et mes deux enfants ; que j'étais toujours un homme tranquille et que tous les commissaires de police me donneront un attestat de bonne conduite.

C'est alors, assuré contre la haine de mes ennemis, que je pourrai remplir avec exactitude les missions que vous voudrez bien me faire confier, et certes je me rendrai digne de votre confiance et bienveillance.

Charles Schulmeister.

CHAPITRE XVI.

Rapport d'espion envoyé par Bourrienne?

Varsovie, le 29 vendémiaire an XIV (21 octobre 1805).

En écrivant notre dernière lettre, nous étions environnés d'officiers prussiens, de manière que le départ de la poste et la situation désagréable où nous étions serviront, j'espère, d'excuse pour les petites fautes qu'on y trouvera. Nous n'éprouvâmes aucune difficulté pour entrer à Berlin, mais on nous examina très strictement en entrant ici ; cependant, jusqu'à présent, tout va bien.

Alexandre a de nouveau changé sa route, il va à Berlin. L'on fait de grands préparatifs à Willanow (un mille d'ici) pour le recevoir. On l'attendait hier chez le comte Potoky ; nous y allâmes, fûmes présentés au comte, qui nous reçut très bien. Sur le soir, on reçut la nouvelle que l'Empereur n'arriverait qu'aujourd'hui.

Comme la poste part bientôt, nous sommes obligés d'écrire avant d'avoir vu l'Empereur.

Il n'y a personne de remarquable dans sa suite, que le prince Czartorysky.

Le général Kalkreuth est désigné pour le conduire à Berlin. Les Polonais pensent qu'il est aussi inconséquent que son père était enragé, en ce qu'il quitte la Russie sans gardes et sans suite pour voyager si loin de son pays.

On dit encore qu'il y a toujours un parti en Russie qui est très mécontent de lui. Si l'armée française avait le bonheur de pénétrer un peu avant dans les États d'Autriche, il ne serait pas difficile de faire lever les Polonais. 80,000 Russes passeront certainement ici pendant la semaine, une partie par Varsovie, l'autre par Willanow et ses environs. Dans la première lettre, mon ami vous donnera une relation plus détaillée. On nous assure que près de 100,000 Russes ont déjà passé par Lemberg et que 50,000 les suivront sous peu. La Galicie est presque dépeuplée ; on n'y voit absolument que des enfants ou des hommes incapables de servir.

Le comte Potoky nous a assuré qu'Alexandre avait dit à Kalkreuth qu'il faudrait que la coalition formât une armée de plus d'un million d'hommes.

CHAPITRE XVII

22 Octobre.

Dixième bulletin de la Grande Armée.

Augsburg, le 30 vendémiaire an XIV (22 octobre 1805).

Lors de la capitulation du général Werneck, près Nördlingen, le prince Ferdinand, avec un corps de 1000 chevaux et une portion du parc, avait pris les devants ; il s'était jeté dans le pays prussien et s'était dirigé par Günzenhausen sur Nuremberg. Le prince Murat le suivit à la piste et parvint à le déborder ; ce qui donna lieu à un combat sur la route de Furth à Nuremberg, le 29 au soir. Tout le reste du parc d'artillerie, tous les bagages sans exception ont été pris. Les chasseurs à cheval de la Garde impériale se sont couverts de gloire ; ils ont culbuté tout ce qui s'est présenté devant eux ; ils ont chargé le régiment de cuirassiers de Mack. Les deux régiments de carabiniers ont soutenu leur réputation.

On est rempli d'étonnement lorsqu'on considère la marche du prince Murat depuis Albeck jusqu'à Nuremberg. Quoique se battant toujours, il est parvenu à gagner de vitesse l'ennemi qui avait deux marches sur lui.

Le résultat de cette prodigieuse activité a été la prise de 1500 chariots, de 50 pièces de canon, de 16,000 hommes, y compris la capitulation du général Werneck et d'un grand nombre de drapeaux ; 18 généraux ont posé les armes ; 3 ont été tués.

Les colonels Morland, des chasseurs de la Garde impériale, Cauchois, du 1er régiment de carabiniers, Rouvillois, du 1er régiment de hussards, et les aides de camp Flahaut et Lagrange se sont particulièrement distingués. Le colonel Cauchois a été blessé.

Le 29 au soir, le prince Murat a couché à Nuremberg, où il a passé la journée du 30 à se reposer.

Au combat d'Elchingen, le 23 vendémiaire, le 69e régiment de ligne s'est distingué. Après avoir forcé le pont en colonne serrée, il s'est déployé à portée de feu des Autrichiens avec un ordre et un sang-froid qui ont rempli l'ennemi de stupeur et d'admiration.

Un bataillon de la Garde impériale est entré aujourd'hui à Augsburg. 80 grenadiers portaient chacun un drapeau. Ce spectacle a produit sur les habitants d'Augsburg un étonnement que partagent les paysans de toutes ces contrées.

La division des troupes de Wurtemberg vient d'arriver à Geislingen.

Les bataillons de chasseurs, qui avaient suivi l'armée depuis son passage à Stuttgard, sont partis pour conduire en France une colonne de 10,000 prisonniers. Les troupes de Bade, fortes de 3,000 à 4,000 hommes, sont en marche pour se rendre à Augsburg.

L'Empereur vient de faire présent aux Bavarois de 20,000 fusils autrichiens, pour l'armée et les gardes nationales.

Il vient aussi de faire un présent à l'Électeur de six pièces de canon autrichiennes.

Pendant qu'a duré la manœuvre d'Ulm, l'Électeur de Wurtemberg a craint un moment pour l'Électrice et sa famille, qui se sont rendues alors à Heidelberg ; il a disposé ses troupes pour défendre le cœur de ses États.

Les Autrichiens sont détestés de toute l'Allemagne, bien convaincue que, sans la France, l'Autriche la traiterait comme ses pays héréditaires.

On ne se fait pas une idée de la misère de l'armée autrichienne ; elle est payé en billets qui perdent 40 p. 100 ; aussi nos soldats appellent-ils très plaisamment les Autrichiens soldats de papier. Ils sont sans aucun crédit : la Maison d'Autriche ne trouverait nulle part à emprunter 10,000 francs. Les généraux eux-mêmes n'ont pas vu une pièce d'or depuis plusieurs années. Les Anglais, du moment qu'ils ont su l'invasion de la Bavière, ont fait à l'empereur d'Autriche un petit présent qui ne l'a pas rendu plus riche : ils se sont engagés à lui faire remise de 48 millions qu'ils lui avaient prêtés pendant la dernière guerre. C'est un avantage pour la Maison d'Autriche, elle l'a déjà payé bien cher.

6° CORPS D'ARMÉE.

Instruction pour M. Colbert.

Le 30 vendémiaire an XIV (22 octobre 1805).

Le colonel Colbert formera deux détachements de 30 hommes, commandés chacun par un officier intelligent qu'il désignera. Ces détachements se subdiviseront en petites patrouilles de reconnaissance qui devront éclairer sur toutes les directions vers le Tyrol et le Vorarlberg; ils pousseront s'il est possible jusque vers Ravensburg, Pfühlendorf, Wangen, Kempten, Kaufbeuren, etc., observant la surveillance la plus stricte pour leur propre sûreté, ne passeront jamais la nuit dans des cantonnements, et chercheront à ne jamais perdre de vue les corps ennemis qu'ils pourraient rencontrer.

Les officiers chargés de cette reconnaissance me rendront compte directement et fréquemment de leurs découvertes et de leur emplacement. Copie du présent ordre leur sera expédiée par M. Colbert.

(A. M.) (Sans signature.)

Instruction pour M. Crabbé.

Le 30 vendémiaire an XIV (22 octobre 1805).

Il est ordonné à M. Crabbé, mon aide de camp, qui se trouve à Urach avec un détachement de troupes légères, de pousser des reconnaissances sur la direction de Tübingen, Hechingen et Rothweil, il communiquera avec Son Excellence le maréchal Augereau dont le corps est arrivé le 1er brumaire à Fribourg, et lui transmettra tout ce qu'il aura appris de l'ennemi entre le Rhin et le Danube. M. Crabbé enverra quelques hommes sur la direction de Tübingen pour remplir le même but. Il m'informera exactement de toutes ses opérations.

(A. M.) (Sans signature.)

Cantonnements du 6ᵉ corps d'armée.

Le 30 vendémiaire an XIV (22 octobre 1805).

Le mouvement s'exécutera à midi.

La cavalerie légère à Illeraichem, avec des postes à Memmingen, poussant des reconnaissances sur les directions de Kempten, Wurzach, Leutkirch et Ochsenhausen.

La *1ʳᵉ division*. — Détachée.

2ᵉ division. — La brigade Villatte détachée pour la conduite des prisonniers.

La brigade Roguet, sur la route de Biberach.

Un poste du 69ᵉ à Laupheim.

Le 69ᵉ à Delmensingen et Stetten.
Le 76ᵉ à Donaustetten, Gögglingen et Weiler.
} Rassemblement près de Donaustetten, couvrant la route de Gögglingen.

Les généraux Loison et Roguet, à Gögglingen.

Un détachement de 30 hommes de cavalerie légère sera attaché à cette brigade, pour éclairer sur Ochsenhausen et Biberach, et pour communiquer avec la cavalerie légère.

3ᵉ division. — La brigade du général Marcognet sur la route de Memmingen.

Le 25ᵉ à Bellenberg, Tiefenbach, Wöringen. } Rassemblement à Bellenberg.
Le 27ᵉ, à Illezel, Wullenstetten.....
Une compagnie à Ober-Kirchberg...
} Rassemblement général à Wöringen, laissant une garde au pont de Kirchberg.

Un détachement de cavalerie légère de 30 hommes, sera rattaché à cette division, pour communiquer avec la cavalerie légère, et pour éclairer sur la direction de Memmingen.

Le général Marcognet à Ober-Kirchberg.

Le général Malher, à Closter-Wiblingen.

La brigade Labassée à Ulm.

Les dragons à cheval à Ulm.

Les dragons à pied sur la rive gauche du Danube, à Donaurieden et Erbach.

Rassemblement sur le plateau d'Erbach

Communication avec la brigade Roguet, par Gögglingen, pour se soutenir réciproquement.

Le parc d'artillerie près d'Ulm, rive droite du Danube.

Le quartier général à Ulm.

(*A. M.*)

Le maréchal Berthier au maréchal Ney.

Augsburg, le 30 vendémiaire an xiv (22 octobre 1805).

. . . .

Un corps de troupes autrichiennes, fort de 18,000 à 20,000 hommes et commandé par le général Jellachich, a été réparti en plusieurs corps qui sont chargés de couvrir les débouchés du Tyrol et qui sont éclairés, le plus loin que possible en avant, par la nombreuse cavalerie qu'il a à sa disposition.

Le général Jellachich est de sa personne à Isny, avec le régiment de Steiw, infanterie, un régiment de chasseurs tyroliens, 1000 chevaux de Blankenstein, hussards, et 500 de Rosemberg, dragons ; à Wolfegg il y a deux autres régiments, dont Burkhausen (l'ancien Bender) fait partie ; à Wangen il y a un régiment et quelque cavalerie.

A Immenstadt, un régiment d'infanterie et un bataillon de chasseurs tyroliens ; le restant des troupes qui doivent être sous les ordres du général Jellachich sont encore en marche venant de Füssen, de Feldkirch et de Bregenz.

Le général est sous les ordres du général Jellachich ; il est avec lui à Isny.

Les Autrichiens travaillent beaucoup aux retranchements de Feldkirch et à la tête du pont de Lindau, et une chose incompréhensible dans leur situation, c'est qu'ils continuent de faire de ce premier poste, ainsi que de Bregenz, le centre de leurs opérations et y rapportent tous leurs mouvements.

Maréchal Berthier.

5ᵉ CORPS D'ARMÉE.

Journée du 30 vendémiaire (22 octobre 1805).

La division de grenadiers et la division de cuirassiers se rendirent à Neuburg.

La division de dragons se rendit à Augsburg, où elle cessa d'être sous les ordres de M. le maréchal Lannes.

La brigade de hussards à Dollenstein.

La division aux ordres du général Gazan à Zusmarshausen et villages voisins.

La division aux ordres du général Suchet ne fit point de mouvement.

Quartier général à Augsburg.

Le maréchal Berthier à M. l'intendant général Petiet.

Augsburg, le 30 vendémiaire an XIV (22 octobre 1805).

Monsieur l'Intendant,

Je vous donne connaissance des mouvements ci-après :

Les chasseurs à pied de la Garde, trois escadrons de grenadiers à cheval, l'artillerie des chasseurs à pied et de la cavalerie partiront d'Augsburg, demain 1ᵉʳ brumaire, pour se rendre à Munich en deux jours.

La division de dragons du général Walther, cantonnée aux environs d'Augsburg, doit partir le 1ᵉʳ brumaire pour arriver le 2 à Munich; elle devra prendre du pain pour deux jours avant son départ.

La division Suchet partira également d'Augsburg le 1ᵉʳ brumaire et arrivera le 2 à Munich, emportant du pain pour deux jours.

Toutes ces troupes devant prendre du pain pour deux jours avant leur départ, faites vos dispositions en conséquence.

Maréchal BERTHIER.

Le maréchal Berthier au général Suchet.

Augsburg, le 30 vendémiaire an XIV (22 octobre 1805).

Il est ordonné au général Suchet de partir demain avec sa division, le 1er brumaire, pour se rendre en deux jours à Munich ; il s'arrangera pour ne pas coucher dans le même endroit que la division Walther, qui partira également demain.

Le général Suchet prendra du pain pour deux jours et enverra un officier à M. le maréchal Bernadotte, pour savoir quel cantonnement il lui sera assigné.

Maréchal Berthier.

Le maréchal Berthier au général Walther.

Augsburg, le 30 vendémiaire an XIV (22 octobre 1805).

Il est ordonné au général Walther de partir avec la division à ses ordres, pour se rendre à Munich en deux jours. Il partira demain, 1er brumaire, pour arriver à Munich, le 2. Il enverra un officier à M. le maréchal Bernadotte pour lui demander où il compte assigner les cantonnements.

Maréchal Berthier.

Le maréchal Berthier au maréchal Bessières.

Augsburg, le 30 vendémiaire an XIV (22 octobre 1805).

M. le maréchal Bessières donnera l'ordre aux chasseurs à pied de la Garde, à 3 escadrons de grenadiers à cheval et à l'artillerie, tant des chasseurs à pied que de la cavalerie, de partir demain, 1er brumaire, pour se rendre à Munich en deux jours.

Ces troupes seront établies le plus près possible de l'endroit où logera l'Empereur.

Maréchal Berthier.

Le maréchal Berthier au général Lery.

Augsburg, le 30 vendémiaire an xiv (22 octobre 1805),
à 11 h. 30 du soir.

Général,

Vous voudrez bien donner l'ordre aux officiers du génie qui sont employés au grand quartier général, et qui doivent suivre l'Empereur, conformément au travail que j'ai arrêté aujourd'hui, de partir demain matin pour se rendre à Munich en deux jours, où ils prendront mes ordres après-demain au soir.

Maréchal BERTHIER.

Le maréchal Berthier au général Macon.

Augsburg, le 30 vendémiaire an xiv (22 octobre 1805),
à 11 heures du soir.

Il est ordonné au général Macon d'aller prendre le commandement de la place de Munich.

Maréchal BERTHIER.

Le général Andréossy à M. Petiet.

Augsburg, le 30 vendémiaire an xiv (22 octobre 1805).

J'ai l'honneur de vous prévenir que, d'après l'intention de S. E. le Ministre de la guerre, j'adresse à M. le lieutenant général Seeger, commandant les troupes wurtembergeoises, l'ordre de partir de Geislingen le 2 brumaire avec 4 bataillons d'infanterie, 1 escadron de cavalerie et 8 pièces d'artillerie légère, formant environ 2,600 hommes, pour se rendre le même jour à Ulm, le 3 à Günzburg, le 4 à Zusmarshausen et le 5 à Augsburg, où ces troupes recevront de nouveaux ordres.

En conséquence, je vous prie de vouloir bien regarder comme nul l'avis que je vous ai adressé ce matin pour la marche de 2 bataillons venant de Göppingen, et donner vos ordres pour assurer la subsistance des troupes désignées ci-dessus.

ANDRÉOSSY.

Le maréchal Berthier à M. Gérard.

Augsburg, le 30 vendémiaire an xiv (22 octobre 1805).

M. Gérard expédiera sur-le-champ une feuille de route au corps de l'Électeur de Bade dont l'état est ci-joint, à l'effet de partir le 2 brumaire pour se rendre à Donauwörth, où il attendra de nouveaux ordres, suivant la route de l'armée ; ce corps est rassemblé à Pforzheim d'où il doit suivre la route d'étape de l'armée pour se rendre à Donauwörth. Me faire signer les expéditions dans une heure.

J'envoie à M. Gérard un second état des nouvelles troupes de l'Électeur de Wurtemberg ; ces troupes ont reçu l'ordre du général Andréossy de se rendre à Augsburg. Me faire connaître le jour qu'elles doivent y arriver. M. Gérard comprendra dans l'état de situation tous ces nouveaux corps.

BERTHIER (1).

Le 30 vendémiaire an xiv (22 octobre 1805).

Chemin que tiendra le corps de troupes de Son Altesse Sérénissime l'Électeur de Bade, composé :

1° D'un bataillon de chasseurs à pied, commandé par le major Deling ;

2°. Du régiment de Son Altesse Sérénissime l'Électeur, commandé par le lieutenant-colonel de Bidefeld ;

3° Du régiment de Son Altesse le Prince électoral, commandé par le major Deschopf ;

---

(1) *En marge* :

M. Gérard ne m'a pas joint ce mouvement pour rendre compte à l'Empereur.

BERTHIER.

M. Gérard a également oublié une lettre pour le ministre de l'Électeur de Bade et pour ce prince même.

BERTHIER.

(*De la main du major général.*)

4° Du régiment de Son Altesse le prince Louis de Bade, commandé par le colonel de Porteck ;

5° Du régiment de Son Altesse le prince Louis de Bade, commandé par le lieutenant colonel d'Eichrotz ;

6° D'un détachement d'artillerie avec 6 pièces de six et les caissons d'artillerie et d'infanterie sous les ordres du capitaine de Freydorf.

Lequel corps de troupes, commandé en chef par le général de Harrant, ayant avec lui 3 officiers d'état-major, un commissaire ordonnateur et un commissaire des guerres, plusieurs guides et secrétaires et un détachement de 26 hussards montés, formant en tout environ 3,200 hommes, se mettra en marche de Pforzheim avec armes et bagages, le 24 octobre (2 brumaire), pour se rendre suivant l'itinéraire ci-après à Danauwörth, savoir :

De Pforzheim à : Heilbronn (24 octobre), OEhringen (25 octobre), Hall (26 octobre), Gaildorf (27 octobre), Ellwangen (28 octobre), *séjour* (29 octobre), Bopfingen (30 octobre), Nördlingen (1er novembre), Donauwörth (2 novembre), où il demeurera jusqu'à nouvel ordre.

Rapport à l'Empereur et Roi.

Au quartier de l'Empereur, à Augsburg, le 30 vendémiaire an XIV
(22 octobre 1805).

J'ai l'honneur de rendre compte à l'Empereur que je viens de donner l'ordre au corps de troupes de Son Altesse Sérénissime l'Électeur de Bade, composé d'environ 3,200 hommes, qui se trouve en ce moment réuni à Pforzheim, sous le commandement du général de Harrant, de partir de Pforzheim le 2 brumaire, pour se diriger sur Donauwörth, en suivant la route d'étape de l'armée.

Ce corps de troupes passera, en conséquence, par Heilbronn, OEhringen, Hall, Gaildorf, Ellwangen, où il séjournera, Bopfingen, Nördlingen, et arrivera le 10 brumaire à Donauwörth où il doit attendre de nouveaux ordres.

BERTHIER.

Le conseiller intime Œhl au maréchal Berthier.

Dans le traité d'alliance conclu et signé le 18 fructidor et 2ᵉ complémentaire an XIII, par les plénipotentiaires réciproques entre Sa Majesté l'Empereur des Français et Roi d'Italie, et son Altesse Sérénissime l'Électeur de Bade, il fut stipulé par le dixième et dernier article de la convention additionnelle, que :
« Les généraux et commissaires français ne pourront faire
« aucune réquisition, même contre des bourgs, dans les États de
« Son Altesse Électorale. »

Malgré cette renonciation convenue à toutes sortes de réquisitions, Son Altesse Électorale de Bade, animée du plus sincère attachement pour Sa Majesté l'Empereur et Roi, donna les ordres nécessaires pour qu'il fût fourni aux besoins des troupes françaises, non seulement pendant la marche de la Grande Armée dans l'Électorat, mais encore jusqu'à ce moment. Ces fournitures, qu'on n'a pu faire que par des efforts extrêmement onéreux, ont été supportées soit par les bailliages et caisses électorales, soit par les communes et les sujets de l'Électorat, afin de satisfaire presqu'au delà du possible au très grand nombre de réquisitions.

Mais aujourd'hui que l'armée française victorieuse s'est éloignée par ses succès étonnants à une si grande distance des États de Son Altesse Électorale, qu'elle est entrée dans les pays ennemis, et que, par conséquent, les besoins des corps ou détachements de troupes françaises qui se trouvent en Souabe, ainsi que des individus appartenant à l'armée, ne sont plus d'une nature aussi urgente, vu le changement des circonstances, Son Altesse Électorale croit que le moment est venu, où elle peut réclamer avec confiance l'accomplissement du susdit dixième article du traité d'alliance.

Les devoirs qui la lient à ses sujets, la déterminent à faire cette juste demande, qui ne saurait porter aucune atteinte aux sentiments de vénération et de dévouement qui l'ont portée, au passage de la Grande Armée française, à faire les plus grands sacrifices dans toute l'étendue de l'Électorat.

En conséquence, le soussigné plénipotentiaire électoral de Bade est chargé de prier instamment Son Excellence le Maréchal d'Empire et ministre de la guerre Berthier de vouloir bien, soit par un ordre de l'armée, soit de quelque autre manière officielle, astreindre les généraux et commissaires français qui se trouvent en Souabe à l'accomplissement du dixième article susmentionné. Le soussigné prie, en outre, Son Excellence de lui faire remettre une copie légale de l'ordre qu'elle aura donné, afin qu'il puisse l'envoyer au Conseil Intime Électoral pour en faire un usage convenable dans les occurrences.

Si, pour obtenir cette juste demande, il était besoin auprès de Son Excellence M. le maréchal d'Empire et ministre de la guerre, d'un autre motif que celui de l'accomplissement des engagements du traité, le soussigné s'appuierait de la modération avec laquelle Son Altesse Électorale a attendu jusqu'à présent à les réclamer, voulant uniquement mettre un frein aux réquisitions excessives des différents commissaires français qui, pour les justifier, allèguent chaque fois la non-existence d'un pareil ordre, qui concernait l'Électorat de Bade, et que, par là, l'article précité du traité d'alliance obtienne, enfin, sa pleine exécution.

Le soussigné, fondé dans la juste confiance qu'on daignera lui accorder promptement sa présente demande, saisit avec empressement cette occasion de renouveler à Son Excellence M. le maréchal d'Empire et ministre de la guerre Berthier l'assurance.....

Le général Candras au général Vandamme, à Memmingen.

Mindelau, le 30 vendémiaire an XIV (22 octobre 1805).

Général,

Ma brigade s'est établie dans les villages que vous m'avez assignés pour y cantonner cette nuit. Demain, elle se remettra en marche à la pointe du jour pour se diriger sur Landsberg. Le lieu de son rassemblement général sera à Buchloë, à 10 h. 1/2 du matin, et à moins d'ordre contraire il ne s'effectuerait pas.

Aussitôt que les troupes seront installées dans leurs cantonnements, elles ont ordre d'aller à Mindelheim pour y chercher le pain et la viande qui seront transportés par des voitures que l'on se procure.

Ce matin, M. le maréchal Soult s'est fortement récrié sur la quantité d'hommes restés à Memmingen après le départ de la division.

Je dois vous observer que ces hommes étaient ceux fournis par la division pour les gardes et piquets de la ville. M. Guge, chef de bataillon, leur a fait distribuer de l'eau-de-vie sur la place avant son départ, et c'est dans ce moment qu'ils ont été aperçus par M. le Maréchal, qui nous a accusés de négligence.

Il existe également six ou sept hommes par compagnie, qui, totalement dépourvus de souliers, ne peuvent suivre leurs corps, malgré leur bonne volonté. Les officiers et les chefs ne peuvent donc être accusés de négligence, en ne se montrant pas sévères envers des hommes qui marchent pieds nus ou en chaussons de laine, ainsi que je m'en suis convaincu. Je vois les hommes de près, et j'aperçois chaque jour un dépérissement total dans leurs effets d'habillement et dans leurs chaussures surtout ; y remédier promptement, c'est éviter les maladies et conserver l'armée.

Plusieurs soldats ont les jambes gonflées, et la cause se tire des marches forcées et de l'humidité à laquelle ils ont été exposés depuis dix à douze jours. Ces hommes ne veulent pas aller aux hôpitaux, et ne pouvant suivre leurs régiments, on les considère souvent comme des maraudeurs. Je sais que l'on a trop souvent à se plaindre des hommes marchant isolément pour adopter une idée favorable à la classe des hommes dont je viens de vous entretenir.

Des hommes partent également pour l'hôpital et ils y sont reçus sans être munis d'un billet signé du chirurgien-major. Les capitaines, ignorant leur destination, sont portés à les déclarer déserteurs et à les faire juger comme tels.

Telles sont les causes justes et injustes du désordre que M. le Maréchal aperçoit, et qu'il est de mon devoir de vous donner connaissance.

Les villages que ma brigade occupe ont tous été ravagés, et les habitants sont misérables ; envoyez-nous donc du pain et de la viande.

J'ai l'honneur.....

CANDRAS.

Le général Schiner au général Vandamme.

Ober-Auerbach, le 30 vendémiaire an xiv (22 octobre 1805).

Mon Général,

J'ai l'honneur de vous rendre compte que votre avant-garde est établie militairement à Ober et Unter-Auerbach. J'ai aussi fait occuper, par une partie de l'infanterie, le hameau dit Unkenried, qui est situé dans la vallée entre Mindelheim et ma position, couvrant ma gauche et assurant la libre communication avec Mindelheim par ce point. La grande route à travers le bois d'ici à Mindelheim devrait cependant être occupée par quelques postes du cantonnement de Mindelheim.

Mon arrière-garde, dont une partie est avec celle du parc, n'est pas encore rentrée. Nous avons fait rejoindre quantité de traînards, mais je dois vous observer à cet égard que la gendarmerie fait très mal son service, car elle passe à côté des soldats qui parcourent les campagnes sans les faire rentrer.

L'avant-garde a très bien marché. J'étais ici à 4 heures, mais elle est bien fatiguée, et aurait besoin que dans ces marches pénibles elle puisse cantonner un jour bien tranquillement pour se reposer.

J'ai l'honneur de vous présenter mes excuses de ne pouvoir profiter de la faculté que vous m'avez donnée pour m'établir ce soir, de ma personne, à Mindelheim. Je crois convenable de ne pas m'éloigner de mes troupes, attendu que la position que j'occupe exige de la surveillance, et la présence du chef si l'ennemi se trouvait à proximité.

Je reste chez le curé, où je vous prie de m'adresser les ordres qu'il vous plaira de me donner.

Agréez.....

SCHINER.

P.-S. — Beaucoup de soldats sont pieds nus. S'il était possible d'avoir quelques paires de souliers, cela éviterait de laisser des hommes en arrière ou aux voitures.

Le général Salligny au général Vandamme.

Mindelheim, le 30 vendémiaire an xiv (22 octobre 1805).

Mon cher Général,

Veuillez bien, conformément aux intentions de M. le maréchal, faire cantonner le 4ᵉ régiment à Heimenek, Mindelau, Echenried et Altensteig ; le 28ᵉ à Nirlewang, Apfeltrach, Gerenstall et Unkenried ; le 46ᵉ en ville, et le 57ᵉ à Unter-Auerbach (qu'il ne faut pas confondre avec Ober-Auerbach), Westernach et Massbeuren. Les villages assignés aux 4ᵉ et 28ᵉ sont en avant de la ville, ceux du 57ᵉ en arrière.

Ces régiments devront se garder très militairement, et recevront vos ordres pour leur réunion sur la route de Landsberg.

Votre avant-garde campera en arrière d'Ober-Auerbach, et aura quatre compagnies dans ce village.

J'ai l'honneur de vous saluer.

SALLIGNY.

Le général Caffarelli à l'Empereur.

Munich, le 30 vendémiaire an xiv (22 octobre 1805).

Sire,

Votre Majesté sera satisfaite de la beauté, de la tenue, de la discipline et du bon esprit des troupes qui composent le corps d'armée commandé par M. le maréchal Bernadotte. Elles brûlent d'envie de se mesurer avec l'ennemi et montrent beaucoup d'ardeur. L'esprit des habitants est généralement très bon. Votre Majesté est attendue avec la plus vive impatience et sera satisfaite du patriotisme des habitants. La ville a préparé une superbe illumination. Les magistrats se prêtent avec empressement aux demandes de subsistances, chariots, etc. MM. les maréchaux Davout et Bernadotte font confectionner des capotes et des souliers, mais le séjour des Autrichiens a diminué la quantité des marchandises, et les cuirs et les draps sont devenus rares et très chers.

Une portion de la noblesse, qui craint pour ses privilèges, est portée pour les Autrichiens ; le reste, et c'est le plus grand nombre, est attaché à son pays et à son souverain. J'ai cherché à découvrir s'il se trouvait des personnes qui entretinssent des intelligences avec la Maison d'Autriche; jusqu'à présent on n'en soupçonne pas.

Les nouvelles des succès des armées de Votre Majesté, l'évacuation d'Ulm, la destruction du corps de Werneck ont été reçues avec enthousiasme; l'ennemi en a été instruit; le général Kienmayer en est, dit-on, profondément attristé.

L'Électeur de Bavière est toujours à Würtzburg, et attend pour se rendre auprès de Votre Majesté qu'Elle l'y autorise; c'est du moins ce qui m'a été répondu à plusieurs reprises. La plus grande partie des officiers de Son Altesse sont auprès d'elle.

Les troupes bavaroises ont un bon esprit et se sont très bien montrées dans plusieurs escarmouches; mais elles ne marchent pas comme celles de Votre Majesté et ont besoin d'être mises en haleine.

M. de Flahaut est arrivé au moment où j'allais expédier un courrier à Votre Majesté; je l'ai prié de se charger de cette lettre.

Je suis....., Sire.....

CAFFARELLI.

Le maréchal Berthier au maréchal Davout.

Augsburg, le 30 vendémiaire an XIV (22 octobre 1805).

Monsieur le Maréchal,

L'Empereur me charge de vous faire connaître que son intention est que vous concentriez les troupes de votre corps d'armée aux environs de Dachau, de manière à pouvoir les rassembler dans la journée, pour vous mettre en marche en cas que vous en receviez l'ordre.

Je pense que Sa Majesté restera encore demain ici et se rendra après-demain à Munich.

BERTHIER.

Le maréchal Davout au Ministre de la guerre.

Schwabing, le 30 vendémiaire an XIV (22 octobre 1805).

J'ai l'honneur de rendre compte à Votre Excellence des nouvelles positions que le corps d'armée à mes ordres occupe dans ce moment : l'avant-garde est placée entre l'Isar et la Würm, la droite à Pullach et la gauche à Unter-Sendling.

La 1re division est sur la rive gauche de la Würm, la droite à Gröfling et la gauche à Ober-Menzing.

La 2e division, la droite à Moosach et la gauche à Garching.

La 3e division ainsi que le parc de réserve sont établis à Dachau et environs.

Les subsistances du corps d'armée sont assurées jusqu'au *3 inclus (25 octobre)*.

Je reçois à l'instant les rapports sur les mouvements de l'ennemi vers Passau, desquels je me hâte de vous faire part.

Les 23 et 24 vendémiaire (*15* et *16 octobre*), l'ennemi fit filer un grand train d'artillerie par Schärding et, le 25, les caissons de munitions et l'artillerie ont repassé l'Inn.

Le 26 (*18 octobre*), le commandant de la forteresse près Passau fut sommé de se rendre, ce commandant à répondu que, tant qu'il aura des moyens de défense, il saura répondre aux vues et aux ordres de son prince. Le même jour, l'ordre fut donné de faire avancer près Passau un corps de 4,000 hommes moitié russe et moitié autrichien.

Il paraît que l'ennemi, par Mühldorf et Marktl, se porte en force sur Eggenfelden.

Le 2e corps des Russes, sous les ordres du général Michelson, doit arriver aux environs de Vienne au commencement de novembre, où l'empereur de Russie est attendu incessamment.

D'après les rapports, l'ennemi occupe Straubing, Eggenfelden, Landau, Frontenhausen, Gerzen et Vilsbiburg.

L. Davout.

Journal du corps bavarois.

30 vendémiaire (*22 octobre*). — Le général Mack passa à Parsdorf pour se rendre sur parole à Vienne. La cavalerie de la division Drouet fut placée à Ottersberg, Pliening et Häningen pour former la chaîne de communication entre les deux corps bavarois, celui du lieutenant général Deroy se trouvant à Freising depuis le 20.

Par l'accord des différents rapports, on sut que l'ennemi se rassemblait vers le bas Inn.

Le général Éblé au colonel Navelet.

Munich, le 30 vendémiaire an XIV (**22** octobre 1805).

Monsieur,

Je viens de voir à l'arsenal beaucoup d'outils, il ne faut y laisser que ceux qui ne pourront pas y être employés.

Les cartouches à canon défectueuses auraient dû être réparées à mesure qu'elles se sont présentées dans la visite qui en a été faite ; il faut qu'aujourd'hui tout soit réparé et chargé.

Faites aussi charger un caisson ou deux d'objets de bourrelerie.

Faites acheter des traits jusqu'à ce que votre approvisionnement de réserve soit porté à 300 paires au moins. Rendez-moi compte de la quantité qui reste de ceux que vous avez fait acheter en route.

Que, sans faute, votre parc soit en état de marcher demain matin ; tenez une note exacte du nombre et de l'espèce de caissons que vous laisserez ici. Ceux qui ont apporté la bourrelerie sont épars dans la cour de l'arsenal, faites-les remiser autant que possible et donnez des ordres au garde qui restera ici, de faire changer l'inscription indiquant le calibre ou l'espèce de caisson, lorsqu'il recevra des ordres pour envoyer ces caissons à l'armée avec un chargement différent de celui qu'ils ont eu jusqu'à présent.

Envoyez-moi, par le retour de l'ordonnance, le nombre des chevaux qui existent au parc excédant le nombre nécessaire pour l'enlever.

Éblé.

Robert Petiet, sous-inspecteur aux revues, chargé des fonctions de commissaire ordonnateur du grand parc d'artillerie, à M. Petiet, conseiller d'État, intendant général de la Grande Armée.

Au quartier général, à Augsburg, le 23 brumaire an XIV
(14 novembre 1805).

Monsieur l'Intendant général,

J'ai l'honneur de vous adresser le tableau général des revues d'effectif des corps et détachements de troupes stationnés au grand parc d'artillerie à l'époque du 30 vendémiaire an XIV.

J'aurais désiré pouvoir y comprendre celui des équipages d'artillerie qui vous aurait présenté le plus grand nombre des consommateurs ; je l'ai réclamé avec insistance du sous-inspecteur du grand parc. Je reçois sa réponse. Il me prévient qu'il est dans l'impossibilité de me fournir cette pièce, n'ayant pu réunir les équipages sur le terrain, n'ayant pu obtenir ni feuilles d'appel, ni états de situation.

J'ai l'honneur de vous renouveler l'assurance de mon respectueux dévouement.

(*A. A.*) R. PETIET.

Grand Parc d'Artillerie.
REVUES D'EFFECTIF.

GRANDE ARMÉE.

Tableau général des revues constatant l'effectif des corps et détachements de troupes attachés au grand parc d'artillerie de la Grande Armée à l'époque du 30 vendémiaire an XIV.

NOMS des SOUS-INSPECTEURS qui ont établi les revues.	DÉSIGNATION des CORPS ET DÉTACHEMENTS.	LIEUX de leur EMPLACEMENT.	OFFICIERS				SOUS-OFFICIERS ET SOLDATS.					CHEV^x D'OFFICIERS ET DE TROUPE.			OBSERVATIONS.
			Présents au parc.	Détachés.	Aux hôpitaux, extérieur.	Effectif.	Présents au parc.	Détachés.	Aux hôpitaux du lieu.	extérieurs.	Effectif.	Présents.	Détachés.	Effectif.	
M. Sicard.	État-major et employés d'artillerie............	Quartier général.	33	6	»	39	»	»	»	»	»	79	19	98	
—	19ᵉ compagnie du 5ᵉ régiment d'artillerie à pied.........	—	3	1	»	4	92	»	»	4	96	7	»	7	
—	3ᵉ, 8ᵉ et 11ᵉ compagnies du 6ᵉ rég. d'artillerie à pied...	—	15	3	»	18	250	»	»	14	264	32	9	41	
—	16ᵉ, 17ᵉ et 18ᵉ compagnies du 7ᵉ rég d'artillerie à pied.	—	12	3	»	15	273	2	1	13	289	27	9	36	
—	3ᵉ compagnie du 5ᵉ régiment d'artillerie à cheval......	—	3	2	»	5	60	3	»	7	70	7	5	12	
—	3ᵉ compagnie du 6ᵉ régiment d'artillerie à cheval......	—	3	»	»	3	88	2	»	1	91	75	»	75	4 hommes ont été faits prisonniers de guerre.
—	5ᵉ bataillon bis du train......	—	»	»	»	»	18	»	»	»	18	25	»	25	
—	8ᵉ bataillon bis du train.....	—	»	»	»	»	22	»	»	»	22	55	»	55	
—	1ʳᵉ compagnie d'ouvriers....	—	3	1	»	4	76	19	»	4	99	8	2	10	Il existe à cette comp. 1 enfant de troupe.
—	Compagnie d'ouvriers du train.	—	»	»	»	»	28	»	»	»	28	»	»	»	
—	4ᵉ compagnie d'ouvriers.....	—	2	2	»	4	28	76	»	»	104	6	4	10	Il existe à chaque comp. 1 enfant de troupe.
—	1ʳᵉ compagnie d'armuriers...	—	2	1	»	3	45	35	»	8	88	5	2	7	
—	4ᵉ, 5ᵉ, 7ᵉ et 8ᵉ compagnies du 64ᵉ régiment de ligne.....	—	11	»	1	14	360	1	»	27	388	»	»	»	
	Total......		87	19	1	107	1340	138	1	78	1557	326	50	376	

Arrêté par nous, commissaire ordonnateur attaché au grand parc de l'artillerie, le présent tableau général à l'effectif de 107 officiers, de 1560 sous-officiers, soldats et enfants de troupe et de 376 chevaux, conformément aux revues particulières qui nous ont été adressées par le sous-inspecteur.

A Augsburg, le 1ᵉʳ brumaire an XIV (23 novembre 1805).

(A. A.)
Petiet.

CORPS IMPÉRIAL DU GÉNIE.

Organisation arrêtée par Son Altesse Sérénissime le Major général, le 30 vendémiaire an XIV (22 octobre 1805).

EMPLACEMENT.	GÉNÉRAUX de division.	de brigade.	COLONELS.	CHEFS DE BATAILLON.	CAPITAINES.	LIEUTENANTS.	COMPAGNIES de mineurs.	de sapeurs.	FOURGONS.
Grand quartier général....	1	1	1	2	7	3	1	1	10
Corps de S.A. le prince Murat	»	»	1	1	5	2	»	1	2
1ᵉʳ corps................	»	»	1	1	5	2	»	1	2
2ᵉ corps................	»	»	1	1	5	2	»	1	2
3ᵉ corps................	»	»	1	1	5	2	»	1	2
4ᵉ corps................	»	»	1	1	5	2	»	1	2
5ᵉ corps................	»	»	1	1	5	2	»	1	2
6ᵉ corps................	»	»	1	1	5	2	»	1	2
7ᵉ corps................	»	»	1	1	5	2	»	1	2
TOTAL aux corps d'armée.	1	1	9	10	47	19	1	9	26

A Ulm, le 30 juillet 1806.

Le Chef de bataillon, chef par intérim de l'état-major général du génie à la Grande Armée,

PRUDHOMME.

Vu par le général commandant le génie :

ANDRÉOSSY.

(*Archives nationales*, AF^{IV}, 1167).

Le maréchal Berthier à M. Petiet.

Augsburg, le 30 vendémiaire an XIV (22 octobre 1805).

Monsieur,

L'Empereur ordonne qu'indépendamment de l'administration générale de la Grande Armée, dont vous êtes le chef immédiat, vous organisiez une portion d'administration qui marchera toujours avec moi dans les différents quartiers généraux mobiles que prend l'Empereur, savoir :

1 commissaire ordonnateur ou inspecteur aux revues faisant fonctions ;

6 commissaires des guerres dont : 1 pour les subsistances, 1 pour les fourrages, 1 pour les hôpitaux, 1 pour les prisonniers de guerre et enfin 2 autres disponibles ;

1 chirurgien-major ;

6 ou 8 chirurgiens ;

2 petites ambulances ;

1 chef et 2 employés pour le service des transports ;

1 chef et 2 employés pour le service des vivres ;

1 chef et 2 employés pour les fourrages ;

1 adjoint aux commissaires des guerres chargé des prisonniers ;

4 chariots disponibles sans être chargés et très bien attelés, dont répondra l'employé des transports.

L'ordonnateur de cette petite administration détachée aura avec lui 1 brigadier de gendarmerie et 8 gendarmes.

Cette administration me suivra toujours et ne recevra des ordres que de moi, ou du général Andréossy en conséquence des miens. Elle doit me suivre partout. Faites cette organisation dans la journée et désignez-moi l'ordonnateur en chef.

Vous savez que cette partie d'administration isolée est indépendante de la grande administration et de celle de toutes les divisions de l'armée.

BERTHIER.

Organisation des services à la suite du Major général.

Le 30 vendémiaire an XIV (22 octobre 1805).

COMMISSAIRES DES GUERRES.

JOINVILLE, commissaire ordonnateur en chef.
JACQUEMINOT, commissaire des guerres.
JACQUINOD, commissaire des guerres.
BONNEFOY, commissaire des guerres.
SERMET, commissaire des guerres provisoire.
FROGIER, commissaire des guerres provisoire.

PAIN.

LE PAYEN, chef de service.
DAUVIGNY, garde magasin, avec trois brigades de boulangers.
MULLER, aide-garde-magasin.

VIANDE.

Maninguard, chef de service.
Frestre, préposé comptable.
Benoist, employé.
Delacroix, employé.   (Avec 1 romainier et 5 bouchers.)

FOURRAGES.

Giguet, chef de service.
Noel, garde-magasin.
Collard, aide-garde-magasin.

HOPITAUX.

1° *Service de santé.*

Poussielgue, chirurgien principal.
Deux chirurgiens de 2ᵉ classe.

2° *Employés.*

Legendre, directeur général.
    (Avec 2 caissons d'ambulance chargés des effets nécessaires.)
........., économe.
........., employé.
........., employé.

ÉQUIPAGES MILITAIRES.

Sorlet, chef de division.
Chabod, conducteur.
Moulbeau, fourrier.
Sorlet, fourrier.
.........., conducteur.   (Avec 4 caissons non chargés.)

Augsburg, le 30 vendémiaire an xiv.

L'Intendant général de l'armée,

X...

CHAPITRE XVII.

GRAND ÉTAT-MAJOR GÉNÉRAL.

État-major général. — Administrations.

				NOMBRE.			
FONCTIONS.		GRADES.	NOMS.	Employés.	Ouvriers ou domestiques.	TOTAL des hommes.	Chevaux.
Vivres pain.	Administration générale.	Commissaire général.	Petiet et 2 secrétaires...	3	5	8	3
		Commissaires des guerres............	Monthiéry..	1	2	3	1
			Mazeau......	1	2	3	1
			Jacqueminot.	1	2	3	1
		Adjoint............	Barthomeuf.	1	1	2	»
		Inspect^r aux revues..	Villemanzy..	2	3	5	2
		Adjoint	De la Marre.	1	1	2	»
		Inspecteur	Fririon	1	2	3	1
		Sous-inspecteurs....	Marignier...	1	1	2	1
			Joinville....	1	1	2	1
		Régisseurs.........	Deniot......	1	2	3	1
			Bagieux.....	1	2	3	1
		Direct^r de correspond.	Mantepuis...	1	1	2	»
		Direct^r de comptabilité	Prévost.....	1	1	2	»
		Caissier	Lievrel.....	7	»	7	»
		Commis aux écritures	....	1	»	1	1
		Chef aux constructions............	Audibran....	1	»	1	1
	Division de service.	Inspecteur	Lucotte	1	1	2	»
		Garde-magasin	Allier......	1	»	1	»
		Aide-garde-magasin.	....	3	»	3	»
		Boulangers.........	....	»	20	20	»
		Ouvriers construct...	....	»	8	8	»
Vivres viande.	Administration générale.	Régisseur..........	E. Valette..	2	1	3	1
		Direct^r de comptabilité	Foucon	1	1	2	»
		Caissier	Morel......	1	»	1	»
		Commis	....	6	»	»	»
	Division de service.	Inspecteur	Pichaut.....	1	1	2	»
		Garde-parc	....	1	»	»	»
		Commis	De Mouy....	1	»	1	»
		Sous-employés.....	....	7	»	7	»
Fourrages......		Régisseur..........	Lonnoy	2	2	4	1
		Direct^r de correspond.	Pinot.......	1	1	2	»
		Direct^r de comptabilité	Caze........	1	1	2	»
		Caissier	Suppers.....	1	1	2	»
		Commis	....	6	»	6	»
		Inspecteur	La Perrière.	1	1	2	»
		Gardes-mag. et aides.	....	4	»	4	»
		Journaliers.........	....	5	»	5	»

22 OCTOBRE.

FONCTIONS.			GRADES.	NOMS.	Employés.	Ouvriers ou domestiques.	TOTAL des hommes.	Chevaux.
	Chauffage		Régisseur	ANDRÉ	2	2	4	1
			Inspecteur	BLONDIN	1	1	2	»
			Direct^r de comptabilité	FERMET	1	1	2	»
			Commis		3	»	3	»
			Garde-magasin	BIGOT	1	»	1	»
			Journaliers		»	2	2	»
	Campement		Inspecteur général	RICÉE	2	2	4	1
			Inspecteur	CATUELAN	1	1	2	»
			Garde-magasin		1	»	1	»
			Commis		5	»	5	»
			Ouvriers		5	22	27	»
Hôpitaux.	Administration générale.		Régisseur	MOURON	2	2	4	1
			Directeur de service	LEGENDRE	1	1	2	»
			Caissier	LEBLOND	1	1	2	»
			Garde-mag. et aides		3	»	3	»
			Commis		5	»	5	»
	Division de service.		Econome	MUNIER	1	»	1	»
			Dépensier	BAVETTE	1	»	1	»
			Employés		3	»	3	»
			Infirmiers		»	25	25	»
	Service de santé.		Médecin des armées	COSTE	2	2	4	1
			Chirurgien	PERCY	2	2	4	1
			Pharmacien	PARMENTIER	2	2	4	1
			Médecin ordinaire	CLAIRIANT	1	1	2	»
			Pharmacien ordinaire		4	»	4	»
	Trésorerie		Payeur général	ROGUIN	2	2	4	2
			Caissier	DOURNAY	1	1	2	»
			Chef de bureau	BAUDRAY	1	»	1	»
			Employés		11	»	11	»
			Garçons de caisse		»	3	3	»
Equipages militaires.	Administration générale.	1re divis. Equipements milit.	Inspecteur général	THÉVENIN	2	2	4	1
			Direct^r de comptabilité	MATHEZ	1	1	2	»
			Caissier	TELLIER	1	1	2	»
			Garde-mag. général	MONOT	1	»	»	»
			Chef de bureau	FRANÇOIS	1	»	»	»
			Commis		5	»	»	»
			Chef d'atelier	JALLÉS	1	»	»	»
			Artiste vétérinaire	JAMFOURCHE	1	»	»	»
			Hommes de peine		»	2	»	»
		2e divis. Vivres.	Sous-directeur	MACORS	1	1	2	»
			Caissier		»	»	»	»
		3e divis. Ambulance.	Directeur	LIEVIN	1	1	»	»
			Commis	AIMERY	1	»	»	»

FONCTIONS.		GRADES.	NOMS.	Employés.	Ouvriers ou domestiques.	TOTAL des hommes.	Chevaux.
Equipements militaires. Direction du service.	1re divis. Equipements milit.	Chef de division.....	Chevaudier..	1	»	»	»
		Conducteurs........	....	»	2	»	»
		Fourrier...........	Cousin......	1	»	»	»
		Maréchal ferrant....	....	1	»	»	»
		Bourrelier	Guillemet...	1	»	»	»
		Charron............	....	1	»	»	»
	2e divis. Vivres.	Conducteur........	....	»	1	»	»
		Haut-le-pied.......	....	»	1	»	»
		Maréchal ferrant....	....	1	»	»	»
		Charretier.........	....	»	1	»	»
	3e divis. Ambulance.	Conducteur........	....	»	1	»	»
		Haut-le-pied.......	....	»	1	»	»
Imprimerie.....		Directeur..........	Mersan	1	1	»	»
		2 interprètes.......	....	2	»	»	»
		1 prote............	....	»	1	»	»
		2 compositeurs.....	....	»	1	»	»
		2 garçons de presse.	....				
Postes.	Administration.	Inspecteur en chef...	Guérin......	1	2	3	1
		Directeur en chef....	Julliac	1	»	»	»
		Contrôleur.........	Régnier.....	1	»	»	»
		Direct^r de comptabilité	Pillot......	1	»	»	»
		Caissier	Desmazures..	1	»	»	»
		6 employés	....	6	»	»	»
		Garçon de bureau...	....	»	1	»	»
	Service.	10 courriers........	....	»	10	»	»
		10 postillons.......	....	»	10	»	»

Le maréchal Berthier à l'ordonnateur Joinville.

Augsburg, le 30 vendémiaire an xiv (22 octobre 1805),
à 11 heures du soir.

Il est ordonné à l'ordonnateur Joinville de partir demain, 1er brumaire, pour se rendre en deux jours à Munich, avec toute la partie d'administration que M. l'intendant général a organisée pour me suivre.

Le commissaire ordonnateur Joinville demandera au général Andréossy la brigade de gendarmerie qui doit l'accompagner.

Toute cette administration marchera en ordre de route : commissaires des guerres, employés, chirurgiens, les ambulances, chariots.

Il fera prendre du pain pour deux jours.

Il fera prévenir M. l'adjudant-commandant Lomet, qui est à Munich, pour le logement.

M. Joinville, de sa personne, logera le plus près de moi possible.

Maréchal Berthier.

CHAPITRE XVII.

Ministère du Trésor public.
Bureau du Payeur général de la guerre.
SOLDE.

État des sommes nécessaires au payement tant de la solde active et pain de soupe, que pour indemnité de route, indemnité de vivres de campagne et deuxième portion de la masse générale pour un mois, d'après les états fournis par les Payeurs pour le mois de thermidor an XIII et les avis donnés depuis par le Ministre de la guerre sur le mouvement des troupes.

[Tableau détaillé des divisions militaires et armées avec colonnes : Infanterie, Troupes à cheval, Artillerie, Génie, Vétérans, Gendarmerie impériale, Canonniers garde-côtes, État-majors de l'armée, de des places — Ministère de la Guerre ; puis Inspecteurs aux revues, Commissaires des guerres, Portion de solde payée aux consommes des hommes non soldes pour vivres et solde, Montant des appointements et soldes, Masse du pain de soupe, Totaux, Indemnité de route à fr. 15 par lieue et supplément d'étape, Indemnité de campagne ou supplément de vivres de campagne, Deuxième portion de la masse générale, Totaux, TOTAUX DES DEUX — Administration de la guerre]

Paris, le 30 vendémiaire an XIV.

Le Payeur général des dépenses de la guerre,

*Le général Andréossy à M. Chevalier, commandant d'armes à Spire,
à M. René, commandant d'armes à Augsburg.*

Augsburg, le 30 vendémiaire an XIV (22 octobre 1805).

Monsieur l'Adjudant-commandant,

Je vous préviens que, d'après une nouvelle disposition, les gîtes d'étape sur la route de communication avec l'armée sont fixés jusqu'à nouvel ordre à :

Bruchsal, Eppingen, Heilbronn, Œhringen, Hall, Ellwangen, Nördlingen, Donauwörth et Augsburg.

Il y a dans chacun de ces gîtes un commandant de place, un commissaire des guerres et un détachement de gendarmerie. Je vous invite à suivre cette nouvelle répartition dans les routes et ordres que vous aurez à faire expédier.

Le chef d'escadron Charlot, commandant les postes de gendarmerie établis sur la route, doit résider à Hall (1).

Veuillez bien faire connaître ces dispositions aux commandants de place sur la route.

ANDRÉOSSY.

Rapport du 22 octobre 1805.

L'armée autrichienne sur l'Inn et la Grande-Vils, portée à 25,000 hommes dans le dernier rapport envoyé à Sa Majesté, est augmentée de deux régiments d'infanterie portés à 6,000 hommes, de deux divisions de hussards de Hesse-Hombourg (ci-devant Vecsey), de deux divisions de chevau-légers de Lobkowitz et de quatre divisions des dragons d'O'Reilly.

Le 23 et le 24, l'ennemi fit filer un grand train d'artillerie et des bagages par Schärding sur la rive droite de l'Inn.

Le 25, l'artillerie a repassé l'Inn.

Il n'y a point de troupes de ligne sur la route de Passau à Linz et Vienne.

---

(1) Il est prévenu de ces dispositions, ainsi que tous les autres intéressés, y compris M. Gérard, qui est avisé par l'adjudant-commandant Hastrel.

D'après les derniers renseignements, l'ennemi occupe Straubing; depuis l'affaire qui a eu lieu près de Wörth, les Autrichiens ne se montrent plus près de Landshut.

Depuis samedi, toutes les forces autrichiennes et russes se concentrent aux environs de Mühldorf.

Marktl n'est plus qu'une petite ville abandonnée; les vivres manquent aux armées russes et autrichiennes.

M. Bacher au général Mathieu Dumas.

Ratisbonne, le 30 vendémiaire an XIV (22 octobre 1805).

Monsieur le Général,

J'ai l'honneur de vous prévenir que M. Mandl, commissaire autrichien, muni d'un passeport de M. le capitaine Nattermann, attaché à l'état-major du corps d'armée de Son Excellence M. le maréchal Ney, s'est présenté hier à Ratisbonne dans l'intention d'y négocier un emprunt pour le compte du général Stipsicz et des militaires autrichiens faits prisonniers de guerre à Ulm, mais que n'étant muni d'aucune autorisation, les banquiers de Ratisbonne n'ont pas voulu lui avancer la somme de 20,000 à 25,000 florins avant que M. le général Stipsicz ne leur eût adressé un mandat de pareille somme sur la caisse de l'armée, qui a été sauvée dans le Tyrol, ou sur le conseil aulique de guerre à Vienne.

M. le baron de Trugel, ministre impérial à Ratisbonne, est venu me prier, pour sortir de cet embarras et pouvoir faire parvenir les secours pécuniaires aux militaires autrichiens, prisonniers de guerre, de faire expédier par estafette au général français, commandant à Ulm, une lettre ouverte par laquelle il lui demande d'envoyer à M. le commissaire Mandl, à Ratisbonne, un mandat sur Vienne ou Innsbruck pour la somme de 20,000 ou 25,000 florins, si telle est effectivement son intention.

Comme je n'ai vu aucun inconvénient d'envoyer cette lettre ouverte au général français commandant à Ulm, je l'ai effectivement expédiée hier au soir par estafette, ce dont je n'ai cependant pas voulu négliger de vous informer.

Veuillez......

BACHER.

*Bulletin de Ratisbonne du 30 vendémiaire an XIV
(22 octobre 1805).*

D'après un ordre spécial arrivé de Berlin le 26 vendémiaire (*18 octobre*), les deux régiments d'infanterie d'Unruhe et de Tauenzien, en garnison à Anspach et Bayreuth, de même que les 1000 hommes de hussards cantonnés dans ces deux margraviats de la Franconie prussienne, ont reçu l'ordre de se réunir dans le pays de Bayreuth et de prendre une position militaire sur la route qui conduit par Egra en Bohême. (Trois régiments d'infanterie et un régiment de cavalerie doivent être partis de Berlin pour renforcer ce petit corps.) Comme l'on annonce un corps de troupes russes qui doit déboucher dans l'empire par cette route et que c'est dans la même direction que l'archiduc Ferdinand a trouvé moyen d'échapper avec les débris d'un corps de cavalerie autrichienne, on ne sait que penser ici de ce mouvement qui donne d'autant plus lieu à différentes conjectures que depuis quelques jours les ministres impériaux se vantent hautement à Ratisbonne que le roi de Prusse est entré dans la coalition, sans que le ministre de Prusse à Ratisbonne, qui est sans instructions de sa cour à ce sujet, se trouve en mesure de démentir de pareilles assertions, qu'il devrait repousser comme absurdes et calomnieuses.

Lorsque le maréchal Bernadotte a passé paisiblement avec son armée par le pays d'Anspach, ouvert à toutes les armées pendant la dernière guerre, le ministre de Prusse et tous les ministres comitiaux ont jeté les hauts cris à Ratisbonne. L'archiduc Ferdinand vient actuellement de traverser en fuyard les margraviats d'Anspach et de Bayreuth avec un corps de cavalerie et 500 à 600 tant caissons que chariots de munitions et transports, qui se sont soustraits par là à la poursuite des troupes françaises victorieuses, et toute la diète reste muette comme si ce n'était qu'une fredaine.

BACHER.

22 OCTOBRE.

Le général Victor au général X.....

Copenhague, le 30 vendémiaire an xiv (22 octobre 1805).

Général,

Je m'empresse de vous transmettre, en attendant les plus amples renseignements que Sa Majesté désire recevoir, les détails suivants qui me sont parvenus de Suède, sur les troupes de cette nation qui doivent se rendre en Poméranie.

Les régiments suivants ont reçu l'ordre, le 3 octobre dernier, de marcher à Carlskrona pour y être embarqués :

INFANTERIE.

Les deux régiments des gardes, environ............	2,100 hommes.
Partie du régiment du Roi, alors en Scanie.......	500 —
— de Warmeland, chasseurs.....	1,200 —
— de Scarabourg...............	500 —
— d'Elfsbourg.................	500 —
— de Cronebourg..............	1,200 —
— d'Ostrogothie................	1,000 —
— de Jonkiöping................	600 —

CAVALERIE.

Régiment du général Mörner, hussards...........	400 —
— de Cederstrom, dragons...............	500 —
— de Toll, cavalerie....................	500 —

TROUPES SUÉDOISES, DÉJA EN POMÉRANIE.

Infanterie.......................................	1,000 —
Artillerie.....................................	500 —
Total......	10,500 hommes.

Les deux armées russe et suédoise en Poméranie, seront fortes de 50,000 hommes dont 40,000 russes. Au nombre de ces derniers seront 5,000 hommes de cavalerie. 30,000 hommes sont déjà réunis dans cette province. Le reste y arrivera incessamment, suivant les avis que j'ai reçus.

J'attends des renseignements détaillés sur la composition de cette armée. Dès qu'ils me seront parvenus, je m'empresserai de vous les transmettre.

On a reçu hier ici la nouvelle qu'un convoi de 20 bâtiments

de transport, parti de Riga avec 6,000 hommes de troupes il y quinze jours, a considérablement souffert par une grande tempête qui s'est fait sentir peu après son départ. 2 bâtiments, portant 600 hommes, ont péri. Les autres ont été jetés sur la côte et la plupart brisés. On a sauvé les hommes.

On croit aussi, mais avec moins de certitude, qu'une escadre russe de 13 vaisseaux de ligne, de 6 frégates et 16 transports, partie de Cronstadt avec des troupes pour la Poméranie, a éprouvé un semblable revers près des côtes de cette province.

Pendant que vous gagnez des batailles en Allemagne, Dieu combat pour vous sur la Baltique.

Agréez...... VICTOR.

Extrait d'une lettre de Straubing, datée du 22 octobre,
« à 10 heures du soir ».

Dans ce moment il nous arrive une réquisition de la part du détachement russe qui se trouve à Deggendorf. On exige 200 capotes et autant de paires de souliers etc., etc., à fournir jusqu'au 27. Le commandant russe menace de traiter la ville de Straubing de la même manière que les Bavarois avaient traité Eichstädt, en ajoutant qu'on devait être bien certain que lui et ses troupes tiendraient parole ; qu'il savait déjà que la ville se mêlait d'espionnage ; qu'il ferait garrotter et amener au quartier général russe les employés de l'Électeur ; qu'il ferait fusiller tous les chasseurs et tous les officiers de la maréchaussée qu'il trouverait, puisque tout ce complot (c'est ainsi qu'il appelle la formation du nouveau corps des chasseurs) lui était connu.

On a promis à cet officier de faire son possible pour le satisfaire. Notre ville est entièrement abandonnée à la merci des ennemis, ainsi que le plat pays qui souffre infiniment par des incursions continuelles des hussards et uhlans. Si l'on ne vient pas bientôt à notre secours, l'esprit public tombera. Le corps autrichien de 4,000 hommes d'infanterie et 700 à 800 chevaux poussé à Waldmünchen empêche toutes les communications en envoyant des patrouilles jusqu'à Straubing, Deggendorf, Vilshofen, Pfaffenberg et même à Landau. Ce corps prend les convois, les lettres et inquiète les derrières de l'armée.

22 OCTOBRE.

Bulletin.

Dresde, le 30 vendémiaire an XIV (22 octobre 1805).

Le sieur X... est parti de Dresde le 10 octobre au soir ; il est arrivé le 13 à Prague, où il est resté jusqu'au 15. Il n'a trouvé dans cette ville aucune garnison. La garde s'y faisait par des recrues qui n'étaient pas même encore habillées. On y parlait vaguement de la prochaine arrivée de quelques troupes russes.

Sur la route de Prague à Budweiss, où le sieur X... est arrivé le 17, aucune colonne russe n'avait encore passé. Rien n'y était connu sur leur marche ; les bruits populaires étaient que les Russes avaient passé à Znaim le 30 septembre, au nombre de 90,000 hommes. C'était l'armée de Kutusow dont on doublait le nombre.

De Budweiss, le sieur X... se rendit à Iglau. Il y arriva le 31 octobre. Aucune troupe russe n'y avait paru. On en attendait, disait-on, qui devaient se rendre à Prague, mais on croyait que l'armée principale, forte de 46,000 hommes, était déjà auprès de Linz.

Le sieur X... quitta Iglau le 22. Il arriva le 24 à Brünn. Dans cette ville, il eut connaissance du passage des troupes russes, dont on ne manquait pas d'exagérer le nombre et dont les derniers corps étaient partis le 6 octobre.

Voici les détails qu'il a pu se procurer sur la composition de cette armée :

INFANTERIE.

1re colonne, passée du 30 septembre au 2 octobre par Brünn et Znaim, aux ordres du général Bagration.

6e régiment de chasseurs à pied, colonel LAPTION.
Kiew, grenadiers, colonel LIEDERS.
Azow, infanterie, colonel ZELIEKOW.

2e colonne, passée par Brünn et Znaim du 2 au 4 octobre, aux ordres du lieutenant général d'Essen.

Grenadiers Absolowsky, colonel MILORADOWITCH.
Malerselsky, infanterie, colonel BERG.
Smolensky, infanterie, colonel DRETENTZ.

CHAPITRE XVII.

3ᵉ colonne, passée par Brünn et Znaim du 4 au 6 octobre, aux ordres du général Urklemberg.

Dragons à pied de Pétersbourg, colonel Spielow.
8ᵉ régiment de chasseurs à pied, colonel prince Golowkine.
Bulgerky, infanterie, colonel Repninsky.
Moskowsky, infanterie, colonel Muller.

4ᵉ et 5ᵉ colonnes, passées par Brünn et Znaim du 6 au 8 octobre, aux ordres des généraux Chépeleff et X...

Nowgorodsky, infanterie, colonel Rajanow.
Narwasky, grenadiers, colonel Rodlenhoff.
Radolsky, infanterie, colonel Zetiekow.
Waizy, infanterie, colonel X...
Iaroslawsky, infanterie, colonel baron de Maltitz.

CAVALERIE.

Commandée par le général Bauer et appartenant aux colonnes ci-dessus.

1ʳᵉ colonne. Hussards Pawlogradsky, colonel Pantalison.
2ᵉ   —   Ungernofkosky, colonel Leuwen.
             Essen, dragons, colonel X..,
3ᵉ   —   Marioupolsky, hussards, colonel Baradowsky. (5 escadrons.)
4ᵉ   —   Monopolsky, hussards, général Usipow.
             Petersbourgsky, dragons, colonel X...
5ᵉ   —   5 escadrons des cuirassiers de l'Empereur, colonel Usipow.

ARTILLERIE.

Commandée par le général Zakomelsky.

2 compagnies d'artillerie, 10 pièces de 12, commandant-major Dogolowsky.
2   —   d'artillerie, commandant Stein.
1   —   — du 5ᵉ régiment avec 24 pièces de 12.
4   —   du 5ᵉ rég. avec 12 pièces, commandant Maltitz.
2   —   d'artillerie à cheval.
3   —   de pontonniers.
40 chariots à pontons.

22 OCTOBRE.

A Brünn, le sieur X... a été informé qu'il était resté dans cette ville et dans les environs 1500 chevaux malades et que tout le long de la route beaucoup de chevaux avaient été vendus par les Russes à 2 et 3 florins pièce.

A Brünn, le sieur X... fit la connaissance d'un officier se disant au service de la Russie et cependant non employé dans l'armée du général Kutusow, et qui allait rejoindre celle du général Michelson. Il s'attacha à ses pas, espérant en tirer de bonnes informations et pénétrer avec lui jusqu'à la seconde armée. Ils se rendirent ensemble à Olmütz, ensuite à Troppau.

Dans la route ils se devinrent suspects l'un à l'autre, puis en s'examinant davantage ils se reconnurent chargés de la même mission et voyageant pour le même objet : Alors le sieur X... qui n'avait point de moyen de correspondance et qui avait promis de revenir promptement à Dresde, voyant que le sieur Malitz était en parfaite mesure de continuer sa route, le laissa partir seul pour la Galicie, après lui avoir remis 200 florins dont il avait un besoin absolu.

Le sieur X... quitta Troppau le 22 octobre. Il avait rencontré à Olmütz un courrier russe qui venait de Poulawy et qui se rendait à Vienne.

Ce courrier lui dit que l'armée du général Michelson était auprès de Cracovie, qu'elle était composée en grande partie de régiments de cavalerie, et qu'elle avait beaucoup d'artillerie.

C'est au-devant de cette armée que le sieur Malitz a été. Il paraissait qu'elle devait suivre la route de Cracovie et Teschen et de Teschen à Olmütz, comme celle du général Kutusow.

Au 22 octobre, on n'avait à Troppau aucune nouvelle du passage de cette seconde armée par Teschen.

Le sieur X... est revenu de Troppau par Neustadt, Neisse, Schweidnitz, Liegnitz et Bautzen. Il est arrivé à Dresde le 31 octobre.

En traversant la Silésie dans cette direction, il n'a point rencontré de troupes prussiennes en mouvement, mais il a su que le régiment de Hohenlohe avait quitté Breslau se dirigeant sur la Saxe, que les régiments de Frauenfeld, de Heymann, de Wolf, cuirassiers, de Wurtemberg, hussards, et 2 bataillons de Grüne étaient pareillement attendus, venant de la Prusse méridionale et du cours de la Silésie pour traverser les États saxons.

La Rochefoucault.

Le général Victor au Ministre des relations extérieures

Copenhague, le 30 vendémiaire an xiv (22 octobre 1805).

Monseigneur,

J'ai appris par une voie très sûre que l'escadre russe de 13 vaisseaux de ligne et 6 frégates, signalée à Bornholm il y a huit jours, qui, avec 16 bâtiments de transport, convoyait des troupes pour la Poméranie suédoise, après les y avoir déposées, devait aller prendre d'autres troupes à Riga et les conduire à la même destination, et que, cette seconde expédition terminée, l'escadre, ne pouvant retourner dans les ports de Russie qui seraient alors fermés par les glaces, viendrait hiverner dans celui de Copenhague et que M. le chevalier de Lizakewitz était chargé de prier le gouvernement danois de la recevoir.

Considérant, Monseigneur, cette escadre comme une armée ennemie toujours prête à agir contre nous, j'ai pensé que les devoirs de la neutralité ne permettaient point d'adresser une pareille demande, et je me suis rendu aussitôt chez M. le comte de Schimmelmann, ministre d'État, le seul auquel je puisse m'adresser en l'absence du comte de Bernstorff et de son frère. Après lui avoir exposé l'avis qui m'avait été donné, je lui ai observé qu'il était différent de donner des secours et une aide momentanée à une flotte ou de lui permettre d'hiverner; que le projet de la Russie pouvait être de tenir cette escadre à la disposition de ses alliés et de la mettre à portée d'agir dès les premiers jours du printemps, ce qui ne pourrait s'exécuter que fort tard, si elle se renfermait dans les ports de Russie ; que sous ce rapport, ce serait favoriser nos ennemis.

Que, d'un autre côté, la plus grande partie des équipages devant naturellement descendre à terre pendant un si long séjour, il ne conviendrait pas qu'un ministre de France habitât une ville dégarnie de la moitié de sa garnison, dans laquelle se trouveraient plus de militaires russes que danois ; que ce gouvernement devait craindre d'ailleurs que le cabinet de Pétersbourg n'eût aussi pour but, en exigeant cet acte de complaisance, de chercher à le compromettre vis-à-vis de la France, pour l'entraîner malgré lui dans cette nouvelle coalition ; que si la Poméranie n'offrait aucun port à l'escadre, il lui serait facile de se retirer à Carlskrona, puisqu'elle serait là chez ses alliés et dans un port très vaste et absolument vide. J'ai fini par déclarer que je regarderais l'admission de l'escadre russe à Copenhague comme une infraction formelle aux devoirs de la neutralité.

Le comte de Schimmelmann n'avait point encore connaissance que le chevalier de Lizakewitz eût fait la demande dont je lui parlais, mais il a reconnu la justesse de mes observations et m'a promis de les transmettre sans délai au Prince royal.

Sans doute, Monseigneur, Sa Majesté approuvera la demande dont j'ai l'honneur de vous rendre compte et j'imagine que vous m'autoriserez à y insister. Mais dans le cas où malgré mes représentations la flotte serait reçue, sera-t-il de la bienséance que je continue ici ma résidence? Je prie Votre Excellence de vouloir bien me répondre sur cet objet.

Du reste, Monseigneur, on a reçu hier ici des nouvelles fâcheuses de cette même escadre russe. S'il faut y ajouter foi, elle a été presque entièrement détruite près des côtes de la Poméranie par un ouragan très violent qui a soufflé sans relâche sur la Baltique les 16 et 17 octobre. Une partie des vaisseaux et des transports auraient entièrement péri, les autres se seraient brisés sur les côtes et on en aurait sauvé avec peine les troupes et les équipages. Au nombre des bâtiments perdus serait un navire chargé de piastres.

D'un autre côté, des lettres de Riga, reçues aussi hier, annoncent qu'une vingtaine de bâtiments sortis de ce port avec des troupes ont été fortement endommagés par une tempête à la vue même de cette ville, que plusieurs ont été brisés et que deux y ont péri avec 600 hommes qu'ils portaient. Ce dernier événement n'est pas douteux, il y a quinze à dix-huit jours qu'il a eu lieu. Quant au premier, il est moins constaté et quelques personnes croient qu'on a confondu l'escadre dont il s'agit avec les bâtiments échoués devant Riga. Du moins, il est certain que le chevalier de Lizakewitz a reçu de son côté une nouvelle de cette espèce, et hier le secrétaire de la légation de Russie a dit à celui d'Espagne avec les signes d'une vive douleur que la plus grande partie de l'escadre et des transports russes avaient péri.

Un bâtiment de la même nation, marqué n° 11 et que l'on croit un transport destiné pour la Poméranie, est arrivé hier dans ces parages; il a été endommagé par la dernière tempête et poussé par les vents jusqu'ici; il est entré ce matin dans le port.

J'ai l'honneur de vous envoyer, Monseigneur, les premiers renseignements que m'a fournis l'agent suédois que j'ai chargé d'aller observer les armées ennemies. Il se les est procuré à Elsingburg où il avait été prendre des transports pour ses voyages.

Aussitôt qu'il m'aura fait parvenir son premier rapport de ce qu'il aura vu en Poméranie, je m'empresserai de vous le transmettre; il ira ensuite en Allemagne.

Extrait des rapports des 22 et 23 octobre sur l'armée russe.

L'armée russe cantonnée à Braunau et aux environs est évaluée à 30,000 hommes, 4 régiments de grenadiers, 7 régiments de ligne et 1 régiment de chasseurs à pied.

On attend 3 régiments de cavalerie. Parmi les 10 généraux qui sont à Braunau, on compte le général Kutusow, Dertrop et Schepelew.

Samedi dernier, une colonne de 5,000 à 6,000 Russes s'est portée à Markel, en est repartie le dimanche.

On dit le prince Constantin arrivé au couvent de Randshowen.

Il se trouve à l'armée :

    3 trains d'artillerie du calibre de 6,3 et 12, ensemble :
    88 pièces.

C'est-à-dire en trois divisions :

    La 1re de 28 pièces ;
    La 2e de 24 pièces ;
    La 3e de 36 pièces.

Il y a en outre plus de 300 voitures de bagages et d'artillerie.

22 OCTOBRE.

On évalue :

Les quatre régiments de grenadiers, à	2,130	hommes chacun.
Les sept régiments de ligne, à	2,120	—
Le 1er régiment de chasseurs à pied, à	880	hommes.
1 bataillon d'artillerie, à	1,780	—
1 régiment de hussards, à	1,500	—
1 — de dragons, à	908	—
Total	29,376	hommes.

Le 2ᵉ corps russe, aux ordres du général Michelson, doit arriver avant le commencement du mois de novembre aux environs de Vienne.

1re armée russe.

COLONNES.	NOMS DES RÉGIMENTS.	ÉTAT-MAJOR.	OFFICIERS.	SOUS-OFFICIERS.	MUSICIENS.	SOLDATS.	NON-COMBATTANTS.	TOTAL.	CHEVAUX.	PETITES VOITURES.	OBSERVATIONS.
1re	Grenadiers de Kieff............	7	50	117	55	1,838	111	2,187	60	477	Octobre 1805.
	Mousquetaires d'Azoff.........	6	52	117	55	1,751	122	2,106			
	6e régiment de chasseurs......	4	43	107	32	1,721	110	1,417			
		17	145	311	142	4,713	343	5,701			
2e	Grenadiers de Maloross.......	8	53	123	57	1,862	129	2,232	48	504	
	Mousquetaires d'Apchéron.....	7	52	118	58	1,813	126	2,174			
	— de Smolensk........	6	49	129	54	1,688	131	2,057			
		21	154	370	169	5,363	386	6,453			
3e	Un bataillon du 8e chasseurs...	1	12	35	9	350	134	541	48	427	
	Mousquetaires de Moscou......	7	54	114	50	1,735	120	2,080			
	— de Boutyrsk.....	6	52	111	54	1,777	123	2,123			
	Deux bataillons de dragons.....	»	»	»	»	800	»	800			
		14	118	260	113	4,662	377	5,544			
4e	Mousquetaires de Novgorod....	6	46	114	56	1,799	125	2,146	48	492	
	— de Narva.......	5	49	114	55	1,813	128	2,194			
	— de Podolie.....	6	52	125	50	1,514	129	1,181			
		17	147	353	166	5,150	382	6,221			
5e	Deux bataillons du 8e chasseurs.	3	27	69	22	706	80	907	56	575	
	Mousquetaires de Wiatka......	7	53	116	56	1,830	127	2,189			
	— de Iaroslaw....	7	50	130	52	1,520	120	1,879			
	— de Briansk.....	7	49	116	55	1,811	122	2,160			
		24	179	431	185	5,867	449	7,135			
	TOTAL GÉNÉRAL........	93	743	1,755	775	25,761	1,937	31,051	260	2,475	

CHAPITRE XVIII

23 octobre.

Le général Loison au maréchal Ney.

Dellmensingen, le 1ᵉʳ brumaire an xiv (23 octobre 1805).

Monsieur le Maréchal,

J'ai l'honneur de vous adresser ci-joint l'état de la répartition de la brigade du général Roguet dans les cantonnements que vous m'avez désignés. J'ai établi mon quartier général à Dellmensingen, le village de Gögglingen que vous m'aviez indiqué ne contenant que quelques maisons de pauvres paysans.

Le capitaine de grenadiers qui commande à Laupheim m'a donné avis qu'il était prévenu que l'ennemi envoyait des patrouilles de 15 et 25 hommes à cheval sur Biberach. Je viens de faire partir pour cette dernière ville mon aide de camp Michaud, avec quelques hussards.

Le capitaine commandant le 3ᵉ escadron du 3ᵉ hussards, ayant reçu directement les ordres de son colonel pour rentrer au régiment, est parti sans prendre les miens, et ne m'a laissé que 30 hommes au nombre desquels sont compris les ordonnances du général Villatte, et quelques hussards employés par mon commissaire des guerres pour escorter des voitures de pain, de manière qu'il me reste ici trop peu de cavalerie pour pouvoir éclairer sur Ochsenhausen, Biberach et communiquer avec Illereichen, conformément à vos instructions.

L'effectif de hussards présents à ma division est de 18. Je vous prie de vouloir bien donner des ordres pour que l'escadron y rentre en entier, et ce ne sera pas trop, puisqu'il ne s'y trouve pas 50 hommes disponibles.

J'ai l'honneur de vous saluer avec la considération la plus distinguée.

(A. M.) Loison.

P.-S. — Cinq prisonniers déserteurs de la colonne se sont présentés cette nuit au pont de Gögglingen. La sentinelle a crié trois fois : « Qui Vive ! » Ces hommes n'ayant pas répondu, elle a fait feu et en a tué un, les autres ont été arrêtés. J'ai donné ordre qu'ils fussent conduits à Ulm.

GRANDE ARMÉE. — 6ᵉ CORPS.

Ordre du jour.

Au quartier général, à Ulm, le 1ᵉʳ brumaire an XIV
(23 octobre 1805).

Le Maréchal commandant en chef, toujours empressé de rendre justice au courage des braves soldats qu'il a l'honneur de commander, ne leur dissimule pas son mécontentement de quelques excès qui ont été commis.

L'inexactitude dans la distribution du pain et du vin a pu en être la raison ; mais, à compter de ce jour, les distributions se feront régulièrement et il n'y aura plus aucun prétexte pour quitter les rangs et les cantonnements.

Le Maréchal ordonne aux généraux, chefs de corps et officiers de faire régner cette discipline qui fait la force des armées et dont ne s'écarte jamais le vrai soldat.

Il devra être fait des appels, rondes et patrouilles, et ceux qui seront trouvés en maraude seront sur-le-champ traduits aux conseils de guerre, et punis suivant la rigueur des lois.

Le Général, chef de l'état-major général,

(A. M.) Du Taillis.

Le maréchal Berthier au maréchal Ney.

Augsburg, le 1er brumaire an xiv (23 octobre 1805).

Monsieur le Maréchal,

L'intention de l'Empereur est que tous les dragons qui sont sous vos ordres partent d'Ulm le 3 brumaire ; ceux montés, pour se rendre à Augsburg où ils recevront de nouveaux ordres ; et ceux non montés, pour se rendre à Ingolstadt, où le général Baraguey-d'Hilliers leur fera donner des chevaux.

Ces derniers seront conduits par le général Wonderweidt. Je vous prie, Monsieur le Maréchal, de m'envoyer, par le retour de mon courrier, un état des dragons montés que vous aurez à diriger sur Augsburg, et un état de ceux à pied que vous aurez à diriger sur Ingolstadt.

L'Empereur désire que, par le retour de mon courrier, vous m'adressiez un rapport détaillé sur la situation d'Ulm et sur tout ce que vous aurez trouvé.

Le Major général,

(A. M.)   Maréchal Berthier.

P.-S. — Comme je n'envoie point de courrier, et que votre aide de camp se trouve ici, envoyez-moi à Munich un officier de votre état-major, pour m'apporter tous les détails que je vous demande.

Vous voudrez bien, Général, adresser les dragons à cheval au général René à Augsburg, et les dragons à pied au général Baraguey-d'Hilliers à Ingolstadt (1).

---

(1) *Note du maréchal Ney :*

Le général **Du Taillis** donnera les ordres nécessaires pour mettre à exécution les dispositions du ministre de la guerre, concernant les dragons aux ordres du général Wonderweidt, et ceux montés.

Ney.

2ᵉ DIVISION. — BUREAU DES ÉTATS-MAJORS.

Le maréchal Berthier au maréchal Ney.

Augsburg, le 1ᵉʳ brumaire an XIV (23 octobre 1805).

Monsieur le Maréchal,

J'ai l'honneur de vous prévenir que, d'après votre demande, j'ai fait expédier à M. Flosse, colonel réformé, une lettre de service pour être employé dans son grade à votre état-major. Je vous adresse cette lettre de service; vous voudrez bien la lui remettre.

J'ai l'honneur de vous saluer.

(*A. M.*)

Le Ministre de la guerre,
Maréchal Berthier.

État des bouches à feu et munitions remises par les Autrichiens à Ulm.

DÉSIGNATION DES OBJETS.		QUANTITÉS.	OBSERVATIONS.
Bouches à feu.	Canons... de 6........	43	Dont deux à coffrets Wurtz.
	Canons... de 3........	20	
	Obusiers de 5 p. 5 l. = 7 p. de pierres.............	2	
Caissons...	de 6, en osier............	31	Dont dix vides sont emmenés au corps du général Marmont.
	de 3....................	11	
Munitions..	Cartouches à boulets de 6....	4,415	
	Cartouches à boulets de 3....	1,350	
	Cartouches à balles de 6.....	422	
	Cartouches à balles de 3.....	337	
	Étoupilles...............	8,123	
	Lances à feu.............	1,967	
	Bricoles.................	200	
	Écouvillons. de 3........	10	Les écouvillons sont ceux des caissons.
	Écouvillons. de 6........	27	
	Traits d'enrayage.........	22	
	Paquets de mèches........	31	
	Fusils...................	13,600	Plusieurs manquent de platine et d'autres sont brisés.

Augsburg, le 1ᵉʳ brumaire an XIV (23 octobre 1805).

Songis.

23 OCTOBRE.

GRANDE ARMÉE.

Emplacements du 1ᵉʳ brumaire an XIV (23 octobre 1805).

DÉSIGNATION DES CORPS.	EMPLACEMENTS.	OBSERVATIONS.
Quartier général........	Réuni à Augsburg, filant en partie vers Munich.	L'Empereur a quitté Elchingen le 29 à midi et est arrivé le soir à Augsburg. Le général Léry part ce soir avec les officiers du génie, sapeurs et mineurs et caissons d'outils.
Garde impériale : Chasseurs à pied........	En marche pour aller coucher à mi-chemin d'Augsburg à Munich.	Avec l'artillerie............
3ᵉ escadron des grenadiers à cheval.	*Ibid*..............	Il ne reste provisoirement qu'un détachement de chasseurs et de grenadiers à cheval pour l'escorte de l'Empereur. Toute la Garde à cheval part demain pour Munich. Les grenadiers à pied partiront une heure après l'Empereur.
La moitié des chasseurs et des grenadiers à cheval qui était avec le prince Murat.	Partent aujourd'hui des environs de Nuremberg pour se rendre à Munich.	Le général Macon part pour prendre le commandement de Munich.
1ᵉʳ corps (Bernadotte)...	A Munich, avec des corps en avant poussant des reconnaissances sur Linz.	
Corps bavarois (Deroy)..	A Munich	1 régiment à Donauwörth. 1 bataillon à Rain. 1 bataillon à Landsberg. 1 brigade à Ulm. (On n'en a plus besoin à Ingolstadt.)
2ᵉ corps (Marmont) : 2ᵉ division.............	De Günzburg à Zusmarshausen ou Biburg.	En marche avec permission de prendre repos un jour.
1ʳᵉ division..	A Krambach, en marche pour coucher à mi-chemin d'Augsburg à Dietkirch.	*Ibid.*
Division batave........	A Donauwörth et partie à Augsburg.	
Cavalerie.......	Arrivée aux environs d'Augsburg.	10 escadrons.
3ᵉ corps (Davout).......	Se concentre à Dachau.....	Et demain à Freising.
4ᵉ corps (Soult)........	A Landsberg, avec avant-gardes dirigées sur l'Inn.	Observant la route de Kempten vers Leutkirch.

DÉSIGNATION DES CORPS.	EMPLACEMENTS.	OBSERVATIONS.
5ᵉ corps (Lannes) : Division de grenadiers...	A Ingolstadt............	Ordres du 1ᵉʳ pour partir pour Landshut.
Division Gazan.........	Aux environs d'Augsburg..	Partant demain pour Landshut, prenant du pain pour deux jours.
Division Suchet.........	Arrive à 5 heures de Munich.	Ordres du 1ᵉʳ de continuer la route pour se rendre à Landshut.
Cavalerie légère.........	A Ingolstadt.	
6ᵉ corps (Ney) : Division Dupont........	Aux environs de Nuremberg.	Colonne du prince Murat qui a eu une dernière affaire sous Nuremberg.
Division Loison.........	A Ulm et aux environs.	
Division Malher.........	A Ulm et aux environs....	Doit rester huit jours en position et se combiner ensuite avec le 7ᵉ corps.
Cavalerie..............	A Ulm et aux environs.	
7ᵉ corps (Augereau).....	Arrive les 1ᵉʳ, 2, 3 et 4 aux environs de Friburg.	
Réserve de cavalerie : 1ʳᵉ div. de grosse cavalerie (Nansouty).	Partie le 27 des environs d'Ulm pour Heidenheim, pour y être aux ordres du maréchal Lannes dont elle a dû suivre le mouvement.	Était le 29 à Rain, se dirigeant sur Munich par Ingolstadt. Ordre du 1ᵉʳ de se rendre à Landshut.
2ᵉ div. de grosse cavalerie (d'Hautpoul).	A Munich...............	Suit les mouvements du 1ᵉʳ corps.
1ʳᵉ division de dragons (Klein).	Aux environs de Nuremberg.	Corps du prince Murat dont on ignore la position en détail.
2ᵉ division de dragons (Walther).	Part d'Augsburg pour se rendre à Munich en deux jours.	Passe aux ordres du maréchal Bernadotte.
3ᵉ division de dragons (Beaumont).	A Friedberg et environs...	Part demain pour se rendre en deux marches à Munich.
4ᵉ division de dragons (Bourcier).	A Geislingen............	Fournissant deux escadrons à chaque colonne de prisonniers, d'Ulm à Spire, et faisant arrière-garde de ces colonnes avec le reste de sa division.
Brigade Wonderweidt...	A Ulm, pour être montée en partie.	A ordre de se rendre à Ingolstadt et les hommes montés à Ulm pour être dirigés sur leurs escadrons. Passe aux ordres du général Brouard et le général Wonderweidt se rend au quartier général.
L'autre brigade.........	A Donauwörth..........	Part demain pour se rendre à Ingolstadt.
Grand parc........	Nördlingen, Donauwörth, Augsburg.	Doit se concentrer à Augsburg.

DÉSIGNATION DES CORPS.	EMPLACEMENTS.	OBSERVATIONS.
Bataillons wurtembergeois (A. Raumann), 1er et 2e bataillons.	A Augsburg	Employés à l'escorte des prisonniers.
Corps wurtembergeois (général Seeger).	Arrive à Geislingen	En part demain pour Augsburg : 2,200 hommes d'infanterie, 150 cavaliers et 8 pièces de canon.
54e régiment d'infanterie.	Doit rejoindre le 1er corps, du moment que les dragons du général Baraguey d'Hilliers arriveront à Ingolstadt.	
21e régiment de dragons.	Part de Donauwörth avec le général Godinot pour faire l'arrière-garde du parc filant sur Augsburg.	
11e et 22e régiments de chasseurs.	En marche.	
64e régiment d'infanterie.	»	
Dépôts de dragons	Partent de Nördlingen pour se rendre à Neuburg.	Le général Milet qui les commande y sera aux ordres du général Baraguey-d'Hilliers.
34e régiment d'infanterie (3e bataillon).	Part de Donauwörth avec le général Godinot pour faire l'arrière-garde du parc sur Augsburg.	

(*De la main du colonel Vallongue.*)

Le maréchal Berthier au général Bourcier.

Augsburg, le 1er brumaire an XIV (23 octobre 1805), au soir.

Il est ordonné au général Bourcier de partir le plus tôt possible de Geislingen ou de Stuttgard, avec sa division, pour se rendre à Augsburg, où il recevra de nouveaux ordres. Il aura soin de m'instruire du jour de son arrivée et de son itinéraire.

Maréchal Berthier.

Le maréchal Berthier au général Beaumont.

Augsburg, le 1er brumaire an XIV (23 octobre 1805), à midi.

Il est ordonné au général Beaumont de partir demain 2, à 5 heures du matin, pour se rendre en deux jours aux environs de Munich, où il cantonnera; il enverra à l'avance demander ses cantonnements à M. le maréchal Bernadotte.

Il prendra du pain pour deux jours.

Maréchal BERTHIER.

Le maréchal Berthier au général Marmont.

Augsburg, le 1er brumaire an XIV (23 octobre 1805), à midi.

Il est ordonné au général Marmont de partir demain 2, avec le corps d'armée à ses ordres, pour se rendre en deux jours aux environs de Munich; il enverra à l'avance demander des cantonnements à M. le maréchal Bernadotte.

Il prendra du pain pour deux jours.

Que cependant, si son armée est trop fatiguée, l'Empereur l'autorise à rester encore demain dans ses cantonnements.

Maréchal BERTHIER.

Le maréchal Berthier au maréchal Lannes.

Augsburg, le 1er brumaire an XIV (23 octobre 1805).

Monsieur le Maréchal,

Vous trouverez ci-joint différents ordres pour les corps de votre armée, je vous prie de les leur faire parvenir avec vos instructions.

Je dois vous faire connaître que l'intention de l'Empereur est que tout votre corps d'armée soit réuni le plus tôt possible à Landshut. Instruisez-moi du jour où toutes les divisions seront réunies, et des lieux de couchée de chacune.

Il faut faire en sorte que tout ce qui part ait du pain pour deux jours.

Maréchal BERTHIER.

Le maréchal Berthier au général Suchet.

Augsburg, le 1er brumaire an xiv (23 octobre 1805).

Il est ordonné à la division Suchet de continuer sa route pour se rendre à Landshut.

Maréchal BERTHIER.

Le maréchal Berthier au général Gazan.

Augsburg, le 1er brumaire an xiv (23 octobre 1805), à midi.

Il est ordonné au général Gazan de partir demain 2 brumaire, avec sa division pour se rendre à Landshut; il prendra avant son départ du pain pour deux jours.

Il me fera connaître les lieux où il compte coucher.

Maréchal BERTHIER.

Le maréchal Berthier au général Oudinot.

Augsburg, le 1er brumaire an xiv (23 octobre 1805).

Il est ordonné au général Oudinot de partir d'Ingolstadt pour se rendre à Landshut.

Maréchal BERTHIER.

Le général Andréossy à M. Petiet, intendant général.

Augsburg, le 1er brumaire an xiv (23 octobre 1805).

Monsieur l'Intendant,

Je vous informe que le corps d'armée commandé par M. le maréchal Lannes, composé des divisions Oudinot, Gazan, Suchet et Nansouty, a ordre de se rendre de ses différentes positions à Landshut, emportant du pain pour deux jours ; faites les dispositions que ces mouvements nécessitent.

ANDRÉOSSY.

Le général Compans au général Oudinot.

Augsburg, le 1er brumaire an xiv (23 octobre 1805).

D'après de nouvelles dispositions arrêtées par M. le Maréchal commandant en chef, vous voudrez bien considérer comme non avenu l'ordre de vous rendre à Munich avec la division que vous commandez, et partir le 3 d'Ingolstadt pour vous rendre le même jour à Mainburg, et le 4 à Landshut, où M. le Maréchal arrivera le même jour avec les divisions Suchet et Gazan. La brigade de hussards aux ordres du général Treillard rentre dans votre division et en suivra le mouvement ; j'informe ce général de cette disposition par la lettre que vous trouverez ci-jointe et que je vous prie de lui faire remettre. Comme il est possible que l'ennemi occupe Landshut, M. le Maréchal vous engage à marcher avec précaution ; vous aurez derrière vous la division de cuirassiers aux ordres du général Nansouty, qui a la même destination que la vôtre, et qui pourra l'appuyer au besoin.

Compans.

Le général Compans au général Suchet.

Augsburg, le 1er brumaire an xiv (23 octobre 1805).

Mon Général,

M. le Maréchal commandant en chef me charge de vous informer que, d'après des dispositions ultérieures dont Son Excellence le Ministre de la guerre, major général, lui a fait part, la division à vos ordres doit partir de Munich le 3 du courant, pour se rendre dans le jour à Freising et le 4 à Landshut, où le corps d'armée doit se réunir le même jour. M. le Maréchal commandant en chef joindra probablement votre division en route et y arrivera avec elle. Il vous engage à vous approvisionner sur votre route en pain et biscuit de manière à en avoir une avance de quatre jours de chaque.

Compans.

Le général Compans au général Gazan.

Augsburg, le 1er brumaire an xiv (23 octobre 1805).

Les intentions de M. le Maréchal commandant en chef sont que vous partiez d'Augsburg avec votre division pour vous rendre à Landshut, de manière à y arriver le 4 du courant.

M. le Maréchal laisse à votre disposition de lui faire prendre la route la plus commode pour arriver à Landshut à l'époque fixée, et il désire que vous la réunissiez de manière à avoir le plus de munitions possible.

COMPANS.

Le général Compans au général Nansouty.

Augsburg, le 1er brumaire an xiv (23 octobre 1805).

D'après de nouvelles dispositions arrêtées par M. le Maréchal commandant en chef, vous voudrez bien considérer comme non avenu l'ordre de vous rendre à Munich avec la division que vous commandez, et partir d'Ingolstadt le 3 pour vous rendre le même jour à Mainburg et le 4 à Landshut, où vous recevrez de nouveaux ordres.

L'intention de M. le Maréchal est que votre division suive toujours dans sa marche celle aux ordres du général Oudinot qui reçoit la même destination et qu'elle l'appuie au besoin.

COMPANS.

Le général Compans au général Treillard.

Augsburg, le 1er brumaire an xiv (23 octobre 1805).

Monsieur le Général,

Je vous préviens que, d'après les intentions de M. le Maréchal commandant en chef, la brigade que vous commandez rentre sous les ordres du général Oudinot.

COMPANS.

Le général Compans au commissaire ordonnateur Vast.

Augsburg, le 1ᵉʳ brumaire an xiv (23 octobre 1805).

La brigade de hussards, la division de grenadiers et celle de carabiniers aux ordres du général Nansouty qui devaient se rendre à Munich viennent de recevoir une autre destination. Toutes ces troupes, partant le 3 du courant d'Ingolstadt, se rendront dans le jour à Mainburg et le 4 à Landshut, où elles recevront de nouveaux ordres. Je pense que vous aurez employé tous vos moyens pour lui procurer du pain et du biscuit, selon les intentions de M. le Maréchal commandant en chef. Faites-leur distribuer le pain et mettez le biscuit à leur suite; ce dernier objet ne manquera pas, j'en ai retrouvé ici un convoi de 17,000 livres qui arrivera demain à Ingolstadt. M. le Maréchal désire que vous continuiez de marcher avec les premières troupes pour vous occuper de leurs besoins. Veuillez donc vous rendre à Landshut avec toutes les administrations et y attendre de nouveaux ordres.

J'ai adressé des ordres, à Heidenheim, au commissaires des guerres Panichot ; je n'en ai reçu aucune nouvelle ; si vous pouvez découvrir où il est avec son ambulance, ordonnez-lui de vous rejoindre à Landshut ; il serait inutile de vous dire que, si vous pouvez vous procurer de l'eau-de-vie, il importe que vous en fassiez un approvisionnement à la suite de la colonne. Comme il serait possible que l'ennemi occupât Landshut, prenez conseil du général Oudinot sur la manière dont vous devez marcher.

M. le Maréchal me charge de vous répéter qu'il faut absolument qu'à Landshut toutes les troupes soient approvisionnées pour quatre jours en pain et pour autant de biscuit.

Compans.

5ᵉ CORPS D'ARMÉE.

Journée du 1ᵉʳ brumaire (23 octobre 1805).

Quartier général : Munich.

La division de grenadiers se rendit à Ingolstadt, où elle fut rejointe par les brigades de chasseurs et de hussards (la 1ʳᵉ de ces brigades avait été constamment détachée depuis le 14 vendémiaire sous les ordres de Son Altesse Sérénissime le prince Murat).

La division de cuirassiers se rendit aussi à Ingolstadt.

La division aux ordres du général Gazan aux environs d'Augsburg dans les villages de Kriegshaber, Steppbach, Neusäss, Pfersee, Stadtbergen, Leitershofen et Göggingen.

La division aux ordres du général Suchet sur la route d'Augsburg à Munich, à Schwabhausen.

Le général Suchet au général Becker.

Schwabhausen, le 1er brumaire an xiv (23 octobre 1805),
à 3 heures du soir.

Je trouve tant d'embarras à mon arrivée ici, que je me détermine à aller à Munich chez le maréchal Bernadotte, pour établir le placement de la division pour demain. J'ai chargé le chef de bataillon Profit de prévenir les régiments en arrière de ce village qu'ils partiront demain, à 7 heures du matin, pour se rendre à Dachau à 10 heures. Je désire que là vous réunissiez toute la division pour marcher ensemble, et que les colonels soient prêts à entrer dans la ville de Munich, les capotes et sarraus en bandoulière ou sur le sac, les bonnets de grenadiers avec leurs panaches.

Je pense que vous ferez bien de faire faire des feux en arrière de la ville, en attendant que tout soit réuni et bien ensemble.

Suchet.

Le maréchal Soult à l'Empereur.

Landsberg, le 1er brumaire an xiv (23 octobre 1805).

Sire,

J'ai l'honneur de rendre compte à Votre Majesté de la réunion du 4e corps à Landsberg.

La 1re division est établie en avant du village de Pürgen, couvrant la route de Weilheim.

La 3e division est en arrière du village de Schöffelding, sur la route de Munich.

La 2ᵉ division est à Landsberg et fournit son avant-garde à Römerkessel, sur la route de Schöngau.

La brigade de cavalerie légère est à Reisch et Schwifting en avant de Landsberg.

Demain, le corps d'armée sera prêt à exécuter les dispositions que Votre Majesté aura arrêtées à son égard, mais si elle ne lui prescrivait que de partir le 3 brumaire, pendant la journée de demain je pourrais assurer du pain aux troupes pour deux journées d'avance et peut-être recevoir quelques paires de souliers que j'ai fait demander dans diverses communes.

Sous ce dernier rapport, quelques régiments éprouvent de grands besoins et il n'en est que trois qui reçoivent à Landsberg les souliers qu'ils ont eu ordre de faire confectionner sur la rive gauche du Rhin. Pour subvenir au déficit que les autres corps éprouvent, j'ai l'honneur de supplier Votre Majesté de daigner accorder un secours de 6,000 paires de souliers au 4ᵉ corps pour que la répartition en soit faite de suite en faveur des plus nécessiteux, et sauf à leur en faire la retenue lorsqu'ils recevront ceux qu'ils font confectionner en vertu des ordres de Votre Majesté.

En partant de Landsberg, je serai dans le cas de laisser dans cette ville 300 militaires malades ou blessés qui ont besoin de quelques jours de repos pour se rétablir, mais, sur ce nombre, 200 pourront rejoindre avant 10 jours.

Son Excellence le Ministre de la guerre aura l'honneur de mettre sous les yeux de Votre Majesté le rapport que je lui ai adressé de Memmingen sur la reconnaissance que j'ai portée en avant de Leutkirch ; je désire bien ardemment que Votre Majesté soit satisfaite des motifs qui m'ont déterminé à faire ce mouvement et de ceux qui m'ont fait revenir sur mes pas, lorsque j'ai eu l'assurance que les dispositions de l'ennemi se bornaient, depuis qu'ils avaient la certitude que l'armée autrichienne enfermée dans Ulm avait capitulé, à couvrir les débouchés qui mènent dans le Tyrol, et pour cet effet, que les troupes aux ordres du général Jellachich avaient été réparties par corps de 2,000 et 3,000 hommes à Wolfegg, Wangen, Isny, Immenstadt et Füssen ; l'attaque de ces divers postes, que j'eusse le lendemain dirigée si les dispositions de Votre Majesté n'avaient pas rappelé le corps d'armée sur Landsberg, m'eût, en cette circonstance fait perdre trop de temps, et il ne m'était point permis d'en disposer passé le terme que Votre Majesté avait bien voulu me fixer.

Des rapports que je reçois de Füssen, en arrivant à Landsberg, portent que l'ennemi a, dans cette première ville, 6,000 à 7,000 hommes d'infanterie et 700 à 800 chevaux ; partie de cette troupe vient du Tyrol et a eu ordre de s'arrêter à Füssen ; le restant y a été envoyé de Feldkirch et Bregenz.

J'ai l'honneur.....

SOULT.

Le maréchal Berthier au maréchal Soult.

Augsburg, le 1er brumaire an xiv (23 octobre 1805).

Il est ordonné à Monsieur le maréchal Soult de partir demain avec tout son corps d'armée pour se rendre à Munich. Il couchera demain le plus loin qu'il pourra, de manière à dépasser de quelques lieues Munich après-demain, pour se porter sur l'Inn, si cela est nécessaire.

Je pense que l'Empereur part aujourd'hui à midi pour se rendre à Munich.

Comme je vous l'ai mandé hier, ne laissez absolument rien à Landsberg et envoyez tout au couvent de dépôt qui vous est assigné à Augsburg.

Maréchal BERTHIER.

Le maréchal Berthier au maréchal Soult.

Augsburg, le 1er brumaire an xiv (23 octobre 1805).

Monsieur le Maréchal,

L'Empereur approuve que votre corps d'armée se repose demain.

Vous verrez, par l'ordre du jour qui vous parviendra demain, que Sa Majesté a affecté un des couvents d'Augsburg pour servir de dépôt à chacun des corps de l'armée ; en conséquence, vous pouvez diriger sur Augsburg les 300 hommes que vous vous proposiez de laisser à Landsberg.

Envoyez également à Augsburg tous les bagages qui ne peuvent pas vous suivre. Sa Majesté fait de cette place son dépôt général et le centre des grandes administrations.

Ne laissez rien à Landsberg.

Le commandant de la place fera reconnaître le couvent destiné au dépôt de votre corps d'armée.

Sa Majesté, avant votre demande, avait accordé à votre corps d'armée 5,000 paires de souliers : vous les trouverez à votre passage à Munich.

Vous recevrez demain votre ordre de mouvement, pour vous mettre en marche après-demain 3 brumaire.

J'ai ordonné que les ouvrages de Memmingen soient rasés.

Au surplus, Monsieur le Maréchal, Sa Majesté approuve fort ce que vous avez fait.

Je répondrai demain aux lettres particulières que vous m'avez écrites.

Je vous adresserai demain des ordres du jour dont je ne vous envoie aujourd'hui qu'un exemplaire.

Maréchal Berthier.

Le maréchal Bernadotte à l'Empereur.

Munich, le 1er brumaire an xiv (23 octobre 1805).

Sire,

Je m'empresse de répondre à la lettre de Votre Majesté, et de lui rendre compte de ce que j'ai fait pour remplir ses intentions, relativement à la forteresse de Passau.

Dès le 20 vendémiaire, j'ai ordonné au général Deroy de faire introduire dans cette place des militaires déguisés, en prenant de préférence les semestriers qui se trouvaient encore dans les environs ; je lui ai prescrit d'ordonner à tous les baillis de cet arrondissement de favoriser de tous leurs moyens et par les mesures les plus secrètes, l'introduction du renfort dans Passau.

Le général Deroy à qui j'ai, depuis, renouvelé ces instructions m'a répondu qu'il avait donné tous les ordres, mais qu'il ne pouvait pas encore en connaître le résultat. A la même époque, j'ai écrit au commandant et aux magistrats de cette ville ; je leur ai fait connaître l'importance de conserver cette place jusqu'à notre arrivée, que j'ai annoncée comme très prochaine ; je leur ai fait part des mesures prises pour les renforcer, et j'ai chargé les magistrats, sous leur responsabilité personnelle, de faire fournir la poudre, le plomb et tous les autres approvisionnements nécessaires.

Le 20 vendémiaire, j'ai eu l'honneur d'assurer Votre Majesté que tous ses ordres relatifs à la forteresse de Passau seraient exécutés. Dans ma dépêche du 28, je lui ai rendu compte de la sommation qui avait été faite au commandant, ainsi que des nouvelles dispositions que j'avais prises pour conserver cette place.

Indépendamment des ordres que le lieutenant général Deroy a donnés pour cet objet, j'ai chargé aussi M. le comte de Jordan, aide de camp de Son Altesse Électorale, lequel se trouve près de moi, de s'occuper de tout ce qui pourrait concourir à la conservation de la forteresse ; il a écrit à tous les baillis, aux commandant et magistrats dans le même sens que moi ; il leur a enjoint de correspondre avec lui, et de lui rendre compte tous les jours, de l'état des choses ; il n'a point encore reçu de réponse.

Toutes ces précautions, Sire, auraient pu paraître suffisantes, mais connaissant l'importance que Votre Majesté attache à cette forteresse, j'ai pris le parti de charger le chef d'escadron Ameil, officier aussi actif que brave de chercher à pénétrer jusqu'à Passau. Il est parti avec un détachement de 100 chevaux ; 40 seulement devront entrer dans Passau avec lui ou avec un officier qu'il désignera. Le reste continuera à éclairer l'armée ; le chef d'escadron Ameil, parti de Freising, se dirige par Moosburg, le plus près possible de Vilsbiburg ; après avoir donné l'alerte à l'ennemi, il repasse sur la rive gauche de l'Isar, pour gagner Landshut ; il doit combattre les partis ennemis qui se trouveraient sur sa route et se diriger ensuite sur Dingolfing et Landau ; de là à Pattling et à Deggendorf où il passe le Danube : après avoir pris de nouveaux renseignements sur l'ennemi, si, comme tous les avis l'annoncent, il n'y a dans les environs de Passau que 100 à 120 Autrichiens, la plupart recrues et recruteurs, le chef d'escadron Ameil doit faire une marche de nuit, arriver dans la place et prendre tout ce qui s'y trouve.

Les preuves d'intelligence et de valeur que le chef d'escadron Ameil a données comme partisan depuis la reprise des hostilités, m'assurent qu'à moins d'impossibilité absolue, il parviendra à remplir avec succès la mission qui lui est confiée.

Je profite de cette occasion pour rendre compte à Votre Majesté que le chef d'escadron Ameil a eu avec l'ennemi un engagement dont il s'est tiré avec le plus grand honneur. N'ayant que 50 chevaux à ses ordres, il a rencontré à Werth, au-dessus de Landshut, un parti de 100 chevaux des hussards de Hesse-Hombourg et des chevau-légers d'O'Reilly. Quoique éloigné de tout secours et surpris par un ennemi supérieur et appuyé à cinq autres détachements, il n'a pas hésité à le charger ; il s'est engagé un combat à la suite duquel le chef d'escadron Ameil est resté maître du terrain, et a ramené 22 prisonniers et 21 chevaux. Le détachement était composé de hussards et chasseurs français, avec quelques dragons bavarois. Les uns et les autres ont bien fait leur devoir. Deux de mes aides de camp, MM. Villatte et Lebrun, qui avaient accompagné le chef d'escadron Ameil dans cette reconnaissance, ont fait preuve d'une bravoure distinguée ; M. Lebrun, en se précipitant sur l'ennemi, a pris ou blessé plusieurs hussards autrichiens, et a reçu plusieurs coups de sabre, dont un surtout l'a blessé assez grièvement. J'espère cependant que cette blessure n'aura pas de suite.

Je suis, Sire.....

BERNADOTTE.

Le maréchal Berthier au maréchal Davout.

Augsburg, le 1er brumaire an XIV (23 octobre 1805),
à 10 heures du matin.

Monsieur le Maréchal,

J'ai communiqué à l'Empereur votre dernière dépêche. L'intention de Sa Majesté est que vous réunissiez tout votre corps d'armée, de manière à ce qu'il soit demain aux environs de Freising, ayant des avant-postes à Erding.

Maréchal BERTHIER.

Le maréchal Davout au Ministre de la guerre.

Schwabing, le 1ᵉʳ brumaire an xiv (23 octobre 1805).

J'ai l'honneur de rendre compte à Votre Excellence qu'en vertu des ordres de Sa Majesté, j'avais concentré mes troupes entre Dachau et Munich, de manière à y être réunies en peu d'heures ; mais d'après les dispositions contenues dans votre lettre du 30 vendémiaire (*22 octobre*), je vais les rapprocher de Dachau, pour y être réunies en 3 heures. J'ai l'honneur d'adresser à Votre Excellence un tableau du corps d'armée commandé par le général Kienmayer et de celui aux ordres de l'archiduc Jean.

Il paraît qu'il y a eu chez l'ennemi quelques mouvements de troupes qui ont descendu le Neckar ; il est vraisemblable que ces troupes ignoraient ce qui s'est passé à Ulm.

L. Davout.

Le maréchal Davout au général Rapp, aide de camp de Sa Majesté l'Empereur.

Schwabing, le 1ᵉʳ brumaire an xiv (23 octobre 1805).

Mon cher Général,

J'ai reçu votre lettre du 27 vendémiaire (*19 octobre*) et j'ai fait vérifier au commissariat de Munich ainsi qu'au bailliage de Dachau le relevé des bataillons qui y ont passé dans la retraite du général Kienmayer, d'où il résulte que les régiments portés au tableau que j'ai adressé de Neuburg font partie de ce corps.

Quant au régiment de Reuss, ce n'est point le régiment en entier qui se trouve avec le général Kienmayer, mais 400 à 500 hommes qui formaient la garnison de Munich.

Nous avons pris à Neuburg le logement du régiment de Gyulay qui venait de Vienne ; ce corps, instruit du passage du Danube, a rétrogradé et a, depuis quelques jours, fait sa jonction avec le général Kienmayer ; les rapports des déserteurs sont confirmés.

Quant aux régiments de l'archiduc Charles et Daremberg,

qui faisaient partie du corps de l'archiduc Jean, il paraît qu'ils ont été envoyés depuis à l'armée de l'archiduc Ferdinand.

Vous confondez dans votre lettre les régiments de Gyulay et de Colloredo grenadiers, qui ont été pris à Ulm, avec les régiments de fusiliers du même nom, qui, d'après tous les rapports et les vérifications, font partie du corps du général Kienmayer.

Je n'ai pas répondu plus tôt à votre lettre pour avoir le temps de vérifier les faits.

L. Davout.

3ᵉ CORPS D'ARMÉE.

Situation des troupes composant le 3ᵉ corps de la Grande Armée à l'époque du 1ᵉʳ brumaire an XIV (23 octobre 1805.)

ÉTAT-MAJOR GÉNÉRAL.				QUARTIER GÉNÉRAL A.......		OBSERVATIONS.
				AIDES DE CAMP.		
GRADES.	FONCTIONS.	NOMS.	EMPLACEMENT.	NOMS.	GRADES.	
Maréchal d'Empire..	Commandant en chef..	DAVOUT.		BOURCK......... DAVOUT......... FALCON......... PERRIN.........	Colonels. Capitaines.	
Général de brigade..	Chef de l'état-major général.	DAULTANNE.		TROBRIANT....... MONTESQUIOU..... BEZANÇON........	Lieutenant. Sous-lieutenant. Capitaine.	
»	Adjudant commandant.	BEAUPRÉ.		SAINT-VINCENT... GAUTHEROT....... COUBARD......... MAUREL..........	Capitaines adjoints à l'état-major général.	
Chef de bataillon...	Officiers à la suite de l'état-major général.	LAREILLY......	»	JAZINSKY........	Capitaine polonais interprète.	
Chef d'escadron.....		GIBORIE.......	N'a pas passé le Rhin.	....	....	Resté malade à Metz.
Général de division..	Commandant l'artillerie.	SORBIER.......	»	GERIN........... SAUTEREAU....... LABOULAYE.......	Capitaines. Lieutenant.	
Général de brigade..	Idem, en second......	LARIBOISIÈRE...	Au IVᵉ corps.	»	»	
Général de brigade..	Commandant le génie.	ANDRÉOSSY....	»	ANDRÉOSSY......	Capitaine.	
»	Idem, en second.....	»	»	»	»	
Capitaine.........	Comm. la gendarmerie.	SAUNIER.......	»	»	»	
»	Vaguemestre général..	»	»			
»	Inspecteur aux revues.	LAIGLE........	»	LEVASSEUR......	Commissaire des guerres.	
»	Ordonnateur en chef..	CHAMBON......	»	VAUCHELLES .... BURGET.........	Adjoints.	

DIVISION D'AVANT-GARDE.

ÉTAT-MAJOR DE LA DIVISION.

GRADES.	NOMS.	EMPLACEMENT.	DÉSIGNATION des régiments.	NOMS des colonels.	PRÉSENTS SOUS les armes.	
					Officiers.	Troupes.
Général de brigade....	HEUDELET.		13ᵉ régiment d'infanterie légère.	CASSEX.	59	1,560
Aides de camp. { Capitaine..	LÉONARD.					
{ Capitaine..	DUVIVIER.					
Adjudant commandant chef de l'état-major.	MARÉS.		108ᵉ régiment d'infanterie de ligne.	HIGONNET.	60	1,649
{ Capitaine...	LABARRE.					
Adjoints. { Capitaine polonais interprète.	ZADERA.		2ᵉ régiment de chasseurs à cheval.	BOUSSON.	18	139
Général de brigade....	EPPLER.					
Aides de camp. { Capitaine..	SALVE.		12ᵉ régiment de chasseurs à cheval.	GUILLON.	20	320
{ Sous-lieutenant.....	BERTHON.					
Capitaine du génie....	PRÉVOST.		7ᵉ régiment d'artillerie à pied.	»	1	46
Adjudant du génie....	TRUILLIER.					
Commissaire des guerres adjoint.....	CHANTEAU.		2ᵉ bataillon de sapeurs.	»	1	33
Sous-inspecteur aux revues........	»		3ᵉ bataillon du train d'artillerie.	»	»	12
Commissaire des guerres.........	»					
					159	3,759

QUARTIER GÉNÉRAL A ....

SITUATION DES TROUPES.

ABSENTS AVEC SOLDE.		ABSENTS SANS SOLDE.				TOTAL		OBSERVATIONS.
Embarqués.	Détachés.	Aux hôpitaux.	Prisonniers de guerre.	En congé.			
Officiers.	Troupes.	Officiers.	Troupes.	Officiers.	Troupes.	Officiers.	Troupes.	Officiers.	Troupes.	hommes.	chevaux.	
»	4	2	29	»	99	»	»	»	»	1,753	»	
»	»	3	73	»	167	»	»	»	»	1,952	»	
»	»	»	»	»	»	»	»	»	»	158	162	Une partie est détachée dans les différentes divisions de l'armée.
»	1	»	»	»	»	»	»	»	»	340	345	
»	»	»	»	»	»	»	»	»	»	47	32	
»	»	»	»	»	»	»	»	»	»	34	»	
»	»	»	»	»	»	»	»	»	»	12	»	
»	5	102	»	266	»	»	»	»		4,296	646	

1re DIVISION D...

ÉTAT-MAJOR DE LA DIVISION.

GRADES.	NOMS.	EN-PLACE-MENT.	DÉSIGNATION des régiments.	NOMS des colonels.	PRÉSENTS SOUS les armes.	
					Officiers.	Troupes.
Général de division...	Bisson.		17e régiment d'infanterie de ligne.	Conroux.	60	1,767
Aides de camp. { Chef de bataillon...	Usny.					
Lieutenant...	Leroy.					
Lieutenant...	Busson.		30e régiment d'infanterie de ligne.	Walter.	59	1,513
Adjudant commandant chef de l'état-major.	Cohorn.					
Adjoints. { Chef de bataillon...	Biétry.	Absent	51e régiment d'infanterie de ligne.	Dronière.	59	1,539
Capitaine..	Raspail.					
Capitaine..	Sallé.		61e régiment d'infanterie de ligne.	Nicolas.	56	1,429
Capitaine..	Gaillardie.					
Général de brigade...	Demont.					
Aides de camp. { Capitaine..	Schmitz.		6e compagnie de sapeurs.	»	1	69
Lieutenant.	Lafille.					
Général de brigade...	Dsilly.					
Aides de camp. { Capitaine..	Christophe.		7e régiment d'artillerie à pied.	»	3	69
Lieutenant.	Beaudinet.					
Chef de bataillon d'artillerie.	Wasserward.		1er bataillon du train d'artillerie.	»	1	102
Capitaine du génie...	Bonthms.					
Lieutenant du génie..	Dhepree		3e régiment de chasseurs à cheval.	»	2	59
Sous-inspecteur aux revues...	Cairn.					
Commissaire des guerres...	Bonneville.					
					241	6,547

QUARTIER GÉNÉRAL A.........

SITUATION DES TROUPES.

ABSENTS AVEC SOLDE.		ABSENTS SANS SOLDE.						TOTAL		OBSERVATIONS.
Embarqués.	Détachés.	Aux hôpitaux.	Prisonniers de guerre.	En congé.						
Officiers. Troupes.	Officiers. Troupes.	Officiers. Troupes.	Officiers. Troupes.	Officiers. Troupes.	hommes.	chevaux.	
» »	4 25	» 139	» »	» »	1,996	15	
» »	2 8	1 104	» »	» 8	1,695	13	Biétry, chef de bataillon resté malade en France.
» 1	» 39	4 137	» »	» 14	1,793	»	
» »	5 3	1 186	» »	» 12	1,692	13	
» »	» »	» »	» »	» »	70	»	
» »	» »	» »	» »	» »	72	3	
» »	» »	» »	» »	» »	103	169	
» »	» »	» »	» »	» »	61	61	
» 1	11 75	6 566	» »	» 34	7,484	274	

2ᵉ DIVISION D

ÉTAT-MAJOR DE LA DIVISION.

GRADES.	NOMS.	EM-PLACE-MENT.	DÉSIGNATION des régiments.	NOMS des colonels.	PRÉSENTS sous les armes.	
					Officiers.	Troupes.
Général de division....	Friant.					
Aides de camp. { Chef d'escadron....	Petit.		15ᵉ régiment d'infanterie légère.	Desailly.	43	843
{ Capitaine..	Holtz.					
{ Capitaine..	Benot.					
Adjudant commandant chef de l'état-major.	Leclerc.		33ᵉ régiment d'infanterie de ligne.	Saint-Raymond.	59	1,620
Adjoints. { Capitaine..	Bonnaire.					
{ Capitaine..	Desperamons.		48ᵉ régiment d'infanterie de ligne	Harispe.	52	1,460
{ Capitaine..	Massot.					
Général de brigade....	Kister.					
Aide de camp : lieutenant.............	Meuron.		111ᵉ régiment d'infanterie de ligne.	Gay.	60	1,690
Général de brigade....	Lochet.					
Aides de camp. { Capitaine..	Janser.		7ᵉ compagnie de sapeurs.	»	1	31
{ Capitaine..	Galichet.					
Général de brigade....	Grandeau.					
Aides de camp. { Capitaine..	Delhaye.		7ᵉ régiment d'artillerie à pied.	»	6	96
{ Lieutenant.	Esperon.					
Chef de bataillon d'artillerie.............	Ourié.		1ᵉʳ bataillon du train (artillerie).	»	2	98
Capitaine du génie....	Menissier.					
Capitaine du génie....	Herbaye.					
Sous-inspecteur aux revues............	Urunck.		3ᵉ régiment de chasseurs à cheval.	»	2	48
Commissaire des guerres..........	Desiray.					
					235	5,886

QUARTIER GÉNÉRAL A........

SITUATION DES TROUPES.

ABSENTS AVEC SOLDE.				ABSENTS SANS SOLDE.						TOTAL		OBSERVATIONS.
Embarqués.		Détachés.		Aux hôpitaux.		Prisonniers de guerre.		En congé.		en		
Officiers.	Troupes.	Officiers.	Troupes.	Officiers.	Troupes.	Officiers.	Troupes.	Officiers.	Troupes.	hommes.	chevaux.	
»	»	»	65	»	70	1	»	»	»	972	9	
»	»	»	4	»	35	»	»	»	»	1,718	12	
»	»	»	23	»	169	»	»	»	»	1,714	9	
»	»	»	3	»	38	»	»	»	»	1,791	13	
»	»	»	»	»	»	»	»	»	»	32	»	
»	»	»	»	»	»	»	»	»	»	102	»	
»	»	»	»	»	»	»	»	»	»	100	198	
»	»	»	»	»	»	»	»	»	»	50	55	
»	»	»	95	»	362	1	»	»	»	6,479	296	

3ᵉ DIVISION ET CAVALERIE.

ÉTAT-MAJOR DE LA DIVISION.

GRADES.	NOMS.	EN- PLACE- MENT.	DÉSIGNATION des régiments.	NOMS des colonels.	PRÉSENTS SOUS LES ARMES.	
					Officiers.	Troupe.
Général de division....	Gunin.		12ᵉ régiment d'infanterie de ligne.	Verges.	60	1,509
Aides de camp. { Chef d'escadron...	Carnol.		24ᵉ régiment d'infanterie de ligne	Dufour.	62	1,712
{ Chef de bataillon...	Gudin.		25ᵉ régiment d'infanterie de ligne	Carbagne.	58	1,698
{ Lieutenant.	Crevtzer.					
Adjudant commandant chef de l'état-major..	Delate.		85ᵉ régiment d'infanterie de ligne.	Viala.	60	1,543
Adjoints. { Capitaine..	Ferrarie.					
{ Capitaine..	Dupin.		7ᵉ régiment d'artillerie à pied.	»	4	87
Général de brigade....	Petit.					
Aides de camp. { Capitaine..	Guezret.		2ᵉ régiment de chasseurs à cheval.	»	2	62
{ Lieutenant.	Guyot.					
Général de brigade....	Gauthier.		3ᵉ bataillon de sapeurs.	»	1	24
Aide de camp : capitaine	Laocullain.					
Colonel d'artillerie en mission par ordre du général Somam....	Roze.		1ᵉʳ et 3ᵉ bataillons d'artillerie.	»	1	97
Capitaine du génie....	Cort.		Gendarmerie....	»	»	4
Capitaine du génie....	Goll.					
Général de brigade....	Villennes.				248	6,766
Capitaine............	Sore.					Divi
Capitaine............	Monthurn.		1ᵉʳ régiment de chasseurs à cheval.	Montdrun.	21	310
Adjudant commandant chef d'état-major de la cavalerie.......	Hervo.					
Sous-inspecteur aux revues.	Monnet.		7ᵉ régiment de hussards.	Marx.	23	431
Commissaire des guerres.	Thomas.					
					44	741

QUARTIER GÉNÉRAL A........

SITUATION DES TROUPES.

	ABSENTS AVEC SOLDE.				ABSENTS SANS SOLDE.						TOTAL	
	Embarqués.		Détachés.		Aux hôpitaux.		Prisonniers de guerre.		En congé.		de	
	Lieux où ils se trouvent embarqués.	Officiers.	Troupe.	Lieux où ils se trouvent détachés.	Officiers.	Troupe.	Officiers.	Troupe.	Officiers.	Troupe.	Officiers.	Troupe.	hommes.	chevaux.
	»	»	»	»	3	12	»	86	»	»	»	101	1,771	»
	»	»	»	»	3	»	»	161	»	»	»	»	1,938	»
	»	»	»	»	4	22	»	165	»	»	»	19	1,906	»
	»	»	»	»	3	64	»	196	»	»	»	103	1,969	»
	»	»	»	»	»	»	»	»	»	»	»	»	91	»
	»	»	»	»	»	»	»	»	»	»	»	»	64	»
	»	»	»	»	»	»	»	»	»	»	»	»	25	»
	»	»	»	»	»	»	»	»	»	»	»	»	98	151
	»	»	»	»	»	»	»	»	»	»	»	»	4	4
	»	»	»	»	13	98	»	548	»	»	»	223	7,895	155

sion de cavalerie.

Au petit dépôt.	»	63	Au quartier général.	»	41	»	13	»	»	»	2	450	434
Id.	»	1	»	»	52	»	23	»	»	»	»	530	185
	»	64		»	93	»	36	»	»	»	2	980	619

PERSONNEL DE L'ARTILLERIE ET DU GÉNIE.

ÉTAT-MAJOR ET OFFICIERS SANS TROUPES.

GRADES.	NOMS.	EMPLACEMENT.	DÉSIGNATION des corps.	NUMÉROS des compagnies.	PRÉSENTS SOUS LES ARMES.	
					Officiers.	Troupes.
Chef de l'état-major...	Charbonnel.			»	»	»
Capitaine..	Beauvisage.			1er	»	»
Capitaine..	Germain.		7e régiment d'artillerie à pied....	2e	»	»
Adjoints. Capitaine..	Castille.			3e	»	»
Lieutenant.	Rigur.			11e	3	64
Capitaine..	Nollot.			15e	3	62
Colonel directeur.....	Jouffroy.	Au parc.	3e régiment d'artillerie à cheval...	1er	4	86
Capitaine..	Pierre.			»	»	»
Adjoints. Capitaine..	Lechat.		Ouvriers.........	7e	1	31
Capitaine..	Jacquot.			Détach.	»	»
Colonel inspecteur du train d'artillerie....	Berard.		Train d'artillerie, 1er, 2e, 3e bataillons...	1er et 6e	»	»
Garde principal......	Vidart.			Id.	»	»
				3e et 4e	»	»
Conducteur principal..	Février.			1er, 3e, 4e	1	142
Conducteur principal..	Michel.			6e	»	»
Conducteur principal..	Duchat.			6e	»	»
Chef artificier	Revenez.		Sapeurs du corps du génie......	7e	»	»
Colonel directeur du parc.............	Toczard.			7e	»	»
Major chef de l'étatmajor,	Birot-Courbray.			8e	3	31
Capitaine...........	Borson.				15	415

SITUATION DES TROUPES D'ARTILLERIE ET GÉNIE.

ABSENTS AVEC SOLDE.						ABSENTS SANS SOLDE.						TOTAL	
Embarqués.			Détachés.			Aux hôpitaux.		Prisonniers de guerre.		En congé.			
Lieux où ils se trouvent embarqués.	Officiers.	Troupes.	Lieux où ils se trouvent détachés.	Officiers.	Troupes.	Officiers.	Troupes.	Officiers.	Troupes.	Officiers.	Troupes.	hommes.	chevaux.
»	»	»	A l'avantgarde.	1	16	»	»	»	»	»	»	17	32
»	»	»	1re division.	3	69	»	»	»	»	»	»	72	3
»	»	»	2e division.	6	96	»	»	»	»	»	»	102	»
»	»	»	3e division.	4	87	»	»	»	»	»	»	91	»
»	»	»	»	»	»	»	2	»	»	»	»	69	8
»	»	»	»	»	»	»	2	»	»	»	»	67	6
»	»	»	»	»	»	7	»	»	»	»	»	97	9
»	»	»	»	»	»	»	»	»	»	»	»	32	2
»	»	»	»	»	»	»	»	»	»	»	»	12	»
»	»	»	A l'avantgarde.	»	12	»	»	»	»	»	»	12	»
»	»	»	1re division.	1	102	»	»	»	»	»	»	103	169
»	»	»	2e division.	2	98	»	»	»	»	»	»	100	198
»	»	»	3e division.	1	97	»	»	»	»	»	»	98	151
»	»	»	»	»	»	»	»	»	»	»	»	143	250
»	»	»	A l'avantgarde.	1	33	»	»	»	»	»	»	34	»
»	»	»	1re division.	1	69	»	»	»	»	»	»	70	»
»	»	»	2e division.	1	31	»	»	»	»	»	»	32	»
»	»	»	3e division.	1	24	»	»	»	»	»	»	25	»
»	»	»	»	»	»	»	»	»	»	»	»	31	»
	»	»		22	764	»	11	»	»	»	»	1,228	878

RÉCAPITULATION GÉNÉRALE.

PAR DIVISIONS.

DÉSIGNATION des armes.	PRÉSENTS sous les armes.		ABSENTS avec solde.				ABSENTS SANS SOLDE.						TOTAL ou	
	Officiers.	Troupe.	Em- bar- qués.		Déla- chés.		Aux hôpitaux.		Prisonniers de guerre.		En congé.		hommes.	chevaux.
			Officiers.	Troupes.	Officiers.	Troupes.	Officiers.	Troupes.	Officiers.	Troupes.	Officiers.	Troupes.		
Avant-garde......	159	3,759	»	5	5	102	»	265	1	»	»	»	4,296	515
1re division.......	241	6,547	»	1	11	78	6	564	»	»	»	31	7,484	274
2e division.......	235	5,886	»	»	»	95	»	262	»	»	»	»	6,479	296
3e division.......	248	6,766	»	»	13	98	»	548	»	»	»	233	7,896	155
Division de cava- lerie...........	44	741	»	»	»	157	»	36	»	»	»	2	980	919
Artillerie et génie (non compris ceux répartis dans les divisions).......	15	416	»	»	»	»	»	11	»	»	»	»	442	789
	942	24,115	»	»	29	530	»	1,689	1	»	»	259	27,577	2,979

PAR ARMES.

DÉSIGNATION des armes.	PRÉSENTS sous les armes.		ABSENTS avec solde.				ABSENTS SANS SOLDE.						TOTAL ou	
	Officiers.	Troupes.	Em- bar- qués.		Déla- chés.		Aux hôpitaux.		Prisonniers de guerre.		En congé.		hommes.	chevaux.
			Officiers.	Troupes.	Officiers.	Troupes.	Officiers.	Troupes.	Officiers.	Troupes.	Officiers.	Troupes.		
Infanterie légère...	102	2,463	»	4	2	91	»	119	1	»	»	»	2,725	9
Infanterie de ligne..	715	19,159	»	1	27	279	6	1,523	»	»	»	257	21,967	76
Artillerie à pied....	20	425	»	»	»	»	»	4	»	»	»	»	448	860
Artillerie à cheval...	4	86	»	»	»	»	»	7	»	»	»	»	97	9
Ouvriers d'artillerie.	1	31	»	»	»	»	»	»	»	»	»	»	32	2
Train d'artillerie...	5	451	»	»	»	»	»	»	»	»	»	»	456	474
Bataillons de sa- peurs..........	7	188	»	»	»	»	»	»	»	»	»	»	195	»
7e régiment de hus- sards	23	431	»	»	»	53	»	23	»	»	»	»	530	485
1er, 2e et 12e régi- ments de chas- seurs à cheval...	65	928	»	1	»	104	»	13	»	»	»	2	1,123	1,064
Gendarmerie......	»	4	»	»	»	»	»	»	»	»	»	»	»	4
	942	24,416	»	6	29	530	6	1,689	1	»	»	259	27,577	2,979

MATÉRIEL DE L'ARTILLERIE.

Nature et quantité des objets existants dans l'arrondissement de l'armée.

CALIBRES.		QUANTITÉS.	OBSERVATIONS.
Bouches à feu avec affût et armement.	de canons de 8............	14	
	de canons de 4............	6	
	d'obusiers de 6...........	4	
Caissons.......	de canons de 8............	48	
	de canons de 4............	9	
	d'obusiers de 6 pouces......	21	
	d'infanterie...............	40	
	de parc...................	1	
Chariots de munitions......................		7	
Forges ambulantes...		5	
Cartouches à boulets.	de 8....................	3,666	
	de 4....................	1,188	
	d'obusiers de 6 pouces......	1,029	
Cartouches à balles.	de 8....................	960	
	de 4....................	270	
	d'obusiers de 6 pouces..	78	
	d'infanterie...............	620,000	
Pierres à fusils et pistolets................		31,000	
Affûts de rechange.	de 8....................	2	
	de 4....................	1	
	d'obusiers de 6 pouces.......	2	

Certifié conforme aux états particuliers.

Le Général, chef de l'état-major général,
DAULTANNE.

MATÉRIEL DU GÉNIE.

Nature et quantité des objets existants dans l'arrondissement de l'armée.

OUTILS ET MACHINES.	MATÉRIAUX.	OBSERVATIONS.

ÉTAT SOMMAIRE DES APPROVISIONNEMENTS.

Du   au   180 .

Grains................		
Farine...............		
Biscuit................		
Riz...................		
Légumes secs...........		
Sel...................		
Eau-de-vie.............		
Vin...................		
Vinaigre..............		
Bestiaux sur pied........		
Bois..................		
Tourbes de marais.......		
Charbon de terre........		
Fagots................		
Chandelle et huile........		
Foin..................		
Paille................		
Avoine...............		
Son..................		

RAPPORTS

sur les différents services de l'armée.

Le général Éblé au colonel Navelet, directeur du parc.

Münchheim, le 1ᵉʳ brumaire an XIV (23 octobre 1805).

Monsieur,

Je vous préviens que M. le maréchal Bernadotte a arrêté que les chevaux destinés au service de l'artillerie et qui ont été marqués comme ceux du 2ᵉ bataillon principal, quoique excédant le complet de ce bataillon, formeraient une compagnie du train auxiliaire.

Elle sera spécialement sous la surveillance de M. Pinondelle et ne sera morcelée ou détachée du parc que vous dirigez que lorsqu'il sera impossible de l'éviter.

Vous y attacherez le fourrier ou un bon maréchal des logis de la 4ᵉ compagnie du 3ᵉ régiment d'artillerie à cheval ; il en aura le commandement sous les ordres de M. Pinondelle et aura sous lui le sergent et les deux caporaux bavarois que j'ai déjà mis à votre disposition ; vous pourrez encore y employer comme caporaux 2 canonniers du 8ᵉ régiment d'artillerie à pieds, achant lire et écrire et ayant une bonne conduite.

La compagnie sera divisée en escouades dont chacune aura à sa tête un des chefs ci-dessus ; vous pourrez en augmenter le nombre si vous le trouvez avantageux au bien du service.

Les hommes chargés de la conduite des chevaux seront des Bavarois qui vous ont déjà été envoyés et des déserteurs autrichiens. Les uns et les autres recevront journellement une ration de vivres, et les premiers auront en sus le traitement que je vous ai indiqué par ma lettre du 24 de ce mois ; quant aux déserteurs autrichiens, ils recevront, outre leur ration de vivres, un traitement de 7 sous par jour, dont 2 sous par jour aux époques que vous fixerez, et du reste il leur sera fait un décompte lorsqu'ils quitteront le service ou pour leur acheter les effets d'habillement dont ils pourraient avoir besoin. Vous les préviendrez que s'ils abandonnaient les chevaux qu'on leur confie sans en avoir demandé la permission, qu'ils seront condamnés aux fers pour plusieurs années et qu'ils seraient punis de mort si, en désertant, ils emmenaient des chevaux ou qu'ils emportassent des effets qui ne leur appartiendraient pas ; prévenez-les en même temps qu'ils sont libres de servir autant qu'ils le voudront et que lorsqu'ils auront le désir de quitter, ils doivent en faire la demande et qu'alors ils seront de nouveau traités comme les déserteurs autrichiens, après avoir reçu le décompte qui leur sera dû.

Le traitement accordé tant aux Bavarois qu'aux déserteurs autrichiens, l'entretien du ferrage et des harnais des chevaux ainsi que les médicaments nécessaires à ceux qui seront traités par l'artiste vétérinaire, sera pris sur une somme de 6,000 francs prélevée sur la caisse du parc et qui sera, à compter d'aujourd'hui, portée en dépense sur cette caisse.

Le conseil d'administration du parc surveillera néanmoins l'emploi de ces 6,000 francs et en rendra compte à M. le maréchal Bernadotte, par mon intermédiaire.

Les hommes et les chevaux seront portés sur les états de situation que vous avez à fournir, sous la rubrique de compagnie du train auxiliaire : il en sera usé de même pour les bons de fourrage et de vivres qui devront être signés par M. Pinondelle. Ce dernier devra aussi avoir un contrôle signalétique des hommes et des chevaux et être toujours en état de rendre compte de ce qu'ils seront devenus.

Lorsqu'il manquera des chevaux dans le 2ᵉ bataillon principal, ils seront remplacés, de suite, par un pareil nombre pris parmi les meilleurs de la compagnie auxiliaire.

Les effets d'habillement fournis aux déserteurs autrichiens, et provenant d'une prise faite par les troupes bavaroises, seront portés à leur compte et chaque chef d'escouade en conservera également la note.

Les sommes payées aux canonniers qui ont conduit des chevaux faute de soldats du train, seront prises et continueront de l'être, s'il y a lieu, sur les fonds du parc ; il en sera de même de celles payées aux Bavarois et déserteurs jusqu'aujourd'hui.

ÉBLÉ.

Le maréchal Berthier au maréchal Bessières.

Augsburg, le 1ᵉʳ brumaire an XIV (23 octobre 1805).

Monsieur le Maréchal,

L'Empereur ordonne que toute la Garde à cheval parte

demain matin, pour se rendre à Munich ; vous ferez également suivre toute l'artillerie et le parc de la Garde.

Les grenadiers à pied partiront une heure après le départ de Sa Majesté, d'Augsburg.

Maréchal BERTHIER.

Le maréchal Berthier au général Nansouty.

Augsburg, le 1er brumaire an XIV (23 octobre 1805).

Il est ordonné au général Nansouty de partir d'Ingolstadt avec sa division, pour se rendre à Landshut.

Maréchal BERTHIER.

Le général Andréossy au général Sanson.

Augsburg, le 1er brumaire an XIV (23 octobre 1805).

Mon cher Général,

Je vous préviens que le grand quartier général partira demain matin 2 brumaire pour se rendre à Munich ; les administrations et le parc restent à Augsburg.

ANDRÉOSSY (1).

Le général Andréossy à M. Petiet, intendant général.

Augsburg, le 1er brumaire an XIV (23 octobre 1805).

J'ai l'honneur de vous prévenir que la compagnie du 21e régiment de dragons qui est actuellement à Augsburg, ainsi que la gendarmerie attachée au quartier général, partent aujourd'hui pour Eurasberg et demain 2 pour Munich.

Le commandant de la gendarmerie a l'ordre de laisser ici les gendarmes et l'officier mis à votre disposition et quelques hommes pour escorter les équipages.

ANDRÉOSSY.

---

(1) Même lettre aux autres intéressés.

23 OCTOBRE.

Le maréchal Berthier au général Baraguey-d'Hilliers.

Augsburg, le 1er brumaire an XIV (23 octobre 1805).

Il est ordonné au général Baraguey-d'Hilliers de partir le 2 brumaire de Donauwörth, avec la brigade de dragons à pied qui lui reste, pour se rendre en deux jours à Ingolstadt.

Je préviens le général Baraguey-d'Hilliers que la brigade de dragons à pied du général Vonderweidt a l'ordre de partir d'Ulm pour se rendre à Ingolstadt, à l'exception des hommes de cette brigade qui ont été montés à Ulm et qui ont ordre de se rendre à Augsburg, d'où ils rejoindront les escadrons montés de leurs corps respectifs.

Si le général Baraguey-d'Hilliers a des dragons qui aient été montés par le prince Murat, il les enverra également aux escadrons de leurs corps respectifs.

Le général Baraguey-d'Hilliers est prévenu que je donne l'ordre à tous les dépôts de dragons qui étaient restés aux ordres du général Milet de se rendre sur-le-champ à Neuburg, où ils rentreront sous la surveillance immédiate du général Baraguey-d'Hilliers.

L'Empereur lui fait connaître que son intention est de monter tous les dragons à pied. Sa Majesté charge spécialement le général Baraguey-d'Hilliers de faire un mémoire qui fasse connaître la situation des régiments de dragons de l'armée, les différents marchés que ces régiments ont faits en France pour acheter des chevaux, comment ces marchés s'exécutent, quel sera leur résultat, enfin quels seraient les moyens que l'on pourrait prendre pour acheter dans les environs de ce pays-ci 4,000 chevaux. L'Empereur ferait fournir sur-le-champ tous les fonds nécessaires, tant pour l'achat des chevaux que pour les selles.

En attendant que les dragons à pied soient montés et équipés, l'intention de l'Empereur est qu'ils fassent le service à pied à Ingolstadt ; en conséquence, le général Rivaud remettra au général Baraguey-d'Hilliers toutes les instructions et tous les renseignements qu'il pourrait avoir. Le général Baraguey-d'Hilliers est prévenu qu'aussitôt son arrivée à Ingolstadt, le général Rivaud rejoindra le corps d'armée de M. le maréchal Bernadotte.

Je prie le général Baraguey-d'Hilliers de m'envoyer le plus tôt possible la situation actuelle de tous les dépôts de dragons et de m'adresser l'état de tous les dragons montés qu'il aurait dirigés sur leur corps.

Maréchal BERTHIER.

Le maréchal Berthier au général Milet.

Augsburg, le 1er brumaire an XIV (23 octobre 1805),
à 10 heures du matin.

Il est ordonné au général Milet de réunir tous les dépôts de dragons quelconques grands et petits, et de se rendre sur-le-champ avec eux à Neuburg et environs.

Le général Milet sera sous les ordres du général Baraguey-d'Hilliers qui est à Ingolstadt.

Maréchal BERTHIER.

Le maréchal Berthier au maréchal Bernadotte.

Augsburg, le 1er brumaire an XIV (23 octobre 1805),
à 10 heures du matin.

Monsieur le Maréchal,

Je vous préviens que j'ai ordonné au général Baraguey-d'Hilliers de se rendre avec les dragons à pied à Ingolstadt, et aux dépôts de dragons à pied de s'établir à Neuburg.

Vous donnerez l'ordre, Monsieur le Maréchal, au général Rivaud de rejoindre votre corps d'armée avec tous les Français à ses ordres, du moment que le général Baraguey-d'Hilliers sera arrivé à Ingolstadt.

L'intention de l'Empereur est qu'il y ait à Donauwörth :

    Un régiment bavarois de garnison ;
    Un bataillon bavarois à Rain, sur le Lech ;
    Un bataillon bavarois à Landsberg ;
    Une brigade bavaroise à Ulm.

Sa Majesté n'en a pas besoin à Ingolstadt. Faites-moi connaître sur-le-champ, Monsieur le Maréchal, quelles sont les troupes que le général Deroy destine à cet objet. Le corps bavarois qui avait été laissé aux ordres du général Rivaud pourrait être employé à cet objet si vous, et le général Deroy, le jugez nécessaire.

Envoyez, sur-le-champ, des ordres au général Rivaud, conformément aux dispositions ci-dessus.

Je vous ai prévenu cette nuit que la division Suchet et la division Walter arrivaient aux environs de Munich, et que vous deviez leur assigner des cantonnements.

Maréchal BERTHIER.

Le général Baraguey-d'Hilliers à l'Empereur.

Donauwörth, le 1er brumaire an XIV (23 octobre 1805).

Sire,

Je ne croyais pas qu'après avoir passé deux années entières à soigner avec succès l'instruction de onze régiments de dragons, après y avoir altéré ma santé, je ne dusse recueillir pour fruit de mes peines, lorsque la guerre se déclare, que la triste commission de commander les dépôts de l'arme dont Votre Majesté m'a fait le colonel-général, et serais ainsi condamné à ne jamais partager les lauriers dont elle se couvre. Votre Majesté en me chargeant de cette mission au milieu du cours triomphal de ses succès, abuse, j'ose le dire, bien cruellement des droits qu'Elle a à mon obéissance. Quoi qu'il en soit, Sire, mon dévouement à votre service me fera vaincre encore cette fois toute la répugnance que m'inspirent de pareilles occupations qui ne conviennent ni à mon âge, ni à mes titres à un commandement actif. Mais j'ose espérer que vous daignerez ne pas les éterniser, et songer que si un homme d'honneur, si un citoyen fidèle savent faire des sacrifices au Prince et à la Patrie, ils doivent avoir un terme et des dédommagements.

Je suis..... Sire.....

BARAGUEY-D'HILLIERS.

Le général Andréossy au général Vonderweidt.

Augsburg, le 1er brumaire an XIV (23 octobre 1805).

En conséquence des intentions de Son Excellence le Ministre

de la guerre, major général, il est ordonné à M. le général Vonderweidt de partir au reçu du présent ordre pour se rendre au grand quartier général où il recevra de nouveaux ordres (1).

ANDRÉOSSY.

Le maréchal Berthier à M. Petiet.

Augsburg, le 1er brumaire an XIV (23 octobre 1805),
à 11 heures du matin.

Monsieur l'Intendant général,

Je vous préviens que je donne des ordres pour faire armer la place d'Augsburg ; que l'intention de l'Empereur est que cette place soit toujours fortement défendue parce qu'elle est destinée à être le centre des grandes administrations et leur séjour. Le parc d'artillerie y reste jusqu'à nouvel ordre. J'y établis une salle d'armes et de grands magasins d'artillerie.

L'intention de Sa Majesté, Monsieur l'Intendant général, est qu'il y ait à Augsburg le plus d'hôpitaux possible, distinguant ceux des blessés de ceux des malades.

Vous ferez établir à Ulm deux hôpitaux : un de blessés et un de malades ; vous en feréz également établir un dans les lieux ci-après :

Un à Günzburg ; un à Donauwörth ; un à Ingolstadt.

A Munich vous en ferez établir le plus possible.

Il n'y aura pas d'hôpitaux ni à Neuburg, ni à Landsberg, ni à Memmingen ; s'il y en a sur ces points, vous les ferez évacuer sur Augsburg.

Je vous répète, Monsieur l'Intendant général, que la seule route de l'armée est celle que j'ai organisée par Spire, Heilbronn, Ellwangen, Nördlingen, Donauwörth.

De Donauwörth il y aura deux routes qu'il faut établir comme la précédente ; la première de Donauwörth à Munich par Augsburg, la deuxième de Donauwörth à Landshut par Neuburg et Ingolstadt.

Faites établir des hôpitaux sur la route de l'armée.

---

(1) Il sera remplacé par le général Brouard. (Ordre envoyé à Baraguey-d'Hilliers.)

Tous les malades et blessés que l'armée pourra avoir sur l'Inn seront, pour dernière évacuation, arrêtés tous à Augsburg ; ils ne pourront être évacués plus loin sans l'autorisation de l'Empereur d'après les ordres que j'en donnerai.

Il faut choisir entre Augsburg et Munich, le plus gros endroit pour y établir le lieu d'étape, cette route devant se faire en deux jours.

Indépendamment de la route de l'armée où j'ai établi des commandants d'armes, je donne des ordres pour en établir à Rain, sur le Lech, à Landsberg, à Aichach, Dachau, Landshut, Freising, Neustadt, Neuburg, Ulm, Günzburg et Burgau.

Remettez-moi dans deux heures une liste de 6 ordonnateurs et 40 commissaires des guerres, les meilleurs de ceux qui sont dans l'intérieur de la France, afin que je leur envoie l'ordre de se rendre à l'armée ; vous comprendrez dans ce nombre ceux pour lesquels j'ai donné des ordres hier.

Je vous préviens que le corps d'armée du maréchal Davout se porte à Freising ; que les dragons à pied du général Baraguey-d'Hilliers se portent à Ingolstadt ; que tous les dépôts de dragons du général Millet se portent à Neuburg ; que la division de dragons du général Beaumont, le corps du général Marmont et la division Gazan partent demain pour se rendre en deux jours aux environs de Munich, et que ces corps doivent prendre demain du pain pour deux jours.

Le corps de M. le maréchal Ney reste, jusqu'à nouvel ordre, à Ulm.

Le grand parc d'artillerie a ordre de se rassembler à Augsburg.

Le 21e de dragons et le 3e bataillon du 34e régiment qui sont à Donauwörth, suivront le parc jusqu'à Augsburg, et de là suivront le quartier général à Munich.

J'ai donné l'ordre au maréchal Bernadotte de placer un régiment bavarois à Donauwörth, un bataillon à Rain, un bataillon à Landsberg, une brigade à Ulm. Tous ces corps seront bavarois.

Quant à vous, Monsieur l'Intendant général, vous pouvez vous rendre à Munich et aller et venir à Augsburg qui est, comme je l'ai dit, le point central des grandes administrations et leur résidence ; mais Munich est également un point important pour vous.

Maréchal BERTHIER.

Le maréchal Berthier au général Godinot.

Augsburg, le 1ᵉʳ brumaire an xiv (23 octobre 1805),
à 10 heures du matin.

Général,

L'intention de l'Empereur est que vous fassiez filer tout ce qui se trouve du parc et qui peut être encore à Nördlingen et à Donauwörth. Sa Majesté vous charge de faire l'arrière-garde du parc avec le 21ᵉ de dragons et le 3ᵉ bataillon du 34ᵉ ; lorsque le parc sera à Augsburg vous rejoindrez le quartier général à Munich avec les troupes dont je vous ai parlé ci-dessus.

Vous laisserez le commandement de la place de Donauwörth au chef de bataillon que le général Andréossy y a envoyé. (Le chef d'escadron Lachau, ex-aide de camp du maréchal Soult.)

Maréchal Berthier.

Le maréchal Berthier au général Songis.

Augsburg, le 1ᵉʳ brumaire an xiv (23 octobre 1805),
à 11 heures du matin.

Général,

L'Empereur pense que l'équipage de pont est à Munich, je vous prie de m'en rendre compte ; les pontonniers doivent y être également.

Maréchal Berthier.

Le maréchal Berthier au général Lery.

Augsburg, le 1ᵉʳ brumaire an xiv (23 octobre 1805).

Le général Lery, commandant le génie de l'armée, partira ce soir d'Augsburg pour se rendre à Munich.

Il fera partir aujourd'hui les officiers du génie qui doivent suivre le quartier général de l'Empereur, ainsi que les compagnies de mineurs et de sapeurs dont je lui ai parlé dans mon ordre d'hier ; il fera également suivre les caissons d'outils.

Maréchal Berthier.

Le maréchal Berthier au général Lery.

Augsburg, le 1er brumaire an XIV (23 octobre 1805),
à 9 heures du matin.

La place d'Augsburg sera mise en état de défense de manière à être à l'abri d'un coup de main.

Une brigade d'officiers du génie, commandée par un colonel, sera attachée à cette place ; le général Lery me soumettra cette nomination. Il y sera également attaché un garde-magasin du génie. Je donne des ordres pour qu'il y ait une compagnie d'artillerie, un colonel, deux capitaines en second et deux gardes-magasins. J'ordonne que la place soit armée de quarante pièces d'artillerie autrichiennes de tous calibres.

Il sera établi à Augsburg une salle d'artifice et deux grands magasins de cartouches, enfin une salle d'armes pouvant contenir 15,000 à 20,000 fusils, ainsi qu'un petit arsenal de construction.

Le général Lery désignera au général Songis les emplacements nécessaires ; il désignera également l'emplacement où le général Songis pourra placer le parc d'artillerie à Augsburg, dans un endroit à l'abri des entreprises de l'ennemi.

La ville d'Augsburg devant constamment être considérée comme le séjour de grandes administrations, le général Lery placera à Augsburg un garde des fortifications et le nombre d'hommes nécessaires pour être attachés aux différentes écluses pour le service des eaux.

L'Empereur ordonne que le général commandant l'artillerie et celui commandant le génie prennent toutes les mesures pour que d'ici à dix jours la place soit armée, les fossés pleins d'eau, les portes réparées, et que les ouvrages qui ont besoin d'être palissadés le soient à cette époque.

Il est ordonné au général Lery de faire construire à Landsberg et au pont de Rain, sur le Lech, deux têtes de pont.

La grande route de l'armée est exclusivement celle qui a été ordonnée par Spire, Heilbronn, Ellwangen, Nördlingen et Donauwörth.

De Donauwörth il y aura deux routes : la première de Donauwörth à Munich, et la deuxième de Donauwörth à Landshut en passant par Neuburg et Ingolstadt.

L'Empereur a décidé qu'il y aurait des commandants d'armes à Augsburg, Landsberg, Aichach, Dachau, Landshut, Freising, Neustadt, Neuburg, Ulm, Günzburg, Burgau.

Le général Lery me présentera ce matin un travail pour proposer à l'Empereur la classe dont seront ces différentes places.

Il n'y aura pas de commandants de 1re classe, très peu de 2e, mais il y en aura des 5e et 6e classes. Celle de 5e parmi les capitaines, celle de 6e parmi les lieutenants et sous-lieutenants.

Le général Lery me remettra ce matin le travail que je lui demande.

Maréchal Berthier.

Ordre au général Songis.

Augsburg, le 1er brumaire an xiv (23 octobre 1805).

Général,

Je vous préviens que j'ai ordonné au général Lery, commandant le génie, de mettre la place d'Augsburg en état de défense de manière à être à l'abri d'un coup de main. Il y aura dans cette place un colonel et plusieurs officiers du génie.

L'Empereur ordonne que vous y mettiez une compagnie d'artillerie, un colonel, deux capitaines en second et deux gardes-magasins, que la place soit armée de quarante pièces d'artillerie autrichiennes de tous calibres. Vous enverrez tous les ordres par des courriers extraordinaires pour que cette artillerie parte des endroits que vous aurez désignés et se rende sur-le-champ à Augsburg.

Vous ferez établir dans cette place une salle d'artifice, deux gros magasins de cartouches d'infanterie et à canon, ainsi qu'une salle d'armes, formée des meilleurs fusils autrichiens que nous avons pris. Vous en déterminerez la capacité.

Vous ferez également établir à Augsburg un petit arsenal de construction et, à cet effet, vous laisserez à Augsburg une compagnie d'ouvriers.

Donnez l'ordre pour que le grand parc de l'armée se rende sans aucune espèce de retard à Augsburg. Vous le placerez dans le lieu que vous désignera le général Lery, afin qu'il soit à l'abri d'un coup de main.

Je dois vous dire que la place d'Augsburg doit toujours être gardée en force, étant destinée à être constamment le séjour des grandes administrations.

Sa Majesté ordonne que le général commandant l'artillerie et celui commandant le génie prennent des mesures pour que d'ici à dix jours la place soit armée, les fossés pleins d'eau, les portes réparées..... L'Empereur a ordonné au général Lery de faire construire une tête de pont à Landsberg et une à Rain sur le Lech. Occupez-vous de l'armement de ces têtes de pont.

La route de l'armée jusqu'à Donauwörth est exclusivement celle prescrite par Spire, Heilbronn, Ellwangen et Nördlingen.

De Donauwörth, il y aura deux routes : la première, de Donauwörth à Munich ; la deuxième, de Donauwörth à Landshut par Neuburg et Ingolstadt.

Il y aura des commandants d'armes à Augsburg, Landsberg, Aichach, Dachau, Landshut, Freising, Neustadt, Neuburg, Ulm, Günzburg et Burgau.

Je vous préviens que je donne l'ordre au général Godinot de faire filer le parc d'artillerie de Nördlingen et de Donauwörth sur Neuburg, c'est-à-dire d'aider les officiers d'artillerie. Je le charge d'accompagner le parc et d'escorter les dernières voitures avec le 21ᵉ dragons, afin de les faire filer promptement.

Le Major général,

(A. A.) Maréchal BERTHIER.

Le général Andréossy au général René, à Augsburg.

Augsburg, le 1ᵉʳ brumaire an XIV (23 octobre 1805).

Sa Majesté ayant déterminé que la place d'Augsburg devait être une grande ville de dépôt, elle a donné l'ordre au général Lery, commandant provisoirement le génie de l'armée, de la mettre d'ici à dix jours à l'abri d'un coup de main. Il doit prendre ses mesures pour que les portes de la ville soient réparées et que les fossés soient pleins d'eau. Le général Songis, 1ᵉʳ inspecteur général commandant en chef de l'artillerie a reçu l'ordre d'armer d'ici à dix jours la place de quarante pièces d'artillerie autrichiennes de tous calibres.

Il a ordre d'y établir une salle d'artifice, deux grands magasins de cartouches d'infanterie et à canon, une salle d'armes pouvant contenir 15,000 à 20,000 des meilleurs fusils autrichiens que nous avons pris.

Le général Songis laissera, pour ces divers établissements un colonel, deux capitaines en second, deux gardes-magasins, une compagnie d'ouvriers pour le service de l'arsenal.

Le grand parc de l'armée, en marche pour se rendre à Augsburg, y restera jusqu'à nouvel ordre et sera mis dans un point à l'abri d'un coup de main. Les généraux Songis et Lery s'entendront avec vous pour cet objet.

Je vous préviens que le général Godinot, qui commandait à Donauwörth, fait l'arrière-garde du grand parc avec le 21e de dragons et le 3e bataillon du 34e régiment, et qu'il a l'ordre de rejoindre le quartier général à Munich.

Augsburg doit être fortement défendu comme centre des grandes administrations et leur séjour. M. l'Intendant général de l'armée a reçu l'ordre d'y établir le plus d'hôpitaux possible, en distinguant ceux des blessés et ceux des malades, et vous voudrez bien, Monsieur le Général, tenir la main à cette mesure prescrite par Sa Majesté.

Tous les malades et blessés faits sur l'Inn seront arrêtés à Augsburg pour dernière évacuation et l'on ne pourra sous aucun prétexte évacuer au delà, sans un ordre exprès de l'Empereur transmis par Son Excellence le Ministre de la guerre, major général.

Vous aurez sur vos derrières, à Ulm, deux hôpitaux, un de malades, un de blessés Il y aura à Günzburg un hôpital, il y en aura un à Ingolstadt et un à Donauwörth.

Il continuera à n'y avoir qu'une seule route de Spire à Donauwörth, mais de Donauwörth on se dirigera à Munich par Augsburg et à Landshut par Neuburg.

Il y a deux journées d'étapes d'Augsburg à Munich. M. l'Intendant général est chargé de déterminer le plus gros endroit entre ces deux villes pour lieu d'étapes.

Indépendamment des lieux d'étapes où il y a déjà des commandants, Son Excellence le Ministre de la guerre, major général, a ordonné d'en établir à Rain sur le Lech, à Landsberg, à Aichach, à Dachau, à Landshut, à Freising, à Neustadt, à Neuburg, à Ulm, à Günzburg et à Burgau.

Vous sentirez, Monsieur le Général, d'après les détails que je viens de vous faire connaître, de quelle importance est le commandement qui vous est confié, et Sa Majesté ainsi que le major général se reposent sur votre activité et sur votre zèle pour l'ordre et l'administration de la place et sur votre vigueur en cas de démonstration de la part de l'ennemi.

ANDRÉOSSY.

Le maréchal Berthier à M. Petiet.

Augsburg, le 1er brumaire an XIV (23 octobre 1805).

Ordre de faire mettre dans les magasins d'Augsburg les biscuits chargés sur trente voitures de la division Oudinot, et de mettre ces voitures à la disposition de l'infanterie du maréchal Lannes.

Maréchal BERTHIER.

Le maréchal Berthier au général Dumas.

Augsburg, le 1er brumaire an XIV (23 octobre 1805).

Général,

Donnez l'ordre aux adjudants-commandants Lauberdière et Romeuf, ainsi qu'aux adjoints qui vous sont attachés, de suivre la marche du quartier général.

Maréchal BERTHIER.

Le général Andréossy à M. l'intendant général Petiet.

Augsburg, le 1er brumaire an XIV (23 octobre 1805).

Monsieur l'Intendant général,

Son Excellence le Ministre de la guerre, major général, a approuvé la proposition que vous lui avez faite de mettre en activité une imprimerie à l'armée, sous la direction de M. Levrault. Je donnerai les ordres nécessaires pour que M. Levrault monte une imprimerie partout où nous serons. Il sera chargé de l'impression des ordres du jour et de tout ce qui s'imprime au quartier général.

Je lui donne en conséquence l'ordre de suivre le quartier général.

Andréossy.

Le maréchal Berthier au Payeur général, à Strasburg.

Augsburg, le 1er brumaire an xiv (23 octobre 1805).

Ordre d'envoyer tout l'argent qu'il a en caisse.

Maréchal Berthier.

Le maréchal Berthier au maréchal Kellermann.

Augsburg, le 1er brumaire an xiv (23 octobre 1805).

Ordre de fournir, pour escorter cet envoi, 500 ou 600 hommes quand il aura pu les réunir à Spire : annoncé qu'il devait y avoir 800 hommes le 15.

Maréchal Berthier.

Établissement des relais sur la route de communication de Strasburg à Augsburg, par Spire.

Sa Majesté l'Empereur et Roi ayant ordonné qu'il sera établi des relais sur la route de communication de Strasburg à Augsburg, et ayant bien voulu nous désigner pour être chargé de la formation et de l'inspection de cette ligne de convois, ainsi qu'il résulte de la lettre à nous écrite par Son Excellence M. le maréchal Berthier, Ministre de la guerre, major général de la Grande Armée ;

Vu le règlement arrêté par Son Excellence le Ministre de la guerre, ensemble les lettres par lui écrites tant à Leurs Altesses Électorales MM. les Électeurs de Bade, Würtemberg, Bavière, et à Madame la Princesse de Wallerstein, qu'à MM. les Préfets des départements du Bas-Rhin et du Mont-Tonnerre ;

Nous, Inspecteur aux revues du 4ᵉ corps de la Grande Armée, désigné par Sa Majesté et assisté par M. le Sous-Inspecteur aux revues Lebarbier que nous avons eu la faculté de nous adjoindre ;

Considérant qu'il importe essentiellement d'établir sans retard la ligne de relais qui, en assurant la promptitude des transports et la sûreté des matières, centraliseront la réunion des moyens à fournir par les autorités locales et écarteront toutes demandes qui auraient pour but d'appliquer ces mêmes moyens à des transports particuliers ou autres que ceux arrivés par les relais successifs établis depuis le point de départ de Spire.

Nous avons, en conformité du règlement rendu par Son Excellence le Ministre de la guerre, arrêté les dispositions ci-après :

Art. 1ᵉʳ. — La ligne de communication entre Strasburg et Augsburg, sera établie par Gambsheim, Drusenheim, Beinheim, Lauterburg, Rheinzabern, Germersheim, Spire, Bruchsal, Eppingen, Heilbronn, OEhringen, Hall, Ellwangen, Nördlingen, Donauwörth, Meitingen et Augsburg.

Art. 2. — Les relais seront fournis de Strasburg à Rheinzabern, par le préfet du Bas-Rhin ; de Zabern à Spire, par le préfet du Mont-Tonnerre ; de Spire à Heilbronn, par l'Électeur de Bade ; de Heilbronn à Hall, Ellwangen jusqu'au dernier relais avant Nördlingen, par l'Électeur de Wurtemberg ; à Nördlingen, par l'Électeur de Bavière ; depuis y compris le premier relais après Nördlingen jusqu'à Donauwörth, par la princesse de Wallerstein ; de Donauwörth à Augsburg, par l'Électeur de Bavière.

Art. 3. — Intermédiairement aux chefs-lieux désignés dans l'article 1ᵉʳ, il sera établi, autant que les localités pourront le permettre, un relais de trois en trois lieues ; et, dans les endroits qui seront déterminés de concert avec les régences de MM. les Électeurs, leurs baillis ou magistrats d'après les ordres que leurs Altesses Électorales et Madame la princesse de Wallerstein leur ont sans doute fait donner, MM. les Préfets sont invités à faire connaître à l'inspecteur Lambert, poste restante à Spire, le lieu où ils auront fait établir et organiser chaque relais afin qu'il puisse en faire l'inspection.

Ces relais marcheront jour et nuit, et ils devront être formés dans les vingt-quatre heures qui suivront la remise des présentes dispositions aux autorités locales.

Art. 4. — Chaque relais sera composé de soixante voitures attelées chacune de quatre chevaux fournis de leur harnais à l'allemande et conduits par un charretier; il y aura dans chaque relais un chef d'équipage sachant lire et écrire et parlant le français.

Art. 5. — Les voitures, les chevaux, les charretiers et le chef d'équipage seront fournis par le pays.

Il sera désigné un emplacement à portée de la route où les soixante voitures, dont vingt pour l'artillerie, seront réunies, et en évidence, ainsi que des écuries pour les chevaux et des logements attenants pour les charretiers et le chef d'équipage.

Il sera formé dans ledit emplacement un local séparé pour la réunion des vingt voitures destinées exclusivement au transport des objets d'artillerie.

Art. 6. — Chaque relais sera sous la garde d'un poste de troupe qui sera fourni par les autorités locales, soit en France, soit sur le territoire étranger.

Art. 7. — Le loyer des équipages sera payé à raison de six francs par voiture et par jour. Les hommes et les chevaux n'auront droit à aucune distribution de vivres ni de fourrages. Le chef d'équipage recevra cinquante francs par mois.

Art. 8. — Chaque chef d'équipage tiendra un contrôle exact des hommes et des chevaux du relais, conforme au modèle n° 1, et chaque fois il formera un état nominatif, certifié par lui et attesté par les autorités locales, du nombre de journées employées par chaque voiture et de la somme qui reviendra à chaque charretier. Cet état conforme au n° 2, dressé en langue française, sera envoyé en double expédition à M. l'inspecteur aux revues Lambert, à son domicile à Augsburg, lettre D, n° 27, qui le remettra à M. l'intendant général de l'armée pour être revêtu de son ordonnance de payement.

Le chef d'équipage se portera sur cet état pour les cinquante francs qui lui sont accordés.

Art. 9. — Ces relais seront destinés à transporter de Strasburg à Augsburg les munitions d'artillerie, les effets nécessaires pour les troupes et les autres approvisionnements.

Art. 10. — Vingt voitures de chaque relais seront affectées au transport des munitions d'artillerie et seront en conséquence à la disposition du général commandant cette arme. Les quarante autres voitures de chaque relais seront à la disposition de l'intendant général de l'armée, qui en emploiera la moitié à transporter les capotes, souliers et autres effets d'habillement que les corps auront fait confectionner en France. Les voitures restantes seront affectées au transport des autres objets nécessaires à l'administration.

Art. 11. — Le directeur d'artillerie de Strasburg et le commissaire ordonnateur de la 5e division militaire recevront à cet effet des ordres ; le premier, du général commandant l'artillerie de l'armée ; et le second, de l'intendant général pour le chargement des vingt voitures destinées à l'artillerie, et des quarante réservées pour l'administration. Ils rendront compte de chaque envoi au commandant de l'artillerie ou à l'intendant général et au major général de l'armée.

Art. 12. — Un officier d'artillerie et un commissaire des guerres seront placés à Spire pour faire filer les objets venant de Strasburg, ou charger ceux qui arriveraient à Spire par une autre route. Ils en donneront avis au commandant d'artillerie, à l'intendant général et au major général de l'armée.

Art. 13. — Le commandant de la place d'Augsburg recevra aussi, soit du directeur de l'artillerie de Strasburg, soit du commissaire ordonnateur de la 5e division, soit du commissaire des guerres ou de l'officier d'artillerie placés à Spire, l'avis de toutes les expéditions afin de pouvoir vérifier l'état des envois à leur arrivée.

Art. 14. — Les voitures de relais ne devront point être chargées d'effets pour retourner à leur station ; mais elles pourront transporter des prisonniers de guerre ou des malades ; la préférence, en cas d'insuffisance, sera toujours donnée aux malades ; et parmi les prisonniers, aux officiers, ensuite aux sous-officiers ou caporaux, et enfin aux soldats les plus anciens.

Art. 15. — Il est défendu à tous militaires de l'armée de

requérir ni d'employer les voitures et chevaux des relais pour aucun autre usage que celui auquel ils sont affectés par le présent règlement.

Art. 16. — Quand il arrivera de France des caissons d'artillerie, ou des voitures d'administration, ces caissons ou ces voitures ne seront point déchargés et on y attèlera successivement les chevaux de chaque relais.

Art. 17. — Chaque convoi partira sous la conduite de deux individus au moins qui seront commandés par les autorités locales ; ils seront remplacés à chaque station et dans aucun cas, on ne pourra la leur faire passer ; mais ils ne pourront s'en retourner qu'après que les effets déchargés auront été mis sur d'autres voitures et que celles-ci se seront mises en route. Jusque-là, ils seront responsables des effets arrivés sous leur conduite et ils devront en rapporter un certificat de déchargement, énonçant la nature des objets transportés.

Art. 18. — Le commissaire des guerres dans chaque lieu de station concourra avec les autorités locales à la formation et conservation du relais, et à ce que les déchargements et départs s'opèrent avec ordre et célérité.

Art. 19. — Le commissaire ordonnateur à Strasburg et le commissaire des guerres à Spire informeront l'inspecteur aux revues Lambert du départ de chaque convoi, des objets qui le composeront et des corps pour lesquels ils seront destinés.

Art. 20. — Il sera facultatif aux autorités locales de faire échanger tel nombre de voitures qu'elles jugeront convenable, mais elles devront préalablement être remplacées par un égal nombre, de manière que les soixante existent constamment.

Art. 21. — Pour pouvoir tenir au complet les relais, Son Excellence le Ministre de la guerre sera invité à donner ses ordres, pour que les voitures et chevaux, fournis par les pays depuis Strasburg jusqu'à Augsburg et qui se trouvent maintenant aux différents corps de la Grande Armée, soient renvoyés au fur et à mesure qu'il sera possible de pourvoir à leur remplacement.

Art. 22. — A mesure que la masse des objets à transporter diminuera, chaque relais sera réduit en proportion ; mais il faudra que le nombre des voitures ait été déterminé, et que l'autorisation de les renvoyer ait été donnée.

Art. 23. — Les relais seront fréquemment inspectés, soit par M. le sous-inspecteur Lebarbier, soit par nous, quoique l'objet essentiel auquel ils sont destinés nous permette de croire que chacune des autorités appelées à concourir à leur formation s'acquittera de sa tâche, pour avoir part à la satisfaction de Sa Majesté l'Empereur et Roi.

Les présentes dispositions seront imprimées dans les deux langues et des exemplaires en seront transmis aux différentes autorités chargées d'en assurer l'exécution.

Au quartier général impérial à Augsburg, le 1er brumaire an XIV (*23 octobre 1805*).

L'Inspecteur aux revues du 4° corps d'armée,

LAMBERT.

GRANDE ARMÉE.

Relais sur la route de Strasburg à Augsburg, par Spire.

Contrôle des hommes, chevaux et voitures employés au relais de . . . . .

NOMS des charretiers.	NOM de la commune.	NOMBRE DE		DATE DE LEUR		NOMBRE de journées passées au relais.
		chevaux.	voitures.	arrivée au relais.	départ du relais.	

GRANDE ARMÉE.

Relais établis sur la route de Strasburg à Augsburg, par Spire.

État nominatif des hommes et désignatif des chevaux et voitures employés au relais de....., pendant le mois de....., an....., pour servir au décompte des sommes dues à titre de salaire, à raison de 6 francs par jour, à chaque charretier conduisant une voiture attelée de quatre chevaux, et de 50 francs par mois au chef d'équipage; conformément aux dispositions de l'arrêté de Son Excellence le Ministre de la guerre, major général de la Grande Armée, du 28 vendémiaire an XIV, et à celles du règlement fait par M. l'inspecteur aux revues Lambert, le 1er brumaire an XIV.

NOMS et prénoms des charretiers.	NOMBRE DE		COMMUNES qui les ont fournies.	ÉPOQUE DE LEUR		NOMBRE de journées passées au relais.	SOMMES à payer.
	chevaux.	voitures.		arrivée au relais.	départ du relais.		

Le Conseil aulique de l'Électeur de Bade à M. Œhl, commissaire général de l'Électorat de Bade, au quartier général de Sa Majesté l'Empereur et Roi.

Le conseil aulique de l'Électeur de Bade annonce à M. Œhl que le gouvernement français a ordonné l'organisation d'un régiment, nommé La Tour d'Auvergne, et que ce régiment doit être recruté à Philippsburg même, qui forme la frontière de la France.

Comme le pays de Bade est déjà plus que ruiné par le

passage des armées françaises, et depuis par les fréquentes étapes qu'il a à fournir, M. Œhl est chargé de présenter une pétition à Sa Majesté l'Empereur et Roi, afin d'obtenir que le recrutement et l'organisation dudit régiment n'ait pas lieu à Philippsburg, ce que le conseil aulique espérait, avec d'autant plus de certitude qu'il est intimement persuadé que c'est à l'insu de Sa Majesté l'Empereur et Roi que cet ordre d'organisation à Philippsburg a été donné.

RING.

M. Wintzingerode à M. Didelot.

Stuttgard, le 2 brumaire an XIV (24 octobre 1805), au soir.

Monsieur,

J'ignore absolument le prix que Votre Excellence attache à des notices pareilles à celle que je me propose de lui donner très confidentiellement. Je suis informé de très bonne part qu'à Spire on se permet de manifester les dispositions les moins favorables aux armées françaises. Les prisonniers autrichiens y deviennent l'objet des soins en attendant que leurs vainqueurs et conducteurs éprouvent des dispositions très opposées. Des possessions électorales y avoisinent, et l'Électeur veut que ses sujets voient sinon des ennemis dans des Autrichiens prisonniers, du moins des amis dans les Français qui les escortent. D'après ceci, on se sent révolté ici en apprenant ce que j'ai l'honneur de vous mander plus haut et permettez-moi de fonder sur nos sentiments, occasionnellement encore la prétention que les Français chez nous procèdent en amis.

Distinguez dans cette lettre l'accessoire du principal et n'y faites point de réponse, mais agréez.....

WINTZINGERODE.

Le général Andréossy au Chargé d'affaires de Sa Majesté, près l'Électeur de Bade.

Augsburg, le 1ᵉʳ brumaire an XIV (23 octobre 1805).

Son Excellence le Ministre de la guerre, major général, a reçu la lettre que vous lui avez écrite le 22 vendémiaire pour demander, au nom de Son Altesse Sérénissime l'Électeur, l'exemption de passage et de logement militaire pour les villes de Carlsruhe et de Mannheim. Son Excellence a mis cette demande sous les yeux de Sa Majesté qui l'a accueillie.

M. le général Berthier me charge de vous en donner avis, en vous invitant à le faire savoir à Son Altesse Sérénissime.

Son Excellence le maréchal Berthier vous prie de dire à Son Altesse Sérénissime qu'il est charmé d'avoir pu faire, dans cette circonstance, quelque chose qui lui soit agréable, et qu'il s'empressera toujours de lui offrir les témoignages de la haute considération qu'il a pour Son Altesse Sérénissime.

ANDRÉOSSY.

Bulletin des divers rapports arrivés le 1er brumaire an XIV (23 octobre 1805).

Rapport d'un agent envoyé à Amberg.

Le régiment de Gemmingen, près de Waldmünchen, vient d'être renforcé par un autre bataillon et par 500 chevaux arrivés de Bohême et quelques pièces d'artillerie.

La route de Waldmünchen en Bohême est rompue et défendue par une batterie.

Il a été fait, dans tous les bailliages avoisinant Waldmünchen, de fortes réquisitions de vivres et fourrages, que l'on prétend être destinées à un corps russe qui traverse actuellement la Bohême, se dirigeant sur Waldmünchen.

Rapport de l'avant-garde bavaroise, le 1er brumaire à 2 heures après-midi.

L'ennemi se retire du côté de Vilsbiburg et semble marcher vers Straubing et Passau. On présume que ce mouvement a pour but de se lier à la colonne russe qui arrive par la Bohême, et au prince Ferdinand.

Lettre adressée au maréchal Lefebvre.

Hambourg, le 1ᵉʳ brumaire an xiv (23 octobre 1805).

Monsieur le Maréchal,

Nous avons reçu ici, avec la plus vive joie, la nouvelle de la grande victoire du Danube, et nous espérons en apprendre bientôt une semblable sur les Russes. Ce grand événement est d'autant plus important que l'horizon politique s'obscurcissait fort dans le Nord ; voici quelle est en ce moment notre position :

Les chevaux et équipages du roi de Suède sont arrivés à Stralsund, où le roi lui-même était attendu à chaque instant. Les troupes russes et suédoises se sont mises en mouvement et sont entrées dans le Mecklembourg où elles ont fait un pas rétrograde, mais seulement, à ce que l'on croit, pour changer de route. Elles seront sous deux jours dans le comté hanovrien de Lauenburg.

Le roi de Suède doit emmener avec lui des renforts en infanterie, cavalerie et artillerie, ce qui pourra porter cette armée à 20,000 hommes.

D'autres troupes prussiennes doivent aussi entrer dans le Mecklembourg : et l'on porte déjà leur nombre à 20,000, ce que je crois exagéré, et l'on suppose que leur destination est d'occuper Lübeck et Hamburg, mais il n'y a rien de certain à cet égard, et il est fort possible que les nouvelles du Danube changent la politique du cabinet de Berlin.

Le ministre prussien ici a notifié officiellement que son souverain cessait tous rapports amicaux avec la France, mais l'on ajoute que la Prusse veut cependant n'entrer dans aucune coalition.

A Hildesheim, qui se rapproche du quartier général de Votre Excellence, la Prusse rassemble une armée qui y sera réunie le 1ᵉʳ novembre, et dont le duc de Brunswick prendra le commandement. L'on supposait cette armée destinée à agir contre la Hollande, mais ce n'est qu'une conjecture que nos victoires rendent plus qu'invraisemblable.

Comme l'entrée de nos ennemis dans le pays de Hanovre aura lieu probablement sous peu de jours, je prie Votre Excellence, dans le cas où elle me ferait l'honneur de m'écrire, de me faire passer ses lettres à l'adresse....., etc.

(*Sans signature.*)

Note.

Nuremberg, le 1er brumaire an XIV (23 octobre 1805),
à 9 heures du matin.

La jonction aux Russes des Prussiens, Hessois et Saxons n'est plus douteuse ; il paraît seulement que le passage sur le territoire en a accéléré le moment.

Le courrier qui a apporté la décision du roi de Prusse est arrivé le 13 octobre à Vienne.

Ce que j'ai recueilli depuis deux jours à Anspach et Erlangen vient parfaitement à l'appui.

Une proclamation du roi de Prusse est affichée à Erlangen, Bayreuth et dans toute la Franconie, par laquelle il assure qu'il saura maintenir la dignité de son empire, et tirer satisfaction de la violation de territoire.

Toutes les troupes de la Franconie se rendent à double marche au camp près de Bayreuth.

Dans ce même camp seront arrivés les Hessois sous quatre jours.

Un corps de Hessois et Prussiens sera commandé par le landgrave de Hesse en personne.

Un corps de Prussiens et Saxons sera commandé par le général prussien prince de Hohenlohe.

Un troisième corps de Prussiens sera commandé par le général Kalkreuth.

Un de ces corps prussiens doit se porter en Hollande avec un débarquement d'Anglais.

3,000 Anglais et 12,000 Russes doivent débarquer à Naples.

Un corps de Russes et de Suédois arrive sur le Hanovre, et le roi de Prusse a ordonné aux habitants de les bien recevoir à leur passage, à cause de l'amitié respective qui règne entre les souverains.

Le Danemark fournit aussi des troupes dans la coalition.

D'après la certitude des intentions de la Prusse, l'empereur de Russie ne va plus à Vilna et doit être à présent à Vienne.

L'Électeur de Bavière avait prié le roi de Prusse de le faire comprendre dans la neutralité ; mais le roi lui a répondu que puisqu'il avait déjà fait des arrangements avec la France, il ne pouvait plus se mêler de ses affaires.

Une grande partie de la caisse du corps autrichien sous les ordres de l'archiduc Ferdinand a été sauvée, dimanche au soir, 20 octobre, par le major prussien commandant à Erlangen, et tous les Autrichiens éparpillés qui se sauvaient par cette ville recevaient de quoi se rendre en Bohême.

En envoyant ce matin à Neumarck au général prince Murat des renseignements que je viens de recevoir sur les troupes autrichiennes existantes à Amberg, à Waldmünchen, et faisant peut-être partie d'une avant-garde attendant les Russes en Bohême, j'ai profité de l'occasion pour le prier de vous faire passer celle-ci le plus tôt possible.

Nouvel état des forces prussiennes sur pied, d'après les changements qui ont eu lieu depuis celui qui est joint au bulletin n° 8.

1° ARMÉE DE BASSE-SAXE

Commandée par le duc DE BRUNSWICK, désignée pour l'occupation du pays de Hanovre.

Désignation des corps.	Force.	Cantonnements d'où tirés.
Grenadiers :		
Haustein	1 bataillon	Magdeburg.
Hülsen	1 id	Marche.
Grabowsky	1 id	} Poméranie.
Osten	1 id	
Gaudi	1 id	Marche.
Infanterie de ligne :		
Kunheim	2 bataillons	
Arnim	2 id	
Winning	2 id	} Berlin.
Götze	2 id	
Vieux-Larisch	2 id	
Prince-Louis-Ferdinand	2 id	Magdeburg.

Désignation des corps.	Force.	Cantonnements d'où rés.
Duc-de-Brunswick	2 bataillons	Halberstadt.
Kleist	2 id	Magdeburg.
Prince-Ferdinand	2 id	} Marche.
Guillaume-Brunswick	2 id	
Borke	2 id	} Poméranie.
Owstien	2 id	
Tschammer	2 id	Marche.
Pirch	2 id	Poméranie.
Infanterie légère :		
Bila	1 bataillon	
Wedel	1 id	} Basse-Saxe.
Carlowitz	1 id	
Chasseurs	1 1/2 id	Marche.
Total	37 1/2 bataillons	
Cavalerie de ligne :		
Bailliodz, cuirassiers	5 escadrons	Poméranie.
Cavalerie légère :		
Brüsewitz, dragons	5 escadrons	Prusse méridionale.
Anspach, dragons	5 id	Poméranie.
Bavière, dragons	10 id	
Katte, dragons	5 id	} Marche.
Irwing, dragons	5 id	
Göckingk, hussards	10 id	Berlin.
Total	45 escadrons	
Artillerie	6 batteries de 12.	
	1 id. de 6.	
	1 id. d'obusiers.	
	4 id. à cheval.	
Total	12 batteries d'artillerie.	
Total général	37 1/2 bataillons.	
	45 escadrons.	
	12 batteries d'artillerie.	

Chef de l'état-major : le colonel Scharnhorst.

Quartier général : Hildesheim.

N. B. — Les dragons de Brüsewitz viennent *ad interim* à Berlin.

23 OCTOBRE.

2° ARMÉE DE FRANCONIE
Commandée par le prince DE HOHENLOHE.

Désignation des corps.	Force.	Cantonnements d'où tirés.
Grenadiers :		
Howardt..................	1 bataillon.....	Magdeburg.
Krafft....................	1 id........	Erfurt.
Stosch...................	1 id........	} Silésie.
Hulm.....................	1 id........	
Collin....................	1 id........	Prusse méridionale.
Infanterie de ligne :		
Zweifel, 3ᵉ bataillon.......	1 bataillon.....	} Anspach.
Tauenzien, 3ᵉ bataillon.....	1 id........	
Wartensleben.............	2 id........	
Schiminsky...............	2 id........	
Strachwitz...............	2 id........	} Silésie.
Grevenitz................	2 id........	
Hohenlohe................	2 id........	
Le Prince-Henri...........	2 id........	} Marche.
Zeuge....................	2 id........	
Treuenfels................	2 id........	Silésie.
Zastrow..................	2 id........	Prusse méridionale.
Infanterie légère :		
Pelet.....................	1 bataillon.....	
Boguslawski..............	1 id........	
Rabenau..................	1 id........	} Silésie.
Rühle.....................	1 id........	
Erichsen..................	1 id........	
Rosen.....................	1 id........	
Chasseurs................	4 compagnies...	Marche.
TOTAL.....	31 bataillons.	
	4 compagnies de chasseurs.	
Cavalerie de ligne :		
Royal, cuirassiers..........	5 escadrons....	} Marche.
Quitzow, cuirassiers.......	5 id........	
Henkel...................	5 id........	} Silésie.
Heiszing, cuirassiers.......	5 id........	

Désignation des corps.	Force.	Cantonnements d'où tirés.
Cavalerie légère :		
Vosz, dragons	10 escadrons	⎫
Prittwitz, dragons	10 id	⎬ Silésie.
Gettkandt, hussards	10 id	⎪
Pletz, hussards	5 id	⎭
Anspach, hussards	5 id	Anspach.
TOTAL	60 escadrons.	
Artillerie	5 batteries de 12.	
	1 id. de 6.	
	4 id. à cheval,	
	1 id. d'obusiers.	
TOTAL	11 batteries d'artillerie.	
TOTAL GÉNÉRAL	31 bataillons.	
	4 compagnies de chasseurs.	
	60 escadrons.	
	11 batteries d'artillerie.	

Chef d'état-major : le colonel MASSENBACH.
Quartier général : HOFF.
Cette armée se rassemble le long du Bober et sera renforcée de 14,000 Saxons.

N. B. — Les régiments de Zeuge et Prince-Henri viennent à Berlin jusqu'à nouvel ordre.

3° ARMÉE DE WESTPHALIE
Commandée par l'Électeur de Cassel.

Grenadiers :		
Jechner	1 bataillon	⎫ Westphalie.
Borstell	1 id	⎭
Infanterie de ligne :		
Schenk	2 bataillons	⎫
Hagken	2 id	⎪
Wedel	2 id	⎬ Westphalie.
Lettow	2 id	⎪
Cassel	2 id	⎭
Infanterie légère :		
Ernest	1 bataillon	⎫
Ivernois	1 id	⎬ Westphalie.
Sobbe	1 id	⎭
Chasseurs	2 compagnies	Marche.

23 OCTOBRE.

Désignation des corps.	Force.	Cantonnements d'où tirés.

Cavalerie de ligne :
Royal, carabiniers........ 5 escadrons.... ⎫
Reitzenstein, cuirassiers.... 5 id........ ⎬ Marche.
 ⎭

Cavalerie légère :
Wobeser, dragons........ 5 escadrons.... ⎫
Blücher, hussards........ 10 id........ ⎬ Westphalie.
 ⎭

Artillerie............ 2 batteries de 12.
  1 id. de 6.
  1 id. à cheval.

TOTAL GÉNÉRAL..... 15 bataillons.
  2 compagnies de chasseurs.
  25 escadrons.
  4 batteries d'artillerie.

Chef d'état-major : le capitaine SCHNIEZLEI, des ingénieurs.
Quartier général : Lippe.

Cette armée se rassemble le long de la Lippe.

4° ARMÉE DE LA HAUTE-SILÉSIE
Commandée par le général GRAWERT.

Grenadiers :
Eberhard................ 1 bataillon.....
Sack.................... 1 id........
Losthin................. 1 id........

Infanterie de ligne :
Sanitz................... 2 bataillons....
Malschitzky.............. 2 id........
Grawert................. 2 id........
Alvensleben............. 2 id........ ⎬ Silésie.
Müffling................. 2 id........
Pelchrzim............... 2 id........

Cavalerie de ligne :
Bünting, cuirassiers........ 5 escadrons....

Cavalerie légère :
Schimmelfennig.......... 10 id........

CHAPITRE XVIII.

Désignation des corps.	Force.	Cantonnements d'où tirés.
Artillerie............	2 batteries de 12.	
	1 id. de 6.	
TOTAL GÉNÉRAL......	15 bataillons.	
	15 escadrons.	
	3 batteries d'artillerie.	

N. B. — Le régiment de Pelchrzim reste provisoirement à Neisse. Le lieutenant général DE HOLZENDORFF occupe, avec son régiment de cuirassiers, le comté de Glatz.

5° RÉSERVE
Commandée par le général RUCHEL.

Grenadiers :

Below..................	1 bataillon.....	⎫
Brauchitsch...............	1 id........	⎪
Fabecky.................	1 id........	⎬ Prusse orientale.
Schack.................	1 id........	⎭
Furtenbach..............	1 id........	⎫
Lossow	1 id........	⎬ Prusse méridionale.
Norrmann...............	1 id........	⎭
Vieregg................	1 id........	⎫
Schmeling..............	1 id........	⎬ Prusse occidentale.
Crety..................	1 id........	⎭

Infanterie de ligne :

Courbiere...............	2 bataillons....	⎫
Rüchel..................	2 id........	⎪
Reinhart.................	2 id........	⎪
Schöning................	2 id........	⎬ Prusse orientale.
Besser.................	2 id........	⎪
Diercke.................	2 id........	⎪
Manstein................	2 id........	⎭
Kalkreuth...	2 id........	⎫
Jeune-Larisch............	2 id........	⎪
Natzmer................	2 id........	⎪
Kauffberg...............	2 id........	⎪
Treskow................	2 id........	⎪
Tschepe................	2 id........	⎬ Prusse méridionale.
Ruits...................	2 id........	⎪
Thile	2 id........	⎪
Plötz...................	2 id........	⎪
Kropf...................	2 id........	⎪
Chlebowsky.............	2 id........	⎭

23 OCTOBRE.

Désignation des corps.	Force.	Cantonnements d'où tirés.

Infanterie légère :

Rembow................	1 bataillon.....	⎫
Wakenitz................	1 id........	
Bergen..................	1 id........	
Stutterheim.............	1 id........	⎬ Prusse orientale.
Bülow..................	1 id........	
Schachtmeier............	1 id........	⎭
Hinrichs................	1 id........	⎫
Kloch...................	1 id........	
Oswald.................	1 id........	
Vernay..................	1 id........	⎬ Prusse occidentale.
Eicke...................	1 id........	
Greiffenberg.............	1 id........	⎭

Cavalerie légère :

Wagenfeld, cuirassiers.....	5 escadrons....	⎫
Köhler, hussards..........	10 id........	⎬ Prusse méridionale.
Towarczys, hussards.......	15 id........	⎭
Prittwitz, hussards........	10 id........	Nouv. Prusse orient.
Usedom, hussards.........	10 id........	Prusse méridionale.
Verzberg, dragons.........	5 id........	⎫
Rhein, dragons...........	5 id........	
Manstein, dragons.........	5 id........	⎬ Prusse orientale.
Esebeck, dragons..........	5 id........	
Auer, dragons............	5 id........	
Würtemberg, hussards.....	5 id........	⎭

Artillerie.............	1 régiment d'artillerie.
	2 compagnies d'artillerie à cheval (non organisées encore).
	2 batteries d'artillerie à cheval.
	1 compagnie de pontonniers.

TOTAL GÉNÉRAL de la réserve.	58 bataillons.
	80 escadrons.
	1 régiment d'artillerie.
	2 compagnies d'artillerie non organisées.
	1 compagnie de pontonniers.

Cette réserve se formera en deux corps, d'après les dispositions du général Rüchel, et se rassemblera le long de l'Oder et de la Wartha. La plus grande partie de cette réserve reste provisoirement dans ses quartiers de cantonnements, et comme l'entretien en retombe à la charge des chambres provinciales, la plus grande partie des employés au commissariat ont été licenciés avec un à deux mois d'appointements en forme de gratification.

État des troupes qui n'ont point été mises sur pied de guerre et qui occupent ou occuperont les forteresses et villes prussiennes après le départ de leurs garnisons habituelles.

Forteresses et villes. — État de leur garnison.

LITHUANIE.

Fort-Lyor......... { 1 compagnie d'invalides de Courbiere.
— de Reinhart.

PRUSSE ORIENTALE.

Pillau........... { Le 3ᵉ bataillon de Rüchel.
La compagnie d'invalides de Rüchel.
— de Schöning.
1 compagnie d'artilleurs.

Tapiau........... 1 compagnie d'invalides de la province.

PRUSSE OCCIDENTALE.

Dantzig......... { Le 3ᵉ bataillon de Schöning.
— de Courbiere.
— de Reinhart.
— de Besser.
— de Diercke.
— de Kauffberg.
— de Treskow.
— de Kalkreuth.
— de Natzmer.
La compagnie d'invalides de Besser.
— de Diercke.
— de Treskow.
— de Kauffberg.
1 compagnie d'invalides de la province.
1 compagnie d'artilleurs.
Le dépôt de fusiliers de Rembow.
— de Bergen.
— de Wakenitz.

23 OCTOBRE.

Forteresses et villes.	État de leur garnison.
Dantzig	Le dépôt de fusiliers de Stutterheim. — de Bülow. — de Schachtmeier. Les dépôts de cavalerie des régiments de la Prusse orientale.
Graudentz	Le 3ᵉ bataillon de Manstein. — de Jeune-Larisch. La compagnie d'invalides de Jeune-Larisch. 1 compagnie d'invalides de la province. — d'artilleurs. Les dépôts de cavalerie des régiments de la Prusse méridionale.
Thorn	Le 3ᵉ bataillon de Thile. 1 compagnie d'invalides de la province. Dépôt de fusiliers de Hinrichs. — de Eicke. — de Vernay. Dépôt de cavalerie de Wagenfeld. — de Köhler. — de Usedom.
Marienwerder	La compagnie d'invalides de Natzmer. — de Kalkreuth.
Elbing	1 compagnie d'invalides de la province.
Bromberg	La compagnie d'invalides de Manstein.

PRUSSE MÉRIDIONALE.

Lenszye	Le 3ᵉ bataillon de Kropff. — de Ruits. — de Chlebowsky. La compagnie d'invalides de Ruits. — de Thile. — de Pletz. — de Kropff. — de Zastrow.
Posen	Le 3ᵉ bataillon de Tschepe. Dépôt des fusiliers d'Oswald. — de Greiffenberg. — de Kloch.
Katisch	Le 3ᵉ bataillon de Zastrow.
Kzeustochau	Le 3ᵉ bataillon de Plötz. 1 compagnie d'invalides de la province.

| Forteresses et villes. | État de leur garnison. |

SILÉSIE.

Breslau ....
- Le 3ᵉ bataillon de Hohenlohe.
- — de Treuenfels.
- La compagnie d'invalides de Hohenlohe.
- — de Strachwitz.
- — de Treuenfels.
- 1 compagnie d'invalides de la province.
- 1 compagnie d'artilleurs de la province.
- Dépôt de cavalerie de Henckel.
- — de Prittwitz.
- — de Voss.
- — de Heiszing.
- — de Gettkandt.
- — de Pletz.
- Dépôt de fusiliers de Erichsen.
- — de Rosen.
- — de Boguslawsky.

Brieg ....
- Le 3ᵉ bataillon de Malschitzky.
- 1 compagnie d'artilleurs de Malschitzky.
- Dépôt de Würtemberg, hussards.

Glogau ....
- 3ᵉ bataillon de Grevenitz.
- La compagnie d'invalides de Grevenitz.
- Le 3ᵉ bataillon de Tschepe.
- 1 compagnie d'artilleurs de Tschepe.
- — d'invalides de la province.
- La compagnie d'invalides de Tschepe.
- Le dépôt de cavalerie de Brüsewitz.

Cosel ....
- Le 3ᵉ bataillon de Pelchrzim.
- — de Schimonsky.
- — de Sanitz.
- La compagnie d'invalides de Sanitz.
- — de Malschitzky.
- 1 compagnie d'artilleurs de Malschitzky.
- Dépôt de cavalerie de Schimmelfennig.

Neisse ....
- 1 compagnie d'invalides de la province.
- La compagnie d'invalides de Müffling.
- 1 compagnie d'artilleurs de Müffling.
- Dépôt de cavalerie de Holzendorff.
- — de Bünting.

23 OCTOBRE.

Forteresses et villes.	État de leur garnison.
Silberberg	Le 3ᵉ bataillon de Müffling. La compagnie d'invalides de Alvensleben. — de Grawert. 1 compagnie d'artilleurs de Grawert.
Fort de Glatz	1 compagnie d'invalides de la province.
Glatz	Le 3ᵉ bataillon de Alvensleben. — de Grawert. 1 compagnie d'artilleurs de Grawert.
Schweidnitz	Le 3ᵉ bataillon de Strachwitz. La compagnie d'invalides de Schimousky. 1 compagnie d'artilleurs de Schimousky. Dépôt de fusiliers de Pelet. — de Rühle. — de Rabenau.

POMÉRANIE.

Colberg	Le 3ᵉ bataillon de Owstien. — de Borke. 1 compagnie d'artilleurs de Borke. Dépôt de cavalerie de Bailliodz.
Stettin	Le 3ᵉ bataillon de Pirch. — de G.-de-Brunswick. 1 compagnie d'artilleurs de G.-de-Brunswick. La compagnie d'invalides de Pirch. — de Owstien. — de Borke. — de Prince-Ferdinand. — de Pᶜᵉ-G.-de-Brunswick. — de Götze. Dépôt de cavalerie de Anspach. — de Blücher.
Schwinemünde	La compagnie d'invalides de la province.

NOUVELLE MARCHE.

Custrin	Le 3ᵉ bataillon de Prince-Henry. La compagnie d'invalides de Künheim. — de Vieux-Larisch. 1 compagnie d'artilleurs de Vieux-Larisch.
Crossen	Le 3ᵉ bataillon de Zeuge.
Francfortr	Le 3ᵉ bataillon de Vieux-Larisch. La compagnie d'invalides de Zeuge.

CHAPITRE XVIII.

Forteresses et villes. — État de leur garnison.

MARCHE ÉLECTORALE.

Berlin..............
- Le 3ᵉ bataillon de Künheim.
- — de Arnim.
- — de Winning.
- — de Götze.
- — de Möllendorff.
- — de Prince-Ferdinand.
- Dépôt de cavalerie des gendarmes.
- — de Beer.
- — de Bavière.
- — de Katte.
- — de Irwing.
- — de Göckingk.

Spandau..........
- Le 3ᵉ bataillon du régiment du Roi.
- La compagnie d'invalides du régiment du Roi.
- — de Arnim.

Rathenau.......... La compagnie d'invalide de Winning.

MAGDEBURG ET NOUVELLES PROVINCES ACQUISES.

Halle.............
- Le 3ᵉ bataillon de Renouard.
- La compagnie d'invalides de Renouard.

Halberstadt........ 1 compagnie d'invalides de la province.
Hildesheim........ — de la province.
Erfurt............ Le 3ᵉ bataillon de Wartensleben.
Heiligenstadt...... La compagnie d'invalides de Wartensleben.

Munster..........
- Dépôt de fusiliers de Ernest.
- — de Ivernois.
- — de Sobbe.

Magdeburg........
- Le 3ᵉ bataillon de Duc-de-Brunswick.
- — de Prince-Louis.
- — de Kleist.
- — de Tschammer.
- — de Puttkammer.
- La compagnie d'invalides de Duc-de-Brunswick.
- — de Prince-Louis.
- — de Kleist.
- — de Tschammer.
- — de Puttkammer.
- 1 compagnie d'artilleurs de Puttkammer.

23 OCTOBRE.

Forteresses et villes.	État de leur garnison.
Magdeburg	Dépôt de fusiliers de Wedel.
	— de Carlowitz.
	— de Bila.
	Dépôt de cavalerie de Royal, cuirassiers.
	— de Royal, carabiniers.
	— de Reitzenstein.
	— de Quitzow.
	— de Wobeser.
Hamm	Le 3ᵉ bataillon de Hesse-Cassel.
Minden	— de Schenk.
	— de Wedel.
	— de Hagken.
	La compagnie d'invalides de Hesse-Cassel.
	— de Schenek.
	— de Hagken.
	1 compagnie d'artilleurs de Hagken.
	La compagnie d'invalides de Wedel.
	Le 3ᵉ bataillon de Lettow est à.....
Embden	1 compagnie, et à.....
Aurich	1 détachement de celle-ci.
Anspach	Le 3ᵉ bataillon de Tauenzien (sur pied de guerre).
	Le dépôt des hussards de Anspach.
Wultzburg	La compagnie d'invalides de Tauenzien.
Bayreuth	Le 3ᵉ bataillon de Zweifel (sur pied de guerre).
Plassenburg	La compagnie d'invalides de Zweifel.
Langerzinn	1 compagnie d'invalides de la province.

OBSERVATIONS.

Les compagnies d'invalides appartenant aux régiments sont de 60 hommes.

Les compagnies d'invalides de la province sont de 156 hommes.

Le dépôt d'un bataillon de fusiliers est de 85 hommes.

Le dépôt des régiments de cavalerie est de 180 hommes.

Les compagnies d'artilleurs sont de 160 hommes.

Les dépôts de cavalerie, ainsi que ceux des fusiliers, ne se forment qu'en temps de guerre.

Le maréchal Ney au général Dupont.

Ulm, le 1ᵉʳ brumaire an xiv (23 octobre 1805).

Mon cher Général,

Je vous prie de m'adresser un rapport circonstancié sur les marches et actions de votre division, depuis le 20 vendémiaire. J'ai l'honneur, etc.....

Ney.

Le maréchal Ney au général Dupont.

Ulm, le 1ᵉʳ brumaire an xiv (23 octobre 1805).

Mon cher Général,

Veuillez vous occuper sur-le-champ de l'organisation des compagnies de voltigeurs dans les régiments de ligne, conformément au décret impérial du

Vous ferez compléter, le plus tôt possible, les compagnies de grenadiers.

Vous donnerez des ordres pour que les régiments tirent de leurs dépôts et bataillons de garnison les hommes nécessaires pour compléter ces compagnies.

Vous ferez procéder sur-le-champ au remplacement des sous-officiers morts, et de ceux qui seraient restés en arrière sans une autorisation légale.

Vous m'adresserez, par régiment, l'état des officiers tués ou blessés de manière à ne pouvoir plus faire la guerre ; ces derniers seront proposés pour la retraite, et les premiers seront remplacés conformément aux décrets impériaux.

Ney.

Le général Salligny à M. Dalou, chef de bataillon, employé à la suite de l'état-major général.

Landsberg, le 1ᵉʳ brumaire an xiv (23 octobre 1805).

Monsieur,

M. le Maréchal commandant en chef vous confie le commandement de la place de Landsberg. Vous aurez soin de veiller au maintien de l'ordre et de faire respecter les propriétés. Vous disposerez à ce sujet des troupes qui seront établies dans la ville pour faire faire de fréquentes patrouilles.

Après le départ du corps d'armée, vous réunirez tous les hommes isolés par détachements de 20 à 25 hommes et vous les dirigerez sur la route que le Maréchal commandant en chef aura suivie. Ces détachements seront toujours commandés par un sous-officier qui en répondra.

Vous veillerez particulièrement à ce que rien ne manque aux malades et blessés à l'hôpital de Landsberg, et vous leur ferez fournir tout ce dont ils auront besoin pour leur prompt rétablissement. Les hommes sortant de cet hôpital seront réunis à ceux isolés pour rejoindre le corps d'armée.

Vous aurez soin de veiller à la rentrée dans les magasins de Landsberg des denrées qui pourraient être requises par M. l'Ordonnateur en chef pour la subsistance de l'armée, et vous empêcherez, surtout, que l'on n'en dispose de quelque manière que ce soit sans autorisation légale. L'ordonnateur en chef vous fera connaître les intentions de M. le Maréchal à ce sujet.

Si un convoi de vivres et fourrages devait être dirigé sur le corps d'armée, vous le feriez escorter jusqu'à sa destination par les hommes isolés que vous auriez réunis ; le sous-officier qui commanderait le détachement serait responsable du convoi.

Lorsqu'il vous arrivera des prisonniers et déserteurs, vous leur ferez fournir les vivres comme à la troupe et vous les ferez mettre en lieu de sûreté ; je vous ferai connaître par la suite sur quel point ils devront être dirigés.

Vous me rendrez compte, toutes les fois que les circonstances le nécessiteront, de tout ce qui se passera d'intéressant dans la place dont le commandement vous est confié, afin que M. le Maréchal en soit informé.

SALLIGNY (1).

Du même au même.

Landsberg, le 1ᵉʳ brumaire an XIV (23 octobre 1805).

Monsieur le Commandant,

Je vous préviens que M. l'Ordonnateur en chef reçoit ordre

---

(1) Le même jour, ordre au colonel commandant le génie de rétablir tous les fours existants à Landsberg.

de faire former dans le jour un établissement propre à recevoir 400 fiévreux, blessés ou écloppés, et que les généraux commandant les divisions et armes dirigeront demain de grand matin sur cet établissement les militaires sous leurs ordres qui sont dans le cas d'y être reçus.

L'ordonnateur en chef reçoit également ordre de faire former une infirmerie pour traiter les chevaux blessés de la division de cavalerie légère et de l'artillerie. Ces chevaux y seront dirigés demain de grand matin ; un sous-officier de cavalerie aura la surveillance de cet établissement et un artiste vétérinaire sera chargé de diriger le traitement des chevaux. M. le général Margaron donnera ses ordres à ce sujet.

L'intention de M. le Maréchal est que, dans dix jours, tous les hommes qui seront rétablis soient dirigés sur le corps d'armée et que vous fassiez partir ensuite, tous les quatre jours, ceux qui seront en état de reprendre leur service, jusqu'à ce que l'établissement soit entièrement évacué. Le sous-officier qui aura la surveillance de l'infirmerie vous fera connaître quand il y aura des chevaux en état de rejoindre, pour que vous les fassiez partir en même temps que les détachements d'infanterie. Vous pourrez employer quelques hommes d'infanterie pour conduire ces chevaux, lorsque les circonstances le nécessiteront.

J'ai écrit à M. l'Ordonnateur de vous autoriser à requérir tout ce qui sera nécessaire pour la subsistance des hommes et des chevaux qui resteront à Landsberg, ainsi que pour pourvoir au transport des malades qui devront être évacués.

M. le Maréchal vous charge de surveiller particulièrement les établissements ordonnés pour les hommes et les chevaux dans la place que vous commandez, et de veiller avec soin à ce que rien ne leur manque ; vous me ferez de fréquents rapports à ce sujet (1).

SALLIGNY.

---

(1) Les généraux commandant les divisions, la cavalerie et l'artillerie doivent fournir au commissaire ordonnateur un état des hommes à envoyer à l'hôpital.

23 OCTOBRE.

Le général Salligny à l'Ordonnateur en chef.

Landsberg, le 1er brumaire an XIV (23 octobre 1805).

Mon cher Ordonnateur,

Veuillez bien, conformément aux ordres de M. le Maréchal commandant en chef, prendre les mesures nécessaires pour qu'il soit formé dans le jour un hôpital propre à recevoir 400 malades dans la ville de Landsberg ; vous êtes autorisé à faire toutes les demandes convenables aux magistrats du lieu, pour que le service de cet établissement puisse commencer de suite.

Le directeur de l'hôpital de Landsberg aura ordre d'y recevoir tous les malades du corps d'armée, tels que : fiévreux, blessés et écloppés, qui sont dans l'impossibilité de suivre la marche des régiments auxquels ils appartiennent. Vous lui prescrirez de s'occuper avec le plus grand soin de leur rétablissement et de leur faire donner tous les jours des subsistances de bonne qualité, pour qu'ils puissent rejoindre aussitôt qu'ils seront remis en état.

M. le Maréchal désire que vous fassiez former à Landsberg une infirmerie pour le traitement des chevaux blessés qui sont à la suite des corps de cavalerie et d'artillerie. Les généraux commandant ces armes ont ordre d'y faire diriger demain matin tous ceux qui se trouvent dans ce cas.

Les fiévreux, blessés et écloppés, seront également dirigés demain de grand matin sur l'établissement où ils doivent être traités.

M. le maréchal désire que vous autorisiez M. le chef de bataillon Dalou, chargé provisoirement du commandement de la place de Landsberg, de faire toutes les réquisitions nécessaires pour assurer la subsistance des hommes et des chevaux qui resteront au dépôt et à l'infirmerie, ainsi que pour le transport des malades qui devraient être évacués. Ce commandant dirigera sur l'armée, par détachement, les militaires au fur et à mesure qu'ils seront rétablis.

Le commissaire des guerres que vous chargerez du service de la place devra vous rendre compte de l'entrée dans l'établissement de Landsberg, des fiévreux, blessés et écloppés.

Un sous-officier de la division de cavalerie légère sera chargé de la surveillance de l'infirmerie et de diriger sur l'armée les chevaux qui seront en état de servir. Le général Margaron est chargé de désigner un artiste vétérinaire pour diriger leur traitement.

SALLIGNY.

Le général Salligny aux Généraux commandant l'artillerie et la cavalerie.

(Suite à la circulaire du 1er brumaire.)

M. l'Ordonnateur a reçu l'ordre de faire former une infirmerie à Landsberg pour le traitement des chevaux blessés qui sont à la suite des corps de cavalerie et de l'artillerie. Veuillez bien y faire diriger demain de grand matin tous ceux de votre arme qui se trouvent dans le cas d'y être reçus; un homme sera désigné pour avoir soin de quatre de ces chevaux.

Les chevaux qui se trouveront rétablis seront dirigés sur les corps auxquels ils appartiennent, par les soins du commandant d'armes à Landsberg, qui emploiera au besoin des soldats d'infanterie pour les conduire; ce commandant reçoit des instructions en conséquence.

Le sous-officier qui aura la surveillance de l'établissement devra avoir soin de lui faire connaître quand il y aura des chevaux en état de rejoindre.

M. le Maréchal désire que vous désigniez un sous-officier, ainsi qu'un artiste vétérinaire, pour diriger le traitement des chevaux.

SALLIGNY.

Le général Salligny au général Saint-Hilaire.

Landsberg, le 1er brumaire an xiv (23 octobre 1805).

Mon cher Général,

M. le Maréchal me charge de vous dire qu'il a appris avec beaucoup de peine que des corps de votre division, qu'on ne lui a pas désignés, ont vendu publiquement leur pain, hier, aussitôt qu'il fut distribué. Je vous invite à faire rechercher les auteurs d'une faute aussi grave et à les lui faire connaître, afin qu'ils soient punis d'une manière exemplaire (1).

SALLIGNY.

Le général Salligny à l'Ordonnateur en chef.

Landsberg, le 1er brumaire an XIV (23 octobre 1805).

Mon cher Ordonnateur,

M. le Maréchal désire que vous fassiez transporter de suite les vivres et fourrages nécessaires à la subsistance de la division de cavalerie légère ; donnez, je vous prie, des ordres précis à ce sujet.

La division de cavalerie légère dans les villages de Reisch, Schwifting et Penzing en avant de la ville.

SALLIGNY.

Le général Salligny à l'Ordonnateur en chef.

Landsberg, le 1er brumaire an XIV (23 octobre 1805).

Mon cher Ordonnateur,

Veuillez bien, conformément aux intentions de M. le Maréchal commandant en chef, requérir dans les bataillons à portée de Landsberg la quantité de 80 chevaux de trait, tout garnis de leur collier, pour le service de l'artillerie. Il devra y avoir un homme par deux chevaux.

Ces chevaux devront être rendus demain sur la place, vis-à-vis de la municipalité, pour 6 heures du matin. Chargez un de vos agents de les recevoir. Le général Lariboisière y enverra un officier pour les diriger sur les divers parcs pour lesquels ils sont destinés. Vous préviendrez les bourgmestres que ces chevaux leur seront rendus aussitôt que ceux d'artillerie blessés se trouveront en état de reprendre leur service.

SALLIGNY.

---

(1) Une autre lettre du même jour autorise le général Saint-Hilaire à faire organiser, à Landsberg, un atelier de cordonnier pour le 43e de ligne.

CHAPITRE XIX

24 octobre

Lehmann, lieutenant au 3ᵉ rég. de hussards, à M. le colonel Colbert, commandant le 10ᵒ rég. de chasseurs à cheval.

Günzburg, le 2 brumaire an xiv (24 octobre 1805).

Mon Colonel,

J'ai l'honneur de vous prévenir que j'ai couché hier près de Günzburg; aujourd'hui j'ai poussé mes reconnaissances jusqu'à Kauffbeuren, sans avoir rencontré l'ennemi ; arrivé à ce village, je pris des renseignements près du bailli, qui m'a assuré qu'un détachement de vingt-cinq cuirassiers, commandé par un officier, a poussé sa reconnaissance jusqu'à Thingau, et par les mêmes renseignements, j'apprends que l'ennemi, peu nombreux, tant cavalerie qu'infanterie, occupe le village de Nesselwrang, à quatre lieues en avant de Kempten (sur la route du Tyrol.)

A l'instant où j'ai l'honneur de vous écrire, un hussard de mon détachement vient de conduire près de moi un espion muni d'un passeport signé du général de division Savary (aide de camp de Sa Majesté). Ce dit espion, venant d'Augsburg et allant à Kempten, m'apprend que l'armée autrichienne se dirige vers Munich. Je ne puis en ce moment vous faire un détail plus exact. J'espère vous donner demain une instruction plus juste des événements qui pourront nous arriver.

J'ai l'honneur de vous saluer respectueusement.

(*A. M.*) LEHMANN (1).

Le général Seroux au maréchal Ney.

Ulm, le 2 brumaire an xiv (24 octobre 1805).

Monseigneur,

J'ai l'honneur de vous adresser l'état des voitures autrichiennes chargées de munitions ou vides qui existent au parc du corps d'armée sous vos ordres. Quoique ces voitures (une seule exceptée) n'aient pas la forme ordinaire des caissons, l'artillerie autrichienne n'en ayant pas amené d'autres à la suite de ses bouches à feu, nous devons les considérer comme telles.

Si votre intention est de les répartir entre les divers régiments comme fourgons d'équipage, j'aurai l'honneur de vous faire observer que leur peu de capacité ne les rend guère propres à ce genre de service, et qu'ayant, d'ailleurs, encore des munitions portées sur des charrettes de paysans, il serait essentiel de les charger sur les voitures autrichiennes qui sont couvertes et, par conséquent, beaucoup plus convenables.

Peut-être, Monsieur le Maréchal, avez-vous compté sur les fourgons que M. le général Dumas devait remettre au général Du Taillis, pour être ensuite mises à la disposition de l'artillerie; mais je n'en ai encore reçu aucune.

A moins d'ordre contraire de votre part, je disposerai des caissons autrichiens pour le transport des munitions.

J'ai l'honneur d'être, Monseigneur, avec respect et attachement, votre très humble serviteur.

Le Général commandant l'artillerie,

(*A. M.*) SEROUX.

(**1**) *Note du maréchal Ney :* Extrait de ce rapport sera envoyé au Ministre de la guerre.

GRANDE ARMÉE.

Etat des caissons et autres voitures d'artillerie autrichienne existant dans la place d'Ulm.

Caisson..	1
Chariots à munitions, couverts en toile (forme de caissons).......	9
Chariots d'une plus grande capacité en clayonnage (couverts)......	21
Chariots de *paysan* (sans être couverts)......................	8
TOTAL des voitures.....	39

NOTA. — Parmi les voitures abandonnées par les Autrichiens, il n'existe qu'*un seul caisson proprement dit :* tout le reste est de l'espèce énoncée ci-dessus, et de la classe des *chariots à munitions couverts*.

M. le premier inspecteur d'artillerie a fait employer dix des chariots dont le coffre est en clayonnage pour transporter à Augsburg 1370 fusils provenant du désarmement. Ces dix voitures ne sont pas comprises dans l'état ci-dessus, vu qu'elles ne doivent pas rentrer.

Ulm, le 2 brumaire an XIV.

Certifié le présent état véritable.

Le Capitaine d'artillerie,

G. MARIN.

Vu par moi, Général commandant l'artillerie du 6° corps,

SEROUX.

6° CORPS D'ARMÉE.

Journée du 2 brumaire (24 octobre 1805).

Quartier général : Ulm.

2° *division* : Dellmensingen.

69°......	6 compagnies, dont les grenadiers.....	Laupheim.
	6 compagnies d'état-major...........	Achstetten.
	2 compagnies.....................	Brunn.
	4 compagnies.....................	Stetten.
	18 compagnies.	

CHAPITRE XIX.

76ᵉ ....
{
2 compagnies de grenadiers d'état-major. } Dellmensingen.
2 compagnies de fusiliers d'état-major.. }
5 compagnies..................... Donaustetten.
3 compagnies..................... Weiler.
4 compagnies..................... Gögglingen.
2 compagnies..................... Wullenstetten.
}
18 compagnies.

3ᵉ *division* : Cavalerie légère, dragons à pied. (Mêmes positions que celles du 30.)

5ᵉ CORPS D'ARMÉE.

Journée du 2 brumaire (24 octobre 1805).

Division de cavalerie légère...............) Séjour
Division de cuirassiers................... } à
Division de grenadiers...................) Ingolstadt.

La division aux ordres du général Gazan traversa Augsburg et, après s'être dirigée par Friedberg et Eurasburg, elle alla cantonner à Schwabhausen, Puchschlagen et Ober-Roth.

La division aux ordres du général Suchet se rendit à Munich.

Quartier général : Munich.

Le général Salligny au général Vandamme.

Landsberg, le 2 brumaire an xiv (24 octobre 1805).

Mon cher Général,

Je vous préviens que le 4ᵉ corps d'armée se mettra en marche demain 3 brumaire et se dirigera sur Munich en passant par Inning et Pfaffenhofen.

La division de cavalerie légère, marchant en tête de la colonne, partira à 5 heures du matin pour cette destination. Elle s'établira à Germering et Gröffling, en avant et près de Pfaffenhofen.

La 3ᵉ division partira à 6 heures du matin, et suivant la même direction, elle s'arrêtera à Pfaffenhofen, qu'elle occupera, ainsi que les hameaux de Geisenbrunn, Glesheim et Wandlheim.

Votre division partira aussi à 6 heures très précises du matin de Landsberg, et suivant la même direction, s'arrêtera à Saint-Gilgen, qu'elle occupera, ainsi que les villages de Gilching et Argelsried.

La 1re division partant également à 6 heures du matin de Pürgen, se dirigera sur Schöftlding, où elle joindra la grande route de Munich, et continuera dans cette direction son mouvement. Elle s'établira en avant du village de Etterschlag, qu'elle occupera ainsi que les hameaux de Schluifeld et Wessling, ces deux derniers par son infanterie légère.

Le parc d'artillerie du corps d'armée se mettra en mouvement aussitôt que la 2e division sera sortie de Landsberg, et suivra sa marche jusqu'à Schöftlding, où il laissera passer la 1re division, et la suivra ensuite jusqu'à Inning, où il s'arrêtera et s'établira.

Le général Saint-Hilaire laissera un bataillon du 55e régiment à Schöftlding pour couvrir le parc d'artillerie dans sa marche. Il lui donnera ordre de suivre son mouvement et de s'établir avec lui à Inning.

Le général Margaron donnera ordre à la grand'garde de cavalerie qu'il a fournie sur la route de Schöngau d'en partir à 9 heures du matin pour suivre la marche du corps d'armée et rentrer à son régiment en passant par Landsberg.

Le quartier général du corps d'armée sera demain à Inning, où les distributions en pain pour les divisions seront faites à leur passage. L'ordonnateur donnera à ce sujet tous les ordres nécessaires et fera réunir sur ce point tout le pain qu'il a requis dans les arrondissements de Weilheim et d'Inning. Il pourra cependant, pour que la marche des troupes ne soit pas arrêtée, faire suivre les divisions par les voitures de pain qui leur seront accordées, d'après la répartition faite, afin que la distribution aux compagnies n'ait lieu que lorsqu'elles seront rendues à leurs destinations. La viande sur pied sera remise à la troupe, à son passage à Inning.

Tous les établissements qui, en vertu des dispositions antérieures, devaient être formés à Landsberg, seront évacués demain matin en même temps que la troupe en partira, et il ne sera laissé dans cette ville aucun militaire, ni effet appartenant à l'armée.

ORDRE DE MOUVEMENT POUR LE 4.

Les divisions du corps d'armée partiront le 4 au matin des bivouacs qu'elles occuperont, et se dirigeront sur Munich. Elles régleront leurs mouvements de manière à arriver aux portes de la ville, savoir :

La division de cavalerie légère et la 3e division d'infanterie à 9 heures du matin très précises ;

Votre division à 10 heures ;

La 1re division à 10 h. 30 ;

Et le parc d'artillerie avant midi.

Le bataillon du 55e précédera, dans cette marche, le parc d'artillerie, et joindra à Etterschlag la division pour suivre son mouvement.

Après que les divisions auront été entièrement réunies aux portes de Munich, et que MM. les généraux auront fait approprier autant que possible la troupe, ils lui feront traverser la ville dans le plus grand ordre, et sans souffrir qu'aucun militaire sorte du rang. Ils porteront leurs divisions sur la rive droite de l'Isar, sur la route de Braunau. La tête de la colonne s'arrêtera à Riem, et les divisions serreront en masse pour donner à la queue de la colonne la facilité de sortir de la ville.

En cette position, il sera donné de nouveaux ordres au corps d'armée.

MM. les généraux sont prévenus qu'il est vraisemblable que l'Empereur fera l'honneur aux troupes du corps d'armée de les voir à leur passage à Munich. Ils donneront en conséquence des ordres pour que les régiments paraissent dignes de lui être présentés. Ils feront surtout leur possible pour éviter que des traînards restent en arrière.

Le quartier général du corps d'armée pour le 4 sera indiqué par un nouvel ordre.

J'ai l'honneur..... etc.

SALLIGNY.

Le général Vandamme au maréchal Soult.

Landsberg, le 2 brumaire an xiv (24 octobre 1805).

Monsieur le Maréchal,

J'ai l'honneur de vous soumettre une demande de M. Sonnier, lieutenant au 4ᵉ régiment de ligne. Je dois vous informer, mon Général, de deux abus extrêmement préjudiciables au repos et au bien-être de la troupe, c'est que toujours on annonce des distributions à tel endroit et à telle heure, et qu'ensuite, après avoir fait marcher des hommes de corvée et attendre plusieurs heures, on les renvoie au lendemain ; d'une autre part, le pain continue à être très mauvais et la viande est affreuse. Enfin hier, les troupes de la 2ᵉ division ont été obligées de rester jusqu'à minuit pour dépecer de mauvaises vaches dont le poids ne s'élevait pas au-dessus de 100 kilogr., ce qui peut faire juger de leur qualité.

Je pense, Monsieur le Maréchal, que ces abus doivent être réprimés le plus tôt possible, et je vous prie de donner vos ordres pour les faire cesser. Monsieur le Maréchal, deux régiments de ma division ont reçu des souliers, deux autres en ont besoin. Mais le 24ᵉ est absolument pieds nus. Je vous prie, en grâce, de m'en accorder 400 paires pour ce corps, s'il n'est pas possible d'en avoir davantage.

Vandamme.

Le maréchal Soult au général Vandamme.

Landsberg, le 2 brumaire an xiv (24 octobre 1805).

Monsieur le Général,

Le pays où nous sommes ne produisant que de très petits bestiaux, vous saisirez qu'il est impossible pour le moment de donner de la viande plus faite. Cependant, je me suis aperçu que depuis quelques jours cette fourniture laissait beaucoup à désirer, et j'ai prescrit à l'ordonnateur de faire refuser les animaux qui seraient trop faibles.

Quant au pain, il m'en a été présenté de détestable, mais le besoin nous a obligés à le recevoir. La consommation que nous en faisons et le peu de temps que la rapidité de nos marches permet de donner à la fabrication, ne nous permet même pas de rejeter, ni souvent d'employer des mesures de rigueur pour obtenir une meilleure qualité, tel est l'empire du besoin.

Le ministre de la guerre m'a annoncé cette nuit que l'Empereur avait accordé au corps d'armée un secours de 5,000 paires de souliers, mais que je ne pourrai toucher qu'à la deuxième marche. Aussitôt qu'ils me seront parvenus, j'en ferai la répartition en faveur des corps qui n'ont pas reçu ceux qu'ils ont eu ordre de faire fabriquer sur la rive gauche du Rhin. En attendant, vous pourriez engager les régiments qui sont en avance sous ce rapport d'en prêter quelques paires à ceux qui ont le plus d'hommes pieds nus. Dans trois jours, je mettrai ces derniers à même de les rendre.

Je vous remets ci-joint l'autorisation que vous m'avez demandée pour le lieutenant Sonnier du 4ᵉ régiment.

J'ai l'honneur..... etc.

Soult.

3ᵉ CORPS D'ARMÉE.

*Journée du 2 brumaire (24 octobre 1805)
et emplacements du 3 brumaire (25 octobre 1805).*

Quartier général : Freising.

Avant-garde : Erding.

Infanterie. — Passe l'Isar à Munich et s'établit sur la rive gauche de la Sempt. Le centre à Erding, la droite à Bretzen, la réserve sur le front.

On pousse des avant-postes sur les routes de Hohenlinden, de Dorfen et de Moosburg.

Cavalerie. — Sur la rive droite de la Dorfen, depuis Eiting jusqu'à la route de Freising à Erding.

1ʳᵉ division (Freising). — Sur les hauteurs de Burghausen, en arrière de Freising. Un régiment à Freising ; un bataillon du 51ᵉ à Attaching, route de Freising à Erding.

2ᵉ division (Freising). — Appuie sa droite à Freising, la gauche vers Hangenham, une partie de la division cantonne, un bataillon du 111ᵉ occupe Moosburg.

3e division (Giggenhausen). — A Giggenhausen, ayant sur son front la petite rivière qui tombe dans l'Isar à Freising.

Parc de réserve. — Un convoi d'artillerie, parti le 17 vendémiaire de Mannheim, escorté par des détachements de la 14ᵉ compagnie du 7ᵉ régiment d'artillerie à pied et de la 1ʳᵉ du 5ᵉ régiment, a rallié l'armée.

Il avait été attaqué le 26 vendémiaire aux environs d'Ellwangen par l'armée de l'archiduc Ferdinand, mais la bonne contenance de l'escorte, les bonnes dispositions du capitaine commandant les détachements ont contenu l'ennemi. On est parvenu non seulement à le repousser, mais encore à s'emparer d'un convoi autrichien très considérable.

Le 3ᵉ corps séjourne le 3 brumaire (*26 octobre 1805*) dans les emplacements qu'il occupe le 2 brumaire.

Notes topographiques et militaires. — Les positions de l'Isar et de la Sempt sont de bonnes positions de bivouac.

Le 2 et le 3 brumaire, les corps des maréchaux Soult et Lannes défilèrent par Freising.

3ᵉ CORPS D'ARMÉE.

Ordre de marche du 2 brumaire an XIV.

L'avant-garde, aux ordres du général Heudelet, partira aujourd'hui à la pointe du jour et se portera à Erding, prenant l'Isar à Munich.

Le général Heudelet établira ses communications par la droite avec les troupes de M. le maréchal Bernadotte, et par la gauche avec les Bavarois qui occupent Moosburg. Il s'établira sur la rive gauche de la Sempt et aura des avant-postes sur les routes d'Hohenlinden et sur les débouchés de Dorfen et Moosburg et généralement sur tout son front, l'ennemi étant en sa présence.

La brigade de cavalerie légère, aux ordres du général Heudelet, sera cantonnée à cheval sur la route de Freising et Erding et sur la rive droite de la Dorfen.

La division du général Bisson prendra position en arrière de Freising sur les hauteurs de Pellhausen, et aura un régiment à Freising et un bataillon à Attaching sur la route de Freising à Erding.

Le régiment établi à Freising fournira un fort poste pour la garde du pont.

La deuxième division, du général Friant, prendra position, la droite près de Freising et la gauche se prolongeant du côté d'Hangenham, sur la route de Freising à Moosburg.

La division du général Gudin prendra position à Giggenhausen. Le parc de réserve d'artillerie ainsi que l'ambulance prendront position sous Freising, où ils se rendront en passant par Schleissheim.

Il est nécessaire que les troupes qui auront à traverser la route de Dachau à Munich fassent ce mouvement sur plusieurs colonnes, afin de ne pas arrêter la marche des troupes qui se portent sur Munich.

Les divisions qui auront reçu l'ordre d'envoyer chercher à Munich le pain et l'eau-de-vie y enverront également et laisseront une escorte pour faire rendre des subsistances aux positions qu'elles doivent occuper.

Le quartier général du 3e corps d'armée sera établi à Freising.

Le quartier général de la 3e division à Massenhausen.

Le général Gudin est prié de donner les ordres au parc d'artillerie, qui est à Dachau.

Le Général chef de l'état-major,

(A. G.)   Daultanne.

Le général Gautier au général Gudin.

Unterbruck, le 2 brumaire an XIV (24 octobre 1805).

Mon Général,

J'ai l'honneur de vous remettre les rapports des deux régiments de la brigade.

Le 25e régiment occupe Gesseltshausen et Eisenbach.

Le 85e régiment occupe Weng, Nöbach et Unterbruck, où j'ai mon quartier. On ne compte que trois lieues d'ici Freising par Nöbach, Eisenbach, Giggenhausen, Pallhausen et Vötting, mais le chemin est tellement mauvais qu'il n'est pas prudent d'y passer à cheval.

Par Jollhaus, route de Munich, Hollern, Eching, Neufahrn et Müntraching, on compte cinq lieues dont deux sur la grande route de Munich à Freising et une et demie sur celle d'ici à Munich ; les chevaux et les équipages pourraient tenir cette direction. Les habitants du pays la suivent ordinairement pour aller à Freising à cheval ou en voiture.

L'officier que j'envoie près de vous, mon Général, est chargé de me transmettre vos ordres.

J'ai l'honneur de vous saluer respectueusement.

(J. G.) GAUTIER.

2 brumaire (le 24). — Le lieutenant général Deroy étant revenu sur Schleissheim, s'établit le 25 à Schwabing et marcha le 26 à Obersdorf.

(*Journal du corps bavarois.*)

Le général Éblé au colonel Navelet.

Munich, le 2 brumaire an XIV (24 octobre 1805).

Monsieur,

Je vous adresse, ci-joint, un billet de M. Molinier, capitaine commandant la 20e compagnie du 8e régiment d'artillerie à pied, par lequel il reconnaît avoir reçu 2,069 fr. 30 ; cette somme lui a été remise par M. Humbert à Hannover et provient d'un résidu de compte de la vente des fers coulés achetés par M. Binder d'Hamety.

Pareille somme doit être due aux compagnies du 8e régiment restées à Hannover et doit être versée dans la caisse de l'artillerie par le conseil éventuel du susdit régiment employé au parc. Vous voudrez donc bien, Monsieur, la faire verser aujourd'hui et terminer entièrement cette affaire.

L'intention de M. le maréchal Bernadotte est qu'elle soit ajoutée aux 6,000 francs qu'il destine à l'entretien des chevaux de la compagnie auxiliaire.

ÉBLÉ.

Le général Éblé au colonel Navelet.

Munich, le 2 brumaire an xiv (24 octobre 1805).

Monsieur,

Il y a trois jours que je vous ai donné ordre d'être prêt à marcher, je vous l'ai répété et vous m'avez toujours dit que vous étiez prêt ; je viens de voir des chevaux qu'on a conduits à l'arsenal, à ce qu'on croit pour les faire harnacher ; on ignore qui les a envoyés ; ils attendent, et si c'est pour les garnir de harnais, j'ignore comment ils s'en trouvent dépourvus, car, excepté les neuf derniers chevaux reçus de la régence de Munich, tous doivent être harnachés. Mettez, je vous prie, plus d'ordre dans votre service, et surtout plus de célérité.

Ces chevaux sont mal tenus et mal nourris, je vous ai chargé de faire acheter des étrilles ; c'est à vous de veiller à ce qu'ils soient soignés ; exigez de la surveillance de M. Pinondelle et des autres individus que j'ai mis à votre disposition.

Éblé.

Le général Éblé au colonel Navelet.

Munich, le 2 brumaire an xiv (24 octobre 1805).

Monsieur,

J'ai reçu les deux états que vous m'avez adressés hier et portant les objets déposés à l'arsenal de Munich. En vous prescrivant de vous débarrasser, je n'ai pas entendu que ce serait de choses utiles ; il faut donc que vous fassiez reprendre et conduire aujourd'hui au parc :

La poudre, les sachets, les cartouches, tant à canon que d'infanterie, les essieux en fer, les flèches, les timons, quelques seaux d'affût, tous les outils que vous présumerez être nécessaires.

En fait de bourrellerie :

20 colliers après avoir été raccourcis, il faut qu'ils le soient sous le plus court délai, 50 avaloirs, 21 platelonges avec leurs anneaux, 41 brides, 20 panneaux neufs, les croupières, les fourneaux, les licous, les traits, les troussières, les sacs à avoine, les bouchoirs, les fers à cheval.

Dès que votre parc sera en état, faites réparer les caissons que vous laissez à Munich.

ÉBLÉ.

Le général Songis au maréchal Berthier.

Augsburg, le 2 brumaire an xiv (24 octobre 1805).

Monsieur le Maréchal,

L'équipage de ponts est à Munich, ainsi que l'ordre en avait été donné. Je prescris au commandant de s'y munir de poutrelles et de madriers.

Quant aux compagnies du 1er bataillon de pontonniers qui, d'après les intentions de Sa Majesté, devraient être toutes à l'armée, divers ordres successifs donnés de Paris ont empêché leur départ ou contrarié leur marche, en sorte qu'une partie de la 4e était encore le 22 au pont de Lauterburg (1), et le colonel Dedon avait été obligé de réunir la 8e pour l'équipage de pont qu'il a eu ordre d'établir à Huningue, mais je lui mande de nouveau de faire partir le tout pour l'armée.

La 6e doit être en route de Lauterburg depuis le 24 pour le parc.

La 1re est avec le corps d'armée de M. le maréchal Bernadotte.

La 3e est avec le corps d'armée de M. le maréchal Soult.

Les 2e, 5e et 7e sont avec l'équipage de ponts.

J'ai l'honneur..... etc.

SONGIS.

Ordres à donner aux compagnies de sapeurs ci-dessous désignées.

Augsburg, le 2 brumaire an xiv (24 octobre 1805).

1° A la 8e compagnie du 2e bataillon, dans ce moment au 3e corps commandé par le maréchal Davout, l'ordre de se

---

(1) M. Gérard expédiera des ordres pour que l'on ne retienne pas ces compagnies et qu'elles rejoignent de suite la Grande Armée.

BERTHIER.

rendre sans délai au 1ᵉʳ corps commandé par le maréchal Bernadotte ;

2º A la 1ʳᵉ compagnie du 2ᵉ bataillon, dans ce moment au 5ᵉ corps commandé par le maréchal Lannes, l'ordre de se rendre sans délai au 2ᵉ corps commandé par le général Marmont ;

3º A la 4ᵉ compagnie du 2ᵉ bataillon, dans ce moment au 5ᵉ corps commandé par le maréchal Lannes, l'ordre de se rendre sans délai au 6ᵉ corps commandé par le maréchal Ney ;

4º A la 7ᵉ compagnie du 2ᵉ bataillon, dans ce moment au 3ᵉ corps commandé par le maréchal Davout, l'ordre de se rendre à la réserve de cavalerie commandée par le prince Murat ;

5º A la 3ᵉ compagnie du 2ᵉ bataillon, dans ce moment au 5ᵉ corps commandé par le maréchal Lannes, l'ordre de se rendre sans délai au quartier général pour recevoir de nouveaux ordres.

LÉRY.

(Approuvé : M. Gérard me fera signer les ordres nécessaires. 9 heures du soir.

BERTHIER.

Le 5 brumaire an xiv.)

L'Empereur au général Songis.

Monsieur le général Songis,

Je vous ai fait donner l'ordre d'armer la place d'Augsburg. A Ulm, il y a quelques grosses pièces, car l'ennemi nous a tiré quelques coups de canon qui sont au moins des pièces de 16. Faites faire des recherches, soit à Ulm, soit à Donauwörth ou dans quelque place de la Bavière, car il serait utile d'avoir du canon d'un calibre supérieur à 16 pour l'armement de la place d'Augsburg. Établissez-y un petit arsenal, une salle d'artifices, un magasin de cartouches et de poudres, des ateliers de bourreliers pour vos attelages. Laissez-y le nombre d'officiers d'artillerie nécessaires pour bien organiser le service de la place. Établissez-y une salle d'armes, un atelier d'armuriers et réunissez dans cette place les fusils et canons qui ont été pris aux Autrichiens. Sur ce, je prie Dieu qu'il vous ait en sa sainte garde.

De mon camp impérial d'Augsburg, le 2 brumaire an XIV.

(A. A.) NAPOLÉON (1).

Ordre du jour.

Au quartier général impérial, à Augsburg, le 2 brumaire an XIV
(24 octobre 1805).

La ville d'Augsburg sera le dépôt général de l'armée. Les généraux, les officiers, les corps, enverront dans cette ville tous leurs gros bagages et tout ce qui les embarrasserait à la suite de l'armée active. Les quartiers-maîtres y tiendront leurs registres; les corps y auront leurs dépôts et leurs magasins.

Il y sera désigné autant de couvents ou de grandes maisons de la ville qu'il y aura de corps d'armée, dans lesquels seront réunis les dépôts des corps qui composent un corps d'armée.

MM. les généraux, officiers et commandants des corps de l'armée sont prévenus que ce point sera toujours gardé en force, que tout autre ne serait point sûr; qu'ils doivent donc tenir leurs bagages et dépôts dans la ville d'Augsburg, ou immédiatement à leurs colonnes. Le présent ordre sera lu à tous les corps pendant huit jours de suite. Chaque général commandant un corps d'armée désignera, pour commander son dépôt, un officier supérieur ou adjoint, pour correspondre avec le dépôt de son corps renfermé dans Augsburg.

Les consommations de vivres et de fourrages devenant de jour en jour plus considérables, il est urgent de régulariser ces services, afin de prévenir les abus auxquels les distributions arbitraires peuvent donner lieu. En conséquence, M. l'inspecteur en chef aux revues donnera des ordres aux inspecteurs attachés aux différents corps d'armée, de passer régulièrement des revues exactes d'effectifs, afin qu'en remettant le 1er de chaque mois le résultat de ces revues, on puisse régler les distributions à faire et connaître d'avance les consommations.

---

(1) Quelques différences de détail avec la pièce n° 9424 de la *Correspondance*.

Les parties prenantes qui se feraient délivrer un plus grand nombre de rations qu'il ne leur en est alloué par le règlement, en deviendront personnellement responsables, et seront poursuivies conformément à la loi.

Le payeur de l'armée fera verser la solde dans les mains des quartiers-maîtres jusqu'au 15 brumaire. Les quartiers-maîtres ne la payeront que tous les cinq jours et pour les seuls hommes présents.

Maréchal BERTHIER.

L'adjudant-commandant Petiet au général Andréossy.

Spire, le 2 brumaire an XIV (24 octobre 1805).

Mon Général,

J'ai l'honneur de vous adresser l'état de situation des différents détachements qui doivent composer la première colonne que je dois, d'après vos instructions, diriger le 19 brumaire sur la Grande Armée. Beaucoup de ces détachements, qui devaient être arrivés du 20 au 26 vendémiaire, ne le sont pas encore, et ne sachant pas où les bataillons de dépôt sont stationnés, je n'ai pu leur écrire; quant à ceux déjà arrivés, vous verrez que leur force est peu considérable; ils doivent, d'après les ordres qu'ils ont dû recevoir, être munis de deux paires de souliers dans les havresacs; beaucoup d'entre eux, non seulement ne les ont pas, mais n'en ont pas même une paire de rechange; j'ai écrit aux bataillons de dépôt dont ils font partie, de leur en faire avoir. Plusieurs officiers ont été dépêchés à cet effet.

Je crains bien que tous les détachements qui doivent composer la première colonne ne soient pas tous arrivés le 18 brumaire; dans tous les cas, je ferai partir ceux déjà arrivés et pourrai même remplacer par ceux de la deuxième colonne qui seraient déjà rendus, ceux de la première qui seraient en retard.

J'ai ordonné aux chefs de ces divers détachemments, presque entièrement composés de conscrits, de les exercer au maniement d'armes, ce qui s'exécute deux fois par jour.

Il est parti, le 30 du mois dernier de Spire, un convoi assez considérable d'argent très faiblement escorté; d'après les bruits qui s'étaient répandus que les partisans ennemis avaient parus sur différents points sur la route de communication, j'ai cru devoir, d'après la demande que m'en a faite l'adjudant-commandant Chevalier, donner un détachement pour escorter et assurer ce convoi. J'ai choisi le détachement du 12e régiment d'infanterie de ligne, fort de 93 hommes et composé en partie d'anciens soldats. Je pense, mon Général, que vous ne désapprouverez pas ma conduite.

A l'époque du départ de la première colonne, j'aurai l'honneur de vous en adresser la situation.

Agréez,..... etc.

Petiet.

GRANDE ARMÉE. État de situation des différents détachements envoyés par les bataillons de dépôt et qui doivent être arrivés à Spire le 18 brumaire et en partir le 19.

DÉSIGNATION des CORPS D'ARMÉE.	NUMÉROS des DIVISIONS.	DÉSIGNATION des DÉTACHEMENTS.	FORCE des présents, officiers compris.	DATE DE L'ARRIVÉE des détachements à Spire.	OBSERVATIONS.
3e corps d'armée.	1re division	13e rég. d'inf. légère	105	Le 26 vendémiaire.	Doit arriver le 7 brumaire.
		17e rég. d'inf. de ligne	134	Id.	Devait arriver le 22 vendémiaire.
	2e division	48e id.	»	»	Parti le 30 pour escorter un convoi d'argent.
		108e id.	93	N'est pas arrivé.	
	3e division	12e id.	»	Le 28 vendémiaire.	Devait arriver le 24 vendémiaire.
		21e id.	»	N'est pas arrivé.	
		25e id.	65	Le 26 vendémiaire.	
		36e id.	100	Id.	
		43e id.	85	Id.	
4e corps d'armée.	1re division	55e id.	»	»	Doit arriver le 12 brumaire.
	2e division	28e id.	103	Le 26 vendémiaire.	
		46e id.	109	Id.	
	3e division	75e id.	»	»	Doit arriver le 12 brumaire.
	4e division	64e id.	52	Le 26 vendémiaire.	
5e corps d'armée.	1re division	2e rég. d'inf. légère	»	»	Doit arriver le 17 brumaire.
		12e id.	»	»	Doit arriver le 17 brumaire.
	1re division	32e rég. d'inf. de ligne	97	Le 27 vendémiaire.	
6e corps d'armée.	1re division	69e id.	»	N'est pas arrivé.	Devait arriver le 20 vendémiaire.
	2e division	76e id.	593	Le 24 vendémiaire.	
		27e id.	»	N'est pas arrivé.	Devait arriver le 22 vendémiaire.
	3e division	50e id.	»	Le 26 vendémiaire.	
		59e id.	41	N'est pas arrivé.	Devait arriver le 20 vendémiaire.
			1,577		

L'Adjudant-commandant,

Petiet (1).

(1) Mouvement ordonné par deux lettres du Ministre, du 8 vendémiaire. Cette colonne doit arriver le 8 frimaire à Braunau.

Le général Andréossy au maréchal Ney.

Augsburg, le 2 brumaire an XIV (24 octobre 1805).

Monsieur le Général,

Le Ministre de la guerre m'a renvoyé la lettre que vous lui avez écrite le 30 vendémiaire, concernant les troupes commandées par le général Villatte.

En vous donnant avis, par ma lettre du 13 vendémiaire dernier, que la seule communication établie entre l'armée et la France était par Spire, Bruchsal, Eppingen, Heilbronn, OEhringen, Hall, Ellwangen, Nördlingen et Donauwörth, j'ai eu l'honneur de vous instruire que l'intention de Sa Majesté était que, sous aucun prétexte, aucun soldat de la Grande Armée ne put passer le Rhin.

Les détachements conduisant les prisonniers de guerre doivent, à quatre lieues de Spire, envoyer prévenir l'adjudant-commandant Chevalier, qui y commande et qui envoie de suite un détachement pour accompagner les prisonniers jusqu'à Spire.

Les troupes qui les ont escortés doivent rétrograder sur-le-champ, sur Augsburg, en prenant la route indiquée et de ce dernier point elles rejoindront leurs corps respectifs.

Je vous prie, Monsieur le Maréchal, de vouloir bien faire connaître ces dispositions à M. le général Villatte, et à tous ceux qui, par la suite, seraient dans le cas de commander des escortes de prisonniers de guerre.

Andréossy.

Le général Andréossy à l'Intendant général.

Augsburg, le 2 brumaire an XIV (24 octobre 1805).

Monsieur l'Intendant général,

Je vous préviens que Son Excellence le Ministre de la guerre, major général, a approuvé la disposition que vous lui avez proposée relativement aux chirurgiens, aides et sous-aides-majors. Elle sera insérée dans le plus prochain ordre du jour (1).

Andréossy.

*Le général Andréossy aux Chefs d'état-major
des 1er, 2e, 3e, 4e, 5e, 6e et 7e corps et celui de réserve.*

Augsburg, le 2 brumaire an xiv (24 octobre 1805).

Monsieur le Général,

L'intention de Son Excellence le Ministre de la guerre est que vous m'adressiez régulièrement, les 3, 6, 9, 12, 15, 18, 21, 24 et 27 de chaque mois, l'état exact de la situation du corps d'armée, en vous conformant au modèle que je joins ici sous le n° 1, et dont je vous envoie 60 exemplaires.

Sa Majesté attache la plus grande importance à ce que le major général lui présente, tous les trois jours, le tableau général de la situation de l'armée, et elle compte sur le zèle des chefs d'état-major des différents corps d'armée.

Son Excellence le major général me charge de vous recommander d'apporter à la rédaction de ces états le plus grand soin et à les envoyer exactement aux époques fixées. Il fera connaître à Sa Majesté les chefs d'état-major qui seraient en retard et les rend personnellement responsables de la moindre négligence dans l'inexécution de cet ordre ; il n'aura égard, pour cet objet, à aucune excuse quelconque.

Pour faciliter ce travail et prévenir toute espèce d'observations, je vous envoie deux autres modèles d'états, l'un sous le n° 2 pour les chefs d'état-major des subdivisions (il y en aura 360), l'autre, n° 3, pour être distribué à chaque régiment (il y en aura 720).

Je vous prie, Monsieur le Général, de vouloir bien donner les ordres les plus précis, pour que les chefs d'état-major des divisions exigent des régiments la plus grande exactitude et la plus grande célérité afin que vous puissiez me faire passer sans

---

(1) Cf. Ordre du jour du 3 brumaire : Injonction à tous les chefs de corps de mettre leurs chirurgiens à la disposition des ordonnateurs pour les hôpitaux, quand la demande en sera faite.

aucun retard le tableau général des corps d'armée, conformément à la volonté de l'Empereur et aux ordres du major général.

Je vous fais observer que ces états de trois jours sont indépendants des états de situation détaillée que vous devez m'adresser tous les quinze jours.

Veuillez bien m'accuser réception de la présente.

ANDRÉOSSY.

Le général Andréossy à M. Petiet.

Augsburg, le 2 brumaire an XIV (24 octobre 1805).

Je vous ai prévenu hier, que le quartier général partant pour Munich, les grandes administrations restaient à Augsburg.

Mais je pense qu'il est indispensable qu'un préposé de la poste vienne à Munich avec quelques courriers et suive constamment le grand quartier général afin que la correspondance avec l'armée et la France ne soit pas retardée ni interrompue.

Je vous prie de vouloir bien donner des ordres en conséquence.

ANDRÉOSSY.

Le général Andréossy à M. Tabarié.

Augsburg, le 2 brumaire an XIV (24 octobre 1805).

Monsieur,

L'intention du Ministre de la guerre est que l'adjudant-commandant Beurmann, actuellement sous les ordres du général Suchet, se rende de suite, ainsi que deux adjoints, à Augsburg, pour rester employés près du général René.

J'expédie, en conséquence, l'ordre à M. Beurmann et j'en préviens le général Suchet, qui doit désigner un autre adjudant-commandant pris hors de l'armée. Veuillez bien, je vous prie, désigner les deux adjoints qu'on pourrait donner au général René et leur adresser directement leurs commissions.

ANDRÉOSSY.

Le général Andréossy au général Baraguey-d'Hilliers.

Augsburg, le 2 brumaire an XIV (24 octobre 1805).

Monsieur le Général,

Je vous préviens que d'après l'intention de Son Excellence le Ministre de la guerre, major général, je viens d'autoriser M. le général Walther, commandant de la 2ᵉ division de dragons à cheval, à faire prendre 30 hommes du 10ᵉ régiment dans le 2ᵉ régiment de dragons à pied, qui se trouve en ce moment à Augsburg. Il est également autorisé à faire prendre 30 hommes par chacun des autres régiments de sa division. Veuillez bien, en conséquence, donner des ordres pour que ces hommes soient remis à l'officier qui se présentera avec l'autorisation de M. le général Walther.

ANDRÉOSSY.

Le général Songis au maréchal Berthier.

Augsburg, le 2 brumaire an XIV (24 octobre 1805).

Monsieur le Maréchal,

J'ai l'honneur de prévenir Votre Excellence que je donne ordre au chef de bataillon Bernard, de prendre le commandement de l'artillerie de la 1ʳᵉ division du corps d'armée de M. le maréchal Ney en remplacement du chef de bataillon Villeneuve malade (1).

J'ai l'honneur..... etc.

SONGIS.

Le général Andréossy à M. Bacher, chargé d'affaires de Sa Majesté l'Empereur des Français, près la Diète de Ratisbonne.

Augsburg, le 2 brumaire an XIV (24 octobre 1805).

Je m'empresse de vous donner avis que Sa Majesté a pris en considération les observations que vous avez adressées sur la

---

(1) M. Gérard le portera sur les états.

BERTHIER.

situation des postes d'Allemagne et qu'Elle a ordonné l'insertion d'un article à cet égard, dans l'ordre de l'armée du 3 courant.

Je vous adresse ci-joint 20 exemplaires de l'ordre de l'armée du 1er brumaire et du 2 du même mois.

D'après l'intention de Son Excellence le Ministre de la guerre, je vous ferai parvenir toutes les fois que l'occasion s'en présentera, le même nombre d'exemplaires de chaque ordre de l'armée.

Andréossy.

Le général Salligny au Commissaire ordonnateur.

Landsberg, le 2 brumaire an xiv (24 octobre 1805).

Mon cher Ordonnateur,

L'Empereur ayant affecté un couvent de la ville d'Augsburg, pour servir de dépôt de convalescents au 4e corps d'armée, M. le maréchal commandant en chef vous charge de prendre les mesures nécessaires pour y faire transporter demain, de très bonne heure, tous les militaires qui, pour cause de blessures ou de légères incommodités ne peuvent suivre la marche des régiments, lesquels en vertu de son ordre du 1er de ce mois devaient être réunis à Landsberg. Au moyen de cette disposition, celle ordonnée par M. le maréchal pour un établissement propre à recevoir 400 malades à Landsberg, doit être considérée comme non avenue.

Je charge M. le chef de bataillon Dalou de suivre l'évacuation sur Augsburg des malades réunis à Landsberg et de suivre à leur égard toutes les dispositions que je lui ai prescrites et que je vous ai fait connaître par ma lettre d'hier.

Les dispositions relatives à l'établissement d'une infirmerie à Landsberg pour traiter les chevaux de cavalerie et d'artillerie hors de service sont également rapportées ; ces chevaux suivront les corps auxquels ils appartiennent jusqu'à ce qu'il soit pris des mesures pour les réunir en dépôt dans le lieu qui sera désigné.

J'ai fait connaître à MM. les généraux commandant les divisions d'armes que M. le maréchal les autorisait à avoir avec leur voiture d'équipage une voiture suspendue ; vous êtes compris dans cette mesure. Les généraux de brigade, adjudant-commandant, inspecteur aux revues, commissaires des guerres et principaux chefs de service, ne pourront avoir que leur caisson ou une voiture suspendue ; je vous recommande, pour ce qui vous concerne, l'exécution de cette disposition.

M. le maréchal qui, par son ordre, n'avait accordé qu'une voiture par régiment pour servir d'ambulance, vient d'autoriser les chefs de corps à avoir une seconde voiture pour le transport des bagages des officiers ; il a donné ses ordres pour que celles qui se trouveront excéder le nombre soient sur-le-champ envoyées au parc d'artillerie à Landsberg et il rend les chefs de corps personnellement responsables de l'exécution de cette disposition ; son intention est que vous vous concertiez avec le général d'artillerie afin qu'il vous fasse remettre celles qui seront envoyées au parc en vertu de cette disposition et qui ne lui seront pas nécessaires, pour que vous les employiez au transport des subsistances ; s'il s'en trouve dans ce nombre qui ne soient d'aucune utilité, elles devront être renvoyées à leurs propriétaires.

Les gros équipages des régiments et ceux dont le transport peut gêner la marche des colonnes et qu'on ne pourrait faire suivre avec les moyens accordés à chaque régiment ont ordre de partir demain matin pour Augsburg où ils resteront en dépôt jusqu'à ce qu'il soit donné des ordres pour les faire avancer.

M. le chef de bataillon Dalou est chargé par M. le maréchal de faire fournir les vivres et fourrages aux hommes et aux chevaux qui conduiront ces équipages ; je vous invite à le faire seconder dans cette circonstance ; il a ordre de s'adresser au commandant d'armes à Augsburg pour savoir quel est le couvent et autres établissements destinés pour le corps d'armée pour y faire établir les hommes et les objets qui y seront dirigés.

SALLIGNY.

Le général Salligny au chef de bataillon Dalou, commandant à Lansberg.

Landsberg, le 2 brumaire an XIV (24 octobre 1805).

Monsieur le Commandant,

Je vous préviens que l'établissement pour 400 hommes, formé

d'après l'ordre de M. le maréchal, et dont je vous ai donné connaissance par ma lettre d'hier, est supprimé.

Un établissement sera formé demain dans un couvent de la ville d'Augsburg, d'après les ordres de Sa Majesté, pour servir de dépôt de convalescence aux militaires du corps d'armée qui, pour cause de blessures ou de légères incommodités ne peuvent suivre la marche des régiments auxquels ils appartiennent; l'ordonnateur en chef a ordre d'y faire transporter de très bonne heure, tous les militaires qui auraient été reçus jusqu'à ce jour dans l'établissement de Landsberg.

M. le maréchal vous charge de suivre et diriger toutes les évacuations de l'établissement de Landsberg et de vous rendre à l'avance près le commandant d'armes à Augsburg pour savoir de lui quel est le local destiné pour le dépôt de convalescence du corps d'armée, afin que vous y fassiez établir, dès leur arrivée, tous les militaires qui y seront évacués; vous aurez la même surveillance sur les militaires qui seront reçus dans cet établissement, que celle que vous donne ma lettre d'hier, sur ceux qui devaient être reçus dans celui de Landsberg, et vous veillerez particulièrement à ce que rien ne leur manque, afin qu'ils puissent rejoindre par détachement, comme il est dit, les corps auxquels ils appartiennent. Au moyen de cette disposition vous ne commanderez plus la place de Landsberg à compter de demain, et vous vous disposerez à partir d'Augsburg avec les derniers convalescents pour rejoindre le quartier général partout où il sera.

M. le maréchal a donné ses ordres pour que les gros équipages du corps soient dirigés sur Augsburg; il désire que vous fassiez fournir les vivres et fourrages aux hommes et chevaux qui les conduisent. Ces équipages devront être placés près de l'établissement des convalescents et ils seront sous votre surveillance particulière.

Vous voudrez bien me rendre compte chaque jour si les militaires convalescents reçoivent régulièrement les subsistances qui leur sont accordées par les règlements, et me faire connaître leur situation.

SALLIGNY.

Circulaire aux Généraux commandant les divisions et armées.

Landsberg, le 2 brumaire an xiv (24 octobre 1805).

Mon cher Général,

Je vous préviens que les dispositions dont je vous ai donné connaissance par ma circulaire d'hier, au sujet de l'établissement qui devait être formé à Landsberg pour 400 malades, sont rapportées et que cet établissement sera transféré demain d'après les ordres de Sa Majesté en un dépôt qui sera formé dans un couvent de la ville d'Augsburg où seront traités les militaires du corps d'armée qui, pour cause de blessures, de légères incommodités ne pourraient suivre la marche des régiments auxquels ils appartiennent.

M. le chef de bataillon Dalou sera chargé près cet établissement du même service que celui qu'il y aurait fait s'il fût resté à Landsberg ; il sera chargé de faire fournir les vivres et fourrages aux hommes et chevaux qui conduiront à Augsburg les gros équipages dont il sera parlé ci-après.

M. l'ordonnateur en chef est chargé de faire transporter demain matin à Augsburg tous les militaires qui ont été reçus dans l'établissement formé ici.

M. le maréchal vous recommande, mon cher Général, la stricte exécution des dispositions prescrites par son ordre du 27 de ce mois, relatif à la réduction des équipages à la suite des corps des vivandiers et concernant le service des ambulances. Il accorde une seconde voiture par régiment pour le transport des bagages des officiers ; ainsi, il y aura dans chaque corps deux voitures, une d'ambulance et une pour les bagages des officiers ; toutes les autres, quels que soient leur objet ou leur nature, seront sur-le-champ envoyées sous la responsabilité personnelle des chefs de corps au parc d'artillerie de Landsberg.

Les gros équipages des régiments et ceux dont le transport peut gêner la marche des colonnes et qu'on ne pourrait faire suivre avec les moyens accordés à chaque régiment partiront demain matin pour Augsburg où ils resteront en dépôt jusqu'à ce qu'il soit donné des ordres pour les faire évacuer ; recommandez, je vous prie, que l'on se conforme ponctuellement à cette disposition.

M. le maréchal accorde aux généraux commandant les divisions et armées, ainsi qu'à l'ordonnateur en chef, la faculté d'avoir une voiture suspendue avec la voiture pour les équipages alloués à chacun d'eux ; les généraux de brigade, adjudants-commandants, inspecteurs aux revues, commissaires des guerres et principaux chefs de service ne pourront avoir que leur caisson et une voiture suspendue.

Salligny (1).

Le maréchal Bernadotte à l'Empereur.

Munich, le 2 brumaire an xiv (24 octobre 1805).

Sire,

J'ai l'honneur de rendre compte à Votre Majesté que l'Électeur de Hesse-Cassel a toujours refusé de laisser passer les divers détachements qui devaient venir rejoindre l'armée. Après bien des instances de la part du général Barbou et de M. Bignon, ministre de Votre Majesté à Cassel, Son Altesse a consenti à permettre le passage, mais Elle exigeait que les armes fussent portées sur des chariots ; cette condition inconvenante a été rejetée par le général commandant en Hanovre et depuis l'Électeur a persisté dans son refus positif et opiniâtre.

D'après les ordres que j'avais transmis au général Barbou, adjudant-commandant Requin a été chargé de conduire un détachement de 500 hommes et de beaucoup de chevaux destinés pour cette armée. Arrivé à Münden, cet officier s'est rendu de sa personne à Cassel ; il a vu M. de Waïtz, premier ministre de l'Électeur, et lui a demandé positivement le passage pour ses troupes ; il lui a dit que les 500 soldats qu'il avait amenés, n'étaient point venus là pour rétrograder ; enfin, dans la

---

(1) Des ordres du même jour prescrivent d'envoyer encore 60 auxiliaires par division au parc d'artillerie du corps d'armée ; chacune des 1ʳᵉ et 2ᵉ divisions peut encore recevoir 100 paires de souliers à Landsberg ; le général commandant la cavalerie mettra six cavaliers parlant allemand à la disposition du bailli de Landsberg pour la conduite des voitures requises. L'artillerie, qui a pris induement six chevaux du 8ᵉ hussards, attelés à une voiture de bagages, les rendra sur-le-champ.

demande très pressante qu'il faisait d'une permission, il laissait entrevoir qu'il était homme à la prendre si on ne la lui accordait pas. Cette manière de s'exprimer a fait changer toutes les dispositions ; le même jour, l'adjudant-commandant Requin a été invité à se rendre auprès de Son Altesse. Il lui a répété tout ce qu'il avait dit à M. de Waïtz et l'Électeur a alors consenti au passage ; il a même promis d'envoyer dès le lendemain à Münden un major de ses troupes, pour diriger la marche du détachement dans ses États et régler les lieux de passage.

C'est du lendemain, à 2 heures après-midi, que l'adjudant-commandant Requin m'écrit ; il m'annonce que malgré la promesse de l'Électeur, son major n'est pas encore arrivé. Je ne serais point étonné que Son Altesse eût encore changé d'avis. Depuis que notre armée s'est éloignée de sa capitale, Elle a jeté le masque ; Elle affiche les principes les plus antifrançais ; Elle a reçu et reconnu M. Taylor ; Elle s'est entourée des gens du parti anglais et russe, et ne voit plus qu'eux.

J'envoie aujourd'hui un courrier au général Barbou. Je lui donne l'ordre de prescrire à l'adjudant-commandant Requin, de passer avec son détachement, s'il ne l'a déjà fait.

Bernadotte.

Bulletin de Ratisbonne du 2 brumaire an XIV (24 octobre 1805).

On continue de parler de la marche d'une colonne russe dans la direction de Waldmünchen et d'Egra ; mais, jusqu'avant-hier, il n'y avait rien de nouveau sur ces deux points de la frontière, où il paraît que les Français ne tarderont point d'arriver. L'avant-garde du prince Murat ayant depuis quelques jours dépassé Nuremberg.

Il est arrivé hier au soir un détachement de troupes autrichiennes à Vilshofen, détaché par le corps russe posté à Schärding sur l'Inn à quatre lieues de Passau. Il paraît que les Austro-Russes voudraient tenir encore l'embouchure de l'Isar, dans le Danube, pour se rendre maîtres de la navigation de ce fleuve dans cette contrée.

Ratisbonne, le 2 brumaire an xiv (24 octobre 1805).

Il s'agit de prendre poste le plus tôt possible à Straubing,

24 OCTOBRE. 1181

Vilshofen et Passau pour se rendre maître de la navigation du Danube. Les bateliers qui passent par Ratisbonne conduisent des effets militaires et un grand nombre de fuyards de la ci-devant armée autrichienne en Souabe.

On assure que les ministres impériaux qui sont à Ratisbonne ont fait charger hier dans un bateau trois grands portefeuilles qui renferment leur correspondance secrète. Quant aux archives et correspondances courantes, elles ne valent pas la peine d'être transportées.

BACHER.

Rapport d'un homme parti d'Augsburg le 2 brumaire, pour se rendre à Bregenz par Ravensburg, Lindau, etc.

Arrivé le 3 brumaire au soir à Isny, il a trouvé un escadron de hussards de Blankenstein et une compagnie de chasseurs tyroliens.

Arrivé le 4 brumaire au matin à Wangen, il y a vu un détachement d'environ cinquante hommes de Stein-infanterie.

Arrivé le même jour à Lindau, il y a trouvé quatre compagnies du régiment de Stein-infanterie, deux canons étaient braqués en avant de la porte.

Arrivé le même jour à Neuravensburg, il y a trouvé un détachement de vingt hommes de Stein.

Arrivé le 5 brumaire à Bregenz, il y a trouvé quatre compagnies de grenadiers de Beaulieu et une partie du régiment de Stein, un détachement des chevau-légers de Rosenberg et un autre des hussards de Blankenstein ; à une lieue en avant de Bregenz se trouve une batterie de deux pièces de campagne dont les avenues sont garnies de chevaux de frise. Les généraux Stein et Jellachich se trouvent à Bregenz, le général Wolfskehl y était arrivé de Lindau le 5 brumaire.

Arrivé le 6 brumaire à Hochenembs, il y a trouvé un escadron de réserve des chevau-légers de Rosenberg, qui venait d'arriver du Tyrol, une compagnie de chasseurs tyroliens et deux pièces de canon.

Arrivé le 7 brumaire à Feldkirch, il y a trouvé quatre compagnies du régiment de Wolfskehl-infanterie, une compagnie de chasseurs tyroliens et six pièces de 3.

Arrivé le même jour à Bludenz, il y a trouvé un bataillon de Jellachich-infanterie et huit pièces de 3.

Arrivé le même jour sur la montagne de l'Aigle, il y a trouvé les bataillons de réserve de Stein et Wolfskehl et environ quatre compagnies de chasseurs tyroliens, qui sont cantonnées dans les quatre villages situés au pied de la montagne sur laquelle se trouvent dix canons d'un assez gros calibre; n'ayant pu pénétrer dans le Tyrol, il est retourné à Bregenz et de là à Wangen où il a trouvé le poste autrichien renforcé par deux compagnies de Jellachich et six pièces de 3.

A son retour à Kempten il y a trouvé un escadron de chevau-légers de Rosenberg et quarante hussards de Blankenstein qui s'emparaient des caisses publiques.

Les corps de Wolfskehl et de Jellachich se sont retirés dans le plus grand désordre dans le Tyrol, on assure qu'une partie s'est rendue en Italie, mais qu'elle doit revenir à Bregenz.

On n'avait dans cette ville, à l'époque du 8 brumaire, aucune nouvelle de l'armée d'Italie, et les généraux autrichiens commençaient à avoir des inquiétudes sur le sort de cette armée.

Le général Victor au Ministre des relations extérieures.

Copenhague, le 2 brumaire an XIV (24 octobre 1805).

Monseigneur,

J'ai reçu votre dépêche du 17 vendémiaire par laquelle vous m'engagez à donner à M. le maréchal Brune tous les renseignements que je peux me procurer sur les mouvements maritimes, et les projets, soient séparés, soit combinés, des Russes, des Anglais et des Suédois.

Jaloux de concourir, autant qu'il est en moi, au bien du service de Sa Majesté l'Empereur et Roi, j'agirai de tout mon zèle pour remplir l'objet que vous m'indiquez.

Je viens d'ouvrir ma correspondance avec M. le Maréchal par les avis suivants.

Une armée composée de 30,000 à 40,000 Russes et de 10,000 Suédois a été rassemblée aux environs de Stralsund, le roi de Suède doit prendre le commandement de cette armée, ayant pour le seconder les généraux comte de Wachtmeister et baron d'Armfelt. On assure qu'elle est approvisionnée de tout ce qu'il est nécessaire pour entrer en campagne, et qu'elle doit se mettre incessamment en marche par le duché de Meklembourg, pour se porter sur l'Électorat de Hanovre. On y ajoute qu'arrivée dans cette province, elle sera augmentée d'un corps de 10,000 Allemands à la solde de l'Angleterre.

Déjà, le comte de Tolstoï, commandant en chef les troupes russes de cette armée, a dépêché un officier au duc de Meklembourg-Strelitz, pour lui demander le passage sur son territoire, cette demande a été accueillie.

En considérant la force de l'armée combinée et la direction qu'elle prend, il semble que ses projets ne se bornent pas à l'attaque du pays de Hanovre et que son objet principal est une invasion en Hollande, qui pourrait être soutenue par une partie des forces que les Anglais destinent à agir sur le continent.

Sous peu de jours je recevrai une situation détaillée des forces qui composent l'armée dont il s'agit, je m'empresserai de vous la transmettre ainsi que tout ce que j'apprendrai de relatif à ce mouvement.

Depuis la dernière lettre que j'ai eu l'honneur de vous adresser, Monseigneur, je n'ai rien appris que ce que vous venez de lire, si ce n'est que le Danemark se propose d'augmenter ses forces de terre des Landwiern (anciens soldats retirés mais obligés de servir dans l'intérieur du pays lorsque l'État les appelle).

Ce gouvernement paraît user de tous les moyens dont il peut disposer pour faire respecter sa neutralité; celui-ci en est un; mais n'a-t-il point d'autre objet? c'est de quoi il est permis de douter, lorsqu'on sait combien la politique du Danemark est subordonnée à celle de la Prusse et que cette dernière puissance fait naître quelques inquiétudes par ses mouvements militaires, surtout depuis la scène qui a eu lieu dernièrement au théâtre de Berlin et dont vous avez sans doute déjà eu connaissance.

Ordre général de l'armée.

(Sans date.)

Tous les soldats restés en arrière ou sortant des hôpitaux qui rejoindraient l'armée, seront dirigés sur Augsburg.

Il y aura dans cette ville un adjudant-commandant de l'état-major et deux adjoints. Tous les individus des différentes armées qui arriveront à Augsburg, se rendront chez cet adjudant-commandant qui les fera loger dans la maison qui aura été désignée pour recevoir les dépôts du corps d'armée auquel ils appartiendront. Ils n'en partiront pour rejoindre leurs corps que lorsqu'il y aura 50 hommes du corps d'armée, et sous la conduite d'un officier. Le major général instruira chaque jour cet adjudant-commandant du lieu où se trouvera chaque corps d'armée.

Les maisons qui seront désignées pour servir de dépôts aux différents corps d'armée, seront assez considérables pour que 400 hommes au moins puissent y loger, la volonté de l'Empereur étant qu'elles servent en même temps d'hôpitaux de convalescence de manière que les hommes trop fatigués de la route ou convalescents, puissent s'y reposer quinze jours et reprendre des forces.

Il y aura un médecin attaché à chacun de ces dépôts.

Comme l'artillerie a des armes et des cartouches à Augsburg, les commandants des dépôts veilleront à ce que les hommes partant pour l'armée, soient armés et aient les 45 cartouches que chaque homme doit avoir.

Tous les détachements venant de France pour rejoindre l'armée auront un jour de repos à Augsburg, et l'officier chargé de la surveillance des dépôts, les passera en revue pour s'assurer qu'avant de quitter Augsburg leur armement est en règle et qu'ils ont le nombre de cartouches nécessaire.

NAPOLÉON (1).

---

(1) *Correspondance de Napoléon*, n° 9414.

L'Empereur à M. Petiet, intendant général de l'armée.

Nous avons marché sans magasins ; nous y avons été contraints par les circonstances. Nous avons eu une saison extrêmement favorable pour cela ; mais, quoique nous ayons été constamment victorieux et que nous ayons trouvé des légumes dans les champs, nous avons cependant beaucoup souffert. Dans une saison où il n'y aurait point de pommes de terre dans les champs, ou si l'armée éprouvait quelques revers, le défaut de magasins nous conduirait aux plus grands malheurs.

J'imagine que d'ici à quinze jours, les moyens de transport de la compagnie Breidt seront arrivés à Augsburg. Je désire que d'ici à ce temps-là vous ayez à Augsburg, 1,000,000 de rations de biscuit, des fours pour pouvoir cuire 80,000 rations par jour, et des farines en magasin pour pouvoir cuire 2,000,000 de rations ; 300,000 boisseaux d'avoine et 100,000 pintes d'eau-de-vie.

La place d'Augsburg est forte ; je la fais armer. Elle sera toujours munie de troupes pour se défendre en cas d'attaque. J'ai déterminé quel serait le dernier terme d'évacuation pour les malades et les blessés. C'est ici qu'il faut centraliser tous les magasins. Je ne saurais trop vous recommander ces objets importants ; la moindre négligence, le moindre retard peuvent avoir les effets les plus funestes pour l'armée et pour l'Empire.

Napoléon (1).

L'Empereur à M. Petiet.

Mettez 5,000 paires de souliers à la disposition du général Marmont, pour être distribuées à son corps d'armée. Faites-en passer 5,000 à Munich pour être partagées entre les corps qui composent le corps d'armée du maréchal Soult. Envoyez-en 3,000 à Landshut, et faites-les partir demain à la pointe du jour ; ces souliers sont destinés à la division Oudinot, corps du maréchal Lannes. Ils pourront être escortés par les détachements de grenadiers qui escortaient le biscuit que je vous ai donné l'ordre

---

(1) *Correspondance de Napoléon*, n° 9425.

de faire rentrer en magasin; faites aussi distribuer demain, 1000 paires de souliers à ma Garde; et, puisque Augsburg ne fournit pas les moyens d'avoir des souliers, voyez si Donauwörth, Ulm ou tout autre ville vous offriraient plus de ressources et faites en sorte de vous procurer, indépendamment des souliers que doivent recevoir les corps, une cinquantaine de mille paires. Rien n'est aussi important que cela. Je ne sais point si Nuremberg ne pourrait pas en fournir, c'est une ville qui a l'avantage d'être un centre de commerce et d'être peu éloignée d'ici. Voyez à y envoyer quelqu'un pour y faire faire une centaine de milliers de paires de souliers.

NAPOLÉON (1).

Ordre au colonel Lebrun.

L'aide de camp Lebrun se rendra à Donauwörth, et de là à Nördlingen, jusqu'à ce qu'il trouve le grand parc.

Il verra pourquoi le grand parc ne vient pas à Augsburg. Il prendra note du nombre de voitures, canons, chevaux, infanterie d'escorte; combien de pièces, chariots, munitions, on a pris à l'ennemi.

Il prendra à Donauwörth une patrouille d'une cinquantaine de chasseurs, et se rendra avec sur la route de Nördlingen à Aalen, par la montagne. Il ramassera les chariots, etc., restes, et requerra les baillis pour faire conduire le tout à Donauwörth.

NAPOLÉON (2).

---

(1) *Correspondance de Napoléon*, n° 9426.

(2) *Correspondance de Napoléon*, n° 9423. Le 20 octobre, un ordre analogue avait été donné au général Lemarois (n° 9402 de la *Correspondance de Napoléon*) : « Le général Lemarois se rendra en poste à Stuttgard, de là à Heilbronn; il verra si les relais dont j'avais ordonné l'établissement pour faire passer en poste les capotes, souliers et autres objets d'approvisionnement sont en activité. Il prendra l'état du bisbuit, des souliers et capotes, caissons d'ambulance et transports militaires qui se trouvent à Heilbronn, et il fera tous ses efforts pour que ces objets soient transportés par les relais, avec la plus grande diligence, à Augsburg. De là, il se rendra à Strasbourg par Spire; il verra l'impératrice et lui fera connaître tout ce qui s'est passé. Il écrira longuement

L'Empereur au général Duroc.

Monsieur le général Duroc, j'ai besoin de vos services près de moi. Demandez au roi une audience de congé et venez me joindre à Munich. Il vous sera facile de faire comprendre que, dans les circonstances actuelles, j'ai besoin de vous. Le but, d'ailleurs, pour lequel vous restiez à Berlin est manqué, puisqu'il n'est plus question d'alliance. Je ne suis pas au fait de ce qui se fait à Berlin, étant depuis quinze jours sans nouvelles de M. Talleyrand et des vôtres ; mais j'entends dire partout que la Prusse est fort mal pour moi, qu'elle veut arracher mes aigles des bords de l'Elbe. Laissez entrevoir, avec ménagement, que mes aigles n'ont jamais souffert d'affront et que nous sommes encore la même nation qui a résisté à la Prusse, à l'Autriche, à la Russie et à l'Angleterre réunies ; ne dites cela que lorsqu'il le faudra. Prenez votre audience de congé et partez immédiatement pour venir me joindre. Dites au roi en prenant congé : « Sire, l'Empereur me mande près de lui. Il voulait écrire à Votre Majesté pour l'informer de ses succès, mais il n'ose plus, étant vaguement instruit par les bruits de l'Allemagne, que ses ennemis lèvent la tête à Berlin, et triomphent auprès d'Elle. Sire, vous avez dans l'Empereur un ami capable de venir des extrémités du monde à votre secours. L'Empereur est peu connu en Europe ; c'est plus un homme de cœur qu'un homme de politique. Serait-il possible que Votre Majesté voulût, par une conduite douteuse, aliéner un homme d'un si grand caractère et qui lui est attaché ? L'affaire d'Anspach n'est qu'un vain prétexte ; le territoire de cette province n'est pas compris dans le traité ; ce motif a suffi au prince Ferdinand, qui s'est échappé par là. L'Empereur, d'ailleurs, comme commandant en chef ses armées, aurait dû être informé de cette nouvelle disposition. Sire, je conjure Votre

---

au maréchal Augereau, qui doit être à Fribourg, et il viendra me rejoindre en toute diligence à Augsburg ou à Munich, où il sera de retour au plus tard dans six jours. Il prendra à Strasbourg l'état des conscrits qui y sont arrivés depuis le commencement de ce mois, et l'état de situation de tous les troisièmes bataillons qui forment la réserve du maréchal Kellermann.

« Napoléon. »

Majesté, je le dois aux sentiments que m'ont inspirés ses bontés pour moi dans les différentes missions que j'ai remplies près d'Elle, de ne point perdre, par une conduite douteuse, un ami que la nature a formé incapable de plier aux menaces et que j'ai toujours connu disposé à tout faire pour plaire à Votre Majesté. » Dites-lui ces mots d'une parole claire, et envoyez-en l'extrait à M. Laforest pour qu'il le communique à MM. de Hardenberg et Lombard. Vous y ajouterez que l'Empereur ne tient pas au Hanovre, mais qu'il faut qu'on y mette des formes ; qu'il est incalculable ce que peut faire l'Empereur ; que l'Empereur est l'homme du monde sur lequel les menaces ont le moins d'effet et a résisté à l'Europe entière ; qu'il vaut mieux que Frédéric, et la France que la Prusse ; que le Comité de Salut public a résisté aussi à l'Europe entière, et que tout le monde sait que l'Empereur a des armées différentes de celles du Comité de Salut public. Dites à M. Lombard qu'il y a eu de la gloire à se mettre le premier contre moi, mais qu'il y a de la lâcheté à s'y mettre le dernier après que j'ai fait tout ce qu'a voulu la Prusse ; que si les Russes sont des ennemis barbares et à redouter, je ne suis pas un ennemi à dédaigner. C'est surtout à M. Lombard qu'il faut dire : « L'Empereur m'écrit qu'on veut arracher ses aigles des bords du Weser ; on doit savoir qu'elles n'ont jamais souffert d'affront. » D'ailleurs faites comprendre que j'ignorais l'état de la question ; que je ne suis instruit que par les bruits de l'Allemagne.

Du reste, écrivez au général Barbou, qui commande en Hanovre, qu'il doit se retirer dans les places, les défendre contre tout le monde, et ne les rendre que sur un ordre de moi qui lui serait porté par un de mes aides de camp.

Napoléon (1).

L'Empereur au général Barbou.

Monsieur le général de division Barbou, j'ignore ce qui se prépare ; mais, quelle que soit la puissance dont les armées veuillent entrer en Hanovre, serait-ce même une puissance qui ne

---

(1) *Correspondance de Napoléon*, n° 9420.

m'eût pas déclaré la guerre, vous devez vous y opposer. N'ayant point assez de forces pour résister à une armée, enfermez-vous dans les forteresses et ne laissez approcher personne sous le canon de ces forteresses. Je saurai venir au secours des troupes renfermées dans Hameln. Mes aigles n'ont jamais souffert d'affront. J'espère que les troupes que vous commandez seront dignes de leurs camarades et sauront conserver l'honneur, la plus belle et la plus précieuse propriété des nations. Vous ne devez rendre la place que sur un ordre de moi, qui vous serait porté par un de mes aides de camp.

Napoléon (1).

---

(1) *Correspondance de Napoléon*, n° 9422.

CHAPITRE XX

Murat poursuit l'archiduc Ferdinand.

I. — Journée du 16 octobre.

Le maréchal Berthier au général Rivaud.

Ober-Falheim, le 23 vendémiaire an xiv (15 octobre 1805),
à 3 h. 30 du matin.

Nous cernons l'ennemi de tous côtés, nous avons enlevé hier le pont d'Elchingen défendu par 16,000 hommes, fait 5,000 à 6,000 prisonniers parmi lesquels un général-major, pris quelques drapeaux, quelques pièces d'artillerie, etc.

Aujourd'hui, nous ferons vraisemblablement une attaque pour prendre le reste.

Le maréchal Soult, à Memmingen, a bloqué 6,000 hommes qu'il aura probablement dans la journée d'aujourd'hui.

Cependant il serait possible que quelques partis ennemis échappés cherchassent à se sauver par Heidenheim, Ellwangen ou Nördlingen, lesquels, en passant, inquiéteraient nos derrières; le plus important de tout cela, c'est notre grand parc; l'Empereur vous ordonne donc de partir avec une petite partie des forces que vous avez à Rain, et de vous rendre avec elles à Donauwörth, pour servir d'escorte au grand parc et faire tout filer sur la rive droite du Danube.

Ayez soin de me tenir instruit si un parti ou une colonne

ennemie se serait échappée par Heidenheim ; dans ce cas, vous feriez aussi passer sur la rive droite du Danube les dragons que nous avons laissés à Nördlingen et à Harburg ; mais tout ceci n'est que de pure précaution et il n'est pas probable que l'ennemi se soit enfoncé dans cette direction.

Vous me rendrez compte de votre arrivée à Donauwörth.

Maréchal Berthier.

Le maréchal Berthier au général Dumonceau.

Elchingen, le 24 vendémiaire an xiv (16 octobre 1805),
à 10 h. 30 du matin.

Il est ordonné au général Dumonceau de partir sur-le-champ avec toute la division batave, de manière à être arrivé demain à Donauwörth.

Je le préviens que nous sommes sur Ulm, où 15,000 Autrichiens sont enfermés et capitulent ; qu'une colonne du corps d'armée que nous avons battu hier s'est échappée par Nerenstetten, qu'il est possible qu'elle se porte sur Nördlingen ; qu'arrivé à Donauwörth, le général Dumonceau doit se concerter avec le général Rivaud, qui y est arrivé avec un régiment français, pour faire ce qui sera convenable à l'effet d'attaquer cette colonne, si elle se dirigeait sur la Bohême ou vers Passau.

Le général Dumonceau est également prévenu que la division du général Dupont est à sa poursuite.

Il communiquera cette lettre au général Rivaud, et dans le cas où il ne le trouverait pas à Donauwörth, il lui en enverrait copie à Rain, sur le Lech.

Maréchal Berthier.

Le général Clarke à l'Empereur.

Elchingen, le 24 vendémiaire an xiv (16 octobre 1805),
à 9 heures du soir.

Sire,

Les nouvelles qui arrivent ici sont assez importantes pour essayer de vous les faire parvenir, si toutefois Votre Majesté reste auprès d'Ulm ce soir. M. de Conchy, aide de camp du général Dupont, vient d'arriver pour annoncer, de la part du prince Murat, que l'ennemi a été attaqué dans la position de Langenau et de Nerenstetten, et qu'on lui a fait environ 3,000 prisonniers, dont 200 sont déjà ici ; voilà où en était le succès à la chute du jour, et Son Altesse Sérénissime était à la hauteur de Bissingen au moment où M. de Conchy est parti. L'ennemi est en déroute et se rend facilement. Ces 3,000 prisonniers font partie d'une colonne d'environ 8,000 hommes, commandée par M. de Werneck, et qui est l'arrière-garde d'un corps d'environ 15,000 à 20,000 hommes qu'on dit commandé par M. de Hohenlohe, ce qui paraît contraire à la déposition ci-jointe n° 1 ; mais M. de Conchy insiste sur ce que je le mande à Votre Majesté. Demain, à la pointe du jour, le prince Murat se propose de les joindre, c'est-à-dire le reste du corps de Werneck. Il faut aussi remarquer qu'une partie de l'infanterie ennemie s'est éparpillée dans les bois sur la gauche de la route de Stuttgard. La principale colonne conduit, ainsi que la 2ᵉ, beaucoup d'artillerie et les équipages de l'archiduc Ferdinand ; ceux-ci ont passé à Albeck avant-hier. M. de Conchy a un cheval fatigué, et dans l'incertitude où on est ici de l'endroit où se trouve Votre Majesté, il croit devoir rester ici. Les dépositions des courriers n° 2 coïncident avec ce que j'ai l'honneur de lui mander.

La crue du Danube a rendu presque impossible le rétablissement du pont d'Elchingen. Le général Dumas, qui a été reconnaître celui de Leipheim, l'a trouvé en assez bon état, l'a fait perfectionner par le colonel Prédy, de l'artillerie et l'a fait dégager des débris du pont d'Elchingen qui menaçaient de le faire entraîner ; malgré les inondations qui rendent les accès pénibles, il a jugé cette communication bonne et y a fait passer un convoi de pain et d'eau-de-vie destiné aux troupes du prince Murat. Ce convoi était arrêté à Leipheim.

Veuillez agréer, etc. . . . .

CLARKE.

P.-S. — Le gros corps de 15,000 à 20,000 hommes a pris la route de Donauwörth par Heidenheim et Aalen. L'autre corps se dirige sur Herbrechtingen.

Le général Mouton à l'Empereur.

Albeck, le 24 vendémiaire an xiv (16 octobre 1805).

Le général Dupont assure qu'il a devant lui un corps considérable sorti d'Ulm les 21 et 22 courant (*13 et 14 octobre*); il va l'attaquer, ainsi que le lui prescrit le Ministre de la guerre. Le général Klein appuiera son mouvement et probablement que le général Oudinot le secondera également de tous ses moyens.

Je resterai près le général Dupont jusqu'à ce que Votre Majesté m'ordonne de rentrer, ou jusqu'au moment où je pourrais lui donner des nouvelles.

Cette lettre sera remise à Votre Majesté par un officier attaché au maréchal Berthier.

Mouton.

6ᵉ CORPS D'ARMÉE.

Journée du 24 vendémiaire (16 octobre 1805).

Quartier général : Jungingen.

1ʳᵉ division. — Quartier général : le matin, à Albeck ; le soir, à Herbrechtingen.

Le général Dupont reçut l'ordre du Maréchal ministre de la guerre d'attaquer le corps autrichien qui s'était retiré sur Nerenstetten, et dont le camp se prolongeait vers Langenau, ce qui fut exécuté. Le général reçut ensuite l'ordre du maréchal Ney de sommer l'ennemi de se rendre. Il fit aussitôt cesser le feu et envoya son aide de camp Morin au général Werneck, qui commandait les Autrichiens. Ce général dit d'abord qu'il allait répondre à coups de canon, ensuite il rappela l'aide de camp et lui dit qu'il ne croyait pas à la reddition d'Ulm, que si on lui envoyait un officier autrichien venant d'Ulm pour certifier cette reddition, il verrait alors.

Le prince Murat, qui arrivait dans ce moment avec sa cavalerie, ordonna de poursuivre l'attaque et l'on entendit alors le feu de l'artillerie recommencer sur Ulm.

Les 32ᵉ et 96ᵉ étaient en bataille faisant face à Nerenstetten, près de l'embranchement de la route de Langenau. Le 9ᵉ d'infanterie légère était sur la hauteur à gauche, les chasseurs de la Garde couvraient son flanc gauche, deux escadrons de dragons appuyaient son flanc droit. Les autres régiments de dragons s'étendaient dans la plaine à la droite du 96°, et le 1er régiment de hussards était également sur cette droite en première ligne.

La division du général Oudinot était en colonne sur la hauteur qui se prolonge de Göttingen vers Langenau, en réserve.

Cette disposition étant faite, la ligne entière s'est mise en mouvement; l'ennemi avait rapproché des bois que traverse la route de Nerenstetten les corps qui étaient vers Langenau, et semblait vouloir défendre cette position, mais sa fermeté n'a pas répondu à sa jactance : il a précipité sa retraite.

L'infanterie française s'est formée en colonnes par bataillon pour marcher plus rapidement à la poursuite de l'ennemi, et la cavalerie s'est portée en avant.

La retraite des Autrichiens s'est bientôt changée en déroute; le 1er régiment de hussards a fait des charges multipliées où des prisonniers ont été faits en foule; il n'a eu que quatre hommes blessés.

Les dragons ont chargé à leur tour avec impétuosité. L'infanterie suivait avec autant de célérité que le terrain pouvait le permettre.

Étant à hauteur de Hausen, on comptait déjà plus de 2,000 prisonniers. La route était jonchée de casques, de fusils. Plusieurs caissons de munitions de guerre y avaient été abandonnés.

L'ennemi, pour favoriser son passage à Herbrechtingen, avait placé quelques pièces sur les hauteurs qui dominent ce village, mais il les a retirées de suite. L'ennemi avait aussi laissé deux bataillons dans ce village pour couvrir sa fuite sur Heidenheim.

Le prince Murat a fait avancer le 9e léger qui s'est emparé d'Herbrechtingen, a poursuivi l'ennemi jusqu'à la hauteur de Bolheim et lui a fait 300 à 400 prisonniers.

La 2e brigade fut cantonnée à Bissingen.

Le 1er hussards et le 9e léger ont occupé Herbrechtingen.

Les dragons ont été cantonnés à Hürben, Bissingen et Hausen.

Le prince Murat a pris son quartier général dans ce dernier village.

Journal de marche de la division Dupont.

Le 24 vendémiaire an xiv (16 octobre 1805).

Le 24, l'Empereur ordonne au général Dupont d'attaquer l'archiduc Ferdinand, et le prince Murat arrive avec sa cavalerie pour décider plus promptement sa défaite. L'attaque était déjà commencée quand le Prince arrive. On lui rend compte que, d'après les ordres du maréchal Ney, il a été envoyé un officier parlementaire au général ennemi pour le prévenir de la capitulation d'Ulm et le sommer de se rendre ; le feu avait été suspendu pour que le parlementaire pût remplir sa mission. L'aide de camp Morin revient et rapporte que c'est le général Werneck qui commande les Autrichiens sous les ordres de l'Archiduc ; que ce général refuse de croire à la capitulation d'Ulm ; qu'il lui a dit d'abord qu'il allait répondre à coups de canon, et ensuite, en le rappelant, que si on lui envoyait un officier autrichien, sortant d'Ulm, pour lui en certifier la reddition, il verrait ce qu'il aurait à faire.

L'ennemi avait profité du moment où l'on parlementait pour commencer son mouvement de retraite ; d'après la réponse du général Werneck, l'infanterie marche en avant, le 1er de hussards charge et fait beaucoup de prisonniers. La cavalerie du prince Murat se met à la poursuite. Un bataillon autrichien, laissé pour défendre le pont d'Anhausen, met bas les armes. L'ennemi laisse sur la route beaucoup d'hommes épuisés de fatigue. Cependant quelques pièces de canon qu'il avait placées sur les hauteurs d'Herbrechtingen, avec plusieurs bataillons d'infanterie de son arrière-garde, arrêtent un moment la cavalerie. Mais à la nuit, un bataillon du 9e arrive ; il pénètre dans Herbrechtingen, fait 600 prisonniers et prend 40 caissons de munitions de guerre.

Les Autrichiens ont perdu dans cette journée 2,500 prisonniers et une centaine de morts, dont un général. Nous n'avons eu que quelques hommes blessés.

Le reste de la division bivouaque à Bissingen.

La route depuis Albeck jusqu'à Herbrechtingen était jonchée d'hommes, de chevaux, de casques, de cuirasses, d'armes, de chariots, de bagages et d'effets de toute espèce.

Le maréchal Berthier à M. le chevalier d'Aubert.

Abbaye d'Elchingen, le 25 vendémiaire an xiv (17 octobre 1805).

Monsieur le chevalier d'Aubert se rendra à Heidenheim ; de là il prendra des renseignements pour savoir où marche le prince Ferdinand, qui s'est évadé d'Ulm avec une colonne.

L'Empereur pense, d'après les derniers renseignements qu'il a reçus, que l'archiduc Ferdinand a à peu près 6,000 hommes de cavalerie, 10,000 hommes d'infanterie et 40 pièces de canon ; qu'il était hier à Aalen.

M. le prince Murat lui a déjà fait 4,000 prisonniers, mais tout porte à penser que le corps de ce prince débouchera pour se rendre en Bohême.

Si son projet est de se porter sur le Danube, il sera sûrement pris par de fortes colonnes parties de Donauwörth pour l'attaquer ; mais si ce corps débouche par Mergentheim pour se porter sur la Rednitz et par là déboucher dans la Bohême, alors l'armée française ne se trouvera plus en état de le couper. Dans cet état de choses, il est très important que l'Électeur de Bavière soit instruit afin que, sans prendre l'alarme, il puisse se tenir sur ses gardes. En même temps, Monsieur le chevalier d'Aubert portera la nouvelle que la garnison d'Ulm a capitulé ; que cette garnison, forte de 24,000 hommes, a été faite prisonnière de guerre, ce qui, réuni à ceux précédemment faits, forme un total de 45,000.

Il préviendra Son Altesse Électrice que l'Empereur va se rendre à Munich, et qu'il aurait écrit à l'Électeur de s'y rendre, s'il ne voulait pas préalablement savoir ce qu'est devenu le corps du prince Ferdinand, qui est poursuivi, attaqué et harcelé par le corps d'armée du prince Murat.

Monsieur le chevalier d'Aubert portera la plus grande exactitude à informer l'Empereur de toutes les nouvelles qu'il apprendrait chaque jour : savoir où est l'ennemi, pénétrer ses projets et savoir ce qu'il fait.

Il préviendra aussi l'Électeur que le maréchal Bernadotte est près de l'Inn, que l'armée bavaroise vient de prendre 29 pièces aux Autrichiens, et qu'en vertu de la capitulation d'Ulm qui a été signée ce soir, demain on prendra possession de la place, et qu'enfin il est présumable que l'Empereur sera le 27 (*19 octobre*) à Augsburg.

Monsieur le chevalier d'Aubert connaît le but de sa mission ; et je l'invite à la remplir le plus promptement possible.

Maréchal BERTHIER.

Le prince Murat à l'Empereur.

Hausen, le 25 vendémiaire an XIV (17 octobre 1805).

Sire,

J'ai encore à annoncer à Votre Majesté un brillant succès obtenu par sa cavalerie. Arrivé sous Albeck, j'ai rencontré le général Dupont, qui était sur le point d'attaquer l'ennemi ; j'ai profité de pourparlers entamés par le général Dupont pour reconnaître sa position ; son infanterie occupait, par sa droite, les bois qui se trouvent sur la gauche de la grande route d'Albeck à Heidenheim ; il appuyait sa gauche par sa cavalerie à Langenau.

Le général Oudinot, qui, aux premiers coups de fusil, s'était dirigé sur la division Dupont, a reçu l'ordre de rejoindre le maréchal Lannes aux premiers coups de canon qui se sont fait entendre sur Ulm ; alors le général Dupont a reçu celui d'attaquer avec son infanterie le bois et d'en débusquer l'ennemi. Un régiment de dragons, soutenu par le régiment de chasseurs de la Garde impériale, éclairait sa droite et devait, au besoin, la protéger sur ce point contre la cavalerie ennemie ; le général Klein marchait en bataille dans la grande plaine de Langeneau, contre la cavalerie ennemie ; le général Fauconnet, avec les 1er régiment de hussards, 13e et 24e de chasseurs, formait sa première ligne. L'infanterie ennemie n'a pas tenu dans le bois, et, lorsque j'ai vu que la cavalerie faisait un mouvement rétrograde sur Nerenstetten, j'ai donné l'ordre au général Klein de la charger, mouvement qu'il a exécuté avec autant de vigueur que de bravoure. Sa première ligne a culbuté tout ce qu'elle a rencontré devant elle ; la déroute de la cavalerie a entraîné celle de l'infanterie, et c'en était fait de ce corps d'armée sans la nuit qui est survenue et les bois qui lui ont prêté asile ; le général

Klein, qui a commencé son attaque en arrière de Nerenstetten, a poursuivi l'ennemi jusque sur les hauteurs d'Herbrechtingen, où il a dû s'arrêter. Le général Klein se trouvait alors à deux grandes lieues de l'infanterie, et l'ennemi avait pris position à Herbrechtingen avec le reste de son infanterie et beaucoup d'artillerie. Cependant le général Dupont suivait aussi vite qu'il pouvait la cavalerie et devait aller lui-même prendre position à ce village, qui était le seul qui offrît quelques ressources pour le corps d'armée que j'ai l'honneur de commander. Ce village se trouvant ainsi occupé par l'ennemi, le général Dupont alla bivouaquer au village de Bissingen, avec les deux régiments de carabiniers et les 32e et 96e d'infanterie ; les généraux Fauconnet et Lasalle restèrent avec leurs brigades au village d'Hausen. Le général Klein envoya sa cavalerie dans les villages situés à droite et à gauche de la route. Cependant l'avant-garde du 20e régiment de dragons était aux portes d'Herbrechtingen ; je suivis ce régiment avec les chasseurs de la Garde de Votre Majesté et le 9e d'infanterie légère. Je résolus de chasser l'ennemi d'Herbrechtingen. Je me déterminai à cette attaque par la persuasion où j'étais que l'ennemi ne tenait là que pour protéger la retraite de ses équipages et de son artillerie, et parce que j'étais convaincu que l'ennemi, épouvanté de sa déroute, n'y tiendrait pas. Il était 11 heures du soir ; les éclaireurs du 9e d'infanterie légère attaquèrent le village et s'en emparèrent. Tout ce qui l'occupait fut fait prisonnier ; on y a trouvé plusieurs voitures d'équipages et de caissons de munitions. J'ignore encore le nombre de prisonniers. Le 9e entier a pris position en avant de ce village, avec le 20e dragons et les chasseurs de la Garde impériale.

Ce matin, je marche sur Heidenheim, où l'ennemi a pris position. Le général Fauconnet, avec sa brigade légère, se porte d'Hausen sur Söhnstetten ; il est chargé de faire fouiller tous les bois, où je présume que l'ennemi s'est refugié. Il doit faire reconnaître par sa droite tous les débouchés sur Geislingen et flanquer, par sa gauche, ma marche sur Heidenheim. Un régiment de dragons sera dirigé sur Giengen et devra reconnaître Gundelfingen et Dillingen.

Sire, environ 3,000 prisonniers, parmi lesquels un officier général et plusieurs officiers de marque, beaucoup de caissons et quelques prisonniers français repris, sont les résultats de la journée d'hier. On a pris, dans les différentes charges, 400 hommes de cavalerie avec leurs chevaux. La cavalerie a fait véritablement des prodiges. Je dois des éloges à la conduite du général Klein. Mon aide de camp Brunet s'est distingué en chargeant à la tête des hussards et des chasseurs. Je demande pour lui à Votre Majesté le grade de capitaine. Je sollicite la même faveur pour M. Piéton, qui se fit remarquer dans le combat de Wertingen. Tous mes aides de camp en général méritent des éloges, et j'espère qu'ils me mettront bientôt à même de solliciter pour eux les faveurs de Votre Majesté.

Je vais ordonner au général qui commande à Donauwörth de se lier avec celui qui commande à Nördlingen et de fermer la retraite aux cinq régiments de cavalerie ennemie qui fuient devant moi.

J'ai l'honneur..... MURAT.

Marches et rapports historiques de la 1re division de dragons montés.

Le 24 vendémiaire an XIV (16 octobre 1805).

Dans la matinée, le général Dupont reçut ordre d'attaquer ; il en prévint le général Klein qui s'offrit à le seconder.

A midi, on marcha à l'ennemi, postés dans les bois située en avant et près d'Albeck, à gauche de la route d'Heidenheim et sur la hauteur au Sud du village de Langenau, la gauche appuyée au village, ayant un ruisseau devant son front ; la division du général Dupont et la 1re de dragons se sont déployées à gauche de la route, en avant d'Albeck ; les avant-postes ne tardèrent pas à se fusiller ; le prince Murat, à qui le général Klein avait rendu compte de ce qui s'était passé la veille, de la position et des forces de l'ennemi, arriva immédiatement après et fit suspendre le combat pour faire des propositions qui furent rejetées. Alors on se dirigea vers l'ennemi, la division du général Dupont par la route d'Heidenheim, et la 1re division de dragons (à laquelle le prince Murat avait joint les 13e et 21e régiments de chasseurs, détachés de la division du général Oudinot) à travers la plaine qui sépare Albeck de Langenau : l'ennemi se retirait lentement sur la route d'Heidenheim ; néanmoins on l'atteignit sur les hauteurs et près le village de Nerenstetten. Le général Klein ordonna au 1er régiment de hussards et au 13e régiment de chasseurs, soutenus par la 1re division de dragons, de le charger, ce qu'ils firent avec vigueur, et le culbutèrent dans la vallée d'Hürben. Les chasseurs et les hussards se plaignant qu'ils étaient fatigués, le général Klein, pour profiter de son avantage, leur ordonna de se former à droite et à gauche de la route, pour laisser passer les dragons et servir de réserve au besoin, et poursuivit la cavalerie ennemie, composée de cuirassiers, dragons et hussards, avec tant d'impétuosité jusqu'à la hauteur du vieux château d'Eselsburg (distant de plus de deux lieues) qu'il lui fut impossible de rallier, malgré qu'elle essaya plusieurs fois de le faire, sous la protection de son infanterie et artillerie placées avantageusement à la tête des bois et des défilés ; mais ce fut en vain, elle fut constamment défaite, avec grande perte, et l'infanterie prise en totalité.

Arrivé près d'Eselsburg, l'ennemi y trouva un renfort de cavalerie avec de l'artillerie, qui s'étaient mises en bataille pour protéger la retraite, et derrière laquelle elle se rallia.

Cette disposition des ennemis obligea le général Klein à mettre également sa division en bataille, à la sortie du bois, avant d'arriver à Eselsburg, où elle essuya le feu de l'artillerie ennemie, qui lui blessa deux hommes et tua quelques chevaux.

On a peu d'exemples d'une charge aussi longue, aussi continue et aussi meurtrière que celle qui a eu lieu dans cette journée ; la terre jonchée de cadavres et la lassitude des dragons annonçaient les coups vigoureux qu'ils avaient portés à l'ennemi.

Notre artillerie n'ayant pu suivre les mouvements rapides de la cavalerie, et la nuit approchant, on suspendit momentanément l'action ; sitôt que la nuit fut close, l'ennemi en profita pour se retirer sur Herbrechtingen. A 9 heures du soir, le 9e régiment d'infanterie légère étant arrivé, on marcha de nouveau en avant.

Herbrechtingen, petite ville entourée d'un mur crénelé, fut attaquée et enlevée de suite ; l'ennemi y laissa pour gage de sa déroute une vingtaine de caissons ou chariots chargés de munitions et 300 hommes, qui furent faits prisonniers.

Le résultat de cette journée fut d'environ 3,000 hommes faits prisonniers, 300 tués et 200 blessés, du nombre desquels fut le général O'Donnel, commandant l'arrière-garde, qu'un maréchal des logis chef du 1ᵣₑ régiment de dragons atteignit, blessa et prit.

La division a pris position dans les villages d'Hausen, Bissingen et Herbrechtingen.

RÉSERVE DE CAVALERIE.

Rapport du 24 au 30 vendémiaire an XIV inclus (16 au 22 octobre 1805).

Le 24 vendémiaire an xiv (16 octobre 1805).

Dans la nuit, le Prince partit de son quartier général pour se rendre près de l'Empereur.

Une division ennemie, sortie d'Ulm, inquiétait les derrières de l'armée du côté d'Albeck. Sa Majesté l'Empereur ordonna à Son Altesse Sérénissime le prince Murat de s'y rendre, de prendre la 1ʳᵉ division de dragons, les chasseurs à cheval de la Garde, les deux régiments de carabiniers (1) avec la division du général Dupont, de poursuivre ce corps, de le combattre et de le détruire.

Le Prince part sur-le-champ ; il arriva à Albeck ; l'ennemi était en présence, son infanterie occupant par sa droite les bois qui se trouvent à gauche de la grande route d'Albeck à Heidenheim. Sa cavalerie était en bataille se prolongeant par sa gauche sur Langenau.

La division du général Dupont occupait une partie du bois.

La division des grenadiers du général Oudinot, arrivée pour soutenir la division Dupont, ainsi que la division Gazan que l'ennemi avait attaquée le matin, était en position sur les hauteurs en arrière de Langenau.

La cavalerie française fut mise en bataille dans la plaine en avant d'Albeck.

Le Prince ordonna au général Dupont de débusquer l'ennemi du bois. Un régiment de dragons, soutenu par les chasseurs de la Garde, éclairait sa droite et devait au besoin la protéger.

La 1ʳᵉ division de dragons marchait en bataille dans la plaine de Langenau contre la cavalerie ennemie.

---

(1) Il ne prit que 300 chevaux de chaque régiment de carabiniers ; le reste de la division Nansouty bivouaqua les 24 et 25 à Unter-Thalfingen. (Journal de marche de la 1ʳᵉ division de grosse cavalerie.)

Le 1ᵉʳ régiment de hussards, les 13ᵉ et 21ᵉ de chasseurs formaient la première ligne. L'infanterie autrichienne fut bientôt chassée du bois; alors l'ennemi, voyant sa droite en l'air, fit un mouvement rétrograde par toute sa cavalerie sur le village de Nerenstetten. Son Altesse Sérénissime, profitant du même moment, ordonna au général Klein de charger. Ce mouvement fut exécuté avec vigueur. Notre première ligne enfonça et culbuta tout ce qu'elle rencontra devant elle. La déroute de la cavalerie entraine celle de l'infanterie, et des bataillons entiers déposent les armes. Le Prince poursuit l'ennemi et le chasse jusqu'au village d'Herbrechtingen en le chargeant à plusieurs reprises. Herbrechtingen était occupé par de l'infanterie ayant avec elle du canon qui arrêta notre cavalerie dont les chevaux étaient exténués.

Le Prince, pensant que l'ennemi voulait nous arrêter pour donner le temps à son convoi de filer et voulant occuper le village d'Herbrechtingen, le seul qui offrit des ressources, fit avancer le 9ᵉ régiment d'infanterie légère qui, soutenu par le 20ᵉ régiment de dragons et les chasseurs de la Garde, attaqua le village, l'enleva et prit position en avant. On fit 2,000 ou 3,000 prisonniers; on prit plusieurs caissons; l'ennemi s'enfuit dans le plus grand désordre. Il était minuit, la troupe était très fatiguée et on ne put pas pousser plus loin le succès.

Le reste de l'infanterie et les carabiniers bivouaquèrent au village de Bissingen. La 1ʳᵉ brigade de dragons et les hussards bivouaquèrent à Hürben, les chasseurs de la 2ᵉ brigade de dragons ainsi que le quartier du Prince furent à Hausen.

3,000 prisonniers, parmi lesquels un officier général qui a été blessé grièvement, plusieurs officiers de marque, plusieurs caissons, beaucoup de chevaux : voilà le résultat de la belle journée de Nerenstetten. Dans les différentes charges, on a pris ou tué près de 400 hommes de cavalerie.

Notre cavalerie a fait des prodiges de valeur; l'infanterie s'est conduite à merveille et regrettait de ne pouvoir suivre et partager les succès de la cavalerie. Dans la nuit, 30 cavaliers ayant en croupe de l'infanterie se sont présentés au pont occupé par les chasseurs de la Garde, on les a chassés, l'infanterie a été prise et les cavaliers se sont sauvés.....

II. — Journée du 17 octobre.

Le prince Murat à l'Empereur.

Herbrechtingen, le 25 vendémiaire an XIV (17 octobre 1805).

Sire,

L'ennemi avait évacué ce matin, à 6 heures, Heidenheim, lorsque mes reconnaissances y sont entrées. D'après tous les renseignements que j'ai pris, il paraît que les divisions Hohenzollern et Werneck sont passées sur cette route ; quoique les habitants dn pays affirment que ces deux corps doivent se réunir à Aalen, on pourrait peut-être présumer avec quelque fondement qu'ils chercheront à remonter la Fils pour gagner ensuite le lac de Constance, puisque, d'Heidenheim et de Nerenstetten, ils ont dirigé la plus grande partie de leur infanterie sur Geislingen. Au reste, j'espère avoir ce soir des renseignements plus positifs et je m'empresserai de les communiquer à Votre Majesé.

J'ai l'honneur, etc..... MURAT.

P.-S. — Je joins à ma lettre la demande que fait le général Dupont du grade de chef d'escadron pour le capitaine Junial. C'est un excellent officier, le plus ancien capitaine de son corps.

Votre Majesté trouvera, dans la note que j'ai l'honneur de lui envoyer, les noms des officiers généraux autrichiens qui ont quitté hier Herbrechtingen à 10 heures du soir, avec l'état des troupes qu'ils ont sous leurs ordres.

On a fait ce matin environ 100 prisonniers dans Heidenheim.

Ordre de mouvement.

Le corps d'armée se mettra en mouvement à midi précis pour se porter sur Heidenheim dans l'ordre de marche suivant :

Le 1er régiment de hussards formera l'avant-garde ; il sera suivi par la 1re division de dragons, qui marchera avec son artillerie. Marcheront ensuite les chasseurs de la Garde impériale. Ensuite, la division Dupont suivra immédiatement ce mouvement dans son ordre de bataille. Les deux régiments de cuirassiers fermeront la marche. L'artillerie de chasseurs marchera avec celle de réserve de la division du général Dupont. Les troupes seront formées et marcheront dans le plus grand ordre et réunies, pour être toujours prêtes à combattre. Les généraux se feront éclairer sur leur droite et sur leur gauche. Le 1er hussards jettera en avant de lui une avant-garde pour que, dès qu'elle aura reconnu l'ennemi, elle en fera prévenir.

Murat.

Le général Belliard au général Klein.

Herbrechtingen, le 25 vendémiaire an xiv (17 octobre 1805).

Monsieur le général Klein se dirigera sur Heidenheim, où il prendra des renseignements sur la direction que peut avoir prise le corps ennemi qui fuit devant lui. Il continuera sa marche sur Aalen ou Neresheim, suivant l'avis qu'il aura de la marche de l'ennemi. Sur l'une ou l'autre de ces routes, il détachera une reconnaissance sur Söhnstetten, où doit arriver le général Fauconnet avec les chasseurs à cheval. Il importe surtout que les hussards ne perdent pas l'ennemi de vue.

Belliard.

Le général Belliard au général Fauconnet.

Heidenheim, le 25 vendémiaire an xiv (17 octobre 1805).

Vous vous dirigerez sans perdre de temps sur Aalen, par Bartholoma et Essingen, ayant soin de communiquer par votre droite avec le 1er régiment de hussards, qui passe sous vos ordres et qui suit la grande route d'Heidenheim à Aalen. Le Prince marche lui-même sur Neresheim et Nördlingen, afin de couper la retraite au corps d'armée autrichien qui se retire par Ellwangen.

Le but de votre marche, Général, est de harceler le corps de troupes que nous avons poursuivi hier, qui est fatigué et harassé ; de lui faire beaucoup de prisonniers en l'obligeant à prendre position. Par ce moyen, le Prince aura le temps de les gagner de vitesse et de leur couper la retraite. Tâchez de donner souvent de vos nouvelles au Prince. Ce soir à Neresheim, demain à Nördlingen. Si vous ne trouviez pas l'ennemi à Aalen, vous le suivrez sur la route qu'il aura pu prendre et vous en instruirez le Prince.

Le général Belliard au Général commandant à Donauwörth.

Heidenheim, le 25 vendémiaire an xiv (17 octobre 1805).

D'après les ordres de Son Altesse Sérinissime, vous partirez sur-le-champ avec le plus de troupes que vous pourrez réunir, pour vous porter le plus promptement possible à Nördlingen, où vous vous réunirez aux troupes qui s'y trouvent. Le Prince lui-même marche sur ce point avec son corps d'armée et il y arrivera demain. Ayez soin, comme le Prince vous l'a mandé ce matin, de laisser à Donau- wörth des forces suffisantes pour défendre la place et conserver le pont.

Le général de division Belliard au Général commandant à Nördlingen (général Milet).

Le 25 vendémiaire an xiv (17 octobre 1805).

Son Altesse Sérénissime ordonne que vous fassiez sur-le-champ éclairer la route de Fremdingen. Le prince Murat me charge de vous prévenir qu'un corps d'armée autrichien se retire par Aalen et Ellwangen. Le Prince, avec son corps d'armée, marche sur Nördlingen où doit se réunir, avec les troupes que vous avez, un corps venant de Donauwörth. Le Prince couchera ce soir à Neresheim et demain il sera à Nördlingen. Un corps de troupes poursuit l'ennemi sur la route d'Heidenheim à Aalen. Prenez connaissance de l'ordre que je donne au commandant de Donauwörth et faites-le lui parvenir de suite par un officier qui s'en ira en courrier extraordinairement pressé. Si vous avez quelques nouvelles de l'ennemi, donnez-les ce soir au Prince par le retour de l'officier que je vous envoie. Ce soir les troupes de cavalerie doivent communiquer avec les vôtres.

*Le général Belliard au Colonel commandant
le 1ᵉʳ régiment de hussards.*

Le 25 vendémiaire an xiv (17 octobre 1805).

D'après les nouvelles dispositions ordonnées par le Prince, vous faites partie de la brigade du général Fauconnet, qui se dirige par votre gauche sur Söhnstetten. Vous continuerez cependant à poursuivre l'ennemi sur la route d'Aalen; mais lorsque vous serez arrivé à la hauteur et sur la route qui conduit à Söhnstetten, vous communiquerez avec le général Fauconnet par un parti que vous jetterez sur votre gauche. Il vous transmettra ses ordres pour exécuter les dispositions qui lui ont été prescrites. Vous communiquerez au Prince, qui sera ce soir à Nerenstetten, demain à Nördlingen, les nouvelles que vous pourriez avoir de l'ennemi. Ayez bien soin de vous éclairer sur votre droite et sur votre gauche.

Le général Belliard au général Beaumont (1).

Le 25 vendémiaire an xiv (17 octobre 1805).

Dirigez-vous sur Giengen, en vous éclairant bien de droite et de gauche. Arrivé à Giengen, vous communiquerez de suite avec Heidenheim sur lequel vous marcherez.

L'ennemi est éparpillé et a pris différentes routes. L'infanterie, dit-on, a gagné sur la droite; il y a apparence que vous rencontrerez quelques corps dont vous vous emparerez. La division que nous poursuivons était sortie d'Ulm, forte d'environ 10,000 hommes. La journée d'hier les a diminués de 3,000 ou 4,000. La cavalerie française s'est encore immortalisée.

---

(1) Beaumont était, le 23, sous les ordres du général Marmont. Dans l'état des emplacements de la Grande Armée, de la main du général M. Dumas, on lit : « 3ᵉ division de dragons : avec le prince Murat, n'a pas encore passé le Danube de la rive droite à la rive gauche ».

L'Empereur au prince Murat.

Abbaye d'Elchingen, le 25 vendémiaire an XIV (17 octobre 1805),
à 2 heures après midi.

Je reçois votre lettre du 25 vendémiaire, de Hausen. Je vous félicite des succès que vous avez obtenus. Mais point de repos; poursuivez l'ennemi l'épée dans les reins, et coupez-lui toutes les communications.

Le 22e de chasseurs doit être arrivé aujourd'hui à Nördlingen; Rivaud doit être arrivé à Donauwörth. La division batave, qui était à Augsburg, arrivera ce soir à Donauwörth. Ramassez tout cela et suivez l'ennemi partout où il se serait porté.

Il y a dans Ulm 20,000 hommes qui capitulent; ils seront tous prisonniers de guerre. J'ai une grande impatience d'avoir de vos nouvelles, de savoir positivement où en est la tête de la colonne ennemie, si elle m'a intercepté quelque chose à Nördlingen. Toutes ces nouvelles me sont de la plus grande importance, et j'envoie exprès le général Mouton pour savoir, avant minuit, à quoi m'en tenir, parce que cela doit régler mes mouvements.

Faites-vous joindre par les 22e et 6e (1) de chasseurs; ce dernier doit se trouver aujourd'hui sur la route d'Heilbronn à Ellwangen. Votre mission est de nettoyer de partis ennemis toutes les communications. De Nördlingen, si les mouvements de l'ennemi vous obligent à vous porter par là, ou d'Ellwangen, expédiez un courrier à Strasburg pour instruire de nos brillants succès et de notre position.

Il me semble que vous auriez dû coucher au lieu où est le 9e léger, afin de pouvoir, à la pointe du jour, marcher à la suite de l'ennemi et le gagner de vitesse.

NAPOLÉON (2).

L'Empereur au prince Murat.

Abbaye d'Elchingen, le 25 vendémiaire an XIV (17 octobre 1805),
à 4 heures après midi.

Tous les hommes qui se sont distingués seront récompensés.

---

(1) Lisez : 16e.
(2) *Correspondance de Napoléon*, n° 9386.

Je reçois votre lettre de la route de Heidenheim. J'attends avec impatience de vos nouvelles de Heidenheim, pour savoir la position qu'a prise l'ennemi. Je suis impatient d'apprendre que mes communications sont libres et rétablies, et que mon parc, mes dépôts de cavalerie, le Trésor que j'ai à Heilbronn et mes courriers sont en toute sûreté. Marchez donc de l'avant.

NAPOLÉON (1).

Le prince Murat à l'Empereur.

Heidenhem, le 25 vendémiaire an XIV (17 octobre 1805),
à 4 h. 30 du soir.

Sire,

Il est constant que l'archiduc Ferdinand se retire avec environ 20,000 hommes par Aalen et Ellwangen sur Sulzbach et Amberg ; 500 voitures d'artillerie ont passé toute la journée de lundi matin (2) par Heidenheim. Ce parc a été réuni le lundi soir à Aalen, y a séjourné tout le mardi et a dû en partir, le mercredi matin, pour Ellwangen. La division Werneck, après l'avoir escorté jusqu'à Heidenheim, s'était reportée sur Albeck. Il paraît que ce corps a été presque entièrement disséminé par le combat d'hier. Les troupes ont filé dans le plus grand désordre toute la nuit par Heidenheim. Les hussards du 1er régiment les harcèleront sur leurs derrières avec la brigade du général Fauconnet, tandis que je me porterai avec la plus grande rapidité sur Nördlingen, pour tâcher par cette marche de flanc de les gagner de vitesse sur Anspach et Nüremberg, pour empêcher leur jonction avec les Russes ou leur couper leur retraite sur la Bohême ; tandis que je dirige la division de dragons du général Beaumont tout entière par la route d'Aalen, à l'effet de soutenir les troupes légères du général Fauconnet et tâcher d'enlever à l'ennemi ses bagages et son arrière-garde.

Le but de ma manœuvre par Nördlingen est de rallier les troupes que j'espère tirer de cette place et de Donauwörth, de gagner l'ennemi de vitesse ou de saisir le moment favorable

---

(1) *Correspondance de Napoléon*, n° 9387.
(2) 22 vendémiaire (*14 octobre*).

pour tomber sur ses flancs afin de lui enlever tous ses convois et son artillerie, engagés dans les montagnes d'Ellwangen.

Votre Majesté jugera peut-être à propos de faire filer quelques tronpes pour me soutenir. Quand je serai arrivé à Nördlingen, j'aurai l'honneur de vous informer d'une manière plus positive de la route que je me serai déterminé à prendre, soit par OEttingen, Gunzenhausen, Schwabach, soit par Dinkelsbühl, pour me porter sur Anspach.

L'archiduc Ferdinand était encore à Aalen hier.

M. Didelot a été fait prisonnier à Aalen. Il a été conduit chez le général Rumsay et a couché chez le bailli d'Heidenheim la nuit du mardi au mercredi.

Je donne au commandant des troupes à Donauwörth l'ordre de marcher avec toutes ses forces disponibles et avec la plus grande rapidité possible sur Nördlingen, en lui recommandant toutefois de laisser assez de troupes pour garder la ville et le pont. Le général qui commande à Nördlingen reçoit l'ordre de jeter ses troupes sur Fremdlingen et Willburgstetten. Ce soir, mes dragons communiqueront, j'espère, avec les troupes de Nördlingen. J'oserais presque assurer à Votre Majesté que l'ennemi ne sauvera pas les 500 voitures de son artillerie.

Votre Majesté doit compter également et sur mon activité infatigable pour son service et sur l'amour et l'intrépidité de ses soldats.

Je fais partir à l'instant un officier pour Stuttgard et Spire, afin de donner aux courriers de Votre Majesté une direction pour Stuttgard et Göttingen. Cet officier fera sentir que c'est le chemin le plus court depuis la prise d'Ulm ; il sera sans doute nécessaire que les courriers reçoivent les ordres de Votre Majesté, pour leur direction ultérieure à Göttingen.

J'ai l'honneur, etc.....

MURAT.

Le général Belliard au général Dupont.

Le 25 vendémiaire an XIV (17 octobre 1805).

Mon cher Général,

D'après les ordres du Prince, vous vous établirez avec votre division et toute l'artillerie à Neresheim, où sera le quartier général du Prince. Donnez, je vous prie, des ordres pour que l'on se garde avec la plus grande surveillance.

J'ai l'honneur, etc. . . . . .

BELLIARD.

Le prince Murat au général Dupont.

Neresheim, le 25 vendémiaire an XIV (17 octobre 1805).

Le général Dupont prendra position en arrière de Neresheim, occupant les hauteurs et étant maître des routes de Dischingen, Stetten, Gross-Kuchen, et gardant le pont près de Neresheim, sur la route de Heidenheim.

Il paraît que l'ennemi occupe Stetten, Gross-Kuchen et Elchingen ; c'est le reste des troupes de la division Werneck ; j'espère qu'elle ne nous échappera pas. Notre cavalerie, en arrivant, a chassé l'ennemi de Neresheim ; elle le poursuit encore vivement sur la route de Nördlingen ; un bataillon de grenadiers a mis bas les armes ; un général-major a été fait prisonnier.

Nommez de suite un commandant d'armes qui établisse l'ordre dans la ville ; qu'on n'y laisse que la garde que vous y mettrez et que surtout on soit prêt à prendre les armes au premier coup de baguette. Aussitôt l'établissement de vos troupes, passez chez moi à l'abbaye ; on vous enverra trois compagnies de grenadiers ou carabiniers.

MURAT.

Le 25 vendémiaire an XIV (17 octobre 1805).

Ordre aux carabiniers d'occuper les villages indiqués, de garder les routes de Gross-Kuchen, Klein-Kuchen, Stetten et même Nattheim. L'ennemi occupe Gross-Kuchen, Stetten et Elchingen.

Ordre d'être à cheval à 5 heures et de venir à Neresheim se mettre en bataille en arrière de la ville, après avoir passé le pont.

BELLIARD.

Rapport de la réserve de cavalerie.

Le 25 vendémiaire an xiv (17 octobre 1805).

Le Prince ordonna au général Fauconnet de se porter d'Hausen sur Söhnstetten avec sa brigade de chasseurs, ayant soin de fouiller les bois et de ramasser tous les hommes éparpillés qui s'étaient retirés de ce côté. Le Prince avec le reste de sa troupe marche sur Heidenheim, tandis qu'un régiment de dragons se dirigeait sur Giengen et devait reconnaître Gundelfingen et Dillingen.

A Heidenheim, Son Altesse, d'après les renseignements qu'elle eut sur la marche de l'ennemi, changea ses dispositions.

Le général Fauconnet fut dirigé sans perdre de temps de Söhnstetten sur Aalen par Bartholoma et Essingen, avec ordre de suivre l'ennemi, de lui faire des prisonniers et de le harceler le plus possible.

L'aide de camp Lanusse partit d'Heidenheim avec le 1ᵉʳ régiment de hussards pour se diriger sur Aalen. Tous ces mouvements étaient ordonnés pour inquiéter l'ennemi, ralentir sa marche en le forçant de prendre position, et donner au Prince le temps d'arriver à Nördlingen avant lui pour lui couper toute retraite et empêcher en même temps qu'il s'emparât de cette ville, où nous avions beaucoup d'artillerie et des dépôts.

Son Altesse Sérénissime écrivit en même temps au commandant de Donauwörth de réunir toutes les forces dont il pourrait disposer sans exposer le pont et d'aller prendre position sur la Wörniz, en se liant à l'officier commandant à Nördlingen pour barrer le passage aux ennemis.

Le Prince, avec le reste de ses troupes, marcha sur Neresheim; la 1ʳᵉ division de dragons tenait la tête de la colonne. A 5 heures, l'avant-garde a rencontré l'ennemi à Neresheim; il venait de prendre position avec de l'infanterie, de la cavalerie et du canon. L'attaquer, le charger et le culbuter a été l'affaire d'un moment. Rien ne peut résister à notre cavalerie. Des bataillons entiers mettent bas les armes; bientôt leurs canons et leurs drapeaux sont en notre pouvoir. La cavalerie ennemie, chargée vigoureusement, prend la fuite, se retire dans le plus grand désordre, laissant beaucoup d'hommes et de chevaux.

Environ cent prisonniers, dont un officier général et plusieurs officiers de marque, deux drapeaux et une pièce d'artillerie, voilà le résultat du brillant combat de Neresheim.

Le corps d'armée prit position à Neresheim, savoir : la 1re division de dragons à Ohmenheim et Dossingen, les chasseurs de la Garde à Neresheim, les carabiniers à Auernheim et Steinweiler. L'infanterie bivouaqua en arrière de la ville, occupant les hauteurs et tenant les routes de Dossingen à Stetten et Gross-Kuchen.

Le chef d'escadron Lanusse, qui poursuivait l'ennemi sur la route d'Aalen, fit une charge au village d'Ober-Kochen qui délivra 350 prisonniers français. Le 1er régiment de hussards a fait dans la journée environ 400 prisonniers, s'est emparé d'une pièce d'artillerie et de 26 caissons.

Le général Fauconnet, en poursuivant sa marche, a fait mettre bas les armes à un corps de 80 hommes commandé par un officier, et il a ramassé environ 200 prisonniers isolés. Ce général rend compte qu'aucun corps de troupes ennemies n'est passé par la route qu'il tient. Il se dirige toujours sur Aalen.

Journal des marches de la 1re division de dragons.

Le 25 vendémiaire an XIV (17 octobre 1805).

A 4 heures du matin, le général Fénérols, dont le quartier général était établi à Herbrechtingen, poussa une reconnaissance sur le village d'Anhausen, occupé par l'ennemi; il y fit 300 prisonniers.

A 9 heures, la division, étant réunie en avant d'Herbrechtingen, se mit à la poursuite de l'ennemi, qui s'était retiré par Heidenheim; elle arriva à Heidenheim sans le rencontrer et continua de le poursuivre, en suivant la route de Nördlingen.

Après une marche de dix lieues, on atteignit l'ennemi, à 4 heures du soir, auprès de la petite ville de Neresheim; un régiment de cavalerie formait son arrière-garde ; tout le reste avait passé à la rive gauche du ruisseau de l'Egau. La division de dragons était à peine formée sur deux lignes, à droite de la route, que l'arrière-garde ennemie se replia en grande hâte sur Neresheim et prit son rang dans la ligne, qui appuyait sa gauche au bois de l'abbaye de Neresheim et prolongeait sa droite jusqu'à un ravin qui aboutit à l'Egau au-dessus du pont. Cinq bataillons d'infanterie occupaient la gauche et s'étendaient jusqu'à la ville ; la cavalerie était à droite, en échelons, à la hauteur de la ville, sur une pente douce ; une batterie de canons, placée sur la hauteur de l'abbaye, battait au loin la rive opposée de l'Egau.

L'éloignement de notre infanterie et l'approche de la nuit, à la faveur de laquelle l'ennemi aurait pu se retirer, déterminèrent le général Klein à l'attaquer avec sa seule division, forte de 1800 chevaux et cinq pièces de canon.

Il opposa une batterie de trois pièces à celle des ennemis; les deux autres furent placées à droite de la route, sur une pente dérobée au feu de l'artillerie ennemie et d'où la nôtre pouvait inquiéter leur cavalerie.

Les 4ᵉ et 14ᵉ régiments se portèrent à la droite de la batterie de trois pièces pour la soutenir, et le général, s'apercevant que le feu de l'autre batterie forçait la cavalerie ennemie à s'éloigner du bord de l'Egau, ordonna aux tirailleurs et à un peloton du 26ᵉ régiment de passer le pont ; le 1ᵉʳ escadron du même régiment le passa immédiatement après, et fut suivi du reste de ce régiment qui se forma en échelons au revers de la montagne.

Pendant que ce mouvement s'exécutait, le général Klein faisait reconnaître un passage au-dessus du pont ; dès qu'on l'eut reconnu, il traversa les bords marécageux de l'Egau à la tête de la 1ʳᵉ brigade en colonne par pelotons, longea la crête de la hauteur opposée à celle où s'appuyait la droite de l'ennemi, puis s'enfonça dans le ravin à droite pour aller gagner le plateau d'Ohmenheim ; dès que la tête de la colonne en eut atteint la crête, elle se forma en échelons par régiment, la gauche en tête.

Le général ennemi, qui songeait sérieusement à effectuer sa retraite, avait, pendant la durée de notre mouvement, fait filer sur Ohmenheim, par deux chemins qui y conduisent, l'un de Neresheim et l'autre de l'abbaye, la meilleure partie de son infanterie ; voyant par nos dispositions que la retraite lui serait coupée s'il n'étendait sa droite, il ne laissa en face du 26ᵉ régiment que la cavalerie qu'il crut nécessaire pour le contenir, et donna l'ordre au reste de se porter rapidement sur Ohmenheim, et en même temps, il mit en bataille, à la lisière d'un bois à gauche de la route, entre Ohmenheim et l'abbaye, trois de ces bataillons et forma un carré des deux autres, parallèlement à la même route, à une très petite distance du bois.

Aussitôt que le général Klein aperçut la cavalerie ennemie en colonne sur la route, il fit sonner la charge, donnant au 20e régiment, pour point de direction, le clocher d'Ohmenheim, afin de couper la colonne le plus avant possible ; mais il arriva que la cavalerie ennemie, intimidée à notre approche, se jeta en désordre sur la droite de la route ; le 20e régiment, pour l'atteindre par le plus court chemin, fit un mouvement à droite qui changea la disposition de la brigade ; elle se trouva par ce mouvement former deux lignes, et continua de charger, en passant à 30 pas sous le feu de la ligne d'infanterie adossée au bois ; la fusillade fut très vive, cependant on perdit peu de monde et la cavalerie ennemie fut entièrement défaite. Un escadron de hussards du Palatinat, ayant voulu se sauver dans Ohmenheim, fut poursuivi par le 2e régiment, dont une partie prit en dehors, et l'autre en dedans du village ; après avoir pris ou dispersé ces hussards, il se rallia à la sortie et vint se placer à la gauche du 1er régiment, qui immédiatement après la charge s'était formé en bataille près d'Ohmenheim ; le 26e régiment s'était placé en seconde ligne.

Un peu avant la charge de la 1re brigade, le 26e régiment, qui suivait tous les mouvements de l'ennemi, ayant vu qu'il portait une partie de ses forces de l'autre côté, avait chargé avec succès la cavalerie, qu'on avait laissée pour le contenir, et, après l'avoir totalement dispersée, s'était mis en bataille près la pointe du bois à gauche de la route, attendant là de nouveaux ordres.

Les 4e et 14e régiments voyant que l'infanterie et l'artillerie qui leur étaient opposées se retiraient, vinrent passer le pont, pour aller se mettre en bataille derrière le 26e, qui était déjà soutenu par un escadron des chasseurs de la Garde impériale, arrivé pendant le combat.

Après la défaite de sa cavalerie, l'infanterie ennemie se voyant sans retraite, ne sachant même où se diriger, n'attendait presque, pour se rendre, que d'en être sommée ; quelques officiers et dragons entrèrent dans le bataillon carré avec intrépidité et achevèrent de l'y déterminer, de sorte que l'on fit peu de résistance, lorsque le parlementaire envoyé par le général Klein se présenta. Le général de Zinzendorf fut pris avec plusieurs officiers, et plus de 2,000 hommes ; mais ce n'était qu'une partie du corps d'armée de M. le feld-maréchal baron de Werneck, et le général Klein, voulant profiter de la consternation des ennemis, envoya de suite auprès de ce général le chef d'escadron Gobrecht, commandant le 2ᵉ régiment de dragons, pour le sommer de faire mettre bas les armes à ses troupes, parce qu'elles étaient enveloppées. L'officier autrichien chargé de conduire le parlementaire français, le mena du côté de Nördlingen, où il croyait que s'était retiré le général Werneck (1). Mais quel fut son étonnement de rencontrer, à une demie-lieue de cette ville, des patrouilles françaises ; il ne douta plus que les Autrichiens fussent enveloppés, et le rapport qu'il en fit à son général, qu'il trouva à Trochtelfingen, le détermina à écouter la proposition et à remettre la conclusion au lendemain ; il retint l'officier français et donna en otage le major du régiment de Kaunitz.

Néanmoins, le général Werneck fit faire pendant la nuit un mouvement à ses troupes, sur la gauche de Nördlingen, pour rejoindre à Œttingen le corps de l'archiduc Ferdinand ; mais ayant de nouveau rencontré des troupes françaises, elles n'osèrent passer outre, et revinrent prendre position à Trochtelfingen et environs, d'où le général Werneck écrivit au général Klein, en lui renvoyant son parlementaire, pour lui faire connaître qu'il était disposé à capituler.

On serait presque aussi étonné que l'officier autrichien, de trouver les Français à Nördlingen, si on ne se rappelait pas que ce fut aux environs de cette ville que l'Empereur, avant de passer le Danube, avait ordonné d'envoyer les petits dépôts de tous les régiments de dragons (2). Le canon de Neresheim avait donné l'éveil au général Milet, qui commandait ces dépôts. Il les avait tous fait rentrer dans Nördlingen, et avait poussé des reconnaissances du côté où il soupçonnait l'ennemi (3).

Tout concourait à rendre la journée de Neresheim une des

---

(1) Le parlementaire, en cherchant M. le feld-maréchal baron de Werneck, rencontra M. le lieutenant général de Hohenzollern, à qui il fit part de sa mission. M. de Hohenzollern lui dit qu'il allait l'accompagner et qu'il ne doutait pas que M. de Werneck n'acceptât les propositions du général Klein.

(2) Ordre du jour du 16 vendémiaire, n° 23.

(3) Lettre du général Milet à Murat (30 vendémiaire).

plus brillantes de la campagne par ses grands résultats ; car la capitulation du général Werneck en fut une suite immédiate, et indépendamment de 2,000 hommes, d'un étendard, de drapeaux et de 150 chevaux pris sur le champ de bataille, elle sauva le trésor, le grand parc de l'armée et tous les petits dépôts de dragons qui s'étaient enfermés dans la ville de Nördlingen, et qui seraient indubitablement tombés au pouvoir des ennemis, s'ils n'avaient été aussi vigoureusement poursuivis ; en plus la 2e brigade, aux ordres du général Lasalle, prit 800 hommes et 2 canons dans le village de Weilermerkingen qu'on lui avait assigné pour cantonnement (1).

Nous avons eu à regretter les braves capitaines Limbourg et Watrin, le premier, aide de camp du général Fénérols, et le deuxième, capitaine au 1er régiment de dragons, qui, blessés dans le combat, sont morts quelques instants après.

La 1re brigade bivouaqua cette nuit autour d'Ohmenheim ; quelques hommes cachés dans le bois, en voulant se sauver, lui donnèrent une alerte vers les 2 heures du matin ; elle monta à cheval et envoya des patrouilles. Celles-ci n'ayant rien rencontré, la brigade rentra à son bivouac.

Le général Milet au prince Murat.

Nördlingen, le 30 vendémiaire an XIV (22 octobre 1805).

Mon Prince,

J'ai l'honneur de rendre compte à Votre Altesse que le 25 de ce mois à 9 heures du matin, un détachement d'environ 250 hommes de dragons de la Tour vint attaquer à Kircheim les dépôts des 1er et 10e régiments de cuirassiers ; aussitôt que j'en fus

---

(1) Quelques cavaliers qui s'étaient sauvés de Weilermerkingen, lorsque le général Lasalle prit les 800 hommes d'infanterie qui s'y trouvaient, arrivèrent chez le général Werneck en même temps que le parlementaire et lui firent le rapport de la prise de ce bataillon par un corps de cavalerie ; ce rapport, joint à celui de l'officier qui conduisait le parlementaire, acheva de persuader le général Werneck qu'il était enveloppé.

instruit, je fis monter à cheval les dépôts de dragons, et avec un détachement du 54ᵉ d'infanterie et deux pièces de canon, je fus à sa rencontre et le repoussai au delà de Kircheim ; la nuit avançant, je repris mes positions sur Nördlingen, où le général de division Rivaud venait d'arriver avec le 2ᵉ bataillon du 54ᵉ régiment.

Journal des opérations militaires de la division Dupont.

Le 25 vendémiaire an xiv (17 octobre 1805).

Le 25, l'ennemi fuit jusqu'à Neresheim ; il était en pleine déroute, la cavalerie le suit l'épée dans les reins et lui fait 1500 prisonniers, parmi lesquels se trouvent plusieurs généraux.

Le 1ᵉʳ de hussards, dans une reconnaissance qu'il fait sur Aalen, prend 200 hommes, une pièce de canon et 25 caissons.

La division bivouaque en avant de Neresheim.

Le prince Murat à l'Empereur.

Neresheim, le 26 vendémiaire an xiv (18 octobre 1805), à minuit.

Sire,

Ainsi que j'ai eu l'honneur de l'annoncer à Votre Majesté, je me suis déterminé à marcher sur Neresheim au lieu de me porter sur Aalen. Ce parti m'a parfaitement réussi. Le général Klein, arrivé à 5 heures en face de Neresheim, y a trouvé l'ennemi, qui venait d'y prendre position. Il n'a pas balancé à le faire attaquer ; se former, le charger, le culbuter, a été l'affaire d'un instant. Sire, plus d'obstacle qui arrête votre cavalerie ; les bataillons mettent bas les armes devant elle ; elle brave le canon. La cavalerie autrichienne, qui était en avant de Neresheim, vigoureusement chargée, a été forcée de prendre la fuite, quoique défendue par des canons et des bataillons de grenadiers, qui couronnaient les hauteurs. Les grenadiers eux-mêmes ont dû céder à la valeur. 1000 prisonniers, dont 100 hommes de cavalerie avec leurs chevaux, deux drapeaux, un général et plusieurs officiers de marque, tels sont les trophées du brillant combat de Neresheim. J'aurai l'honneur de vous faire connaître les braves qui se sont le plus distingués. Voilà 4,000 prisonniers depuis hier ; demain, je me mets en route pour Nördlingen à 5 heures du matin. Si la division batave peut partir à la même heure de Donauwörth, pour se diriger sur le même point, ainsi que j'en ai donné l'ordre, c'en est fait de tout ce qui reste encore du corps d'armée que je poursuis. Ma cavalerie reconnaîtra Elchingen, Rissingen, Trochtelfingen et Goldburghausen, où l'on m'assure que l'ennemi fait filer son artillerie. Les mêmes sept généraux qui sont partis hier, à 7 heures du soir, d'Herbrechtingen, ont abandonné Neresheim ce soir, à 5 heures, sans avoir eu le temps de prendre leur café. Ils avaient marché toute la nuit et tout le jour. Je crains que l'archiduc Ferdinand ne se soit échappé.

Je viens d'apprendre que 300 prisonniers français se sont délivrés à la faveur du désordre que nos pièces ont jeté parmi les Autrichiens, et ont amené prisonniers les soldats chargés de les garder.

J'ai l'honneur..... MURAT.

Le général Godinot au maréchal Berthier.

Danauwörth, le 26 vendémiaire an XIV (18 octobre 1805).

Monsieur le Maréchal,

J'ai l'honneur de prévenir Votre Excellence que l'ennemi s'est porté hier sur Nördlingen, à 2 heures de l'après-midi. Le général Rivaud m'écrit que le général Milet est sorti, les a repoussés et s'est battu jusqu'à la nuit; un des prisonniers faits dans cette affaire a déclaré que c'était la colonne d'avant-garde, qu'elle était composée des régiments de cavalerie Klenau, Kinsky, La Tour et Blankenstein, et d'un corps d'infanterie ; que le gros de la division, qui la suit, est très considérable et qu'elle est commandée par l'archiduc Ferdinand. Un des émissaires que j'emploie et qui est revenu cette nuit me dit la même chose et ajoute que cette colonne se retire par la route d'Œttingen. Il serait nécessaire que Votre Excellence donnât des ordres de ne plus diriger sur ce point les prisonniers de guerre et les évacuations, jusqu'à ce que cette partie soit libre.

GODINOT.

L'Empereur au prince Murat.

Abbaye d'Elchingen, le 26 vendémiaire an xiv (18 octobre 1805),
à 2 heures après-midi.

Je viens de recevoir la nouvelle de votre marche. La division Oudinot est partie avant le jour et sera, avant ce soir, à Heidenheim, ainsi que le reste de la division Nansouty.

Le maréchal Lannes commandera l'une et l'autre; faites-lui passer des ordres. Il a avec lui quatre régiments de cavalerie ; ainsi il a 3,000 chevaux. La division Beaumont est en marche ; vous avez donc la cavalerie nécessaire pour faire beaucoup de mal à l'ennemi.

La division Bourcier est sur Geislingen, Göppingen et Stuttgard, afin de couper les communications. J'attendrai encore ici, toute la journée de demain, de vos nouvelles. Poursuivez sans relâche l'ennemi, prenez ses 500 chariots, et que mes communications se trouvent entièrement rétablies.

Ulm est rendu ; 4,000 hommes en occupent la moitié ; les troupes sont prisonnières de guerre, les officiers iront chez eux sur parole jusqu'à l'échange. Je me trouve prendre là 16,000 hommes et une grande quantité d'artillerie.

NAPOLÉON (1).

III. — Journée du 18 octobre.

Marches et rapports historiques de la 1re division de dragons montés.

La division s'est réunie en avant d'Ohmenheim, sur la route de Nördlingen, où elle a été jointe par la division du général Dupont, les deux régiments de carabiniers et les chasseurs de la Garde impériale.

---

(1) *Correspondance de Napoléon*, n° 9388.

La 2ᵉ brigade, en se rendant au point de réunion, a pris un détachement de 300 hommes avec un drapeau; le général Klein n'a reçu qu'au moment où la colonne allait se mettre en route la réponse du général Werneck; il a de suite fait passer cette lettre à Son Altesse Sérénissime le prince Murat, qui a envoyé le général Belliard, chef de son état-major, pour régler les articles de la capitulation; pendant ce temps, la colonne a continué à marcher vers Nördlingen, et à un quart de lieue de cette ville, elle fit une halte d'une heure, pendant laquelle on apprit que l'ennemi avait trois bataillons avec leurs canons près de Wallerstein; on y marcha et ils mirent bas les armes.

Le général Klein marcha ensuite sur les hauteurs à l'Ouest d'Offingen, afin d'en imposer à l'ennemi et d'empêcher qu'il ne rompît son traité; malgré cette précaution, la cavalerie et aussi de l'infanterie, n'ayant pas voulu se soumettre à la capitulation souscrite par son général, a profité de l'obscurité pour s'échapper avec les généraux Hohenzollern et Mecsery et rejoindre le corps de l'archiduc Ferdinand.

Le soir, la division prit position à Wallerstein et dans les environs.

Rapport de la réserve de cavalerie.

Le 26 vendémiaire an XIV (18 octobre 1805).

Le corps d'armée s'est mis en mouvement à 5 heures du matin pour poursuivre l'ennemi et se porter sur Nördlingen. En sortant de l'abbaye, Son Altesse Sérénissime reçut un parlementaire qui venait lui offrir de rendre à discrétion trois bataillons avec leur artillerie.

Cette troupe, égarée la nuit dans les bois, était enveloppée de tous côtés sans ressources et sans vivres. Le Prince envoya un officier leur faire mettre bas les armes. On prit leurs canons et leurs fusils et ils furent conduits à l'abbaye de Neresheim. A 8 heures, on entendit le canon sur la gauche. Son Altesse, craignant pour Nördlingen, poussa en avant avec sa cavalerie. En route, elle reçut de M. le lieutenant général Werneck une réponse à la sommation qui lui avait été faite. Ce général demandait à capituler. Le Prince envoya son chef d'état-major auprès du lieutenant général Werneck et continua sa route sur Nördlingen.

Les arrangements se terminèrent, et d'après la capitulation, toutes les troupes du corps d'armée de M. le lieutenant général Werneck sont prisonnières de guerre et renvoyées en France. Les officiers généraux et autres peuvent rentrer chez eux, sur leur parole de ne plus servir qu'après avoir été échangés.

Pendant ce temps, le grand parc de l'armée ennemie marchait par la route d'Ellwangen sous l'escorte d'un corps d'armée commandé par le lieutenant général prince de Liechtenstein, où se trouvait l'archiduc Ferdinand, et se dirigeait sur Œttingen par Wallerstein. Le corps du lieutenant général Werneck couvrait sa marche.

Le général de division Rivaud, qui se trouvait à Nördlingen et auquel le Prince, en le prévenant de son mouvement, avait ordonné de faire une sortie sur l'ennemi dans le cas où il passerait près de Nördlingen, marcha à lui avec une partie de ses troupes sur Wallerstein, qui était attaqué et où nous avions de l'artillerie. Le général Rivaud culbute l'ennemi, pousse sur la route d'Ellwangen, rencontre le convoi, l'attaque et le coupe. Le général Fauconnet, avec ses deux régiments de chasseurs, qui d'Aalen suivait l'ennemi pas à pas, attaque en même temps la queue du convoi jusqu'au village de Trochtelfingen, où l'ennemi prit position sur un plateau et arrêta nos tirailleurs. Le général Fauconnet, qui suivait le mouvement avec le reste de ses troupes, se disposait à charger, lorsqu'un officier autrichien vint prévenir ce général qu'on parlementait. Nous avions déjà pris environ 200 caissons chargés de cartouches et de bagages, des chevaux d'officiers, environ 400 chevaux de dragons et de charroi et 300 prisonniers.

Ces attaques combinées et la marche de Son Altesse Sérénissime sur Nördlingen ont fait tomber en notre pouvoir la majeure partie du grand parc de l'armée ennemie et fait mettre bas les armes au corps de M. le lieutenant général Werneck.

4,000 ou 5,000 prisonniers, dont 3 lieutenants généraux, MM. Werneck, Baillet-Latour et Hohenzollern; 4 générauxmajors, MM. de Rohan, Mecsery, Hohenfeld, Weber; et environ 200 officiers de tous grades, avec 5 drapeaux, 80 pièces de canon avec leurs caissons, 300 ou 400 voitures ou chariots, 200 à

300 chevaux de troupe ou de trait, voilà le résultat de la belle journée de Nördlingen qui sauva tous les dépôts de l'armée française, le grand parc de l'armée française et son trésor. Tout fut infailliblement tombé au pouvoir des ennemis sans la marche savante et les bonnes dispositions que fit Son Altesse Sérénissime le prince Murat.

Pendant qu'on négociait avec M. le lieutenant général Werneck, MM. Hohenzollern et Mecsery continuaient leur marche et tâchaient de se réunir au corps du prince de Schwartzenberg, qui suivait l'archiduc Ferdinand et couvrait la partie du convoi qui avait échappé.

MM. Hohenzollern et Mecsery faisaient partie du corps d'armée de M. le lieutenant général Werneck, ainsi que M. le prince de Rohan; on leur fit part de la capitulation, mais contre la foi des traités, ces Messieurs, qui, pendant qu'on négociait, avaient trompé la bonne foi du Prince en ne restant pas à leur position, s'évadèrent et joignirent dans la nuit l'archiduc Ferdinand.

Il restait encore à combattre le corps du prince de Liechtenstein avec l'archiduc Ferdinand, auquel s'étaient joints MM. Mecsery et Hohenzollern, et à s'emparer du reste du convoi. Le Prince ayant su à 11 heures du soir, par les rapports des reconnaissances et des espions, quelle route l'ennemi avait prise, ordonna aux divisions Klein et Dupont de partir à 1 heure du matin et de se porter sur Œttingen, où s'était retiré l'Archiduc.

Le général Milhaud eut ordre d'aller à Ellwangen prendre le commandement des 16e et 22e régiments de chasseurs à cheval, de se diriger sur Dinkelsbühl et Anspach et, dans le cas où il ne trouverait pas l'ennemi, de revenir par sa droite à Nuremberg, où le Prince devait se rendre.

Le général Fauconnet, avec ses deux régiments de chasseurs, dut battre la campagne entre le général Milhaud et le corps d'armée, suivant les routes de Wœssingen, Marktoffingen, Belzheim et Erlbach.

Le 1er régiment de hussards se réunit à la division Klein.

Le général Bourcier, qui venait de Nördlingen, a eu ordre de changer sa marche et de se diriger par Heidenheim et Giengen sur Gundelfingen, où il attendra les ordres de Sa Majesté. Le général Beaumont qui marchait aussi, a eu de même ordre de s'arrêter et de demander des instructions au Ministre de la guerre.

La division batave, aux ordres du général de division Dumonceau, a dû aller occuper Pappenheim et le pont de Dietfürt, en s'étendant jusqu'à la frontière des États prussiens. Le général Rivaud eut, de même, l'ordre de se porter sur Pappenheim (1).

Journal des opérations militaires de la division Dupont.

Le 26 vendémiaire an xiv (18 octobre 1805).

Le 26, un poste de 15 hommes du 32e, en prenant la traverse pour rejoindre son régiment, fait mettre bas les armes à 300 hommes et prend un drapeau.

Les Autrichiens sont poursuivis jusqu'à Nördlingen. C'est dans cette journée que s'est montée notre compagnie d'artillerie légère, qui était à pied. En passant dans un bois, elle prend un détachement de cavalerie ennemie et revient sur ses chevaux.

Le général Werneck capitule avec son corps d'armée, fort de 6,000 hommes d'infanterie, 800 hommes de cavalerie, 25 pièces de canon et 3 généraux. Ce corps tarde à arriver sur le point où il devait mettre bas les armes. Le prince Murat envoie successivement au général Werneck les aides de camp Deconchy et Morin.

Le général Milet au prince Murat.

Nördlingen, le 30 vendémiaire an xiv (22 octobre 1805).

Mon Prince,

J'ai l'honneur de rendre compte à Votre Altesse que, le 25 de

---

(1) Tous ces ordres sont donnés pour le 26. Le dernier n'a pas été retrouvé, mais on lit dans la lettre du général Milet, datée du 30 vendémiaire et se rapportant au 25 vendémiaire : « Nördlingen où le général de division Rivaud venait d'arriver avec le 2e bataillon du 54e régiment. » Rivaud était donc à Nördlingen les 25 et 26, et il a pu recevoir, le 26 au soir, l'ordre de se porter sur Pappenheim.

ce mois, à 9 heures du matin, un détachement d'environ 250 hommes de dragons de la Tour vint attaquer, à Kirchheim, les dépôts des 1er et 10e régiments de cuirassiers. Aussitôt que j'en fus instruit, je fis monter à cheval les dépôts de dragons et, avec un détachement du 54e d'infanterie et deux pièces de canon, je fus à sa rencontre et le repoussai au delà de Kirchheim ; la nuit avançant, je repris mes positions sur Nördlingen, où le général de division Rivaud venait d'arriver avec le 2e bataillon du 54e régiment.

Le 26, à la pointe du jour, le général Rivaud partit de Nördlingen avec ce que je pus réunir des dépôts sous mes ordres, un détachement du 6e régiment de dragons arrivé la veille, le 1er bataillon du 54e régiment et deux pièces d'artillerie.

Le général fit prendre position en avant de Wallerstein ; nos avant-postes repoussaient l'arrière-garde de l'ennemi au delà de Marktoffingen lorsque je reçus l'ordre de me porter en avant.

Je pris position entre Benzenzimmern et Munzingen et aperçus le parc d'artillerie de l'ennemi qui filait, entre Zipplingen et Ramsteinerhof, sur Nordhausen, escorté par de l'infanterie du régiment de Würtemberg et un détachement des dragons de Rosenberg. J'ordonnai à M. Combe, lieutenant, mon aide de camp, membre de la Légion d'honneur, d'attaquer avec un peloton du 6e régiment de dragons. Mes ordres furent exécutés ; cet officier coupa le parc, fit prisonniers l'escorte et un lieutenant-colonel, tandis que M. Derivaux, capitaine au 6e régiment de dragons, que j'avais envoyé sur ma droite, attaquait une autre division de ce parc, de laquelle il s'emparait.

Ces détachements éprouvèrent de la résistance ; les dragons de Rosenberg se rassemblèrent et voulurent reprendre le parc, mais nos dragons, ayant mis pied à terre et s'étant retranchés, les repoussèrent vigoureusement.

Votre Altesse n'apprendra pas sans intérêt que quelques officiers et dragons manœuvrèrent deux pièces de canon qu'ils venaient de prendre et tirèrent plusieurs coups sur l'ennemi, qui fut de suite dispersé.

Une compagnie du 54e régiment fit, sur ma gauche, 300 prisonniers, dont un lieutenant-colonel, et s'empara d'un drapeau.

36 pièces de canon, 8 obusiers, 250 caissons et 900 prisonniers furent le fruit de cette expédition, tandis que, de son côté,

le général de division Rivaud faisait mettre bas les armes à 1500 hommes.

Les officiers qui se sont le plus particulièrement distingués dans cette affaire sont M. Derivaux, capitaine au 6e régiment de dragons, et M. Combe, lieutenant, mon aide de camp, membre de la Légion d'honneur, pour lequel je prends la liberté de demander à Votre Altesse l'emploi de capitaine ; cet officier a fait toutes les campagnes de la dernière guerre en Italie et au Rhin, a neuf ans de grade et n'a cessé, dans toutes les circonstances, de montrer de l'activité, de l'intelligence et de la bravoure, notamment dans l'affaire dont j'ai l'honneur de faire le rapport à Votre Altesse.

J'ai l'honneur..... MILET.

Le 26 vendémiaire an XIV (18 octobre 1805).

Le courrier Victor a passé le Rhin à Spire le 22 vendémiaire, a été à Cannstatt, par Vaihingen, où il a vu un ordre aux courriers français se rendant à l'armée, de prendre la route d'Heilbronn. Le maître de poste de Cannstatt a dit au courrier qu'il y avait 700 à 800 Autrichiens à Stuttgard. Sur cet avis, il a pris la route de Ludwigsburg, sur laquelle il a rencontré, dans la nuit du 22 au 23, en sortant de Cannstatt, trois officiers autrichiens ; il s'est alors jeté dans les terres, a regagné la route d'Heilbronn, de Hall et Ellwangen. Près d'Ellwangen, le 24 vendémiaire (*16 octobre*), sur l'avis que cette ville était occupée par l'ennemi, il a pris la route de Nördlingen, en passant par Dinkelsbühl. A une lieue et demie de Donauwörth, le débordement des eaux d'une rivière, que le courrier croit être la Wörniz, l'a forcé de s'arrêter ; des carabiniers lui ont dit que l'ennemi était près d'eux, qu'ils l'avaient vu, et que le général commandant Donauwörth se portait sur ce point.

Le 25, l'inondation empêchait de passer le Danube sur le pont ; la plaine sur la rive droite était submergée, le pont existait encore.

(*Note sans signature.*)

Göppingen, le 26 vendémiaire an xiv (18 octobre 1805),
à 3 heures après-midi.

A une grande demi-lieue d'ici, il y avait un poste autrichien et j'ai jugé convenable de faire retraite. Il y avait bien six ou huit hommes réunis en avant d'un assez fort village.

J'ai vu sur la route, en revenant, un hussard et un fantassin.

Les habitants de Göppingen m'avaient annoncé qu'il n'y avait rien sur la route.

STORGOET.

P.-S. — Je vais me remettre en route à cheval par les montagnes, et je mettrai pied à terre s'il le faut pour arriver ce soir à Stuttgard.

Il serait bon, il me semble, d'envoyer quelques patrouilles de ces côtés. On prendrait beaucoup de traîneurs.

A Monsieur le Général commandant un corps de troupes à.....
(Sans autre indication de destination).

Göppingen, le 26 vendémiaire an xiv (18 octobre 1805),
à 1 h. 15 après-midi.

Mon Général,

Le gros des Autrichiens est passé au deuxième village en partant d'ici pour aller à Ulm ; Süssen est le nom de ce village.

La première patrouille autrichienne, forte de dix ou douze hommes, est arrivée ici le dimanche (1), et la dernière qu'on ait vue, avant-hier (2).

Les Autrichiens qui ont passé au deuxième village (Süssen) étaient en grand nombre, dit-on (on n'a pu préciser leur force), et se sont rendus à Gmünd, où ils sont arrivés le lundi (3) et le mardi.

On les dit partis d'aujourd'hui de cette place, qui est à quatre

---

(1) **21** vendémiaire (*13 octobre*).
(2) Mercredi, **24** vendémiaire (*16 octobre*).
(3) **22** vendémiaire (*14 octobre*).

lieues d'ici sur la droite en venant d'Ulm, et à cinq lieues de Süssen.

On assure qu'ils se dirigent sur Ellwangen, à onze lieues d'ici.

J'ai demandé si on savait si l'Archiduc les commandait et on m'a répondu qu'on croyait que oui et que le général Mack était avec lui.

A Wiesensteig (quatre lieues d'ici, mauvais chemin), à gauche de la route en venant d'Ulm, il y a eu, pendant le mouvement des ennemis, un poste de trente hommes ; on le croit retiré.

On dit ici que notre corps d'armée est à Geislingen et qu'il est fort de 3,000 hommes.

J'ai vu, à un gros quart de lieue d'ici, un hussard portant à peu près l'uniforme du 1er régiment de hussards et ayant manteau blanc, que j'ai supposé être Autrichien. Il était monté et avait près de lui un deuxième cheval sur lequel il n'y avait qu'une couverte.

Quoique mes chevaux aient bien marché, je n'ai pu arriver ici qu'à 1 heure.

Je désire que ces renseignements puissent remplir vos désirs.

J'ai l'honneur de vous saluer avec respect.

STORGOET.

A Monsieur le Général commandant un corps de troupes à..... (Sans autre indication).

Le général Mouton à l'Empereur.

Hausen, le 26 vendémiaire an XIV (18 octobre 1805).

Sire,

Il paraît que le corps d'armée sorti d'Ulm depuis cinq ou six jours est considérable ; il se compose des régiments dont je vais donner la note à Votre Majesté ; sûrement que le général en chef Mack regardait cette armée comme une de celles qui devaient le secourir.

  Kaunitz, infanterie ;
  Reuss-Plauen, infanterie ;
  Stuart, infanterie ;
  Wurtemberg, infanterie ;

Reuss-Greitz, infanterie ;
Sporck, infanterie ;
Archiduc-Charles, infanterie ;
Archiduc-Maximilien, infanterie ;
Riese, infanterie.

Total : Neuf régiments d'infanterie, tous bohémiens ; Votre Majesté connaît leur composition et pourra fixer, par approximation, leur force.

Latour, chevau-légers ;
Palatinat, hussards ;
Rosenberg, chevau-légers ;
Hohenlohe, dragons ;
Blankenstein, hussards ;
Hohenzollern, cuirassiers ;
Albert, cuirassiers ;
Klenau, chevau-légers ;
Archiduc-François.

Total : Neuf régiments de cavalerie ; les trois autres sont restés à Ulm, suivant toutes les apparences, car on assure qu'il y en avait douze aux environs de cette place. Votre Majesté sait également comment on établit la force des régiments dans une armée que l'on peut considérer dans l'état de désorganisation.

Les forces dont l'état est d'autre part ont été divisées en plusieurs colonnes et dirigées sur différents points ; mais il semble que le tout doit se réunir aux environs de Aalen, sans que je puisse pénétrer à quel effet.

Il y a, en généraux : Werneck, Hohenzollern, Ulm, Gyulay, Weeber, Vogel et enfin O'Donnel, qui est blessé et pris ; j'ignore le nom des autres.

Il sera difficile que je rentre à minuit, comme me l'a prescrit Votre Majesté. Je ferai tout l'usage possible de la force de mes chevaux.

L'armée autrichienne se bat, au dire même des soldats braves qui s'y trouvent, d'une manière honteuse.

J'ai l'honneur, etc.....

MOUTON.

Samedi, le **27 vendémiaire an xiv (19 octobre 1805).**

Il a passé à Lutzhausen, lundi dernier (1), à 10 heures du soir, une avant-garde de 200 cuirassiers, et, deux heures après, à peu près 2,000 chevaux.

La nuit du 23 au 24 vendémiaire, l'archiduc Ferdinand, accompagné du prince de Schwarzenberg et d'une vingtaine d'officiers généraux et d'état-major, s'est arrêté à Altenstatt à 1 heure du matin et il en est reparti à 2 heures, escorté de 2,000 cuirassiers et dragons d'élite. Ce Prince voyageait à cheval et n'avait aucun équipage à sa suite. Il n'a voulu se reposer qu'une heure et demie, malgré que ses officiers l'engageassent à y passer la nuit. D'Altenstatt, il a pris la route de Gross-Süssen et de là à Gmünd.

Il a passé, dans les journées de mardi et mercredi, plusieurs détachements d'infanterie et de cavalerie se dirigeant sur la même route.

Il n'est passé, par cette route, aucun bagage ni artillerie.

Les habitants prétendent qu'il y a beaucoup de fuyards dans les environs de Geislingen.

Mardi, il est arrivé à 10 heures du matin, à Lutzhausen, 50 hommes d'infanterie; ils en sont repartis le soir, se dirigeant toujours sur Gmünd.

Il est arrivé de Waldsée à Weiler, village situé sur les hauteurs de Geislingen, 38 hommes d'infanterie ou sous-officiers et un lieutenant, le 25 au soir; ils sont repartis le 26, à 4 heures du matin, et ils ont pris la route de Waldhausen, Weissenstein et Gmünd.

Il est passé également le 25, à Weidenstetten et Statersten, plusieurs petits détachements d'infanterie qui prenaient également la route de Gmünd.

Des déserteurs ont assuré qu'il n'y avait pas de vivres à Ulm.

Il est parti cette nuit, de Geislingen, plusieurs détachements, et, partout où ils iront, ils exigeront du bourgmestre de leur remettre la note exacte de tout ce qui est passé par leur village et la route que l'ennemi a prise.

Lundi dernier, un courrier du prince Murat, partant de Den-

---

(1) **22** vendémiaire (*14 octobre*).

kenthal, a été arrêté par une patrouille de cinq Autrichiens ; ils ont renvoyé de Gross-Süssen le postillon.

Hier, 26, dans l'après-midi, l'ennemi était à une demie-lieue de Göppingen, sur la route de Stuttgard, et les habitants savaient déjà qu'il y avait 3,000 Français à Geislingen.

J'ai écrit au général Rheinwald, à Stuttgard, et, à défaut d'un officier intelligent, le colonel du 19ᵉ dragons m'a donné un maréchal des logis chef qui parle très bien l'allemand, que j'ai fait partir en poste de Stuttgard ; il ira à Heilbronn pour faire rétrograder sur Spire, s'il est nécessaire, le trésor qui doit y être.

A Westerstetten, on a fait, hier 26, 3,000 rations de pain pour le maréchal Ney.

(Sans lieu ni date ; de l'écriture de Lemarois) (1).

Le chef d'escadron Thiard à l'Empereur.

Stuttgard, le 27 vendémiaire an XIV (19 octobre 1805), à minuit.

Sire,

La difficulté de trouver des chevaux aux postes ne m'a pas permis d'arriver ici avant 11 heures. L'Électeur était couché, il est malade ; je n'ai pas cru devoir le faire réveiller pour lui remettre la lettre de Votre Majesté, d'autant plus que j'ai appris en arrivant, d'un de ses adjudants, que l'ordre était donné à 3,000 hommes de partir mardi pour Geislingen, et qu'il m'a paru que c'était l'objet auquel Votre Majesté tenait particulièrement.

L'archiduc Ferdinand a couché, le lundi 22 (*14 octobre*), à Geislingen ; il en est parti le lendemain pour Gmünd ; il n'a pas passé par Göppingen. A Gross-Süssen, il a quitté la route et a pris par Staufeneck ; il avait avec lui les généraux Kolowrath et Schwarzenberg, avec treize escadrons d'escorte, particulièrement de uhlans et des cuirassiers de Mack. Il n'y a pas couché, et, dans

---

(1) Cette écriture, très caractéristique, ne permet pas de doutes sur la personne de l'auteur ; d'ailleurs, une lettre postérieure de quelques jours (*27 octobre*) et signée Lemarois, revient sur la mission qui fait l'objet de celle-ci.

la nuit du 23 au 24, il est parti pour Aalen. Le 22, 300 hommes de La Tour et 1000 hommes d'infanterie étaient déjà arrivés dans cette ville et y avaient pris une trentaine de chariots à l'armée française. Le 23, le grand parc d'artillerie, que l'on porte à 1000 attelages, soit canons, caissons, chariots, etc....., avec une escorte considérable, sous les ordres des généraux Rouvroy et Wogl, y était arrivé, de manière que le 24 il pouvait s'y trouver environ 6,000 hommes, indépendamment du corps de M. de Werneck. Le jeudi 25, on apprit de bonne heure que ce corps avait été battu la veille à Herbrechtingen, ce qui engagea à un départ précipité.

Le parc se dirigea sur Wasseralfingen ; les troupes sur Hausen, Oberalfingen, Westhausen ; et l'archiduc Ferdinand, par Humlingen, sur Herzweld. On est convaincu généralement à Aalen qu'il aura cherché à gagner le pays d'Eichstädt, où déjà quelques corps de troupes ont dû filer.

Les Autrichiens, non seulement n'ont fait aucun mouvement sur Heilbronn, mais ils n'ont point paru ni à Bahnang, ni à Murrhardt, ni dans la vallée du Kocher ; aussi, le trésor de Votre Majesté, que ce matin on m'avait dit, à Elchingen, avoir été pris et repris, est non seulement à Heilbronn, mais même rétrograde dans ce moment sur Spire, par ordre du général qui commande ici ; c'est du moins ce dont vient de m'assurer M. Didelot, que l'Archiduc a renvoyé.

Dans la vallée de Rems, l'ennemi n'a point dépassé Gmünd ; il a seulement envoyé le 24 un parti à Lorch, mais il n'a point paru à Schörndorf, où sont 1200 Wurtembergeois ; ce corps a poussé ce matin une reconnaissance à Gmünd, qui a pris 8 dragons de La Tour. Il y a à Aalen des troupes de Votre Majesté.

Dans la vallée du Fils, il n'est entré que l'escorte de l'Archiduc ; il n'y a paru ni infanterie ni artillerie. A Göppingen, il n'est venu que des partis ; il n'en a point paru à Plöchingen ni à Esslingen. Aujourd'hui, le général Bourcier est à Geislingen, le général Sahuc à Göppingen ; il y a un régiment de dragons à Plöchingen et 300 Wurtembergeois à Esslingen. Malgré cela, cette partie est encore remplie de corps égarés ; il en erre plusieurs du côté de Wiesensteig. Pendant que j'étais a Geislingen, on a eu connaissance de 130 hommes de Sporck qui, venant de Hohenstauffen, gagnaient Schlath ; ce qui prouve qu'ils n'ont pas connaissance de la reddition d'Ulm et qu'ils cherchent à gagner Bregenz.

Un courrier du prince Murat a été pris il y a quatre jours à Geislingen. On ne croit pas ici qu'aucun de ceux de Votre Majesté ait été enlevé.

A chaque instant, les patrouilles wurtembergeoises ramènent des Autrichiens déguisés en paysans qui se donnent pour déserteurs.

J'aurai demain un détail jour par jour des mouvements de l'armée ennemie, que j'aurai l'honneur de présenter à Votre Majesté.

Je suis, etc..... THIARD.

P.-S. — J'ai trouvé à Göppingen les deux courriers expédiés hier soir d'Elchingen pour Strasbourg et pour Wurtzburg : ils y avaient été retenus par le général Sahuc. J'en ai profité pour écrire à Sa Majesté l'Impératrice et pour donner à M. Otto la nouvelle de la prise du corps de Werneck.

Le colonel Rouvillois, du 1er hussards, au général Dupont.

Pflaumloch, le 27 vendémiaire an xiv (19 octobre 1805) (1).

Mon Général,

Son Altesse Sérénissime M. le prince Murat m'a donné l'ordre de cantonner mon régiment à Pflaumloch ; ce village ne présentant aucune ressource pour faire vivre les hommes et les chevaux, j'ai l'honneur de vous prier de demander au Prince à ce que mon cantonnement soit changé, si toutefois je ne fais pas de mouvements demain.

Il est présumable qu'on répartira les chevaux de prise à l'ennemi aussitôt sa reddition, vous rendrez un très grand service à mon régiment de plaider ses intérêts : vous savez que j'ai perdu depuis que les hostilités sont commencées 100 chevaux tant tués que pris et morts de fatigue.

---

(1) Nuit du 26 au 27.

J'ai été obligé d'en abandonner trois à Ober-Kochen, qui n'ont pu suivre.

J'ai ramassé hier 250 prisonniers, repris 150 des nôtres, une pièce de 8 et 25 caissons chargés.

Daignez, etc.....

ROUVILLOIS.

Le prince Murat à l'Empereur.

Nördlingen, le 28 vendémiaire an XIV (20 octobre 1805) (1).

Sire,

Le général Werneck a capitulé : toutes ses troupes restent prisonnières de guerre. Les soldats seront envoyés en France. Les officiers pourront rentrer chez eux sur leur parole de ne plus servir qu'après avoir été échangés. Le grand parc d'artillerie, attaqué en même temps par le général Rivaud sur la route d'Ellwangen à Nördlingen et par le général Fauconnet sur celle d'Aalen, est presque entièrement en notre pouvoir. Les combats livrés à Nerenstetten le 25, à Neresheim le 26 et à Wallerstein le 27, ont donné à Votre Majesté, outre les troupes qui ont capitulé, environ 8,000 prisonniers, 80 pièces de canon avec leurs caissons et 8 drapeaux. Je ne connais pas encore d'une manière positive la force des troupes qui doivent mettre bas les armes ce matin à 8 heures ; je présume qu'il y a au moins 3,000 hommes de cavalerie ; huit généraux, dont deux lieutenants généraux ; Hohenzollern et Baillet-Latour se trouvent compris dans la capitulation, ainsi que tout ce qui était sous leurs ordres. Ce ne fut qu'hier, à 9 heures du soir, que je parvins à être instruit de la route qu'avait prise l'avant-garde de ce corps d'armée.

A minuit, les divisions Klein et Dupont se sont mises en mouvement sur OEttingen, par où se retire le prince Ferdinand. Cependant, j'ai donné au général Milhaud l'ordre d'aller prendre à Ellwangen le commandement des 16° et 22° régiments de chasseurs à cheval et de se diriger par la route de Dinkelsbühl

---

(1) Date inexacte. C'est 26 vendémiaire qu'il faut lire, ainsi que pour tous les ordres datés de Nördlingen et reproduits ci-après.

à Anspach, où il est possible que le prince Ferdinand se soit retiré. Si, en arrivant à Dinkelsbühl, ce général apprend que l'ennemi n'est pas parti de ce côté, il se ralliera à mon corps d'armée. Le général Fauconnet, avec ses chasseurs, battra la campagne entre le général Milhaud et moi. J'ordonne au général Bourcier de changer sa marche et de se diriger par Heidenheim, Giengen et Gundelfingen, où Votre Majesté pourra lui faire passer des ordres. Je n'ai pas besoin non plus du général Beaumont et, comme j'ignore où je pourrai lui faire parvenir mes instructions, je prie Votre Majesté de lui envoyer des ordres. Comme je présume que le maréchal Lannes serait en mouvement sur Neresheim, au moment où il pourrait recevoir les instructions que je lui adresserais, je le laisse arriver jusqu'à Nördlingen. Ce soir, mieux instruit de la force et de la direction des troupes qui fuient devant moi, je me dirigerai ou sur Donauwörth ou sur OEttingen. Le général Rivaud reçoit l'ordre de réunir à Ingolstadt toute sa division, qui marchait en échelons depuis cette place jusqu'à Nördlingen. Je renvoie sur Donauwörth la division du général Dumonceau, qui s'était portée jusqu'à Harburg; elle y attendra les dispositions de Votre Majesté. (D'après de nouveaux renseignements (1), la division du général Dumonceau a reçu l'ordre d'occuper Pappenheim et le pont de Dietfürt et de s'étendre jusqu'à la frontière des États prussiens. Le général Rivaud doit se porter d'Eichstädt sur le même point. Le maréchal Lannes se portera aussi sur Pappenheim.) Comme il est presque certain que tout ce qui s'est retiré d'Ulm était sous les ordres du général Werneck, je vais faire sommer tout ce qui a dépassé OEttingen de mettre bas les armes, en leur envoyant copie de la capitulation et en les menaçant de faire fusiller les officiers qui refuseraient de s'y soumettre. Je suivrai moi-même les traces de l'ennemi, qui sûrement a le projet de se retirer sur Amberg et Sulzbach, points très importants à occuper comme clef des débouchés de la Bohême.

J'aurai l'honneur d'adresser à Votre Majesté copie de la capi-

---

(1) Mis en ordre dans la marge, ces renseignements étant arrivés pendant que le Prince écrivait cette lettre.

tulation avec l'état des prisonniers, aussitôt que le général Werneck aura déposé les armes.

La journée d'hier a sauvé Nördlingen, votre grand parc d'artillerie et votre trésor. Elle a rétabli vos communications avec l'intérieur et achevé de détruire ou de disperser une armée de 30,000 hommes.

Je dois beaucoup aux talents et à l'infatigable activité du général Klein et je serais très flatté que Votre Majesté daignât récompenser les services que ce brave général n'a cessé de rendre. J'ai demandé les noms des militaires de tous grades qui se sont distingués. Je demanderai à Votre Majesté des récompenses pour eux. J'ai promis l'aigle de la Légion d'honneur à Blondel, brigadier au 20e régiment de dragons, qui, dans une charge, alla arracher un étendard au milieu des rangs des hussards palatins. J'ai beaucoup d'éloges à donner aux chasseurs de la Garde impériale.

Sire, Votre Majesté m'avait promis, avant l'ouverture de la campagne, de donner un régiment au chef d'escadron Lanusse. Je sollicite aujourd'hui cette faveur comme une récompense pour sa conduite dans les différentes affaires qui ont eu lieu, et surtout pour l'intelligence et la valeur qu'il a montrées hier en chargeant un des premiers le convoi d'artillerie. MM. Lagrange et Flahaut, officiers pleins de bravoure et d'intelligence, lieutenants depuis quatre ans, méritent aussi le grade de capitaine. Le premier, chargé de communiquer avec le général Marmont, après l'affaire d'Ulm, ayant trouvé le pont sur le Danube rompu, n'hésita pas à passer ce fleuve dans une nacelle, malgré qu'on lui représentât qu'il s'exposait à une perte presque infaillible; en effet, la faible barque fut engloutie, et il ne se sauva qu'après la lutte la plus longue et la plus pénible contre les flots. Le second s'est conduit avec le plus grand courage tous ces jours derniers et a montré constamment le zèle le plus actif.

J'ai l'honneur de demander aussi le grade de chef d'escadron en faveur de M. Devy, capitaine depuis huit ans, et qui a fait avec distinction toutes les campagnes de la dernière guerre. C'est un officier d'un grand mérite, plein d'ardeur et d'audace : il n'a pas manqué une occasion de se signaler.

Le général Faultrier a reçu l'ordre de réunir au grand parc de Votre Majesté l'artillerie prise sur l'ennemi.

Le général Milet doit rassembler 600 hommes de réquisition pour soigner les chevaux qui nous seront venus aujourd'hui. Je pense que Votre Majesté enverra ici les dragons à pied pour les monter.

J'ai l'honneur, etc . . . . .

MURAT.

P.-S. — Je prie Votre Majesté de permettre que je la prie d'accorder le brevet de colonel à M. Lanusse, que j'ai l'honneur de vous envoyer, au moins le même jour que celui de M. Exelmans, afin qu'il ne perde pas son rang d'ancienneté. L'attachement que je porte à M. Lanusse et celui que je lui connais pour moi, et ses services distingués me font attacher beaucoup de prix à cette demande.

J'apprends à l'instant que le général Hohenzollern s'est sauvé de sa personne cette nuit avec le général Mayer.

Le prince Ferdinand se retire avec un corps de 10,000 hommes par Œttingen. J'espère que Dumonceau arrivera à temps à Pappenheim.

Le général Belliard au général Milet.

Le 28 vendémiaire an XIV (lire 26) (18 octobre 1805).

D'après la capitulation signée hier entre moi et le général Werneck, le corps autrichien à ses ordres est prisonnier de guerre; tous les chariots, munitions, caissons, canons, drapeaux, restent au pouvoir de l'armée française. Les sous-officiers et soldats prisonniers de guerre devront être envoyés en France par la route indiquée. Les officiers généraux, supérieurs et particuliers conserveront leurs chevaux et leurs bagages; ils seront prisonniers de guerre sur leur parole et renvoyés en Autriche.

L'intention du Prince est, Général, que vous fassiez dresser un état général nominatif, par grade et par régiment, de tous les officiers généraux et officiers particuliers; qu'avant de les faire partir, vous leur fassiez dresser une déclaration par écrit qu'ils promettent sur leur honneur qu'ils ne serviront contre l'Empereur de France et ses alliés qu'après leur échange. Vous les adresserez toutes à Son Altesse, en y joignant l'état cité et celui de tous les prisonniers, sous-officiers et soldats, que vous dirigerez sur la France.

Le général Belliard au général d'artillerie Mossel.

Le 28 vendémiaire an XIV (26 octobre 1805).

Donnez des ordres pour qu'on réunisse toute l'artillerie qui a été prise à l'ennemi depuis trois jours, ainsi que les caissons et munitions. Vous en ferez dresser un état que je vous prie de m'envoyer le plus tôt possible.

Nous avons quelques pièces attachées aux divisions Klein et Dupont, qui ont, dit-on, besoin de réparations et de chevaux de trait. Le Prince désire que vous vous en assuriez par vous-même, que vous fassiez réparer et remplacer tout ce qui peut manquer.

Le général Dupont m'écrit qu'il n'a à sa division que trois obusiers ; il demande deux pièces de 8. Veuillez ordonner qu'on attache provisoirement à cette division les pièces qui étaient attachées aux régiments de chasseurs à cheval. Il sera nécessaire de prendre à Nördlingen des cartouches à fusil et à pistolet, ainsi que des munitions, pour remplacer celles qui ont été employées, et même pour en avoir en réserve.

Le général Belliard au Commissaire ordonnateur.

Nördlingen, le 28 vendémiaire an XIV (26 octobre 1805).

Je reçois, Monsieur l'Ordonnateur, votre lettre. Vous êtes autorisé à requérir des communes de Heidenheim, Neresheim et celles environnantes, le linge à pansement et la charpie dont vous pouvez avoir besoin pour le service de l'hôpital ; mais il sera nécessaire que vous m'adressiez le double des réquisitions que vous ferez aux communes et que vous me disiez ce qu'elles auront fourni. Vous aurez soin de leur faire donner très exactement reçu de ce qu'elles auront fourni et de m'en donner avis Cette mesure est essentielle et vous en demeurerez responsable. Quant aux infirmiers, adressez-vous au général Milet, qui pourra mettre quelques hommes à votre disposition.

Le général Belliard au général Faultrier.

Le 28 vendémiaire an XIV (26 octobre 1805).

Le Prince ordonne que l'artillerie qui se trouve à Nördlingen, soit à pied, soit à cheval, fasse le service de la place jusqu'à ce que les prisonniers soient évacués sur la France et que les officiers généraux ou particuliers aient quitté Nördlingen pour être conduits en Autriche.

Etat des bouches à feu et voitures autrichiennes prises à l'ennemi près de Nœrdlingen, le 26 vendémiaire an XIV.

Savoir :   Munich, le 5 brumaire an XIV (27 octobre 1805).

Bouches à feu de 13	10	
— de 7	8	
— de 6	19	59
— de 3	10	
Obusiers	12	
Affûts de rechange		15
Petits caissons à munitions	96	
Caissons à obus	12	160
Grands caissons	29	
Chariots de parc	23	
Forges roulantes, non outillées		3
Total		238

Songis.

IV. — Journée du 19 octobre.

Le général Belliard au général Milet, commandant la place de Nœrdlingen.

Le 27 vendémiaire an XIV (26 octobre 1805).

L'intention de Son Altesse le prince Murat est que vous ordonniez au détachement du 13ᵉ régiment de chasseurs à cheval, actuellement à Nördlingen, d'en partir demain à 4 heures du matin pour se rendre à Neresheim, où il sera chargé de la garde de tous les prisonniers qui s'y trouvent.

L'officier commandant ce détachement, aussitôt son arrivée, donnera un état des officiers et soldats qui sont à l'abbaye de Neresheim. Il s'y établira avec son détachement. Cet officier fera fouiller les bois voisins de la ville où l'ennemi, dit-on, a laissé des canons et des drapeaux. Vous préviendrez l'officier commandant, qui trouvera à Neresheim un détachement de vingt-cinq hommes dont il prendra le commandement. Il fera fabriquer à Neresheim le pain nécessaire pour la nourriture de ce détachement et des prisonniers.

Il enverra à Nördlingen, avec un sous-officier, l'officier général autrichien qui est à Neresheim ; il m'enverra en même temps l'état des prisonniers.

Le général Belliard au général Dumonceau.

Le 27 vendémiaire an xiv (26 octobre 1805).

D'après les intentions de Son Altesse Sérénissime le prince Murat, vous voudrez bien réunir votre division à Harburg, où le Prince vous fera passer de nouveaux ordres.

Le général Belliard au général Bourcier, commandant la 4ᵉ division.

Le 28 vendémiaire an xiv (26 octobre 1805).

Les ennemis ont été tellement battus pendant trois jours qu'il n'est pas besoin de toutes les forces que l'Empereur faisait marcher sur Nördlingen. En conséquence, l'intention du prince Murat est que vous vous portiez sur Augsburg par Heidenheim et Giengen.

Le général Belliard au général Beaumont.

Le 28 vendémiaire an xiv (26 octobre 1805).

Arrêtez votre marche sur Nördlingen ou sur tout autre point

qu'on vous aurait indiqué et demandez au Ministre de la guerre des ordres pour prendre une nouvelle direction.

Pendant trois jours, nous avons constamment battu l'ennemi; le corps du général Werneck est entièrement détruit. On lui a pris 8,000 ou 10,000 hommes. Dans le nombre sont 10 officiers généraux; hier on lui a enlevé 40 ou 50 pièces d'artillerie et 200 ou 300 voitures, faisant partie du grand parc qui avait filé d'Ulm. Aujourd'hui, j'espère que nous aurons le reste.

Le général Belliard au général Dupont.

Nördlingen, le 28 vendémiaire an xiv (26 octobre 1805), à 1 h. 30 du matin (1).

Mon cher Général,

L'intention du Prince est que vous partiez sur-le-champ avec votre division pour vous porter sur OEttingen, où il paraît que se trouve l'ennemi. Vous suivrez le mouvement de la division Klein, à laquelle sont réunis les deux régiments de carabiniers.

J'ai l'honneur, etc.....

BELLIARD.

Le général Belliard au général Milhaud.

Le 28 vendémiaire an xiv (26 octobre 1805).

Vous partirez sur-le-champ pour vous rendre à Ellwangen prendre le commandement des 16ᵉ et 22ᵉ régiments de chasseurs à cheval qui doivent s'y trouver ou qui sont en route de Nördlingen. Vous vous dirigerez avec ces deux régiments sur Dinkelsbühl, Anspach. Si vous ne trouviez pas l'ennemi, vous vous rabattrez par votre droite et vous viendrez sur Nüremberg où doit se rendre le Prince par la route d'OEttingen. Ayez soin, autant que possible, de donner de vos nouvelles au Prince et de lui faire part de tout ce que vous pourrez apprendre sur la marche et sur la route de l'ennemi.

---

(1) Nuit du 26 au 27 (*18-19 octobre*).

Le général Belliard au général commandant les deux régiments de chasseurs.

Le 27 vendémiaire an xiv (26 octobre 1805).

Vous partirez demain à 5 heures du matin, avec les deux régiments de chasseurs pour vous rendre à Schoblach par Wessingen, Marktoffingen, Belzheim et Erlbach. Vous communiquerez par votre droite avec les troupes qui seront à Œttingen ; le Prince y établira demain son quartier général. Si vous rencontrez l'ennemi, vous le harcèlerez le plus possible et vous tâcherez d'enlever le convoi d'artillerie qui, dit-on, s'est dirigé sur Lochemberg.

Je donne l'ordre au 1er régiment de hussards de suivre la route d'Œttingen, où il passera la Wörniz pour se porter sur la route de Günzenhausen le plus avant qu'il pourra. Je vous prie, mon Général, aussitôt votre arrivée, de m'envoyer le rapport de ce que vous aurez fait dans la journée et de la position que vous occuperez.

———

Le général Belliard au général Klein.

Le 27 vendémiaire an xiv (26 octobre 1805).

Vous partirez demain à 5 heures du matin, avec votre division et votre artillerie pour vous porter sur Œttingen où vous prendrez position. La brigade des carabiniers suivra votre mouvement et sera sous vos ordres. La division du général Dupont ira aussi à Œttingen, où sera le quartier général du Prince.

Aussitôt votre établissement, vous pousserez des reconnaissances sur la route de Fremdingen, Hausen, Wassertrüdingen, Gnotzheim et Wemding. Prenez des renseignements sur la marche de l'ennemi, sur celle du reste de son parc.

Tâchez aussi de savoir si l'archiduc Ferdinand est passé par Œttingen et s'il avait avec lui beaucoup de troupes, soit de cavalerie, soit d'infanterie. Le Prince désire avoir des renseignements certains lorsqu'il arrivera à Œttingen.

———

Le général Belliard au Colonel du 1er régiment de hussards (1).

Le 27 vendémiaire an XIV (26 octobre 1805),
à 10 heures du soir.

Vous partirez demain à 5 heures du matin, Monsieur le Colonel, avec votre régiment, pour vous rendre à Œttingen (2), où vous passerez la Wörniz pour vous porter sur la route de Günzenhausen le plus avant qu'il vous sera possible. Prenez des renseignements sur la marche de l'ennemi, sur sa force et sur ses desseins. Si vous le rencontrez, harcelez-le le plus possible, faites-lui des prisonniers et tâchez de lui enlever la partie de son convoi qu'on n'a pas pu lui prendre aujourd'hui.

Vous éclairerez et vous ferez reconnaître la route de Feuchtwang et de Dinkelsbühl ; vous ferez reconnaître de même toutes les routes sur votre front et sur votre droite, celles de Pappenheim et de Weissenburg. Vous donnerez de vos nouvelles au Prince qui sera demain à Œttingen.

Le général Fauconnet est prévenu de votre mouvement.

Le général Belliard au général Piston, commandant les carabiniers.

Le 27 vendémiaire an XIV (26 octobre 1805).

Vous partirez demain à 5 heures du matin avec votre brigade pour vous porter sur Œttingen ; vous suivrez le mouvement de la 1re division et vous prendrez les ordres de M. le général de division Klein.

Le général Belliard au général Dumonceau, commandant le corps d'armée batave.

Le 28 vendémiaire an XIV (27 octobre 1805), au matin.

D'après les intentions de Son Altesse Sérénissime le prince Murat, vous voudrez bien partir sur-le-champ avec votre division

---

(1) Il était bivouaqué à Pflaumloch. (Voir sa lettre au général Dupont.)
(2) Le 27, en effet, le 1er régiment de hussards charge sur le pont d'Œttingen. (Journal des opérations militaires de la division Dupont.)

pour vous porter sur Pappenheim où l'on dit que l'ennemi se retire. Vous ferez occuper le pont de Dietfürt sur l'Altmühl et vous vous rendrez sur cette rivière jusqu'aux frontières de la Prusse.

Le Prince marche lui-même sur Pappenheim avec son corps d'armée par la route d'Œttingen. Trois bataillons de la division du général Rivaud partent d'Eichstädt et se dirigent aussi sur Pappenheim.

Veuillez, mon Général, donner de vos nouvelles au Prince le plus souvent qu'il vous sera possible.

M. Piéton Prémalé à l'Empereur.

Elchingen, le 27 vendémiaire an XIV (19 octobre 1805).

Sire,

J'ai l'honneur d'informer Votre Majesté que la cavalerie, sous les ordres du prince Murat, rencontra le 25 (*17 octobre*), à 6 heures du soir, une colonne de l'armée ennemie près de Neresheim. Après une charge vigoureuse, un bataillon mit bas les armes et un général-major fut fait prisonnier. Le lendemain, un régiment d'infanterie envoya demander à capituler et se rendit à discrétion, il avait un drapeau et quelques pièces de canon ; le Prince envoya quelques hommes pour en prendre possession et se porta avec son armée sur Nördlingen ; à deux lieues de cette ville, il reçut une lettre du général Klein, qui lui annonçait que l'ennemi demandait à capituler. Son Altesse Sérénissime envoya près de M. le lieutenant général Werneck son chef d'état-major pour terminer sur-le-champ avec le général autrichien. Les principaux articles de la capitulation, qui a été signée, sont que tous les soldats seront prisonniers de guerre et conduits en France, les officiers généraux et particuliers sont prisonniers sur parole, leurs bagages leur sont conservés. L'artillerie, les chevaux et la caisse de l'armée seront réunis aux troupes de Votre Majesté. Le prince Murat ne connaissait pas précisément la composition de l'armée ennemie ; l'infanterie est disséminée dans les bois et se rend de tous côtés aux colonnes françaises, il m'a dit que je pouvais annoncer à Votre Majesté 2,000 chevaux,

12 pièces de canon et 8 généraux. Son Altesse Sérénissime va aller à la poursuite du prince Ferdinand et des débris de son armée. Elle espère lui couper la retraite et s'emparer de tout son grand parc dont les deux tiers sont déjà en notre pouvoir. Le Prince me charge de dire à Votre Majesté que son trésor sera sauvé et que déjà 800,000 francs étaient retrouvés, une partie du grand parc était à Nördlingen, l'autre aura été reprise sur la route d'Ellwangen. Le 1er régiment de hussards avait délivré à Ober-Kochen 300 prisonniers français. Le général Fauconnet, avec deux régiments de chasseurs, occupait Aalen et devait harceler l'ennemi dans sa retraite.

Ce sont, Sire, les seuls renseignements précis que je puisse donner à Votre Majesté ; je puis lui assurer, cependant, qu'ayant été en parlementaire auprès du général Werneck, je n'ai trouvé que des officiers et soldats dispersés d'un grand nombre de régiments ; tous paraissaient dans le plus grand découragement et harassés de fatigue.

Je suis, etc.....

PIÉTON PRÉMALÉ.

Le maréchal Berthier à Son Altesse Sérénissime le prince Murat.

Abbaye d'Elchingen, le 27 vendémiaire an XIV (19 octobre 1805).

Votre aide de camp (1), Monsieur le Maréchal, vient d'instruire l'Empereur de la prise que vous avez faite de tout le corps de Werneck. M. le maréchal Lannes est aujourd'hui à Aalen. Point de repos, point de relâche, Monsieur le Maréchal, que vous n'ayez joint et pris le prince Ferdinand : tels sont les propres mots de Sa Majesté.

Les dragons à pied arriveront ce soir à Donauwörth ; ainsi vous pourrez les appeler, pour leur confier les chevaux que vous avez pris. Il faut garder les chevaux, les selles et les brides, ainsi que les chevaux qui sont équipés ; par ce moyen, nous augmenterons considérablement, et sur-le-champ, notre cavalerie.

Votre aide de camp, mon Prince, n'a pu me donner des ren-

---

(1) Piéton, lieutenant.

seignements précis ; si vous avez pris tout le parc de l'ennemi, quel nombre et quelle espèce de voitures, etc..... Il ne peut me dire si une partie de notre grand parc a été prise, ce que sont devenus les 22º et 16º chasseurs, qui ont dû croiser l'ennemi, venant de Spire ; ce qu'il y a eu de pris de nos dépôts ; enfin l'Empereur attend avec impatience une explication sur tous ces objets. Je sens bien que vous avez peu de temps dont vous puissiez disposer ; mais l'impatience de l'Empereur est justifiée par ses opérations ultérieures : la moindre nouvelle de ce genre pourrait avoir une grande influence sur les projets de Sa Majesté.

Vous pouvez avoir, mon Prince, tous ces détails des prisonniers que vous avez faits.

Maréchal BERTHIER.

Le général de division Belliard, chef d'état-major de la réserve de cavalerie et de dragons, au général Klein.

Nördlingen, le 28 vendémiaire an XIV (20 octobre 1805).

D'après les ordres du Prince, je vous envoie une copie de la capitulation de M. le lieutenant général Werneck. Son Altesse désire que vous la fassiez connaître aux ennemis que vous pourrez avoir devant vous, et que vous les sommiez de l'exécuter comme faisant partie du corps d'armée de M. le lieutenant général Werneck. C'est lui qui commandait toutes les troupes ennemies qui étaient sorties d'Ulm ; du moins cela paraît certain aux rapports des différents officiers qu'on a interrogés. Faites prévenir toutes les troupes qui pouvaient être aux ordres de M. le lieutenant général Werneck que, si elles n'exécutent pas la capitulation, le Prince en rend responsables les officiers, et qu'il sera forcé d'agir selon les lois de la guerre.

Ayez la bonté, mon cher Général, de dire à votre chef d'état-major de m'envoyer de suite le rapport de vos brillantes journées des 25, 26 et 27. Envoyez aussi le vôtre au Prince avec l'état des officiers que vous croyez devoir mériter de l'avancement ou des récompenses, ainsi que celui des sous-officiers et des soldats.

Le prince de Schwarzenberg au lieutenant général Klein.

Gunzenhausen, le 27 vendémiaire an XIV (19 octobre 1805).

J'ai reçu la lettre que vous m'avez fait l'honneur de m'envoyer par M. l'adjudant général Bertrand; j'aurai soin de communiquer aux autres corps d'armée le contenu qu'elle renferme. Soyez convaincu, Monsieur le Lieutenant Général, que fidèles aux articles de la capitulation, les officiers qui s'y sont soumis ne manqueront pas de les remplir.

J'ai l'honneur, etc.....

Le prince de SCHWARZENBERG

Rapport de la réserve de cavalerie.

Le 27 vendémiaire an XIV (19 octobre 1805).

La division marcha sur Œttingen; l'ennemi en était parti; d'après les rapports que reçut le Prince, l'Archiduc y avait couché la nuit, et son corps de 3,000 ou 4,000 hommes, ainsi que 40 pièces d'artillerie suivaient la route de Gunzenhausen, ville de Prusse. La colonne française se dirigea sur ce point; le Prince envoya de nouveau copie de la capitulation à MM. les généraux faisant partie du corps d'armée de M. le lieutenant général Werneck, mais tout fut inutile. Le général Klein entra en pourparlers avec ces messieurs qui, voulant gagner du temps, promirent beaucoup au général Klein et ne lui tinrent pas parole. On cheminait toujours et la tête de notre colonne joignit à Gunzenhausen, ville prussienne, la queue de la colonne autrichienne. L'Archiduc avait voulu faire couper le pont; les Prussiens s'y opposèrent; alors, voulant gagner du temps, le prince de Schwarzenberg ainsi que M. de Rohan entrèrent en pourparlers. Le Prince ordonna de cesser tout parlementage et de marcher; alors l'arrière-garde ennemie prit le galop et nous céda la place. Il était nuit, les dragons traversèrent la ville et poursuivirent jusqu'à une lieue et demie sans pouvoir atteindre l'ennemi. L'infanterie prit position en avant de la ville; les carabiniers et les chasseurs de la Garde s'établirent dans les villages en arrière.

Un bataillon de grenadiers de 300 hommes du corps de M. de Rohan déposa les armes à Gunzenhausen.

Le Prince eut avis que quelques équipages et de l'artillerie, suivant une autre route, étaient au village de..... Il envoya un escadron du 1ᵉʳ régiment de hussards qui rencontra et prit 300 hommes d'infanterie, 3 pièces de canon avec leurs caissons et quelques voitures d'équipages.

Le commandant prussien fit quelques difficultés pour le passage sur son territoire, mais le Prince observa que les Autrichiens marchaient devant lui et qu'il les suivait; nous prîmes à Gunzenhausen les vivres et les fourrages destinés pour les Autrichiens.

Marches et rapports historiques de la 1ʳᵉ division de dragons montés.

Le 27 vendémiaire an XIV (19 octobre 1805)

Les mêmes troupes de la veille se réunirent de grand matin en avant de Wallerstein sur la route d'Œttingen, pour suivre l'archiduc Ferdinand, qui se retirait avec son corps d'armée vers la Bohème par la route de Nuremberg; les hussards du 1ᵉʳ régiment, qui formaient notre avant-garde, atteignirent à Œttingen l'arrière-garde ennemie composée de dragons, hussards, uhlans et infanterie; ils les attaquèrent, les forcèrent d'évacuer la ville et les suivirent jusqu'au pont, au delà duquel l'infanterie, formée en bataille, les arrêta par un feu très vif.

Le général Klein, en même temps qu'il faisait attaquer Œttingen, faisait reconnaître la ville de Wassertrüdingen à gauche d'Œttingen, sur la Wörnitz; ayant su qu'il n'y avait personne dans cette ville, il entra avec les dragons dans Œttingen et marcha à l'ennemi, qui se retira sur la route de Gunzenhausen; il mit à leur poursuite, le long de la chaussée, les hussards et le 4ᵉ régiment de dragons et se dirigea avec les cinq autres régiments de la division sur la hauteur en face de la ville; arrivé près le village de Wurmbach, le 4ᵉ régiment de dragons se disposait à charger, lorsque le général Klein reçut ordre de faire connaître aux ennemis la capitulation arrêtée par le général Werneck, tant pour lui que pour les troupes qu'il commandait, et dont quelques régiments avaient rejoint le corps de l'Archiduc.

Le général Klein fit cesser le feu et proposer au feld-maréchal prince de Schwarzenberg de rester chacun dans sa position et de donner de suite connaissance aux troupes sous ses ordres des conditions acceptées par M. le général Werneck, afin que les troupes qui y étaient comprises pussent les remplir ; ces propositions ayant été acceptées, le général Klein dépêcha auprès du général de Schwarzenberg son chef d'état-major (1), avec copie de la capitulation. Celui-ci ne rencontra le général qu'à Gunzenhausen, où il trouva une partie de la cavalerie ennemie déjà en position derrière l'Altmühl et le reste en route pour s'y rendre.

Il se plaignit de cette infraction aux conventions faites avec son général ; mais le prince de Schwarzenberg lui répondit qu'il avait reçu des ordres depuis et qu'il allait lui remettre une lettre pour le général Klein. Cette lettre fut attendue pendant plus de trois quarts d'heure, et au moment où le chef de l'état-major se remettait en route pour rejoindre le général Klein, il apprit qu'il était à la porte de la ville de Gunzenhausen. En effet, le général Klein, informé que l'ennemi avait violé les conventions et se retirait, s'était mis à sa poursuite au trot et était à la porte de la ville, où il avait désarmé un bataillon qui faisait partie du corps du général Werneck ; il lui remit la lettre dont il était porteur, et dans le même instant arriva le prince de Schwarzenberg qui, fort embarrassé de notre présence, proposa de respecter le territoire prussien, sur lequel nous nous trouvions, et qu'aucun des deux partis n'occuperait la ville (2).

---

(1) Adjudant commandant Bertrand.

(2) MM. les généraux prussiens, commandants à Gunzenhausen, étaient venus trouver le général Klein, lorsqu'il se présenta à la porte de la ville, pour l'engager à ne pas attaquer les Autrichiens dans la ville même, et de leur donner quelques moments pour l'évacuer.

Nota. — L'ennemi, à qui les moments étaient précieux, cherchait tous les moyens pour gagner du temps ; pour y parvenir, il envoya à la rencontre de la division un particulier (accompagné de deux officiers autrichiens), qui prenait le titre de conseiller de Sa Majesté le roi de Prusse, et qui, d'un ton très arrogant, somma le général Klein, au nom

La réponse du général Klein fut que, s'il voulait sortir des États prussiens par le plus court chemin, il acceptait la proposition, mais que, si au contraire il persistait à se retirer par ce territoire, il l'y suivrait et le combattrait partout où il le rencontrerait. Pendant la discussion, le général, à la tête de sa division, marcha et arriva de l'autre côté de la ville sans qu'il n'y ait rien eu de conclu ; il dit alors au prince de Schwarzenberg qu'il lui accordait une demi-heure pour mettre sa troupe en bataille, au bout duquel temps les hostilités recommenceraient. La nuit approchait, les ennemis étaient formés à un quart de lieue de la ville ; le Prince, les ayant rejoints, les vit en marche pour se retirer sur la route de Nuremberg ; le général Klein les suivit jusqu'à Erlbach, où la 1re brigade a pris position et la 2e à Brand.

Journal des opérations de la division Dupont.

Le 27 vendémiaire an xiv (19 octobre 1805).

Le 27, le général Werneck se rend enfin de sa personne avec une partie de sa troupe ; l'autre partie élude la capitulation et se sauve.

On se remet à sa poursuite jusqu'à Gunzenhausen ; on fait 150 prisonniers.

La division marchait avec une telle ardeur, qu'elle ne s'est pas aperçue qu'elle manquait de vivres.

Gunzenhausen est une ville prussienne où il y a en garnison un régiment de hussards d'une très bonne tenue. Les officiers français y ont été rançonnés par les habitants.

Dans cette journée, le 1er régiment de hussards a fait plusieurs charges très brillantes sur le pont d'OEttingen. Le colonel a eu son cheval blessé d'un coup de sabre.

Un détachement de ce régiment, que le général Dupont avait envoyé sur la gauche de Gunzenhausen, a pris quatre pièces de canon, leurs caissons, des bagages et 300 hommes.

---

du roi son maître, de respecter le territoire prussien ; son arrogance et les deux officiers autrichiens qui l'accompagnaient le rendirent suspect ; pour toute réponse, le général Klein le fit arrêter et conduire au prince Murat, et continua sa marche.

V. — Journée du 20 octobre.

Le général Belliard au général Fauconnet.

Gunzenhausen, le 28 vendémiaire an XIV (20 octobre 1805).

Il faut faire conduire à Nördlingen, de suite, toutes les prises que vous pourrez avoir faites, et vous vous dirigerez sur-le-champ, avec tout ce que vous avez de disponible dans les deux régiments que vous commandez, sur Gunzenhausen, où vous devez coucher ce soir. Demain, à 3 heures du matin, vous en partirez pour rejoindre le corps d'armée du Prince, qui va sur Nuremberg. Cependant, comme il serait possible que les mouvements de l'ennemi fissent changer de direction, vous aurez soin, après avoir passé Gunzenhausen, de prendre des renseignements sur la route que suivra le Prince.

Belliard.

Ordre.

Gunzenhausen, le 28 vendémiaire an XIV (20 octobre 1805), matin.

Les régiments des carabiniers partiront à 3 heures du matin, ainsi que les régiments des chasseurs de la Garde, de leur position pour se porter en avant de Gunzenhausen, où ils prendront le rang qu'ils doivent.

Belliard.

Rapport sur les marches de la réserve de cavalerie.

Le 28 vendémiaire an XIV (20 octobre 1805).

Le corps d'armée se mit en mouvement à 4 heures du matin pour suivre l'ennemi dans l'ordre suivant : le 1er régiment de hussards, les chasseurs de la Garde, un bataillon d'infanterie légère, les carabiniers, les dragons et l'infanterie, suivant la route de Nuremberg, passant par Schwabach. Ce ne fut qu'à Nuremberg que l'avant-garde des chasseurs de la Garde rencontra la queue des équipages du parc ennemi. Un bataillon la protégeait. Notre avant-garde, quoique faible, n'hésite pas : elle charge et fait déposer les armes à ce bataillon. Le régiment arrive pour la soutenir ; alors l'avant-garde continue sa marche ; elle s'engage dans un chemin boisé et couvert pendant près de deux lieues, à travers les équipages et l'artillerie ennemie, poussant devant elle un corps de 300 dragons qui, souvent, chercha à se rallier, mais qui fut toujours culbuté avec perte ; le parc et les bagages furent abandonnés et pris. L'ennemi essaya de nous arrêter au sortir du village de..... (1) ; il mit en batterie une pièce sur une hauteur qui dominait la route ; sa cavalerie se rallia dans un champ ; la pièce ne tira que trois coups : on était trop près, personne ne fut blessé ; les chasseurs courent dessus, sabrent les canonniers sur la pièce, chargent la cavalerie, qui est renversée et poursuivie jusqu'au village de....., où l'ennemi était en force et dans une position avantageuse. Il poussa sur les chasseurs un corps nombreux qui les obligeait à se retirer, lorsque le 1er régiment de carabiniers et un détachement du 1er régiment de hussards, conduits par le colonel Rouvillois, arrivèrent pour soutenir les chasseurs ; ils chargèrent l'ennemi, qui fut enfoncé et poussé jusqu'en avant du village d'Eschenau. Là, elle fut ralliée et soutenue par un nouveau corps de cavalerie, qui engagea avec le 1er de carabiniers la charge la plus vigoureuse : il était trop faible pour culbuter l'ennemi, mais trop brave pour lui céder ; il attendit dans sa position, sous le feu d'une pièce d'artillerie et de tirailleurs, jusqu'à l'arrivée du 2e régiment. Les deux régiments, dans le plus bel ordre et au son des fanfares, se précipitent sur l'ennemi qui, malgré sa résistance opiniâtre, ne put soutenir le choc de cette belle et brave cavalerie ; il fut obligé de céder avec une perte considérable ; il fut sabré et poursuivi jusqu'en avant du village de..... (2). L'archiduc Ferdinand n'eût que le temps de monter le cheval d'un de ses officiers pour se sauver ; il était nuit. Après cette dernière charge, l'ennemi s'enfuit précipitam-

---

(1) D'Heroldsberg. (Voir Marches et rapports historiques de la 1re division de dragons montés.)

(2) Forth. (Voir Marches et rapports historiques de la 1re division de dragons montés.)

ment ; la cavalerie avait fait quinze lieues, dont quatre en chargeant ; on la rallia, elle prit position à..... (1).

L'infanterie vint bivouaquer en arrière de Nuremberg, où fut établi le quartier du Prince. Le 26ᵉ régiment de dragons fut envoyé sur la route d'Amberg, au village de Behringersdorf, pour éclairer cette route.

Cette journée porta le dernier coup au reste du corps ennemi qui était sorti d'Ulm. 35 pièces d'artillerie, les seules qui lui restaient, plus de 100 voitures ou caissons, 5 forges de campagne, 400 chevaux, autant de cavaliers, 500 ou 600 prisonniers, dont un général, le général Mecsery, qui est blessé dangereusement, plusieurs officiers de marque et deux drapeaux, sont les trophées du combat de Nuremberg.

L'ennemi a eu beaucoup de monde blessé ou tué ; de notre côté, nous avons eu 11 blessés, au nombre desquels est le colonel du 1ᵉʳ régiment de carabiniers.

Le régiment des chasseurs de la Garde, les deux régiments de carabiniers se sont couverts de gloire.

L'adjudant-commandant Girard, qui fut constamment à l'avant-garde, ainsi que MM. Flahaut et Lagrange, aides de camp du prince Murat, se sont trouvés à toutes les charges et ont constamment donné l'exemple du courage et de la bravoure. Son Altesse Sérénissime le prince Murat demande de l'avancement pour ces trois officiers, ainsi que pour M. Wattier, capitaine adjoint, dont le général Fauconnet fait le plus grand éloge.

Jamais expédition ne fut plus brillante et n'eut des résultats plus heureux ; jamais marche ne fut plus rapide et mieux ordonnée.

Dans cinq jours, un corps d'armée de 7.000 hommes a, dans une marche de 45 lieues, détruit un corps de 25,000 hommes, fait 12,000 ou 15,000 prisonniers, dont 9 officiers généraux, pris 128 pièces de canon, 11 drapeaux, 500 ou 600 chariots, le trésor de l'armée autrichienne, qui a été pillé, et une grande quantité de bagages. Tout ce qui n'a pas été fait prisonnier, à l'exception de 3,000 à 4,000 hommes de cavalerie qui suivent l'archiduc Ferdinand, a été éparpillé dans les bois, sans armes et sans vivres.

---

(1) A Eschenau, Forth, Eckenhaid. (Voir Marches et rapports historiques de la 1ʳᵉ division de dragons montés.)

Marches et rapports historiques de la 1re division de dragons montés.

Le 28 vendémiaire an XIV (20 octobre 1805).

La réunion a eu lieu à 8 heures du matin en avant d'Erlbach ; l'ordre de marche qui avait été suivi jusque-là fut interverti et établi ainsi qu'il suit :

1er régiment de hussards ;
1er bataillon du 9e régiment d'infanterie légère ;
Les chasseurs de la Garde ;
1er et 2e régiment de carabiniers ;
1re division de dragons ;
Et la division du général Dupont.

Le général Klein, informé que l'ennemi ne nous précédait que de quelques heures, désirait l'atteindre promptement et ne pas lui donner le temps de couper le pont situé sur la Rednitz, près le village de Röttenbach ; mais, s'apercevant que l'infanterie, fatiguée, retardait la marche, il ordonna à la cavalerie d'augmenter l'allure et de la laisser derrière ; il prévint de cette disposition le prince Murat. Les traînards ennemis, que nous atteignions à chaque instant, nous instruisirent que nous ne tarderions pas à joindre le corps. Ce ne fut cependant qu'après avoir fait douze lieues et lorsque nous fûmes à Nuremberg que nous découvrîmes son infanterie dans la plaine et la queue de ses bagages qui entrait dans la forêt de Reichswald, en suivant la route de Gräfenberg ; malgré une halte de trois quarts d'heure qu'on avait faite après avoir passé Schwabach, la colonne s'était un peu allongée par la marche ; le général de division fit dire à la queue de serrer, et de suite il mit les hussards, les chasseurs de la Garde et les carabiniers au trot et se porta sur l'ennemi ; un peloton de chasseurs de la Garde chargea sur l'infanterie et fit mettre bas les armes à environ 500 hommes placés derrière des haies ; ces prisonniers furent dirigés sur Nuremberg (1). Cette expédition

---

(1) Le général Klein dirigea tous les prisonniers, au fur et à mesure qu'on les faisait, par Nuremberg, en ayant soin de faire prévenir les magistrats de cette ville de les recevoir et de leur donner des vivres, dont ils annonçaient tous avoir grand besoin. Le 26e régiment de dragons fut chargé de les rassembler ; mais les magistrats de Nuremberg,

terminée, on marcha de suite aux bagages ; les hussards et les chasseurs de la Garde coupèrent la colonne, en attendant qu'ils pussent en atteindre la tête, qui avait déjà dépassé le bois ; ils battirent, chemin faisant, les divers détachements qu'ils rencontrèrent et, au sortir du bois, ils eurent à combattre la cavalerie ennemie, qui était en bataille en avant du village d'Heroldsberg. Les hussards et les chasseurs, sans calculer le nombre des ennemis, marchèrent à lui et, après trois charges réitérées, le forcèrent à prendre la fuite ; ils le poursuivirent sans relâche, malgré le feu de quelques pièces de canon que l'ennemi mit successivement en batterie et qui furent prises.

L'ennemi s'étant rallié près du village d'Eschenau et étant en force, le général Klein ordonna aux chasseurs d'attendre l'arrivée de nouvelles troupes pour l'attaquer ; les deux régiments de carabiniers, suivis par les dragons, ne tardèrent pas à arriver et firent trois charges avec le plus grand succès ; la troisième, qui fut décisive, eut lieu près le village de Forth ; l'ennemi était protégé par six pièces de canon ; néanmoins, il fut culbuté et mis dans la déroute la plus complète, avec perte de toute son artillerie, du général Mecsery, de beaucoup d'officiers de tous grades et d'environ 200 chevaux ; le reste ne dut son salut qu'à la nuit et à la lassitude dans laquelle nous nous trouvions, ayant fait dix-sept lieues, dont quatre au trot et au galop.

Cette brillante journée coûta à l'ennemi le reste de son infanterie, consistant en 1500 hommes, 600 chevaux de différents régiments, 33 bouches à feu, ses caissons et ses bagages.

Notre perte se réduit à une vingtaine d'hommes blessés, du nombre desquels fut M. Cochois, colonel du 1er régiment de carabiniers, 10 chevaux tués et 30 blessés.

Le prince Ferdinand, pour s'échapper, monta le cheval d'un officier de son armée, lequel officier fut pris dans la deuxième charge de carabiniers.

Le soir, la cavalerie a pris position à Eschenau, Forth et Eckenhaid.

---

pour garder la neutralité, ne voulurent pas les recevoir. Ces malheureux, exténués de fatigue et de besoin, se répandirent la nuit dans les faubourgs et communes voisines, où une grande partie fut recrutée par les Prussiens.

Journal des opérations de la division Dupont.

Le 28 vendémaire an xiv (20 octobre 1805).

Le 28, on poursuit la poursuite (*sic*) jusqu'au delà de Nuremberg ; on fait 2,000 prisonniers, on prend 2 drapeaux, 32 canons, leurs caissons et 50 chariots de bagages.

L'état-major s'établit à Nuremberg ; les troupes bivouaquent en dehors de la ville.

Les troupes prussiennes, qui se recrutent d'étrangers, n'ont eu garde d'échapper (*sic*) une si bonne occasion de garnir leurs rangs ; ils ont su mettre rapidement à profit la sécurité avec laquelle on envoyait les prisonniers sur les derrières, presque sur leur parole. Le régiment prussien de Tauentzien a, en 24 heures, transformé en Prussiens 1500 ou 1800 Autrichiens pris la veille ; ils ont escamoté, à peu près de la même manière, environ 30 pièces de canon, sans chicaner sur leur calibre.

Son Altesse Royale le prince Ferdinand au lieutenant général comte de Hohenzollern.

Schwabach, le 28 vendémiaire an xiv (20 octobre 1805).

Vous m'avez soumis la lettre du lieutenant général de Werneck, je vous répondrai que selon les lois de la guerre et les droits des nations, je trouve très illégales les prétentions du général français.

En conséquence, je déclare que vous et les troupes avec lesquelles vous êtes rentré, ne peuvent être compris dans la capitulation. Je vous ordonne donc, ainsi qu'à elles, de continuer à servir comme auparavant.

FERDINAND.

Le prince de Schwarzenberg au lieutenant général Klein.

Schwabach, le 28 vendémiaire an xiv (20 octobre 1805).

Je suis chargé de la part de Son Altesse Royale Monseigneur l'archiduc Ferdinand, commandant général de l'armée, de vous dire qu'il ne peut approuver la convention faite par le lieutenant général baron de Werneck, relativement aux troupes et généraux que vous réclamez comme prisonniers de guerre, et avec d'autant plus de raison que ces généraux et troupes avaient déjà reçu l'ordre de se joindre, par Marktoffingen, à un autre corps de l'armée ; d'après les lois militaires de notre service, les officiers mêmes sont punis lorsqu'ils sont reconnus avoir accepté une capitulation qui n'était pas nécessaire et plusieurs exemples pourraient vous en être cités ; une preuve, d'ailleurs, que ces généraux n'ont pas été cernés avec leurs troupes, c'est qu'ils se sont rendus à leur destination sans rencontrer de troupes françaises, et, pour surcroît de preuve encore, Son Altesse Royale me charge de vous ajouter que, le lieutenant général de Werneck l'ayant préalablement informé du projet qu'il avait de capituler, il lui avait été répondu que semblable projet ne pouvait être proposé, ni, à plus forte raison, approuvé, qu'il l'exhortait, au contraire, ainsi que tous les généraux et troupes à ses ordres, de suivre celui qui leur était donné de rejoindre le corps placé derrière Marktoffingen.

Son Altesse Royale déclare donc positivement que les généraux et corps qui n'étaient ni à même, ni présents pour donner leur consentement à la convention du lieutenant général baron de Werneck, ne peuvent et ne doivent être compris dans le nombre des prisonniers de guerre que vous exigez.

En conséquence, Son Altesse Royale réclame le baron de Reuss-Plauen, fait prisonnier de guerre, hier, sur le territoire neutre contre tous les droits de la guerre, et il attend de votre justice et de votre loyauté que vous voudrez bien avoir égard à sa réclamation.

J'ai l'honneur, etc.....

Le Prince de Schwarzenberg.

P.-S. — J'ajoute, en même temps, la copie de l'ordre que Son Altesse Royale donne aux généraux Hohenzollern et autres au sujet de la sommation qui leur a été envoyée par le lieutenant général baron de Werneck. (Voir Ferdinand, octobre 20.)

L'Empereur au prince Murat.

Elchingen, le 28 vendémiaire an xiv (20 octobre 1805),

Ayez soin de respecter le territoire prussien, surtout si l'ennemi n'y passe pas. J'ai déjà des querelles assez sérieuses avec cette puissance pour le premier passage. J'ai de grands intérêts à la ménager. Dirigez mon trésor sur Augsburg, et le parc sur Donauwörth. De Nördlingen, expédiez un courrier à M. Otto pour lui faire connaître ce que l'armée a fait. Je monte à cheval à l'instant pour passer en revue les corps de la garnison d'Ulm ; demain ils partent pour la France.

NAPOLÉON (1).

Le général Belliard au général Fauconnet.

Nuremberg, le 28 vendémiaire an xiv (20 octobre 1805).

D'après de nouveaux ordres du Prince, au lieu de venir à Nuremberg, vous partirez demain de Gunzenhausen, où je pense que vous êtes arrêté ce soir, pour vous porter sur Ingolstadt en passant par Weissenburg et Eichstädt ; à Ingolstadt vous recevrez de nouveaux ordres, et, si le Prince n'en envoyait pas de nouveaux, vous prendrez ceux du général de division Rivaud, en attendant l'arrivée de M. le maréchal Lannes, sous les ordres duquel vous rentrerez.

P.-S. — En passant sur le territoire prussien, ayez soin de donner exactement des reçus de tout ce qui vous sera fourni.

BELLIARD.

Le général Belliard aux généraux Rivaud et Dumonceau.

Nuremberg, le 28 vendémiaire an xiv (20 octobre 1805).

Aujourd'hui nous sommes arrivés au convoi de l'ennemi. Il y a eu plusieurs charges de cavalerie bien poussées, bien soutenues. L'ennemi s'est mis en fuite et nous sommes restés maîtres de 40 ou 50 pièces d'artillerie avec leurs caissons, beaucoup de

---

(1) *Correspondance de Napoléon*, n° 9403.

voitures d'équipages. L'expédition du Prince est finie, son but est rempli ; l'ennemi prend la route de Bohême et nous changerons de direction. En conséquence, le Prince ordonne que vous vous portiez de suite sur Ingolstadt, avec les troupes que vous commandez, où vous serez plus à même de recevoir les ordres de Sa Majesté l'Empereur et Roi.

BELLIARD.

Le général Seroux au général Dupont.

Süflingen, le 28 vendémiaire an xiv (20 octobre 1805).

J'ai l'honneur de vous prévenir, mon Général, que je donne l'ordre au chef de bataillon Villeneuve, des services duquel vous n'avez pas été satisfait, de remettre le commandement de l'artillerie de votre division à l'officier d'artillerie le plus ancien et de partir de suite pour prendre le commandement de l'artillerie à Ulm.

Le premier inspecteur désignera un autre officier supérieur pour commander l'artillerie de la 1re division ; s'il n'était pas venu lorsque l'armée se remettra en marche, je vous donnerais un commandant d'artillerie provisoire.

J'ai l'honneur, etc.....

Le général d'artillerie,

SEROUX.

VI. — Journée du 21 octobre.

Marches et rapports de la 1re division de dragons.

Le 29 vendémiaire an xiv (21 octobre 1805).

On envoya le 1er régiment de hussards et le 14e régiment de dragons à la poursuite de l'ennemi qui se retirait sur la route de Bayreuth ; ils se sont portés jusqu'à une lieue en avant d'Hilpolstein sans la rencontrer.

En passant à Gräfenberg, ils ont trouvé une pièce de canon abandonnée qu'ils ont ramenée.

A Hilpolstein, ils ont appris que l'ennemi y avait passé toute la nuit par groupes de 30, 40 et 50 hommes et dans le plus grand désordre.

Les autres corps de la division n'ont pas fait de mouvements ; les deux régiments de carabiniers ont été cantonnés à Heroldsberg, et les chasseurs de la Garde sont retournés au quartier général du prince Murat, près Nuremberg (1).

Le général Klein persistant toujours à ce que la cavalerie, qui faisait partie du corps du général Werneck à l'époque de la capitulation, et qui s'étaient réunie depuis au corps de l'archiduc Ferdinand, vint se constituer prisonnière de guerre, dépêcha un parlementaire à Son Altesse Royale, ou en son absence au général commandant l'armée autrichienne, pour la réclamer ; l'officier parlementaire a dû aller jusqu'à Bernheck, à dix lieues d'Eger, en Bohême, avant que de rencontrer un officier à qui il ait pu confier ses dépêches ; jusque-là il n'avait trouvé que des troupes de 25, 30 et 40 hommes et sans chefs, qui, à son approche, se sauvaient dans les bois, en abandonnant leurs chevaux exténués, ou venaient pour se constituer prisonniers ; en attendant la réponse à sa mission, l'officier parlementaire vint se reposer à Nuremberg, et au bout de trois jours il reçut, par la correspondance prussienne, une lettre à l'adresse du général de division Klein, que lui écrivait d'Eger le général comte de Kollowrath, pour l'informer que l'archiduc Ferdinand ne pouvait souscrire à sa demande.

Le 30 vendémiaire an xiv (22 octobre 1805).

La division est partie de ses cantonnements pour se rendre dans les faubourgs de Nuremberg.

Le général Belliard à..... (?)

Nuremberg, le 29 vendémiaire an xiv (21 octobre 1805).

L'intention de Son Altesse Sérénissime le prince Murat est que vous envoyiez à l'ennemi un parlementaire qui sommera, au

---

(1) Un ordre de Belliard fixe au 30 vendémiaire le retour des chasseurs de la Garde au quartier général. (Belliard, n° **267**.)

nom de la capitulation signée à Trochtelfingen, les officiers généraux et les troupes qui faisaient partie du corps du général Werneck et qui, au mépris d'un acte solennel, se sont retirés, de déposer sur-le-champ les armes, de se rendre prisonniers, et de les prévenir que s'ils n'exécutent pas cette disposition, qui aurait dû être garantie par l'honneur, et que les hasards de la guerre les fassent tomber en notre pouvoir, ils seront traités, d'après les lois de la guerre, comme des hommes qui ont violé les lois de la loyauté et de l'honneur.

BELLIARD.

Le général Belliard au général Klein.

Nuremberg, le 29 vendémiaire an XIV (21 octobre 1805).

D'après les ordres du Prince, vous ferez entrer demain à Nuremberg les chasseurs de la Garde. Ils cantonneront dans les faubourgs. L'adjoint et le quartier-maître viendront prendre les ordres de l'état-major général. Vous établirez en réserve les deux régiments de carabiniers. Vous ferez faire des patrouilles pour ramasser tous les hommes égarés ou éparpillés dans les bois. Vous ferez poursuivre l'ennemi par les hussards et un régiment de dragons. Ils devront le harceler et lui faire croire que la colonne marche encore sur lui. Les régiments, cependant, ne devront pas se porter à plus de quatre ou cinq lieues, afin de les ramener le soir ou le lendemain. Si on n'en a besoin, le Prince ordonne que tous les chevaux de prise et propres pour la cavalerie et l'artillerie seront conduits au quartier général avec leurs harnais ; le Prince fera donner aux soldats qui les auront pris deux louis par cheval. Les régiments resteront demain en position ; vous ordonnerez qu'on emploie ce soir de repos à faire ferrer les chevaux, à rallier tout le monde et à remettre autant que possible les armes en état.

On prépare des vivres qui seront distribués demain. Envoyez votre chef d'état-major avec les quartiers-maîtres à 8 heures du matin pour prendre ce qui revient à votre division.

BELLIARD.

Le général Belliard au général Mossel.

Nuremberg, le 29 vendémiaire an XIV (21 octobre 1805).

L'intention du Prince est, mon cher Général, que vous vous transportiez demain sur la route qui a servi de champ de bataille, pour faire ramasser et transporter à Nuremberg les pièces d'artillerie et les caissons pris à l'ennemi. Vous êtes autorisé à requérir 100 ou 150 chevaux de la ville de Nuremberg ou pays environnants. Pour plus de célérité, vous ferez prendre dans les divisions de dragons et carabiniers tous les chevaux de trait qui ont été pris et qui appartiennent à l'artillerie, ainsi que les harnais. Vous hâterez cette opération, pour qu'elle ne puisse pas retarder nos mouvements.

BELLIARD.

Journal des opérations de la division Dupont.

Le 29 vendémiaire an XIV (21 octobre 1805).

Le 29, on renonce à poursuivre l'ennemi qui, ayant perdu toute son artillerie et ses bagages, fuit avec une vitesse sans exemple. On reste à Nuremberg. Notre infanterie s'est distinguée dans cette poursuite par la rapidité de sa marche (qui a été telle que le prince Murat, dans le compte qu'il a rendu à l'Empereur, dit qu'elle a tué les chevaux de sa cavalerie) et par sa constance à supporter les plus grandes privations. Le dernier jour, après une marche ou plutôt une course de 12 lieues, le soldat tombait à Schwabach de lassitude et de besoin. Le général lui fait distribuer à la hâte un morceau de pain et un verre de vin ; il se ranime et poursuit sa course en chantant jusqu'au delà de Nuremberg.

Le 30, la division part de Nuremberg.

Le prince Murat à l'Empereur.

Nuremberg, le 29 vendémiaire an XIV (21 octobre 1805).

Sire,

Après la capitulation du général Werneck, je me remis à la

poursuite de l'ennemi, bien décidé à ne l'abandonner qu'après l'avoir entièrement détruit ou dispersé. Ce dessein est accompli. Ce soir, les débris du corps d'armée conduit par le prince Ferdinand a été complètement battu, sur la route de Nuremberg à Forth ; tout ce qui s'était sauvé de son grand parc d'artillerie a été pris : 40 pièces de canon, 300 ou 400 voitures d'équipages et de munitions sont tombées en notre pouvoir ; deux drapeaux ont été enlevés ; environ 500 chevaux ont été pris dans les diverses charges qui ont eu lieu ; je ne connais pas encore le nombre des prisonniers, qui est considérable. Le prince Ferdinand s'est échappé du champ de bataille pour aller prendre le poste à quelques lieues de là, quelques faibles escadrons de cavalerie se sont sauvés en désordre.

Je dois les plus grands éloges à toute la cavalerie. J'en dois principalement aux chasseurs à cheval de votre Garde qui ont commencé l'attaque et ont culbuté entièrement la cavalerie ennemie, quoiqu'ils fussent très inférieurs en nombre. Les carabiniers ont renversé tout ce qu'ils ont trouvé devant eux. Je ne puis me dispenser de signaler à Votre Majesté le zèle de l'infanterie qui a montré la plus vive ardeur et qui, guidée par l'impatience d'atteindre l'ennemi, a fait vingt lieues en deux jours.

En attendant que je présente à Votre Majesté un rapport détaillé de l'expédition qu'elle m'a confiée, j'ai l'honneur de recommander à votre bienveillance et à votre justice l'adjudant-commandant Girard qui s'est fait remarquer à la tête de toutes les charges et qui n'a pas montré moins d'intelligence que de bravoure. Il cite comme s'étant particulièrement distingués le colonel Cochois, qui a été blessé dans une charge ; les colonels Morland et Rouvillois et MM. Flahaut et Lagrange, mes aides de camp, que l'on a vus, durant toute l'action, rivaliser d'audace et d'impétuosité.

Je passerai ici la journée de demain, pour laisser reposer mes troupes et pour faire rassembler l'artillerie que je dirigerai sur Nördlingen.

Les divisions Oudinot, Dumonceau et Rivaud, que j'avais d'abord dirigées sur Pappenheim, iront se porter sur Ingolstadt ; je prie Votre Majesté de leur adresser ses ordres. Je compte me porter moi-même, après-demain, sur le même point, en passant par Neumarkt, à moins que Votre Majesté ne jugeât plus utile d'envoyer un corps d'armée sur la rive gauche du Danube, appuyant sa droite à..... et sa gauche aux montagnes de la Bohême. Il est à présumer qu'il produirait une diversion très puissante et très heureuse.

N'ayant plus rien à faire, je me déciderai peut-être, après avoir mis mes troupes en mouvement, à me rendre en poste au quartier général de Votre Majesté. En attendant, je vous prie de m'adresser des ordres sur la route de Nuremberg à Ingolstadt par Neumarkt.

J'ai l'honneur, etc..... MURAT.

Le général Mecsery a été fait prisonnier ; il est blessé mortellement.

VII. — Journée du 22 octobre.

Le général Belliard au lieutenant général Werneck.

Feucht, le 30 vendémiaire an XIV (22 octobre 1805).

La non-exécution de la capitulation de Trochtelfingen par plusieurs corps de l'armée que vous commandiez avait forcé le prince Murat à prendre des mesures rigoureuses envers les officiers prisonniers qui se trouveraient à Nördlingen. Son Altesse Sérénissime espérait que ce moyen ramènerait peut-être aux principes de loyauté les officiers généraux que vous aviez sous vos ordres et qui, d'après la capitulation, devaient être prisonniers de guerre. Mais tout a été inutile, et, oubliant la foi des traités, au lieu de déposer les armes, ils ont voulu combattre et ils auront à se reprocher le sang qu'ils ont fait répandre. M. le général de Mecsery a été dangereusement blessé et est resté entre nos mains.

J'écris à M. le commandant de Nördlingen d'exécuter à votre égard tous les articles de la capitulation de Trochtelfingen. Je lui dis en même temps de faire fournir les vivres aux prisonniers non combattants que vous avez et les fourrages pour MM. les officiers.

Son Altesse Sérénissime désirerait avoir à sa disposition les fonds que vous demandez ; mais, éloigné de ses équipages, le Prince a été obligé d'emprunter de l'argent à Nuremberg et il lui est impossible de vous en envoyer. Son Altesse Sérénissime écrit à l'Empereur et lui fait part de votre position et elle prie Sa Majesté de vous accorder les 30,000 florins que vous avez demandés pour vous et tous vos officiers.

Le prince Murat demande de nouveau à Sa Majesté l'Empereur et Roi de vouloir bien lui faire connaître les intentions à votre égard pour le jour de votre départ et le lieu sur lequel vous devrez être dirigé. Aussitôt qu'elles lui seront parvenues, il s'empressera de les faire exécuter.

BELLIARD.

Le général Belliard au général Milet.

Feucht, le 30 vendémiaire an XIV (22 octobre 1805).

L'intention du Prince est que la capitulation de Trochtelfingen soit entièrement exécutée, que vous fassiez ôter des postes des officiers généraux et autres officiers les sentinelles que vous y avez fait placer, que vous donniez des ordres qu'on fournisse les fourrages nécessaires pour les chevaux des officiers et le pain aux prisonniers de guerre non combattants qui sont à leur service. Je vous prie, Monsieur le Général, de continuer d'avoir pour ces Messieurs les égards qu'ils ont droit d'attendre de notre loyauté.

BELLIARD.

Ordre du jour.

Au quartier général, à Nuremberg, le 30 vendémiaire an XIV (22 octobre 1805).

Le corps d'armée vient de terminer de la manière la plus brillante l'expédition militaire la plus hardie. Son Altesse Sérénissime le prince Murat, lieutenant de Sa Majesté, témoigne aux troupes sa satisfaction, non seulement pour la bravoure qu'elles montrèrent dans les combats, mais encore pour leur patience à supporter les privations et les fatigues des marches forcées. Mais aussi le corps d'armée porta les derniers coups à l'armée autrichienne ; dans quatre jours, il lui a détruit et dispersé une armée de 30,000 hommes, qui allait se réunir aux Russes, où était l'élite de son infanterie et de sa cavalerie, commandée en personne par le prince Ferdinand ; il lui a fait de 10,000 à 12,000 prisonniers dont 7 officiers généraux, pris 12 drapeaux, 110 pièces d'artillerie, plus de 500 voitures et caissons. Le prince Ferdinand n'a dû son salut qu'à la fuite ; les faibles débris des corps épars et en déroute portent en Autriche la terreur et la consternation.

Tous ces succès sont dus à l'intrépidité et à la constance des troupes. Toutes les armes ont rivalisé de gloire. Tous les corps méritent les plus grands éloges. Son Altesse Sérénissime s'est empressée de leur rendre, auprès de Sa Majesté, ces témoignages mérités.

Le Général de division, chef de l'état-major général,
BELLIARD.

Le prince Murat à l'Empereur.

Feucht, le 30 vendémiaire an XIV (22 octobre 1805), à minuit.

Sire,

J'ai eu l'honneur de rendre compte à Votre Majesté de tous les avantages remportés sur l'ennemi par vos troupes, depuis mon départ d'Elchingen ; mais je l'ai fait trop à la hâte et trop imparfaitement pour ne pas sentir le besoin de mettre sous vos yeux l'ensemble et le résultat de l'expédition que vous m'avez confiée.

Je revenais de Söflingen, sous Ulm, le 24 vendémiaire, lorsque je reçus de Votre Majesté l'ordre de marcher avec ma cavalerie et la division du général Dupont contre les troupes ennemies qui se présentaient sur Albeck. A 2 heures, je me trouvais en présence des Autrichiens ; à 2 h. 30 mes dispositions étaient faites et l'attaque commençait ; à 3 heures ils étaient en pleine déroute. En avant du défilé de Nerenstetten, leur cavalerie fit face pour protéger le passage de leur infanterie. Elle fut chargée, culbutée, taillée en pièces. Le général Klein la poursuivit dans le défilé et tomba sur l'infanterie qui fut forcée de de mettre bas les armes. A 11 heures du soir, mon infanterie me joignit en avant d'Herbrechtingen : aussitôt, je fis attaquer ce village ; l'ennemi en fut chassé et j'y pris position. Six officiers généraux qui s'y trouvaient eurent à peine le temps de prendre la fuite.

Le lendemain 25, avant 5 heures du matin, toutes mes troupes étaient en marche et s'avançaient vers Heidenheim. En y arrivant, j'appris que j'avais devant moi non pas une seule division, mais un corps d'armée de 25,000 hommes commandé par le prince Ferdinand en personne, et se dirigeant sur Aalen avec tout le grand parc et le trésor de l'armée entière. Je ne balançai pas sur le parti que j'avais à prendre ; je jetai sur les traces de l'ennemi le 1er régiment de hussards, et sur ses flancs quatre régiments de chasseurs ; deux commandés par le général Fauconnet suivirent la route de Gmünd ; les deux autres, sous les ordres du général Milhaud, prirent celles d'Ellwangen. Je me portai moi-même avec toutes mes forces sur Neresheim. Mon dessein était de gagner l'ennemi de vitesse par cette marche de flanc, afin d'arriver avant lui soit à Anspach, soit à Nuremberg. Mon avant-garde fut rendue à Neresheim presque au même temps que l'arrière-garde du général Werneck qui flanquait le prince Ferdinand et le grand parc. On attaque l'ennemi avec ardeur ; il se retire en désordre, il est poursuivi et la défaite qu'il essuie achève sa désorganisation en le forçant à marcher dans les bois une grande partie de la nuit. Le général Zinzendorf resta notre prisonnier.

Le 26, je continuai ma marche sur Nördlingen. Bientôt le régiment de Stuart se trouva cerné et se rendit tout entier à discrétion. Le général Werneck, qui se vit aussi coupé, me fit proposer de capituler. Persuadé qu'il cherchait à gagner du temps, je lui fis dicter sur-le-champ mes conditions, et il signa l'engagement de faire mettre bas les armes à tout le corps qu'il commandait. Au même instant, le général Fauconnet et le général Millet attaquaient le grand parc, l'un à la tête, l'autre à la queue du convoi et s'en rendaient maîtres. Cependant, les généraux Hohenzollern, Mecsery, Rohan, qui étaient sous les ordres de M. de Werneck et qui devaient, le lendemain, se rendre prisonniers ainsi que lui, prirent honteusement la fuite avec leur cavalerie et parvinrent à faire leur jonction avec le prince Ferdinand, dont le quartier général était à Œttingen. Instruit à 9 heures du soir de cette lâche déloyauté, je résolus d'en tirer vengeance. Quoique mes troupes fussent extrêmement fatiguées, elles se mirent en marche à 3 heures du matin. Le 1er régiment de hussards atteignit l'arrière-garde ennemie à Œttingen et la dispersa. Je poursuivis les Autrichiens sans relâche ; mon avant-garde ne les perdit pas de vue. Le prince Ferdinand ayant pris position au delà de Gunzenhausen, un aide de camp de M. de Werneck porta la capitulation au prince de Schwarzenberg et somma, au nom de son général, les généraux qui avaient fui de se rendre à moi avec leurs troupes. Ils n'entendirent ni la voix de l'autorité, ni celle de l'honneur.

Le général Klein se présente avec ses dragons à la porte de Gunzenhausen. Un officier prussien vient le prier de ne pas entrer, en l'invitant à respecter les droits de la neutralité. Il invoquait ces droits lorsque l'archiduc Ferdinand était dans la ville ; lorsque les généraux Hohenzollern, Mecsery et Rohan, mes prisonniers, s'y trouvaient en armes, à la tête des troupes qui avaient capitulé ; lorsque un bataillon de grenadiers et les dragons de La Tour occupaient en maîtres la tête du pont. J'ordonnai, pour toute réponse, au général Klein d'entrer dans la ville, et d'en chasser l'ennemi de vive force, s'il osait y rester. Le prince Ferdinand partit. Mes troupes allèrent s'établir en avant de la ville, et l'ennemi, que je ne laissais pas en repos depuis trois jours, se vit encore dans la nécessité de se fatiguer toute la nuit. Ses fourrages et ses vivres nous furent livrés.

Le jour décisif arrivait ; le 28, je fis mettre mes troupes en mouvement, à 3 heures du matin, lorsque, sans doute, celles de l'ennemi commençaient à suspendre le leur. Je suivis les Autrichiens jusqu'au delà de Nuremberg ; ils marchaient dans le plus grand désordre. Les chevaux ne pouvaient plus traîner l'artillerie. Le moment me parut favorable. J'ordonnai aux chasseurs de la Garde de Votre Majesté de se hâter et de charger l'arrière-garde ennemie. Ils étaient soutenus par le 1er régiment de hussards et par deux régiments de carabiniers.

Sire, vos chasseurs s'élancèrent au combat avec une impétuosité sans exemple. Un bataillon d'infanterie qui marchait derrière la cavalerie autrichienne, fut enfoncé, dispersé, fait prisonnier sans avoir eu le temps de se reconnaître et de tirer un coup de fusil. 25 chasseurs mirent en fuite 300 cavaliers ; l'officier qui commandait ces derniers et qui fut fait prisonnier m'a raconté lui-même ce fait, les yeux pleins de larmes : « Prince, me disait-il, notre cavalerie s'est déshonorée ; la vôtre s'est couverte de gloire. Les chasseurs se sont conduits avec autant de générosité que de valeur ; ils n'ont rien pris à leurs prisonniers. »

Sire, après ce brillant début, vos chasseurs renversèrent tout ce qui se trouva devant eux ; la mitraille ne les arrêta point ; ils enlevèrent les canons. Toute l'infanterie autrichienne fut dispersée. Cependant l'ennemi rallia sa cavalerie : nos deux régiments de carabiniers s'avancèrent et la charge recommença. La fureur était égale des deux côtés. Depuis Nuremberg jusqu'à Eschenau, le combat se renouvela vingt fois et dans toutes les occasions on vit fuir l'aigle d'Autriche devant l'aigle de Napoléon. Le prince Ferdinand, enveloppé lui-même dans le combat, ne dut son salut qu'à la générosité d'un lieutenant qui lui céda un excellent cheval et demeura notre prisonnier. Nous avons obtenu la vengeance la plus complète de la mauvaise foi de nos ennemis qui, en s'alliant aux perfides Anglais, semblent avoir renoncé à leur antique loyauté. Les généraux Hohenzollern, Mecsery, Rohan ont osé combattre avec des troupes qui devaient être mes prisonnières. M. de Mecsery a reçu plusieurs blessures : on croit qu'elles sont mortelles. Malgré la violation dont il s'est rendu coupable, il reçoit tous les soins, il est traité avec tous les égards qu'on doit aux malheureux.

Sire, voici le résultat des combats livrés depuis Nerenstetten jusqu'à Nuremberg :

12,000 soldats ont été faits prisonniers, avec 2 lieutenants généraux, 7 généraux-majors et plus de 200 officiers, 120 pièces de canon sont restées en notre pouvoir, ainsi que 500 voitures de munitions et d'équipages, parmi lesquelles se trouvent ceux du prince Ferdinand ;

11 drapeaux ont été enlevés ;

Un trésor de 400,000 florins a été pris ;

800 prisonniers français ont été délivrés.

Malgré tous ces avantages, je n'aurais pas atteint mon but, si je n'avais ôté au prince Ferdinand tout espoir de reparaître en campagne, en le jetant dans la Bohême par Egra : afin d'y parvenir, je le fis poursuivre, hier, par deux régiments de dragons qui atteignirent son arrière-garde et lui enlevèrent encore une pièce de canon à Hilpostein.

Pendant que tout cela se passait, le général Milhaud arrivait par la route d'Anspach sur Nuremberg. Le général Fauconnet s'avançait sur Weissemburg et le général Rivaud marchait par Pappenheim et Neumarkt sur Amberg où son avant-garde a pris position ce soir, tandis que le général Dumonceau était allé s'emparer du pont de Dietfurt sur l'Altmühl.

Le maréchal Lannes qui s'était porté jusqu'à Nördlingen y reçut l'ordre de se diriger sur Ingolstadt.

Aujourd'hui la division Klein a quitté Hilpostein, Eschenau, Rückersdorf pour venir coucher sur Nuremberg. Demain, l'infanterie et la cavalerie seront réunies à Neumarkt où elles attendront vos ordres pour marcher contre les Russes qu'elles brûlent de combattre.

Le général Rivaud conservera ses positions d'Amberg, Kastl et Neumarkt, où j'établirai, demain, mon quartier général.

Sire, dans tout le cours de l'expédition chacun a fait son devoir ; permettez que j'aie l'honneur de vous recommander de nouveau les braves qui se sont le plus distingués, que j'ai signalés à Votre Majesté dans mes rapports particuliers, et pour qui j'ai demandé des récompenses.

J'ai l'honneur, etc.

MURAT.

Le prince Murat au général Duroc, grand maréchal du palais.

Le 30 vendémiaire an XIV (22 octobre 1805).

Monsieur le Maréchal, je me fais un plaisir de vous annoncer les succès des armes de l'Empereur. Partout elles ont été victorieuses. Le général Mack a capitulé dans Ulm. Il est notre prisonnier, ainsi que les généraux Laudon et Klenau, avec 27,000 hommes de troupe. 5,000 Autrichiens avaient mis bas les armes précédemment dans Memmingen. Les combats de Wertingen, de Günzburg, d'Albeck et d'Ulm nous avait déjà donné 12,000 ou 15,000 prisonniers, lorsque Sa Majesté m'ordonna de marcher à la poursuite d'un corps d'armée de 25,000 hommes qui se retirait sous les ordres de l'archiduc Ferdinand. Le 24 vendémiaire, j'atteignis l'ennemi, et je le battis à Nerenstetten. Le 25, je le battis encore à Neresheim. Le 26, je cernai de toutes parts le général Werneck entre Neresheim et Nördlingen : il fut forcé de signer l'engagement de faire déposer les armes à toutes les troupes qu'il commandait. Au même moment, on leur enlevait 60 pièces de canon et 300 voitures d'équipages ou de munitions. J'aurais peut-être arrêté là le cours de mes succès, si la mauvaise foi des Autrichiens ne m'eût forcé à poursuivre, presque malgré moi, mes avantages. Au mépris de la capitulation et à la faveur de la nuit, les généraux Hohenzollern, Mecsery, Rohan, qui servaient sous M. de Werneck et qui devaient se rendre ainsi que lui mes prisonniers, prirent indignement la fuite, emmenant avec eux toutes les troupes qu'il leur fut possible de faire filer. L'indignation me donna des ailes ; je volai à leur poursuite ; à OEttingen j'atteignis leur arrière-garde ; elle fut dispersée. Ce fut avec le plus vif regret que je me vis forcé de mettre le pied sur le territoire de Sa Majesté prussienne ; mais je ne pouvais me dispenser d'y chasser un ennemi sans foi qui venait de le violer en y entrant les armes à la main. Cependant, je ne voulais pas l'attaquer dans un pays neutre ; je le suivais pas à pas, suspendant ma vengeance, résolu de le pousser jusqu'à Egra et de le combattre au moment où il sortirait des États soumis à la Prusse. Mais quel fut mon étonnement lorsque j'appris, en arrivant à Nuremberg, que le canon tirait au delà de cette ville sur mon avant-garde ! Sans doute, l'ennemi croyait le reste de mon armée beaucoup plus éloigné de lui. Il fallut repousser la force par la force. Ma cavalerie chargea la cavalerie autrichienne, la culbuta, la dispersa, la tailla en pièces. Tout ce qui leur restait d'infanterie fut fait prisonnier. 40 pièces de canon, 200 voitures, les équipages du prince Ferdinand tombèrent en notre pouvoir. Le prince Ferdinand lui-même, enveloppé dans le combat, ne se sauva qu'en se jetant sur le cheval d'un lieutenant qui resta notre prisonnier. Il n'a pu emmener que 1200 ou 1500 cavaliers, débris des régiments sortis d'Ulm avec lui et de l'armée de 80,000 hommes qu'il commandait.

Je vous prie, Monsieur le Maréchal, d'exprimer à Sa Majesté le roi de Prusse combien m'a été pénible la nécessité d'entrer sur ses États ; mais il jugera sans doute que mon devoir me commandait de ne pas souffrir qu'ils eussent été impunément violés par les Autrichiens.

Je me flatte aussi qu'il appréciera les sentiments de respect pour lui et pour sa neutralité, qui m'ont empêché d'attaquer et qui m'auraient fait continuer ma marche jusque sur Egra si nos ennemis ne s'étaient rendus les agresseurs.

Murat.

Le maréchal Berthier à Son Altesse Sérénissime le prince Murat.

Augsburg, le 30 vendémiaire an xiv (22 octobre 1805).

L'Empereur reçoit à l'instant, mon Prince, votre lettre du 29, à 11 heures du soir.

Sa Majesté apprend avec plaisir votre combat de Nuremberg ; elle désire que vous donniez l'ordre aux troupes bavaroises qui sont à Forchheim, de se rendre sur le champ de bataille, d'y ramasser les fusils, les canons, les munitions, les chariots, que vous n'avez pu enlever, et de les renfermer dans la citadelle de Forchheim.

Sa Majesté ne peut donner aucun ordre à vos troupes, parce que vous ne lui dites pas comment elles marchent, c'est-à-dire où elles couchent, disant seulement que vous les dirigerez sur Ingolstadt.

Faites-moi connaître, mon Prince, où elles doivent coucher chaque jour.

Sa Majesté désire que vous dirigiez les chasseurs de sa Garde à Munich.

J'ai lieu de croire que Sa Majesté passera encore la journée de demain ici, et qu'elle se mettra en marche après-demain.

Berthier.

Le général Belliard au général Dupont.

Feucht, le 30 vendémiaire an xiv (22 octobre 1805).

Mon cher Général,

Le prince désire que vous partiez demain, à 9 heures du matin, avec la division que vous commandez, pour vous porter sur Neumarkt, où se rendra d'avance un officier d'état-major pour prendre les ordres du Prince et reconnaître la position que devra occuper votre division.

J'ai l'honneur, etc.....
BELLIARD.

P.-S. — Ayez la bonté de me faire envoyer demain l'état de situation de votre division.

Le général Belliard au général Dupont.

Nuremberg, le 30 vendémiaire an XIV (22 octobre 1805).

Mon cher Général,

D'après l'ordre du Prince, vous partirez demain, à 9 h. 30 du matin, pour vous rendre à Ochenbrück et Münberg, où vous recevrez de nouveaux ordres. La troupe bivouaquera. Le quartier général du Prince sera à Feucht.

J'ai l'honneur, etc.....
BELLIARD.

Journal des marches de la réserve de cavalerie

Le 30 vendémiaire an XIV (22 octobre 1805).

Le corps d'armée a quitté ses positions de Nuremberg pour marcher sur Ingolstadt.

Il est venu prendre position, savoir : les dragons en avant de Nuremberg dans les villages ; les carabiniers et les chasseurs de la Garde à Feucht où s'est établi le quartier du Prince. L'infanterie a occupé Münberg et les villages en avant.

Les malades et blessés, qui ne pouvaient pas être transportés, ont été laissés à Nuremberg.

Le général Milhaud, qui venait sur Nuremberg, a eu l'ordre de changer de route et de se diriger sur Ingolstadt par Weissenburg et Eichstädt.

Tous les prisonniers, au nombre de 500, ont été dirigés sur Nördlingen. L'officier commandant avait l'ordre de ramasser tous les hommes isolés et même les détachements venant sur

Nuremberg et de les ramener à Nördlingen. Le général, commandant cette ville, a été prévenu de ne plus rien diriger sur elle, mais bien sur Ingolstadt.

Le général Rivaud a reçu l'ordre de garder la position de Neumarkt, Kastl et Amberg, ayant soin de faire éclairer les routes de Sulzbach, Nabburg, Schwandorf et Willach (?).

Le corps d'armée a quitté ses positions pour se porter sur Neumarkt. Les carabiniers ont occupé en avant les villages de Winnberg et Sengenthal ; la division de dragons en arrière, ceux de Postbauer, Pölling, Loderbach. L'infanterie a occupé, savoir : le 96e régiment, Neumarkt ; le 32e, Wappersdorf et Mühlhausen, et le 9e d'infanterie légère, Berching. Le régiment des chasseurs de la Garde s'est établi à Neumarkt avec le quartier du Prince.

Le général Rivaud reçut l'ordre d'occuper, avec les Bavarois, Kastl et Neumarkt et de réunir le 54e régiment à Ingolstadt.

VIII. — Fin de l'expédition.

Le lieutenant général d'artillerie, comte de Kollowrath,
au lieutenant général Klein.

Egra, le 1er brumaire an XIV (23 octobre 1805).

Son Altesse Royale m'ayant laissé copie de la lettre que vous a écrite le lieutenant général prince de Schwarzenberg en réponse à votre dernière, je m'empresse d'avoir l'honneur de vous la communiquer. Cette lettre a dû vous être remise au moment où vous nous avez fait attaquer à l'improviste, sur un territoire neutre que nous croyions devoir traverser sans oser mettre les armes à la main ; mais l'officier qui en était porteur n'ayant pas répondu depuis, j'ignore si sa commission a été remplie.

Vous me permettrez aussi, Monsieur le Lieutenant Général, de réclamer le premier lieutenant baron de Hundheim, des uhlans, qui a été envoyé avec un trompette au commandant de vos avant-postes, au moment où nous sommes entrés sur le territoire prussien, ainsi que le lieutenant Forestier et un caporal de uhlans, avec quelques hommes qui ont été retenus aussi probablement à votre insu, pendant le temps des pourparlers de vos avant-postes avec notre arrière-garde, procédé dont nous aurions pu user aussi vis-à-vis de plusieurs des vôtres qui étaient venus se mêler avec confiance parmi nous, mais dont nous étions incapables d'abuser, d'après les ordres qui avaient été donnés de part et d'autre, de suspendre les hostilités ; j'espère de votre justice que vous voudrez bien les renvoyer.

Je joins en même temps ici la réponse de M. le lieutenant général, comte de Hohenzollern, au lieutenant général baron de Werneck, au sujet de la capitulation de ce dernier.

J'ai l'honneur, etc.....

Comte DE KOLLOWRATH.

Le lieutenant général de Hohenzollern au baron de Werneck.

Mon très cher Camarade,

Je ne puis vous cacher ma surprise sur la proposition de me rendre avec la cavalerie qui était de votre corps ; lorsque je vous ai quitté, vous aviez refusé toute capitulation, en ma présence, et pour moi, je pensais au moyen de ramener, coûte que coûte, la cavalerie de l'armée, si vous, avec l'infanterie, ne pouviez vous tirer d'affaire ; j'ai essayé, j'ai réussi ; je ne conçois pas de quel droit je pourrais être prisonnier de guerre, n'ayant pas été présent à vos arrangements auxquels jamais par ma personne je n'aurais pu me prêter. Maintenant que depuis hier je suis séparé de vous, il ne m'appartient plus de remplir vos ordres ; je les reçois de Son Altesse Royale notre général en chef.

J'ai l'honneur, etc.....

HOHENZOLLERN.

Le prince Murat à l'Empereur.

Neumarkt, le 1er brumaire an XIV (23 octobre 1805).

Sire,

La division Dupont sera réunie tout entière ce soir à Berching, sur la route d'Ingolstadt, et la division Klein en avant et en arrière de Neumarkt. L'une et l'autre arriveront après-demain sur Ingolstadt. Le général Rivaud, qui s'était porté sur Amberg, sera demain à Neumarkt et suivra mon mouvement, à moins que Votre Majesté m'envoie des ordres contraires.

C'est avec regret que j'abandonne la route de Ratisbonne, parce que je pense qu'il peut entrer dans vos projets de faire porter un corps sur la rive gauche du Danube pour couvrir la gauche de l'armée, agir de concert avec elle et observer en même temps les débouchés de la Bohême ; mais je me suis déterminé à rapprocher le général Dupont, parce que j'ai dû présumer que Votre Majesté allait réunir et réorganiser les divers corps d'armée un peu disséminés en ce moment. Au reste, j'attends des ordres par l'aide de camp que j'ai eu l'honneur de vous envoyer de Nuremberg.

Il est positif que l'archiduc Ferdinand n'a pas amené avec lui un seul homme d'infanterie, et qu'il s'est retiré sur Egra, après avoir envoyé successivement trois aides de camp à Prague, avec ordre de faire marcher à son secours toutes les forces dont on pourrait disposer.

Sire, il m'est impossible de vous exprimer avec quelle rapacité les paysans prussiens se sont jetés sur les canons, les voitures de munitions et d'équipages, et les fusils abandonnés par l'armée autrichienne. J'ai cru encore me trouver parmi les Arabes. De 38 pièces de canon, 23 seulement sont entrées à Nuremberg. Le reste a disparu, emporté et enterré dans les bois, à la faveur de la nuit et du désordre qui suivit le combat. Tous les chevaux de prix, tous ceux de trait furent vendus sur le champ de bataille à des juifs qui s'étaient mis à la suite de l'armée, en la voyant si près des ennemis. Ni les ordres des autorités prussiennes, ni ceux des magistrats de Nuremberg n'ont pu forcer les acquéreurs à nous les rendre. Il m'a été impossible de m'en procurer pour faire conduire à Nördlingen l'artillerie qui nous reste. La ville de Nuremberg ne l'ayant reçue qu'à regret dans son arsenal, et ne voulant pas en répondre, je prie Votre Majesté de donner des ordres pour qu'elle soit enlevée le plus prochainement possible : elle pourrait n'être pas en sûreté.

Je compte arriver demain, de ma personne, à Ingolstadt.

J'ai l'honneur..... MURAT.

P. S. — J'ai l'honneur d'envoyer à Votre Majesté quelques lettres pour l'Angleterre que j'ai cru devoir saisir dans un paquet de la poste de Vienne.

Le général Belliard au général Dupont.

Neumarkt, le 2 brumaire an xiv (24 octobre 1805).

Mon cher Général,

L'intention du Prince est que vous partiez demain, 3 courant, des cantonnements que vous occupez aujourd'hui, pour vous diriger sur Ingolstadt ; un officier de votre état-major prendra le devant de votre division pour aller reconnaître les positions qu'elle devra occuper.

Le Prince sera ce soir à Ingolstadt.

J'ai l'honneur.....

BELLIARD.

Lettre au prince Murat.

Neumarkt, le 2 brumaire an xiv (24 octobre 1805).

Monseigneur,

Voici le résultat peu intéressant de la tournée faite par ordre de Votre Altesse Impériale. Le manque de chevaux dans quelques postes ne m'a permis d'arriver ici que quatre heures après son départ.

Parti de Nuremberg le mardi soir (1), arrivé à Erlangen à minuit, le prince Ferdinand y était passé, mais avait quitté la grande route de Bayreuth pour prendre celle d'Eschenau, les débris de l'armée qui étaient passés par Erlangen avaient aussi pris cette route ; je la suivis. A Steinbach (3 lieues d'Erlangen), je trouvais une vingtaine de cavaliers autrichiens, la plupart de La Tour : demi-lieue plus loin, à quelque distance à gauche de la grande route, passaient sept chariots de leurs bagages escortés par deux chevau-légers.

---

(1) Mardi, 22 octobre.

Arrivé à Eschenau, j'appris que le prince Ferdinand y avait repris la route de Bayreuth et, de là, sur Egra. Rencontré à cette poste des officiers de hussards prussiens se rendant à Bayreuth ; ils estiment que l'armée qui y est rassemblée se monte à 60,000 hommes ; l'opinion des officiers de cette armée est qu'elle tournera contre nous. L'on paraît se plaindre que la neutralité n'ait pas été respectée par nous ; à Eschenau, par exemple, il ne reste pas d'avoine, etc.....

Suivi ma route jusqu'à Sulzbach ; rencontré beaucoup de soldats autrichiens s'efforçant de gagner isolément la Bohême ; des agents répandus sur cette route leur indiquaient la marche à suivre, ils ne devaient que toucher barre à Amberg et marcher sur Egra ; l'occupation d'Amberg par les Bavarois leur aura sans doute fait diriger leur route de Harmanthofen sur Auerbach.

Rencontrant les Bavarois à Sulzbach, apprenant qu'ils occupaient Amberg, je jugeai que la route entre ces deux villes ne me donnerait aucun éclaircissement, je pris donc celle qui mène de Sulzbach à Egra, supposant que les Autrichiens se seraient retirés par Hirschau ; je fus trompé dans mon attente. J'appris que le peu de monde qui s'y trouvait s'était retiré sur Waldmünchen, où le général Kienmayer se trouvait avec environ 6,000 hommes, qu'il ne bougerait point de cet endroit jusqu'à l'arrivée d'un corps russe qui, déjà, avait dépassé Pilsen et devait être au moment d'entrer à Klentsch.

J'aurais bien voulu me rendre à Walmünchen, connaissant depuis longtemps le général Kienmayer, mais cela m'aurait pris deux jours et je ne savais où retrouver Votre Altesse Impériale, dont les ordres, d'ailleurs, ne portaient que de m'assurer de la route d'Egra et Amberg.

Je pars pour Ratisbonne d'où je me rendrai près de l'Empereur, en passant au milieu des Autrichiens ; je ne sais donc si je prendrai par Landshut-Passau, ou si le quartier général est tellement avancé que je doive me diriger sur Linz.

L'on dit qu'un corps de Russes est arrivé à Straubing. Je vérifierai et me conduirai en conséquence.

(*Sans signature.*)

Marches et rapports de la 1ʳᵉ division de dragons.

Le 1ᵉʳ brumaire (*23 octobre*), à Neumarkt.
Le 2 brumaire (*24 octobre*), à Ober-Enzersdorf, en avant de Beilngries.

Journal de marche de la réserve de cavalerie.

Le 2 brumaire an xiv (24 octobre 1805).

Le corps d'armée est parti à 7 heures du matin pour Beilngries. Les divisions des dragons et des carabiniers ont eu ordre d'occuper les villages en avant sur la route d'Ingolstadt, la division Dupont Beilngries et les villages en arrière. Les chasseurs de la Garde ont été établis à Paulushofen avec le quartier du Prince qui, de sa personne, s'est rendu à Ingolstadt, et de là est parti pour joindre l'Empereur à Munich.

Le 3 brumaire an xiv (25 octobre 1805).

Le corps d'armée devait se porter sur Ingolstadt, mais, d'après de nouveaux ordres du Prince, on a changé de direction et le corps d'armée est venu à Neustadt.
Une brigade de la division Klein a pris position à Mingliset. Le 1ᵉʳ régiment de hussards à Pföring, le 96ᵉ régiment à Ettling, le 32ᵉ à Irnsing, le régiment des chasseurs de la Garde à Neustadt, où s'établit le quartier général. La 1ʳᵉ brigade de dragons a occupé Münchsmünster et Grielsheim, les carabiniers Alensberg et le régiment de chasseurs à pied Seligstadt.
Le général Milhaud, avec ses deux régiments de chasseurs, arriva à Ingolstadt.

Ordre du jour.

Neustadt, le 4 brumaire an xiv (26 octobre 1805).

Son Altesse Sérénissime le prince Murat, lieutenant de Sa Majesté, appelé à un nouveau commandement, témoigne aux braves corps qui, par leur bravoure, leur constance à supporter les fatigues des marches forcées, ont si puissamment concouru à terminer en peu de jours l'expédition la plus glorieuse, les regrets qu'il éprouve de se séparer d'eux : mais il espère de ne s'en éloigner que momentanément et de marcher encore avec eux à de nouveaux combats et à de nouvelles victoires.

Par ordre de Son Altesse Sérénissime :

Le Chef de l'état-major,

BELLIARD.

TABLE DES MATIÈRES

QUATRIÈME PARTIE.
Ulm.

	Pages.
Préface...	v
Introduction...	3
Chapitre I. 7 octobre...	243
— II. 8 octobre...	297
— III. 9 octobre...	365
— IV. 10 octobre...	445
— V. Combat d'Haslach...	499
— VI. 11 octobre...	555
— VII. 12 octobre...	607
— VIII. 13 octobre...	681
— IX. 14 octobre...	723
— X. 15 octobre...	787
— XI. 16 octobre...	827
— XII. 17 octobre...	847
— XIII. 18 octobre...	895
— XIV. 19 octobre...	941
— XV. 20 octobre...	975
— XVI. 21 octobre...	1005
— XVII. 22 octobre...	1029
— XVIII. 23 octobre...	1071
— XIX. 24 octobre...	1153

manquent dans le volume.

1282 TABLE DES MATIÈRES.

Pages.

Chapitre XX. Murat poursuit l'archiduc Ferdinand.

  I. Journée du 16 octobre.................. 1191
  II. Journée du 17 octobre.................. 1204
  III. Journée du 18 octobre................. 1220
  IV. Journée du 19 octobre................. 1239
  V. Journée du 20 octobre.................. 1251
  VI. Journée du 21 octobre................. 1259
  VII. Journée du 22 octobre................ 1264
  VIII. Fin de l'expédition.................. 1274

CROQUIS ET CARTES.

Carte de la Bavière. (Extrait de la carte au $\frac{1}{500.000}$ de l'état-major bavarois) (1822).

Environs d'Ulm. (Extrait de la carte au $\frac{1}{100.000}$ du dépôt de la guerre).

Environs de Donauwörth. (Extrait de la carte au $\frac{1}{100.000}$ du dépôt de la guerre).

Environs d'Aichach. (Extrait de la carte au $\frac{1}{100.000}$ du dépôt de la guerre).

Emplacements de la Grande Armée
- le 7 octobre.
- le 8 octobre.
- le 9 octobre.
- le 10 octobre.
- le 11 octobre.
- le 12 octobre.

Combat de Wertingen (8 octobre 1805), d'après la carte dressée par les ingénieurs géographes.

Combat de Günzburg (9 octobre 1805).

Combat d'Haslach.

Emplacements de la Grande Armée autour d'Ulm...............
- le 11 octobre.
- le 12 octobre.
- le 13 octobre.
- le 14 octobre.

Combat d'Elchingen.

Attaques de Memmingen (fac-similé d'un croquis de l'époque).

Environs de Neresheim.

Paris. — Imprimerie R. Chapelot et C*, 2, rue Christine.

CARTE DE LA BAVIÈRE

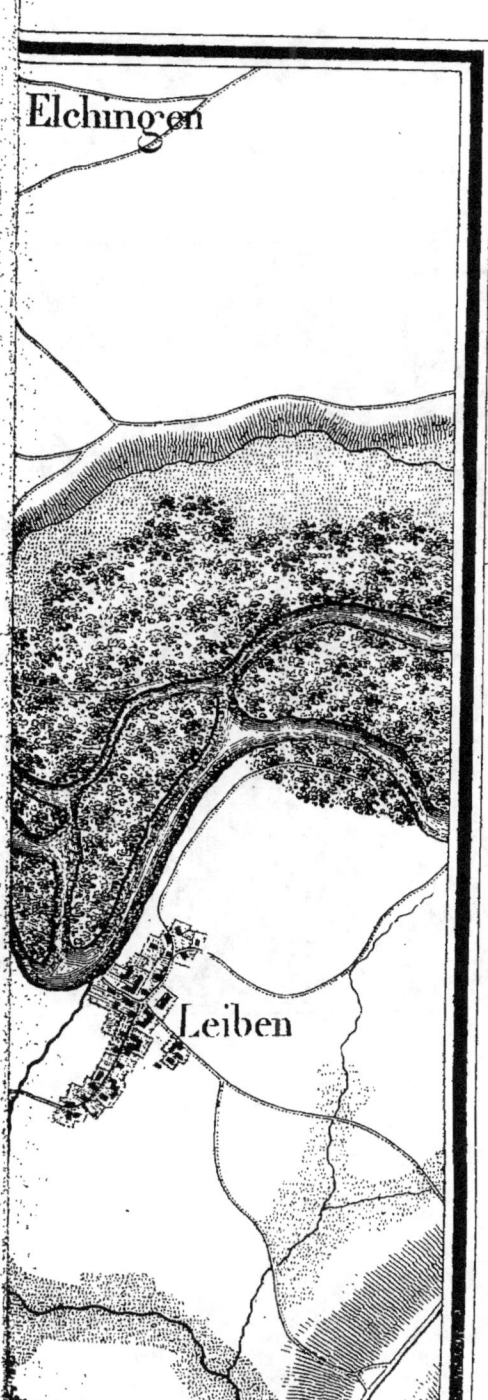

ENVIRONS D'ULM
Marches et combats du 9 au 15 Octobre 1805

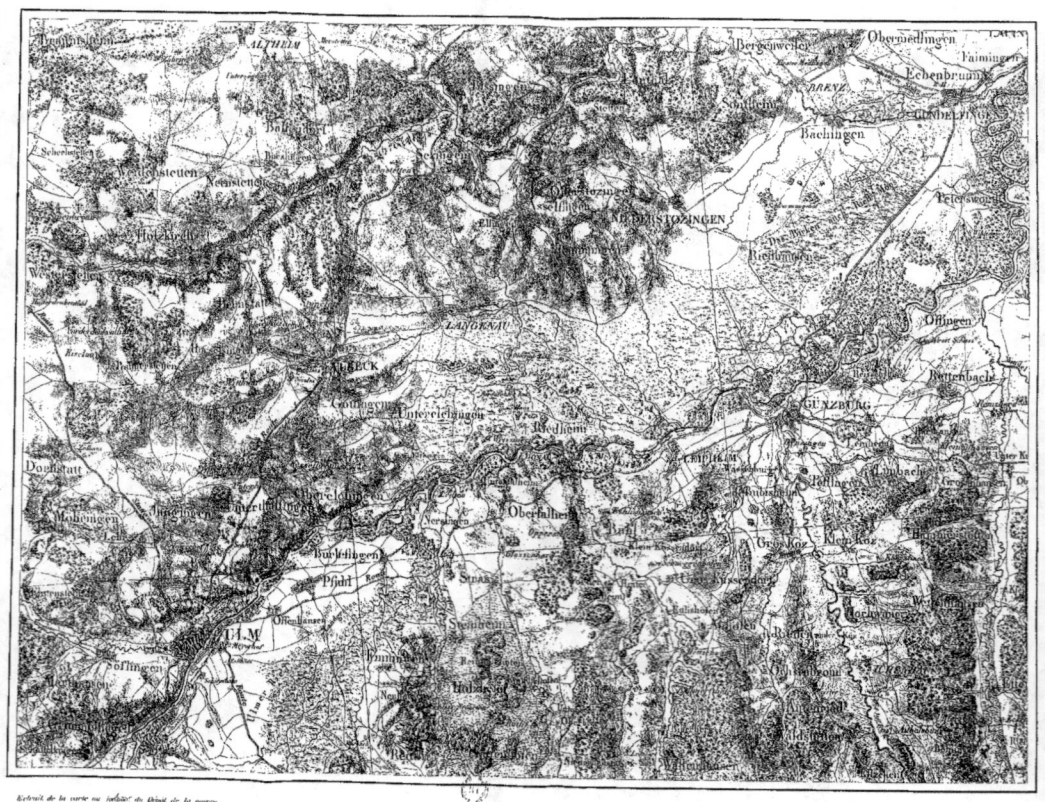

ENVIRONS DE DONAUWÖRTH

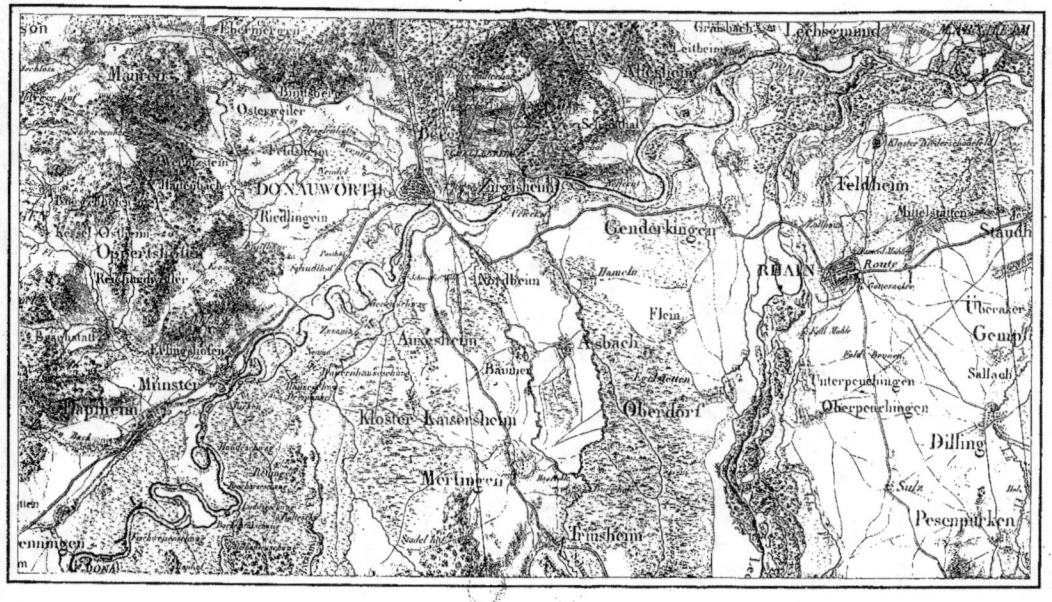

Extrait de la carte au 1/80.000e du Dépôt de la guerre.

ENVIRONS D'AICHAH

Extrait de la carte au 1/100000e du Dépôt de la guerre.

1805

STATIONNEMENTS DE LA GRANDE ARMÉE
Du 7 au 12 octobre

SIGNES CONVENTIONNELS EMPLOYÉS SUR LES CALQUES

- Cantonnements.
- Bivouacs { Cavalerie. Infanterie.
- ★ Logement de l'Empereur et grand quartier général.
- 1ᵉʳ C. 1ᵉʳ corps d'armée.
- D. 1ʳᵉ division de dragons.
- Dp Dragons à pied.
- C. 1ʳᵉ division de grosse cavalerie.
- P ou GP Grand parc.

N. B. — *Les emplacements sont portés sur les calques ci-joints. On a indiqué, pour chaque jour, ceux de la soirée.*

Échelle approximative : $\frac{1}{250,000}$

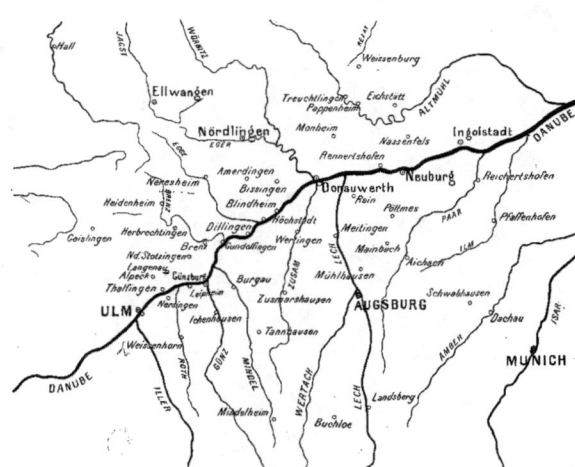

— 7 OCTOBRE —

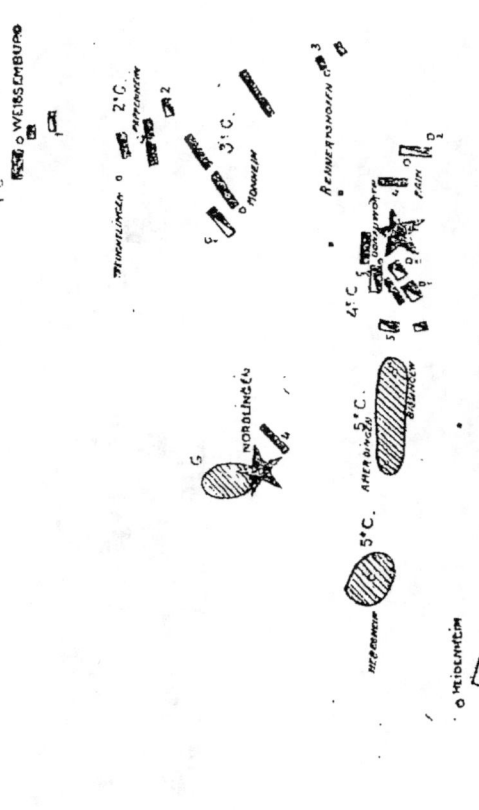

— 8 OCTOBRE —

— 10 OCTOBRE —

— 11 OCTOBRE —

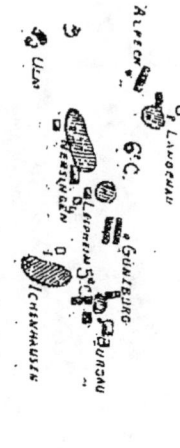

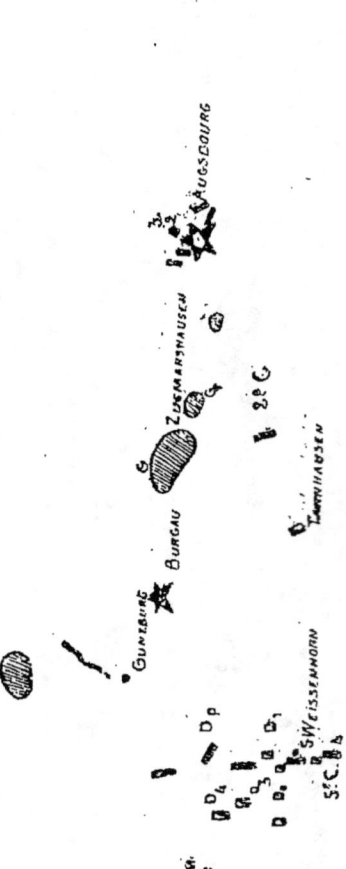

COMBAT DE WERTINGEN

(8 Octobre 1805)

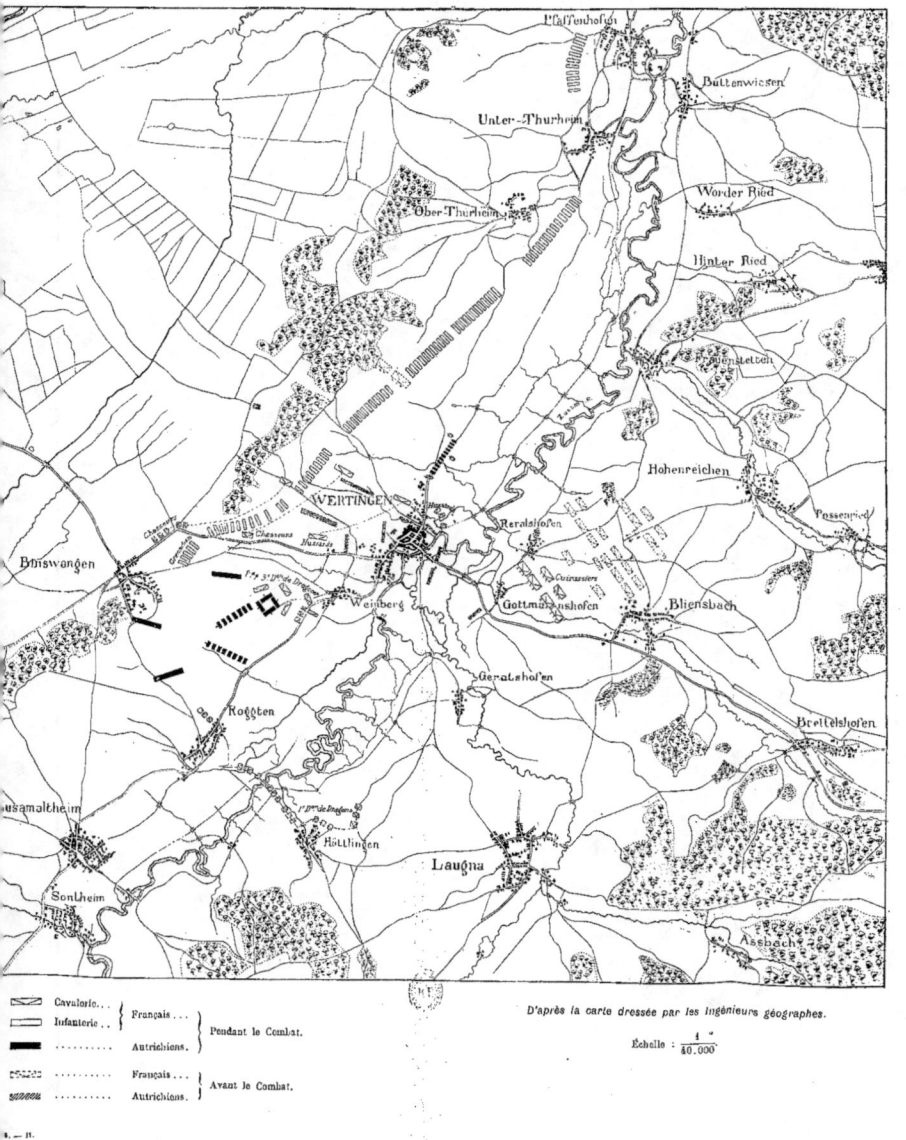

COMBAT DE GÜNZBURG

(9 Octobre 1805)

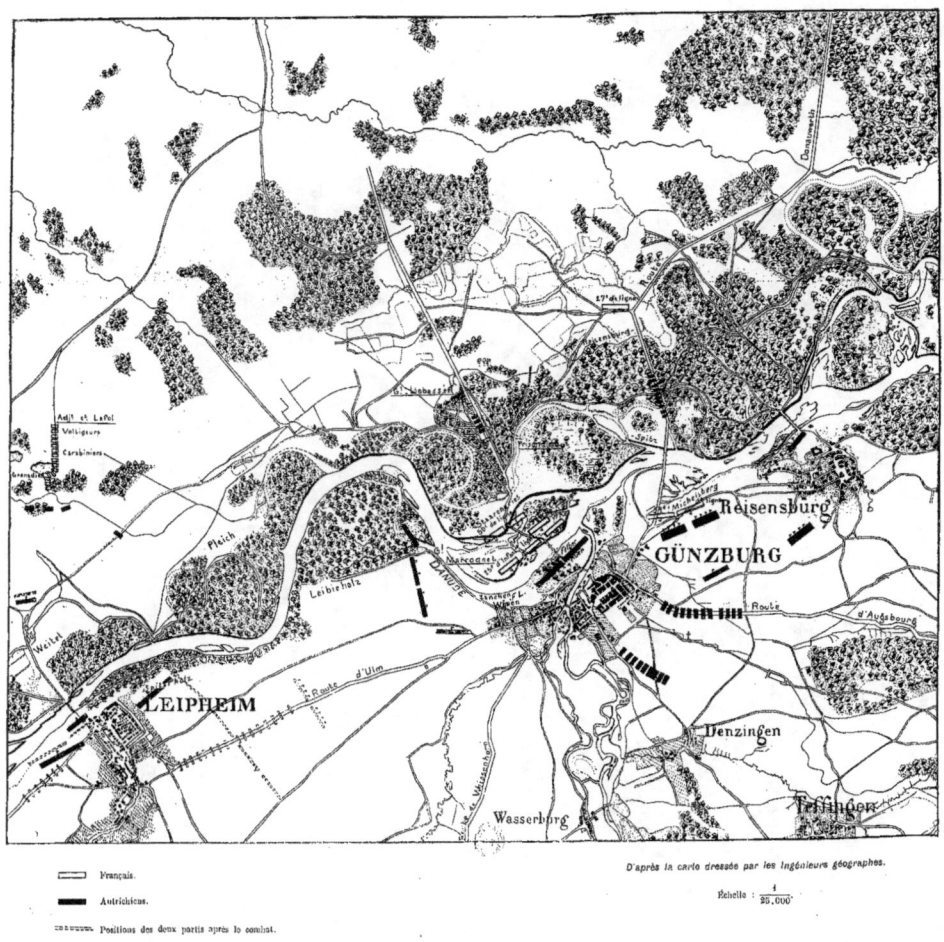

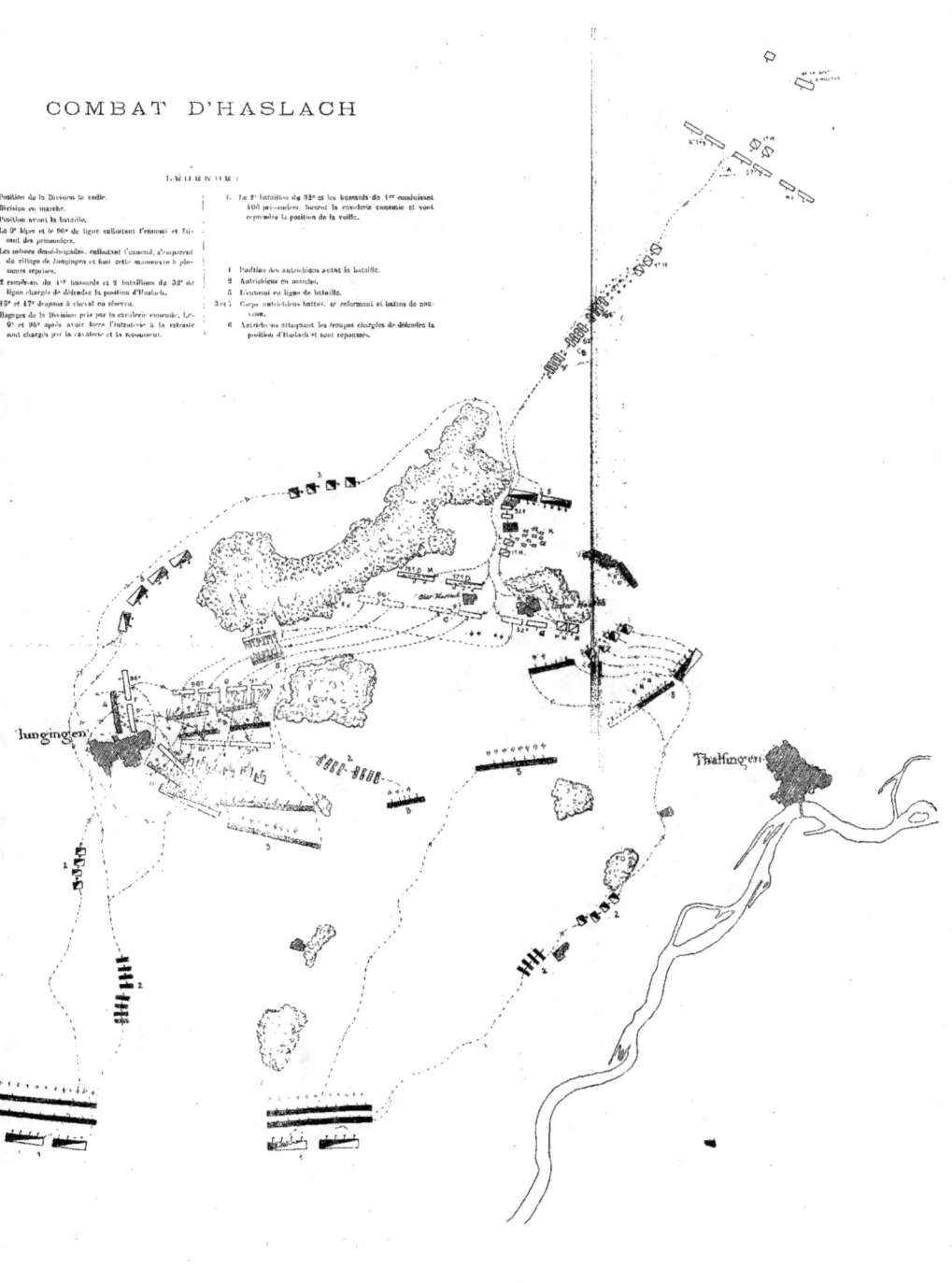

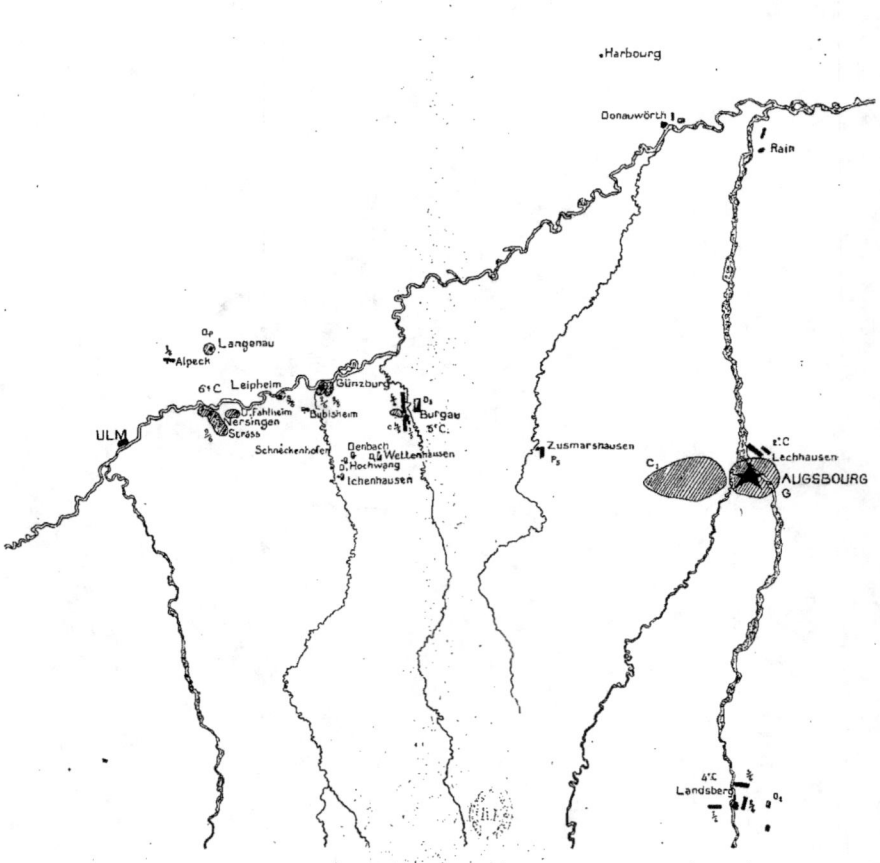

Emplacements de la Grande Armée autour d'Ulm, le 11 octobre.

Emplacements de la Grande Armée autour d'Ulm, le 12 octobre.

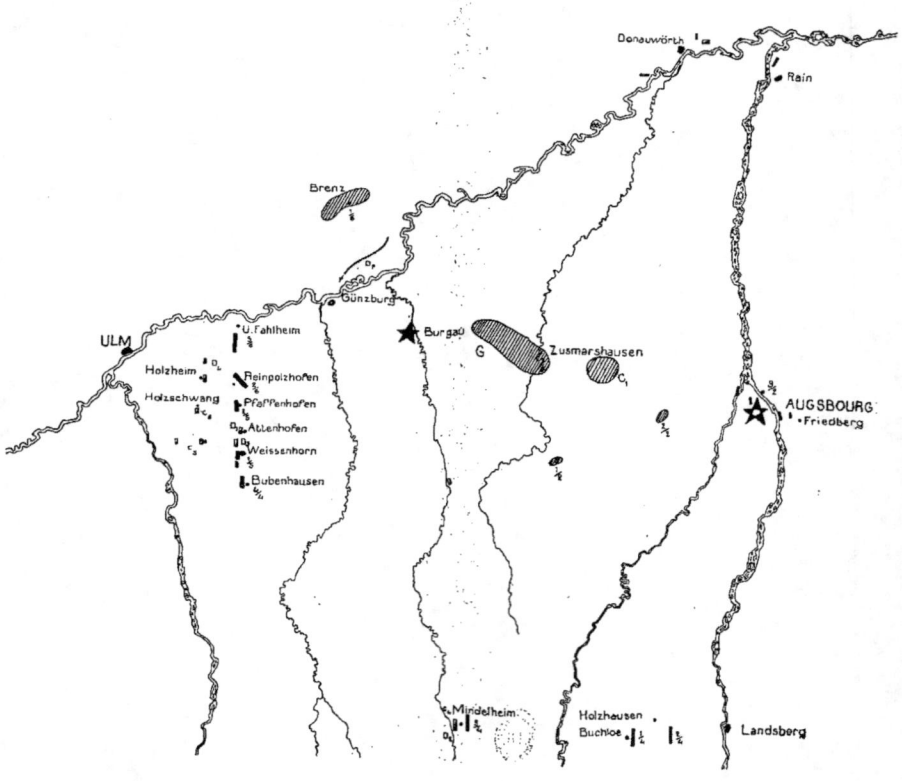

Emplacements de la Grande Armée autour d'Ulm, le 13 octobre.

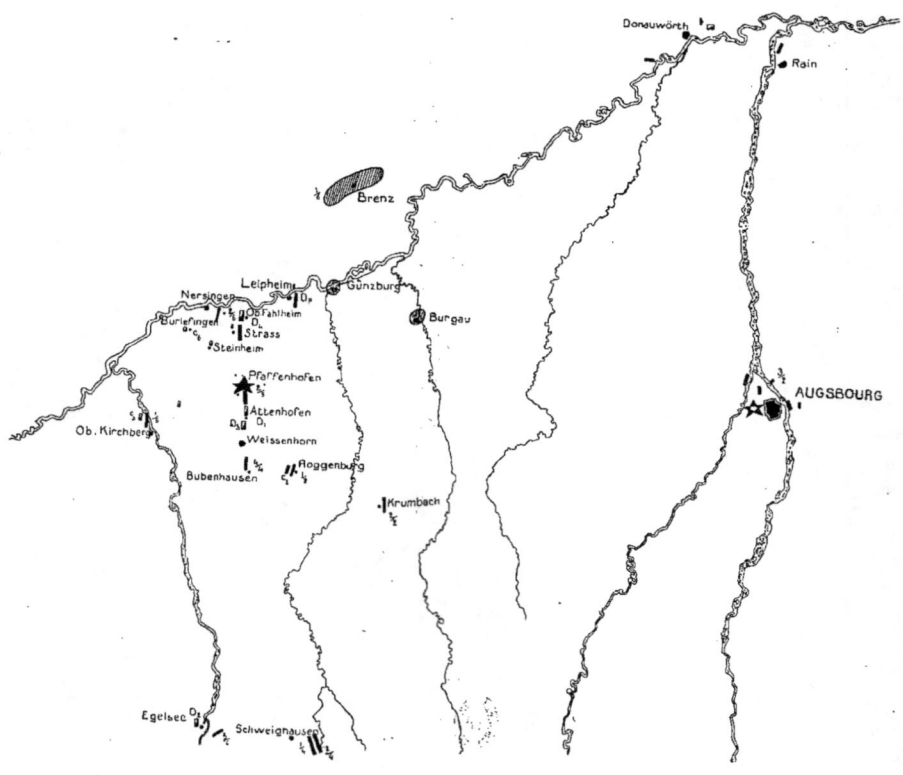

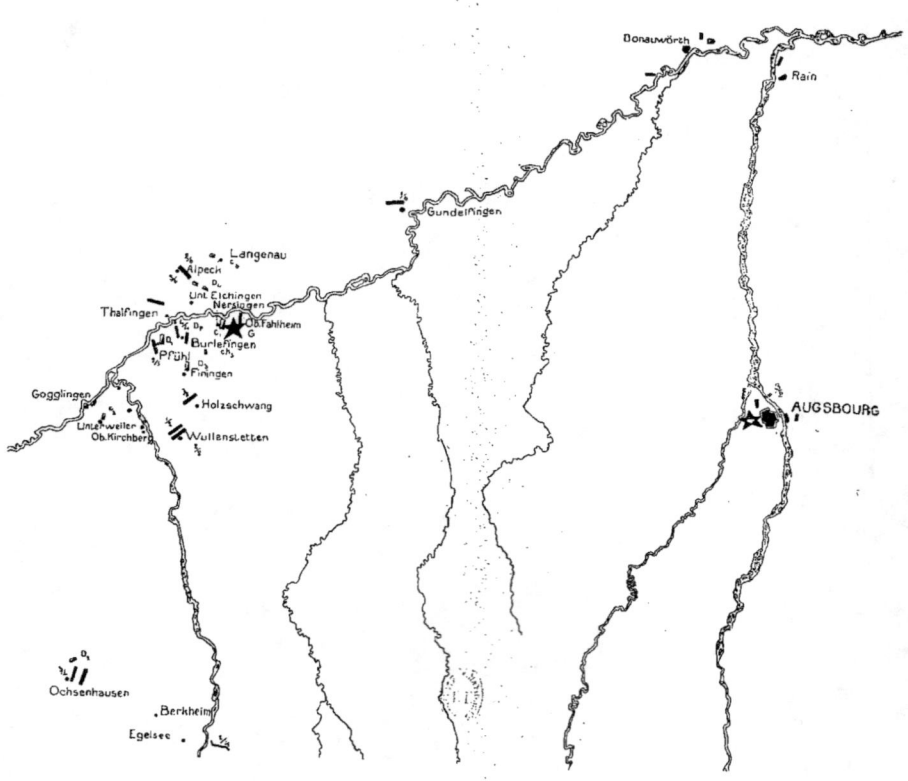

Emplacements de la Grande Armée autour d'Ulm, le 14 octobre.

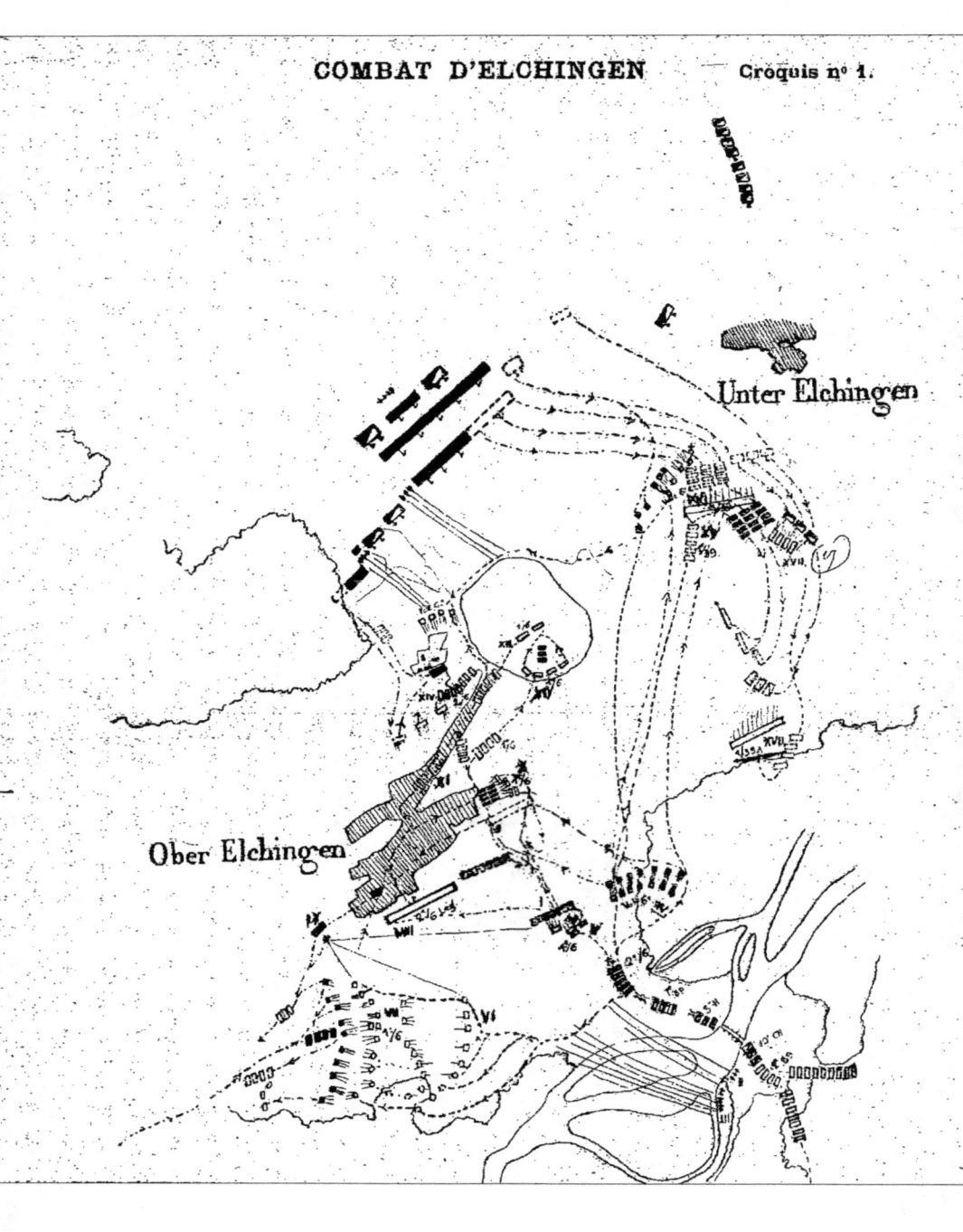

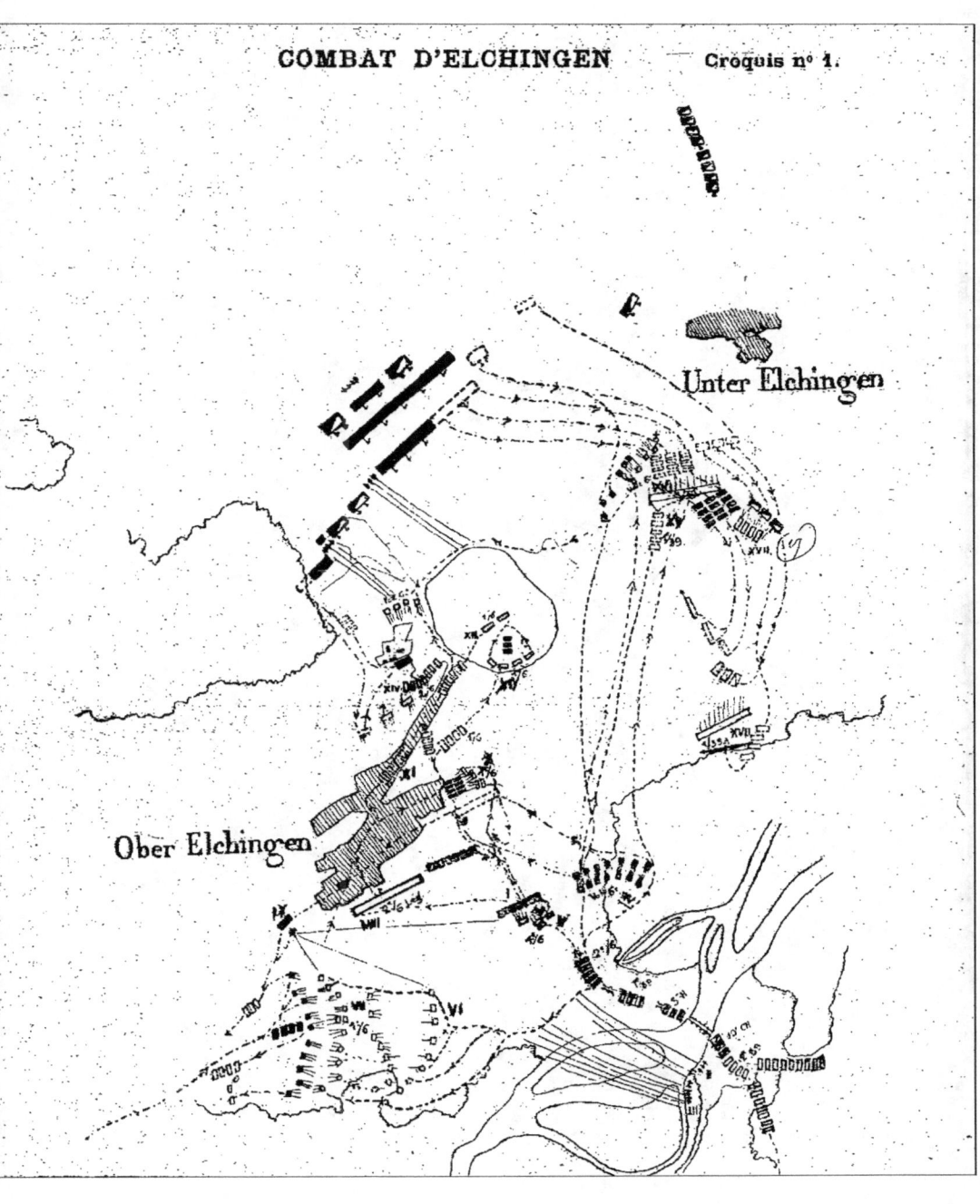

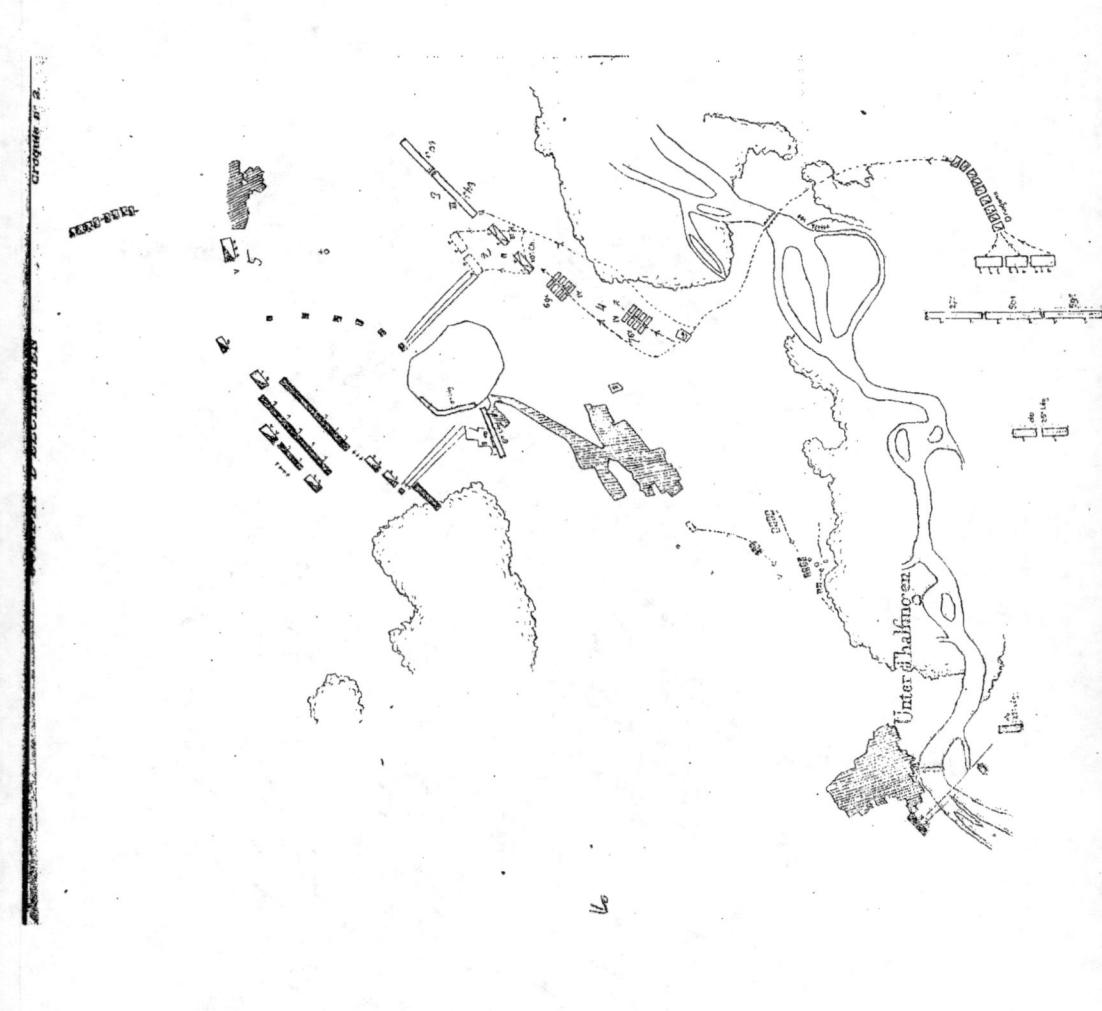

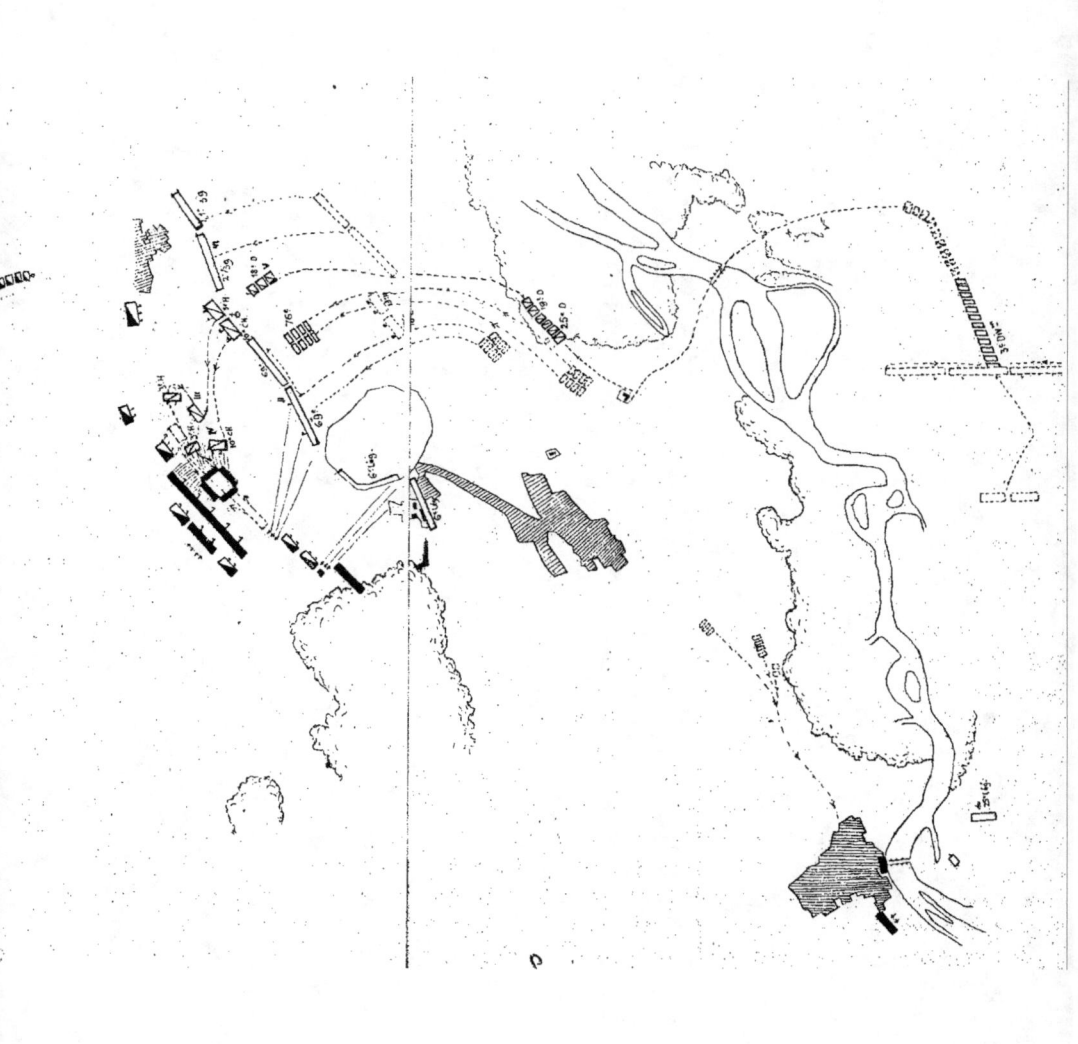

COMBAT D'ELCHINGEN

Croquis n° 5.

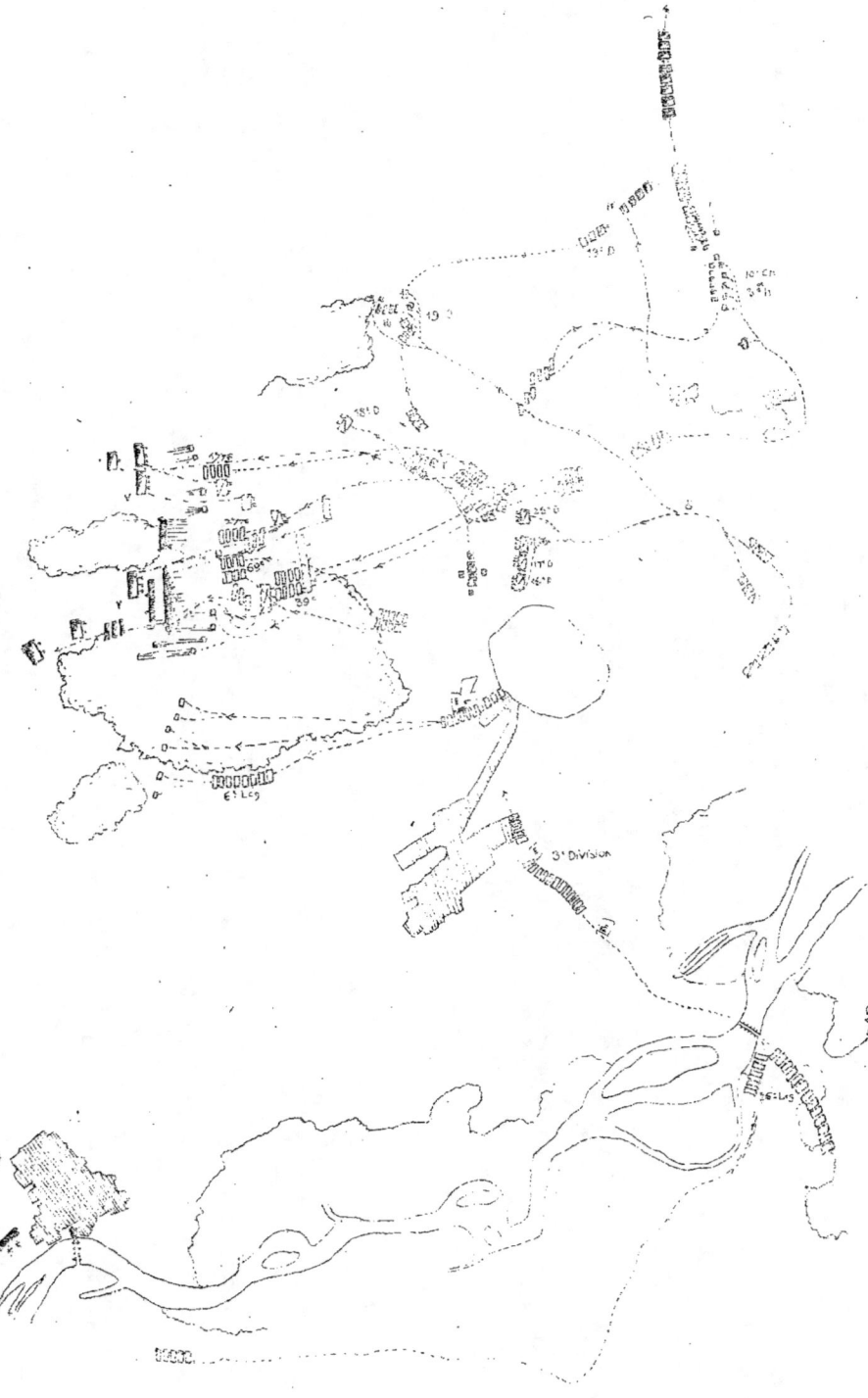

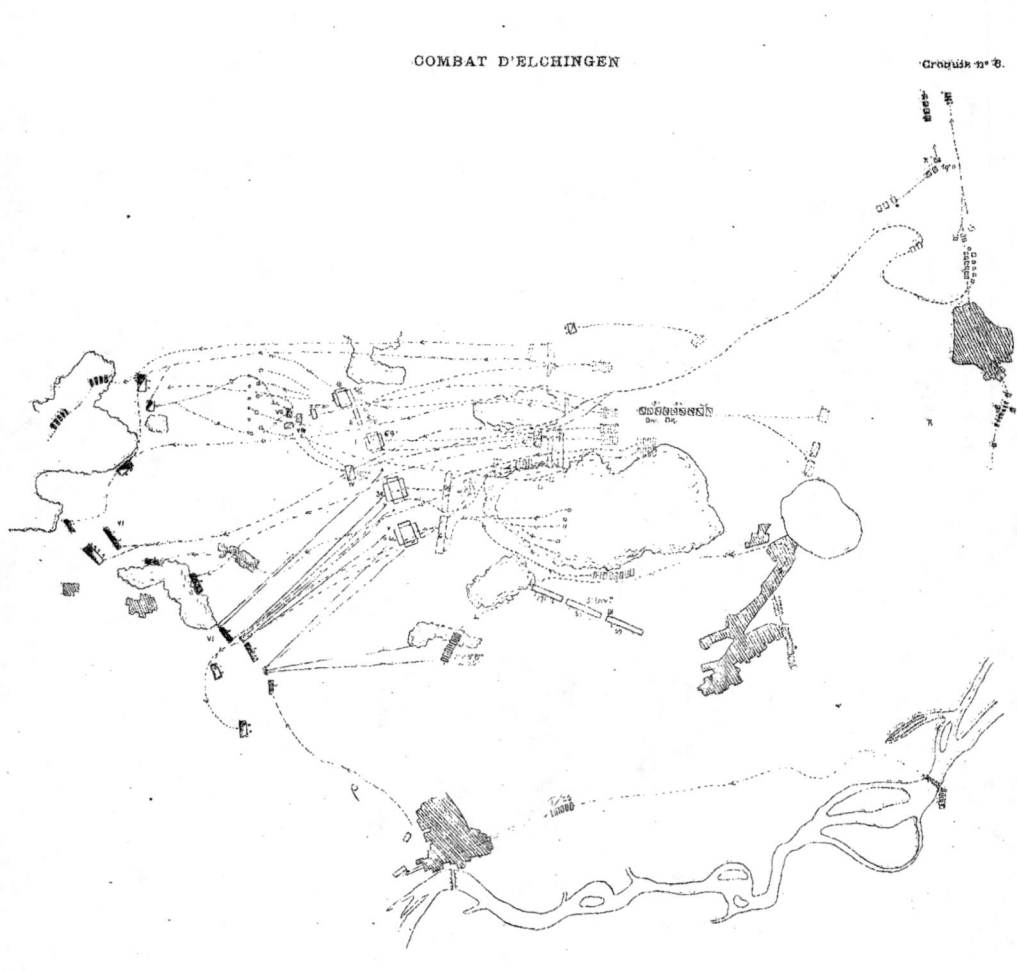

COMBAT D'ELCHINGEN   Croquis nº 7.

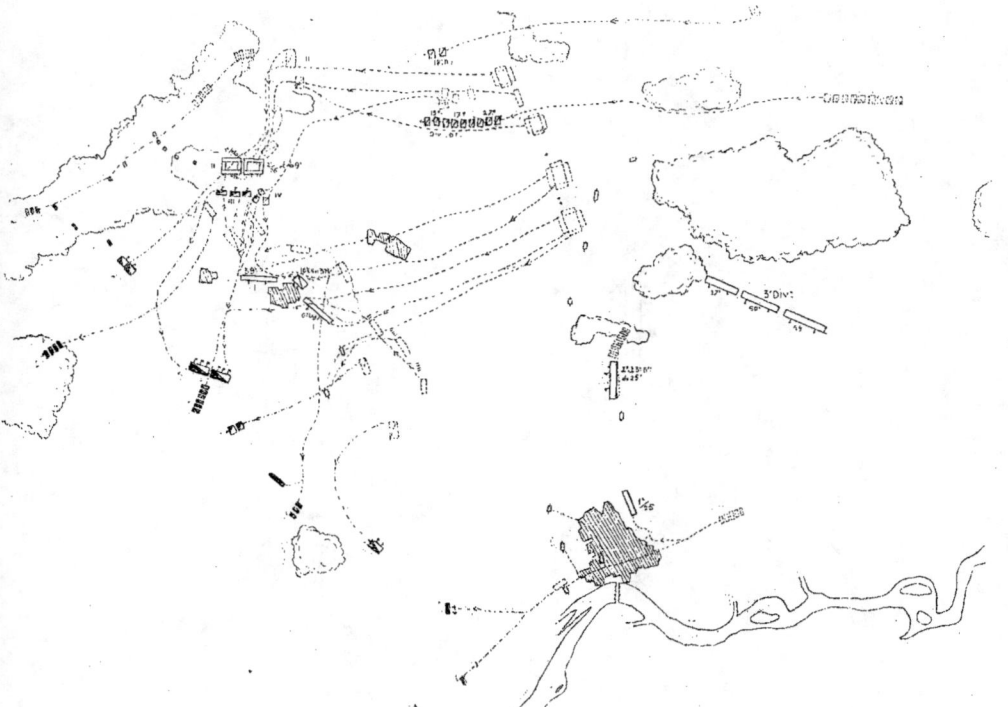

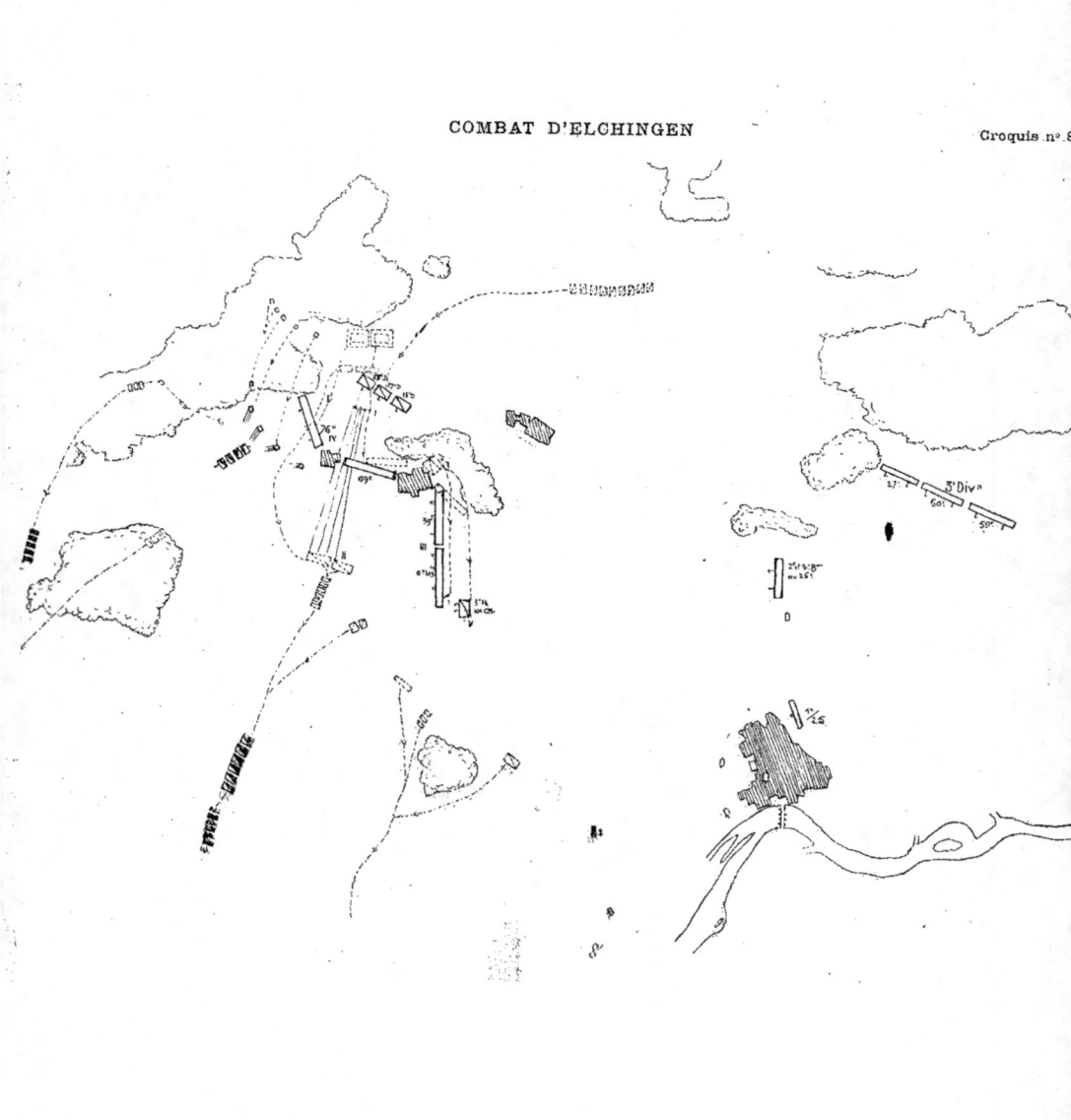

COMBAT D'ELCHINGEN

Croquis n° 8

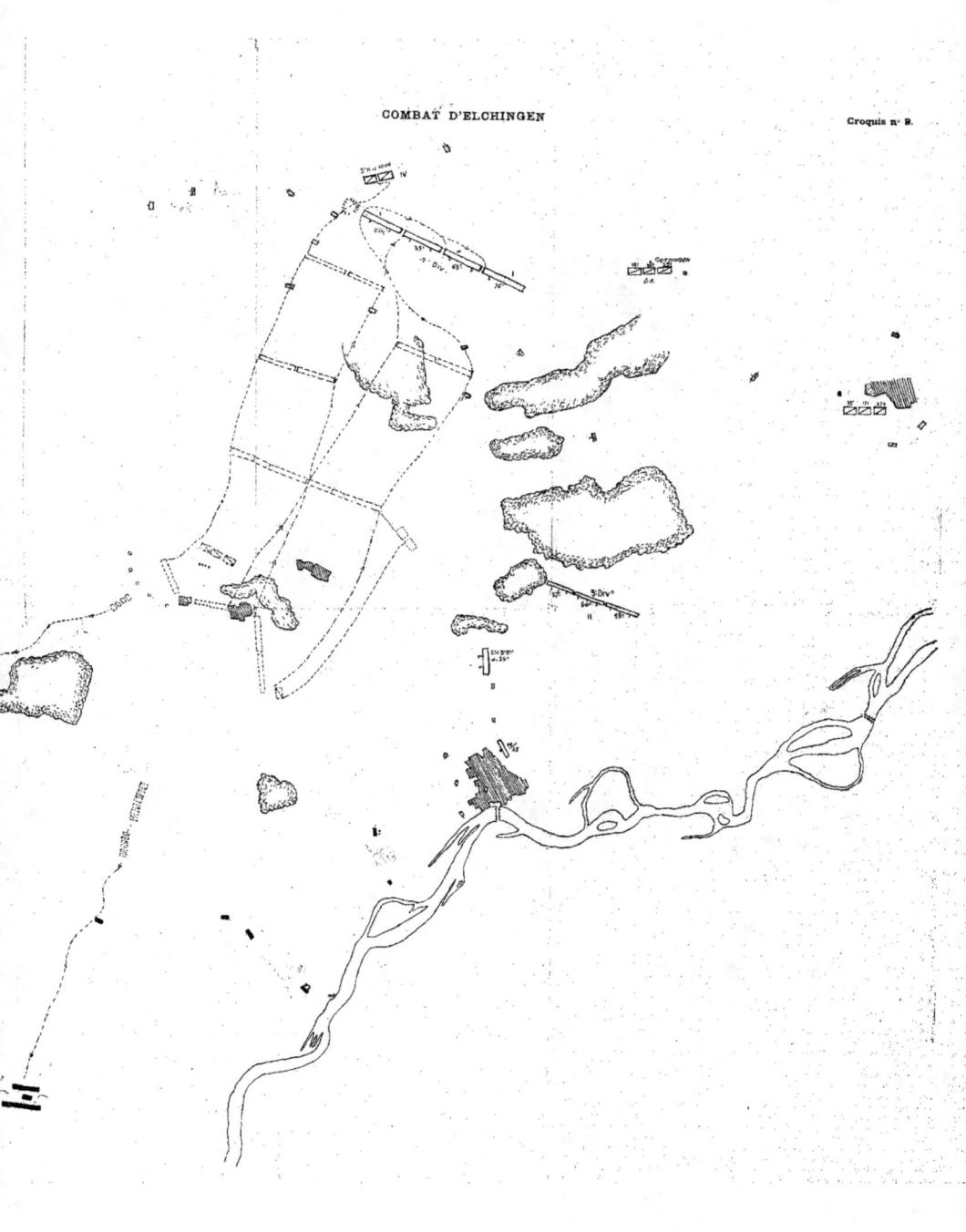

ATTAQUES DE MEMMINGEN, le 14 octobre 1805 (Fac-simile d'un croquis de l'époque).

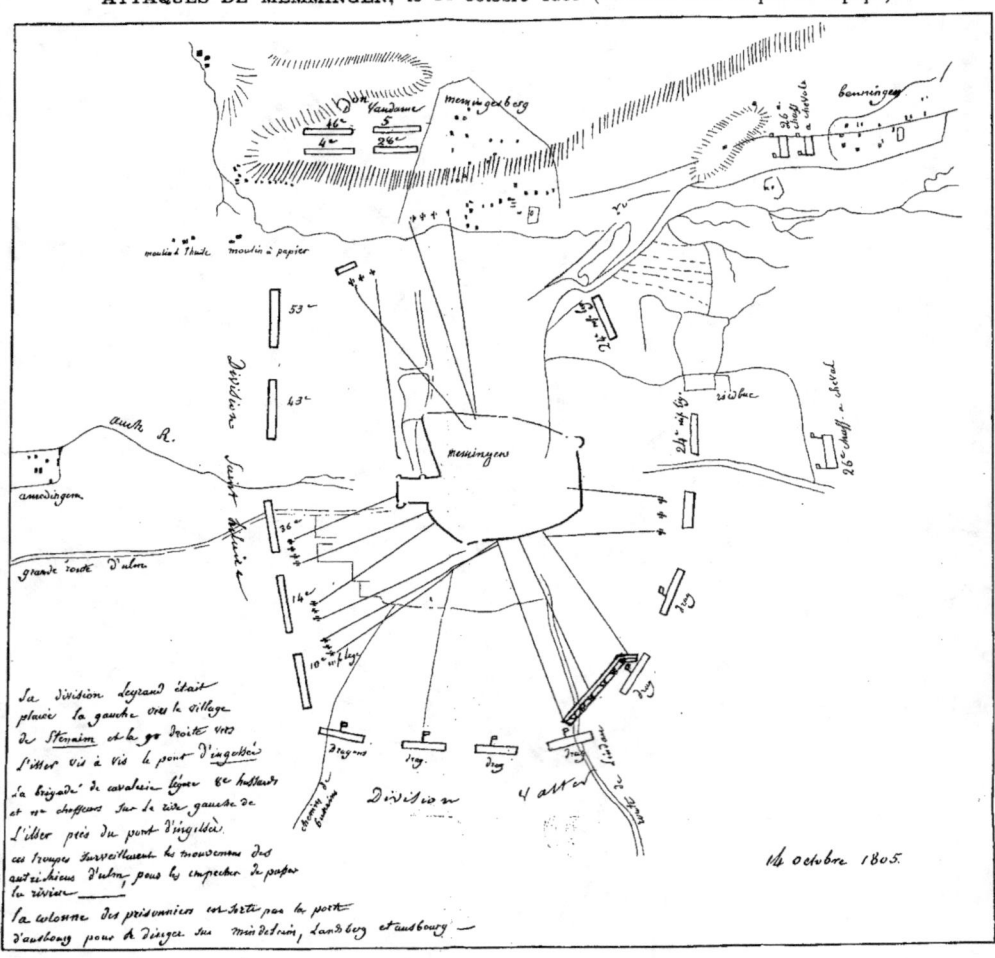

ENVIRONS DE NERESHEIM

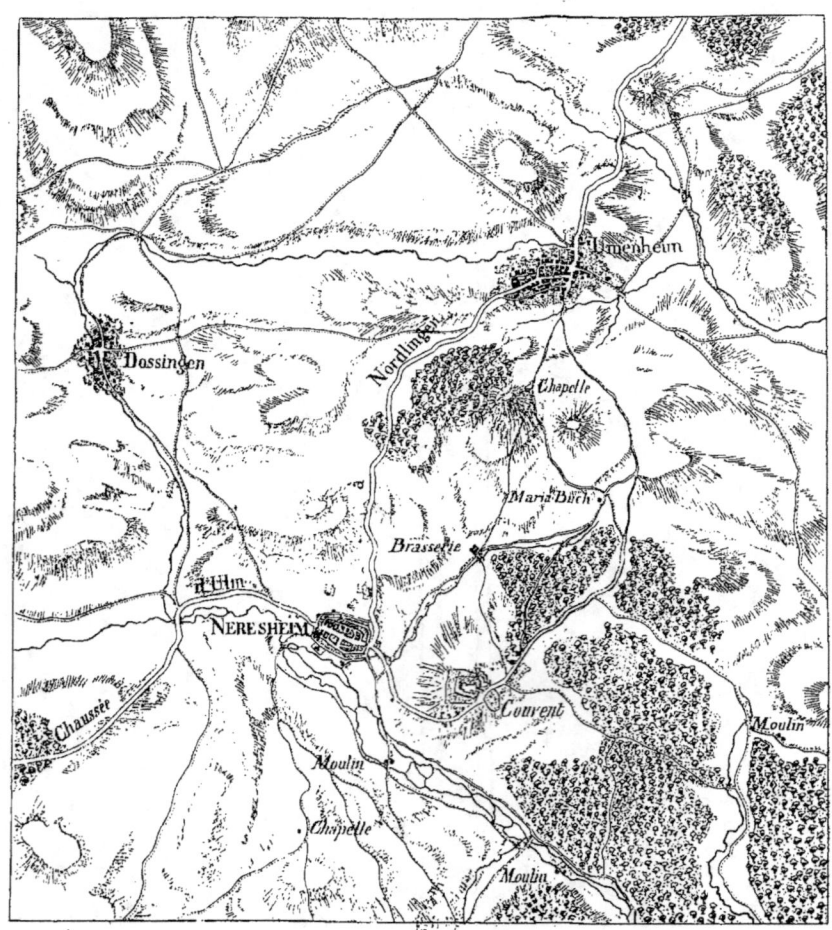

Échelle : $\frac{1}{32.000}$

D'après un plan conservé aux Archives de la Guerre.

ENVIRONS D'ULM

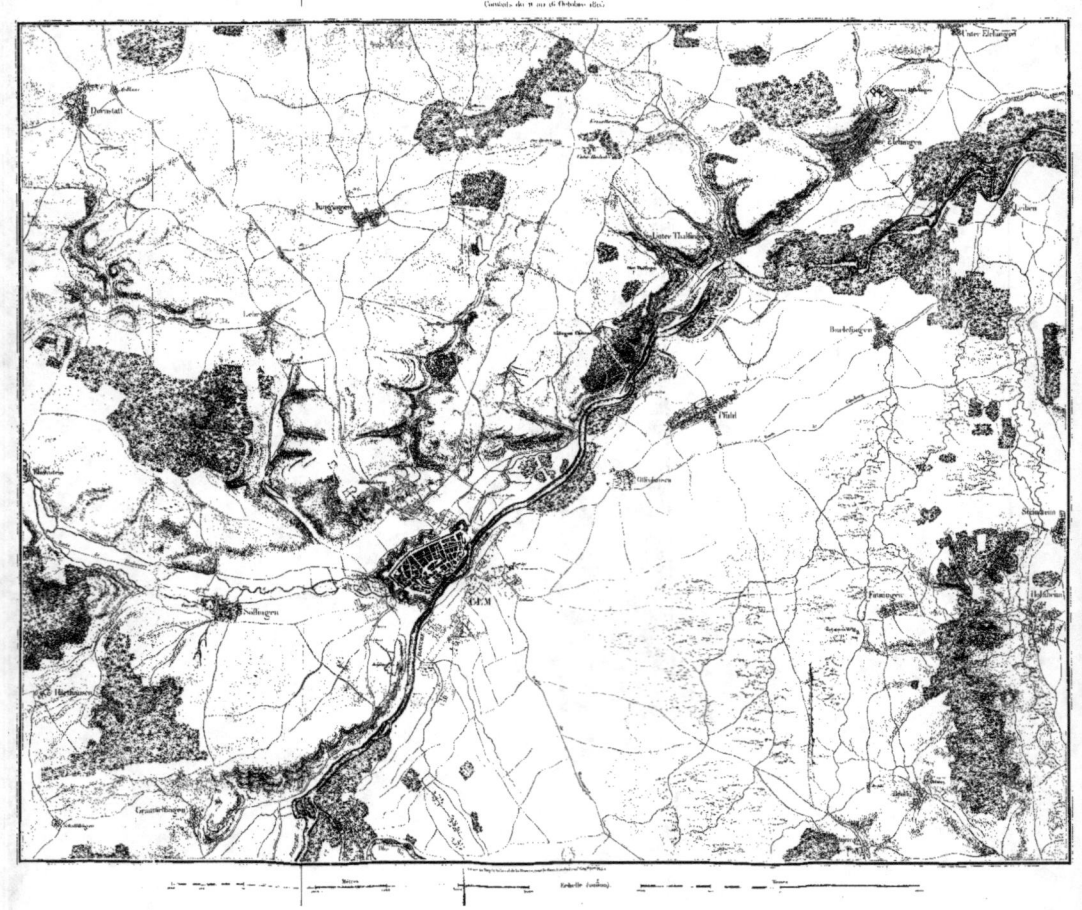

www.ingramcontent.com/pod-product-compliance
Lightning Source LLC
Chambersburg PA
CBHW071709300426
44115CB00010B/1365